**Bernd Falk
Das große Handbuch
Immobilien-Marketing**

**Prof. Dr. Bernd Falk**
Unter Mitwirkung der Instituts-Mitarbeiter
**Dipl.-Bw. Momme Falk,
Dipl.-Bw. Rainer Kretschmer,
Dipl.-Ök. Anke Stadelmeyer,
Dipl.-Bw. Ole Tollmien,
Dipl.-Bw. Alfons Viehbacher**

# Das große Handbuch
# Immobilien-Marketing

**verlag
moderne industrie**

**Die Deutsche Bibliothek – CIP-Einheitsaufnahme**

Das **große Handbuch Immobilien-Marketing** /
Bernd Falk – Landsberg/Lech : mi, Verl. Moderne Industrie, 1997
   ISBN 3-478-23930-3
NE: Falk Bernd; Immobilien-Marketing

© 1997 verlag moderne industrie, 86895 Landsberg/Lech
   http://www.mi-verlag. de

Umschlaggestaltung: Felix Weinold, Schwabmünchen
Satz: Fotosatz Amann, Aichstetten
Druck: Himmer, Augsburg
Bindearbeiten: Thomas, Augsburg
Printed in Germany 230 930/09973
ISBN 3-478-23930-3

**Prof. Dr. Bernd Falk**
**Unter Mitwirkung der Instituts-Mitarbeiter**
**Dipl.-Bw. Momme Falk,**
**Dipl.-Bw. Rainer Kretschmer,**
**Dipl.-Ök. Anke Stadelmeyer,**
**Dipl.-Bw. Ole Tollmien,**
**Dipl.-Bw. Alfons Viehbacher**

# Inhaltsverzeichnis

15

# 1. Grundlagen des Immobilien-Marketing

## 1.1 Immobilien-Marketing im Wandel der Zeit

### 1.1.1 Marketing als reine Distribution

Mit dem Beginn der neunziger Jahre konnten bedeutende Veränderungen für die Immobilienwirtschaft mit enormen wirtschaftlichen und sozialen Herausforderungen für deren Marktteilnehmer registriert werden. Während der Aufbauphase nach dem Zweiten Weltkrieg wurden von ihr ja ausschließlich Verteilungsaufgaben wahrgenommen, da unbeschreibliche Aufbauleistungen der zahlreichen zerstörten Gebäude erforderlich waren. Aber auch in den nachfolgenden Jahren änderte sich im Verständnis für das Marketing in der bundesdeutschen Immobilienwirtschaft nur wenig und wurde daher über Jahre als reine Distributionsaufgabe begriffen.

Demgegenüber verschärfte sich der Wettbewerb in der Konsumgüterindustrie trotz vielfältiger Marktchancen zunehmend. Unternehmen mußten in den vergangenen Jahrzehnten lernen, sich durch Innovation, Kreativität und Flexibilität auf sich verändernde Marktbedingungen einzustellen. Unternehmensrückschläge, die Neuausrichtung oder das Gesundschrumpfen sowie das Einstellen auf veränderte Technologiestandards, Materialien oder Arbeits- und Produktionsprozesse standen permanent auf der Tagesordnung eines jeden Managers.

### 1.1.2 Wandel des Immobilienmarktes

Die *Globalisierung des Wettbewerbs* zwang viele Unternehmen somit zum Umdenken, und zwar insofern, als heute nicht ausschließlich der spezifische Unternehmenssektor für den Erfolg maßgeblich ist. Auch der einzelne Immobilienbereich selbst, die Liquidität, die Ertragskraft und der Gewinn bestimmen den individuellen Erfolg eines Unternehmens. Begriffe wie Corporate Real Estate oder Facility-Management haben sich in den vergangenen Jahren zunehmend durchgesetzt, wohinter sich erste Umdenkungsansätze bzw. ein verändertes Verständnis für unternehmensspezifische Immobilien erkennen lassen. Um im internationalen Wettbewerb zukünftig bestehen zu können, ist es somit erforderlich, die durch das Controlling aufgedeckten Ressourcen für das Unternehmen zu generieren.

Die fortschreitende *Internationalisierung führt zu einer Öffnung der Immobilienmärkte.* Projektentwickler, deren Tätigkeitsfeld vor einigen Jahren noch ausschließlich auf die USA beschränkt war, realisieren Immobilien nunmehr verstärkt auch in Europa, im ehemaligen Ostblock oder im asiatischen Raum. Als Beispiel kann das amerikanische Unternehmen McArthur Glenn angeführt werden, das das Betätigungsfeld zur Entwicklung von Factory-Outlet-Malls auf Europa ausgeweitet hat und erste Center in England und Frankreich bereits gebaut hat. Demgegenüber investieren deutsche Offene Immobilienfonds in den europäischen Nachbarländern, insbesondere in England (London) und in Nordamerika.

Die Wiedervereinigung Deutschlands hat den Immobilienmarkt über Nacht erheblich vergrößert, aber auch die steuerorientierte Kapitalanlage in Immobilien aufgrund der eingeführten Sonderabschreibung enorm belebt. Zudem führte die *Euphorie der Wiedervereinigung* zu einer Marktüberhitzung bzw. zu Immobilienrealisierungen in vielen Teilmärkten, die mit den Nutzeranforderungen nicht immer im Einklang standen und stehen.

Die Vielzahl der Faktoren, die den deutschen Immobilienmarkt beeinflußt haben, ließe sich beliebig fortsetzen. Aber auch zukünftig eintretende Veränderungen, man denke hier nur an die Europäische Union, die Diskussion über die Steuerreform oder die vermutliche Einführung des Euro, werden zu einer Wandlung des Immobilienmarktes permanent beitragen.

Die Zeiten der reinen Produktion und Verteilung von Immobilien – ob Verkauf oder Vermietung – gehören der Vergangenheit an. Vielmehr hat sich der Immobilienmarkt in Deutschland von einem *Vermieter- zum Mietermarkt* bzw. von einem *Verkäufer- zum Käufermarkt* entwickelt. Spielten Anfang der Jahre 1991 und 1992 die gewerblichen Immobilienmärkte die Vorreiterrolle bei der rückläufigen Marktentwicklung, zog auch zwei Jahre zeitversetzt der Markt für wohnungswirtschaftlich genutzte Immobilien, u.a. aufgrund hoher Fertigstellungszahlen von 1994 bis 1996, die dieser Entwicklung vorausgingen, nach.

Die in den vergangenen Jahren eingetretene Wettbewerbsverschärfung wird zum Umdenken, teilweise sogar zu einem Ausleseprozeß bei den Marktteilnehmern der Immobilienwirtschaft führen. Entsprechend dem allgemeinen Verständnis in der Konsumgüterindustrie wird sich auch das Marketing in der Immobilienwirtschaft verändern und eine gewisse Schlüsselfunktion übernehmen.

### 1.1.3 Immobilien-Marketing als Unternehmensphilosophie

*Marketing ist so grundlegend, daß man es nicht als separate betriebliche Funktion sehen darf. Marketing umfaßt das gesamte Unternehmen, und zwar vom Endergebnis her betrachtet – d.h. vom Standpunkt der Kunden.*
(Peter Drucker)

Bei den meisten Players der Immobilienwirtschaft ist die Marketingorientierung noch nicht voll entwickelt. Ein Marketingleiter, ein Produktmanager, eine Verkaufsorganisation sowie ein Werbeetat, unter dem Oberbegriff Marketingabteilung zusammengefaßt, bedeuten bei weitem noch nicht, daß das Immobilien-Marketing als Unternehmensphilosophie verstanden wird. Doch gerade ein neues Verständnis wird erforderlich werden, um bei einem sich noch verschärfenden Wettbewerb auch in Zukunft bestehen zu können. Nur ein Immobilien-Marketing, das als ganzheitlicher Prozeß die gesamte Entwicklung der Immobilie von der Projektidee über den Lebensverlauf bis hin zum Verkauf oder Abriß umfaßt, wird in der Lage sein, die Bedürfnisse und Wünsche des Zielmarktes zu ermitteln und diesen dann wirksamer und wirtschaftlicher als die Wettbewerber zu bedienen. Immobilien-Marketing muß also dringend zur Unternehmensphilosophie gehören.

## 1.2 Marketingsystem und -management

Im einleitenden Abschnitt wurde die Notwendigkeit für einen Umdenkungsprozeß bei den Marktteilnehmern der Immobilienwirtschaft aufgrund veränderter Marktbedingungen verdeutlicht. Doch welches Marketingverständnis ist für die Immobilienwirtschaft erforderlich, und wie sollten das Marketingsystem und -management eines Immobilienunternehmens aussehen?

### 1.2.1 Grundkonzept für das Immobilien-Marketing

Das Grundkonzept für das Immobilienmarketing beschreibt die Zusammenhänge zwischen Kunden, Produkten und Unternehmen, die ihre Güter und Dienstleistungen verkaufen oder vermieten möchten.

#### 1.2.1.1 Bedürfnisse, Wünsche und Nachfrage

Der Ausgangspunkt für das Immobilien-Marketing liegt in den menschlichen Bedürfnissen und Wünschen, die vielfältiger Natur sind. Nahrung, Wasser, Luft, Kleidung und ein Dach über dem Kopf – also bestimmte Arten von Immobilien – zählen zu den Grundbedürfnissen, die in der menschlichen Natur verankert sind und nicht erst geweckt werden müssen.

Die Nachfrage nach immobilienspezifischen Produkten und Dienstleistungen resultiert einerseits zwar aus den fundamentalen physiologischen Bedürfnissen (Grundbedürfnissen), aber andererseits auch aus dem Bestreben nach Anerkennung und Selbstverwirklichung. Ein Ferienhaus an der Côte d'Azur geht weit über das Grundbedürfnis, Witterungsschutz zu haben, hinaus und wird vielmehr durch das Bestreben nach Selbstverwirklichung und Anerkennung nachgefragt.

Wünsche sind das Verlangen nach konkreter Befriedigung. Ein junger Familienvater benötigt eine Wohnung für seine Familie und mietet eine Drei-Zimmer-Wohnung. Ein anderer braucht Anerkennung und kauft sich eine luxuriöse Penthouse-Wohnung. Während der Mensch nur wenige Bedürfnisse hat, sind seine Wünsche vielfältig. Diese Wünsche werden durch die Gesellschaft permanent geformt und umgestaltet.

Für das Immobilien-Marketing können sowohl die Bedürfnisse als auch die Wünsche zur Nachfrage werden, sofern die Bereitschaft zum Kauf, zur Miete oder Inanspruchnahme einer Dienstleistung besteht. Daher muß das Immobilien-Marketing nicht nur die Bedürfnisse und Wünsche analysieren, sondern vielmehr auch herausfinden, wie viele Personen bzw. Institutionen tatsächlich in der Lage und willens sind, diese auch zu befriedigen.

#### 1.2.1.2 Immobilienprodukte

Bedürfnisse und Wünsche werden durch Kauf, Miete oder Inanspruchnahme von Produkten befriedigt. Unter dem Oberbegriff „Produkt" können in der Immobilienwirtschaft Güter (Grundstücke und Immobilien) und Dienstleistungen (Beratungsleistungen, Facility-Management etc.) verstanden werden.

Das Produkt „Immobilie" steht im Mittelpunkt des Immobilien-Marketing und stellt in aller Regel ein Unikat dar. Die Abgrenzung zu anderen Waren ist in erster Linie in der Standortgebundenheit zu sehen. Die Immobilie ist hinsichtlich der langfristigen Lebensdauer allenfalls noch mit einem Investitionsgut vergleichbar.

Die immobilienspezifischen Dienstleistungen resultieren somit aus dem Produkt „Immobilie" direkt. Angefangen beim Immobilien-Market-Research über die Bewertung von Immobilien bis hin zur Hausverwaltung oder dem Center-Management von Einkaufszentren sind die Dienstleistungsbereiche facettenreich.

### 1.2.1.3 Kundennutzen, Kosten und Zufriedenstellung

Der Wettbewerb in der Immobilienwirtschaft hat sich in den vergangenen Jahren entscheidend verschärft, so daß sich die Märkte zugunsten der Käufer bzw. Mieter von Immobilien verändert haben. Die Ausrichtung der Marketingaktivitäten ist damit auf die Nutzer von Immobilien abzustellen. Daher stellt sich die Frage, wie die Immobiliennutzer ihre Auswahl zwischen den Produkten treffen, um ihr persönliches Bedürfnis bzw. ihren persönlichen Wunsch befriedigen zu können.

Am leichtesten läßt sich die Nutzerausrichtung des Immobilien-Marketing an einem Beispiel konkretisieren. Eine Anwaltskanzlei aus Frankfurt am Main sucht in der Münchener Innenstadt ein Büro für eine Niederlassung. Ein umfangreiches Angebot an Büroflächen unterschiedlichster Ausstattungstandards steht zur Auswahl. Aus dieser sogenannten Auswahlmenge muß die Kanzlei nach ihren persönlichen Bedürfnissen das am besten geeignete Büro herausfinden.
Hierzu ist es zunächst erforderlich, daß die persönlichen Anforderungskriterien im Rahmen einer Bedürfnismenge definiert werden, die sich aus den folgenden, beispielhaft genannten Faktoren zusammensetzt:

- Anschluß an den öffentlichen Personennahverkehr,
- Bestand von fünf Pkw-Stellplätzen,
- Bürogröße von optimal 250 Quadratmetern vermietbarer Fläche,

- hohe Flexibilität der Raumaufteilung,
- hochwertige qualitative Bauausführung und
- Vorhandensein modernster Kommunikationseinrichtungen.

Um die angebotenen Produkte zu klassifizieren, sind die Ausstattungsstandards jedes einzelnen Büroflächenangebotes mit den aufgestellten Anforderungskriterien der Anwaltskanzlei abzugleichen und eine Rangliste zu erstellen. Der Nutzen wird hier demnach als wichtiges Entscheidungskriterium herangezogen. Je mehr den von der Anwaltskanzlei aufgestellten Anforderungskriterien durch ein verfügbares Produkt entsprochen wird, desto größer ist auch der Produktnutzen.

*„Unter Nutzen ist die Einschätzung des Verbrauchers bezüglich der Fähigkeit des Produkts zur Bedürfnisbefriedigung zu verstehen."* (Vgl. Kotler/Bliemel: Marketing-Management, 8. Auflage, 1995.) Neben diesem Nutzen ist jedoch ein zweiter Parameter ins Kalkül zu ziehen, nämlich die Kosten für die jeweiligen Büroflächenangebote. Die Kanzlei wird zwischen dem Nutzen einerseits und den Kosten andererseits abwägen müssen, bevor eine Wahl getroffen werden kann. Grundsätzlich wird die Entscheidung auf das beste Kosten-Nutzen-Verhältnis fallen, sofern die Wahl zu einem Nettonutzen, d.h., der Nutzen muß höher sein als die Kosten, führt.

In der Immobilienwirtschaft sind nach wie vor zu viele Unternehmen der Meinung, daß sich ausschließlich eine Marketing- oder Verkaufsabteilung um Kunden bemühen muß. Eine Neuorientierung ist daher dringend notwendig. Nur diejenigen Unternehmen, die Angebote von hohem Wert und Nutzen für ihre Zielkunden erbringen, werden im Markt gewinnen. Selbst die beste Marketingabteilung kann keine erfolgreiche Arbeit leisten, wenn nicht auch die anderen Unternehmensbereiche sich an den Anforderungen der Kunden ausrichten.

Sollte sich ein Kunde für ein Produkt entschieden haben, so wird u.a. die Kundenzufriedenheit dafür ausschlaggebend sein, ob sich eine langfristige Bindung erreichen läßt. Die Wichtigkeit dieser Aussage kommt dadurch zum Ausdruck, daß der Marketingaufwand für die Gewinnung von Neukunden deutlich höher als der Zugriff auf einen vorhandenen Kundenstamm ist. „Zufriedenheit entsteht als Empfindung des Kunden durch seinen Vergleich vom wahrgenommenen Wertgewinn [als Resultat des Kaufs] und erwartetem Wertgewinn [vor dem Kauf]." (Vgl. Kotler/Bliemel: Marketing-Management, 8. Auflage, 1995)

Doch wie können nun Kundennutzen und -zufriedenheit durch die Unternehmen umgesetzt werden? Zunächst ist es erforderlich, daß Immobilienunternehmen vorteilhafte Wertangebote erstellen, allen Ebenen der Aufbau- und Ablauforganisation im Sinne der Wertkette Wertbeiträge abverlangen und zur Marktversorgung das Unternehmen in ein Wertverbundsystem einbinden. Mit dem Total Quality Management (TQM) nach Zink kann dann eine kundenorientierte Unternehmensführung in der Immobilienwirtschaft umgesetzt werden.

„TQM ist eine auf der Mitwirkung aller ihrer Mitglieder beruhende Führungsmethode einer Organisation, die Qualität in den Mittelpunkt stellt und durch Zufriedenheit der Kunden auf langfristigen Geschäftserfolg sowie auf Nutzen für die Mitglieder der Organisation und für die Gesellschaft zielt." (Vgl. Zink, K. J. [Hrsg.]: Qualität als Managementaufgabe, 2. Auflage, 1992)

### 1.2.1.4 Austauschprozesse und Transaktionen

Die bloße Tatsache, daß Menschen Bedürfnisse und Wünsche haben, reicht grundsätzlich nicht aus. Um das Immobilien-Marketing ins Spiel zu bringen, ist es vielmehr erforderlich, daß Austauschprozesse stattfinden. Bei der Eigenproduktion, also ohne Inanspruchnahme einer Fremdleistung, gibt es weder einen Markt noch ein Immobilien-Marketing.

Der Austauschprozeß ist das Kernkonzept zur Definition des Immobilien-Marketing. Unter Austausch ist ein Prozeß zu verstehen, durch den man ein gewünschtes Produkt erhält, indem man einem anderen eine Gegenleistung – Ressourcen verschiedenster Art wie Geld, Güter oder Dienstleistungen – dafür anbietet (vgl. Kotler/Bliemel: Marketing-Management, 8. Auflage, 1995).

Ob ein Austausch jedoch auch tatsächlich zustande kommt, also eine Transaktion zwischen den Parteien stattfindet, hängt grundsätzlich von Austauschbedingungen ab. Nur wenn sich beide Parteien einen Vorteil – oder zumindest keinen Nachteil – erhoffen, wird eine Einigung und damit Transaktion möglich sein. In diesem Zusammenhang sind das Produkt Immobilie und deren Kundennutzen, die Kosten und die Zufriedenstellung für beide Parteien relevant.

### 1.2.1.5 Immobilienmärkte

Die Tatsache, daß Austauschprozesse stattfinden müssen, um das Immobilien-Marketing ins Spiel zu bringen, führt zum Grundkonzept der Immobilienmärkte. Ein Markt besteht aus allen potentiellen Kunden mit einem bestimmten Bedürfnis oder Wunsch, die willens und fähig sind, durch einen Austauschprozeß das Bedürfnis und die Wünsche zu befriedigen.

Kaum ein Markt ist so differenziert zu betrachten wie der Immobilienmarkt. Unterschiedlichste Einteilungsmöglichkeiten der Immobilienmärkte sind denkbar. Der Begriff „Markt" stand ursprünglich für den Ort, an dem Käufer und Verkäufer zusammenkamen, um einen Austausch ihrer Produkte vorzunehmen. Daher ist auch heute noch eine regionale Einteilung der Immobilienmärkte vorzufinden. Als regionale Teilmärkte können beispielsweise Großstädte wie Berlin, Hamburg, München, Köln, Frankfurt etc. angeführt werden.

Eine weitere Einteilungsmöglichkeit stammt von den Volkswirtschaftlern, die dem Marktbegriff alle Käufer und Verkäufer zuordnen, die sich einem bestimmten Produkt oder einer Produktkategorie widmen. In der Immobilienwirtschaft wird daher auch vom Wohnungsmarkt, Büroimmobilienmarkt, Markt für Einzelhandelsimmobilien und dergleichen gesprochen. Nicht zuletzt sind in diesem Zusammenhang auch die Märkte der Dienstleistungsanbieter in der Immobilienwirtschaft zu erwähnen.

### 1.2.1.6 Marktteilnehmer in der Immobilienwirtschaft

Die bundesdeutsche Immobilienwirtschaft gliedert sich nicht nur in eine Vielzahl unterschiedlicher Teilmärkte, sondern vereinigt auch eine ganze Reihe heterogener Marktteilnehmer.
Die wesentlichen Player der Immobilienwirtschaft sind:

- Projektentwickler/Developer,
- Bauunternehmen/Generalübernehmer/Generalunternehmer,
- Bauträger,
- Offene Immobilienfonds,
- Geschlossene Immobilienfonds,
- Architekten und Ingenieure,
- Immobilienaktiengesellschaften,
- Versicherungen,

- Pensionskassen,
- Finanzierungsinstitute/Kreditinstitute,
- Gemeinden, Städte und Kommunen sowie staatliche Verwaltungen,
- Immobilienmakler (regional und international tätig),
- Marktforschungsunternehmen,
- Beratungsunternehmen,
- Immobilienverwalter/Hausverwaltungen,
- Wohnungsbauunternehmen,
- Wohnungsbaugenossenschaften,
- Immobilienleasinggesellschaften,
- Privatpersonen,
- Immobiliensachverständige/Bewertungsunternehmen,
- Immobilienverbände und viele mehr.

## 1.2.2 Definition und begriffliche Abgrenzung

Nachdem nun die für ein Immobilien-Marketing relevanten Zusammenhänge aufgezeigt wurden, soll nachfolgend der Begriff „Immobilien-Marketing" definiert werden. Da bei den Marktteilnehmern der Immobilienwirtschaft unterschiedliche Grundeinstellungen hinsichtlich des Marketingbegriffs festgestellt werden können, wird daher zunächst eine Abgrenzung zu den jeweiligen Grundeinstellungen vorgenommen, um dann die Bezeichnung Immobilien-Marketing zu definieren.

### 1.2.2.1 Grundeinstellungen im Immobilien-Marketing

*Produktkonzept*

Eine in der Immobilienwirtschaft bekannte Grundeinstellung ist das Produktkonzept, bei dem die Konsumenten jene Produkte bevorzugen werden, die ein Höchstmaß an Qualität, Leistung und gesuchten Eigenschaften bieten. Eine Konzentration auf die Herstellung guter Produkte und auf Produktverbesserungen ist hierbei der ausschlaggebende Parameter.

Bei dieser Grundeinstellung vergessen viele Unternehmen jedoch die Ausrichtung auf die Marktverhältnisse und damit auf die sich permanent verändernden Kundenanforderungen an bestimmte Produkte. Besonders deutlich wird die Problematik des Produktkonzepts bei Innovationen. Mögen Innovationen den neuesten technischen Anforderungen und qualitativen Maßstäben zwar entsprechen, so werden sie dennoch keinen Erfolg haben, wenn sie nicht auf die Wünsche und Bedürfnisse der potentiellen Kunden abgestimmt sind.

Als Beispiel sei das geplante Business-Design-Center in Berlin genannt. Unter einem Business-Design-Center versteht man entsprechend bereits realisierter Vorbilder in London und New York ein permanentes Ausstellungs-, Order- und Messezentrum für Produkte und Technologie sowie Designprodukte „rund ums Büro", in das sich Hersteller und Fachhändler einmieten, um ihre Produktpalette einem ausgewählten Fachpublikum in einer adäquaten Atmosphäre präsentieren zu können. Dieses für den bundesdeutschen Immobilienmarkt innovative Produkt scheiterte jedoch aufgrund der Tatsache, daß keine Nutzer der Büromöbelindustrie gefunden werden konnten.

*Verkaufskonzept*

Am meisten verbreitet in der Immobilienwirtschaft ist gegenwärtig noch das Verkaufskonzept, welches auf der Annahme basiert, daß die Verbraucher von sich aus in der Regel keine ausreichende Menge der angebotenen Produkte kaufen werden. Das Immobilienunternehmen muß aggressiv verkaufen und daher auch eine ebensolche Verkaufsförderung betreiben.

Das Verkaufskonzept wird unter anderem von den Anbietern Geschlossener Immobilienfonds genutzt, um sie an steuerorientierte Kapitalanleger zu vertreiben. Die nach der Wiedervereinigung eingeführte Sonderabschreibung wurde als ein durchschlagkräftiges Verkaufsargument benutzt und Strukturvertriebe als Distributionsorgan eingesetzt.

Welche eklatanten Auswirkungen diese Grundeinstellung von einigen Immobilienunternehmen hatte, wurde erst einige Jahre nach der Euphorie der Wiedervereinigung deutlich, nämlich als festgestellt wurde, daß zahlreiche Immobilien an den Nutzeranforderungen bzw. den Marktverhältnissen vorbei realisiert wurden. Auch beim Bauherrenmodell der achtziger Jahre wurde das Verkaufskonzept in der Immobilienwirtschaft angewandt – mit ähnlichen Auswirkungen. An welcher Grundeinstellung sollte sich aber nun ein Unternehmen der Immobilienwirtschaft ausrichten, um in einem verschärften Wettbewerb zukünftig bestehen zu können?

*Marketingkonzept*

Nur wenige Unternehmen bedienen sich in der Immobilienwirtschaft des Marketingkonzeptes, obwohl dieses bereits seit längerem existiert. Im wesentlichen zielt diese Grundeinstellung auf die Bedürfnisse und Wünsche des jeweiligen Marktes ab, die jedoch wirtschaftlicher und wirksamer zufriedengestellt werden sollen, als dieses durch die Wettbewerber erfolgt.

Das Marketingkonzept basiert auf den vier Säulen Marktfokussierung, Kundenorientierung, Marketingkoordinierung sowie Gewinn durch zufriedene Kunden.

*Marktfokussierung*

Der Immobilienmarkt ist durch die Differenziertheit an Immobilienprodukten und -dienstleistungen, regionalen (Teil-)Märkten, Nachfragergruppen etc. so vielschichtig, daß kein Unternehmen in der Lage ist, sämtliche Bedürfnisse zu befriedigen. Die Bestimmung eines Zielmarktes und ein hierauf abgestimmtes Marketing sind daher notwendig.

> **BEISPIEL**
> Die REGUS Deutschland-Gruppe hat sich auf die Entwicklung von Business-Centers spezialisiert, bei denen nicht nur voll ausgestattete und jederzeit bezugsfertige Büroräume inklusive kompletter Infrastruktur zur Verfügung stehen, sondern auch alle erforderlichen Serviceleistungen wie Sekretariatsservice, Telefonbeantwortung und andere Dienstleistungen unter einem Dach angeboten werden. Die REGUS-Gruppe hat damit einen für das Unternehmen passenden Zielmarkt und ein hierauf abgestimmtes Marketingprogramm ausgearbeitet.

*Kundenorientierung*

Orientierung am Kunden heißt, die Kundenwünsche zufriedenzustellen. Der Kunde wird beim Produktkauf die erwarteten Eigenschaften mit den tatsächlichen Eigenschaften abgleichen und hieraus eine Bewertung des Produkts vornehmen. Die Kundenbindung wird dann am höchsten ausfallen, wenn die erwarteten Produkteigenschaften übertroffen werden.

Die Überprüfung der Kundenzufriedenheit ist von enormer Wichtigkeit, was anhand eines Beispiels verdeutlicht werden soll.

> **BEISPIEL**
>
> Ein Entwickler von Shopping-Centers in Deutschland hat ein Objekt in Berlin eröffnet, welches an zahlreiche Einzelhandelsunternehmen fremdvermietet wurde. Ein halbes Jahr nach Eröffnung läßt der Entwickler den Erfolg bzw. Mißerfolg des Centers durch ein Marktforschungsunternehmen überprüfen, welches nicht nur eine Mieterbefragung, sondern auch eine Kundenbefragung durchführt. Ergebnisse dieser Untersuchung können etwa konzeptionelle Fehler aufdecken, die zu beheben wären und die Einzelhändler sowie deren Kunden vermehrt zufriedenstellen würden. Die gewonnene Kundenzufriedenheit der Mieter im bestehenden Center würde es dem Entwickler erleichtern, diese auch als Mieter für weitere Objekte zu gewinnen.

*Marketingkoordinierung*

Koordiniertes Marketing bedeutet nicht nur die Abstimmung der einzelnen Marketingfunktionen wie Marktforschung, Verkauf, Werbung, Öffentlichkeitsarbeit etc. aufeinander, vielmehr müssen diese auch mit den anderen Bereichen eines Unternehmens in Einklang stehen.

*Gewinn durch zufriedene Kunden*

Der Gewinn steht bei der überwiegenden Anzahl der in der Immobilienwirtschaft tätigen Unternehmen im Vordergrund. Beim Marketingkonzept wird der Gewinn demgegenüber als Maßstab für eine erfolgreiche Unternehmenstätigkeit herangezogen. Die Rentabilität darf beim Wirkungsfeld jedoch nicht vernachlässigt werden.

### 1.2.2.2 Definitionen

*Immobilien-Marketing*

*„Immobilien-Marketing" ist ein Prozeß im Wirtschafts- und Sozialgefüge, durch den Einzelpersonen und Gruppen ihre Bedürfnisse und Wünsche befriedigen, indem sie Immobilienprodukte und immobilienspezifische Dienst-*

*leistungen von Wert erstellen, anbieten und miteinander austauschen."* (Vgl. Kotler/Bliemel: Marketing-Management, 8. Auflage, 1995) Marketing wird damit als unternehmerische Grundeinstellung verstanden, deren Anspruch es ist, den Markt zu analysieren und aktiv zu gestalten, zu formen sowie attraktiv zu halten. Das Ziel der Unternehmen liegt somit in der Schaffung von Präferenzen und damit der Erringung von Wettbewerbsvorteilen durch den gezielten Einsatz des marketingpolitischen Instrumentariums.

*Marketingmanagement*

*„Marketingmanagement ist der Planungs- und Durchführungsprozeß der Konzipierung, Preisfindung, Förderung und Verbreitung von Ideen, Waren und Dienstleistungen, um Austauschprozesse zur Zufriedenstellung individueller und organisatorischer Ziele herbeizuführen."* Diese Definition wurde durch die American Marketing Association als allgemeingültig anerkannt.

## 1.2.3 Der Prozeß im Immobilien-Marketing

Der Prozeß im Immobilien-Marketing wird gegenwärtig noch am Arbeitsablauf ausgerichtet. Bezogen auf die Projektentwicklung von Immobilien bedeutet diese Betrachtungsweise, daß, ausgehend von einer Projektidee oder dem Bestand eines Grundstückes, eine Immobilie realisiert wird, die dann durch die zuständige Vertriebsabteilung veräußert oder vermietet wird.

Dieser am Arbeitsablauf orientierte Prozeß findet insbesondere in Wirtschaftsräumen seine Berechtigung, in denen eine Unterversorgung in dem jeweiligen Wirtschaftsbereich besteht. Über Jahre wurde daher in Deutschland dieser Prozeß entsprechend praktiziert. Die Wandlung des deutschen Immobilienmarktes in einen Angebotsmarkt läßt über einen anderen Prozeß des Marketing, d.h. den wertorientierten Prozeß, nachdenken.

Bei der wertorientierten Betrachtungsweise besteht die Zielsetzung darin, daß Unternehmen einen Prozeß durchlaufen, der Produkte für den Zielmarkt hervorbringt. Das Marketing steht anstelle einer nachgelagerten Vertriebseinrichtung bereits am Anfang der Projektentwicklung von Immobilien, um zunächst die Immobilienmärkte zu analysieren, die Zielmärkte zu selektieren sowie eine wertmäßige Positionierung vorzunehmen und erst dann mit der Projektentwicklung fortzufahren (vgl. Abb. 1.1).

**Ansätze des Marketingprozesses**

Produkte erzeugen | Produkte verkaufen

Produkt entwerfen | Materialien beschaffen | Herstellen | Preis festlegen | Anbieten und Verkaufen | Werbung und Verkaufsförderung | Warenverteilung | Kundendienste

(a) der herkömmliche, am Arbeitsablauf orientierte Prozeß

Wertbestimmung | Werterstellung | Kommunikative Wertvermittlung

Segmentierung, Bedürfnis- und Werterforschung | Selektion und Fokussierung auf Zielsegmente | Wertmäßige Positionierung | Produktentwicklung | Entwicklung des Leistungsangebots | Preisfestlegung | Beschaffung Herstellung | Warenverteilung Kundendienste | Vertrieb | Verkaufsförderung | Werbung

(b) der wertorientierte Prozeß

**Abb. 1.1:** Ansätze des Marketingprozesses – (a) der herkömmliche, am Arbeitsablauf orientierte Prozeß und (b) der wertorientierte Prozeß
**Quelle:** Kotler/Bliemel: Marketing-Management, 8. Auflage, Stuttgart 1995

### 1.2.3.1 Analyse von Marktchancen

Der erste Schritt im Marketingmanagement ist die Analyse der Marktchancen auf den Zielmärkten. Ein amerikanischer Developer, der sich auf die Entwicklung von Büroimmobilien spezialisiert hat, sieht große Chancen auf dem deutschen Büroimmobilienmarkt. Die Zielsetzung des Unternehmens besteht darin, Büroimmobilien zu entwickeln, anschließend zu vermieten und dann an Kapitalanleger zu veräußern. Da bereits zahlreiche Developer auf diesem Markt tätig sind, müssen die Marktchancen sorgfältig untersucht werden.

32

Bei der Ermittlung und Bewertung der Marktchancen in Deutschland sind die Bedürfnisse und Wünsche der dort ansässigen Nutzer von Büroimmobilien zu analysieren und, sofern erforderlich, auch Differenzierungen für einzelne Marktgebiete vorzunehmen. Ferner müssen aber auch die Konkurrenzsituation und die Marktsituation untersucht werden, um die Erfolgsaussichten auf den Zielmärkten abschätzen zu können. Zur Absicherung eines Marketingkonzeptes werden in der Konsumgüterindustrie nicht selten auch Marketinginformationssysteme aufgebaut.

### 1.2.3.2 Erforschung und Auswahl von Zielmärkten

Nach der Analyse der Marktchancen sollte der Zielmarkt festgelegt werden. Die Gesamtgröße, das Wachstum bzw. deren Aussichten und die Profitabilität bestimmen die Attraktivität der unterschiedlichen Zielmärkte. Ihre Erforschung und Auswahl sind nicht immer einfach. Die Segmentierung erleichtert in der Regel die Entscheidungsfindung, da hierdurch die Märkte transparenter gestaltet werden. Die Marktsegmentierung für einen Developer von Büroimmobilien könnte folgendermaßen aussehen:

- *geographische Segmentierung:* Büroimmobilienmarkt in Berlin, Hamburg, München, Frankfurt etc.;
- *Segmentierung nach Nutzern:* Eigennutzer, Fremdnutzer;
- *Segmentierung nach Niveau:* unteres, mittleres und gehobenes Qualitätsniveau.

Während durch die Segmentierung der Märkte mögliche Chancen aufgezeigt werden, müssen die unterschiedlichen Segmente hinsichtlich des Gewinnpotentials bewertet werden, um eine Entscheidung über die zukünftigen Zielmärkte zu treffen.

### 1.2.3.3 Entwicklung von Marketingstrategien

Bei der Entwicklung von Marketingstrategien geht es im wesentlichen um die Positionierung eines Unternehmens im ausgewählten Zielmarkt. Positionierung ist das Bemühen, Angebot und Image des Unternehmens so zu gestalten, daß der Zielmarkt das, wofür das Unternehmen im Vergleich zu seinen Wettbewerbern steht, versteht und wertschätzt.

Zur Marktpositionierung ist es erforderlich, daß der Anbieter sich seiner Differenzierungsmöglichkeiten zu seinen Mitbewerbern bewußt wird. Möglichkeiten, sich von der Konkurrenz abzuheben, bestehen z.B. in einem preisgünstigeren Angebot oder einem qualitativ höherwertigen Angebot. Denkbar ist aber auch, sich über die Serviceleistungen oder ein besonders gut geschultes Personal zu profilieren.

Ist sich ein Unternehmen über die Differenzierungsmöglichkeit zu den Wettbewerbern im klaren, so kann es eine Positionierungsstrategie aufstellen, die u.a. auch die Kommunikationstechniken festlegt, die die Unterschiede zur Konkurrenz des Zielmarktes effektiv herausarbeiten sollen.

### 1.2.3.4 Planung von Marketingprogrammen

Bei der Planung von Marketingprogrammen sind die Marketinginstrumente wie Produktpolitik, Beschaffungspolitik, Entgeltpolitik, Distributionspolitik, Kommunikationspolitik und Servicepolitik im Rahmen eines Marketing-Mix festzulegen und deren Zielsetzungen zu bestimmen. Die Festlegung des Marketingbudgets, die Wahl der Distributionsorgane oder auch der Werbemittel/-träger und vieles mehr werden im Marketingprogramm verankert.

### 1.2.3.5 Organisation, Durchführung und Steuerung von Marketingaktivitäten

Der aufgestellte Marketingplan muß schließlich durchgeführt und gesteuert werden, um zur vollen Wirkung zu gelangen. In Abhängigkeit des Umfangs des Marketingplans ist eine Marketingorganisation zu schaffen, die für die Durchführung und Steuerung verantwortlich ist. Die Größe variiert mit dem Umfang des Marketingplans.

## 1.2.4 Das marketingpolitische Instrumentarium

### 1.2.4.1 Marketing-Mix

Zur Durchsetzung der Marketingstrategie und der Marketingziele stehen im Immobilien-Marketing unterschiedliche Instrumente zur Verfügung, die entsprechend der jeweiligen Zielsetzung auszurichten sind und sich in einem Marketing-Mix vereinen. So ist der Marketing-Mix die Kombination aus den Marketinginstrumentarien, die das Unternehmen zur Erreichung seiner Marketingziele auf dem Zielmarkt einsetzt.

## 1.2.4.2 Von der Produkt- bis zur Servicepolitik

Das marketingpolitische Instrumentarium setzt sich aus der Produkt-, Beschaffungs-, Entgelt-, Distributions-, Kommunikations- und Servicepolitik zusammen.

*Informationsgewinnung*

Die Informationsgewinnung – auch Market-Research genannt – wird aufgrund eines langfristigen Produktlebenszyklus nicht nur zur Analyse der Marktchancen und damit der Erkennung und Segmentierung von Zielgruppen erforderlich, sondern beginnt bereits bei der strategischen Ausrichtung eines Unternehmens in der Immobilienwirtschaft. Eine einmalige Analyse zur Festlegung der Unternehmensstrategie reicht nicht aus, vielmehr muß das Marketingumfeld permanent überwacht werden, um langfristig erfolgreich am Markt agieren zu können.

Veränderte Marktbedingungen sind aber auch bei den Bestandsobjekten zu berücksichtigen. Daher hat das Immobilien-Market-Research mittels Markt- und Standortanalysen, Objektanalysen, Wettbewerbsanalysen oder Analysen der Nachfrager und Nutzer auch während des Lebenszyklus der Immobilie die Aufgabe, die Märkte zu untersuchen und erforderliche Anpassungen vorzunehmen.

*Produktpolitik*

Die Zielsetzung der Produktpolitik ist es, unter Berücksichtigung der Unternehmensstrategie das Unternehmen am Markt zu etablieren. Sie trägt zu einem ganz wesentlichen Anteil zu dem dauerhaften wirtschaftlichen Erfolg einer Unternehmung bei. Die Ausrichtung auf die Wünsche und Bedürfnisse der Kunden sollte dabei im Vordergrund stehen.

In einem ersten Schritt sollte die Produktpolitik die Angebotsbreite in ihrem Zielmarkt festlegen. Beim Produkt Immobilie handelt es sich aufgrund seiner Individualität, Langlebigkeit und Standortgebundenheit um kein Massenprodukt, es verfügt damit über eine hohe Beratungsintensität. Der Spezialisierungsgrad der Immobilienunternehmen ist dadurch relativ hoch.

*Beschaffungspolitik*

Bei der Projektentwicklung von Immobilien sind zwei Denkansätze bekannt. Entweder wird für einen vorhandenen Standort ein passendes Konzept bzw. eine adäquate Nutzung gesucht oder es ist, ausgehend von einer Projektidee, der optimale Standort zu finden. Insbesondere beim zweiten Ansatz kommt die Bedeutung der Beschaffungspolitik in der Immobilienwirtschaft zum Ausdruck.

Die Beschaffungpolitik geht jedoch noch weit über diesen Ansatz hinaus. Hierunter wird die Verfügbarmachung aller für die Leistungserbringung erforderlichen Faktoren verstanden, worunter nicht nur die Grundstücke/Standorte, sondern auch die hierfür erforderlichen Dienstleistungen, Arbeitskräfte, Kapital etc. zu zählen sind.

*Entgeltpolitik*

Die Entgeltpolitik umschließt die erstmalige Festsetzung und spätere Änderung von Preisen, Möglichkeiten der Preisdifferenzierungen und Preisempfehlungen, Rabattgewährung, die Gestaltung der Zahlungsbedingungen sowie den Bereich der Kreditgewährung und des Leasing.

Als wesentliches Kriterium der Preispolitik kann der langfristige Kundenwert (Customer Lifetime Value) herangezogen werden. Diese Beziehungen und ihre Qualität bestimmen den gesamten Preis (vgl. Wehrli, H. P. : Verkauf ist der Beginn einer Kundenbeziehung, in: Immobilien Business, 1996).

*Distributionspolitik*

Das Ziel der Distribution eines Unternehmens liegt in der Nutzer- bzw. Käuferfindung im jeweiligen Immobilienmarkt, wobei die Wahl der Absatzwege und -organe die Präferenzen für eine Immobilie im gesamten Marketing-Mix beeinflußt. Der tragende Leitgedanke einer Distributionpolitik ist die Erhältlichkeit der Leistung eines Unternehmens. Die Standortgebundenheit wirkt damit im besonderen Maße auf die distributionspolitischen Entscheidungen eines Immobilienunternehmens.

*Kommunikationspolitik*

Die Kommunikationspolitik beinhaltet die Bereiche Werbung, Verkaufsförderung, Öffentlichkeitsarbeit (PR) und Corporate Identity (CI). Während die

Werbung auf das Ziel ausgerichtet ist, mittels des Einsatzes von Werbemitteln wie Anzeigen, Fernsehspots, Vermietschildern etc. dem Verkauf oder der Vermietung zu dienen, soll die Verkaufsförderung die Werbung durch verkaufsfördernde Maßnahmen unterstützen. Öffentlichkeitsarbeit und Corporate Identity sehen demgegenüber vor, Vertrauen bei den einzelnen Zielgruppen zu schaffen und das Image des Unternehmens positiv zu beeinflussen.

*Servicepolitik*

Da es sich bei der Vermarktung von Immobilien um sehr hochwertige und hochpreisige Produkte handelt, wird von den Kunden oder Nutzern ein umfassendes Serviceangebot erwartet. In der Immobilienwirtschaft sind daher Serviceleistungen, zumeist kostenlos, sowohl vor dem Kauf als auch nach dem Kauf, wie beispielsweise Post-sales-services, verbreitet.

## 1.3   Markt und Umwelt

### 1.3.1   Einflußfaktoren der Umwelt

Dies sind jene Faktoren, die die Handlungsweise einer Unternehmung maßgeblich beeinflussen, vom Unternehmen selbst jedoch nicht beeinflußbar sind. Hierbei ist davon auszugehen, daß es sich in der Regel um unternehmensexterne Faktoren handeln muß, da unternehmensinterne Faktoren generell in einem überschaubaren Zeitrahmen als beeinflußbar gelten. Die Unternehmen der Immobilienwirtschaft werden insbesondere von folgenden Faktoren der Umwelt maßgeblich tangiert:

- der gesamtwirtschaftlichen Lage,
- der Situation auf dem jeweiligen lokalen Teilmarkt,
- der Marktsituation im eigenen Angebotsbereich,
- dem Verhalten von Grundstückseigentümern und Immobilienproduzenten (Bauunternehmen, Handwerker etc.),
- dem Verhalten der Nachfrager,
- der Konkurrenzsituation sowie
- dem rechtlichen Rahmen.

Eine Veränderung der unternehmensexternen Einflußfaktoren erscheint nur mittelfristig und in geringem Rahmen möglich, doch kann das Immobilienunternehmen durch eigene Marktgestaltung auf den gegebenen Umweltrahmen reagieren. Die individuelle Gestaltung des Marktes setzt allerdings voraus, daß das Unternehmen über eine ausreichende Marktkenntnis bereits verfügt.

Angesichts sehr langer Entwicklungs- und Produktionszeiträume für Immobilien, die durchaus fünf bis zehn Jahre beanspruchen können, ist vor allem auch die Prognose der künftigen Umweltbedingungen von existentieller Bedeutung. Dies gilt primär für den Fall, daß es nicht gelingt, bei veränderten Umweltbedingungen mit angepaßten Marketingstrategien, gegebenenfalls gar mit veränderten Unternehmensstrategien, zu reagieren.

## 1.3.2 Der Markt

### 1.3.2.1 Die makro-ökonomische Einbindung

Zwar geht die klassische Volkswirtschaft von einem geschlossenen (Inlands-) Marktsystem aus, in welchem das Ausland für den Markt lediglich eine untergeordnete Rolle spielt, doch kann diese Situation bei weitgehend liberalisierten, globalen Märkten heute nicht mehr gelten. *Konjunkturelle Schwankungen* auf ausländischen Märkten wirken sich immer stärker auch auf einheimische Anbieter aus. Konjunktureinbrüche auf ausländischen Märkten treffen zwar zunächst direkt die dort vertretenen Unternehmen, doch sind die volkswirtschaftlichen Wechselwirkungen zwischenzeitlich derartig gediehen, daß die reduzierte Nachfrage direkt auf die zur Verfügung stehende Kaufkraft im Inland und somit auch auf den inländischen Markt durchschlägt.

Selbstverständlich gilt, daß die Absatzmöglichkeiten primär zunächst von der Entwicklung der nationalen Gesamtwirtschaft generell abhängen. Kurz- und mittelfristig führen konjunkturelle Veränderungen zu Absatzschwankungen, die auf dem Immobiliensektor besonders gravierende Ausschläge zur Folge haben können. Von besonderer Bedeutung, speziell für die Immobilienwirtschaft, ist die Höhe des frei verfügbaren Einkommens der Bevölkerung.

Diese sogenannte vagabundierende Kaufkraft kann der Konsument zur Befriedigung alternativer Bedürfnisse wie z.B. Reisen, Kauf hochwertiger Gebrauchsartikel (Autos, Boote, Freizeitgeräte), aber auch zu Sparzwecken oder zum Immobilienkauf verwenden. Dieser Teil des Einkommens muß nicht für Grundbedürfnisse verwendet werden, sondern dient der Erfüllung verschiedener, jedoch alternativer, oftmals sich gegenseitig ausschließender Wünsche. Anbieter von Immobilien für den privaten Investor sehen sich daher häufig mit dem Konflikt des Konsumenten konfrontiert, ob gespart oder konsumiert werden soll, d.h., der Konsument entscheidet sich entweder für die teure Urlaubsreise, das neue Auto oder alternativ für den Kauf einer Immobilie, von Aktien, Immobilienfonds oder nicht zuletzt für eine Geldanlage.

Eine Beeinflussung des Immobilienabsatzes ergibt sich darüber hinaus auch aus der Bevölkerungsentwicklung sowie den strukturellen Veränderungen innerhalb der Wirtschaft. Insbesondere ist hierbei die Verminderung des produzierenden Gewerbes zugunsten des Dienstleistungssektors mit verstärkter Nachfrage nach Gewerbeimmobilien zu nennen.

Als ein weiterer wesentlicher auslösender Faktor von Investitionsentscheidungen im Immobilienbereich ist der jeweilige Zinssatz anzusehen. Ein weiterer Einfluß ergibt sich aus der Erwartungshaltung der potentiellen Investoren im Hinblick auf die künftige Preis- und Wertentwicklung der Immobilien. Die Nachfrager verhalten sich zumeist stark zyklisch. Bei einem Aufschwung wird i.d.R. versucht, noch auf den „fahrenden Zug" aufzuspringen, wogegen am Tiefpunkt des Zyklus noch auf weitere Preisrückgänge spekuliert wird. Antizyklische Investitionsentscheidungen demgegenüber gehen hauptsächlich von institutionellen Käufern und Fachleuten mit Marktübersicht aus.

### 1.3.2.2 Der Immobilienmarkt

Die Entwicklung des Immobilienmarktes bzw. eines Immobilienteilmarktes läuft nicht zwangsläufig parallel zu dem der Gesamtwirtschaft. Als Beispiel hierfür kann der Markt für Wohnimmobilien dienen, der trotz hervorragender Konjunktur in den achtziger Jahren bis zum Jahr 1987 im Hinblick auf die produzierten Einheiten seinen absoluten Tiefpunkt hatte. Ein überproportionales Wachstum zeigte sich dagegen Mitte bis Ende der achtziger Jahre bei den Büroimmobilien in den bundesdeutschen Ballungsgebieten. Hier wirkte sich die Zukunftserwartung auf den europäischen Binnenmarkt bereits im Vorfeld positiv aus. Generell ist festzustellen, daß Immobilienmärkte teilweise starken Schwankungen unterliegen. Dies gilt auch für die einzelnen Teilmärkte, die partiell eine gegenläufige Entwicklung vollziehen können.

Zur Verbesserung der kurz- und mittelfristigen Planung ist es auch von erheblicher Bedeutung, die vorgelagerten Wirtschaftsstufen – wie z.B. Handwerker oder Bauunternehmen – ebenso zu beobachten und zu kontaktieren wie die nachgelagerten Branchen, insbesondere Absatzhelfer (Makler, Banken, Vertriebsgruppen etc.). Die vorgelagerten Stufen stellen Veränderungen innerhalb der Branche bereits in einem frühen Stadium fest, während die nachgelagerten Stufen aktuelle Informationen aus unmittelbarer Marktnähe einbringen können.

*Arten von Immobilienteilmärkten*

In der Praxis werden die Immobilienmärkte nach der Art der vertriebenen Immobilien unterschieden. Man kann die Arten der verschiedenen Teilmärkte in folgende Einzelbereiche unterteilen:

- *Wohnimmobilien.* Beispielsweise differenziert in städtische, vorstädtische, ländliche oder Mehrfamilienhäuser, Einfamilienhäuser, Eigentumswohnungen etc.
- *Gewerbeimmobilien.* Beispielsweise differenziert in Bürogebäude, Handelsimmobilien, Freizeitimmobilien, Hotels, Gewerbeparks etc.
- *Industrieimmobilien.* Beispielsweise differenziert in Fabriken, Lagerhäuser etc.
- *Landwirtschaftliche Immobilien.* Beispielsweise differenziert in Wald, Bauernhöfe, Ackerland, Obstanbauflächen etc.
- *Spezialimmobilien.* Beispielsweise differenziert in Distributionszentren, Messen, Technologiezentren.

Jeder Immobilientyp bildet seinen eigenen Markt mit unterschiedlichen Angebots- und Nachfragestrukturen.

*Besonderheiten des Immobilienmarktes*

Die Immobilienteilmärkte, seien dies nun Wohnimmobilien, Gewerbeimmobilien oder landwirtschaftlich genutzte Immobilien, sind traditionell sehr stark lokal orientiert. Aufgrund der Vielzahl der Teilmärkte kann man auch von sogenannten *Splittermärkten* sprechen. Eine bundesweite Transparenz ist weder für Käufer noch für Nutzer in der Praxis gegeben. Nur relativ wenige überregionale Anbieter sind im Bereich der Gewerbeimmobilien am Markt. Die nominelle Zahl überregionaler Nachfrager ist ebenfalls vergleichsweise gering. Als überregionale Nachfrager im Bereich der Gewerbeimmobilien kommen vor allem sogenannte institutionelle Kapitalanleger wie Pensionsfonds, Offene und Geschlossene Immobilienfonds, Versicherungen und Pensionskassen in Frage. In geringem Umfang kann ein überregionaler Markt beispielsweise gesehen werden für Einzelhandelsimmobilien und Geschäftshäuser in erstklassigen Lagen bestimmter Großstädte oder für Bürogebäude in den Zentren und Ballungsgebieten, wobei jeweils bestimmte Lagen Voraussetzung für die überregionale Vermarktbarkeit sind.

Erst seit einigen Jahren wird durch das Auftauchen professioneller Immobilienentwicklungsunternehmen und überregional arbeitender Maklerunternehmen versucht, zumindest die Großräume in der Bundesrepublik Deutschland im Hinblick auf den Markt für bestimmte Gewerbeimmobilien transparenter zu gestalten.

In den nächsten Jahren wird sich die Markttransparenz auf dem Markt für gewerblich genutzte Immobilien weiter verbessern. Hierzu tragen zunehmend die detaillierteren Geschäftsberichte der Offenen Immobilienfonds, die Veröffentlichungen von Fachinstituten sowie Publikationen internationaler Maklerorganisationen und marketingorientierter, regionaler, professionell arbeitender Makler bei.

Demgegenüber ist der Markt für Wohnimmobilien lediglich als regionaler bzw. lokaler Markt zu verstehen. Überregionale Transparenz ist hier praktisch nicht gegeben. Relativ wenig über die individuelle Marktsituation sagen beispielsweise Berichte über Fehlbestände oder Überbestände von Wohnungen aus.

Generell kann jedoch davon ausgegangen werden, daß die Nachfrage nach Wohnraum vor allem in den attraktiven Ballungsgebieten wirksam wird. Demgegenüber scheinen die Märkte auf dem flachen Land oftmals weitgehend ausgeglichen, teilweise sogar überversorgt. Fehlsteuerungen des Marktes resultieren nicht selten aus politischen Fehlschätzungen, verbunden mit nicht zielgenauen Vorgaben bei der Wohnungsbauförderung.

Politisch motivierte Wohnungsfehlbestandsmeldungen berücksichtigen darüber hinaus nicht den sogenannten Knappheitspreis, einen an den Kosten orientierten Miet- bzw. Kaufpreis. Vielmehr geht man hier von einem wie auch immer zu spezifizierenden bezahlbaren Preis für Wohnraum aus – d.h., Wohnraum wird oftmals als Sozialgut und nicht als normales Gebrauchs- oder Investitionsgut betrachtet.

Marktveränderungen ergeben sich im Wohnungsbau, nicht zuletzt aus Veränderungen der Gesetzgebung, vor allem im Bereich der Steuergesetze, über welche in erheblichem Umfang der Wohnungsbau subventioniert wird, aber auch durch das Mietrecht. Die beiden großen Immobilienmaklerverbände VDM und RDM versuchen, durch die jährliche Herausgabe von Preisspiegeln eine bundesweite Markttransparenz sowohl bei Gewerbeimmobilien als auch im Bereich der Wohnimmobilien zu erreichen. Diese erfassen zwar nicht die individuellen Marktcharakteristika der Teilmärkte, dienen jedoch als sehr gute Anhaltspunkte für die Beurteilung des jeweiligen lokalen Immobilienmarktes.

### 1.3.3 Die Beziehung des Immobilienunternehmens zur Umwelt

Eingebettet in den gesamtwirtschaftlichen und rechtlichen Rahmen bestehen Kontakte des Immobilienunternehmens primär mit den Kunden bzw. Immobilieninteressenten, mit Baubehörden im weitesten Sinne, mit Grundstückskäufern und Verkäufern, mit Handwerkern, Architekten, Bauunternehmen, Fachingenieuren und sonstigen am Bau Beteiligten, mit Immobilienvermittlern und sonstigen Verkaufshelfern und mit den Medien. Eingeschränkte Beziehungen bestehen auch mit den Wettbewerbern des Unternehmens. Zumindest existieren diese darin, die Wettbewerber zu beobachten und im Hinblick auf deren Reaktion zu agieren bzw. auf deren Marktverhalten zu reagieren.

#### 1.3.3.1 Potentielle Kunden bzw. Kunden

Ein marktorientiertes Immobilienunternehmen muß zwangsläufig den potentiellen Kunden in den Vordergrund seiner Überlegungen stellen. Durch eine dauernde Kommunikation mit Kunden und Immobilieninteressenten ist es möglich, auf die Wünsche und Kaufmotive einzugehen und gegebenenfalls Produktveränderungen oder Produktverbesserungen vorzunehmen.

Insbesondere ist die Nachfragestruktur der jeweiligen möglichen Kunden im Detail zu erfassen. Dies wiederum setzt voraus, daß konkrete Vorstellungen darüber bestehen, wer die speziellen möglichen Kunden für ein bestimmtes Immobilienprodukt sind.

Handelt es sich beispielsweise um einen institutionellen Kapitalanleger, so könnte die mögliche Bedarfsstruktur folgende Fakten aufweisen: Gekauft werden lediglich Bürogebäude, gemisch genutzte Gebäude oder Einzelhan-delsimmobilien in erstklassigen Lagen in Städten mit mindestens 100 000 Einwohnern mit einem Kaufpreis zwischen 10 und 150 Millionen DM.

Handelt es sich dagegen bei dem Käuferkreis um Eigennutzer von Wohnim-mobilien, so spielen Fragen des Familienstandes, der Haushaltsgröße, der So-zialschicht, der Einkommensverhältnisse ebenso eine Rolle wie Käuferprä-ferenzen hinsichtlich Standort, Wohnlage, Einkaufsmöglichkeiten, Schulen etc.

### 1.3.3.2 Image

Der Einsatz des marketingpolitischen Instrumentariums wird in beträcht-lichem Maße auch durch die Einstellung der Öffentlichkeit gegenüber dem Immobilienunternehmen geprägt. Dies bedeutet, daß der Unternehmenser-folg auch durch das Image des Unternehmens gegenüber der Öffentlichkeit, insbesondere bestehend aus Medien, den kommunalen Entscheidungsträ-gern, Verbänden, Vereinen usw., getragen wird. Derartige Gruppierungen oder Institutionen können auch als Meinungsmultiplikatoren verstanden werden, die auf die potentiellen Kunden einen wesentlichen Einfluß ausüben.

Das insgesamt schlechte Image der Immobilienwirtschaft in der Bundesre-publik Deutschland, häufig gleichgesetzt mit demjenigen des Maklers, erfor-dert grundsätzlich eine auf Dauer angelegte Imagepolitik. Selbstverständ-lich ist die Wahrung absoluter Seriosität Grundvoraussetzung, um diese zu erreichen bzw. zu wahren. In der Regel wird den in der Immobilienwirtschaft tätigen Personen und Institutionen eher Mißtrauen als Vertrauen entgegen-gebracht. Ein Beispiel mag dies verdeutlichen:

Verkauft ein Elektrohändler Fernsehgeräte teurer, als er diese einkauft, so heißt dies im landläufigen Gebrauch Kalkulationsaufschlag oder Handels-spanne. Wird demgegenüber eine Immobilie teurer weiterverkauft, so wird dies als „Spekulation" bezeichnet.

Die aktive Mitarbeit des Immobilienunternehmens in den öffentlichen Gre-mien oder Institutionen kann sich demgegenüber imagefördernd bemerkbar machen.

Das Fehlen von Berufsbildern sowie beinahe jeglicher Qualifikationsvoraus-setzungen zur Ausübung von Tätigkeiten im Immobilienbereich in Deutschland – im Gegensatz zu den meisten anderen Ländern in der Europäischen Union – ermöglicht immobilienspezifische Aktivitäten durch weniger qualifizierte Personen, was dem Image der Immobilienwirtschaft in der Öffentlichkeit abträglich ist.

### 1.3.3.3 Die Wettbewerber

In der Regel existiert das Unternehmen nicht allein am Markt, sondern teilt sich diesen mit einer Vielzahl größerer oder kleinerer Wettbewerber. Eine Analyse der bestehenden Wettbewerbsverhältnisse ist unbedingte Voraussetzung für das Bestehen der Immobilienunternehmung am Markt. Zu erfassen sind hierbei primär die Wettbewerber an sich, deren Angebote, ihre wirtschaftliche Stärke, ihr Marktanteil sowie ihr Marktverhalten. In diesem Zusammenhang kann unterschieden werden zwischen den direkten Wettbewerbern, die ein gleiches oder ähnliches Angebot auf den Markt bringen wie das eigene Unternehmen, und zwischen indirekten Wettbewerbern.

Indirekte Wettbewerber bieten beispielsweise Alternativen zur Immobilie an. Sofern es sich bei dem Immobilienkauf des Kunden nicht um eine Mußentscheidung handelt, konkurriert das Immobilienunternehmen auch mit den Anbietern von z.B. Luxusgütern, Fahrzeugen, Reisen etc. Banken und Versicherungen treten in einen Wettbewerb mit den Immobilienunternehmen, wenn es beispielsweise um Kapitalanlagen bzw. um die Verwendung disponiblen Kapitals geht. Privatanbieter von Immobilien können ebenfalls als indirekte Wettbewerber des Immobilienunternehmens betrachtet werden, da das private Immobilienangebot trotz eines vergleichsweise geringen Marktanteils von zumeist deutlich weniger als 20 Prozent dem Kaufinteressenten Alternativen bietet. Zudem ist der Privatmarkt aufgrund seiner Vielschichtigkeit schwerer kalkulierbar als das von Immobilienunternehmen beanspruchte Marktsegment.

### 1.3.3.4 Marktpartner

Vielfältige Beziehungen des Immobilienunternehmens bestehen zu den *Marktpartnern* aus den verschiedensten Stufen der Immobilienentwicklung, der Bauwirtschaft und des Immobilienvertriebs. Obwohl eine Vielzahl der verschiedensten beruflichen Disziplinen an der Entstehung einer Immobilie beteiligt ist, wird der Absatz zumeist weitgehend ohne interne, absatzorientierte Kooperation der Abteilungen oder Institutionen über die Vertriebsstufe abgewickelt. Gelingt es dagegen, jedem einzelnen Beteiligten auf seiner Stufe die isolierte Betrachtungsweise zugunsten einer gesamtheitlichen Perspektive zu nehmen, so kann das vorhandene Absatzpotential wesentlich besser ausgeschöpft werden. In der Praxis, insbesondere bei den direkt am Bau Beteiligten, fehlt häufig das Bewußtsein um die Tatsache, daß nur durch den Verkauf eines Objektes die Arbeitsplätze aller am Bau Beteiligten dauerhaft gesichert werden können und insofern ein marketingorientiertes Verhalten, oder besser ein kundenorientiertes Verhalten, angebracht wäre.

Diese Marktpartner, zu denen beispielsweise die Mitarbeiter von Bauunternehmen, Generalunternehmen, Handwerker, Ingenieure oder Architekten, Grundstücksverkäufer etc. gezählt werden, können als indirekt in den Absatz eingeschaltete Personen oder Einrichtungen betrachtet werden, die durch ihre Tätigkeit und ihr Verhalten den Absatzerfolg nicht unwesentlich mitbestimmen. Demgegenüber verfolgt die Gruppe der direkt in den Absatz eingeschalteten Personen und Institutionen unmittelbar und direkt dasselbe Ziel, nämlich die tatsächliche Vermarktung der Immobilien.

Abgesehen von der unternehmenseigenen Vertriebsabteilung zählen als Marktpartner zu dieser Gruppe insbesondere Immobilienmakler, Strukturvertriebe, Banken, Versicherungsagenturen etc. Durch den Einsatz dieser sogenannten Distributionsorgane bzw. Absatzmittler läßt sich die Umschlagshäufigkeit der Objekte eines Immobilienunternehmens wesentlich erhöhen. Darüber hinaus kann das Immobilienunternehmen auch Kontakte von Funktionsträgern und Institutionen nutzen, welche nicht in die Produktions- und Absatzkette eingeschaltet sind. Hierbei können vor allem Finanzierungsinstitute, Steuerberater, Vermögensberater etc. genannt werden, welche in der Regel die Kaufentscheidungen der Kunden mitbestimmen.

### 1.3.4 Die rechtlichen Rahmenbedingungen

Einen wesentlichen Einfluß auf die Tätigkeit von Immobilienunternehmen sowie auf die Realisierung von Immobilienprojekten übt die bestehende Rechtsordnung aus. Eine Vielzahl von Gesetzen, Verordnungen oder Normen regelt die Entwicklung, den Bau und die Vermarktung von Immobilien. Bebauungspläne und Bauverordnungen geben über das Maß, die Art und den Umfang von Bauvorhaben und Nutzungen Aufschluß. Erhebliche Beeinträchtigungen einer freien Bebaubarkeit können sich auch durch Denkmalschutzbestimmungen ergeben.

Normierungen (DIN-Normen), Bauvorschriften und Baunormen regeln die Beschaffenheit und die Art der zu verwendenden Baumaterialien. Vor der Genehmigung eines Baugesuches sind häufig sämtliche Träger öffentlicher Belange, wie z.B. das Wasserwirtschaftsamt, die Umweltbehörde, Straßenbauämter, Rechtsämter, Planungsämter, die Feuerwehr usw. zu hören sowie deren Auflagen zu berücksichtigen. Die Beziehungen zu Architekten und Fachingenieuren werden üblicherweise im Rahmen der Honorarordnung für Architekten und Ingenieure (HOAI) geregelt, welche der Bedeutung eines Gesetzes gleichkommt. Bei öffentlichen Aufträgen existieren besondere Vorschriften für die Preisbildung. Die Abwicklung von Bauvorhaben, welche im Planungsstadium veräußert werden, regelt die Makler- und Bauträgerverordnung zum Schutz der Käufer. Generell können Immobilientransaktionen nur in öffentlich beglaubigter Form vorgenommen werden. Zum Schutz von Kapitalanlegern vor unseriösen Marktteilnehmern wurde der § 264a Strafgesetzbuch geschaffen, der am 1. August 1986 in Kraft trat.

Zahlreiche Einschränkungen ergeben sich auch durch das Wohnungsmietrecht, welches zum Zwecke des Mieterschutzes laufend geändert wurde. Hieraus resultiert eine wesentliche Beeinflussung dieses Marktsegmentes sowie der freien Verfügbarkeit über das Eigentum. Darüber hinaus kommen generell das Miet- und Pachtrecht bei allen übrigen Immobilien zur Anwendung.

Eine ganz wesentliche Beeinflussung des Immobilienmarktes erfolgt durch das Steuerrecht. Durch die Möglichkeit der erhöhten Abschreibung soll die Errichtung von Neubauimmobilien im allgemeinen, insbesondere aber auch die Errichtung von Wohnimmobilien oder die Erhaltung denkmalgeschützter Immobilien gefördert werden. Partiell wurde in der Vergangenheit mit den Möglichkeiten des Steuerrechts auch Konjunkturpolitik betrieben, da der Bauwirtschaft im Hinblick auf die Gesamtwirtschaft eine Initialwirkung zugewiesen wird. Die relativ niedrige steuerliche Einheitsbewertung und der außerhalb von Spekulationsfristen erzielbare steuerfreie Wertzuwachs können als weitere wesentliche Faktoren für Immobilientransaktionen angesehen werden.

Bei der Immobilienwerbung sind insbesondere das Gesetz gegen den unlauteren Wettbewerb (UWG) sowie die Preisangabenverordnung zu beachten. Einige Rechtsanwälte und sogenannte Abmahnvereine haben es sich in dubioser Weise zur Aufgabe gemacht, durch Abmahnungen von nicht der Preisangabenverordnung oder dem UWG entsprechenden Inseraten für eine buchstabengetreue Einhaltung des Gesetzestextes zu sorgen.

### 1.3.5 Umweltbedingungen in der Zukunft

Von den das Unternehmen betreffenden Einflußfaktoren aus der Umwelt läßt sich lediglich die Wirtschaftsordnung als längerfristig feststehend unterstellen. Demgegenüber kann die makro-ökonomische Entwicklung, wie auch die Entwicklung des Immobilienmarktes, zumindest kurz- bis mittelfristig vorhergesagt werden. Eine Einflußnahme des Unternehmens selbst ist diesbezüglich praktisch nicht möglich, was allerdings auch für den Wettbewerb gilt.

Wesentlich problematischer ist demgegenüber die Prognose des Kundenverhaltens, welches sich kurzfristig zuungunsten des Immobilienunternehmens bemerkbar machen kann. Auf den relativ überschaubaren Teilmärkten innerhalb der Immobilienwirtschaft lassen sich andererseits die Marktpartner wie auch die Wettbewerber bei entsprechender Vorsicht relativ gut einschätzen. Das Verhalten der potentiellen Kunden gegenüber dem Unternehmen kann in gewissem Umfang durch das Bild des Unternehmens in der Öffentlichkeit wie auch durch die Instrumente des Marketing gesteuert werden.

Mit der Unsicherheit der Veränderung bestehender rechtlicher Rahmenbedingungen (z.B. Veränderungen des Steuer- oder Bodenrechts) werden die Immobilienunternehmen immer rechnen müssen. Ein gewisser Anpassungszeitrahmen ist hierbei jedoch zumeist gegeben, da sich die öffentlichen Diskussionen in der Regel über Monate, wenn nicht Jahre hinziehen, bis ein neues Gesetz endgültig verabschiedet wird.

# 2. Informationsgewinnung in der Immobilien-wirtschaft

## 2.1 Grundlagen des Immobilien-Research

Wirtschaftliche, politische, gesellschaftliche wie auch technologische Veränderungen bestimmen das Umfeld der Immobilienwirtschaft. Die zunehmende Globalisierung der Wirtschaft, die Entwicklung von der Industrie- zur Informationsgesellschaft, die veränderten Konsumentenmuster, die Entwicklung vom Massen- zum Mikro-Markt und der Abbau der Ortsanwesenheit durch Teleshopping und Telearbeit sind nur einige ausgewählte Beispiele für die hohe Dynamik und Komplexität unserer Zeit. Zudem prägen konjunkturelle Schwierigkeiten, aber auch strukturelle Anpassungsprozesse die aktuelle wirtschaftliche Situation in Deutschland.

Den unmittelbaren Niederschlag dieser allgemeinen Entwicklung spürt die Immobilienwirtschaft u.a. in dem Wandel vom Verkäufer- zum Käufer- bzw. vom Vermieter- zum Mietermarkt. In Anbetracht hoher Leerstandsquoten, stagnierender bzw. rückläufiger Mieten, Marktsättigungserscheinungen sowie einer Verschärfung des nationalen und internationalen Wettbewerbs gewinnt auch in der Immobilienwirtschaft eine konsequente Marketingausrichtung zunehmend an Bedeutung.

Um trotz der Komplexität und der bestehenden Schwierigkeiten als Immobilien-Unternehmen langfristig bestehen zu können, müssen Informationen über Märkte, Wettbewerber und Nutzer den Ausgangspunkt eines professionellen Marketing bilden. Das Ziel der Marktforschung ist hierbei in erster Linie in einer Verbesserung des entscheidungsrelevanten Informationsstands zu sehen (vgl. Berekoven/Eckert/Ellenrieder: Marktforschung, 6. Auflage, 1993, S. 22). Denn erst die Information schafft die Voraussetzung für eine rationale Wahl zwischen unterschiedlichen Handlungsalternativen. Sie dient somit als Basis zur Entscheidungsabsicherung und zählt in den volkswirtschaftlich bedeutenden Wirtschaftszweigen zu den wichtigsten produktiven Ressourcen.

### 2.1.1 Begriff des Immobilien-Research

Unter Marktforschung versteht man die zielbewußte Untersuchung eines konkreten Teilmarktes (vgl. Hüttner, M.: Grundzüge der Marktforschung, 3. Auflage, 1977, S. 29), wobei Informationen sowohl über die Absatz- als auch über die Beschaffungsmärkte eines Unternehmens gewonnen werden. Als Immobilienmarktforschung (Market-Research) bezeichnet man somit eine mit Hilfe wissenschaftlicher Erhebungsmethoden erarbeitete, systematische und zielbewußte Erfassung und Analyse des Immobilienmarktes, also des Marktes bzw. der Teilmärkte für Grundstücke und Gebäude hinsichtlich deren Größe, Konturen und Struktur (vgl. Falk, B. [Hrsg.]: Fachlexikon Immobilienwirtschaft, 1996, S. 433).

### 2.1.2 Aufgaben und Ziele

Unternehmen, die langfristig erfolgreich am Markt agieren wollen, müssen ihr Marketingumfeld verstehen und laufend überwachen. Die Aufgaben der Marktforschung ergeben sich hierbei in erster Linie aus dem spezifischen Informationsbedarf des Marketing. Durch eine wachsende Dynamik entscheiden in der Immobilienwirtschaft immer häufiger Aktualität und Qualität der Information über den Erfolg einer Investition. Eine wesentliche Bedeutung kommt darüber hinaus auch der Identifikation vorhandener Potentiale und Marktnischen zu.

Der stark differenzierte Immobilienmarkt mit seinen sehr unterschiedlichen überregionalen, regionalen und lokalen Teilmärkten ist sowohl auf der Anbieter- als auch auf der Nachfragerseite von einer erheblichen Intransparenz geprägt. Regionale und lokale Unterschiede in der Wirtschaftsstruktur, der Lage, der Art der Produkte, der Nutzungsform und der Ausstattung sowie eine hohe und relativ unübersichtliche Anzahl unterschiedlicher Marktteilnehmer mit jeweils spezifischen Motiven sind nur einige Besonderheiten, mit denen die Immobilienmarktforschung konfrontiert wird. Markttransparenz ermöglicht in diesem Zusammenhang u.a. eine realistischere Markteinschätzung, die Vermeidung von Fehlinvestitionen und das richtige Timing eines beabsichtigten Immobilien-Development.

Insbesondere in Anbetracht einer langen Herstellungs- und Lebensdauer von Gebäuden, aber auch angesichts der Tatsache, daß es sich bei Immobilien in der Regel um schwer anpassungsfähige, kapitalintensive Produkte handelt, sind umfassende Informationen und Prognosen über mögliche Marktveränderungen im Sinne einer möglichst frühzeitigen Vermeidung von Risiken bzw. Fehlinvestitionen erforderlich.

Bedingt durch ein zunehmendes Unternehmenswachstum im Immobilienbereich und den hiermit verbundenen geminderten Kontakt mit dem Marktgeschehen ist Immobilien-Research als Informationsbrücke zwischen dem Unternehmen und dem Käufer bzw. Nutzer unumgänglich geworden. In besonderem Maße gilt dies auch für Unternehmen, die für einen anonymen Markt produzieren.

Die Bereiche des Immobilien-Research sind von einer großen Bandbreite geprägt. Zu den wesentlichen Aufgabenfeldern der Informationsgewinnung zählen in erster Linie die:

- Analyse der allgemeinen Rahmenbedingungen und deren Auswirkungen auf die Immobilienwirtschaft,
- Regionalanalyse bzw. das überregionale Immobilien-Research,
- Markt- und Standortanalyse,
- Objektanalyse,
- Wettbewerbsanalyse,
- Analyse des eigenen Unternehmens,
- Analyse der Nachfrager bzw. Nutzer,
- Erkennung und Segmentierung von Zielgruppen sowie die
- Marketingergebnisforschung.

Eng verbunden mit der Qualität und Aussagefähigkeit der Marktforschung sind die spezifische Verfügbarkeit, Zuverlässigkeit, Aktualität und Ausprägung der erhebbaren Datenbasis. Hierbei zeigen sich allerdings in Deutschland erhebliche Restriktionen, insbesondere seitens des Datenschutzes. Während sich beispielsweise in den Niederlanden eine Einsicht in das Grundbuch als unproblematisch darstellt, werden derartige Informationen in Deutschland datenschutzrechtlich geschützt und allenfalls in anonymisierten Kaufpreissammlungen der Gutachterausschüsse dargestellt. Darüber hinaus sind die amtlichen Statistiken von einer mangelnden Aktualität und groben Gebietseinteilung gekennzeichnet.

Eine weitere Einschränkung der Markttransparenz ergibt sich aus der Tatsache, daß in der Immobilienwirtschaft nicht alle Flächen einheitlich definiert sind. So besteht beispielsweise im Bürobereich bislang keine bundesweit einheitliche, allgemein anerkannte Definition der *vermietbaren Fläche*. Ein Arbeitskreis der Gesellschaft für immobilienwirtschaftliche Forschung (gif) wie auch der Deutsche Verband Chartered Surveyors haben sich zum Ziel gesetzt, den Marktteilnehmern eine verbindliche Definition an die Hand zu geben, welche auch die unterschiedlichen Parameter für die Bewertung verschiedener Immobilientypen beinhaltet.

### 2.1.3  Träger des Immobilien-Research

Trotz der immer noch bestehenden Unzulänglichkeiten im Bereich der deutschen Immobilienmarktforschung kann festgestellt werden, daß die Einsicht in die Notwendigkeit eines professionellen Research als Entscheidungsgrundlage in den letzten Jahren deutlich zugenommen hat. Dabei veranlassen die unterschiedlichsten Beweggründe eine ganze Reihe von Institutionen bzw. Marktteilnehmern dazu, im Bereich der Immobilienmarktforschung tätig zu werden. Als Träger der Immobilienmarktforschung von Bedeutung sind hierbei insbesondere zu nennen:

- große, meist überregional tätige Immobilienmakler,
- Forschungsinstitute,
- Immobilien- und Unternehmensberater,
- Hochschulinstitute,
- Projektentwickler bzw. Developer sowie
- Kreditinstitute.

Hauptgrund für die Einrichtung einer eigenen Research-Abteilung dürfte für die Immobilienmakler die Darstellung ihrer Professionalität im Immobilienbereich sein. Hilfsmittel im Rahmen dieser Öffentlichkeitsarbeit sind Marktberichte, die insbesondere von den überregional agierenden Immobilienmaklern in regelmäßigen Abständen herausgegeben werden. Die Informationsgewinnung der Immobilienmakler erfolgt vornehmlich durch sekundärstatistische Materialien sowie durch Informationen der Niederlassungen bzw. durch interne Betriebsstatistiken.

Vor dem Hintergrund teilweise deutlich voneinander abweichender Zahlen in den verschiedenen Marktberichten der Immobilienmakler wurde von der „Gesellschaft für immobilienwirtschaftliche Forschung" (gif) ein Arbeitskreis „Marktanalysen" ins Leben gerufen. Ziel einer engeren Kooperation der Immobilienmakler ist hier die Schaffung einer einheitlichen Datenbasis für die jeweiligen Marktberichte. Zu diesem Zweck haben mehrere große Maklerhäuser vereinbart, die von ihnen vermittelten Verträge in einem anonymen Verfahren zusammenzutragen und in regionalen Round-table-Gesprächen von einer neutralen Stelle auswerten zu lassen. Neben den Mietpreisen bezieht sich die Datenbasis auf die Vermietungsleistungen sowie die kurz- und mittelfristig verfügbaren Flächen. Die Initiatoren versprechen sich von diesem Verfahren einen Beitrag zu mehr Transparenz und Kompetenz (vgl. N. N.: Fehleinschätzung, in: Immobilien-Manager 12/95, S. 14).

Vor allem die Erfahrung und Kompetenz, aber auch die von vielen Auftraggebern gewünschte Unabhängigkeit, Objektivität und Neutralität sprechen für den Einsatz spezialisierter Immobilienmarktforschungsinstitute, die überwiegend im Einzelfall beauftragt werden. Besonders empfehlenswert ist ihr Einsatz bei der Begutachtung komplexer und sensibler Immobilientypen (Einkaufs- und Entertainment-Center, Hotels, Gewerbeparks).

## 2.2 Methoden der Daten- und Informationsgewinnung

Grundlage für jegliche Research-Arbeit ist die Daten- und Informationssammlung. Dabei kann die Gewinnung der Basisfakten aus vielen unterschiedlichen Quellen resultieren. Im Rahmen dieses Vorgehens wird generell zwischen der Sekundär- und der Primärforschung unterschieden.

### 2.2.1 Sekundärforschung

Im Unterschied zur Primärforschung werden bei der Sekundärforschung (Desk Research) bereits zu einem früheren Zeitpunkt und in der Regel zu einem anderen Zweck vorhandene Daten für eine spezielle Fragestellung beschafft und ausgewertet. Dabei gilt im allgemeinen der Grundsatz, bei jeder Informationsbeschaffung zunächst die Möglichkeiten der Sekundärforschung zu nutzen, da durch sie die Daten meist schneller und kostengünstiger bereitgestellt werden können (vgl. Berekoven/Eckert/Ellenrieder: Marktforschung, 6. Auflage, 1993, S. 40).

Demgegenüber sind die im Rahmen der Sekundärforschung gewonnenen Daten und Informationen nicht immer genau für die anstehende Fragestellung geeignet oder besitzen nicht den erforderlichen Aktualitäts- bzw. Detaillierungsgrad. Darüber hinaus müssen die Daten frei von subjektiven Einflüssen und Verzerrungen sein (vgl. Rogge, H.-J.: Sekundäranalysen, in: Tietz, B. et al. [Hrsg.], Handwörterbuch des Marketing, 2. Auflage, 1995, S. 2281 f.). Angaben und Informationen aus unterschiedlichen Quellen sind abzugleichen und im Kontext der allgemeinen wirtschaftlichen Entwicklung, gesellschaftlicher Trends und politischer sowie rechtlicher Hintergründe zu werten.

Bei der Sekundärforschung kann man unternehmensinterne und unternehmensexterne Informationsquellen unterscheiden. Zu den unternehmensinternen Informationsquellen zählen beispielsweise Betriebsstatistiken, Absatzstatistiken, Vertreterberichte, frühere Marktstudien und Daten aus der Kostenrechnung. Häufig erfolgt die innerbetriebliche Datensammlung bzw. -speicherung in den Unternehmen nur sehr unsystematisch. Im Sinne einer langfristigen und effektiven Informationsauswertung ist daher die Institutionalisierung im Rahmen eines Marketing-Informationssystems in Erwägung zu ziehen (vgl. Rogge, H.-J.: Sekundäranalysen, in: Tietz, B. et al. [Hrsg.], Handwörterbuch des Marketing, 2. Auflage, 1995, S. 2275).

Außerhalb des Unternehmens steht eine Vielzahl externer Quellen für die Sekundäranalyse zur Verfügung. Die nachfolgende Übersicht zeigt die wesentlichen Informationsquellen im Immobilienbereich in Verbindung mit den möglichen Anwendungsbereichen (vgl. Abb. 2.1).

## Quellen für die Sekundäranalyse

| Informationsquellen | Anwendungsbereiche |
| --- | --- |
| **2.2.1.1  Amtliche Statistiken**<br>*Statistisches Bundesamt, Wiesbaden*<br>• Statistisches Jahrbuch (jährlich)<br><br>• Wirtschaft und Statistik (Monatszeitschrift)<br>• Fachserien (Fachveröffentlichungen)<br>– *Fachserie 1:* Bevölkerung und Erwerbstätigkeit (Gebiet und Bevölkerung, Erwerbstätigkeit, Haushalte etc.) | Alle Bereiche der Immobiliemarktforschung<br><br><br><br><br>Markt- und Standortforschung, Konsumentenforschung (Anzahl und Struktur der Konsumenten, Anzahl und Struktur der Haushalte etc.) |

| Informationsquellen | Anwendungsbereiche |
|---|---|
| – *Fachserie 2:* Unternehmen und Arbeitsstätten (Kostenstrukturen im Einzelhandel, Kostenstruktur im Gastgewerbe, Arbeitsstätten-zählung etc.) | Markt- und Standortforschung, Wettbewerbsforschung etc. |
| – *Fachserie 5:* Bautätigkeit und Wohnungen (Bautätigkeit, Bestand an Wohnungen, Wohn-situation der Haushalte etc.) | Markt- und Standortforschung, Entwicklung der Bautätigkeit, Wohnungsmarktanalysen etc. |
| – *Fachserie 6:* Handel, Gastgewerbe, Reiseverkehr (Beschäftigte und Umsatz im Einzelhandel, Beschäf-tigte und Umsatz im Gastgewerbe, Einzelveröffentlichungen (z.B. Handels- und Gaststättenzählung) | Markt- und Standortforschung, Wettbewerbsforschung speziell für Handelsimmobilien, Gastronomie und Hotelimmobilien etc. |
| – *Fachserie 15:* Wirtschaftsrechnun-gen (Einzelveröffentlichung Einkommens- und Verbrauchs-stichprobe) | Konsumentenforschung im Bereich der Handelsimmobilien und der Gastronomie |
| – *Fachserie 16:* Löhne und Gehälter (Arbeitnehmerverdienste in Industrie und Handel, Angestell-tenverdienste in Industrie und Handel etc.) | Markt- und Standortforschung im Bereich der Wohn-, Handels- und Freizeitimmobilien |
| – *Fachserie 17:* Preise (Meßzahlen für Bauleistungspreise und Preisindizes für Bauwerke, Kaufwerte für Bauland etc.) | Bewertung von Immobilien etc. |
| *Statistische Landesämter* • Bevölkerung und Erwerbstätig-keit (Einwohnerzahlen, Bevöl-kerungsstand und -bewegung, Altersstruktur der Bevölkerung, Erwerbstätigkeit etc.) | Markt- und Standortforschung, Standortfaktor Bedarf (Analyse der Bevölkerungsentwicklung nach Gemeinden etc.) |

| Informationsquellen | Anwendungsbereiche |
|---|---|
| • Volkswirtschaftliche Gesamt-rechnung (Bruttoinlandsprodukt und Brutto-Wertschöpfung, z.B. nach Landkreisen) <br> • Unternehmen und Arbeitsstätten | Markt- und Regionalforschung (Analyse der ökonomischen Entwicklung etc.) |
| • Bautätigkeit, Wohnungswesen (Wohngebäude- und Wohnungs-bestandsstatistik, Baugenehmi-gungen, Baufertigstellungen etc.) | Standortforschung, Wohungsmarkt-analysen, Immobilienbewertung etc. |
| • Handel, Gastgewerbe, Fremden-verkehr (Umsatz und Beschäftigte im Einzelhandel, Unternehmens-struktur im Einzelhandel, Umsatz und Beschäftigte im Gastgewerbe, Beherbergungskapazität etc.) | Markt- und Standortforschung, Wettbewerbsforschung etc. |
| • Verbrauch (Wirtschaftsrechnun-gen, Einkommens- und Ver-brauchsstichprobe, Ausstattung privater Haushalte, Einnahmen und Ausgaben privater Haushalte etc.) | Markt- und Standortforschung (z.B. Verbrauchsausgaben nach Warenarten etc.) |
| *Kommunalstatistische Ämter* <br> • Größere Städte und Landkreise verfügen häufig über eigene statistische Ämter. <br> In zahlreichen Städten sind Stadtentwicklungsreferate und Wirtschaftsförderungs-ämter eingerichtet, die in großem Umfang über statisti-sches Material verfügen bzw. eigene Erhebungen durch-führen. | Markt- und Standortanalysen (z.B. Bevölkerungsentwicklung, Anzahl der Haushalte und Strukturen der Haushalte nach Stadtteilen, Rah-menbedingungen für Betriebe und Gewerbeansiedlung, Informationen über Bautätigkeit, Kauf- und Miet-preise, Ausweis von Baugebieten etc.) |

| Informationsquellen | Anwendungsbereiche |
|---|---|
| **2.2.1.2 Veröffentlichungen der amtlichen bzw. halbamtlichen Institutionen** | |
| • Bundesministerium für Wirtschaft (Dokumentation „Der Deutsche Binnenhandel, Veröffentlichungen der Katalogkommission", Katalog E: Handelswirtschaftliche Begriffsdefinitionen etc.) | Alle Bereiche der Immobilien-marktforschung |
| • Bundesministerium für Raumordnung, Bauwesen und Städtebau (z.B. Schriftenreihe „Städtebauliche Forschung") | Standortforschung, Stadtentwicklung |
| • Landesregierungen (Landesentwicklungsprogramme, Raumordnungsberichte etc.) | Standortforschung, politische Zielsetzungen etc. |
| • Stadtplanungsämter, Baubehörden (Flächennutzungspläne, Bebauungspläne, Generalverkehrspläne etc.) | Standortforschung, Verkehrsanalyse, politische Zielsetzungen etc. |
| • Gutachterausschüsse (Kaufpreissammlungen, Bodenrichtwertkarten) | Anhaltspunkt im Rahmen der Immobilienbewertung etc. |
| • Deutsche Bundesbank (Monatsberichte der Deutschen Bundesbank, Konjunkturlage etc.) | Standortforschung, insbesondere Standortfaktor Kaufkraft (Sparquote etc.) |
| • Öffentliche Verkehrsbetriebe (Berichte über Fahrgastaufkommen, Streckenführung etc.) | Standortfaktor Verkehr (Verkehrsfrequenzen, Verkehrsanbindung etc.) |
| • Industrie- und Handelskammern (Mitgliedszeitschriften, Sonderveröffentlichungen, Tätigkeitsbericht des Deutschen Industrie- und Handelstages [DIHT] etc.) | Alle Bereiche der Immobilien-marktforschung |
| • Kfz-Bundesamt (Bestand an Kraftfahrzeugen etc.) | Markt- und Standortforschung (Mobilität der Bevölkerung) |

| Informationsquellen | Anwendungsbereiche |
|---|---|
| • Bundesanstalt für Arbeit, Arbeitsämter (Arbeitslose, Pendlerverflechtung, Beschäftigtenstatistik) | Markt- und Standortforschung (Einzugsgebietsabgrenzung, Einschätzung der wirtschaftlichen Lage, Standortforschung im Bürobereich etc.) |

### 2.2.1.3 Veröffentlichungen der Verbände
– Auswahl –

| | |
|---|---|
| • Ring Deutscher Makler (RDM) (RDM-Betriebsvergleich, Immobilienpreisspiegel, Fachzeitschrift „Allgemeine Immobilienzeitung" etc.) | Markt- und Standortforschung (Preisentwicklung, Mietpreisentwicklung, Renditen etc.) |
| • Verband Deutscher Makler (VDM) (VDM-Preisspiegel, Fachzeitschrift „Der Grundbesitz" etc.) | Markt- und Standortforschung (Preisentwicklung, Mietpreisentwicklung, Renditen etc.) |
| • Fédération Internationale des Profession Immobilière (FIABCI) | Immobilienmarktentwicklung in Europa |
| • Confédération Européenne de l'Immobilier (CEI) | Immobilienmarktentwicklung in Europa |
| • Gesamtverband der Wohnungswirtschaft e.V. (GdW) | Wettbewerbsanalyse, Marktanalyse etc. |
| • Bundesverband Freier Wohnungsunternehmen e.V. (BFW) (Mitgliederinformationsdienst, Fachzeitschrift etc.) | Wettbewerbsanalyse, Marktanalyse etc. |
| • Zentralverband der deutschen Haus-, Wohnungs- und Grundeigentümer e.V. | |
| • Hauptverband der Deutschen Bauindustrie e.V. (Baustatistisches Jahrbuch, Bauindustrie aktuell etc.) | Entwicklung des Bauvolumens bzw. der Bauindustrie, Auftragsbestand im Baugewerbe etc. |
| • Deutscher Verband der Chartered Surveyors e.V. (DVCS) | |
| • Hauptverband des Deutschen Einzelhandels e.V. (Arbeitsberichte, Pressedienst des Handels etc.) | Alle Bereiche der Absatzforschung und der Marktforschung für Handelsimmobilien etc. |

| Informationsquellen | Anwendungsbereiche |
|---|---|
| • Bundesarbeitsgemeinschaft der Mittel- und Großbetriebe des Einzelhandels e.V. (BAG) (BAG-Nachrichten, BAG-Untersuchung Kundenverkehr) | Alle Bereiche der Absatzforschung und der Marktforschung für Handelsimmobilien, Konsumentenforschung etc. |
| • Deutsche Gesellschaft für Freizeit (DGF) (Freizeit in Deutschland etc.) | Freizeit- und Entertainment-Immobilien (Freizeitverhalten, Freizeittrends) |
| • Verband Deutscher Freizeit-Unternehmer e.V. (VDFU) | Freizeitimmobilien (Freizeitverhalten, Freizeittrends etc.) |
| • Hauptverband Deutscher Filmtheater (Geschäftsbericht, Multiplexe und Großkinos in Deutschland etc.) | Kinos, Multiplex-Kinos (Kinomarktentwicklung etc.) |
| • Deutscher Hotel- und Gaststättenverband e.V. | Marktforschung im Hotel und Gaststättenbereich |

### 2.2.1.4 Statistiken und Veröffentlichungen der allgemeinen und speziellen Wirtschaftsforschungsinstitute

– Auswahl –

| Informationsquellen | Anwendungsbereiche |
|---|---|
| • IFO-Institut für Wirtschaftsforschung, München (Konjunkturtestergebnisse, IFO-Schnelldienst, IFO-Studien zur Bauwirtschaft etc.) | Alle Bereiche der Absatz- und Marktforschung, Entwicklung des Bauvolumens etc. |
| • Deutsches Institut für Wirtschaftsforschung (DIW), Berlin | Alle Bereiche der Marktforschung |
| • Institut für Wirtschaft, Kiel | Alle Bereiche der Marktforschung |
| • Institut der deutschen Wirtschaft, Köln | Alle Bereiche der Marktforschung |
| • A.C. Nielsen GmbH, Frankfurt/Main (Handels- und Werbeforschung, Handelspanel etc.) | Marktforschung im Handelsbereich, Werbeforschung etc. |
| • Gesellschaft für Konsum-, Markt- und Absatzforschung (GfK), Nürnberg (Kaufkraft- und Umsatzkennzahlen etc.) | Markt- und Standortforschung, insbesondere Standortfaktor Kaufkraft, Marktanteilsberechnung etc. |

| Informationsquellen | Anwendungsbereiche |
|---|---|
| • Institut für Gewerbezentren (IfG), Starnberg (Markt- und Standort-analysen, Handelsstrukturanalysen, Immobilien-Fachliteratur, Shopping-Center-Dokumenta-tionen, Immobilien-Seminare und -Tagungen etc.) | Markt- und Standortforschung, insbesondere im Bereich der Handelsimmobilien etc. |
| • EuroHandelsinstitut (EHI), Köln (Europa Handelsreport, SB-Warenhaus-Report, Shopping-Center-Report etc.) | Markt- und Standortforschung, Wettbewerbsanalyse etc. |
| • Institut für Handelsforschung an der Universität zu Köln (Betriebs-vergleichsergebnisse für den Einzelhandel, Mitteilungen etc.) | Markt- und Standortforschung im Handelsbereich (insbesondere Flächenproduktivitäten und Mietkosten) |
| • BBE-Unternehmensberatung GmbH (Handelsforschung, Branchenreports etc.) | Handelsforschung, Wettbewerbs-analyse etc. |
| • Freizeit Unternehmensberatung Wenzel & Partner BDU, Hamburg | Marktforschung im Bereich der Freizeitimmobilien etc. |
| • Gesellschaft für Markt- und Absatzforschung (GMA), Ludwigsburg (Informationen zu Marktforschung und Stadtent-wicklung etc.) | Markt- und Standortforschung |
| • Institut für Stadtforschung und Strukturpolitik GmbH (IfS), Berlin (Stadt- und Regionalplanung, Wirtschaftsstrukturforschung etc.) | Markt- und Standortforschung, Prognosen des Büro- und Ge-werbeflächenbedarfs etc. |
| • Deutsches Institut für Urbanistik, Berlin | |
| • Institut für Stadt-, Regional- und Wohnforschung GmbH (GEWOS), Hamburg (Wohnungsmarktana-lysen, Mietspiegel, Büromarkt-analysen etc.) | Markt- und Standortforschung (insbesondere im Wohnungs- und Bürobereich) |

| Informationsquellen | Anwendungsbereiche |
|---|---|
| • B.A.T Freizeit-Forschungsinstitut, Hamburg (Schriften zur Freizeitforschung etc.) | Freizeitforschung (Freizeitverhalten, Freizeittrends) |
| • Institut für Fremdenverkehrs- und Freizeitforschung, Würzburg | Freizeitforschung |
| • Institut für Freizeitwirtschaft, München | Freizeitforschung |
| • Gesellschaft für immobilienwirtschaftliche Forschung e.V. (gif) (Flächendefinitionen etc.) | Freizeitforschung |
| • Münchener Institut für Markt-, Regional- und Wirtschaftsforschung, München (Regionale Marktstudien etc.) | Markt- und Standortforschung |
| • Institut für Arbeitsmarkt- und Berufsforschung (IAB), Nürnberg | Büromarktforschung etc. |

### 2.2.1.5 Veröffentlichungen und Statistiken der Marktteilnehmer

| | |
|---|---|
| • Immobilienmakler (City-Reports, Produkt-Reports, Marktberichte, Frequenzanalysen, Grundstücksangebote, Mietpreisangaben etc.) | Markt-, Standort- und Regionalforschung, Wettbewerbsanalyse (Mietpreisentwicklung, Renditen etc.) |
| • Projektentwickler (Geschäftsberichte, Produktberichte etc.) | Marktsituation, Wettbewerbsanalyse, Neubauten und Bestandsobjekte |
| • Kreditinstitute (Geschäftsberichte, Branchenberichte, Marktberichte etc.) | Markt- und Standortforschung, Wettbewerbsanalyse etc. |
| • Offene Immobilienfonds (Geschäftsberichte etc.) | Wettbewerbsanalyse |

| Informationsquellen | Anwendungsbereiche |
|---|---|
| **2.2.1.6 Veröffentlichungen der Verlage** | |
| • Nachschlagewerke und Fachliteratur | |
| • Fachzeitschriften (Immobilien-Manager, Der Facility-Manager, Facility-Management, Die Freie Wohnungswirtschaft, Der Grundbesitz, Der Langfristige Kredit, Immobilien Zeitung, Der Sachverständige, Neue Gastronomische Zeitung, Immobilien Business Manager etc. | Absatzforschung, Werbeforschung, Spezialberichte, Markttrends etc. |
| • Zeitungen (Wirtschaftsteil, Anzeigenteil) | Marktanalyse, Analyse der ökonomischen Rahmenbedingungen, Wettbewerbsforschung etc. |
| • Medienanalysen | Werbeforschung |
| **2.2.1.7 Messen – Ausstellungen – Fachtagungen** | Aktuelle Markttrends, Wettbewerbsanalyse, Produktforschung |

Abb. 2.1: Quellen für die Sekundäranalyse
Quelle: Externe Informationsquellen für die Immobilienwirtschaft im Rahmen der Sekundärforschung (Auswahl), Institut für Gewerbezentren, Starnberg 1997

Neben diesen Informationsquellen werden in zunehmendem Maße die elektronischen Medien (interne und externe Datenbanken), auf die offline oder online zurückgegriffen werden kann, an Bedeutung gewinnen. Zu den marketingrelevanten Aufgabenfeldern der externen Datenbanken gehören neben allgemeinen Wirtschafts-, Markt- und Brancheninformationen u.a. auch Wettbewerberanalysen sowie Konjunktur- und Umfeldbeobachtungen (vgl. Heinzelbecker, K: Datenbanken, in: Tietz, B. et al. [Hrsg.], Handwörterbuch des Marketing, 2. Auflage, 1995, S. 426).

Zwar ist der Einsatz dieser neuen Medien in der Immobilienwirtschaft noch als eher gering einzuschätzen, ein steigendes Datenbankangebot, ein besserer Service und eine Zunahme der allgemeinen Datenfülle werden allerdings die Nutzung derartiger Einrichtungen in Zukunft deutlich erhöhen.

Reichen die gewonnenen Informationen einer Sekundäranalyse zur Lösung der anstehenden Fragestellung nicht aus, müssen Primärerhebungen durchgeführt werden. Aber auch hierbei kann der Einsatz der Sekundärforschung für die Planung der Primärerhebung, für das allgemeine Verständnis der Problem- bzw. Fragestellung oder als Ergänzung bereits erfolgter Primärerhebungen erforderlich werden.

## 2.2.2 Primärforschung

Im Gegensatz zur Sekundärforschung werden bei der Primärforschung (Field Research) Informationen eigens für den speziellen Untersuchungszweck durch neue statistische Erhebungen unmittelbar gewonnen. Mit der Befragung und der Beobachtung unterscheidet man die grundsätzlichen Erhebungsmethoden der Primärforschung im Immobilienbereich.

### 2.2.2.1 Befragungsmethode

Die Befragung ist die am häufigsten zur Anwendung kommende Erhebungsmethode der Primärforschung (vgl. Weis/Steinmetz: Marktforschung, 2. Auflage, 1995, S. 76). Die verschiedenen Formen des Interviews teilt man ein in das persönliche Interview, die schriftliche und die telefonische Befragung. Die einzusetzende Befragungsform ist u.a. von der zur Verfügung stehenden Zeit, der Wirtschaftlichkeit und des zu untersuchenden Einzugsgebietes abhängig.

Neben einmaligen Befragungen können im Rahmen laufender Erhebungen in Form von Panels wesentliche Erkenntnisse über Entwicklungen und Trends gewonnen werden. Dabei versteht man unter einem Panel eine bestimmte gleichbleibende und repräsentative Gruppe von Personen, Haushalten, Betrieben etc., die über einen längeren Zeitraum hinweg fortlaufend oder in gewissen Abständen über den selben Gegenstand befragt wird. Eingesetzt werden Panels in erster Linie als Verbraucher- bzw. Konsumentenpanels, als Handels- und als Mediennutzerpanels auf dem Gebiet der Werbung (vgl. Green/Tull: Methoden und Techniken der Marketingforschung, 4. Auflage, 1982, S. 84 f.).

Bezüglich des zu befragenden Personenkreises zeigt sich im Immobilienbereich eine sehr differenzierte Struktur. So können Mieter bzw. Nutzer, Käufer, Investoren bzw. institutionelle Anleger, Konsumenten wie auch Experten im Mittelpunkt des Befragungsinteresses stehen.

*Mieter-, Nutzer- oder Käuferbefragung*

Für zahlreiche Marktteilnehmer können mit den effektiven bzw. potentiellen Nachfragern nach Immobilien die bedeutendsten Informationsträger ausgemacht werden. Neben den spezifischen Anforderungen der Mieter bzw. Käufer (Flächenbedarfsentwicklung, Verkehrsanbindung, Zimmeranzahl, Flächengrößen, Standortpräferenzen, Mietpreis- bzw. Kaufpreisvorstellungen, benötigte Kfz-Stellplatzanzahl, erforderliche Rastermaße, Nähe zu bestimmten Einrichtungen etc.) lassen sich zudem im Rahmen einer Befragung der Nachfrager auch Informationen über deren Erfahrungen, Motive und Einstellungen gewinnen.

*Kunden-, Besucher- oder Passantenbefragung*

Insbesondere für Handels- und Freizeitimmobilien zählt die Kunden- oder Passantenbefragung zu den wesentlichen Bausteinen einer grundlegenden Marketinganalyse. Ihr Zweck besteht in der Gewinnung und Analyse von Informationen über die effektiven wie auch potentiellen Kunden etwa einer Handels- bzw. Freizeitimmobilie. Neben der Bestimmung des Bekanntheitsgrades und des Einzugsgebietes ist in diesem Zusammenhang auch eine Analyse der Zielgruppen möglich. Darüber hinaus bietet sich hiermit die Gelegenheit, die spezifischen Stärken und Schwächen der Immobilie (Konzeption, Mietermix, Image etc.) zu analysieren.

*Haushaltsbefragung*

Der Haushalt stellt für viele Bereiche der Immobilienwirtschaft *die* wichtigste Konsumenteneinheit dar. So basieren auch individuelle Kaufentscheidungen häufig auf Gruppenentscheidungen der Familie bzw. des Haushalts. Demographische Variablen wie z.B. Alter, Beruf, Haushaltsgröße, Einkommen und Wohnort beeinflussen in erheblichem Umfang das Konsumentenverhalten der Haushaltsmitglieder und liefern Ansatzpunkte für eine Differenzierung des Marktes nach Zielgruppen (vgl. Falk, B./Wolf, J.: Handelsbetriebslehre, 11. Auflage, 1992, S. 163).

*Expertenbefragungen*

Eine Befragung ausgewählter Experten ermöglicht einen tieferen Einblick etwa in die Wirtschaftsentwicklung, die Marktsituation, die Verkehrsplanung und die Erarbeitung von Wettbewerbsprojekten, und erforderlich sind Expertengespräche insbesondere im Rahmen von Markt-, Standort- und

Tragfähigkeitsanalysen. Zu den möglichen Gesprächspartnern zählen u.a. Experten der Wirtschaftsförderungsämter, der Industrie- und Handelskammern, der Stadtplanungsämter, der Einzelhandelsverbände, der Gutachterausschüsse, der Verbände, der Architekten und der Immobilienberater.

## 2.2.2.2 Beobachtungsmethode

Die Beobachtungsmethode stellt eine zielgerichtete und systematische Erfassung von sinnlich wahrnehmbaren, objektiven Sachverhalten dar. Diese Form der Datenerfassung wird in erster Linie angewendet, um Informationen über das äußere Verhalten von Personen zu gewinnen. Im Gegensatz zur Befragung ist die Beobachtung eine Erhebungsmethode, die auch ohne die Mitwirkung einer Auskunftsperson eingesetzt werden kann (vgl. Neibecker, B.: Beobachtungsmethoden, in: Tietz, B. et al. [Hrsg.], Handwörterbuch des Marketing, 2. Auflage, 1995, S. 201).

Wird der Proband im Rahmen der Feldbeobachtung, also in der ihm gewohnten Umgebung (z.B. im Supermarkt) beobachtet, erfolgt die Laborbeobachtung in einer künstlich geschaffenen, realitätsnahen Situation (vgl. Nieschlag/Dichtl/Hörschgen: Marketing, 16. Auflage, 1991, S. 706 f.). Als Anwendungsgebiete im Bereich des Immobilien-Research kommt die Beobachtungsmethode u.a. in Frage bei der:

- Frequenzmessung (Passanten, Kraftfahrzeuge),
- Kundenforschung (Erfassung der Kundenstruktur und des Kundenverhaltens durch z.B. Kundenstruktur- und Kundenlaufanalysen),
- Konkurrenzforschung,
- Einzugsgebietsabgrenzung (amtliche Kfz-Kennzeichen der Kunden bzw. Besucher),
- Informationsverhalten (Beobachtung der Resonanz auf ein Bauschild, eine Anzeige etc.),
- Erkundung des Objektumfeldes (Nachbarbebauung Image der Wettbewerber etc.),
- Verkäuferbeobachtungen.

*Kunden- bzw. Besucherfrequenzanalyse*

Die Kundenfrequenzanalyse erlaubt eine Beurteilung der Leistungsfähigkeit und Attraktivitätswirkung einer Einzelhandels- bzw. Freizeitimmobilie. Anhand der Kenntnis des zeitlichen Verlaufs des Kundenverkehrs während des Tages (Tagesbelastungskurve), einer Woche, eines Monats und eines Jahres ermöglicht die Kundenfrequenzanalyse zudem gesicherte zentrenpolitische und konstitutive Entscheidungen. Darüber hinaus ergeben sich hierdurch Planungswerte bzw. -kennzahlen für die Errichtung neuer Zentren, vor allem auf dem Sektor der Dimensionierung der für den Besucher bestimmten Frequenzbereiche und der räumlichen Anordnung der unterschiedlichen Betriebe in der Mall. Kundenfrequenzanalysen können grundsätzlich als Vollerhebung oder Teilerhebung (Stichprobenerhebung) durchgeführt werden (vgl. Falk, B. [Hrsg.], Shopping-Center-Handbuch, 1973, S. 297 ff.).

*Kundenlaufanalyse*

Kundenlaufanalysen bieten sich insbesondere im Bereich der Handels- und Freizeitimmobilien an. Dabei wird der Kunde mittels einer verdeckten Beobachtung bei seinem Besuchsweg durch die Immobilie – vom Betreten des Gebäudes bis zum Verlassen des Geländes – *verfolgt*. Neben der durchschnittlichen Aufenthaltsdauer und der Anzahl der aufgesuchten Betriebe erhält man durch eine Kundenlaufanalyse u.a. auch Informationen über den Umfang der Kaufabschlüsse und Kaufbeträge, die Gebäudeeingangs- und Gebäudeausgangsfrequenzen und die benutzte Verkehrsmittelart (vgl. Falk, B. [Hrsg.], Shopping-Center-Handbuch, 1973, S. 307 f.). Siehe dazu Abb. 2.2.

---

### Kundenlaufanalyse im Shopping-Center
### – Beobachtungsbogen –

( 1) Beobachtername .................................................

( 2) Beobachtungstag .................................................

( 3) Nummer der Beobachtung ....................................

( 4) Beobachtungsbeginn ...........................................
      – Uhrzeit – ...................................................

( 5) Center-Eingang .................................................

( 6) Einzelbesuch:

  (a) Geschlecht

     1. weiblich ................................................ ( )

     2. männlich ............................................... ( )

  (b) Alter

     1. unter 20 Jahre ........................................ ( )

     2. 20 bis 29 Jahre ....................................... ( )

     3. 30 bis 39 Jahre ....................................... ( )

     4. 40 bis 49 Jahre ....................................... ( )

     5. 50 bis 59 Jahre ....................................... ( )

     6. 60 Jahre und älter .................................... ( )

---

( 7) Gruppenbesuch:
    (a) Erwachsen(e)r
        1. weiblich . . . . . . . . . . . . . . . . . . . . . . . . . . . . . . . . . . . . . . . . . ( )
        2. männlich . . . . . . . . . . . . . . . . . . . . . . . . . . . . . . . . . . . . . . . . . ( )
    (b) Kind(er)
        1. weiblich . . . . . . . . . . . . . . . . . . . . . . . . . . . . . . . . . . . . . . . . . ( )
        2. männlich . . . . . . . . . . . . . . . . . . . . . . . . . . . . . . . . . . . . . . . . . ( )

( 8) Kundenlauf durch das Center:

| (a) Besuchte Betriebe | (b) Aufenthaltsdauer in Minuten | (c) Kaufabschluß – ja / nein – |
|---|---|---|
| 1. . . . . . . . . . . . . . . . . | . . . . . . . . . . . . . . . . . . | . . . . . . . . . . . . . . . . |
| 2. . . . . . . . . . . . . . . . . | . . . . . . . . . . . . . . . . . . | . . . . . . . . . . . . . . . . |
| 3. . . . . . . . . . . . . . . . . | . . . . . . . . . . . . . . . . . . | . . . . . . . . . . . . . . . . |
| 4. . . . . . . . . . . . . . . . . | . . . . . . . . . . . . . . . . . . | . . . . . . . . . . . . . . . . |
| 5. Keinen Betrieb aufgesucht | . . . . . . . . . . . . . . . . . . | . . . . . . . . . . . . . . . . |

( 9) Gebäudeausgang . . . . . . . . . . . . . . . . . . . . . . . . . . . . . . . . . . . . . . . . . . .

(10) Grundstücksausgang . . . . . . . . . . . . . . . . . . . . . . . . . . . . . . . . . . . . . . .

(11) Verkehrsmittelart:
    (a) Fußgänger . . . . . . . . . . . . . . . . . . . . . . . . . . . . . . . . . . . . . . . . . . . ( )
    (b) Busbenutzer . . . . . . . . . . . . . . . . . . . . . . . . . . . . . . . . . . . . . . . . . ( )
    (c) Radfahrer . . . . . . . . . . . . . . . . . . . . . . . . . . . . . . . . . . . . . . . . . . . ( )
    (d) Motorradfahrer . . . . . . . . . . . . . . . . . . . . . . . . . . . . . . . . . . . . . . ( )
    (e) Kfz-Benutzer
        Amtl. Kennzeichen . . . . . . . . . . . . . . . . . . . . . . . . . . . . . . . . . . . . .

(12) Beobachtungsende
      –Uhrzeit – . . . . . . . . . . . . . . . . . . . . . . . . . . . . . . . . . . . . . . . . . . . .

(13) Ist die Beobachtung vom Beobachter bemerkt worden?
    (a) nicht bemerkt worden . . . . . . . . . . . . . . . . . . . . . . . . . . . . . . ( )
    (b) nicht korrekt zu bestimmen . . . . . . . . . . . . . . . . . . . . . . . . . . ( )
    (c) bemerkt worden . . . . . . . . . . . . . . . . . . . . . . . . . . . . . . . . . . . ( )

(14) Sonstige Bemerkungen des Beobachters über den Kundenlauf?

    Ort, Datum, Unterschrift: . . . . . . . . . . . . . . . . . . . . . . . . . . . . . . . . . .

**Abb. 2.2: Beobachtungsbogen einer Kundenlaufanalyse**
**Quelle: Falk, B./Wolf, J.: Handelsbetriebslehre, Landsberg/Lech, 1992**

*Informationsverhalten*

Im Bereich des Informationsverhaltens kommt die Beobachtungsmethode zur Erfassung der Informationsaufnahme und -wirkung zum Einsatz (vgl. Berekoven/Eckert/Ellenrieder: Marktforschung, 6. Auflage, 1993, S. 123). Ein verbreitetes Verfahren zur Beobachtung des Informationsverhaltens ist die Blickregistrierung. Dabei werden die Augenbewegungen einer Versuchsperson, beispielsweise im Rahmen eines Werbemittelpretests, mit einer Kamera (NAC, Eye Mark Recorder) aufgenommen und den Bildern bzw. Bildelementen z.B. einer Anzeige zugeordnet. Durch das Festhalten der spezifischen Blickverläufe, Fixationen und Blicksprünge können sodann Rückschlüsse auf die Informationsaufnahme gezogen werden (vgl. Weis/ Steinmetz: Marktforschung, 2. Auflage, 1995, S. 124 ff.).

*Konkurrenzforschung*

Vor allem im Bereich der Konkurrenzforschung ist die Beobachtungsmethode zumeist unerläßlich. Dabei läßt sich die Qualität konkurrierender Objekte respektive über Projekte im allgemeinen nur über eine eingehende Begehung bzw. Erkundungsbesuche einschätzen. Checklisten erleichtern dabei ein systematisches Vorgehen und vermeiden, daß wichtige Beobachtungskriterien vergessen werden. So kann in diesem Zusammenhang beispielsweise festgestellt werden, welche Wettbewerbsobjekte sich gut und schnell vermarkten lassen, welche Objekte von den Besuchern bzw. Kunden besonders bevorzugt, welche Werbemittel von den Wettbewerbern eingesetzt und welche Objekte neu auf den Markt kommen bzw. noch zurückgehalten werden.

## 2.3 Aufgabenbereiche des Immobilien-Research

Der Immobilienmarkt ist aufgrund einiger Besonderheiten mit keinem anderen Markt der Wirtschaft vergleichbar. Der Hauptgrund dafür ist wohl in der absoluten Standortgebundenheit zu sehen. Diese naturgegebene Immobilität bedeutet, daß man bei einer möglichen Nachfrageverschiebung das Objekt nicht in ein anderes Bedarfsgebiet transportieren kann, eine Reaktion aus dem Bestand also nicht möglich ist. In Anbetracht dieser Tatsache wird das Immobilien-Research nachfolgend anhand der geographischen Einordnung behandelt.

### 2.3.1 Regionalanalyse und überregionales Immobilien-Research

Die Regionalanalyse bzw. das überregionale Immobilien-Research, so wie es hier behandelt werden soll, hat die Aufgabe, bestehende Strukturen und Potentiale von Immobilienmärkten zu untersuchen. Die zu analysierenden Gebiete können hierbei Regionen, Volkswirtschaften, aber auch Staatenverbände sein.

#### 2.3.1.1 Bedeutung und Ziel

Die großräumige Betrachtungsweise ist insbesondere in Anbetracht einer zunehmenden Internationalisierung und Globalisierung erforderlich. Im Sinne einer strategischen Ausrichtung der Investitionsentscheidungen wird eine europäische bzw. weltweite Vermögensstreuung an Bedeutung gewinnen. Neben den Gesichtspunkten der Risikostreuung können im Rahmen einer internationalen Anlagenstreuung auch nationale Einzelmarktschwankungen frühzeitig erkannt und berücksichtigt werden. Ein weiterer Aspekt, der für die internationale Sichtweise spricht, zeigt sich in einer Verbesserung der Vermarktungschancen für Investoren, die in vielen Regionen des vereinten Europa Flächen anbieten können (vgl. Ehrlich, J.: Immobilienanlagen der deutschen Offenen Immobilienfonds, in: Gewerbe-Immobilien, Falk, B. [Hrsg.], 6. Auflage, 1994, S. 379). Sie fungieren hierbei als kompetente Ansprechpartner der europaweit agierenden Nachfrager und können in diesem Zusammenhang Synergieeffekte wahrnehmen.

Informationen, die im Zusammenhang mit einer Regionalanalyse bzw. dem überregionalen Immobilien-Research gewonnen werden können, bieten nicht nur die Grundlage einer strategischen Investitionsplanung, sondern erleichtern auch die Einordnung bzw. Bewertung einer sich daran anschließenden Makro-Analyse. Durch einen Vergleich der Ergebnisse der Makro-Analyse mit der zuvor untersuchten größeren Gebietseinheit können hierbei nicht nur Strukturunterschiede und Verflechtungen identifiziert und bewertet, sondern auch übergeordnete Entwicklungstendenzen berücksichtigt werden (vgl. Müller, J.: Methoden zur regionalen Analyse und Prognose, 1973, S. 104 f.).

#### 2.3.1.2 Untersuchungsbereiche des überregionalen Immobilien-Research

Zu den Schwerpunkten des überregionalen Immobilien-Research gehört neben einer Analyse der ökonomischen Kriterien und der allgemeinen demographischen Entwicklung auch eine Untersuchung der politischen und gesetzlichen Bedingungen. In Ergänzung der Darstellung des aktuellen Zustandes sind hierbei die Ursachen der derzeitigen Situation aufzudecken und künftige Entwicklungstrends zu prognostizieren.

*Ökonomische Rahmenbedingungen*

Der Immobilienmarkt wird in besonderem Maße von der wirtschaftlichen Entwicklung der Stadt, der Region und der Volkswirtschaft bestimmt. So ist mit einer wirtschaftlichen Prosperität in der Regel nicht nur eine verstärkte Nachfrage nach Industrie-, Gewerbe- und Büroflächen verbunden, sondern u.a. auch ein Nachfrageschub im Bereich des Wohnungsmarktes und der Handelsflächen festzustellen. Zur Abschätzung der zukünftigen Entwicklungen auf den regionalen bzw. nationalen Immobilienmärkten sind daher die Beachtung und die Analyse der ökonomischen Rahmenbedingungen von besonderer Bedeutung.

Zu untersuchen sind in diesem Zusammenhang beispielsweise das allgemeine Wirtschaftsklima, das Bruttosozialprodukt und dessen voraussichtliche Entwicklung, die Industrieproduktion, die Bauinvestitionen, die Arbeitslosenquote, die Auftragseingänge der Wirtschaft, die Auslastung der Produktionsanlagen, die Investitionstätigkeit und das Investitionsklima der Unternehmen. Weitere Daten zeigen sich im Zinsniveau, der Wechselkursentwicklung, der Entwicklung des privaten Verbrauchs, dem durchschnittlichen Nettoeinkommen und dem Vermögen der privaten Haushalte (vgl. Abb. 2.3).

Eine Voraussetzung der wirtschaftlichen Entwicklung eines Landes zeigt sich in den sogenannten Potentialfeldern. Als Bestimmungsfaktoren sind diese für den internationalen Wettbewerb von entscheidender Bedeutung. Neben den natürlichen Ressourcen, der geographischen Lage, der Ergiebigkeit des Arbeitsmarktes, den Lohnkosten, der Produktivität, der Qualität der Verkehrs- und Kommunikationsverbindungen und dem Potential der Forschungs- und Ausbildungseinrichtungen zählen hierzu u.a. auch das Vorhandensein verwandter bzw. unterstützender Branchen sowie die Inlandsnachfrage nach den Produkten und Dienstleistungen der betreffenden Branche (vgl. Manschwetus, U.: Regionalmarketing, 1995, S. 99 ff.).

Neben den Auswirkungen der wirtschaftlichen Integration in die Europäische Union wird der Wirtschaftsstandort Bundesrepublik Deutschland durch

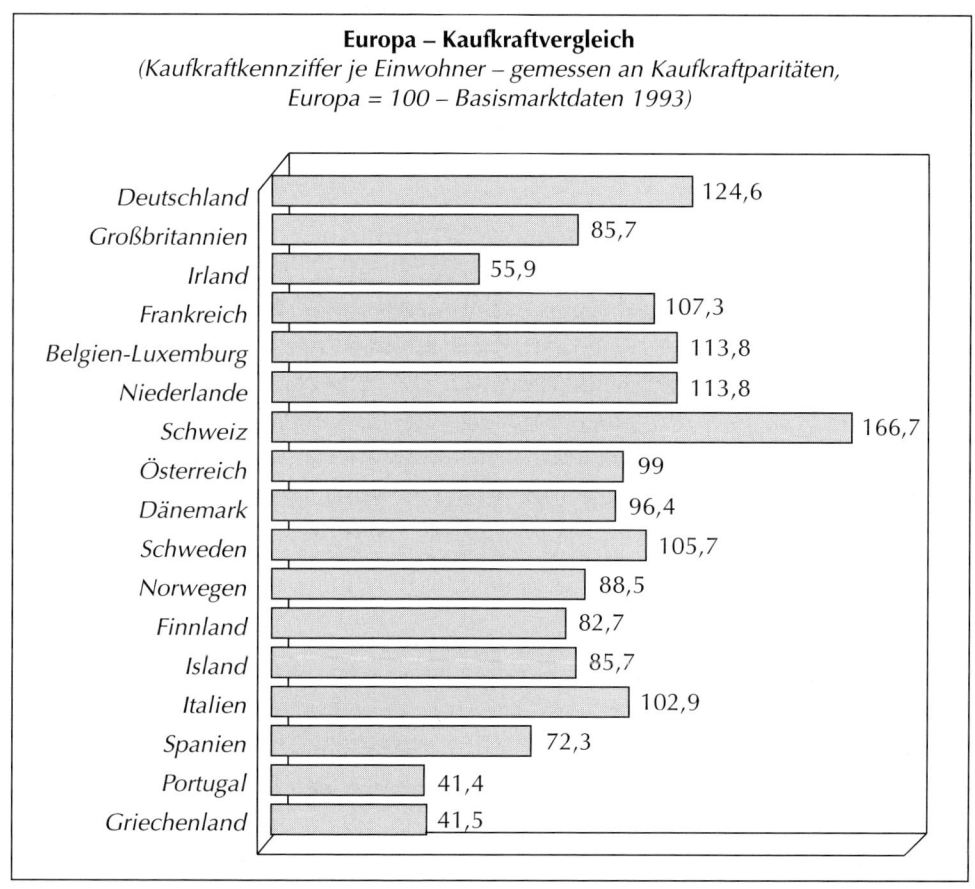

**Europa – Kaufkraftvergleich**
*(Kaufkraftkennziffer je Einwohner – gemessen an Kaufkraftparitäten,*
*Europa = 100 – Basismarktdaten 1993)*

| | |
|---|---|
| Deutschland | 124,6 |
| Großbritannien | 85,7 |
| Irland | 55,9 |
| Frankreich | 107,3 |
| Belgien-Luxemburg | 113,8 |
| Niederlande | 113,8 |
| Schweiz | 166,7 |
| Österreich | 99 |
| Dänemark | 96,4 |
| Schweden | 105,7 |
| Norwegen | 88,5 |
| Finnland | 82,7 |
| Island | 85,7 |
| Italien | 102,9 |
| Spanien | 72,3 |
| Portugal | 41,4 |
| Griechenland | 41,5 |

**Abb. 2.3: Kaufkraftvergleich – europaweit**
**Quelle: Gesellschaft für Konsum-, Markt- und Absatzforschung (GfK), Nürnberg 1993**

eine beachtliche nationale und internationale Entwicklungs- sowie Wettbewerbsdynamik und eine weltweite Arbeitsteilung beeinflußt. Dabei ist kurzfristig mit einer weiteren Auslagerung arbeitsintensiver Bereiche (Outsourcing) – vor allem in die osteuropäischen Länder – zu rechnen. Mittelfristig dürfte durch die Öffnung der Märkte Osteuropas allerdings auch die Möglichkeit der Erschließung neuer attraktiver Vermarktungschancen gegeben sein. Aufgrund dieser Tatsache wird Deutschland in Zukunft zur Drehscheibe der Wirtschafts- und Verkehrsströme in Europa werden – sowohl in Nord-Süd-Richtung als auch in zunehmendem Umfang in West-Ost-Richtung.

Im Gegensatz zu den übrigen europäischen Ländern zeichnet sich Deutschland durch eine breite und vielfältige Palette wirtschaftlich attraktiver

Städte und Regionen aus, die untereinander über ökonomische, verkehrs-
mäßige und kulturelle Beziehungen verflochten sind. Durch diese disperse
Immobilienmarktstruktur zeigt sich Deutschland in bezug auf Einzelmarktschwankungen somit sehr viel unabhängiger als z.B. Frankreich und Großbritannien.

*Demographische Entwicklungstrends*

Neben den wirtschaftlichen Rahmenbedingungen sind die demographische
Struktur und deren voraussichtliche Entwicklung zu bestimmen. Aktuelle
Zahlen zur Einwohnerzahl, zur geographischen Verteilung und Dichte, zur
Alters- und Haushaltsstruktur, zum Ausbildungsstand und zur Mobilität sind
Beispiele aus dem zu erhebenden Datenkranz. Ergänzende Informationen
ermöglichen demographisch-wirtschaftliche Strukturziffern wie etwa die
Erwerbsquote oder die Aufgliederung der Erwerbstätigen nach einzelnen
Wirtschaftsbereichen.

Die demographische Entwicklung in Deutschland ist gekennzeichnet durch
eine Strukturverschiebung im Altersaufbau der Bevölkerung zugunsten der
höheren Altersgruppen. Als hauptsächliche Ursachen können hierbei der
allgemeine Geburtenrückgang und eine Zunahme der Lebenserwartung angeführt werden. Die Auswirkungen des Alterungsprozesses auf den Altersaufbau der Bevölkerung im Jahre 2030 ist anhand der nachfolgenden Grafik
(vgl. Abb. 2.4) ersichtlich. Hervorgerufen durch die geburtenstarken Jahr-
gänge der fünfziger und sechziger Jahre zeigt sich hierbei im Jahr 2030 eine
Kopflastigkeit der 60- bis 75jährigen (vgl. Bundesministerium für Familie
und Senioren: Die Alten der Zukunft – Bevölkerungsstatistische Datenanalyse, 1994, S. 49 ff.).

Im Zuge dieser Entwicklung wird der Bedarf nach Altersruhesitzen und
-heimen, altengerechten Wohnungen bzw. neuen Wohnformen (Stichwort
„Betreutes Wohnen") auch weiter an Bedeutung gewinnen. Vorauszusehen
ist nämlich eine deutliche Zunahme der Bevölkerungsgruppe der älteren
Menschen mit mittleren und höheren Bildungsabschlüssen. Die *„jungen Alten"* zeigen sich dabei aktiver, mobiler, freizeitorientierter und in ihrer Le-
bensgestaltung selbstbestimmter als frühere Generationen. Senioren sind
aber keine homogene Gruppe, sondern müssen in Anbetracht ihrer materi-
ellen, gesundheitlichen, geistigen und sozialen Gegebenheiten sehr differenziert betrachtet werden. (Vgl. Bundesministerium für Familie und Senioren
[Hrsg.]: Erster Altenbericht der Bundesregierung 1993, S. 6)

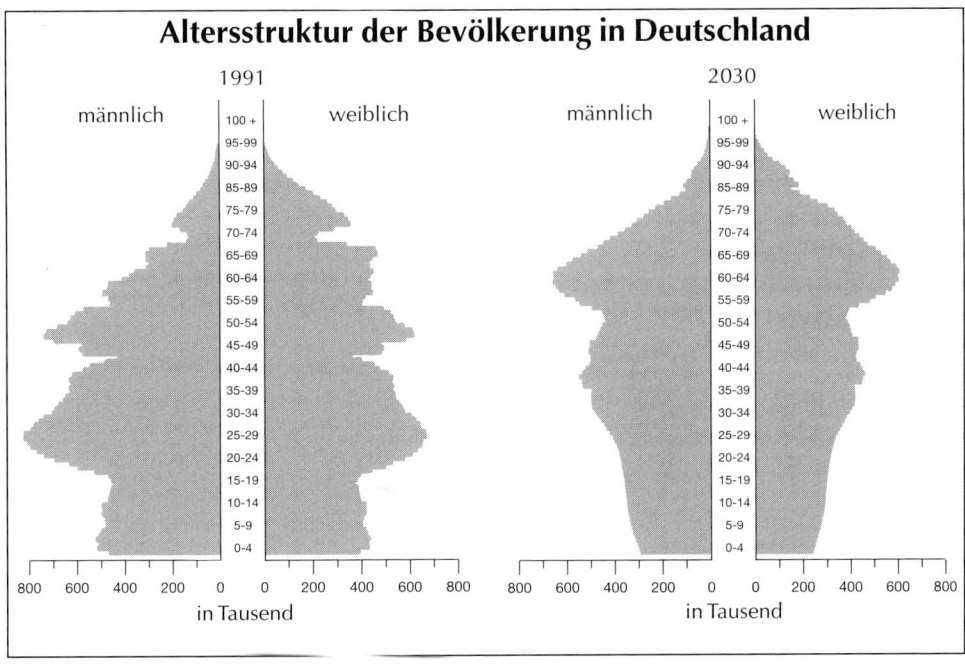

**Abb. 2.4: Bevölkerungspyramide**
**Quelle:** Statistisches Bundesamt, Bundesinstitut für Bevölkerungsforschung [Hrsg.] in: **Die Alten der Zukunft – Bevölkerungsstatistische Datenanalyse: Forschungsbericht im Auftrag des Bundesministeriums für Familie und Senioren, Stuttgart; Berlin; Köln 1994, S. 61**

Neben der Errechnung der Geburtenentwicklung und der allgemeinen Lebenserwartung müssen im Rahmen von Bevölkerungsprognosen auch die Binnen- und Außenwanderungssaldi geschätzt werden.

Im Zuge der Vereinigung der beiden deutschen Staaten, der Öffnung der osteuropäischen Länder und des Vollzugs des Europäischen Binnenmarktes entwickelte sich ein erhebliches Potential an Wanderbewegungen. Verzeichnen hierbei in den alten Ländern vor allem die großen Agglomerationen eine starke Bevölkerungszunahme, wird sich die Bevölkerungsabnahme in den neuen Ländern am stärksten auf die schon jetzt gering besiedelten Teilräume auswirken. Als Ergebnis dessen wird sich die großräumige Ungleichheit der Bevölkerungsverteilung in Deutschland verstärken und der Siedlungsdruck, insbesondere auf die großen Verdichtungsregionen in den alten Ländern, weit über die Jahrtausendwende anhalten. Im Vergleich zu 1991 werden im Jahr 2010 in den alten Ländern voraussichtlich über fünf Millionen mehr Einwohner leben, in den neuen Ländern demgegenüber rund

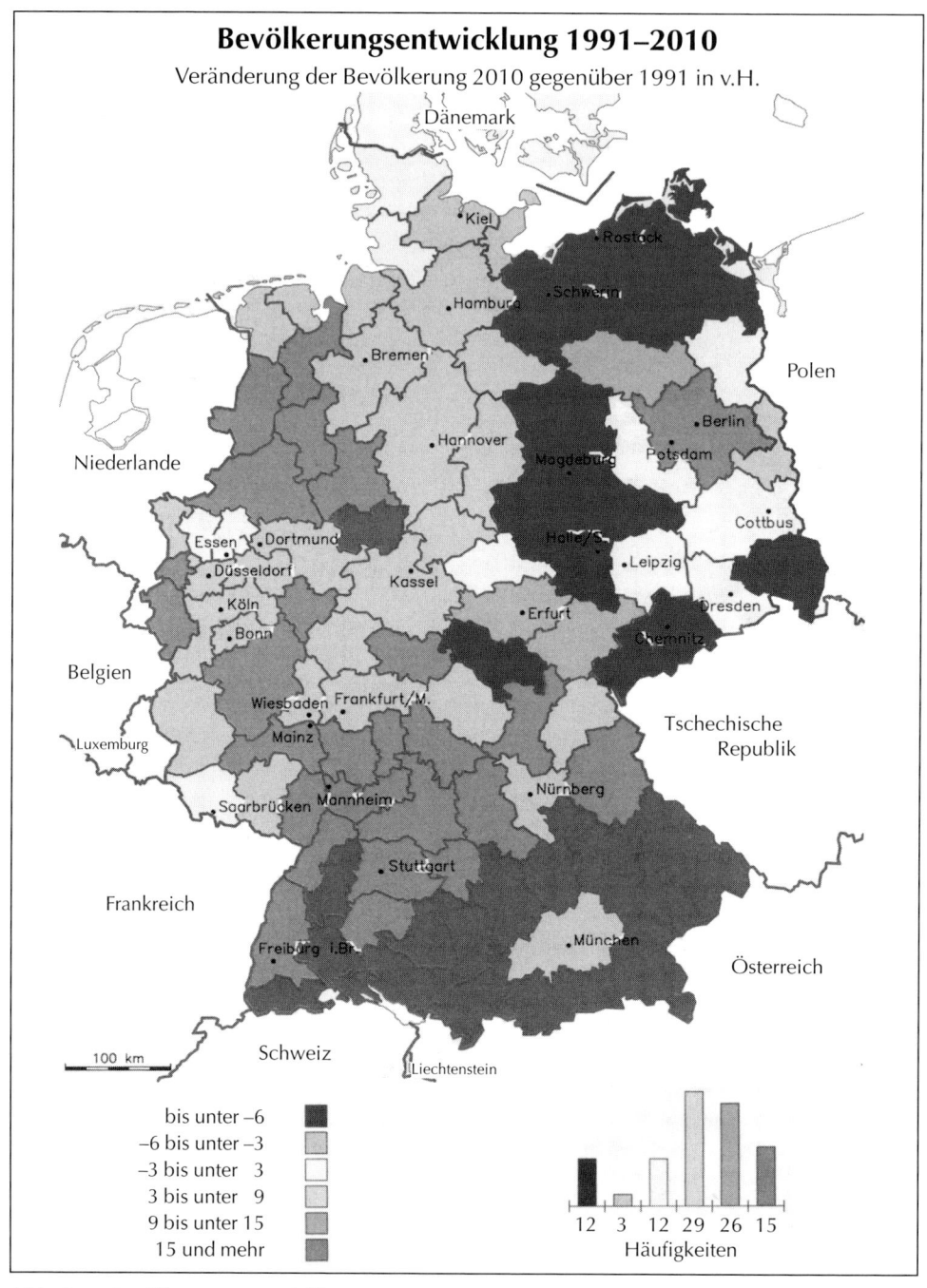

# Bevölkerungsentwicklung 1991–2010

Veränderung der Bevölkerung 2010 gegenüber 1991 in v.H.

| | |
|---|---|
| bis unter –6 | |
| –6 bis unter –3 | |
| –3 bis unter 3 | |
| 3 bis unter 9 | |
| 9 bis unter 15 | |
| 15 und mehr | |

12  3  12  29  26  15
Häufigkeiten

**Abb. 2.5: Bevölkerungsentwicklung von 1991–2010**

**Quelle:** BfLR-Bevölkerungsprognose 1991–2010 / ROP – Raumordnungsregionen, in:
Raumordnungsprognose 2010, Teilbereich Regionalisierte Bevölkerungsprognose,
Februar 1995

400.000 Einwohner weniger (vgl. Bundesforschungsanstalt für Landeskunde und Raumordnung [BfLR]: Raumordnungsprognose 2010, 1994). Siehe dazu Abb. 2.5.

Eine weitere Bevölkerungszunahme in Verbindung mit den sich abzeichnenden altersstrukturellen Veränderungen wird in den alten Ländern zu einer Zunahme der Zahl privater Haushalte führen und einen steigenden Wohnungsbedarf erzeugen. Begünstigt wird die Entwicklung durch den anhaltenden Trend zu kleineren Haushalten. So ist mittlerweile der Ein-Personen-Haushalt die meistgezählte Form in Deutschland.

Veränderungen zeigen sich aber auch in der demographisch-wirtschaftlichen Struktur. So ist Deutschland auf dem Weg in die Dienstleistungsgesellschaft. Dabei stieg der Anteil der Erwerbstätigen im tertiären Sektor in den alten Bundesländern von 47 Prozent im Jahre 1975 auf nunmehr 61 Prozent. Noch schneller vollzog sich der Wandel in den neuen Bundesländern. Arbeitete dort 1991 noch rund die Hälfte der Erwerbstätigen im tertiären Sektor, so waren es 1995 bereits 60 Prozent. Die Tertiärisierung umfaßt dabei nicht nur einen generellen Wandel der Sektoren zugunsten des Dienstleistungssektors, sondern auch die Entwicklung der Tätigkeiten innerhalb der Sektoren und Branchen. So ist insbesondere im sekundären Sektor eine deutliche Zunahme der dienstleistenden Tätigkeiten festzustellen (vgl. Grabow/Henckel/Hollbach-Grömig: Weiche Standortfaktoren, 1995, S. 91 f.).

Ein Indiz für den Strukturwandel zeigt sich auch anhand der Veränderung der Qualifikation der Beschäftigten. So ist der Anteil der Erwerbstätigen mit Hochschulausbildung an allen Erwerbstätigen mit einem berufsbildenden Abschluß von 10,9 Prozent im Jahr 1976 auf 16,6 Prozent angestiegen.

*Politische und gesetzliche Rahmenbedingungen*

Insbesondere strategische Anlageentscheidungen werden in einem hohen Maße von der politischen Stabilität beeinflußt. Zu beachten sind zudem die Restriktionen der Gesetzgebung. Neben den Bestimmungen des Mieterschutzes, der Vertragsfreiheit und der Transferierbarkeit von Investitiongewinnen sind u.a. auch die gesetzlichen Vorgaben des öffentlichen Baurechts zu beachten. Zu untersuchen sind darüber hinaus das steuerliche Umfeld und die in diesem Zusammenhang auftretenden spezifischen Auswirkungen auf die Immobilie.

In Deutschland ist eine deutliche Tendenz zur Verschlechterung der steuerlichen Rahmenbedingungen des Immobilienmarktes zu verzeichnen. Neben einer Reduzierung der Abschreibungsmöglichkeiten und einer Verminderung der Anreize zum Eigentumserwerb für Haushalte mit höherem Einkommen im Rahmen der neuen Wohneigentumsförderung werden sich die Reduzierung der Sonderabschreibungen nach dem Fördergebietsgesetz und die Erhöhung der Grunderwerbsteuer von 2 auf 3,5 Prozent negativ auf den Immobilienmarkt auswirken. In Verbindung mit der für 1999 geplanten großen Einkommensteuerreform wird darüber hinaus u.a. die Besteuerung der privaten Veräußerungsgewinne von Immobilien diskutiert (vgl. Walter, N.: Zur gesamtwirtschaftlichen Entwicklung, Vortragsmanuskript zum Immobilien-Symposium '96, S. 8).

### 2.3.1.3 Untersuchungsbereiche der Regionalanalyse

Erfolgte die Regionalforschung bislang in erster Linie im Dienste der öffentlich-rechtlichen Körperschaften, werden Regionalanalysen zunehmend auch für eine regional differenzierte Analyse des Immobilienmarktes herangezogen. In Ergänzung der Analyse der nationalen bzw. internationalen Entwicklungstendenzen gewinnt die Regionalforschung dabei erheblich an Bedeutung. Einhergehend mit dem Trend zur Globalisierung bzw. Internationalisierung der Märkte und dem Abbau zwischenstaatlicher Mobilitätsbarrieren ist damit ein Bedeutungsverlust der nationalen Grenzen verbunden. Es sind hierbei nicht mehr die Staaten, die im Wettbewerb um Arbeitskräfte, Unternehmen, Steueraufkommen, wissenschaftliche Einrichtungen, Touristen, Messen und Kulturveranstaltungen stehen, sondern die Regionen bzw. Ballungsräume haben die größte Bedeutung.

So wird ein Großteil des Bruttoinlandsprodukts eines Landes in den Ballungszentren erwirtschaftet. Den Stadtregionen kommt aber auch als Standort der Wissensproduktion und als Knotenpunkt der Unternehmensnetzwerke eine erhebliche Bedeutung zu (vgl. Thalgott, Ch.: Immobilien und Stadt, Vortragsmanuskript zum Immobilien-Symposium '94, 1994, S. 1 ff.). Verdichtungsräume bzw. Stadtregionen stehen in einem zunehmenden Leistungsaustausch, wobei dort eine stärkere räumliche Arbeitsteilung festzustellen ist. Das Ausmaß der Verflechtungen zwischen den Regionen des Bundesgebietes, aber auch innerhalb Europas, wird sich hierbei weiter erhöhen.

Auch im Rahmen der Regionalanalyse sind die Wirtschaftsstruktur, die demographischen Entwicklungstrends und die politischen Gegebenheiten zu untersuchen. Darauf aufbauend ist eine differenzierte Analyse der spezifischen Immobilienteilmärkte vorzunehmen.

*Analyse der regionalen Wirtschaftsstruktur*

Der Datenkranz zur Bestimmung der Wirtschaftsstruktur und Wettbewerbsfähigkeit einer Region setzt sich u.a. aus der Erwerbsstruktur, der Bestimmung der regionalen Branchenschwerpunkte, der Brutto-Wertschöpfung, der Einschätzung der Arbeitsmarktlage, der Arbeitslosenquote, den Netto-Einkommen der Haushalte, der Pro-Kopf-Kaufkraft, der Arbeitsproduktivität, der Einzelhandelszentralität und den Standortentscheidungen der Unternehmen zusammen.

Einen Einblick in die Wirtschaftsstruktur einer Region ermöglicht beispielsweise die Untergliederung der sozialversicherungspflichtig beschäftigten Arbeitnehmer nach Wirtschaftsbereichen im Rahmen der Beschäftigtenstatistik (vgl. Abb. 2.6).

Auch für die wirtschaftliche Prosperität und Wettbewerbsfähigkeit einer Region sind das Vorhandensein und die Qualität spezifischer *Potential-* bzw.

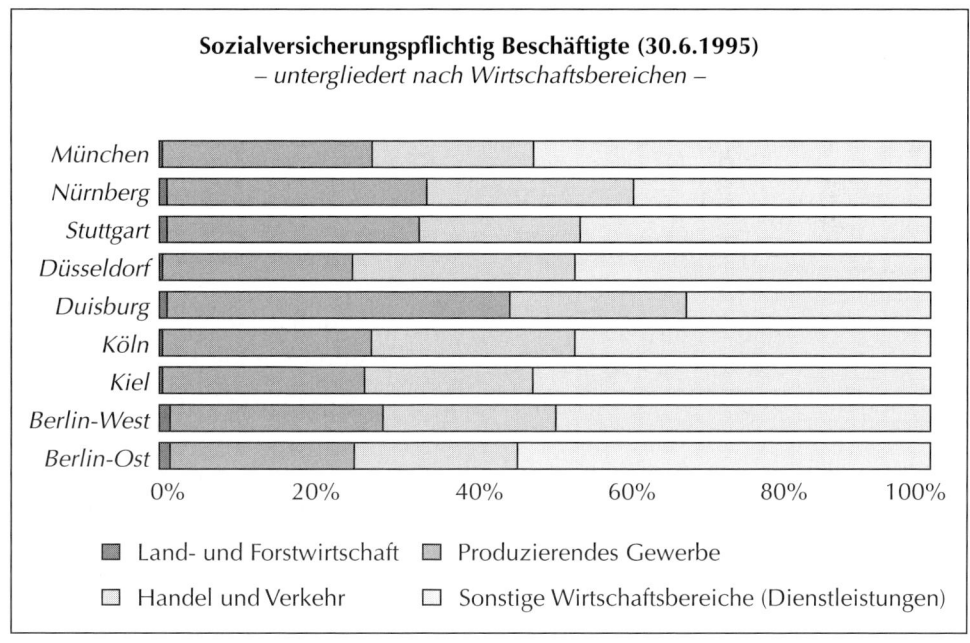

**Abb. 2.6: Sozialversicherungspflichtig Beschäftigte**
**Quelle:    Statistisches Bundesamt, Fachserie 1, Reihe 4.2.1**

*Standortfaktoren* von entscheidender Bedeutung. Zu den regional-spezifischen Standortfaktoren zählen hierbei u.a. die Umweltqualität, die infrastrukturelle Anbindung, das regionale Wirtschaftsklima, die Verfügbarkeit, Qualität und Mentalität der Arbeitskräfte, das Managementpotential der ansässigen Unternehmen, der Freizeitwert der Region, das Standortimage, die Verfügbarkeit und Konditionen von Büro- und Gewerbeflächen, die Unternehmensfreundlichkeit der kommunalen Verwaltung sowie die Wirtschaftsförderung.

Der Stellenwert der jeweiligen Standortfaktoren ist dann je nach Branche differenziert zu beurteilen. So sind beispielsweise kommunale Steuern und Abgaben und der Zugang zu Fördermitteln, insbesondere für den produzierenden Bereich, wichtig, während für Dienstleister die Flächen- und Bürokosten und das Image der Stadt überdurchschnittliche Bedeutung besitzen (vgl. Grabow/Henckel/Hollbach-Grömig: Weiche Standortfaktoren, 1995, S. 20).

Grundsätzlich kann man zwischen harten und weichen Standortfaktoren unterscheiden. Einhergehend mit einer zunehmenden Tertiärisierung der Wirtschaft – einer Entwicklung hin zum Dienstleistungssektor, einer Ausweitung der Arbeitsteilung, einem Wandel der Zeitstrukturen und einer wachsenden Qualifikation der Arbeitskräfte – ist ein Bedeutungsgewinn der weichen Standortfaktoren zu beobachten.

Nach einer Begriffsbestimmung des Deutschen Instituts für Urbanistik haben weiche Standortfaktoren, wie Wirtschaftsklima, Verhalten der öffentlichen Verwaltung etc., auf die Betriebs- oder Unternehmenstätigkeit direkte Auswirkungen, die sich aber nur schwer quantifizieren lassen bzw. durch subjektive Einschätzungen überlagert oder ersetzt werden. Die weichen Standortfaktoren können aber auch eine indirekte Auswirkung auf die Betriebs- oder Unternehmenstätigkeit haben, beispielsweise über die Arbeitsmotivation (Kulturangebot, Wohnsituation, Einkaufsmöglichkeiten etc. können hier eine Rolle spielen). In diesem Zusammenhang lassen sich mit den *weichen unternehmensbezogenen Faktoren* und den *weichen personenbezogenen Faktoren* zwei grundsätzliche Typen weicher Standortfaktoren beschreiben (vgl. Grabow/Henckel/Hollbach-Grömig: Weiche Standortfaktoren, 1995, S. 14 f.). Siehe dazu Abb. 2.7.

Ein bedeutender regionaler Standortfaktor besteht in der Qualität der Verkehrsinfrastruktur. Neben der bestehenden bzw. künftig zu erwartenden Verkehrsanbindung an das regionale bzw. überregionale Verkehrsnetz ist hierbei die allgemeine Verkehrssituation (Verkehrsüberlastung, Parkplatz-

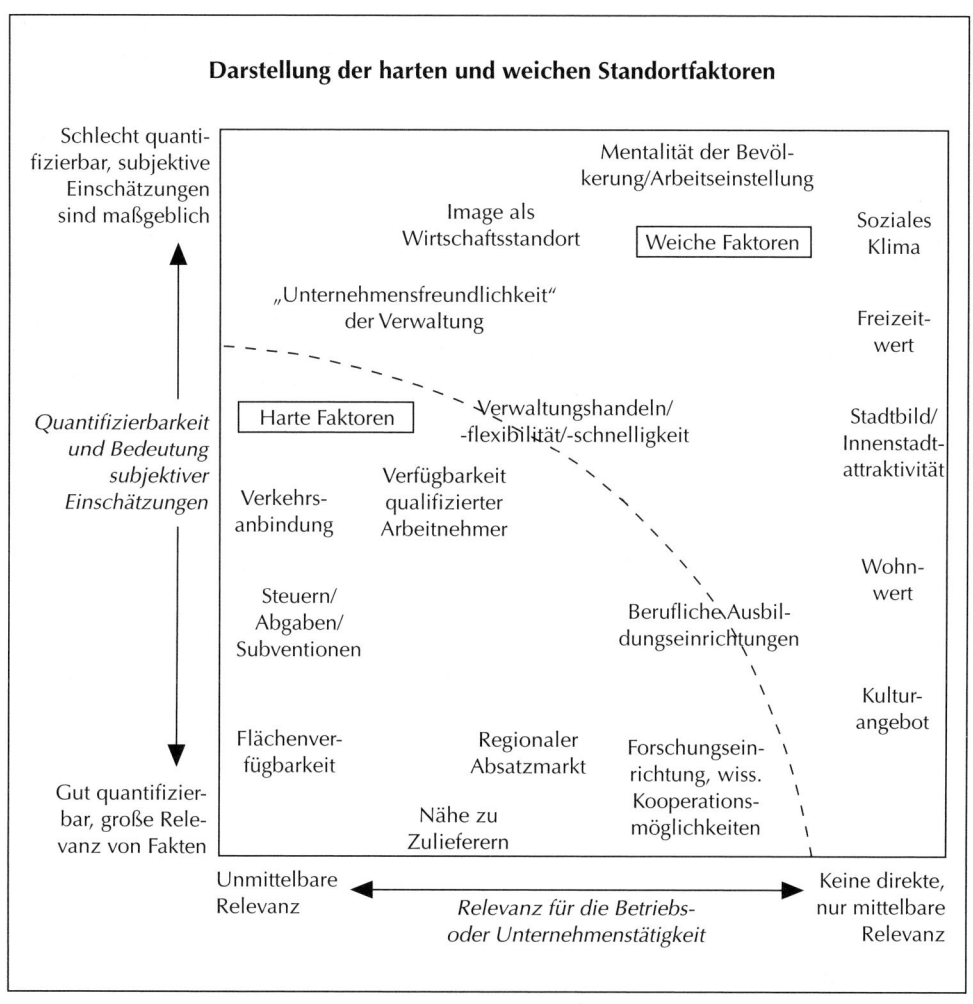

**Abb. 2.7: Standortfaktoren**

**Quelle:** Deutsches Institut für Urbanistik, in: Grabow/Henckel/Hollbach-Grömig: Weiche Standortfaktoren, Stuttgart, Berlin, Köln, 1995

angebot etc.) zu untersuchen. Hervorzuheben sind darüber hinaus die spezifischen Erreichbarkeitsverhältnisse von Region zu Region, die neben der Verkehrsanbindung natürlich auch von der geographischen Lage beeinflußt werden (vgl. Abb. 2.8).

Im Rahmen der Bewertung des Standortfaktors Verkehr ist insbesondere der zukünftige Auf- bzw. Ausbau des transeuropäischen Verkehrsnetzes zu berücksichtigen (vgl. Abb. 2.9).

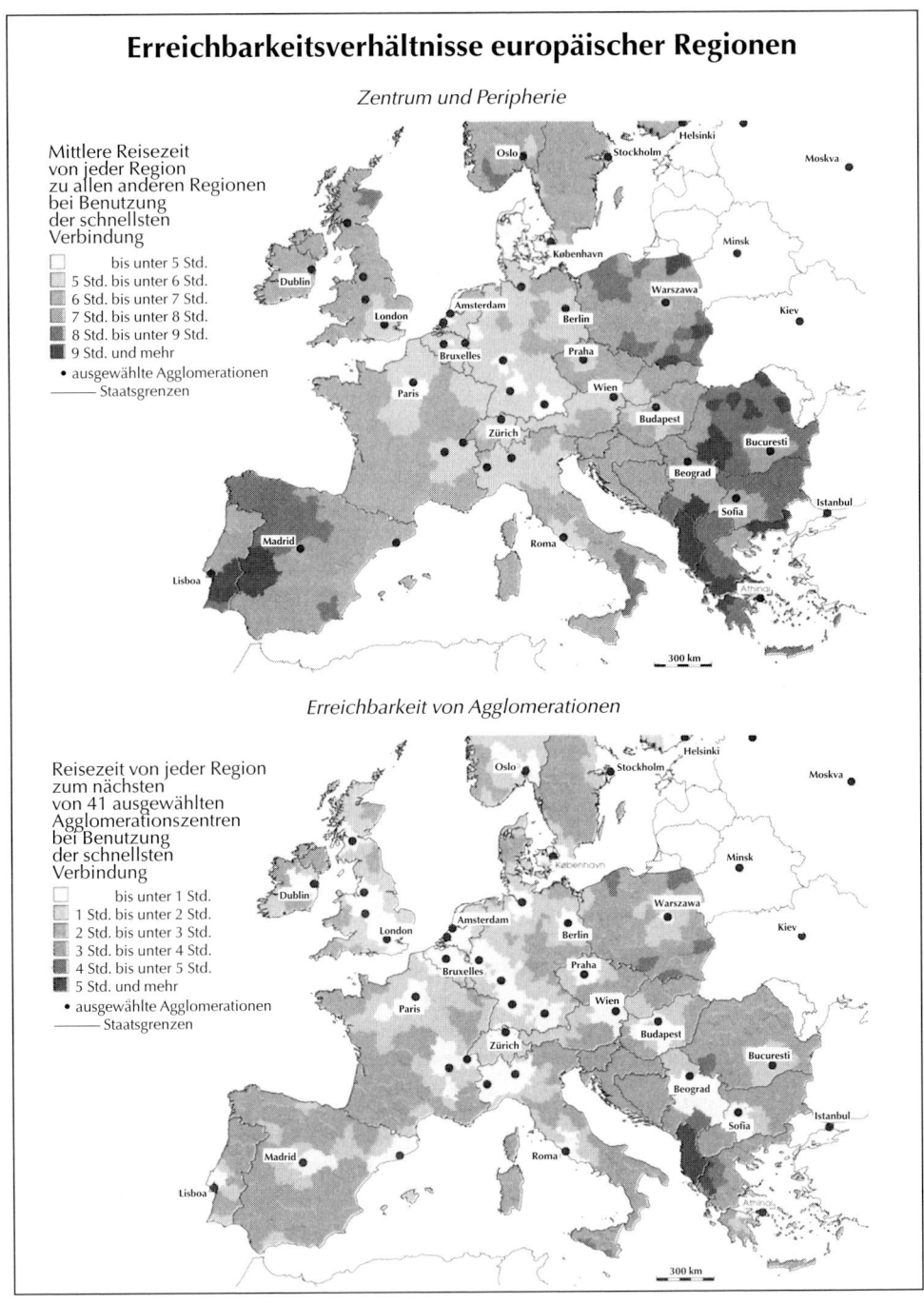

**Abb. 2.8:** Erreichbarkeitsverhältnisse

**Quelle:** Bundesministerium für Raumordnung, Bauwesen und Städtebau [Hrsg.], Grundlagen einer Europäischen Raumentwicklungspolitik, Bonn 1995, S. 19

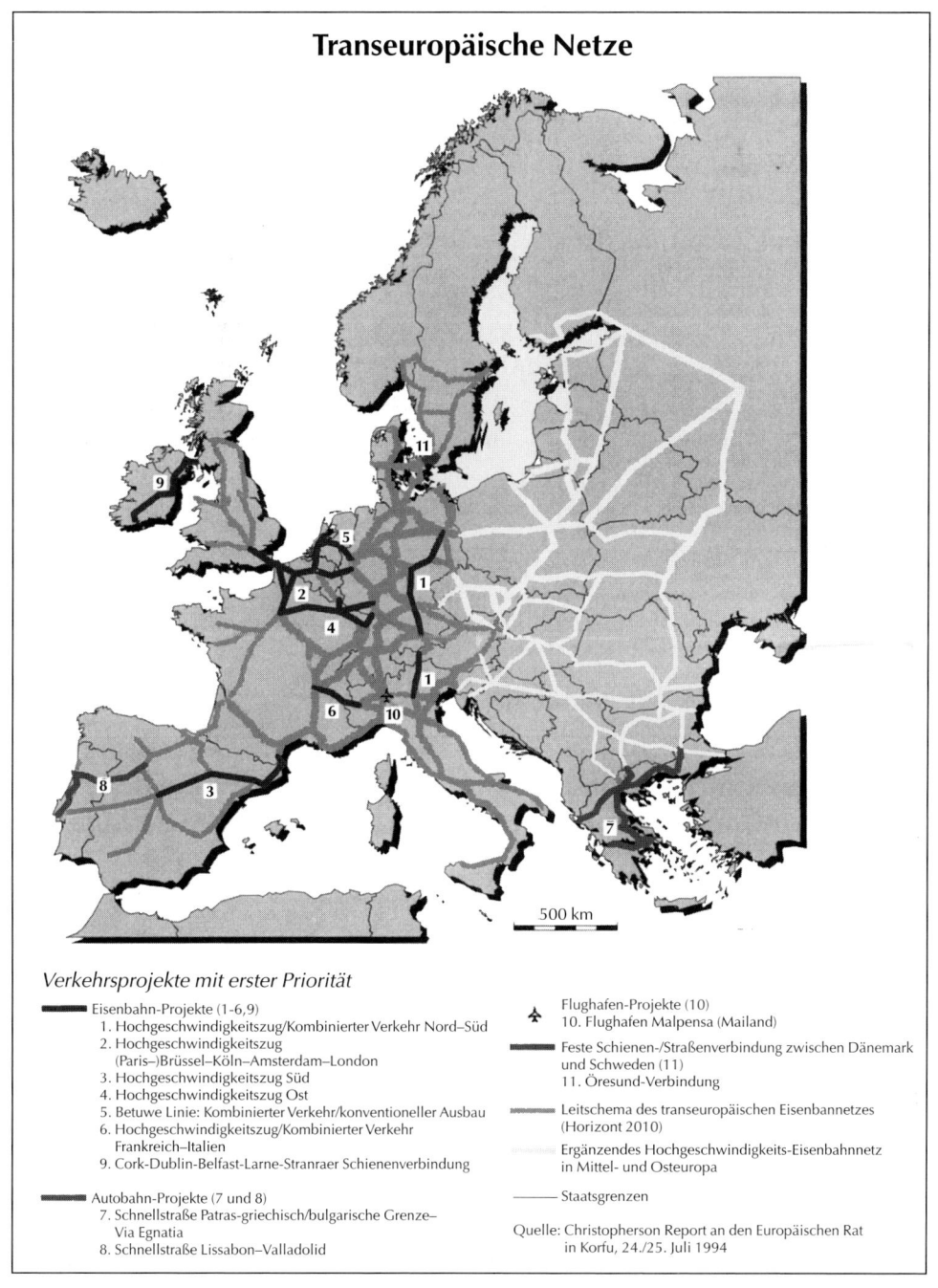

## Transeuropäische Netze

500 km

### Verkehrsprojekte mit erster Priorität

━━━ Eisenbahn-Projekte (1-6,9)
    1. Hochgeschwindigkeitszug/Kombinierter Verkehr Nord–Süd
    2. Hochgeschwindigkeitszug
       (Paris–)Brüssel–Köln–Amsterdam–London
    3. Hochgeschwindigkeitszug Süd
    4. Hochgeschwindigkeitszug Ost
    5. Betuwe Linie: Kombinierter Verkehr/konventioneller Ausbau
    6. Hochgeschwindigkeitszug/Kombinierter Verkehr
       Frankreich–Italien
    9. Cork-Dublin-Belfast-Larne-Stranraer Schienenverbindung

━━━ Autobahn-Projekte (7 und 8)
    7. Schnellstraße Patras-griechisch/bulgarische Grenze–
       Via Egnatia
    8. Schnellstraße Lissabon–Valladolid

✈ Flughafen-Projekte (10)
    10. Flughafen Malpensa (Mailand)

━━━ Feste Schienen-/Straßenverbindung zwischen Dänemark
    und Schweden (11)
    11. Öresund-Verbindung

━━━ Leitschema des transeuropäischen Eisenbannetzes
    (Horizont 2010)

    Ergänzendes Hochgeschwindigkeits-Eisenbahnnetz
    in Mittel- und Osteuropa

─── Staatsgrenzen

Quelle: Christopherson Report an den Europäischen Rat
    in Korfu, 24./25. Juli 1994

**Abb. 2.9: Transeuropäische Netze**
**Quelle: Christopherson Report an den Europäischen Rat, in: Bundesministerium für Raumordnung, Bauwesen und Städtebau [Hrsg.], Grundlagen einer Europäischen Raumentwicklungspolitik, Bonn 1995, S. 17**

Mit dem transeuropäischen Verkehrsnetz und der hiermit verbundenen Integration des Straßen-, Eisenbahn-, Binnenschiffs-, See- und Luftverkehrs sollen ein auf Dauer tragbarer Personen- und Güterverkehr unter möglichst sozial- und umweltverträglichen sowie sicherheitsorientierten Bedingungen gewährleistet werden (vgl. Amtsblatt der Europäischen Gemeinschaft: Rechtsvorschriften, 09.09.1996).

In Ergänzung der klassischen Arten der Verkehrsinfrastruktur für Personen, Güter und Energie treten zunehmend neue Formen der Kommunikationsinfrastruktur auf, deren Zugänglichkeit die zukünftige Wettbewerbsfähigkeit der Unternehmen erheblich beeinflussen wird. Begünstigt sind in diesem Zusammenhang Regionen mit den besten Infrastrukturen, wobei die Zeit und die Kosten des Netzzuganges als entscheidende Parameter anzuführen sind (Bundesministerium für Raumordnung, Bauwesen und Städtebau [Hrsg]: Grundlagen einer europäischen Raumentwicklungspolitik, 1995, S. 15).

Wettbewerbs- und Standortvorteile können sich zudem durch die Präsenz wirtschaftsnaher Infrastruktureinrichtungen wie z.B. Technologie-, Forschungs-, Innovations- und Gründerzentren einstellen (vgl. Manschwetus, U.: Regionalmarketing, 1995, S. 123).

Im Rahmen der sozialen Infrastruktur vereinigen sich in erster Linie die weichen personenbezogenen Faktoren wie das Niveau und die Qualität des Wohnens bzw. des Wohnumfelds, der Schulen und Bildungseinrichtungen, der Einkaufs- und Freizeitmöglichkeiten, der medizinischen Versorgungseinrichtungen und des Kulturangebots. Dabei ist festzustellen, daß insbesondere hochqualifizierte und mobile Arbeitskräfte durch die weichen Standortfaktoren gebunden werden können.

Ein weiterer Untersuchungsaspekt bezieht sich auf den Arbeitsmarkt. Zu analysieren sind hierbei u.a. das Arbeitspotential und die spezifische Arbeitsproduktivität in der Region, die Lohnkosten, die Pendelwanderungen, die Arbeitslosenquote und das Ausbildungsniveau der Bevölkerung.

Durch eine Analyse der Pendlersituation wird die Bedeutung bzw. Ausstrahlung einer Stadt bzw. Region ersichtlich. Insbesondere Wirtschaftsräume in der Nachbarschaft von Großstädten üben häufig eine Wohnortfunktion aus und weisen daher meist große Auspendlerüberschüsse auf. Ob eine derartige Situation im Einzelfall wirklich vorliegt oder ob sich die Auspendlerüberschüsse durch eine ungünstige Wirtschaftsstruktur im Untersuchungsgebiet erklären lassen, ist durch einen detaillierten Strukturvergleich zu analysieren (vgl. Müller, J.: Methoden zur regionalen Analyse und Prognose, 1973, S. 76 ff.).

Durch eine Gegenüberstellung der regionalen Arbeitslosenquote und der Arbeitslosenquote im Landes- bzw. Bundesdurchschnitt können nicht nur strukturschwache Gebiete oder sich abzeichnende Strukturveränderungen erkannt, sondern auch Rückschlüsse auf das zu erwartende Konsumentenverhalten geschlossen werden.

Einen Anhaltspunkt zur spezifischen Ausbildungssituation der Bevölkerung erhält man im Rahmen der Beschäftigtenstatistik auf Landkreisebene. So werden hierbei die sozialversicherungspflichtig beschäftigten Arbeitnehmer nach der Art ihrer Berufsausbildung untergliedert.

Auswirkungen auf die wirtschaftliche Attraktivität bzw. Wettbewerbsfähigkeit einer Region gehen aber auch vom staatlichen bzw. kommunalen Verhalten aus. Neben den standortabhängigen Steuern und Subventionen und den gesetzlichen Rahmenbedingungen ist hierbei die Unternehmensfreundlichkeit der kommunalen Verwaltung hervorzuheben.

Standortabhängige Steuerunterschiede auf regionaler Ebene zeigen sich durch die Festlegung unterschiedlicher Hebesätze – in erster Linie in der Grund- und der Gewerbesteuer. Empirischen Untersuchungen zufolge wird der Höhe der Grund- und Gewerbesteuer als Standortfaktor allerdings nur ein untergeordneter Stellenwert zugeordnet. Im Vergleich zu anderen Standortfaktoren, ebenfalls von eher nachrangiger Bedeutung, werden auch die auf regionaler Ebene vergebenen Subventionen und finanziellen Vergünstigungen deutlich (vgl. Manschwetus, U.: Regionalmarketing, 1995, S. 194).

Gesetzliche Rahmenbedingungen ergeben sich beispielsweise durch Planungs- und Bauvorschriften, Genehmigungsverfahren und Umweltschutzauflagen. Sowohl die unterschiedlichen gesetzlichen Regelungen selbst als auch deren differenzierte Anwendung bzw. Auslegung können eine regional wirksame Wettbewerbsbeeinflussung bewirken (vgl. Manschwetus, U.: Regionalmarketing, 1995, S. 195 f.).

Insbesondere für Groß- und Industrieunternehmen erweist sich die Unternehmensfreundlichkeit der kommunalen Verwaltung als ein relativ wichtiger Standortfaktor. Neben der Dienstleistungsorientierung wird dieser von der Flexibilität und der Kompetenz der Verwaltung sowie dem kommunalen

Wirtschaftsklima geprägt (vgl. Grabow/Henckel/Hollbach-Grömig: Weiche Standortfaktoren, 1995, S. 332).

Neben den spezifischen regionalen Potential- bzw. Standortfaktoren wird die wirtschaftliche Entwicklung einer Region aber auch durch übergeordnete Größen beeinflußt. Außer Investitionsentscheidungen multinationaler Unternehmen zählen hierzu die Leistungen der internationalen und europäischen Wirtschaft sowie die politischen Beschlüsse und Maßnahmen nationaler Regierungen und der Europäischen Kommission. Zu den Regionen mit den besten Erfolgsaussichten werden dabei diejenigen gerechnet, die neben technischen und wirtschaftlichen Dienstleistungen einzigartige internationale Funktionen vorzuweisen haben (vgl. Ehrlich, J.: Immobilienanlagen der deutschen Offenen Immobilienfonds, in: Falk, B. [Hrsg.]: Gewerbe-Immobilien, 6. Auflage, 1993).

*Analyse der regionalen Bevölkerungsstruktur und -entwicklung*

Auch auf der regionalen Ebene sind die entscheidenden Parameter der Bevölkerungsentwicklung zu erheben und im Kontext der überregionalen Entwicklungstendenzen zu werten. Neben aktuellen Zahlen zur Einwohnerzahl, zur geographischen Verteilung und Dichte und zu den Wanderungsbewegungen müssen u.a. Informationen über die Alters-, Haushalts- und Sozialstruktur herangezogen werden.

In Deutschland sind Wanderbewegungen aus den Innenstädten in das nähere und weitere Umland bzw. die „Speckgürtel" der Großstädte festzustellen. In diesem Zusammenhang verringert sich der Anteil der Großstädte am Bevölkerungs- und Beschäftigungsvolumen. Hohe städtische Boden- und Wohnpreise, erhebliche Umweltbelastungen, eine allgemeine Zunahme der Mobilität, ein Anstieg der Wohnungsansprüche und eine zunehmende Standortunabhängigkeit der Unternehmen sind nur einige Antriebskräfte dieser anhaltenden Suburbanisierung (vgl. Bundesministerium für Raumordnung, Bauwesen und Städtebau [Hrsg.]: Raumordnung in Deutschland, 1996, S. 20 ff.).

Zu beobachten ist allerdings auch ein gegenläufiger Trend: Insbesondere Personen mit einem höheren Einkommen wollen teilhaben am weitgefächerten urbanen Leben und kehren zurück in die Innenstädte, wobei sich die Wohnungswünsche in erster Linie auf sanierte Altbauten in ruhiger, sicherer, zentrumsnaher Lage konzentrieren (vgl. Becker, J.: Der Wohnungsmarkt in Deutschland, Vortragsmanuskript zum Immobilien-Symposium '96, 1996, S. 14).

Die Nachfrage auf dem Wohnungsmarkt wird im wesentlichen durch die Entwicklung der Zahl der Haushalte und ihrer Struktur beeinflußt. Neben der Eruierung der erforderlichen Wohnungsanzahl können diese Informationen auch als Planungsgrundlage zur Bestimmung der spezifischen Größenstrukturen und Ausstattungserfordernisse herangezogen werden. Aber auch für den Einzelhandel stellt der Haushalt die wichtigste Konsumenteneinheit dar. Dabei profitieren insbesondere haushaltsbezogene Branchen – wie der Handel mit Möbeln, Hausrat, Wohnungsausstattung allgemein und Unterhaltungselektronik – von dem Trend zunehmender Kleinhaushalte.

*Analyse des Immobilienmarktes bzw. ausgewählter Immobilienteilmärkte*

Nachdem die relevanten Umfeldbedingungen untersucht wurden, sind der Immobilienmarkt selbst und die ausgewählten Immobilienteilmärkte zu analysieren. Der relevante Datenkranz ist hierbei von einer großen Bandbreite geprägt und in Abhängigkeit des jeweiligen Untersuchungsbereiches zu spezifizieren.

Neben der regionalen Marktgröße, die beispielsweise anhand des Büro- oder Verkaufsflächenbestandes bestimmt werden kann, sind die projektierten Flächen, das Bauvolumen, die Zahl der erteilten Baugenehmigungen sowie die Umsätze und Kauffälle zu eruieren. Beim Wohnungsmarkt sind zudem Daten zur Anzahl, Zustand, Alter und durchschnittlichen Größe der Wohnungen zu erheben. Darüber hinaus müssen die Entwicklung der Zu- und Abgänge, der Leerstände bzw. der Leerstandsquoten, der Baukosten und Baulandpreise, der Mieten (Durchschnittsmieten/Spitzenmieten) und Preise, der Renditen (Netto-Anfangsrenditen) sowie der Wertzuwachserwartungen untersucht werden. Immer wichtiger wird zudem die Analyse der Flächenbedarfsentwicklung der Nachfrager und der spezifischen Anforderungen der Nutzer bezüglich der Objektgröße, der Aufteilung, der Ausstattung und der spezifischen Standortpräferenz (vgl. Abb. 2.10).

# Büroflächenanalyse

<table>
<tr><td>Bitte füllen Sie diesen Fragebogen aus, und senden Sie ihn bis zum XX.XX.XX an uns zurück:<br><br>*Jones Lang Wootton GmbH*<br><br>Telefon: ........ / .....................<br>Telefax: ........ / .....................</td><td>Name:<br><br>Position:<br>Firmenstempel:<br><br>Telefon-Nr.:<br>Datum:</td></tr>
</table>

1. Welcher Wirtschaftsbranche gehört Ihr Unternehmen an?....................

2. Welchen Firmenstatus hat der angeschriebene Standort?  ❏ Hauptsitz? ❏ Niederlassung?

3. Wie viele Quadratmeter Bürofläche belegen Sie am Standort?  ca.................................... m$^2$

4. Wie viele Bürobeschäftigte arbeiten am Standort?  .........................................

5. Wann wurde das Gebäude, in dem sich Ihr Büro befindet, erbaut?  .........................................

6. Wurde das Gebäude modernisiert?  ❏ ja ❏ nein  Wenn ja, wann? .....................................

7. Sind Sie Eigentümer oder Mieter Ihrer Büroflächen?  ❏ Eigentümer ❏ Mieter

8. Falls Mieter, in welche Kategorie fällt die zu entrichtende Durchschnittsmiete? (Netto-Kaltmiete/m$^2$ Bürofläche/Monat)

9. Wie schätzen Sie Ihre gegenwärtige Flächensituation ein?

❏ DM 10,00 – 19,00
❏ DM 20,00 – 29,00
❏ DM 30,00 – 39,00
❏ DM 40,00 – 49,00
❏ DM 50,00 – 59,00
❏ DM 60,00 – 69,00
❏ DM 70,00 und mehr

❏ Keine Beanstandung
❏ Fläche zu klein
❏ Fläche zu groß
❏ Standort ungeeignet
❏ Gebäudeausstattung veraltet
❏ Mietbelastung zu hoch
❏ Sonstiges .........................................................
.........................................................

10. Wie stellt sich Ihre zukünftige Flächenplanung dar?

❏ Keine Veränderung
❏ Flächenreduzierung
❏ Flächenerweiterung  Wenn ja, durch: ❏ Anmietung? ❏ Ankauf? ❏ Neubau?
❏ Diversifizierung der Standorte
❏ Konzentration an einem Standort  Wenn ja, am angeschriebenen Standort? ❏ ja ❏ nein
❏ Untervermietung

11. Welche Büroform eignet sich für Ihre Unternehmen am besten?
❏ Einzelbüros          ❏ Teambüros          ❏ Großraumbüros

12. Verfügt Ihr Unternehmen über folgende Ausstattungskriterien?
    Wie bedeutend sind sie für Ihre Branche?

|  | Schon vorhanden? | | Unbedeutend | | | | Sehr bedeutend |
|---|---|---|---|---|---|---|---|
| Flexible Raumaufteilung | ❏ ja | ❏ nein | 1 | 2 | 3 | 4 | 5 |
| Offene Kommunikationsbereiche | ❏ ja | ❏ nein | 1 | 2 | 3 | 4 | 5 |
| Doppelboden | ❏ ja | ❏ nein | 1 | 2 | 3 | 4 | 5 |
| Festinstallierte PC-Netzverkabelung | ❏ ja | ❏ nein | 1 | 2 | 3 | 4 | 5 |
| Abgehängte Decken | ❏ ja | ❏ nein | 1 | 2 | 3 | 4 | 5 |
| Vollklimatisierung | ❏ ja | ❏ nein | 1 | 2 | 3 | 4 | 5 |
| Natürliche Belüftung | ❏ ja | ❏ nein | 1 | 2 | 3 | 4 | 5 |
| Umweltfreundliche Baumaterialien | ❏ ja | ❏ nein | 1 | 2 | 3 | 4 | 5 |
| Repräsentativer Eingangsbereich | ❏ ja | ❏ nein | 1 | 2 | 3 | 4 | 5 |
| Tiefgarage/Parkplätze im/am Haus | ❏ ja | ❏ nein | 1 | 2 | 3 | 4 | 5 |
| Restaurationsmöglichkeiten im Haus | ❏ ja | ❏ nein | 1 | 2 | 3 | 4 | 5 |
| Sportmöglichkeiten im Haus | ❏ ja | ❏ nein | 1 | 2 | 3 | 4 | 5 |
| Serviceeinrichtungen im Haus (Geldautomat, Friseur etc.) | ❏ ja | ❏ nein | 1 | 2 | 3 | 4 | 5 |
| Gemeinschaftseinrichtungen im Haus (Sekretariats-, Post-, Boten-, Konferenzdienste etc.) | ❏ ja | ❏ nein | 1 | 2 | 3 | 4 | 5 |
| Sonstige:.................................................... | ❏ ja | ❏ nein | 1 | 2 | 3 | 4 | 5 |
| .................................................... | ❏ ja | ❏ nein | 1 | 2 | 3 | 4 | 5 |

13. Wie viele Jahre sind Sie bereits an Ihrem derzeitigen Standort? ............................Jahre

14. Wie bedeutend sind die folgenden Standortkriterien für Ihr Unternehmen?

|  | Unbedeutend | | | | Sehr bedeutend |
|---|---|---|---|---|---|
| Gute Erreichbarkeit mit Pkw | 1 | 2 | 3 | 4 | 5 |
| Gute Erreichbarkeit mit öffentlichen Verkehrsmitteln | 1 | 2 | 3 | 4 | 5 |
| Gute überregionale Verkehrsanbindung (Autobahnnähe) | 1 | 2 | 3 | 4 | 5 |
| Flughafennähe (generell) | 1 | 2 | 3 | 4 | 5 |
| – Tegel | 1 | 2 | 3 | 4 | 5 |
| – Tempelhof | 1 | 2 | 3 | 4 | 5 |
| – Schönefeld | 1 | 2 | 3 | 4 | 5 |
| Innenstadtnähe | 1 | 2 | 3 | 4 | 5 |
| Nähe zum Stadtteilzentrum | 1 | 2 | 3 | 4 | 5 |
| Nähe zu Angestelltenwohnungen | 1 | 2 | 3 | 4 | 5 |
| Ausreichend Restaurations- und Einkaufsmöglichkeiten | 1 | 2 | 3 | 4 | 5 |
| Image des Standortes | 1 | 2 | 3 | 4 | 5 |
| Angemessener Mietpreis | 1 | 2 | 3 | 4 | 5 |
| Andere Kriterien .......................................... | 1 | 2 | 3 | 4 | 5 |
| .......................................... | 1 | 2 | 3 | 4 | 5 |

**Abb. 2.10: Büroflächenanalyse**
**Quelle:    Jones Lang Wootton GmbH, Hamburg 1995**

Als Informationsgrundlage existiert eine Fülle von Informationsquellen und Erhebungen. Neben Markt- und Regionalanalysen spezialisierter Institute zählen hierzu u.a. amtliche Statistiken und Veröffentlichungen, die Marktberichte und City-Reports der Immobilienmakler und die Statistiken und Veröffentlichungen der Verbände.

Bei der Nutzung dieser Sekundärquellen müssen besonders die Nachvollziehbarkeit der Angaben und die methodische Vorgehensweise der Untersuchung beachtet werden. Da eine Objektivität wohl nicht immer gegeben ist, darf vor einer kritiklosen Übernahme der Daten gewarnt werden. Prognosen sind zudem unter Berücksichtigung der Prämissen und des Zeithorizonts zu werten. Die Angaben und Informationen aus unterschiedlichen Quellen sind abzugleichen und im Kontext der allgemeinen bzw. überregionalen wirtschaftlichen Entwicklung, gesellschaftlicher Trends und politischer sowie rechtlicher Hintergründe zu werten.

## 2.3.2 Markt- und Standortanalyse

Vor der Projektentwicklung, als Basis der Erschließung neuer Märkte, aber auch zur Überprüfung bestehender, insbesondere komplexer Immobilien wie Einkaufszentren, Hotels, Freizeitanlagen und Gewerbeparks, sollte eine Markt- und Standortanalyse durchgeführt bzw. in Auftrag gegeben werden. Zur Anwendung kommt die Markt- und Standortanalyse, auch im Rahmen der Bewertung bzw. Kaufpreisfindung sowie bei der Entwicklung neuer bzw. neuartiger Immobilienprodukte.

### 2.3.2.1 Aufgaben und Ziele

Der klassische Aufgabenbereich einer Markt- und Standortanalyse besteht in der Untersuchung des Makro- bzw. Mikrostandortes für ein konkretes Vorhaben bzw. ein bereits bestehendes Objekt. Steht die Analyse vor der Projektentwicklung, sind in erster Linie die Stärken, Schwächen und Restriktionen des betreffenden Standortes aufzudecken und seine spezifische Eignung für unterschiedliche Nutzungsalternativen zu identifizieren. Die Ergebnisse der Untersuchung müssen ausgewertet und als praktische Handlungs- und Umsetzungsmöglichkeiten für die anschließende Phase der Nutzungskonzeptionserstellung aufbereitet werden. Neben der Wertung der generellen Marktfähigkeit sollte beispielsweise eine Markt- und Standortanalyse für ein großflächiges Einzelhandelsprojekt u.a. die geeigneten Nutzungsbausteine darstellen. Die Dimensionierung der Flächenverhältnisse, die Berücksichtigung des Branchen-Mix und die Erarbeitung einer geeigneten Positionierungsstrategie sind ebenso zu empfehlen.

Eine ähnliche Aufgabenstellung zeigt sich bei der Überprüfung bestehender Immobilien z.B. im Rahmen einer anstehenden Objektrevitalisierung bzw. einer Erweiterungsinvestition. Da hier die Nutzungsbausteine weitgehend determiniert sind, kann die Analyse hierbei allerdings *nutzungsspezieller* durchgeführt werden.

Vor der Bearbeitung einer differenzierten Markt- und Standortanalyse wird es sinnvoll sein, die wesentlichen Beurteilungsdimensionen im Rahmen eines Kurzgutachtens, eines Quick-Look, herauszustellen. Neben der Identifikation der grundsätzlich möglichen Nutzungsalternativen kann hierdurch unter Umständen bereits erkannt werden, ob eine intensivere Auseinandersetzung bzw. eine weitere Projektentwicklung an dem betreffenden Standort überhaupt zukunftsträchtig ist.

Neben der klassischen Markt- und Standortanalyse kann auch der Fall eintreten, daß für ein spezielles Nutzungskozept (Multiplex-Kino, Einkaufszentrum, Factory-Outlet-Center etc.) ein optimaler Standort zu suchen und auszuwählen ist. Erforderlich ist hierzu allerdings die Kenntnis über die spezifischen Standortanforderungen der zu etablierenden Nutzung.

Ist die Region nicht von vornherein determiniert, sind in einem ersten Schritt (Makro-Planung) diejenigen Regionen bzw. Markträume zu ermitteln, deren Strukturmerkmale wie Bevölkerungspotential, Bevölkerungsentwicklung, Kaufkraftpotential, Wirtschaftskraft etc. den Makroanforderungen des geplanten Vorhabens entsprechen. Sind die geeigneten Regionen identifiziert, müssen adäquate Grundstücke bzw. Immobilien ermittelt werden. Eingeschränkt werden die räumlichen Optionen der Standortsuche u.a. durch gesetzliche Restriktionen. So ist beispielsweise die Standortsuche für großflächige Betriebsformen des Einzelhandels durch Regelungen der Raumordnung (Raumordnungsgesetz – ROG) und der kommunalen Bauleitplanung in erheblichem Umfange reglementiert.

Sind geeignete Standorte ausfindig gemacht, müssen diese einer detaillierten Analyse unterzogen werden. Im Rahmen der sich anschließenden Bewertung ist für jede Standortalternative zu prüfen, inwieweit die konkreten Ausprägungen der Standortfaktoren dem zugrundeliegenden Anforderungskatalog entsprechen.

Da es sich bei Investitionen im Immobilienbereich um langfristige Anlagen handelt, ist nicht nur der gegenwärtige Stand, sondern auch die zukünftige Entwicklung maßgebend. So können beispielsweise von stadtplanerischen Vorhaben – wie Straßenumlegungen, Straßenneubau, Verkehrsberuhigungen, Ausweisung neuer Fußgängerzonen etc. – sowohl erhebliche positive als auch negative Auswirkungen auf den zu untersuchenden Standort ausgehen. Zu beachten ist aber auch eine mögliche Veränderung der zukünftigen Markt- und Wettbewerbsbedingungen, z. B. durch die Planung von Wettbewerbsobjekten im Marktgebiet.

Die Ergebnisse einer Markt- und Standortanalyse sind allerdings ebenso vor dem Hintergrund der regionalen bzw. überregionalen Veränderungen sowie unter Berücksichtigung der allgemeinen Entwicklungstendenzen (Telearbeit, Teleshopping, Veränderung des Konsumentenverhaltens etc.) zu werten.

### 2.3.2.2 Untersuchungsbereiche und Verfahren der Markt- und Standortanalyse

Mit der Makro- und der Mikro-Analyse unterscheidet man zwei grundsätzliche Untersuchungsbereiche einer Markt- und Standortanalyse.

*Makro-Analyse*

Im Rahmen der Makro-Analyse wird die Immobilie, unter Berücksichtigung der wichtigsten Standortanforderungen und -bedingungen, einem geographischen Raum zugeordnet, der dann auf seine wesentlichen Eigenschaften und Potentiale untersucht wird (vgl. Knecht, R.: Fragen der Standortplanung von Shopping-Centers, 1972, S. 73). Die Untersuchungsbereiche einer Makro-Analyse beziehen sich vor allem auf die ökonomischen, sozio-demographischen, politischen und rechtlichen Rahmenbedingungen, die Infrastruktur, die Struktur und Entwicklung des relevanten Immobilienteilmarkts und der weichen Standortfaktoren.

*Mikro-Analyse*

Bei der Mikro-Analyse wird hingegen der unmittelbare Standort (Quartier, Grundstück), nach seiner endgültigen Einordnung innerhalb des Makrostandorts – auf seine wesentlichen Eigenschaften untersucht. Mit der Lage, der unmittelbaren Verkehrsanbindung, der Nachbarbebauung und dem Image des Standortes unterscheidet man die wesentlichen Untersuchungsbereiche einer Mikro-Analyse.

Markt- und Standortanalysen können sowohl individuell als auch mit Hilfe der Checklist-Methode durchgeführt werden. Im Rahmen der Checklist-Methode, die insbesondere angewendet wird, um Alternativstandorte vergleichen zu können, werden alle relevanten Standortfaktoren hier zusammengestellt und anschließend einer individuellen Bewertung unterzogen. Mit dem Ziel, eine objektivere Beurteilung der einzelnen Kriterien zu ermöglichen, bietet sich eine weitere Untergliederung in Ober- und Unterkriterien an. Neben der Unabhängigkeit der unterschiedlichen Untersuchungskriterien ist auch auf deren Überschneidungsfreiheit zu achten.

Eine Verfeinerung dieses Verfahrens ermöglichen sogenannte Scoring-Modelle. Hierbei werden die einzelnen Standortmerkmale nicht als gleichwertig angesehen, sondern abhängig von ihrer Bedeutung für das Projekt gewichtet. Zur Bestimmung der Gewichtung bietet sich als Leitbild die Definition eines idealen Standorts an (vgl. Nauer, E.: Standortwahl und Standortpolitik im Einzelhandel, 1970, S. 187). Empfehlenswert ist darüber hinaus die Durchführung von Primäranalysen, in denen beispielsweise die Nutzer von Büroimmobilien nach ihren individuellen Standortanforderungen befragt werden. Aus der Multiplikation von Bewertung und Gewichtungsfaktor erhält man sodann für jede Standortalternative eine weitgehend objektive und vergleichbare Gesamtbewertung (vgl. Abb. 2.11).

## Scoring-Methode: Beurteilung Standort Büroimmobilie
### – Beispielhafte Darstellung –

| Standortkriterien (Büroimmobilie) | Gewichtung Bewertung Ergebnis (in Prozent) | | |
|---|---|---|---|
| *Makro-Analyse* | | | |
| 1. Wirtschaftliche Bedeutung der Region | 25,0 | | |
| 2. Sozio-demographische Struktur | 5,0 | | |
| 3. Politische und rechtliche Rahmen-bedingungen | 5,0 | | |
| 4. Infrastruktur | 10,0 | | |
| 5. Weiche Standortfaktoren | 15,0 | | |
| 6. Struktur und Entwicklung des Immobilienteilmarktes | 35,0 | | |
| 7. Ressourcenverfügbarkeit | 5,0 | | |
| Gesamt | 100,0 | | |
| | | | |
| *Mikro-Analyse* | | | |
| 1. Repräsentativität/Image des Mikro-standortes, „Adresse" | 25,0 | | |
| 2. Nachbarbebauung | 15,0 | | |
| 3. Verkehrsanbindung | 25,0 | | |
| 4. Parkmöglichkeiten | 20,0 | | |
| 5. Sonstige Grundstücksfaktoren | 15,0 | | |
| Gesamt | 100,0 | | |

**Abb. 2.11: Scoring-Methode**
**Quelle:      Institut für Gewerbezentren, Starnberg, Juli 1997**

Neben der Auswahl der tatsächlich erfolgsbestimmenden Standortfaktoren bestehen die Schwierigkeiten derartiger Verfahren in der *bedeutungsgerechten* Gewichtung der unterschiedlichen Kriterien. Darüber hinaus sind eventuell bestehende Wirkungsinterdependenzen zwischen den einzelnen Standortfaktoren zu berücksichtigen (vgl. Abb. 2.12).

Nicht nur der geographische Untersuchungsraum und die zu erhebenden Untersuchungskriterien, sondern auch die anzuwendenden Methoden sind, in Abhängigkeit der angedachten Nutzung, von einer erheblichen Band-

**Teilanalyse: Unterkriterium Verkehrsanbindung**
*– Beispielhafte Darstellung –*

| Teilanalyse: Verkehrsanbindung | Leitbild (höchster Zielertrag) | Gewichtung (in Prozent) | Bewertung | Ergebnis |
|---|---|---|---|---|
| *3. Verkehrsanbindung* | | 25,0 | | |
| 3.1 Individualverkehr | | 9,0 | | |
| 3.1.1 Entfernung zur Autobahn | Distanz zur Autobahn <5 km | 2,5 | | |
| 3.1.2 Entfernung zur Bundesstraße | Distanz zur Bundesstraße <2 km | 3,0 | | |
| 3.1.3 Verkehrsfluß | keine Hindernisse (Staus, Engpässe etc.) | 3,5 | | |
| 3.2 Öffentliche Verkehrsmittel | | 12,0 | | |
| 3.2.1 Nähe zum Bahnhof | Distanz zum Bahnhof <500 m | 2,5 | | |
| 3.2.2 Bedeutung des Bahnhofes | intern. Bedeutung/ICE-Anbindung | 2,5 | | |
| 3.2.3 Nähe zur U-Bahn/S-Bahn | Distanz <500 m | 2,5 | | |
| 3.2.4 Nähe zur Bushaltestelle | Distanz <500 m | 1,0 | | |
| 3.2.5 Taktfrequenz der U-/S-Bahn | min.5-Minuten-Takt | 2,5 | | |
| 3.2.6 Buslinien im Umkreis | mehr als 5 Linien im 500-Meter-Radius | 1,0 | | |
| 3.3 Flugverbindung | | 4,0 | | |
| 3.3.1 Flughafennähe (Erreichbarkeit) | Distanz zum Flughafen <10 km | 2,0 | | |
| 3.3.2 Bedeutung des Flughafens | Großflughafen mit intern. Bedeutung | 2,0 | | |

Abb. 2.12:  Teilanalyse
Quelle:  Institut für Gewerbezentren, Starnberg, Juli 1997

breite geprägt. Während beispielsweise im Rahmen einer geplanten großflächigen Einzelhandelsnutzung in erster Linie das Bevölkerungs- und Kaufkraftpotential im Einzugsgebiet, die Wettbewerbssituation im Marktgebiet
und die Qualität der dortigen Verkehrsanbindung zu berücksichtigen sind,
sind bei einer geplanten Wohnnutzung u.a. die Zahl der Haushalte und deren
Entwicklung, die Infrastruktur und das Vorhandensein sicherer Arbeitsplätze zu untersuchen. In Anbetracht dieser Unterschiede soll im folgenden
die Vorgehensweise einer Markt- und Standortanalyse am Beispiel der Handelsimmobilie und der Büroimmobilie charakterisiert werden.

### 2.3.2.3 Die Markt- und Standortanalyse für Handelsimmobilien

Zu Beginn einer Markt- und Standortanalyse im Handelsbereich steht eine
Begutachtung der ökonomischen Rahmenbedingungen. In Ergänzung der
Regionalanalyse sind die relevanten wirtschaftlichen Kenngrößen hierbei al-
lerdings differenziert für die einzelnen Teilräume zu analysieren.

Neben der Bestimmung der aktuellen Situation ist die Erforschung der
zukünftigen Entwicklung von besonderer Bedeutung. Man muß hier daher
auch die Qualität der Standortfaktoren, wie Infrastruktur, Freizeitwert,
Standortimage und das allgemeine Wirtschaftsklima, berücksichtigen.

*Definition des Marktgebietes*

Das Marktgebiet eines Einzelhandelsvorhabens wird in erster Linie durch
die Größe und spezifische Nutzung bzw. den Betriebstyp (Einkaufszentrum,
SB-Warenhaus, Fachmarkt etc.) bestimmt. Das Marktgebiet sollte dabei so
groß gewählt werden, daß alle relevanten Wettbewerbsstandorte darin enthalten sind. Zu diesen relevanten Wettbewerbsstandorten sind hierbei alle
Standorte zu zählen, die das Einzugsgebiet und die Bindungsquoten des zu
untersuchenden Einzelhandelsvorhabens beeinflussen.

*Strukturdaten des Einzelhandels im Marktgebiet*

In einem ersten Schritt sind der Flächenbestand und die spezifische Einzelhandelsstruktur im Marktgebiet zu bestimmen. Neben einer differenzierten
Erhebung der Einzelhandelsstruktur nach Betriebstypen (Kauf- und Warenhäuser, Verbrauchermärkte, SB-Warenhäuser, Fachmärkte etc.) bietet sich
eine Differenzierung nach Branchen (Bekleidung/Schuhe, Gesundheits-/
Körperpflegebedarf, Technikbedarf/Unterhaltungselektronik etc.) an. Mög-

94

lich sind im Rahmen dieser Analyse auch eine Bestimmung der unterschiedlichen Lagequalitäten im Marktgebiet und eine Aufnahme des Filialisierungsgrades und des Flächenleerstandes.

Eine Bestimmung der Einzelhandelsstruktur (differenziert nach Wirtschaftszweigen) ist auch anhand der Ergebnisse der Handels- und Gaststättenzählung (HGZ) gegeben. Als *allumfassende* Bestandsaufnahme des Handels und des Gastgewerbes wurde sie bisher in den Jahren 1960, 1976, 1979, 1985 und schließlich im Jahr 1993 durchgeführt.

*Analyse der Wettbewerber – Konkurrenzanalyse*

Zur Bestimmung des Einzugsgebietes, zur Beurteilung der nachhaltigen Qualität eines Vorhabens und zur Abschätzung der zukünftigen Entwicklungen bilden Informationen über die bestehenden bzw. zukünftigen Wettbewerber im Marktgebiet eine wichtige Schlüsselgröße. Darüber hinaus können hierdurch bestehende bzw. zukünftig zu erwartende Versorgungslücken identifiziert werden.

Der Standortfaktor „Konkurrenz" wirkt dabei erfahrungsgemäß standortpolitisch in zwei Richtungen. Die Konkurrenzverhältnisse üben dabei je nach Branche, Betriebsform und räumlicher Nähe einen unterschiedlichen Einfluß auf dessen Wertigkeit aus. Positive Effekte ergeben sich, wenn eine Absatzagglomeration vorliegt, die zu einer Erhöhung sowohl des Gruppenumsatzpotentials als auch des betriebsindividuellen Umsatzpotentials führt. Durch eine räumliche Konzentration ergänzender und teilweise miteinander im Wettbewerb stehender Betriebe auf engstem Raum wird hierbei eine besonders kundenanziehende Wirkung erzielt.

Ist demgegenüber das Gruppenumsatzpotential als konstant einzustufen, nehmen mit einer steigenden Konkurrenzintensität die betriebsindividuellen Umsatzpotentiale ab. In diesem Zusammenhang wird die Absatzagglomeration zum negativen Standortfaktor. Insbesondere Anbieter von Waren des täglichen Bedarfs (Super- und Verbrauchermärkte) neigen zur Konkurrenzevitation, das heißt, Betriebe vermeiden die Nähe von strukturell gleichartigen Wettbewerbern (vgl. Falk, B./ Wolf, J.: Handelsbetriebslehre, 11. Auflage, 1992, S. 300 ff.).

Neben Primärerhebungen (Begehungen, Besichtigungen, Expertengespräche z.B. bei den Industrie- und Handelskammern, den Einzelhandelsverbänden und ortsansässigen Immobilienmaklern) erfolgt die Informationsbeschaffung anhand der Auswertung von Sekundärstatistiken. Im Rahmen einer ergänzenden Konsumentenbefragung ist darüber hinaus eine Beantwortung qualitativer Fragen (Einkaufspräferenzen, Image der Wettbewerber etc.) möglich. Die Konkurrenzanalyse für ein SB-Warenhaus kann sich u. a. auf die in Abb. 2.13 dargestellten Informationen erstrecken:

## Konkurrenzanalyse
*– Beispielhafte Darstellung –*

| Name und Anschrift des Wettbewerbers | | | |
|---|---|---|---|
| • Standortverhältnisse<br>  (isolierter Standort/Agglomeration)<br>• Erreichbarkeit/Verkehrsanbindung<br>• Betriebsgröße gemessen an:<br>  – Verkaufsfläche<br>  – Geschäftsfläche<br>  – Umsatz bzw. Umsatzgrößenklasse<br>  – Zahl der Beschäftigten<br>• Flächenproduktivität<br>  (Umsatz pro m² Verkaufsfläche)<br>• Zahl der Kassen/check-outs<br>• Zahl der Parkplätze<br>• Preisstrukturen<br>• Sortimentsstrukturen<br>• Warendarbietung<br>• Werbepolitik/Werbeintensität<br>  (Zeitungsanzeigen, Prospekte etc.)<br>• Erscheinungsbild des Betriebes<br>  – Äußere Ladenfrontgestaltung<br>  – Innere Verkaufsraumgestaltung<br>• Konzessionäre<br>  (Anzahl, Qualität etc.)<br>• Serviceeinrichtungen<br>  (Restaurant, Tankstelle etc.)<br>• Einzugsgebiet/Überschneidungen<br>• Expansionsplanungen etc. | | | |

**Abb. 2.13: Konkurrenzanalyse**
**Quelle:     Institut für Gewerbezentren, Starnberg, Juli 1997**

*Bestimmungsfaktoren des Einzugsgebiets*

Das Einzugsgebiet umfaßt das Gebiet der potentiellen und aktuellen Kunden eines Einzelhandelsbetriebes. Die Struktur und Reichweite eines Einzugsgebietes werden von einer Reihe exogener und endogener Faktoren determiniert. Ein erheblicher Einfluß geht dabei von der spezifischen Standortorientierung der Betriebe aus. In diesem Zusammenhang kann grundsätzlich in die wohnsitzorientierten, die passantenorientierten und die verkehrsorientierten Einzelhandelsbetriebe untergliedert werden. So ist das Einzugsgebiet eines Lebensmittelanbieters immer geringer einzuschätzen, als dies bei einem Möbelanbieter der Fall ist.

Von Bedeutung ist zudem die Attraktivität der bestehenden bzw. geplanten Einzelhandelsimmobilie. Neben der Konzeption und der Verkaufsflächengröße sind hierbei u. a. der Mieter- und Branchen-Mix, die Angebotstiefe und -breite, das Angebotsniveau, die unmittelbare Verkehrsanbindung, die Agglomerationsform, die Einkaufsatmosphäre und das spezifische Marketing und Management für die Anziehungskraft einer Einzelhandelsimmobilie ausschlaggebend.

Neben diesen Kriterien sind auch die bestehende bzw. künftig zu erwartende Wettbewerbssituation im Marktgebiet, die Entfernung zwischen Einzelhandelsbetrieb und Wohnort der Konsumenten, die Verkehrsstruktur und das infrastrukturelle Netz, die Pendlerbeziehungen (Berufspendler-Konsumpendler) sowie die Mentalität bzw. das Konsumentenverhalten der Bevölkerung entscheidend.

Üblicherweise wird das Einzugsgebiet in primäre, sekundäre und tertiäre Sektoren untergliedert. Die Untergliederung spiegelt dabei die unterschiedliche Kaufneigung bzw. Orientierungsintensität zum untersuchten Zentrum wider und ermöglicht so eine differenzierte Vorgehensweise.

*Einzugsgebietsabgrenzung*

Zur Einzugsgebietsbestimmung von Einzelhandelsstandorten können sowohl theoretisch-deduktive als auch empirisch-induktive Abgrenzungsverfahren herangezogen werden. Ein in der Einzelhandelspraxis häufig verwendetes Abgrenzungsverfahren im Bereich der empirisch-induktiven Verfahren besteht mittels der sogenannten Zeit-Weg-Distanz-Methode, die die ökonomische Geh- und Fahrzeit anhand der bestehenden Verkehrswege, ausgehend vom zu untersuchenden Standort, berücksichtigt. Als Grundlage

müssen hierfür empirische Ergebnisse über die vom Konsumenten als zu-
mutbar empfundene Zeit-Wege-Relation herangezogen werden. Im Rahmen der Ermittlung der Zeit-Distanz-Grenze werden natürliche Hinder-
nisse wie Ampeln, Bahnlinien, Verkehrsdichte etc. mit berücksichtigt. Ist der
zu untersuchende Standort mit öffentlichen Verkehrsmitteln erreichbar (Innenstadt, Stadtteilzentrum), sollte auch bezüglich dieser Beförderungsart
eine Zeit-Distanz-Grenze ermittelt werden. Verbindet man auf einer Karte
die jeweiligen Punkte mit gleicher Zeitentfernung, erhält man als einen Anhaltspunkt zur Einzugsgebietsabgrenzung die sogenannten Isochronen.

Ein weiteres Verfahren zur Einzugsgebietsbestimmung bietet die Befragung. Man unterscheidet hierbei grundsätzlich die Konsumenten- und die
Händlerbefragung. Die Konsumentenbefragung kann sich beispielsweise an
die Besucher bzw. Kunden eines bestehenden Geschäftszentrums wenden.
Anhand der Zufallsauswahl wird hierbei eine ausreichende Zahl von Personen u. a. über den Grund ihres Besuchs, ihren Herkunftsort und über ihre
Einkaufshäufigkeit befragt. Konsumentenbefragungen können aber auch
anhand eines mehrstufigen Auswahlverfahrens an den Wohnorten der Konsumenten durchgeführt werden.

Eine Händlerbefragung führt in der Regel dann zu einer relativ exakten Einzugsgebietsbestimmung, wenn Auswertungen (Kundenkartei, Lieferkartei,
Kreditkartei etc.) vorhanden sind, aus denen die Wohnorte der Kunden ersichtlich sind (vgl. Falk, B./Wolf, J.: Handelsbetriebslehre, 11. Auflage, 1992, S.
297). Werden ortsansässige Personen herangezogen, die über die spezifischen Konsumgewohnheiten (psychologische und soziologische Aspekte,
sprachliche Grenzen etc.) Kenntnis haben, spricht man von einer Befragung
nach der *Konzentration des Wissens* (vgl. Greipl, E.: Planung von Einkaufszentren, in: Falk, B. [Hrsg.]: Shopping-Center-Handbuch, 1973, S. 55).

Theoretisch-deduktive Verfahren werden in zunehmendem Maße zur Einzugsgebietsbestimmung von gewachsenen Geschäftszentren und geplanten
Einkaufszentren herangezogen. Diese Verfahren basieren auf der Annahme,
daß bestimmte Gesetzmäßigkeiten im Bezugsgefüge zwischen den Standorten des Angebots und den Standorten der Nachfrage bestehen (vgl. Wolf, J.:
Markt- und Imageforschung im Handel, 1981, S. 126 ff.).

Basis dieser Vorgehensweise bildet das von Reilly entwickelte Gravitations-
gesetz des Handels (Law of Retail Gravitation, New York 1931), das besagt,
daß sich die Anziehungskraft der Geschäftszentren zweier Städte auf die Be-

völkerung einer zwischen ihnen gelegenen Stadt ungefähr proportional zu ihrer Einwohnerzahl und umgekehrt proportional zum Quadrat ihrer Entfernung zu dieser dazwischen liegenden Stadt verhält. Durch Umformung dieser Gleichung gelang es Converse (New Law of Retail Gravitation) und anderen Marktanalytikern, die Grenzlinie zwischen den Einzugsbereichen zweier konkurrierender Standorte zu ermitteln. Dabei können die Faktoren geographische Entfernung und Einwohnerzahl durch andere Größen wie ökonomische Fahrzeiten und Verkaufsfläche als Attraktionsmaß herangezogen werden (vgl. Greipl, E.: Planung von Einkaufszentren, in: Falk, B. [Hrsg.]: Shopping-Center-Handbuch, 1973, S. 52). Siehe dazu Abb. 2.14.

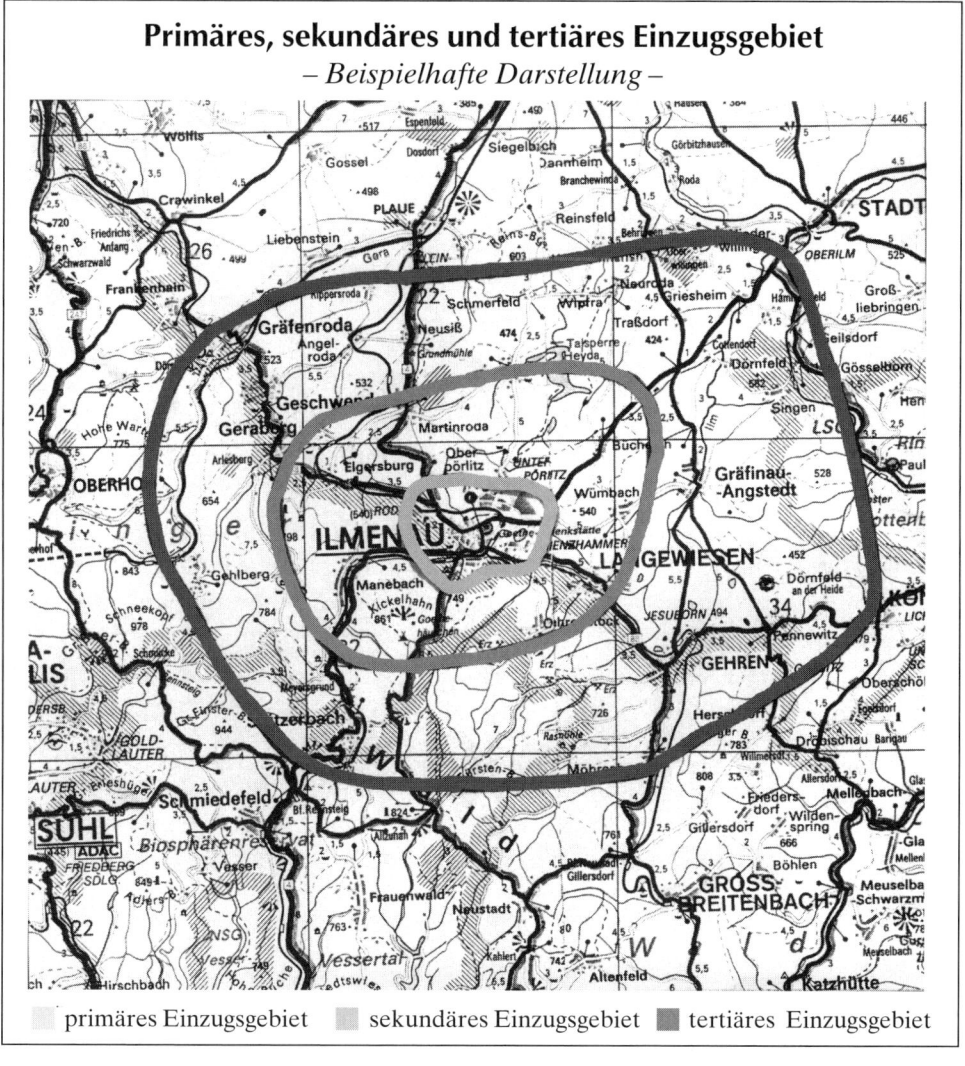

**Primäres, sekundäres und tertiäres Einzugsgebiet**
*– Beispielhafte Darstellung –*

primäres Einzugsgebiet   sekundäres Einzugsgebiet   tertiäres Einzugsgebiet

**Abb. 2.14:** Verschiedene Ebenen von Einzugsgebieten
**Quelle:** Institut für Gewerbezentren, Starnberg, Juli 1997

Im Gegensatz zu den determinierten Modellen hat das Modell von Huff (Defining and Estimating a Trading Area, Journal of Marketing, Band 28, 1964, S. 34–38) einen stochastischen Ansatz. Hierbei wird versucht, die Wahrscheinlichkeit zu ermitteln, mit der ein Konsument eines Wohnortes eine Einkaufsfahrt zu einem zentralen Ort (Geschäftszentrum oder Einkaufszentrum) unternimmt, wenn daneben noch weitere Geschäfts- bzw. Einkaufszentren bestehen. Das Einzugsgebiet wird nach Huff von allen Gebieten gebildet, in denen die Wahrscheinlichkeit für einen Einkauf im Zentrum größer als Null ist (P > 0) (vgl. Falk, B., Wolf, J.: Handelsbetriebslehre, 11. Auflage, 1992, S. 294).

Mit der ökonometrischen Methode, die von der Gesellschaft für Konsumforschung (GfK) entwickelt wurde, wird nicht nur die Zeitdistanz der Verbraucher zum Zentrum, sondern auch die Anziehungskraft benachbarter Einkaufszentren berücksichtigt. Die Ermittlung der Attraktivität der benachbarten Zentren erfolgt durch eine Bestandsaufnahme anhand einer Reihe von Kriterien, z. B. Verkaufsfläche, Umsätze, Anzahl der Parkplätze, Agglomerationsdichte (vgl. Greipl, E.: Planung von Einkaufszentren, in: Falk, B. [Hrsg.]: Shopping-Center-Handbuch, 1973, S. 56).

*Analyse der Standortfaktoren*

Nach der Einzugsgebietsabgrenzung sind der Stand und die Entwicklungstendenzen der Bevölkerung differenziert nach den einzelnen Zonen zu ermitteln. Hierbei müssen nicht nur das Bevölkerungspotential und dessen Verteilung untersucht, sondern auch die Bevölkerungsstruktur und die spezifischen Konsumgewohnheiten unter die Lupe genommen werden.

Neben den natürlichen Bevölkerungsbewegungen wird die Bevölkerungsentwicklung einer Region durch Wanderungsbewegungen beeinflußt. Mit Ausnahme von sogenannten *Rentnerstädten* werden Wanderungsbewegungen dabei in erster Linie ökonomisch induziert (vgl. Tietz, B.: Die Standort- und Geschäftsflächenplanung im Einzelhandel, 1969, S. 73). Neben den ökonomischen Entwicklungstendenzen und der Planung neuer Großvorhaben der Wirtschaft kann auch der Ausweis neuer Wohngebiete als Anhaltspunkt zur Bestimmung der Bevölkerungsentwicklung herangezogen werden.

Darüber hinaus sind auch die Anzahl und die Struktur der Haushalte zu analysieren. Zur Strukturbestimmung dieser wichtigsten Konsumenteneinheit sind neben der Haushaltsgröße u. a. die soziale Stellung, das Gesamteinkommen des Haushalts und die Einkünfte einzelner Haushaltsmitglieder von Interese. Die Haushaltsstatistik des Statistischen Bundesamtes in Wiesbaden unterscheidet mit den *Zwei-Personen-Haushalten von Rentnern und Sozial-hilfeempfängern mit geringem Einkommen*, den *Vier-Personen-Arbeitneh-mer-Haushalten mit mittlerem Einkommen* und den *Vier-Personen-Haushal-ten von Beamten und Angestellten mit höherem Einkommen* in drei unter-schiedliche Haushaltstypen (vgl. Falk, B./ Wolf, J.: Handelsbetriebslehre, 11. Auflage, 1992, S. 298). Siehe dazu Abb. 2.15.

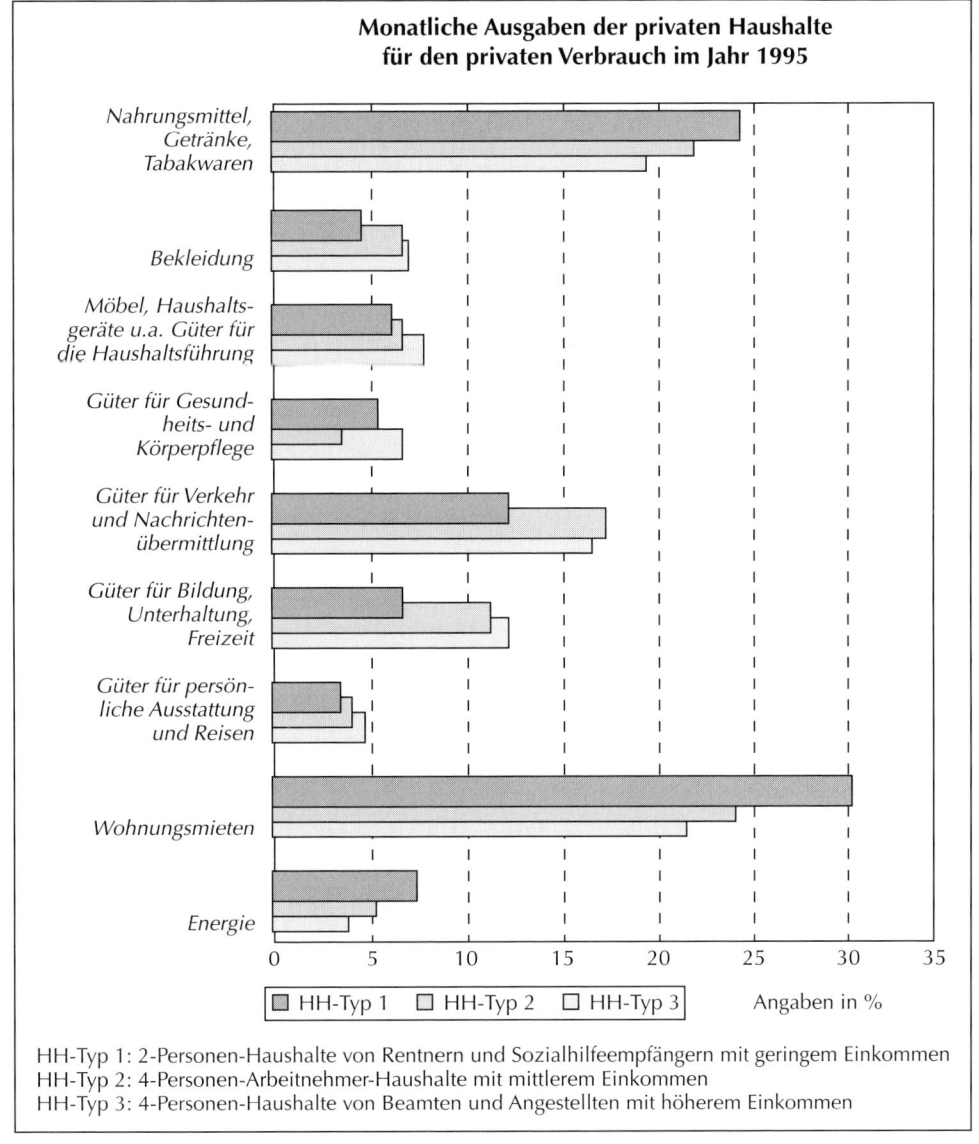

Abb. 2.15: **Ausgaben der privaten Haushalte**
Quelle: **Statistisches Bundesamt, Wiesbaden 1996**

Eine marktgerechte Bestimmung des Mieter-, Branchen- und Sortiments-Mixes erfordert darüber hinaus die Kenntnis der Alters- und Geschlechts-struktur im Einzugsgebiet. So werden beispielsweise bestimmte Warengrup-pen und Einzelhandelsbetriebe (Junge Mode, Hennes & Mauritz, New Yor-ker etc.) in der Regel von jüngeren Altersgruppen bevorzugt.

Der Standortfaktor Kaufkraft umfaßt alle Geldmittel, die einer Person für Konsum und andere Zwecke zur Verfügung stehen. Die Lage bzw. Nähe zum Kaufkraftpotential kann dabei als zentraler Bestimmungsfaktor der Stand-ortqualität angeführt werden.

Die Grundlage zur Berechnung der Kaufkraft bilden die verfügbaren Ein-kommen, die entweder verbraucht oder gespart werden können. Das verfüg-bare Einkommen ist daher zunächst um die Sparquote zu vermindern. Der verbleibende Anteil stellt das ausgabefähige Einkommen bzw. den privaten Verbrauch dar, der allerdings nicht ausschließlich dem Einzelhandel zu-fließt. So sind zunächst die nicht einzelhandelsrelevanten Ausgaben wie z.B. Wohnungsmiete, Strom etc. und die Ausgabenanteile im Versand-, Markt-, Beziehungs- und ambulanten Handel abzusetzen (vgl. Falk, B./Wolf, J.: Han-delsbetriebslehre, 1992, S. 299). Die institutionelle einzelhandelsrelevante Kaufkraft (Ausgaben) errechnet sich generell wie in Abb. 2.16 dargestellt:

## Institutionelle einzelhandelsrelevante Kaufkraft

|  | |
|---|---|
| | *Verfügbares Einkommen:* |
| ./. | Sparquote |
| = | *Ausgabefähiges Einkommen:* |
| ./. | nicht einzelhandelsrelevanter Verbrauch (Miete, Strom, Gas, Wasser, Ausgaben für Reisen etc.) |
| = | *Funktionale einzelhandelsrelevante Kaufkraft:* |
| ./. | Ausgabenteile, die im Versand-, Markt-, Beziehungs-, Groß- und am-bulanten Handel bei den Herstellern und in den Gaststätten für Ein-zelhandelswaren getätigt werden |
| = | *Institutionelle einzelhandelsrelevante Kaufkraft (Ausgaben)* |

**Abb. 2.16: Kaufkraft in bezug auf den Einzelhandel**
**Quelle:**     **Falk, B./Wolf, J.: Handelsbetriebslehre, 11. Auflage, Landsberg am Lech 1992, S. 299**

Die Kaufkraft im Einzugsgebiet kann primär- oder sekundärstatistisch erhoben werden. Eine weite Verbreitung haben die Kaufkraftkennziffern der Gesellschaft für Konsum-, Markt- und Absatzforschung e.V. (GfK) erlangt. Basis für die Berechnungen dieser Kaufkraftkennziffern sind die Daten der amtlichen Lohn- und Einkommensteuerstatistik.

Keine Aussagen erhält man allerdings über den Ort, an dem diese einzelhandelsrelevante Kaufkraft tatsächlich nachfragewirksam wird. So können, bedingt durch Einkaufspendlerströme, diese einzelhandelsrelevante Kaufkraft und der Einzelhandelsumsatz einer Region voneinander abweichen. Von Einkaufspendlerströmen spricht man, wenn Wohnort und Einkaufsort der Konsumenten nicht identisch sind. (vgl. Tietz, B.: Die Standort- und Geschäftsflächenplanung im Einzelhandel, 1969, S. 153).

Zur Bestimmung dieser Kaufkraftströme sind neben einer eingehenden Analyse der Konkurrenzsituation im Marktgebiet u.a. auch die Berufspendlersituation (Richtung und Stärke), die spezifischen Verkehrs- und Erreichbarkeitsverhältnisse, die Einzelhandelszentralitäten und die Mentalität und das Konsumentenverhalten der Bevölkerung zu beachten. Der Einzelhandelszentralitäts-Koeffizient gibt das Verhältnis von Umsatzkennziffer zur Kaufkraftkennziffer für ein bestimmtes Marktgebiet wider. Liegt der Saldo zwischen Umsatzkennziffer und Kaufkraftkennziffer über 100 Prozent, so ergibt sich daraus, daß vom ortsansässigen Einzelhandel um den jeweiligen Prozentsatz mehr Umsatz getätigt wird, als sich aufgrund der örtlichen Kaufkraft ergeben würde.

*Analyse des Mikro-Standortes*

Neben den marktgebietsbezogenen Bestimmungsfaktoren sind für die konkrete Planung bzw. Beurteilung einer Einzelhandelsimmobilie auch die standortendogenen Größen des spezifischen Mikro-Standortes von Bedeutung.

Im Rahmen der Begutachtung der Erreichbarkeit eines Standortes ist zu prüfen, inwieweit der Standort zu Fuß, mit öffentlichen Verkehrsmitteln oder mit dem Auto zu erreichen ist. In Abhängigkeit des spezifischen Betriebstyps und Standortzielbereiches wird hierbei allerdings eine differenzierte Gewichtung erforderlich. Während z.B. Fachmärkte, Verbrauchermärkte und SB-Warenhäuser in peripheren Lagen verkehrszentrale, das heißt mit dem Individualverkehr erreichbare Standorte präferieren, sind

Fach- und Spezialgeschäfte in integrierten Lagen in erster Linie von den bestehenden Passantenfrequenzen abhängig.

Analysiert man die Erreichbarkeit mit dem Individualverkehr, ist u.a. auf die Integration in das Straßennetz, die Nähe zu leistungsfähigen Erschließungssystemen, das Verkehrsvolumen und die Verkehrsdichte, die Parkmöglichkeiten und die heutige bzw. künftige Gestaltung des Straßennetzes zu achten. Zu untersuchen ist darüber hinaus die Existenz von Verkehrsgutachten bzw. Verkehrsprognosen.

Im Rahmen der Untersuchung der Fußgängerzugänglichkeit sollte man neben der topographischen Beschaffenheit besonders auf Barrierewirkungen (Ampeln, Straßen mit hoher Verkehrsbelastung, leere Ladeneinheiten, psychologische Grenzen etc.) achten. Untersucht man stark passantenorientierte Einzelhandelsbetriebe, bietet sich als ergänzende Analyse die Ermittlung der Passantenfrequenzen (Passantenfrequenzmessung) an.

Neben der fußläufigen Erreichbarkeit sind im Zusammenhang mit der Begutachtung des öffentlichen Personennahverkehrs u.a. die Linienführung, Kapazität und Taktfrequenz zu begutachten. Analysiert werden muß darüber hinaus das unmittelbare Standortumfeld. Je nach der Art des zu realisierenden bzw. zu untersuchenden Betriebstyps werden daran differenzierte Anforderungen gestellt bzw. beeinflußt die Existenz oder Nicht-Existenz bestimmter Einrichtungen die Wertigkeit eines Grundstückes erheblich. Neben der unmittelbaren Konkurrenzsituation (Agglomerationswirkung) ist in diesem Zusammenhang das Image des Standorts von Bedeutung. Da sich das Standortimage aus mehreren Einzelfaktoren zusammensetzt, ist der Einsatz einer Imageanalyse empfehlenswert. Zu beachten ist die Tatsache, daß ein Einzelhandelsvorhaben nur in Ausnahmefällen einen Standort *machen* kann.

Ebenfalls zu analysieren sind die Größe und der Flächenzuschnitt des Grundstücks. Die Grundstücksgröße muß für das geplante Vorhaben ausreichend dimensioniert sein, um sowohl das Gebäude als auch die erforderliche Zahl von Parkplätzen hier unterbringen zu können. Im Rahmen einer langfristigen Betrachtung sind zudem denkbare Expansionsmöglichkeiten im Umfeld zu berücksichtigen. Ein nicht zu unterschätzender Standortfaktor besteht in der möglichst uneingeschränkten Sichtbarkeit zu Passanten- bzw. Verkehrsströmen.

*Preisanalyse*

Neben dem Umsatz und der spezifischen Flächenproduktivität werden die erzielbare Miete und Rendite in entscheidendem Maße von der Standort- und Marktqualität beeinflußt. Eine Markt- und Standortanalyse muß daher auch diese Faktoren im Rahmen einer *Preisanalyse* berücksichtigen. Diese lage- bzw. marktspezifischen Angaben sind allerdings über eine Projekt- bzw. Objektanalyse zu spezifizieren. So werden die letztlich relevanten Mietpreisansätze auch von der Größe der Ladeneinheiten, der objektspezifischen Lage (Geschossigkeit, Passantenfrequenz), dem spezifischen Flächenverhältnis (Breite, Tiefe) und den baulichen Besonderheiten (Stufen, Split-level, Sichtbarkeit der Ladeneinheit etc.) determiniert. Ein erheblicher Einfluß geht darüber hinaus von der Branche und der Betriebsform des jeweiligen Mieters aus. Eine Entscheidungshilfe zur Bestimmung der branchenspezifisch realistischen Mietpreisansätze bietet der jährlich durchgeführte Mietkostenvergleich des Instituts für Handelsforschung an der Universität Köln, der u.a. die Miete bzw. den Mietwert in Prozent des Umsatzes differenziert nach Branchen ausweist.

*Anforderungen der Nachfrager/Nutzer*

Neben der Analyse des Makro- und Mikro-Standorts ist für eine marktgerechte Produktpolitik bzw. Nutzungskonzeptionserstellung die Kenntnis des spezifischen Konsumentenverhaltens unabdingbar. Im Rahmen von Kunden-, Besucher- und Passantenbefragungen können wertvolle Informationen über Einkaufsverhalten, Einkaufsorientierung, Herkunftsorte, Einkaufs- bzw. Besuchshäufigkeit, Bekanntheitsgrad, Ausgabeverhalten, Alters- und Haushaltsstruktur etc. gewonnen werden. Möglich wird hierdurch nicht nur die Identifikation bestehender Angebotslücken, sondern u.a. auch eine zielgruppengerechte Ausrichtung des Mieter- und Branchen-Mix.

Von besonderer Bedeutung ist darüber hinaus die Kenntnis der spezifischen Anforderungen der Mieter bzw. Nutzer. Denn nur wer die Ansprüche und Präferenzen der Nutzer kennt, ist in der Lage, eine markt- und standortgerechte Nutzungskonzeption zu erstellen und die potentiellen Mieter zielgerichtet anzusprechen.

Neben den Standortzielbereichen, den grundsätzlichen Expansionsstrategien und dem spezifischen Suchverhalten sind hierbei Informationen über die erforderliche Verkehrsanbindung, Flächengröße, Grundrisse, Rastermaße und

# Flächenanforderungen und Standortzielbereich
## – Fachmärkte/SB-Warenhäuser/Verbrauchermärkte –

| Branchen/Produktbereiche | Verkaufsflächen-anforderungen (Bandbreite in Quadratmeter) | Standortzielbereiche |
|---|---|---|
| Drogerieartikel/Kosmetik | 300–500 | Citylagen, periphere Lagen in EKZs, Fachmarkt-zentren |
| Bau- und Heimwerkerbedarf | 4000–10000 | Periphere Lagen |
| Gartenbedarf | 1000–6000 | Periphere Lagen |
| Raumausstattung (Farben, Lacke, Tapeten, Bodenbeläge) | 2000–5000 | Periphere Lagen |
| Spielwaren | 1000–5000 | Citylagen, periphere Lagen in EKZs, Fachmarkt-zentren |
| Möbel (Mitnahme) | 2000–10000 | Periphere Lagen |
| Autozubehör | 800–3000 | Periphere Lagen |
| Unterhaltungselektronik, Elektrogeräte | 1000–5000 | Periphere Lagen, auch in EKZs, Fachmarktzentren |
| Schuhe | 600–2000 | Citylagen, periphere Lagen in EKZs, Fachmarkt-zentren |
| Bekleidung | 800–5000 | Citylagen, periphere Lagen in EKZs, Fachmarkt-zentren |
| Sportartikel | 600–2000 | Citylagen, periphere Lagen in EKZs, Fachmarkt-zentren |
| Bürobedarf | 800–3000 | Periphere Lagen, auch in EKZs, Fachmarktzentren |
| SB-Warenhäuser | 5000–12000 | Periphere Lagen, EKZs |
| Verbrauchermärkte | 2500–5000 | Periphere Lagen, EKZs, Gemeinde- und Neben-zentren |

Abb. 2.17: Flächenanforderungen und Standortzielbereich

Quelle: Greipl, E.: Aufschwung Ost – Herausforderungen für Standort- und Strukturpoli-tik von Handelsimmobilien, Vortragsmanuskript zur 20. Internationalen Shop-ping-Center-Tagung '92, Institut für Gewerbezentren, 1992, S. 20

Kfz-Stellplätze ebenso zu erheben wie die spezifischen Mietpreisvorstellungen und die technischen Erfordernisse. Mit dem Ziel, die möglichen Synergieeffekte am Standort optimal auszuschöpfen, sind darüber hinaus konkrete Informationen über die spezifischen Zielgruppen der einzelnen Mieter bzw. Nutzer (differenziert nach Alter, Lebensstil, Niveau, Prestigebewußtsein etc.) unabdingbar (vgl. Abb. 2.17).

### 2.3.2.4 Die Markt- und Standortanalyse für Büroimmobilien

Eine umfassende und differenzierte Markt- und Standortanalyse im Bürobereich sollte folgende Komponenten beinhalten:

- Analyse der ökonomischen Rahmenbedingungen,
- Analyse der Nachfrage,
- Analyse des Angebotes,
- Mikro-Analyse,
- Konkurrenzanalyse,
- Preisanalyse,
- Empfehlungen zur Projektentwicklung bzw. Objektoptimierung.

*Analyse der ökonomischen Rahmenbedingungen*

Die Analyse der ökonomischen Rahmenbedingungen bezieht sich in erster Linie auf die betreffende Region bzw. deren Teilräume. Zu beachten sind aber auch nationale und internationale Entwicklungstendenzen (Konjunkturverläufe, Trend zur Dienstleistungsgesellschaft etc.).

Neben der Beschäftigtenstruktur und -entwicklung, der Brutto-Wertschöpfung, der Struktur und Qualifikation der Beschäftigten und der Arbeitslosenquote sind u.a. Informationen bezüglich der Einkommensverhältnisse (Kaufkraftkennziffer), des Arbeitskräftepotentials und der Pendlersituationen heranzuziehen. Es müssen zudem auch die Branchenschwerpunkte und prägende Großunternehmen und deren Zukunftsträchtigkeit untersucht werden. So können sich beispielsweise erhebliche Auswirkungen auf die Angebots- und Nachfrageverhältnisse nach Büroflächen durch die Betriebsverlagerung, Betriebserrichtung oder Betriebsstillegung eines Großunternehmens ergeben.

Informationen bezüglich der wirtschaftlichen Situation sind u.a. bei den Wirtschaftsverbänden, den Wirtschaftsforschungsinstituten und den statistischen Ämtern erhältlich. Aber auch Forschungsberichte von Universitäten, existierende Markt- und Regionalanalysen und Geschäftsberichte der ansässigen Unternehmen sollten als Informationsquelle berücksichtigt werden. Abgerundet wird das Bild durch Expertengespräche z.B. mit Vertretern der Industrie- und Handelskammern, der Vereinigungen zur Wirtschaftsförderung und der ortsansässigen Unternehmen.

*Schweinezyklus*

Erfahrungen sowohl in Deutschland als auch in anderen europäischen Ländern zeigen, daß Angebot und Nachfrage nach Büroflächen in der Regel einen fünf bis zehn Jahre dauernden Zyklus durchlaufen (vgl. Morgan, J./Koch, M./Harrop, M.: Bürohäuser – Planung und Vermarktung, in: Falk, B. [Hrsg.]: Gewerbe-Immobilien, 1994, S. 50). Der Kurvenverlauf dieses Zyklus (Schweinezyklus) steht dabei in enger Beziehung mit der wirtschaftlichen bzw. konjunkturellen Entwicklung.

Bedingt durch eine günstige konjunkturelle Lage, wie zur Zeit der Boomphase zwischen 1987 und 1991, zeigt sich dann eine starke Nachfrage nach Büroflächen mit steigenden Mietpreisen. Hervorgerufen wird dieser Nachfrageschub in der Regel durch die Einstellung neuer Arbeitskräfte wie auch durch einen höheren Flächenbedarf je Mitarbeiter. Die verstärkte Büroflächennachfrage, verbunden mit hohen Mietpreiserwartungen, führt zu einem Anstieg der Bautätigkeit.

Mit Beginn einer wirtschaftlichen Konsolidierung steigt in den Unternehmen das Kostenbewußtsein, was u.a. zu einer Reduzierung der Bürofläche (Fläche pro Mitarbeiter und Fläche insgesamt) führt. Hervorgerufen durch einen zunehmenden internationalen bzw. globalen Wettbewerb und eine schwache konjunkturelle Lage ist das Bild vieler deutscher Unternehmen zur Zeit von Restrukturierungsmaßnahmen, Personalfreisetzungen und einer Verlagerung von Produktionsprozessen (Outsourcing) ins Ausland geprägt.

Der sich bildende Angebotsüberhang wird in der Regel noch verstärkt, da die im Bau befindlichen Flächen weiter auf den Markt drängen bzw. Investoren durch steuerliche Anreize oder mangelnde Markttransparenz die Marktverhältnisse nicht bzw. zu spät berücksichtigen. Die Auswirkungen dieser Entwicklung zeigen sich unmittelbar in stagnierenden bzw. sinkenden Mieten und steigenden Leerstandsquoten. Nehmen die durchschnittlichen Mietzuwächse ab, erwarten die Investoren – quasi als Ausgleich – eine höhere

Anfangsrendite, was letztlich zu einem weiteren Rückgang der Immobilienpreise führt.

Seit dem Höchststand 1990/91 hat sich das Mietniveau in Deutschland um durchschnittlich fast 30 Prozent reduziert. Die Leerstandsquoten sind demgegenüber angestiegen und haben in Ostdeutschland zum Jahreswechsel 96/97 knapp 2 Millionen Quadratmeter erreicht (vgl. Deutsche Bank Research [Hrsg.]: Immobilienmarkt Deutschland, 1996, S. 15 f.).

Zieht die Konjunktur wieder an, werden zunächst die bestehenden Leerstände absorbiert. Die steigenden Mieten bewirken wiederum einen Anstieg der Bautätigkeit, der allerdings in Anbetracht der erforderlichen Timelags (Grundstückssuche, Baugenehmigung, Projektentwicklung etc.) nicht sofort marktwirksam wird, wodurch in der Regel ein Nachfrageüberhang mit weiter steigenden Mietpreisen begründet werden kann. Kommen die neu errichteten Immobilien auf den Markt, baut sich der Nachfrageüberhang gewöhnlich wieder ab.

Insbesondere die zeitliche Zielsetzung der Projektentwicklung ist in Anbetracht dieser Zyklen genau zu planen. Erschwert wird die Analyse allerdings durch die Tatsache, daß der Schweinezyklus keinen starren Verlauf aufweist, sondern in seiner Dauer und seinen Ausschlägen erheblich variieren kann. Ein rechtzeitiges Erkennen der unterschiedlichen Phasen ist daher in der Regel nur durch eine fortlaufende Analyse der unterschiedlichen Einflußfaktoren gegeben (vgl. Downs, A.: Cycles in Office Space Markets, in: White, R. [Hrsg.]: The Office Building, 1993, S. 168).

*Analyse der Nachfrage*

Die Analyse der Nachfrage hat sowohl die quantitative wie auch die qualitative Seite der Nachfrage zu berücksichtigen. Zu den Einflußgrößen der quantitativen Nachfrage zählen u.a.:

- die wirtschaftliche Prosperität (national oder regional),
- die Entwicklung der Beschäftigung (differenziert nach Branchen),
- der spezifische Anteil und die Entwicklung der Bürobeschäftigten,
- der Flächenbedarf je Büroarbeitsplatz,
- der erforderliche Ersatzbedarf.

Zu den Informationsquellen der Büroflächennachfrage gehören u.a. die Veröffentlichungen der professionell arbeitenden Immobilienmakler, Büroflächengesuche in regionalen Zeitungen, Geschäftsberichte ansässiger Unternehmen, amtliche Statistiken (Beschäftigtenstatistik, Sonderauswertungen etc.) und Gebäudeerhebungen. Besondere Bedeutung kommt darüber hinaus der Befragung der Mieter bzw. Nutzer zu, wobei u.a. Informationen über den Flächenbedarf je Büroarbeitsplatz respektive Mitarbeiter und die spezifischen Anforderungskriterien erhoben werden können. Ansprechpartner gibt es zudem bei den Wirtschaftsfördervereinigungen und den Industrie- und Handelskammern.

Die exakte Bestimmung der Nachfrage nach Büroflächen ist mit erheblichen Schwierigkeiten verbunden. So existieren in Deutschland bisher keine amtlichen Statistiken über die Anzahl der Bürobeschäftigten. Noch zu wenig verläßliche Informationen und Erhebungen bestehen darüber hinaus bezüglich des spezifischen Flächenbedarfs je Büroarbeitsplatz sowie der Altersstruktur und des baulichen und technischen Zustands der bestehenden Büroflächen (vgl. Muncke, G.: Standort- und Marktanalyse in der Immobilienwirtschaft, in: Schulte, K.-W. [Hrsg.]: Handbuch Immobilien-Projektentwicklung, 1996, S.133).

Da in Deutschland die Zahl der Bürobeschäftigten nicht amtlich erfaßt wird, muß sie über den Umweg der Beschäftigten bzw. Erwerbstätigen bestimmt werden. Zur Ermittlung der Zahl der Bürobeschäftigten kommt hier eine Reihe unterschiedlicher Verfahren zur Anwendung, von denen nachfolgend zwei näher vorgestellt werden.

Das Maklerunternehmen Müller International Immobilien GmbH bestimmt so den Anteil der Bürobeschäftigten mit Hilfe einer jährlich durchgeführten Erhebung des Schweizer Bundesamtes für Statistik, Bern, das den Anteil der Bürobeschäftigten (Bürobeschäftigungsgrad) nach Wirtschaftszweigen und Branchen empirisch ermittelt. Die Zahl der Bürobeschäftigten erhält man bei diesem Verfahren durch die Multiplikation der Gesamtbeschäftigtenzahlen (in den verschiedenen Wirtschaftsgruppen) mit den entsprechenden Prozentanteilen des Bürobeschäftigungsgrades. Da in der Summe der Bürobeschäftigten auch die Teilzeitbeschäftigten enthalten sind, die in der Regel nicht alle einen kompletten Büroarbeitsplatz in Anspruch nehmen, werden in einem zweiten Schritt die Büroarbeitsplätze ermittelt. Da die Teilzeitbeschäftigten in diese Summe nur mit 50 Prozent eingehen, geht Müller International davon aus, daß die Zahl der Büroarbeitsplätze bei etwa 90 Prozent der Zahl der Bürobeschäftigten liegt (vgl.

Müller International Immobilien GmbH [Hrsg.]: Büromarktreport, 1996, S. 25).

Die Gesamtbeschäftigtenzahlen werden mit Hilfe der fortgeschriebenen amtlichen Arbeitsstättenzählung (von 1987) ermittelt. Die Fortschreibung der Arbeitsstättenzählung basiert auf der Veränderungsrate der sozialversicherungspflichtig Beschäftigten. Unterstellt wird hierbei, daß sich die Gesamtbeschäftigung mit derselben Rate verändert wie die der sozialversicherungspflichtig Beschäftigten (vgl. Muncke, G.: Standort- und Marktanalysen in der Immobilienwirtschaft, in: Schulte, K.-W. [Hrsg.]: Handbuch Immobilien-Projektentwicklung, 1996, S. 155).

Ein anderes Verfahren zur Bestimmung der Büroflächennachfrage wird vom Institut für Stadtforschung und Strukturpolitik GmbH in der Schriftenreihe „Forschung" des Bundesministers für Raumordnung, Bauwesen und Städtebau vorgestellt (vgl. Bundesministerium für Raumordnung, Bauwesen und Städtebau [Hrsg.]: Büroflächenentwicklung im regionalen Vergleich, 1990, S. 25 ff.).

Es beruht im wesentlichen auf einer Sonderauswertung (regionale Aufbereitung) der sozialversicherungspflichtig Beschäftigten, in der die Zahl der Beschäftigten, differenziert nach einer Berufsordnung, gelistet ist. Zur Abgrenzung der Bürobeschäftigten werden hierbei zunächst alle sozialversicherungspflichtig Beschäftigten und sonstigen Erwerbstätigen in Dienstleistungsberufen ausgewählt, die Büroflächen nutzen (büroverdächtige Berufe). Nach dieser Auswahl werden die Berufe der Berufsordnung zu Berufsgruppen zusammengefaßt und mit einer Quote der Bürobeschäftigung belegt. Da die Bürobeschäftigten am Gesamtbestand der Beschäftigung nicht nur nach Branchen bzw. Berufen, sondern auch nach Regionen variieren können, sind die Quoten empirisch zu ermitteln (vgl. Abb. 2.18).

Ebenfalls empirisch zu erheben ist der Flächenbedarf pro Büroarbeitsplatz bzw. Bürobeschäftigtem. Obwohl die Flächendifferenzen gering erscheinen, handelt es sich hierbei um einen sehr sensiblen Parameter. Konnte in den siebziger und achtziger Jahren noch eine Erhöhung des durchschnittlichen Flächenbedarfs pro Büroarbeitsplatz von zirka 0,1 Prozent im Jahr festgestellt werden, sind diese Veränderungsraten angesichts der Tendenzen zum Lean Office bzw. der allgemeinen Flächenrationalisierung allerdings zu relativieren (vgl. Muncke, G.: Standort- und Marktanalysen in der Immobilienwirtschaft, in: Schulte, K.-W. [Hrsg.]: Handbuch Immobilien-Projektentwick-

# Abgrenzung der Büroberufe nach Berufsordnungen

| Berufsordnung | Quote der Büro-beschäftigung |
|---|---|
| • *Leitende Verwaltung* (Manager und Wissenschaftler) | 100 % |
| • *Verwaltungsberufe* (Bürofachkräfte, Bürohilfskräfte) | 100 % |
| • *Technische Berufe* (Ingenieure, Techniker) | 100 % |
| • *Beratungsberufe* (Rechts-, Unternehmens- u. Steuerberatung, Wirtschaftsprüfung, Werbung, Marketing, EDV/Software) | 100 % |
| • *Finanzierungsberufe* (Banken, Versicherungen, Immobilien) | 100 % |
| • *Kaufleute* (Groß- und Einzelhandel, Verlagswesen, ohne Verkäufer) | 50 % |
| • *Publizisten* (Bibliothekare, Künstler) | 50 % |
| • *Ärzte, Apotheker* | 50 % |
| • *Lehrer* | 25 % |
| • *Soziale Berufe* (Sozialarbeiter, Heimleiter, Seelsorger) | 25 % |
| • *Spediteure, Lagerverwalter* | 25 % |
| • *Sicherheitsberufe* (Polizei, Feuerwehr, Gewerbe- und Bauaufsicht, Rechtspfleger) | 25 % |
| • *Hilfsdienste* (Pförtner, Wärter, Reinigung) | 25 % |

Abb. 2.18: Büroberufe und Berufsordnungen

Quelle:   In Anlehnung an: Bundesministerium für Raumordnung, Bauwesen und Städtebau [Hrsg.]: Büroflächenentwicklung im regionalen Vergleich, Berlin, 1990, S. 28 (Klassifizierung der Berufe, Systematisches und alphabetisches Verzeichnis der Berufsbenennungen, [Hrsg.: Bundesanstalt für Arbeit], Nürnberg 1980) lung, 1996, S. 134). Flexible Arbeitszeiten und neue Arbeitsformen sind Kennzeichen einer intensiveren und effektiveren Nutzung teuren Büroraums. So wird beispielsweise beim Desk-sharing (Shared Workstation) ein Arbeitsplatz von zwei bis drei Mitarbeitern umschichtig genutzt, wodurch erhebliche Flächeneinsparungen möglich sind.

In Ergänzung der absoluten Flächennachfrage und deren voraussichtlicher Entwicklung sind die spezifischen Nachfragepräferenzen zu analysieren. Zu differenzieren ist hierbei die Flächennachfrage bzw. das Vermietungsvolumen u.a. nach dem Standort (Zentrum, Cityrand, Peripherie), der Ausstattung, der Flächengröße, dem Mietpreis und der Altersstruktur. Zu klären ist auch, ob die Nachfrage von einigen wenigen Nutzern oder einer Vielzahl *kleiner* Mieter bzw. Nutzer resultiert und von welchen Branchen bzw. Berufsgruppen (Banken, Versicherungen, Beratungsunternehmen etc.) die Nachfrageimpulse ausgehen.

Die Nachfrage auf den deutschen Büromärkten wurde auch im Jahr 1996 in erster Linie durch Wanderungsbewegungen, das heißt Standortverlagerungen von Unternehmen, dominiert, während die expansionsbedingten Neuanmietungen die Ausnahme darstellten. Für Immobiliennutzer bietet sich gegenwärtig vor dem Hintergrund deutlich gesunkener Büromieten und eines breiten Angebots die Chance, aus qualitativ schlechten in moderne, verkehrsgünstig gelegene und durch eine hohe Flächeneffizienz geprägte Büros zu wechseln (vgl. Walter, N.: Zur gesamtwirtschaftlichen Entwicklung, Vortragsmanuskript zum Immobilien-Symposium '96, Institut für Gewerbezentren, 1996, S. 6).

Zu analysieren ist daher auch das spezifische Anmietungsverhalten der Nachfrager, differenziert nach unterschiedlichen Regionen bzw. Teilmärkten. Zeigten sich in München die Wanderungen aus dem Umland in die Stadt bzw. aus peripheren Stadtlagen in die Innenstadt hinein von hoher Bedeutung, standen in Leipzig die Verlagerungen aus der engen Innenstadt heraus im Vordergrund (vgl. DTZ Zadelhoff [Hrsg.]: Der deutsche Immobilienmarkt 1996, 1997, S. 4 ff.). Siehe dazu Abb. 2.19.

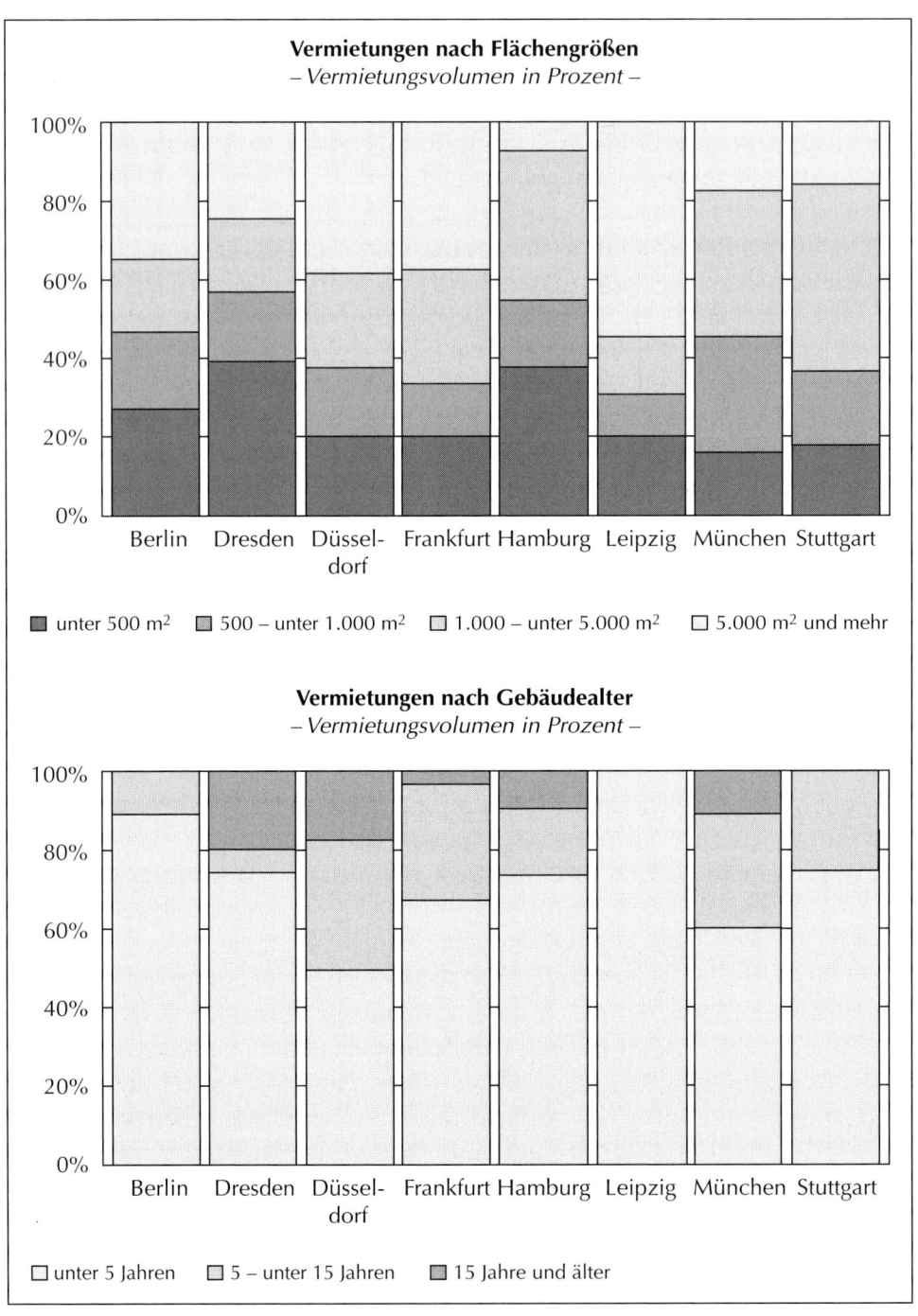

**Abb. 2.19: Vermietungen nach Flächengrößen und Gebäudealter**

**Quelle:** DTZ Zadelhoff [Hrsg.]: Der deutsche Immobilienmarkt 1996, München 1997, S. 4 ff.

**Anmietungsprofile**
*– dargestellt an drei Großstädten –*

| Anmietungsverhalten | München | Frankfurt | Leipzig |
|---|---|---|---|
| Zentralisierung vormals dezentraler Standorte | Hohe Bedeutung | Hohe Bedeutung | Hohe Bedeutung |
| Dezentralisierung von Standorten | Geringe Bedeutung | Hohe Bedeutung | Keine Bedeutung |
| Verkleinerung der angemieteten Fläche | Sehr hohe Bedeutung | Sehr hohe Bedeutung | Hohe Bedeutung |
| Verlagerungen innerhalb der Innenstadt | Geringe Bedeutung | Hohe Bedeutung | Keine Bedeutung |
| Verlagerungen in die Innenstadt hinein | Hohe Bedeutung | Hohe Bedeutung | Keine Bedeutung |
| Verlagerungen aus der Innenstadt heraus | Geringe Bedeutung | Geringe Bedeutung | Sehr hohe Bedeutung |
| Verlagerungen außerhalb der Innenstadt | Geringe Bedeutung | Geringe Bedeutung | Hohe Bedeutung |
| Umzüge aus dem Umland in die Stadt | Hohe Bedeutung | Hohe Bedeutung | Geringe Bedeutung |
| Umzüge aus der Stadt in das Umland | Geringe Bedeutung | Geringe Bedeutung | Hohe Bedeutung |
| Neuzüge von außerhalb der Region | Geringe Bedeutung | Geringe Bedeutung | Geringe Bedeutung |
| Flächenexpansion von Ortsansässigen | Geringe Bedeutung | Geringe Bedeutung | Geringe Bedeutung |

**Abb. 2.20: Anmietungsprofile**
**Quelle:** DTZ Zadelhoff [Hrsg.]: Der deutsche Immobilienmarkt 1996, München 1997, S. 4 ff.

Analysiert werden müssen darüber hinaus die qualitativen Ansprüche der Mieter bzw. Nutzer bezüglich der Standort- und Objektanforderungen. Empirische Erhebungen ermöglichen hierbei eine Untersuchung des Anforderungsprofils, differenziert nach Branchen und Regionen (vgl. Abb. 2.20).

Durch eine von Jones Lang Wootton im Jahr 1995 durchgeführte Befragung in den Städten Frankfurt am Main, Hamburg und München, an der sich insgesamt 462 Unternehmen der Dienstleistungsbranche beteiligten, wurde die „gute Erreichbarkeit mit öffentlichen Verkehrsmitteln" als das wichtigste Standortkriterium eines Büronutzers ermittelt (vgl. Abb. 2.21).

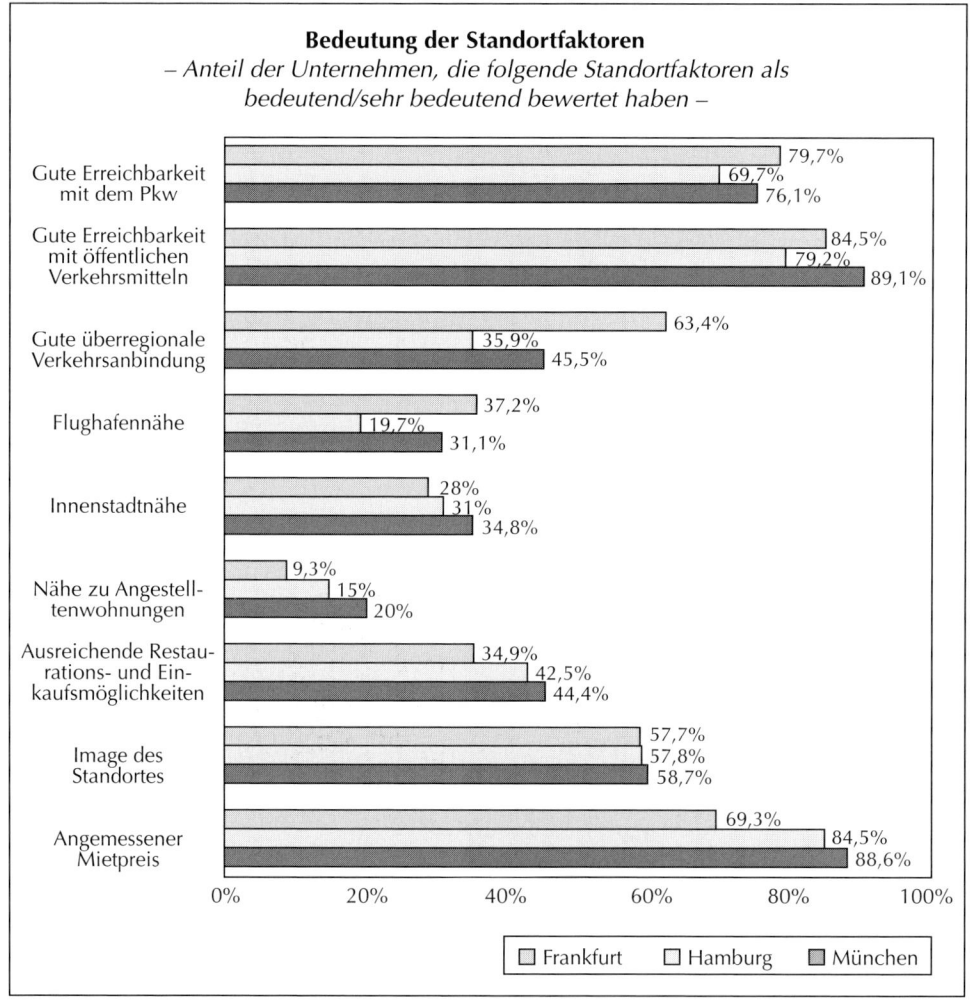

**Abb. 2.21: Standortfaktoren**
**Quelle:     Jones Lang Wootton GmbH, Hamburg 1995**

*Analyse des Angebots*

Zu den Einflußfaktoren des Büroflächenangebotes zählen u.a.:

- die Entwicklung der Büroflächennachfrage,
- die bestehenden bzw. künftig zu erwartenden Mieten und Renditen,
- die Leerstandsquoten und deren voraussichtliche Entwicklung,
- die Finanzierungsquellen (Konditionen),
- die Verfügbarkeit und die Kosten adäquater Grundstücke,
- das Baukostenniveau und
- die allgemeinen steuerlichen Rahmenbedingungen.

Eine erste Grundlage der Angebotsanalyse wird durch die Bautätigkeitsstatistik des Statistischen Bundesamtes in Wiesbaden geboten, in der die Bautätigkeit von Büro- und Verwaltungsgebäuden, u.a. differenziert nach der Zahl der Gebäude, Rauminhalt, Grundfläche und Geschoßfläche, vermerkt sind. Probleme ergeben sich u.a. aus der Tatsache, daß die Bautätigkeitsstatistik die Gebäudetypen nur nach der Hauptnutzung erfaßt. So wird ein Gebäude lediglich in eine Kategorie aufgenommen, auch wenn unterschiedliche Nutzungen im Gebäude vorhanden sind (vgl. Dobberstein, S.: Babylonische Sprachverwirrung, in: IMMOPraxis, 1995, S. 85).

Als weitere Informationsbasis sind Expertengespräche, z.B. mit Vertretern der Planungs- und Baubehörden, der Industrie- und Handelskammern, Immobilienmaklern, bedeutenden Projektentwicklern und Immobilienberatern, unabdingbar. Ergänzt wird die Datengrundlage der Angebotsanalyse durch Statistiken und Veröffentlichungen der städtischen Planungsämter und Auswertungen der Angebote in den regionalen Tageszeitungen. Nicht zu unterschätzen ist darüber hinaus der Informationswert eingehender Begehungen bzw. Bestandsaufnahmen (Umfeldsituation, Image, Repräsentativität, Ausstattungsgrad, Leerstände, Baustellen, Bauschilder etc.).

Im Rahmen der Angebotsanalyse ist zu unterscheiden zwischen neu errichteten Büroflächen und Bestandsflächen, die im Zusammenhang mit einer Neuvermietung oder auch einer Flächenumwidmung angebotswirksam werden. Zu beachten sind darüber hinaus im Bau befindliche, aber noch nicht fertiggestellte Büroflächen und solche im Planungsstadium, die auch als latentes Angebot bezeichnet werden.

Das verfügbare Büroflächenangebot als zeitraumbezogene Größe – in der Regel ein Jahr – setzt sich aus dem Leerstand des Vorjahres, den im betrachteten Jahr fertigzustellenden Neubauflächen (ohne Vorvermietungen) und den freiwerdenden Flächen im Bestand (Schätzungen) zusammen (vgl. DTZ Zadelhoff [Hrsg.]: Der deutsche Immobilienmarkt 1996, 1997, S. 1).

In Anlehnung an die Gesellschaft für immobilienwirtschaftliche Forschung (gif) ist der Leerstand einer Büroimmobilie stets zeitpunktbezogen zu betrachten. Zu den leerstehenden Räumen zählen freie und nutzbare Bestandsflächen, noch nicht vermietete Einheiten in fertiggestellten Neubauten sowie zur Untervermietung angebotene Flächen. Bei der Leerstandsrate wird der ermittelte Büroflächenleerstand in das Verhältnis zum Gesamtbestand an Büroflächen gesetzt. Da sich die Leerstandsrate durch das vorhandene Angebot und die bestehende Nachfrage ergibt, fungiert sie als Marktindikator und erhöht die Markttransparenz. Aussagekraft genießt die Leerstandsrate allerdings nur, wenn die zugrundegelegten Flächenmaße einheitlich sind und das untersuchte Marktgebiet eindeutig abgegrenzt ist.

Bedingt durch die Fluktuation, sprich den Wechsel eines Mieters von einem zu einem anderen Objekt, besteht bezüglich des Leerstandes ein gewisser *Bodensatz*. Diese fluktuationsbedingte Leerstandsrate wird u.a. von der allgemeinen Marktdynamik beeinflußt. So haben dynamische Märkte eine höhere fluktuationsbedingte Leerstandsrate als statische Märkte.

Leerstände bzw. Leerstandsraten sind nicht nur regional bzw. nach örtlichen Teilmärkten, sondern auch bezüglich der Qualität des Standorts und der Immobilie zu differenzieren. In den USA erfolgt die Einordnung der Büroflächen anhand unterschiedlicher Ränge (A, B, C). Die Zuordnung der Büroflächen zu den einzelnen Rängen ist hierbei u.a. von der Lagequalität, dem Alter, der Bau- und Ausstattungsqualität und dem Image des Gebäudes abhängig (vgl. Kateley, R.: Office Marketability Studies, in: White, J. [Hrsg.]: The Office Building, 1993, S. 190).

Unter Netto-Flächenabsorption versteht man das Flächenvolumen, um das sich die am Markt angebotenen Flächen innerhalb einer Periode reduziert haben. Die Neuanmietungen und Verkäufe an Eigennutzer werden hierbei gleichzeitig um die Flächen bereinigt, die durch Wanderungen und Strukturveränderungen frei werden (vgl. DTZ Zadelhoff [Hrsg.]: Der deutsche Immobilienmarkt 1996, 1997, S. 1).

In Deutschland konnte in der Vergangenheit ein sehr hohes Neubauvolumen an Büroflächen verzeichnet werden. Angesichts einer eher verhaltenen Nachfrage führte dies allerdings zu steigenden Leerständen und sinkenden Mieten. Mit Leerstandsraten zwischen 4 und 8 Prozent ist mit einem deutlichen Abbau der Überkapazitäten in den westdeutschen Ballungsräumen nicht vor Ende dieses Jahrhunderts zu rechnen. Noch kritischer ist die derzeitige Situation mit zweistelligen Leerstandsraten in Dresden und Leipzig zu beurteilen (vgl. Walter, N.: Zur gesamtwirtschaftlichen Entwicklung, Vortragsmanuskript zum Immobilien-Symposium '96, Institut für Gewerbezentren, 1996, S. 6).

Die aktuelle Bautätigkeit wird in erster Linie durch die Entwicklung in Berlin bestimmt. So entfällt mehr als die Hälfte des, in den acht wichtigsten Bürostädten in Deutschland für das Jahr 1997, zu erwartenden Fertigstellungsvolumens auf dem Berliner Markt (vgl. Abb. 2.22).

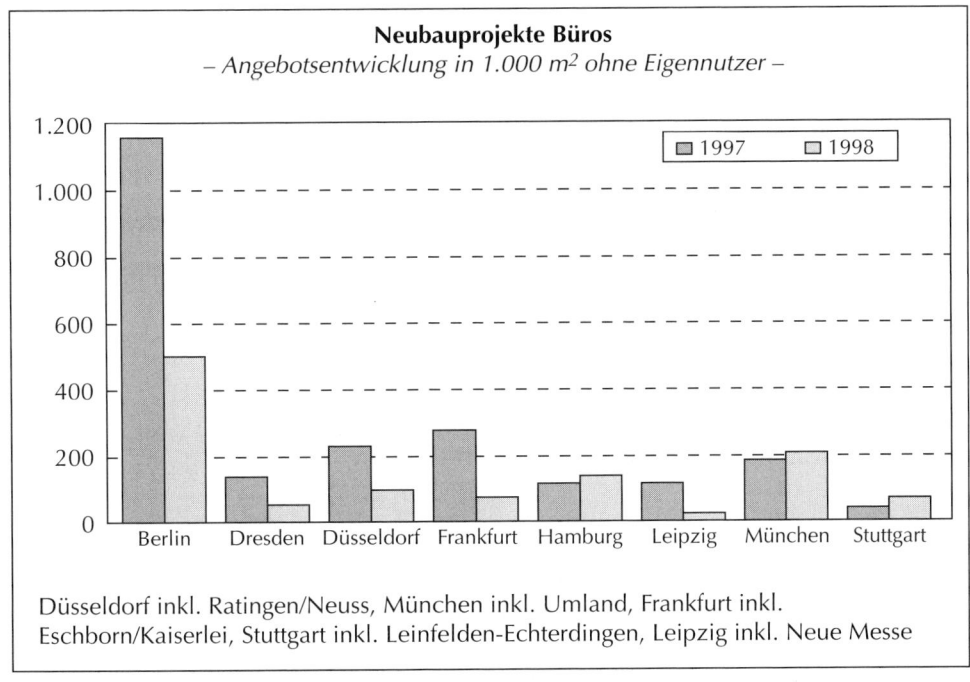

**Abb. 2.22: Neubauprojekte Büros**
**(Quelle:     DTZ Zadelhoff [Hrsg.]: Der deutsche Immobilienmarkt 1996, München 1997)**

*Mikro-Analyse*

Die Analyse eines konkreten Mikro-Standortes ist vor dem Hintergrund der spezifischen Anforderungen der potentiellen Mieter bzw. Nutzer zu bewerten. Ein *Gefühl* für den konkreten Standort erhält man anhand eingehender Begehungen und Besichtigungen des Standorts. Abgerundet wird die Analyse durch Expertengespräche mit z.B. ansässigen Unternehmen, Immobilienmaklern und Immobilienmanagern. Zu den Untersuchungsfaktoren einer Mikro-Analyse gehören u.a.:

- die Verkehrsanbindung,
- die Einsehbarkeit,
- die Parkmöglichkeiten,
- die Größe, der Zuschnitt und die Topographie des Grundstücks,
- Attraktivität, Repräsentativität und Image der unmittelbaren Umgebung („Adresse"),
- Nähe und Qualität der Infrastruktureinrichtungen (Einkaufsmöglichkeiten, Dienstleistungsangebot, gastronomisches Angebot etc.).

In Abhängigkeit von der Nutzergruppe werden zentrale oder auch dezentrale Bürostandorte präferiert. Büronutzer mit einem starken Kundenverkehr (Notare, Rechtsanwälte, Steuerberater etc.) bevorzugen grundsätzlich einen zentralen, vom Publikum frequentierten sowie gut einsehbaren Standort. Hauptniederlassungen von Unternehmen sind demgegenüber in Anbetracht der hohen Mietpreise der Innenstadt in erster Linie an dezentralen, gut erreichbaren Standorten anzutreffen.

Die Standortqualität von Büroimmobilien wird entscheidend durch die verkehrstechnische Anbindung beeinflußt. Zu untersuchen ist in diesem Zusammenhang die Anbindung sowohl an das Straßen- als auch an das öffentliche Verkehrsnetz. Für den Büronutzer von besonderer Bedeutung ist die Anbindung an das öffentliche Verkehrsnetz. Neben der Entfernung zu den relevanten Massentransportmitteln wie U-Bahn, S-Bahn, Bahnhöfen und zentralen Omnibusbahnhöfen sind die jeweiligen Linienführungen, Kapazitäten und Taktfrequenzen zu erfassen. Darüber hinaus müssen die Verfügbarkeit, die Entfernung sowie die Kosten von Kfz-Stellplätzen Berücksichtigung finden.

Ebenfalls von besonderer Bedeutung sind die Repräsentativität und das Image des Mikro-Standortes. Eine gute Büroadresse besteht in der Regel an bekannten Straßen oder Plätzen bzw. an Standorten einer Agglomeration weiterer bedeutender Büroimmobilien (z.B. im Bankenviertel). Beeinflußt werden die Qualität und das Image eines Mikro-Standortes durch das unmittelbare Umfeld, von dem sowohl positive (Parklandschaft, attraktive Gebäude etc.) als auch negative (Lärm, Abgase, Leerstände, veraltete Bausubstanz etc.) Impulse ausgehen können.

Zu untersuchen ist darüber hinaus die Qualität der Infrastruktureinrichtungen. Neben dem Einkaufs-, Freizeit- und Erholungsangebot sind in diesem Zusammenhang die Gastronomie- und Tagungsmöglichkeiten und das Angebotsspektrum im Dienstleistungsbereich unter die Lupe zu nehmen.

Ergänzt wird die Mikro-Analyse durch eine Bestimmung der bestehenden bzw. künftig zu erwartenden Mieterstruktur. Neben Begehungen und Besichtigungen ermöglichen Gespräche mit ansässigen Unternehmen nicht nur eine Bewertung des Mikro-Standortes aus Nutzersicht, sondern geben auch Einblick in mögliche Standortüberlegungen (Verlagerungen, Standortausdehnung, Standortschließung, Standortschrumpfung) der Unternehmen. Eine nähere Bestimmung der spezifischen Marktverhältnisse auf Mikroebene (Netto-Flächenabsorption, Leerstandsrate etc.) ist durch ergänzende Expertengespräche, z.B. mit Immobilienmaklern und Immobilienmanagern, möglich.

*Konkurrenzanalyse*

Im Rahmen der Konkurrenzanalyse sind die Flächen zu untersuchen, die in direktem Wettbewerb zum eigenen Vorhaben stehen. Zu den Wettbewerbsflächen zählen in erster Linie Objekte, Bauvorhaben und Planungen des gleichen Marktsegments (Lage, Alter, Größe, Ausstattung etc.) (vgl. Roberts, D.: Marketing and Leasing of Office Space, 1986, S. 51 ff.).

Die Konkurrenzanalyse umfaßt neben Gesprächen mit z.B. Investoren, Mietern bzw. Nutzern und Immobilienmanagern auch eine detaillierte Aufnahme der bestehenden Stärken und Schwächen der Wettbewerbsobjekte anhand eingehender Begehungen und Besichtigungen. Die Wettbewerbsaufnahme kann dabei sowohl individuell als auch mit Hilfe der Checklist-Methode durchgeführt werden (vgl. 2.23).

# Konkurrenzanalyse
*– Auszug einer Checkliste –*

| *Anschrift:* *Besitzer/Manager* | | | |
|---|---|---|---|
| • Erreichbarkeit/Verkehrsanbindung<br>– Individualverkehr<br>– Öffentlicher Personen-Nahverkehr etc.<br>• Standortqualität<br>– Repräsentativität/Image<br>– Einsehbarkeit etc.<br>• Parkmöglichkeiten<br>– Stellplatzkapazität<br>– Zugänglichkeit der Parkplätze etc.<br>• Beschreibung des Gebäudes:<br>– Typ des Bürogebäudes<br>– Grundstücksgröße<br>– Bürofläche<br>– Repräsentativität/Image etc.<br>• Infrastruktur im Umfeld<br>– Einkaufs-/Freizeitmöglichkeiten<br>– Dienstleistungsangebot etc.<br>• Mieter/Nutzer<br>– Image/Bekanntheitsgrad der Mieter<br>– Anzahl der Mieter/Mieterstruktur etc.<br>• Flexibilität<br>– Geschoßhöhe<br>– Raumflexibilität<br>– Unterteilbarkeit der Flächen etc.<br>• Kommunikations- und EDV-Netzwerk<br>– Doppelböden<br>– Leerverrohrung<br>– geschützter Datenraum<br>• Rentabilität und Wirtschaftlichkeit<br>– Mietpreise (Incentives)<br>– Leerstände<br>– Betriebs- und Nebenkosten<br>• Serviceleistungen<br>– Facility-Management<br>– Sicherheitsmanagement etc.<br>• Qualität der Arbeitsumgebung<br>– Lichtverhältnisse<br>– Luftqualität<br>– Beziehung zur Außenwelt etc. | | | |

**Abb. 2.23: Konkurrenzanalyse**
**Quelle:**   **Institut für Gewerbezentren, Starnberg, Juli 1997**

*Preisanalyse*

Nach der Analyse des Mikro-Standortes und der Wettbewerbssituation sind die realistischen und nachhaltig erzielbaren Miet- und Kaufpreise zu ermitteln. Grundlage ist hierbei das Mietpreisniveau des betreffenden Teilmarktes. Angaben hierüber sind u.a. bei den örtlich agierenden Immobilienmaklern und Immobilienberatern erhältlich. Zu berücksichtigen sind in diesem Zusammenhang auch Nachlässe, mietfreie Zeiten, Zuschüsse und vom Vermieter finanzierte Mieterausbauten.

Neben der Angebots- und Nachfragesituation auf dem spezifischen Teilmarkt zählt u.a. die Qualität des Standorts, die Attraktivität des Objekts bzw. Projekts und die Stärke der Wettbewerbsobjekte zu den entscheidenden Einflußfaktoren einer Preisanalyse.

*Empfehlungen zur Projektentwicklung bzw. Objektoptimierung*

Nach der Erhebung und Bewertung des relevanten Datenkranzes sind konkrete Empfehlungen zur Projektentwicklung bzw. Objektoptimierung abzugeben. Neben der *optimalen* Größe des Vorhabens sind in diesem Zusammenhang u.a. die Bedingungen bezüglich:

- der Flächengröße und Flächenkonfiguration,
- der anzusprechenden Zielgruppen,
- der Büroform (Kombibüro, Businessclub, Business-Center),
- der Qualität der Ausstattung,
- der Zusatzeinrichtungen (Freizeit, Parkmöglichkeiten etc.),
- der anzubietenden Serviceleistungen (Kostenmanagement, Facility-Management, Sicherheitsmanagement, Movemanagement etc.),
- der Qualität der Arbeitsumgebung,
- der Mietvertragslaufzeiten und
- der Kommunikations- und Vermietungsstrategie

zu formulieren.

### 2.3.3 Mikro-geographische Segmentierung

Ein differenzierteres und individuelleres Verbraucherverhalten, wachsender Wettbewerbsdruck, eine abnehmende Kundenbindung durch austauschbare Produkte und Dienstleistungen, zunehmende Sättigungserscheinungen und gestiegene Marketingkosten erfordern auch in der Immobilienwirtschaft ein selektives Vorgehen bei der Marktbearbeitung mit einem entsprechenden kundenindividuellen Marketing. Ziel ist die Ausrichtung der Marketingaktivitäten auf attraktiv erscheinende homogene Zielgruppen.

Grundlage hierfür ist die Marktsegmentierung, also die Aufteilung eines heterogenen Marktes in klar abgegrenzte homogene Marktsegmente bzw. Käufergruppen. Neben der demographischen kann man die psychographische und die geographische Marktsegmentierung unterscheiden.

Während bei der Marktsegmentierung nach individuellen personenbezogenen Merkmalen lediglich etwas über Personengruppen mit ähnlichen Verhaltensweisen, aber nichts über deren geographische Verbreitung ausgesagt werden kann, besteht im Rahmen der geographischen Marktsegmentierung eine exakte Lokalisierbarkeit der Marktsegmente mit der Möglichkeit einer gezielten selektiven Marktbearbeitung. Allerdings müssen bezüglich der Aussagefähigkeit der *konventionellen* geographischen Marktsegmentierung einige Einschränkungen beachtet werden. Neben der mangelnden Aktualität der amtlichen Statistiken liegt die Ursache hierfür in erster Linie in den groben Gebietseinteilungen des amtlichen statistischen Materials, hervorgerufen durch die erheblichen Restriktionen, insbesondere des deutschen Datenschutzes. Eine Möglichkeit, diesen Schwächen zu begegnen, bietet die mikro-geographische Segmentierung (vgl. Abb. 2.24).

Grundlage der mikro-geographischen Segmentierung ist das Phänomen der Segregation. Unter Segregation versteht man die ungleiche Verteilung bzw. Konzentration bestimmter Bevölkerungsgruppen nach sozialer Schichtzugehörigkeit, nach ethnischer oder kultureller Herkunft und nach der Stellung im Familienlebenszyklus. Die Segregation tritt in der Regel auf kleinräumiger Ebene in Erscheinung (Villenviertel, Arbeitersiedlung). Als Ursache dieser disproportionalen Verteilung können neben ökonomischen Faktoren (Einkommen, Mieten, Grundstücks- und Immobilienpreise) u.a. sozialpsychologische Variablen herangezogen werden. Hierbei geht man davon aus, daß Menschen mit ähnlichem Status, ähnlichen Verhaltensmustern und Einstellungen im Umfeld, also dort, wo sie ihresgleichen finden, auch woh-

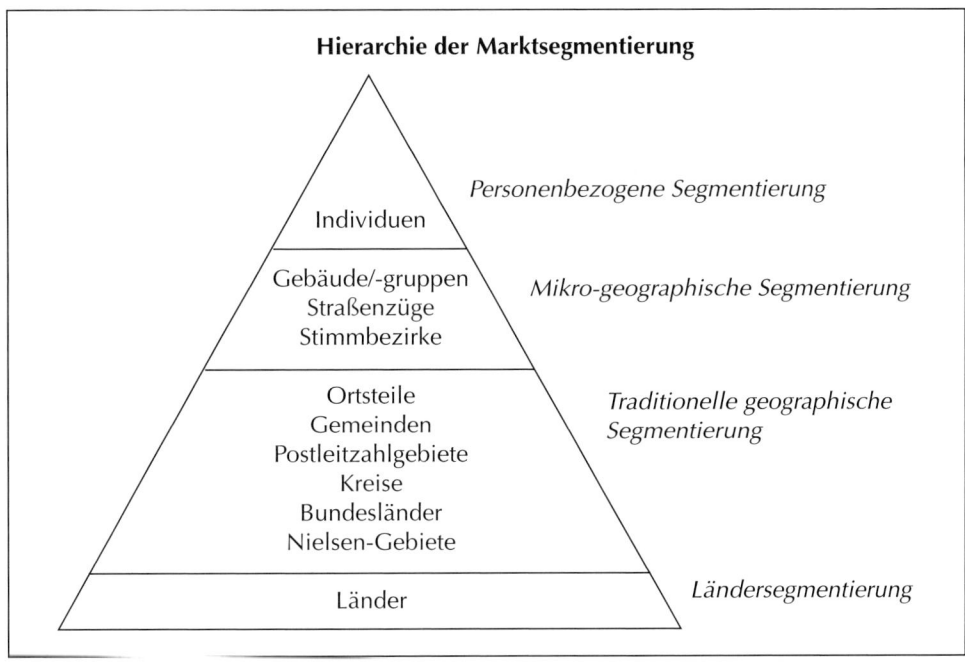

**Abb. 2.24:** Marktsementierung
**Quelle:** Institut für Gewerbezentren, Starnberg, Juli 1997, in Anlehnung an Froböse, M.:
Mikro-geographische Segmentierung in Einzelhandelsmärkten, S. 46, 1995.

nen wollen (Nachbarschaftseffekt). Segregationsprozesse verlaufen in der Regel langsam und eignen sich daher als Basis einer längerfristigen Marktbearbeitung.

Ausgehend von der Zugehörigkeit des Konsumenten zu einem bestimmten geographischen Mikrokosmos (z.B. Straße, Straßenabschnitt, Gebäudegruppen) ermöglicht die mikro-geographische Segmentierung eine systematische Analyse kleinräumiger Marktstrukturen. Grundlage ist ein flächendeckendes, kleinräumiges Informationssystem, mit dessen Hilfe diese geographischen Einheiten abgegrenzt und anhand einer Vielzahl statistischer Informationen beschrieben werden können.

Wählt man die geographischen Bezugseinheiten klein genug, bestehen zwischen den einzelnen Haushalten bzw. Konsumentengruppen starke Ähnlichkeiten mit einer Vielzahl marketingrelevanter Verhaltensweisen, wie Produkt- und Markenpräferenzen, den bevorzugten Medien, der Einkaufsstättenwahl und der Freizeitgestaltung.

Zur Segmentierung und Charakterisierung der jeweiligen Mikroeinheiten müssen die sogenannten Strukturmerkmale untersucht werden. Je nach Systemanbieter kommen hierbei unterschiedliche Merkmale und Datenquellen zum Einsatz, wie die nachfolgende, nicht vollständige Auflistung zeigt:

- Erfassung der Berufsstruktur (Haushaltsdatei der Deutschen Postreklame GmbH),
- Altersschätzung anhand einer Vornamenanalyse,
- Bestimmung relevanter Gebäude- und wohnumfeldbezogener Merkmale durch eine flächendeckende Primärerhebung aller Wohngebäude nach z.B. Art, Alter und Status der Gebäude oder alternativ durch EDV-technische Auswertungen der Haushaltsadreßbestände,
- Angaben über das Wahlverhalten in den Stimmbezirken (Statistisches Bundesamt),
- Pkw-Zulassungsstatistik (Sonderauswertung des Kraftfahrt-Bundesamtes),
- Kundendaten- und Adreßbestände privater Firmen (z.B. Buchclubs und Versandhandelsunternehmen),
- flächendeckende ergänzende Informationen über sozio-demographische und sozio-ökonomische Strukturen.

Diese segmentbildenden, *aktiven* Variablen ermöglichen eine flächendeckende und eindeutige Typologisierung der mikro-geographischen Parzellen. Eine von „CCN Deutschland" entwickelte mikro-geographische Konsumententypisierung ist die MOSAIC-Typologie, in der insgesamt 37 Mosaic-Typen gebildet wurden, die sich wiederum zu elf Gruppen zusammenfassen lassen. Das Spektrum reicht hierbei von „gutsituierten, älteren Städtern" über „junge Städter in individuellen Altbauten" und „städtischen Normalbürgern an lebhaften Straßen" bis hin zu „klassischen ländlichen Familien" (vgl. Abb. 2.25).

# Mikro-geographische Konsumententypisierung am Beispiel der MOSAIC-Typologie

*– In Prozent aller deutschen Haushalte –*

*G1 Luxuriöse Wohnungen*
| | | |
|---|---|---|
| M01 | Gutsituierte, ältere Städter | 2,90 % |
| M02 | Junge erfolgreiche Städter | 1,50 % |

*G2 Hochhaus-Bewohner*
| | | |
|---|---|---|
| M03 | Bewohner gepflegter Hochhäuser | 1,50 % |
| M04 | Bewohner weniger gepflegter Hochhäuser | 1,30 % |

*G3 Einfache, städtische Gebiete*
| | | |
|---|---|---|
| M05 | Der großstädtische Normalbürger | 3,90 % |
| M06 | Jüngere Großstädter in einfachen Wohnungen | 4,30 % |
| M07 | Ältere Arbeiter in verkehrsreichen Gegenden | 2,60 % |
| M08 | Junge Städter in Vororten | 2,70 % |

*G4 Weniger wohlhabende, innerstädtische Gebiete*
| | | |
|---|---|---|
| M09 | Einfache Nachkriegsbauten mit jungen Leuten | 2,20 % |
| M10 | Einfache Vorkriegsbauten mit jungen Leuten | 1,80 % |
| M11 | Städtische Normalbürger in individ. Altbauten | 3,90 % |
| M12 | Ältere Städter in einfachen Wohnungen | 3,50 % |
| M13 | Einfache Wohnungen in ruhiger Lage | 3,40 % |
| M14 | Junge Städter in schlichten Wohnungen, zentral und verkehrsreich | 2,80 % |

*G5 Gutsituierte Konservative*
| | | |
|---|---|---|
| M15 | Senioren in älteren Standardhäusern am Ortsrand | 2,60 % |
| M16 | Solide städtische Familien der Mittelschicht | 2,50 % |
| M17 | (Klein-)Städter mittleren Alters in Standardhäusern an Ausfallstraßen | 2,10 % |
| M18 | Solide ältere Städter der Mittelschicht | 1,80 % |

*G6 Durchschnittliche Gebiete*
| | | |
|---|---|---|
| M19 | Junge Städter in individuellen Altbauten | 1,50 % |
| M20 | Städtische Normalbürger an lebhaften Straßen | 1,90 % |

*G7 Aufstrebende, städtische Gebiete*
| | | |
|---|---|---|
| M21 | Junge gutbürgerliche Städter | 1,80 % |
| M22 | Junge aktive Städter | 2,40 % |

```
G8 Gehobene Vororte
M23  Familien in attraktiven gewachsenen Vororten          1,80 %
M24  Familien in kleinstädtischen gehobenen Vororten       2,90 %
M25  Junge und wohlhabende städtische Familien             1,90 %
M26  Wohlhabende Kleinstädter in individ. Häusern          2,30 %
M27  Kleinstädtische, bürgerliche Vororte                  4,00 %

G9 Gutsituierte Kleinstädter
M28  Ältere Dorfbewohner in älteren Häusern                3,00 %
M29  Klassisch-ländliche Familien                          4,30 %
M30  Dörfliches Bürgertum in exklusiven Wohnlagen          0,60 %

G10 Provinzielle Gemeinden
M31  Junge Familien in ruhigen, dörflich-kleinstädt. Vororten   3,50 %
M32  Junge Kleinstädter in durchschnittl. Wohnungen        2,60 %
M33  Familien in älteren, ländlich-kleinstädtischen Häusern  4,20 %
M34  Dorfbewohner/Kleinstädter in ruhiger Wohnlage         4,00 %

G11 Klassische Landbewohner
M35  Senioren in alten kleinstädtischen Siedlungen         4,50 %
M36  Dorfbewohner/Kleinstädter an Ausfallstraßen           3,00 %
M37  Altbauten in verkehrsreichen Dorf-/Stadtkernen        2,50 %
```

**Abb. 2.25:  Konsumententypisierung**
**Quelle:       CCN Deutschland, Hamburg 1996**

Nach der Segmentbildung ermöglichen sogenannte *passive* Variablen eine für die spätere Marktbearbeitung wichtige, ergänzende Beschreibung der gebildeten Typen. Unter passiven Variablen versteht man psychologische Merkmale, die üblicherweise auf Stichprobenbasis erhoben werden. Im Falle von CCN wurden im Zusammenhang mit einer Lifestyle-Untersuchung bei 20000 Befragten weitere qualitative Merkmale, in erster Linie im Bereich des Freizeit-, Informations- und Konsumentenverhaltens, erhoben (vgl. Abb. 2.26).

# Wohlhabende Kleinstädter in individuellen Häusern 2,3 %
## – Ausgewähltes Segment der MOSAIC-Typologie –

1-, 2-Familienhäuser oder Terrassenhäuser mit mittlerem bis großem Garten. Die Häuser sind ab 1980 gebaut und sehr individuell gestaltet. Sie liegen am Ortsrand in sehr guter Wohnlage in Anwohnerstraßen oder anderen Straßen mit wenig Verkehr. Das Wohngebiet ist geprägt von Menschen zwischen 25 und 45 Jahren; Ältere sind eher unterrepräsentiert. Die Bewohner selbst sind überwiegend zwischen 25 und 49 Jahre alt. Sie sind meist verheiratet, Angestellte oder Beamte in guter Position und soliden finanziellen Verhältnissen. Sie verfügen über eine gute Bildung und interessieren sich für Bücher, High-Tech, Heimwerken sowie Geld- und Vermögensanlagen. Sie leben in Orten bis 20 000 Einwohnern mit geringem Ausländeranteil.

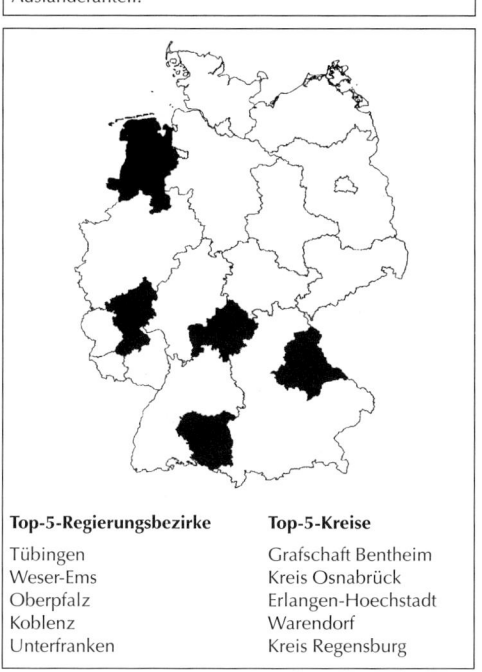

**Top-5-Regierungsbezirke**

Tübingen
Weser-Ems
Oberpfalz
Koblenz
Unterfranken

**Top-5-Kreise**

Grafschaft Bentheim
Kreis Osnabrück
Erlangen-Hoechstadt
Warendorf
Kreis Regensburg

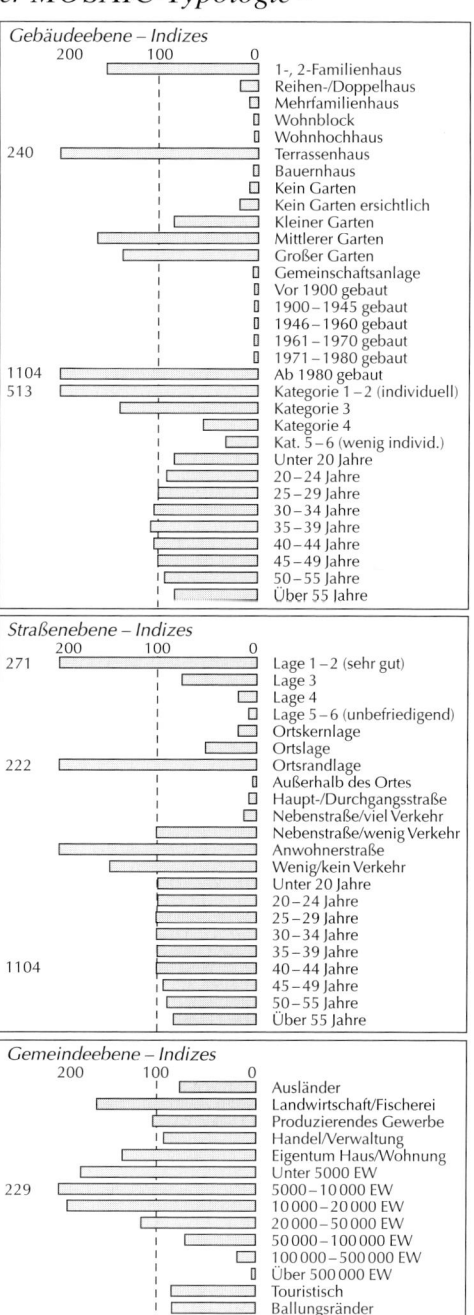

**Gebäudeebene – Indizes**

1-, 2-Familienhaus
Reihen-/Doppelhaus
Mehrfamilienhaus
Wohnblock
Wohnhochhaus
Terrassenhaus
Bauernhaus
Kein Garten
Kein Garten ersichtlich
Kleiner Garten
Mittlerer Garten
Großer Garten
Gemeinschaftsanlage
Vor 1900 gebaut
1900 – 1945 gebaut
1946 – 1960 gebaut
1961 – 1970 gebaut
1971 – 1980 gebaut
Ab 1980 gebaut
Kategorie 1 – 2 (individuell)
Kategorie 3
Kategorie 4
Kat. 5 – 6 (wenig individ.)
Unter 20 Jahre
20 – 24 Jahre
25 – 29 Jahre
30 – 34 Jahre
35 – 39 Jahre
40 – 44 Jahre
45 – 49 Jahre
50 – 55 Jahre
Über 55 Jahre

**Straßenebene – Indizes**

Lage 1 – 2 (sehr gut)
Lage 3
Lage 4
Lage 5 – 6 (unbefriedigend)
Ortskernlage
Ortslage
Ortsrandlage
Außerhalb des Ortes
Haupt-/Durchgangsstraße
Nebenstraße/viel Verkehr
Nebenstraße/wenig Verkehr
Anwohnerstraße
Wenig/kein Verkehr
Unter 20 Jahre
20 – 24 Jahre
25 – 29 Jahre
30 – 34 Jahre
35 – 39 Jahre
40 – 44 Jahre
45 – 49 Jahre
50 – 55 Jahre
Über 55 Jahre

**Gemeindeebene – Indizes**

Ausländer
Landwirtschaft/Fischerei
Produzierendes Gewerbe
Handel/Verwaltung
Eigentum Haus/Wohnung
Unter 5000 EW
5000 – 10 000 EW
10 000 – 20 000 EW
20 000 – 50 000 EW
50 000 – 100 000 EW
100 000 – 500 000 EW
Über 500 000 EW
Touristisch
Ballungsränder
Ballungsgebiet

**Abb. 2.26:** **Einfamilienhäuser in der Kleinstadt**
**Quelle:** **CCN Deutschland, Hamburg 1996**

Durch eine Verknüpfung und integrierte Auswertung der mikro-geographischen Basisdaten mit unternehmenseigenen Kundendaten bzw. Kundenstatistiken, aber auch externen Daten, wie z.B. repräsentativen Umfragen und Verbraucherpanels, erhält man eine ergänzende Informations- und Entscheidungsgrundlage (vgl. Froböse, M.: Mikro-geographische Segmentierung von Einzelhandelsmärkten, 1995, S. 279).

Die mikro-geographische Datenbasis läßt sich in die Anwendungsbereiche Potential- bzw. Marktanalyse, Kommunikation und die Bereiche Organisation, Außendienst, Controlling untergliedern (vgl. Abb. 2.27).

| Mikro-geographische Segmentierung | | | |
| --- | --- | --- | --- |
| _– Methoden und Anwendungsbereiche –_ | | | |
| _Anwendungs-bereiche_ | _Methoden_ | | |
| | Mikro-geographische Segmentierung | Gliederung nach organisationsspezifischen/ funktionalen Einheiten | Standortbezogene Segmentierung; Entfernungen oder Einzugsbereiche |
| Potential-/ Marktanalyse | Welches sind die Zielgebiete? Welche Potentiale haben sie? | Wurden die Marktpotentiale ausgeschöpft? | An welchen Standorten sind die besten Verkaufsaussichten? |
| Kommunikation | Wie können beim Direktmarketing Streuverluste minimiert werden? | Welche lokal selektierbaren Medien müssen genutzt werden? | Wo ist die Nutzengrenze für den Werbemitteleinsatz? |
| Organisation, Außendienst, Controlling | Wie lassen sich lokale Bewertungsziffern oder Zielvorgaben gewinnen? | Sind die Vertriebsgebiete marktgerecht abgegrenzt? | Wie kann ein Filialnetz optimiert werden? |

**Abb. 2.27:  Mikro-geographische Segmentierung**
**Quelle:       infas, Mikrogeographische Analyse und Bearbeitung des Marktes, Bonn 1996**

Als grundlegender Vorteil der mikro-geographischen Segmentierung kann der höhere Wirkungsgrad der Marketingaktivitäten hervorgehoben werden. Durch eine exakte Zielgruppenidentifikation besteht hierbei nicht nur eine grundsätzliche Reduktion der Streuverluste, sondern auch die Möglichkeit, der abnehmenden Kundenbindung durch eine individuelle, auf die Bedürfnisse und Interessen der Zielgruppe abgestimmte Ansprache zu begegnen.

Eingesetzt wird die mikro-geographische Segmentierung in den unterschiedlichsten Wirtschaftsbereichen. Zu den Anwendern gehören u.a. Versicherungen, Finanzdienstleister, Verlage, Hersteller von Konsumgütern und Handelsbetriebe. In Abhängigkeit des jeweiligen Bereichs dient die mikro-geographische Segmentierung hierbei den unterschiedlichsten Aufgabenstellungen. Im stationären Einzelhandel liegt ihr Schwerpunkt beispielsweise in der Unterstützung der Standort- und Filialnetzplanung, der Potentialbestimmung, der Sortimentspolitik, der Auswahl der Werbeträger wie auch der Werbemitteloptimierung.

Auch in der Immobilienwirtschaft besteht für die mikro-geographische Segmentierung von der Unterstützung der Produktpolitik und der Mediaselektion über die Etablierung eines zielgerichteten und kundenindividuellen Direktmarketing bis hin zur Optimierung der Niederlassungsplanung und der Vertriebs- und Außendienststeuerung grundsätzlich ein breites und erfolgversprechendes Einsatzspektrum. Trotz dieser vielfältigen Anwendungsmöglichkeiten ist die mikro-geographische Segmentierung in der Immobilienwirtschaft allerdings bislang nahezu unbekannt.

Wie aufgezeigt wurde, besitzt die mikro-geographische Segmentierung aufgrund der unmittelbaren Zugänglichkeit der Segmente und der hierdurch möglichen direkten zielgruppenspezifischen Umsetzung der gewonnenen Erkenntnisse den Vorteil einer hohen Praktikabilität. Das Problemlösungspotential der mikro-geographischen Segmentierung ist allerdings je nach Aufgabenstellung und Einsatzgebiet sehr unterschiedlich zu bewerten, so daß in einer ersten Analyse die Art und Weise des jeweiligen Einsatzes zu untersuchen ist (vgl. Froböse, M.: Mikro-geographische Segmentierung von Einzelhandelsmärkten, 1995, S. 281).

### 2.3.4 Objekt- oder Projektanalyse

Im Sinne einer umfassenden Immobilienbegutachtung sind neben den Informationen, die im Rahmen der Makro- und Mikro-Analyse zusammengestellt wurden, auch ergänzende Daten und Informationen über das unmittelbare Objekt bzw. Projekt zu erheben.

#### 2.3.4.1 Aufgaben und Informationsquellen

Zu den Aufgaben einer Objektanalyse gehören im wesentlichen das Aufspüren und die umfassende Analyse bestehender Stärken und Schwächen einer Immobilie. Sie liefert damit die Informationsbasis für eine professionelle Objektoptimierung durch quantitatives und qualitatives Flächenmanagement oder eine umfassende Objektumstrukturierung bzw. -revitalisierung. Aber nicht nur bereits am Markt eingeführte Immobilien können Gegenstand der Untersuchung sein, auch Projektkonzeptionen lassen sich im Rahmen einer Projektanalyse auf mögliche Planungsfehler untersuchen. Neben der Beseitigung festgestellter Mängel liegt die grundsätzliche Zielsetzung einer Objektanalyse im Ausbau der erkannten Stärken einer Immobilie, wodurch ein nicht zu unterschätzender Beitrag der nachhaltigen Imagepositionierung gegeben ist.

Eine Reihe von Beweggründen kann den Ausschlag zur Durchführung einer Objektanalyse geben. Neben akuten Vermietungsschwierigkeiten bzw. schmerzlichen Kompromissen bei laufenden Vermietverhandlungen können in erster Linie niedrige bzw. zurückgehende Kundenfrequenzen, eine unattraktive Atmosphäre, ein Rückgang der Mieterumsätze, Standort- und Umfeldveränderungen, eine überholte Gebäudeinfrastruktur sowie überhöhte Betriebskosten als typische Beweggründe hervorgehoben werden. In der Praxis häufig festzustellen ist allerdings die Tatsache, daß Objektanalysen und die hierauf basierenden Maßnahmen häufig zu spät bzw. nicht regelmäßig durchgeführt werden und das Image einer Immobilie bereits nachhaltig negativ belastet wurde.

*Ursachen*

Wie jedes Produkt ist auch die Immobilie einem Lebenszyklus unterworfen. So ist beispielsweise im Bereich der Freizeit- und Handelsimmobilien in der Regel bereits nach zehn bis 15 Jahren mit der Notwendigkeit einer Objektverbesserung bzw. -revitalisierung zu rechnen.

Die Ursachen einer Erosionserscheinung lassen sich grundsätzlich in endogene (objektbedingte) und exogene Faktoren untergliedern. Endogene Ursachen sind direkt gestalt- und veränderbar. Neben den baulich bzw. technisch hervorgerufenen Erosionen zählen hierzu beispielsweise Mängel der Konzeption, Architektur und Dimensionierung, die Etablierung eines unpassenden Mieter- und Branchen-Mixes sowie Schwächen des Managements. Exogene Ursachen resultieren demgegenüber in erster Linie in geänderten Marktverhältnissen, z.B. in Form eines gewandelten Verbraucher- bzw. Kundenverhaltens, der Entstehung neuer attraktiver Konkurrenzobjekte oder einem veränderten Anforderungsprofil der Nutzer. Ebenfalls zu den exogenen Faktoren zählt auch eine generelle Verschlechterung der wirtschaftlichen Situation im Einzugsgebiet oder die Beeinträchtigung der Verkehrssituation und -anbindung, z.B. durch eine geänderte Straßenführung. Im Gegensatz zu den endogenen Faktoren sind die exogenen Faktoren in der

Regel nicht direkt beeinflußbar, sondern erfordern eine entsprechende Reaktion, d.h. Übertragung und Anpassung der Immobilie an die geänderten Verhältnisse.

*Informationsquellen*

In Abhängigkeit des zu untersuchenden Objekts bzw. Projekts ist eine Reihe von Informationsquellen auszuschöpfen. Als Basis sollte auf eine eingehende Begehung und Besichtigung auf keinen Fall verzichtet werden. Detaillierte Checklisten erleichtern diesen Analyseschritt und vermeiden, daß Untersuchungskriterien vergessen werden. Expertengespräche mit Mietern bzw. Nutzern, dem Immobilienmanagement wie auch Architekten und Technikern geben einen ergänzenden Einblick in das komplexe Gesamtgefüge einer Immobilie und ermöglichen eine umfassende Stärken-Schwächen-Analyse. Hilfreich sind darüber hinaus eine Auswertung und Gegenüberstellung der Umsatzergebnisse der unterschiedlichen Mieter bzw. Nutzer. Handelt es sich bei der zu untersuchenden Immobilie um eine Handels- oder Freizeitimmobilie, sollte auf den Einsatz einer Kunden- bzw. Passantenbefragung nicht verzichtet werden. Neben der Analyse der bestehenden Besucherstruktur erhält man hierdurch u.a. wertvolle Anhaltspunkte zur nachhaltigen Profilierung und Positionierung einer Immobilie.

Das mögliche Spektrum einer Objekt- bzw. Projektanalyse beinhaltet neben der Untersuchung der Grundstücksbeschaffenheit, der Architektur, der Konzeption, der rechtlichen Situation, der Ausstattung und des baulichen Zustandes auch eine Analyse wesentlicher Rentabilitäts- und Wirtschaftlichkeitsaspekte und die Bestimmung des Immobilienimages. Im Einzelfall sind zudem der Mieter- und Branchen-Mix, das Parkflächen- bzw. Individualverkehrskonzept, die Marketingkonzeption und das Immobilienmanagement in die Untersuchung einzubeziehen.

## 2.3.4.2 Untersuchungsbereiche

Bevor eine Objektanalyse durchgeführt werden kann, muß man sich allerdings über die spezifischen Erfolgs- und Imagefaktoren einer Immobilie im klaren sein, die in Abhängigkeit des zu untersuchenden Objekts variieren bzw. unterschiedlich zu gewichten sind. Für ein Einkaufszentrum sind beispielsweise der Standort, die Wettbewerbssituation, die Erreichbarkeit, der Branchen- und Mieter-Mix, die Dimensionierung und Funktionalität wie auch die Einkaufsatmosphäre hervorzuheben. Für Büroimmobilien stehen demgegenüber u.a. die gute Erreichbarkeit, das städtebauliche Umfeld („Adresse"), die Flexibilität und Funktionalität, das „intelligente Gebäude", die Existenz von Kfz-Stellplätzen und die Attraktivität der Architektur („Corporate Identity") ganz oben auf der Bedeutungsskala.

*Scoring-Modell*

Mit dem Ziel, die Objektivität der Objektanalyse zu erhöhen und subjektive Einflüsse bei der Beurteilung zu minimieren, bietet sich die Entwicklung eines Scoring-Modells an. Das Scoring-Modell wird eingesetzt, wenn die einzelnen Erfolgs- bzw. Beurteilungskriterien nicht als gleichwertig angesehen werden, sondern abhängig von ihrer Bedeutung für das Objekt bzw. Projekt zu gewichten sind. Wichtig ist hierbei die vollständige Erfassung aller Kriterien, die für die Beurteilung der jeweiligen Immobilie relevant sind. Darüber hinaus ist bei der Auswahl der spezifischen Beurteilungskriterien auf deren Überschneidungsfreiheit zu achten.

- *Grundstücksbeschaffenheit.* Neben der Grundstücksgröße ist zunächst der Flächenzuschnitt des Grundstücks zu untersuchen. Dabei können sowohl von der Größe als auch vom Zuschnitt erhebliche Nutzungsrestriktionen ausgehen. Zu klären ist in diesem Zusammenhang auch die Möglichkeit einer späteren Flächenerweiterung im unmittelbaren Objektumfeld. Ein weiteres Kriterium stellt, insbesondere für Hotels, Handels- und Entertainment-Immobilien, die uneingeschränkte Einsehbarkeit des Grundstücks von Passanten- und Verkehrsströmen dar. Im Bereich der Wohnimmobilien ist demgegenüber u.a. auf die Qualität der Aussicht und der Besonnung (Südlage) zu achten. Ebenfalls analysiert werden müssen die bestehenden bzw. künftig zu erwartenden Immissionsbelastungen durch Lärm, Schmutz, Gase etc. Eine erhebliche Auswirkung auf die zu erwartenden Baukosten geht von der Qualität des Baugrundes aus. Zu untersuchen sind hierbei u.a. die Bodenart, die Bodenpressung und der Grundwasserstand. Insbesondere im Rahmen des Flächenrecyclings ist zudem die Altlastensituation zu prüfen. Als erste Erkenntnisquellen einer möglichen Kontamination können u.a. eine Analyse der ehemaligen Grundstücksnutzungen, die Auswertung von Kartenmaterial und die Einsicht in das Altlastenkataster dienen. Besteht oder verdichtet sich ein Verdacht auf Altlasten, sollte auf eine eingehende Altlastenuntersuchung seitens eines qualifizierten Gutachters nicht verzichtet werden.
- *Rechtliche Grundstückssituation.* Ein weiterer wichtiger Untersuchungsbereich besteht in der Analyse der rechtlichen Grundstückssituation. So

werden die Nutzungsfähigkeit und der Wert eines Grundstücks unmittelbar durch die Raumordnung und Bauleitplanung beeinflußt. Eine entscheidende Bedeutung kommt hierbei dem Entwicklungszustand des Grundstücks zu, der sich in die Entwicklungsstufen Agrarland, Bauerwartungsland, Rohbauland und baureifes Land untergliedern läßt. Bestimmt wird die Nutzungsfähigkeit aber auch durch die Art und das Maß der baulichen Nutzung sowie durch bestehende Nutzungsrechte und -beschränkungen. Unmittelbar beeinflußt wird die bauliche Nutzbarkeit eines Grundstücks zudem durch den Stand der Erschließung. Neben dem Flächennutzungs- und Bebauungsplan sollten somit u.a. auch das Grundbuch und das Baulasten-Verzeichnis eingesehen werden.

- *Konzeption.* Ein sehr differenziert zu analysierender Bereich besteht in der Konzeption bzw. Nutzungskonzeption. Ziel der Objekt- bzw. Projektanalyse ist hierbei die Schaffung einer Informationsbasis, die es im Rahmen der Projektentwicklung ermöglicht, ein markt- und standortoptimales Nutzungskozept zu entwickeln bzw. bestehende Konzeptionsfehler auszuschalten. Neben Expertengesprächen, z.B. mit dem Immobilienmanagement und den Mietern bzw. Nutzern, zählen Kunden- und Passantenbefragungen, Kundenfrequenz- und Kundenstromanalysen sowie Kundenlaufanalysen zu den geeigneten Informationsquellen.
Zum möglichen Aufgabenspektrum gehören u.a. die Analyse und Bestimmung der optimalen Gesamtgröße des Objekts, der Relation der Verkehrsfläche zur Nutzfläche, der optimalen Gebäudetiefe, der Grundrisse, Deckenhöhen und Rastermaße, die Funktionalität der Anlieferung und Entsorgung, die Art und Plazierung der Verkehrsbauwerke wie auch die Zahl, Größe und Bedeutung der Eingänge. Entscheidend ist zudem eine Untersuchung der optimalen Plazierung und Dimensionierung der Magnetbetriebe (Anchor Tenants).
Im Rahmen der Beurteilung einer Konzeption ist zudem auf die erforderliche Flexibilität zu achten. Um eine „interne Flexibilität" zu erreichen, muß man hierbei zunächst die Anpassungsfähigkeit an künftige Anforderungen der Nutzer berücksichtigen. Hierzu gehört neben der erforderlichen Flächenflexibilität, z.B. durch eine variable Grundrißgestaltung oder ein großzügiges Stützenraster, auch die Möglichkeit der unmittelbaren Reaktion auf technologisch bzw. organisatorisch bedingte Veränderungen. Nicht zuletzt sollte die Immobilienkonzeption aber auch eine echte Alternativnutzung „externe Flexibilität" zulassen.
Als weiterer Baustein der Konzeption ist die Qualität der Funktionalität zu untersuchen. Im Bereich der Büro- bzw. Verwaltungsimmobilien kann als grundlegende Informationsbasis auf eine Analyse der spezifischen Ar-

beitsplatzstrukturen und der individuellen Betriebs- und Arbeitsabläufe der jeweiligen Nutzer nicht verzichtet werden. Neben der bestehenden bzw. künftig zu erwartenden Ablauforganisation sind insbesondere der interne und externe Kommunikationsfluß, die Arbeitszufriedenheit und die Möglichkeit der Teamarbeit zu bewerten.

Zu prüfen ist darüber hinaus das Parkflächen- bzw. Individualverkehrskonzept. Neben der erforderlichen Parkflächendimensionierung (z.B. Relation der Stellplätze zur Verkaufsfläche) gehört u.a. die Bewertung der Benutzerfreundlichkeit und Befahrbarkeit, der technischen Ausstattung, der Sicherheitsvorrichtungen, der Anordnung der Stellplätze und das zur Anwendung kommende Leitsystem zum Spektrum der Untersuchung. Im Rahmen der Analyse sind hierbei neben der anzutreffenden Nachfragergruppe auch die Umschlagshäufigkeit, die durchschnittliche Parkdauer und die zeitlichen Belastungsprofile zu berücksichtigen. So sind beispielsweise an das Leit- und Orientierungssystem eines Parkhauses mit überwiegendem Einkaufs- bzw. Besucherverkehr und einer hohen Umschlagshäufigkeit andere Anforderungs- und Beurteilungskriterien zu stellen, als dies in einer Tiefgarage eines Mehrfamilienhauses der Fall ist.

- *Architektur.* Immer mehr Immobilienunternehmen setzen die Architektur zur gezielten Profilierung und Gestaltung ihres Corporate Design ein. Aber nicht nur Unternehmen, auch die einzelne Immobilie kann selbst durch ihre spezifische Architektur eine unverwechselbare Corporate Identity erhalten. In den USA konnten beispielsweise im Bereich der Hotelimmobilie durch die *Hyatt-Konzeptionen* mit ihren einzigartigen Innenhöfen, spektakulären Aufzügen und hängenden Gärten ein überdurchschnittlicher Bekanntheitsgrad und ein klar definiertes, einzigartiges Image erreicht werden. Ein marktoptimaler und ehrlicher Auftritt ist hierbei allerdings nur möglich, wenn das äußere Erscheinungsbild mit dem jeweiligen Nutzungsinhalt übereinstimmt. So dürfte ein Discount-Betrieb, der sich hinter einer hochwertigen und luxuriösen Marmorfassade befindet, das am Standort vorhandene Umsatzpotential nicht annähernd ausschöpfen. Zu beachten sind ferner die Funktionalität und Flexibilität der Architektur sowie die Akzeptanz beim Besucher, Nutzer und Investor.

- *Ausstattung und baulicher Zustand.* Der bauliche Zustand von Bestandsimmobilien hat nicht nur einen Einfluß auf das Image der Immobilie, sondern kann unter Umständen auch die laufenden Kosten und Erträge des Objekts erheblich beeinflussen. Zu untersuchen sind in diesem Zusammenhang nicht nur der aktuelle Zustand der Bauteile und technischen Einrichtungen und die Bestimmung eines eventuell vorhandenen Instandhaltungsstaus, sondern auch die Instandhaltungskosten der vergangenen Jahre und die Höhe der bestehenden Instandhaltungsrücklage. Ebenfalls zu prüfen ist die generelle Güte der Bauausführung, der Baustoffwahl und der Konstruktion. Zu beachten sind darüber hinaus eventuelle Kontaminationen der aufstehenden Bausubstanz sowie mögliche Restriktionen und Auflagen des Denkmalschutzes.

Die spezifischen Ausstattungsmerkmale einer Immobilie sollten sowohl den jetzigen als auch den zukünftigen Erfordernissen und Prämissen der Mieter bzw. Nutzer entsprechen. Im Sinne eines „intelligenten Gebäudes" sind hierbei alle Kriterien der Flexibilität, Funktionalität, Kostentransparenz, Mitarbeitermotivation, Umweltverträglichkeit und Ressourcenschonung miteinander zu vereinen.

Vor einer spezifischen Analyse der jeweiligen Immobilien besteht allerdings die grundsätzliche Notwendigkeit einer Bestimmung und Gewichtung der relevanten Ausstattungskriterien (vgl. Abb. 2.28).

• *Mieter- und Branchen-Mix.* Die Beurteilung des Mieter- bzw. Branchen-Mixes ist in erster Linie im Bereich der Handels- und Entertainment-Im-

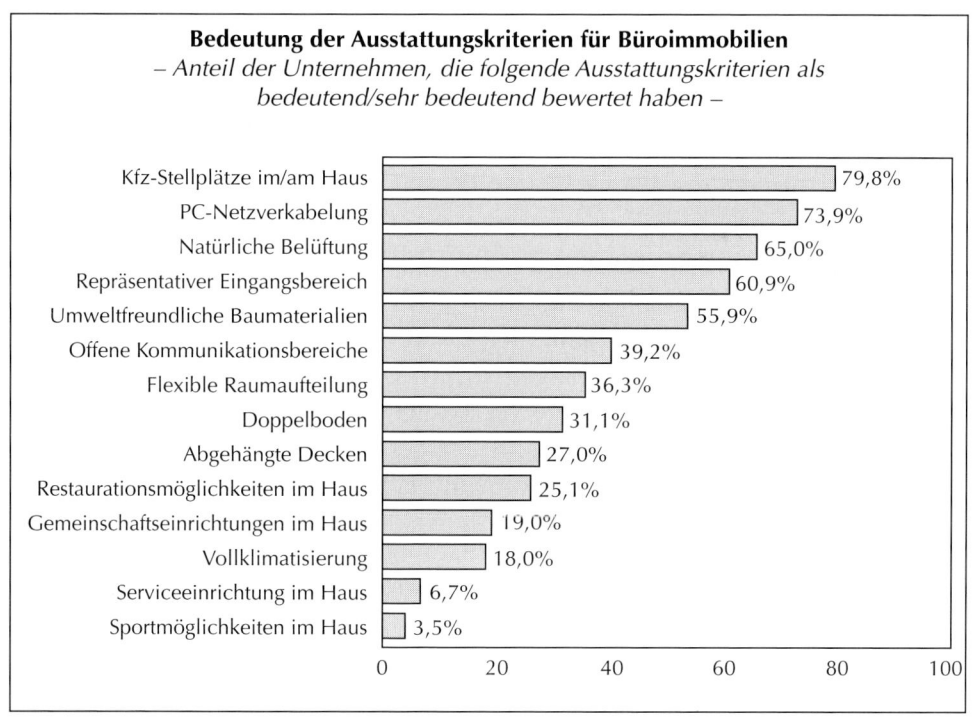

**Abb. 2.28: Ausstattungskriterien für Büroimmobilien**
Quelle:      Jones Lang Wootton GmbH, Hamburg 1995

mobilien von Bedeutung. Aber auch für Gewerbe- und Technologieparks, thematisierte Bürokomplexe sowie mehrfunktional genutzte Immobilien kann der Mieter- und Branchen-Mix Gegenstand der Objektanalyse sein. Aufbauend auf der Markt-, Standort- und Wettbewerbsanalyse definiert der Mieter- und Branchenmix einen unter synergetischen Gesichtspunkten optimierten Zusammenschluß verschiedener Mieter bzw. Nutzer. Zu den Zielen eines Mieter- und Branchen-Mixes gehören in erster Linie die Profilierung und Positionierung der Immobilie. Aber auch die Erhöhung des Bekanntheitsgrades und die Bildung eines positiven und klar definierten Images können durch einen abgestimmten Mix gefördert werden.

Eine Beurteilung der Qualität des Mieter- und Branchen-Mixes ist u.a. durch eine Auswertung der mieterspezifischen Umsatzergebnisse und Flächenproduktivitäten möglich. In Ergänzung legen Kunden- und Passantenbefragungen nicht nur Schwächen des bestehenden Mieterbesatzes offen, sondern ermöglichen auch eine zielgruppenspezifische Anpassung und Profilierung des Angebots-Mix. Neue Betriebs- und innovative Angebotsformen erfordern darüber hinaus eine laufende Marktbeobachtung und -bewertung.

• *Mieteranalyse.* Nicht nur der Mieter-Mix, auch die einzelnen Mieter bzw. Nutzer sind einer detaillierten Bewertung zu unterziehen. Neben dem äußeren Eindruck, dem Bekanntheitsgrad und der Anziehungskraft sind u.a. auch das Image, die Wettbewerbsfähigkeit, die Atmosphäre, eventuell bestehende Mietrückstände sowie die Seriosität und Bonität der Mieter zu beachten.

Im Rahmen einer laufenden Analyse der spezifischen Umsatzergebnisse ist eine Transparenz der aktuellen wirtschaftlichen Mietersituation mit der Chance einer schnellen und flexiblen Reaktionsmöglichkeit gegeben. Mietergespräche ermöglichen zudem ein Einschätzen bestehender Probleme, Verbesserungsvorschläge, Anforderungen wie auch eventuell angestrebte Auszugs- oder Expansionsabsichten der Mieter.

Darüber hinaus sollte die Qualität der bestehenden Mietverträge analysiert werden. Neben den vereinbarten Sicherheitsleistungen sind hierbei u.a. die getroffenen Regelungen bezüglich der Betriebs- und Nebenkosten, der Restlaufzeit der Verträge sowie eventuell bestehender Optionen zu beachten. Für Einkaufszentren sind zudem mietvertragliche Besonderheiten – wie z.B. Betreibungs- und Offenhaltungspflicht –, Pflichtbeitritt zur Werbegemeinschaft, die Definition der Mietersortimente oder auch die Vereinbarung einer kombinierten Fix-Umsatzmiete zu berücksichtigen.

• *Image und Imageanalyse.* Das Image einer Immobilie ist ein komplexes und mehrdimensionales System, welches sich aus objektiven und subjektiven, also unter Umständen auch falschen Vorstellungen zusammensetzt. Images können aus Erfahrungsableitung, Projektion und Fremdvermittlung resultieren. Durch die Projektion wird allein aufgrund der Kenntnis eines kleinen Teilausschnitts, welchen man von dem Imageobjekt hat, auf sein gesamtes Vorstellungsbild geschlossen. Im Rahmen der Fremdvermittlung bilden sich Images durch die Übernahme von Erfahrungen und Berichten Dritter, z.B. durch Medien oder Kommunikation im sozialen Umfeld. Das Image einer Immobilie setzt sich aus einer Vielzahl von Einzelfaktoren zusammen, die der Mieter bzw. Nutzer, Käufer, Kunde bzw. Passant etc. bewußt und/oder unbewußt aufnimmt (vgl. Abb. 2.29).

**Abb. 2.29:  Shopping-Center-Image**
**Quelle:       Institut für Gewerbezentren, Starnberg 1997**

Ist der Zugang zur objektiven Beschaffenheit eines Imageobjekts (Immobilie) sehr gering und die Meinungsbildung lediglich durch einige Teilinformationen determiniert, so treten die einzelnen Teilbeschaffenheiten bzw. Einzelfaktoren eines Images zugunsten einer Ganzheit zurück und integrieren sich in ihr. Bei einer solchen Konstellation tritt das Phänomen der Irradiation auf (vgl. Spiegel, B.: Die Struktur der Meinungsverteilung im sozialen Feld, 1961, S. 38). Irradiation bedeutet, daß die unterschiedlichen Teilbeschaffenheiten auf das Gesamterlebnis *„Image der Immobilie"* abfärben, und zwar um so stärker, je weniger diese Teilbeschaffenheiten bzw. Einzelfaktoren ausgegliedert sind. So kann beispielsweise die Existenz eines Discounters in einer Ladenpassage unter Umständen dazu führen, daß das gesamte Einzelhandelsangebot als niedrigpreisig angesehen wird.

Ebenfalls zu berücksichtigen ist das Phänomen des Imagetransfers. Hierunter versteht man die Übertragung von Imagebestandteilen eines Objekts (z.B. Immobilie) auf ein anderes Objekt (Mieter, Nutzer, Eigentümer). So können beispielsweise allein das äußere Erscheinungsbild und die Fassadengestaltung einer Büroimmobilie bestimmte Assoziationen zum jeweiligen Eigentümer bzw. Nutzer hervorrufen.

Obwohl sich Images im Zeitablauf verfestigen, bleiben sie jedoch grundsätzlich beeinflußbar (vgl. Johannsen, U.: Image, in: Handwörterbuch der Absatzwirtschaft, [Hrsg.] Tietz, B. et. al., 1974, S. 812). Um das Image einer Immobilie durch gezielte Maßnahmen verändern zu können, sind allerdings die genaue Erfassung und Diagnose des Ist-Zustandes erforderlich. Aufgabe der Imageanalyse ist hierbei nicht nur die Bestimmung der Einschätzungen und Vorstellungen, die über eine Immobilie generell bestehen, sondern auch eine Analyse, die zeigt, nach welchen konkreten Beurteilungsdimensionen und Einzelfaktoren sich das Image zusammensetzt und welche Interdependenzen bestehen. Durch eine ergänzende Bestimmung des Soll-Images gibt die Imageanalyse wertvolle Hinweise für die konkrete Umgestaltung bzw. den effektiven Einsatz des marketingpolitischen Instrumentariums.

Untersucht man die Ausprägung von Images innerhalb von Gruppen, kann man feststellen, daß sie von einer bemerkenswerten Stabilität, also Einheitlichkeit geprägt sind. Die Informationen und Erkenntnisse einer Imageanalyse ermöglichen somit auch eine eindeutige Zielgruppenbestimmung und Marktsegmentierung.

- *Marketingkonzeption und Immobilienmanagement.* In Abhängigkeit der Erkenntnisse der Markt-, Standort- und Wettbewerbsanalyse kann auch die bestehende bzw. geplante Marketingkonzeption überprüft werden. Ziel ist die Sicherung eines optimalen Marktauftritts, der ein Ausschöpfen der am Standort vorhandenen Potentiale ermöglicht und die Immobilie entsprechend der erkannten Erfolgsfaktoren optimal profiliert und positioniert. Im Sinne einer Minimierung der Streuverluste ist zudem die Übereinstimmung der Marketingkonzeption mit dem tatsächlichen Einzugsgebiet und den spezifischen Bedürfnissen und Wünschen der Zielgruppen zu untersuchen. Im Sinne einer einheitlichen und professionellen Darstellung hat sich die Etablierung einer Werbegemeinschaft (Mietergemeinschaft) bewährt.

Insbesondere sogenannte *sensible* Immobilien – wie Einkaufszentren, Urban-Entertainment-Centers- und Gewerbeparks – erfordern als langfristigen Erfolgsfaktor ein professionelles Immobilienmanagement. Neben einer laufenden quantitativen und qualitativen Optimierung der Flächen gehört hierzu u.a. die Etablierung eines professionellen Kosten-, Sicherheits-, Informations- und Vermietmanagements.

• *Rentabilitäts- und Wirtschaftlichkeitsaspekte.* In Abstimmung der Erkenntnisse der Markt-, Standort- und Wettbewerbsanalyse und unter Berücksichtigung der objekt- und nutzerspezifischen Besonderheiten können abschließend die erzielbaren Mieten und Renditen bestimmt und ihre zukünftige Entwicklung prognostiziert werden. Zu untersuchen sind darüber hinaus die Entwicklung der Umsatzergebnisse wie auch Flächenproduktivitäten der einzelnen Mieter bzw. Nutzer und die Gegenüberstellung mit dem vorhandenen Umsatzpotential des Standortes.

Neben den Mieteinnahmen ist die Angemessenheit der Kosten, insbesondere in Relation zum tatsächlich gestifteten Nutzen, zu analysieren. Grundlegend unterscheiden lassen sich die Kosten einer Immobilie in die Kosten der Erstellung (Gesamtkosten), in die Kosten der laufenden Nutzung (Folgekosten) und in die Bauänderungskosten, die z.B. im Rahmen einer Revitalisierung anfallen (vgl. Abb. 2.30).

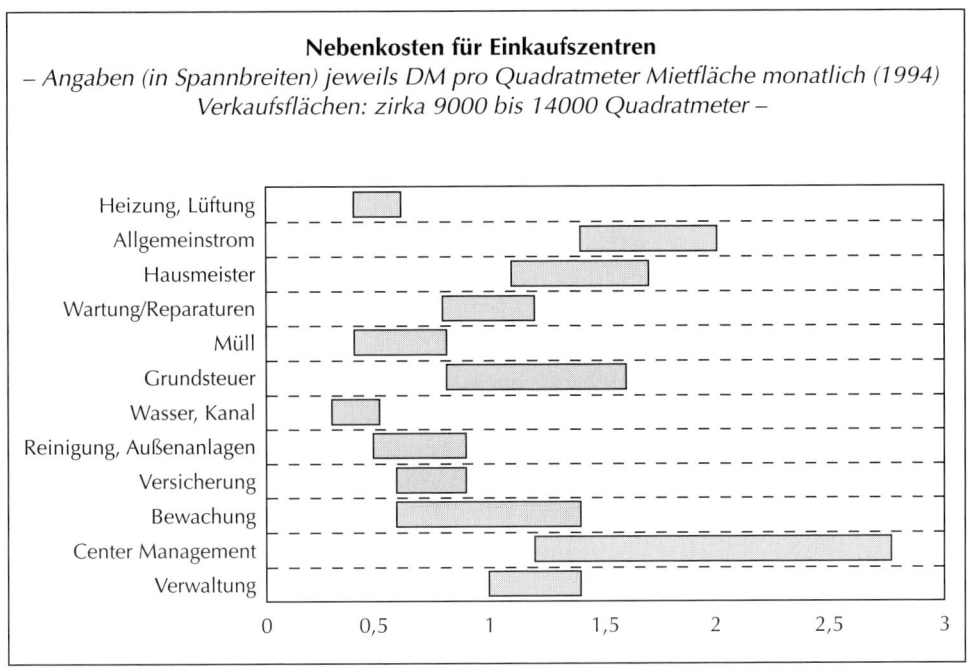

Abb. 2.30: Nebenkosten für Einkaufszentren
Quelle: Blumenstein W., Das Kosten-Management in Einkaufszentren, 18. Arbeits-Seminar für das Center- und Immobilien-Management, München, Institut für Gewerbezentren, Starnberg 1995

Im Rahmen der Kostenanalyse ebenfalls zu beachten sind eventuelle Ausfälle durch Leerstand. Neben dem eigentlichen Mietausfall müssen hierbei u.a. die Betriebs- und Instandhaltungskosten, die Kosten der Überwachung und Kontrolle sowie die Kosten für Insertion und Besichtigung eingerechnet werden. Insbesondere im Bereich der Gewerbeimmobilien können Leerstände darüber hinaus zu einem erheblichen Image- und Attraktivitätsverlust der gesamten Immobilienanlage führen.

Ebenfalls zum Aufgabenspektrum einer Objektanalyse kann die Suche nach möglichen Rationalisierungs- und Kosteneinsparungspotentialen gehören. Hierzu erforderlich ist allerdings eine umfassende Kostentransparenz. Neben den Erträgen und Kosten ist auch der spezifische Investitionsaufwand (Ressourcenbindung) zu ermitteln, sind das Entwicklungspotential durch z.B. Flächenumlegungen und Aufstockungen wie auch die langfristige Werthaltigkeit bzw. Wertsteigerung zu analysieren. Ein Aspekt mit erheblichem Einfluß auf den langfristigen wirtschaftlichen Erfolg zeigt sich im Reinvestitionsdruck der Immobilie. So erfordert beispielsweise eine Freizeit- und Entertainment-Anlage, insbesondere aufgrund der Schnellebigkeit des Freizeitmarktes, eine fortwährende Attraktivitätsanpassung.

## 2.4    Analyse der Wettbewerber

Der Wandel zum Käufer- bzw. Mietermarkt, gesättigte Immobilienteilmärkte, hohe Leerstandsraten im Bürobereich, aber auch der stärker werdende internationale Wettbewerbsdruck erfordern im Immobilienbereich eine intensivere Beachtung der Wettbewerbssituation. Die Fähigkeit eines Unternehmens, die potentiellen Probleme der Abnehmer (Mieter, Nutzer, Investoren) besser lösen zu können als die Wettbewerber, bestimmt hierbei in besonderem Maße den Erfolg eines Unternehmens (vgl. Ebert, G.: Handbuch Controlling, 1993, S. 1).

### 2.4.1  Analyse der Branchenstruktur

Nach Porter basiert der Wettbewerb immer auf der ökonomischen Struktur, die der jeweiligen Branche zugrunde liegt. Die Branche kann dabei als Gruppe von Unternehmen definiert werden, die Produkte (Wohnungen, Büroimmobilien etc.) bzw. Dienstleistungen anbieten, die sich gegenseitig nahezu ersetzen können (vgl. Porter, M.: Wettbewerbsstrategie, 1992, S. 25 ff.).

Zu den Aufgaben einer Branchenstrukturanalyse gehört neben der Erfassung und Analyse der branchenspezifischen Erfolgsfaktoren und der relevanten Spielregeln im Branchenwettbewerb u.a. auch die Untersuchung der allgemeinen Branchenentwicklung bzw. -trends.

Nach Porter ist der Stand bzw. die Intensität des Wettbewerbs in einer Branche mit der Rivalität unter den bestehenden Unternehmen, der Verhandlungsmacht der Abnehmer, der Verhandlungsstärke der Lieferanten, der Bedrohung durch Ersatzprodukte und -dienste und der Bedrohung durch neue Konkurrenten insgesamt von fünf grundlegenden Wettbewerbskräften abhängig. Alle Wettbewerbskräfte zusammengefaßt bestimmen hierbei die Wettbewerbsintensität und letztlich auch die Rentabilität der Branche (vgl. Porter M.: Wettbewerbsstrategie, 1992, S. 25 ff.).

Übertragen z.B. auf die *Branche* der Projektentwickler zeigt sich grundsätzlich die Wettbewerbssituation, wie in Abb. 2.31 dargestellt.

## Die Triebkräfte des Branchenwettbewerbs am Beispiel der Projektentwickler

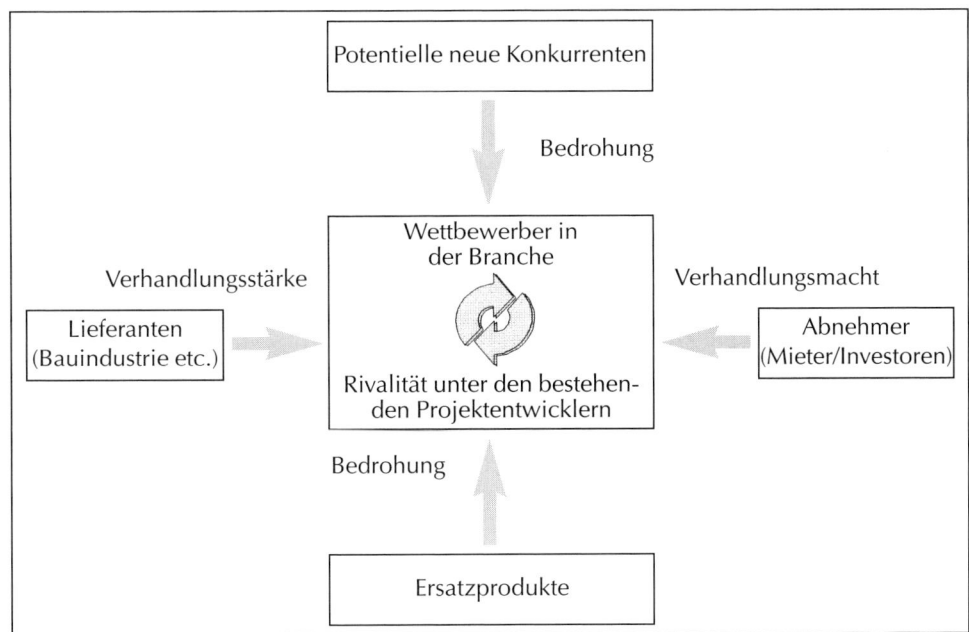

Abb. 2.31: Branchenwettbewerb
Quelle:    In Anlehnung an Porter, M.: Wettbewerbsstrategie, Frankfurt 1992, S. 26

*Rivalität unter den etablierten Wettbewerbern*

Zur Bestimmung der Rivalität unter den etablierten Wettbewerbern sind zunächst die Anzahl der Wettbewerber wie auch die spezifische Differenziertheit der angebotenen Leistung zu analysieren (vgl. Abb. 2.32.).

## Wettbewerberanalyse

|  | *Ein Anbieter* | *Wenige Anbieter* | *Viele Anbieter* |
|---|---|---|---|
| *Undifferenzierte Produkte* | Reines Monopol | Reines Oligopol | Vollkommener Wettbewerb |
| *Differenzierte Produkte* | | Differenziertes Oligopol | Monopolistischer Wettbewerb |

**Abb. 2.32: Wettbewerberprofil – Analysekriterien**
**Quelle:        vgl. Kotler/Bliemel: Marketing-Management, 8. Auflage, S. 363, 1995**

Rivalität unter den bestehenden Wettbewerbern manifestiert sich u.a. in einem Preiswettbewerb (stagnierende bzw. sinkende Büromieten, mietfreie Zeiten etc.), einer stärkeren Bedeutung der Immobilienwerbung, einer Verbesserung der Serviceleistungen (Übernahme des Vermietmanagements, Abgabe von Garantien, Marktforschung als Kundenservice, Wiederverkauf etc.) und der Einführung neuer Produkte (Factory-Outlet-Center, zukunftsorientierte Büroformen, Betreutes Wohnen etc.).

*Bedrohung durch potentielle neue Konkurrenten*

Die Bedrohung durch potentielle neue Wettbewerber wird im besonderen durch die spezifischen Eintrittsbarrieren und erwarteten Reaktionen der etablierten Wettbewerber beeinflußt. Für einen Projektentwickler können beispielsweise mit den sonstigen Immobilienmarktteilnehmern wie den Bauunternehmen, Offenen Immobilienfonds, Projektmanagementgesellschaften etc. potentielle Wettbewerber ausgemacht werden. Potentielle Wettbewerber zeigen sich darüber hinaus aus dem Bereich der Kreditinstitute, die insbesondere in Anbetracht der zunehmenden Anzahl notleidender Immobilienunternehmen im Projektentwicklungsmarkt tätig werden. Festzustellen ist darüber hinaus das Auftreten von Städten und Kommunen, die alleine bzw. in Kooperation eine eigene Immobilienentwicklung betreiben.

Zu den Markteintrittsbarrieren zählen neben einem hohen Kapitalbedarf und der Betriebsgrößenersparnis „Economies of Scale" u.a. auch hohe Umstellungskosten, die Knappheit geeigneter Standorte und besondere Imageerfordernisse.

Im Bereich der Projektenwicklung, insbesondere wenn es sich um sensible Immobilien (Einkaufszentren, Urban-Entertainment-Center, Gewerbeparks etc.) handelt, kann mit dem spezifischen Know-how (Nutzungskonzept, Mieter-Mix, Mietvertragsgestaltung, Altlasten, Baurecht etc.) eine nicht zu unterschätzende Eintrittsbarriere ausgemacht werden. Eingeschränkt wird der Marktzutritt aber auch durch den hohen Kapitalbedarf und die beachtlichen Vorlaufkosten (Grundstückssicherung, Analysen, Planungen etc.) einer Immobilieninvestition. Ebenfalls von Relevanz ist das gute Image bzw. der untadelige Ruf eines etablierten, professionell und seriös arbeitenden Projektentwicklers. Vorteile können sich in diesem Zusammenhang für den etablierten Entwickler nicht nur bezüglich der Kapitalbeschaffung, sondern auch im Rahmen der Mieterfindung, im Zusammenhang eines Investorenwettbewerbs und bei der Erlangung der Baugenehmigung ergeben. Eingeschränkt wird der Marktzutritt darüber hinaus auch, wenn sich die etablierten Projektentwickler die interessanten bzw. rentablen Grundstücke z.B. durch ein Vorkaufsrecht gesichert haben.

Neben den Eintrittsbarrieren wird die Gefahr des Markteintritts durch die erwartete Reaktion der etablierten Wettbewerber beeinflußt. So ist nach Porter u.a. mit einer hohen Vergeltungswahrscheinlichkeit und damit Abschreckung zu rechnen, wenn die etablierten Unternehmen über umfangreiche Mittel zur Vergeltung (unausgelastete Kapazitäten, überschüssige Liquidität etc.) verfügen, mit der Branche eng verwachsen sind und insgesamt ein langsames Wachstum (Kampf um Marktanteile) besteht (vgl. Porter, M.: Wettbewerbsstrategie, 1992, S. 37 f.).

*Verhandlungsmacht der Mieter bzw. Investoren*

Daneben konkurrieren die Abnehmer (Mieter bzw. Investoren) mit der spezifischen Branche (Projektentwickler, Immobilienmakler etc.), indem sie die Preise (Mietpreise, Kaufpreise, Provisionen) drücken oder ein höheres Leistungs- und Qualitätsniveau verlangen. In Anbetracht des Wandels vom Verkäufer- zum Käufer- bzw. Vermieter- zum Mietermarkt hat diese Wettbewerbskraft erheblich an Bedeutung gewonnen. Stagnierende bzw. sinkende Mietpreise, Incentives (mietfreie Zeiten, Zuschüsse, Übernahme der Mieterausbauten etc.), Zugeständnisse im Rahmen der Mietvertragsgestaltung

(Nebenkosten, Vertragslaufzeiten, einseitige Optionsrechte etc.) sind ausgewählte Kennzeichen dieser Entwicklung.

Die Verhandlungsstärke der Abnehmergruppe (Mieter bzw. Investoren) ist dabei u.a. vom Konzentrationsgrad der Abnehmer, den spezifischen Umstellungskosten, der Markttransparenz und der Gewinnsituation der Abnehmer abhängig. Zu berücksichtigen ist in diesem Zusammenhang auch, ob die Produkte und Leistungen, die die Abnehmergruppe von der Branche bezieht, differenziert sind und inwieweit sie einen signifikanten Anteil an den Gesamtkosten der jeweiligen Gruppe ausmachen.

Für einen Einzelhandelsmieter beispielsweise kann mit dem Mietzins ein signifikanter Anteil an den Gesamtkosten festgestellt werden. So beträgt der Anteil der Miete nach einer Untersuchung des Institut für Handelsforschung an der Universität Köln in den alten Bundesländern zwischen 1,7 und 9,5 Prozent gemessen am Jahresumsatz (Mitteilungen des Institut für Handelsforschung an der Universität Köln 1996, S. 180). Zu berücksichtigen sind darüber hinaus auch die Betriebs- und Nebenkosten.

Während beispielsweise die großen Einzelhandelsfilialisten in Anbetracht ihrer Marktkenntnis bzw. Markttransparenz eine vergleichsweise ausgeprägte Verhandlungsstärke besitzen, ist der Wohnungsnachfrager (Mieter bzw. Käufer) bezüglich der differenzierten Wohnungsteilmärkte in der Regel nur unvollständig informiert.

*Verhandlungsstärke der „Lieferanten"*

Lieferanten (Bauunternehmer, Kreditgeber, Grundstückseigentümer etc.) können ihrer Verhandlungsstärke durch eine Preiserhöhung bzw. Senkung der Qualität Ausdruck verleihen. Ist es nicht möglich, die höheren Preise durch die Branche an die Abnehmer weiterzugeben, wird deren Rentabilität gedrückt. Die Verhandlungsstärke der Lieferanten ist dabei u.a. von der Differenziertheit der Produkte und Leistungen, der spezifischen Konzentration der Lieferantengruppe und der Existenz möglicher Ersatzprodukte abhängig.

*Bedrohung durch Ersatzprodukte*

In der Regel konkurrieren alle Unternehmen einer Branche mit anderen Branchen, die Ersatzprodukte anbieten. Als Ersatz- oder Substitionsprodukte können alle Produkte bezeichnet werden, die dieselbe Funktion erfüllen wie das jeweilige Produkt der anderen Branche. Da die Abnehmer gegebenenfalls auf die *günstigeren* Ersatzprodukte ausweichen können, begrenzen Ersatzprodukte bzw. -dienstleistungen das Gewinnpotential einer Branche.

Für einen Kapitalanleger kann sich beispielsweise durch eine Anlage im Wertpapierbereich eine alternative Anlagemöglichkeit ergeben. Die Attraktivität der spezifischen Anlagemöglichkeiten wird hierbei neben der Risikoeinschätzung und der Renditeerwartung u.a. von steuerlichen Gesichtspunkten und der bestehenden Vermögensstruktur der Anleger beeinflußt.

## 2.4.2 Konkurrenzanalyse

Die Analyse der Konkurrenten ist ein zentrales Werkzeug im Kampf um Wettbewerbsvorteile. Insbesondere in stagnierenden Märkten reicht die Kundenorientierung zur Sicherung des langfristigen Unternehmenserfolges nicht aus. So sind Absatzsteigerungen zum großen Teil nur auf Kosten des Marktanteils der übrigen Konkurrenten zu erreichen.

### 2.4.2.1 Identifikation der Konkurrenten

Die Analyse der Konkurrenzsituation erfordert in einem ersten Schritt die Identifizierung der relevanten Wettbewerber. Zur Abgrenzung der Wettbewerber können hierbei mehrere Ansatzpunkte bzw. -kriterien differenziert werden. Neben der Möglichkeit, die Unternehmen als Wettbewerber zusammenzufassen, die ein gleichartiges Produkt anbieten (Branchenkonzept), werden im sogenannten Marktkonzept nur die Unternehmen als Wettbewerber eingestuft, die sich durch ihr Angebot um die Deckung desselben bzw. eines als ähnlich empfundenen Bedarfs bewerben und somit um die gleichen Kunden konkurrieren (vgl. Kotler, P./ Bliemel, F.: Marketing-Management, 1995, S. 365).

Beeinflußt wird der Kreis der Konkurrenten u.a. auch durch den spezifischen Standort, die Absatzreichweite, die Art der Immobilienprodukte und Leistungen und das Preisniveau.

### 2.4.2.2 Aufgaben und Ziele der Konkurrenzanalyse

Nach der Identifikation der relevanten Konkurrenten sind ihre Struktur und ihr spezifisches Verhalten zu analysieren. Die Konkurrenzanalyse kann grundsätzlich in vier Teilaufgaben gegliedert werden:

1. Beschreibung der gegenwärtigen Strategien der Konkurrenten.
2. Beschreibung der Ziele der Konkurrenten und Prognose, welche Strategien zur Erreichung der Ziele eingesetzt werden.
3. Formulierung von Annahmen der Konkurrenten über sich selbst (Selbsteinschätzung) und die Annahmen und Beurteilungen des Konkurrenten über die Branche.
4. Analyse der wichtigsten sachlichen und personellen Ressourcen (Stärken und Schwächen) der Konkurrenten (vgl. Abb. 2.33).

## Strategische Profilierung des Konkurrenten

Ziele des Konkurrenten
Zukünftige Strategien
des Konkurrenten

Gegenwärtige Strategien
des Konkurrenten

*Strategische Profilierung des Konkurrenten*
- Zufriedenheit mit seiner gegenwärtigen Situation?
- Voraussichtliche Strategien des Konkurrenten?
- Bereiche der Verwundbarkeit des Konkurrenten?
- Voraussichtliche Reaktion des Konkurrenten?

Annahmen des Konkurrenten
Selbsteinschätzung
Einschätzung der Branche

Stärken/Schwächen
des Konkurrenten

**Abb. 2.33: Konkurrentenprofilierung**
**Quelle:** In Anlehnung an Porter, M.: Wettbewerbsstrategie, Frankfurt 1992, S. 80

*Strategien der Konkurrenten*

Die Strategien der Konkurrenten spiegeln sich in ihrem spezifischen Marktverhalten wider. Eine Analyse über den Einsatz der Marketinginstrumente (Produktpolitik, Beschaffungspolitik, Preispolitik, Distributionspolitik, Kommunikationspolitik) erlaubt somit eine Einordnung der gegenwärtigen Strategien der Konkurrenten (vgl. Brezski, E.: Konkurrenzforschung im Marketing, 1993, S. 78 ff.). Siehe dazu auch Abb. 2.34.

# Informationen über das Marktverhalten der Konkurrenten

- Informationen über die Immobilienprodukte und Leistungen
  - Zielgruppe/Marktsegment
  - Architektur/Corporate Identity
  - Qualitäts- und Ausstattungsstandard
  - Projektentwicklungs-Know-how etc.
- *Informationen über die Beschaffungspolitik*
  - Kooperation z.B. mit Entwicklern, Bauträgern, Banken, Stadtplanungsämtern, Immobilienmaklern, Architekten etc.
  - Kontaktaufnahme zu notleidenden Wirtschaftsunternehmen
  - Berücksichtigung von (Zwangs-)Versteigerungen
  - Berücksichtigung von Immobilienbörsen, Suchanzeigen etc.
- *Informationen über die Preispolitik*
  - generelle Ziele und Strategien (Marktabschöpfungsstrategie, Marktanteilsgewinnungsstrategie etc.)
  - Finanzierungshilfen, Kaufpreissubventionen, Vermittlung einer günstigen Finanzierung etc.
  - Incentives (mietfreie Zeiten, Nachlässe, Zuschüsse, vom Vermieter finanzierte Mieterausbauten) etc.
- *Informationen über die Distributionspolitik*
  - Absatzmethode
  - Wahl der Distributionsorgane (z.B. Immobilienmakler, Immobilienbörse)
  - Qualität des Vermietmanagements etc.
- *Informationen über die Kommunikationspolitik*
  - Werbepolitik (Werbemittel, -träger, -botschaft, -aufwand, Zielgruppe etc.)
  - Verkaufsförderung (Baustellenbüro, Architektursimulation, Einsatz interaktiver Verkaufshilfen etc.)
  - Öffentlichkeitsarbeit (Pressearbeit, Fachseminare, Ausrichtung von Mieterfesten etc.)
  - Qualität der Verkaufsprospekte/Exposés
  - Direktmarketingeinsatz (Zielgruppe, Intensität etc.)
  - Post-sale-selling
  - Sponsoring (Bau kultureller oder karitativer Einrichtungen) etc.
- *Informationen über die Servicepolitik*
  - Serviceleistungen vor Kauf (Marktforschung als Kundenservice, Verkaufsberatung, Finanz- und Steuerberatung, Erstellung von Analysen etc.)
  - Serviceleistungen nach Kauf (Übernahme des Vermietmanagements, Facility-Management, Baubetreuung, Verwaltung etc.)

Abb. 2.34: Marktverhalten der Konkurrenten
Quelle: Institut für Gewerbezentren, Starnberg, Juli 1997.

Zur Ableitung der gegenwärtig bestehenden bzw. in Zukunft zu erwartenden Strategien sind darüber hinaus u.a. Hinweise über die Intensität, die Richtung, den Einsatzzeitpunkt, die Dauer und die Frequenz des Instrumenteneinsatzes zu erheben.

*Ziele der Konkurrenten*

Neben den Strategien der Konkurrenten sind deren spezifische Ziele zu bestimmen. Möglich ist hierdurch u.a. die Einschätzung, wie wahrscheinlich ein zukünftiger Strategiewechsel ist und mit welcher Intensität ein Konkurrent auf äußere Einflüsse (Konjunktur, Aktivitäten der Wettbewerber etc.) reagieren wird.

Neben der Bestimmung der Ziele der Konkurrenten (kurzfristige bzw. langfristige Gewinnerzielung, Marktanteilsausdehnung, Marktführerschaft etc.) sind auch das Verhalten der Konkurrenten gegenüber Zielkonflikten und die spezifische Risikoeinschätzung des Konkurrenten zu erheben. Eine wichtige Informationsbasis zur Identifikation des zukünftigen Verhaltens der Konkurrenten besteht in dem grundlegenden Zweck bzw. den Absichten des Konkurrenzunternehmens, die innerhalb der Unternehmensphilosophie bzw. den Unternehmensgrundsätzen verankert sind.

*Annahmen der Konkurrenten*

Jede Entscheidung einer Unternehmung wird durch die Einschätzung über sich selbst, die Branche und die Konkurrenten beeinflußt. So kann sich ein Projektentwickler beispielsweise als Branchenführer oder als besonders innovativ einschätzen. Indikatoren für die Annahme der Konkurrenten bestehen u.a. in deren allgemeinen Absichten, der Besetzung der Führungsposition und der spezifischen Organisationsstruktur.

*Stärken und Schwächen der Konkurrenten*

Die Stärken und Schwächen bzw. Ressourcen der Konkurrenten determinieren die Fähigkeit, ihre Ziele zu erreichen bzw. ihre Strategien auszuführen.

Zur Bestimmung der relativen Stärken der Konkurrenzunternehmen ist ein Vergleich mit den übrigen Wettbewerbern und dem eigenen Unternehmen erforderlich. Durch den Einsatz einer Stärken-Schwächen-Analyse, in der die Ressourcen einer Unternehmung im Vergleich zu den Konkurrenten analysiert werden, können in diesem Zusammenhang Bereiche identifiziert werden, in denen das Konkurrenzunternehmen Wettbewerbsvorteile besitzt.

### 2.4.3 Benchmarking

#### 2.4.3.1 Begriff und Zielsetzung

Unter Benchmarking versteht man einen kontinuierlichen Lernprozeß, bei dem insbesondere Prozesse, Leistungen und Funktionsbereiche des eigenen Unternehmens an einer Benchmark, also der maximal erreichbaren Leistung, gemessen werden. Ziel des Benchmarking ist die Schaffung von Wettbewerbsvorteilen durch die Identifikation der jeweils besten Lösungen – *„Best Practices"* – für detaillierte Problemfelder und Prozesse. Benchmarking versteht sich dabei als Hilfsmittel, um anhand eines inner- bzw. außerbetrieblichen Vergleichs aus den eigenen und den Erfahrungen anderer zu lernen, neue Ideen zu entwickeln und dadurch ebenso gut oder besser zu werden als der Beste.

Angesichts der Verschärfung des nationalen und internationalen Wettbewerbs, steigender Ansprüche an die Servicequalität der Immobilienunternehmen und partieller Marktsättigungserscheinungen müssen die Unternehmen zu Veränderungen bereit sein und neue Wege beschreiten. Erfolgreiche Unternehmen der Zukunft sind aufgefordert, *Bestleistungen* und ein Höchstmaß an Kundenzufriedenheit zu erreichen.

Abzugrenzen ist das Benchmarking von der Marktforschung und der Wettbewerbsanalyse. Im Gegensatz zum Benchmarking besitzt die Marktforschung neben einem klaren Branchenfokus in der Regel nur einen geringen Einfluß auf die Veränderung bzw. Optimierung der eigentlichen Prozesse. Die Wettbewerbsanalyse kann demgegenüber als ein Element des Benchmarking verstanden werden. Mit der Analyse der Ziele, Strategien und der Marktposition der Konkurrenten ist aber auch ihr Betrachtungshorizont auf die eigene Branche gerichtet. Läßt sich die Wettbewerbsanalyse vorrangig als Informationsinstrument einordnen, versteht sich das Benchmarking in erster Linie als ein Zielsetzungs- und Umsetzungselement (vgl. Pieske, R.: Benchmarking in der Praxis, 1995, S. 19 f.). Siehe dazu Abb. 2.35.

# Abgrenzung des Benchmarking

| Aspekt | Marktforschung | Wettbewerbsanalyse | Benchmarking |
|---|---|---|---|
| Kerninhalt | Analyse | Analyse | Analyse und Optimierung |
| Gegenstand | Markt, Kundenforderungen | Produkte, Strategien | Produkte, Leistungen, Funktionen, Prozesse |
| Ausrichtung | unternehmens-extern | unternehmens-extern | unternehmensintern und -extern |
| Betrachtungs-horizont | Branche | Branche | branchenintern und -extern |
| Quellen | Kunden | Berater, Analysen | unbeschränkt |

Benchmarking

Marktforschung

Wettbewerbsanalyse

**Abb. 2.35: Abgrenzung des Benchmarking**
**Quelle:** **Pieske, R.: Benchmarking in der Praxis, Landsberg/Lech 1995 S. 20**

Das erste großangelegte Benchmarking-Projekt wurde 1979 von Xerox in den USA initiiert. Xerox wollte hierbei in Erfahrung bringen, wieso die japanischen Wettbewerber in der Lage waren, Kopierer zu einem Verkaufspreis anzubieten, der unterhalb der eigenen Produktionskosten lag. Nach einer Analyse des spezifischen Konkurrenzproduktes erweiterte Xerox die Verfahrensvergleiche auch auf Unternehmen außerhalb der eigenen Branche (vgl. Kottler, P./Bliemel, F.: Marketing-Management, 1995, S. 372 f.).

In der Immobilienwirtschaft haben sich die ersten Benchmarking-Ansätze im Bereich des Facility-Managements etabliert. Zielsetzungen sind hierbei u.a. die Schaffung wirtschaftlicher Planungs- und Bewirtschaftungsgrundlagen, die Umsetzung von Rationalisierungspotentialen, die Implementierung von Kontroll- und Steuerungsmechanismen und das Erkennen der spezifischen Stärken und Schwächen (vgl. Hartung, K.: Benchmarking im Facility Management, Facility Management Beratung Knud Hartung, 1996).

Benchmarking kann innerhalb des Unternehmens (internes Benchmarking), mit den direkten Wettbewerbern (wettbewerbsorientiertes Benchmarking) oder auch mit branchenfremden Unternehmen (funktionales Benchmarking) verwirklicht werden.

Versucht man, im Rahmen des internen Benchmarking innerhalb des eigenen Unternehmens bzw. der eigenen Unternehmensgruppe, z.B. von Tochtergesellschaften, anderen Abteilungen und Profit-Centern zu lernen, bezieht sich das wettbewerbsorientierte Benchmarking u.a. auf die Analyse der Produkte, Leistungen und Abläufe der direkten Wettbewerber (vgl. Pieske, R.: Benchmarking in der Praxis, 1995, S. 40 ff.). Das branchenexterne bzw. funktionale Benchmarking bietet darüber hinaus die Möglichkeit, die Arbeitsabläufe, Funktionen und Prozesse von Unternehmen als Vergleichsmaßstab heranzuziehen, die in keinem Wettbewerbsverhältnis zum eigenen Unternehmen stehen. Neben einem offeneren Informationsaustausch besteht der Vorteil eines branchenfremden Vergleichs u.a. auch in der Generierung branchenuntypischer innovativer Lösungen und der Vermeidung wettbewerbsrechtlicher Probleme (vgl. Abb. 2.36 und 2.37).

## Einordnung und Bewertung der Benchmarking-Arten

Maßaspekt

| Art | Vorteile | Nachteile |
|---|---|---|
| Internes Benchmarking (…innerhalb eines Unternehmens) | • Datenerfassung relativ einfach<br>• Gute Ergebnisse für diversifizierte, „herausragende" Unternehmen | • Begrenzter Blickwinkel<br>• Interne Vorurteile |
| Wettbewerberorientiertes Benchmarking (…mit den Wettbewerbern) | • Geschäftsrelevante Informationen<br>• Produkte/Prozesse vergleichbar<br>• Relativ hohe Akzeptanz<br>• Eindeutige Positionierung im Vergleich mit dem Wettbewerb | • Partiell schwierige Datenerfassung<br>• Gefahr branchenorientierter „Kopien" |
| Funktionales Benchmarking (…mit Branchenexternen) | • Relativ hohes Potential zum Finden innovativer Lösungen<br>• Vergrößerung des Ideenspektrums | • Relativ schwierige Transformation von „anderem" in ein betriebliches Umfeld<br>• Gegenargument: Vergleichbarkeit<br>• Zeitaufwendige Analyse |

Lernaspekt

**Abb. 2.36: Benchmarking-Arten**
**Quelle:** Pieske, R.: Benchmarking in der Praxis, Landsberg/Lech 1995, S. 48

# Der Nutzen des Benchmarking

*Direkter Nutzen von Benchmarking:*
- Analysiert Unternehmen,
- vergleicht Unternehmensbereiche und Unternehmen,
- definiert Bestleistungen,
- identifiziert Leistungsdefizite,
- bewertet Lösungsalternativen.

*Indirekter Nutzen von Benchmarking:*
- Erzeugt Verständnis für die eigenen Geschäftsabläufe,
- legt die Unternehmensziele fest,
- überprüft die Unternehmensstrategie,
- stärkt die Wettbewerbsfähigkeit und
- initiiert einen kontinuierlichen Verbesserungsprozeß.

**Abb. 2.37: Benchmarking-Nutzenanalyse**
**Quelle:** Mertins, K./ Kempf S./ Siebert, G.: Benchmarking – ein Managementwerkzeug, in: ZwF 89, 1994, S. 359

## 2.4.3.2 Phasen des Benchmarking

Der Benchmarking-Prozeß wird insbesondere bezüglich der Anzahl und Aufeinanderfolge der zu vollziehenden Schritte unterschiedlich strukturiert bzw. gewichtet. Mit der Zielsetzung, der internen Analyse, der Vergleichsphase, der Entwicklung von Maßnahmekatalogen und der Umsetzung können grundsätzlich fünf Kernphasen untergliedert werden.

*Zielsetzungsphase*

Benchmarking beginnt mit der Zielsetzungsphase, bei der ausgehend von der Unternehmenszielsetzung die Benchmarking-Ziele bestimmt werden müssen. Der Gegenstand des Benchmarking (Benchmarking-Objekt) ist eindeutig zu definieren und abzugrenzen. Erforderlich sind zudem die Einbindung und Akzeptanzgewinnung des oberen Managements.

*Interne Analyse*

Da ein Vergleich mit den Prozessen der Benchmarking-Partner nur möglich ist, wenn die eigenen Prozesse und Strukturen bekannt und verstanden werden, ist in der zweiten Phase das Benchmarking-Objekt zu analysieren. Besondere Bedeutung kommt der Identifikation und detaillierten Analyse der

Problemfelder zu. Ein nach Prozessen strukturiertes Unternehmen zeigt sich als eine Voraussetzung für die erfolgreiche Anwendung des Benchmarking. So sind zunächst die Prozesse zu definieren und entsprechende Kennzahlen zu erheben (vgl. Hanser, P.: Partner gesucht!, in: absatzwirtschaft 2/97, S. 50 f.). Die interne Analyse schließt mit der Formulierung eines Fragenkataloges.

*Vergleichsphase*

In der dritten Kernphase sind zunächst die geeigneten internen und/oder externen Benchmarking-Partner auszuwählen. Ziel ist hierbei die Identifikation von Branchen bzw. Unternehmen, die bezüglich des spezifischen Benchmarking-Objekts eine höhere Professionalität besitzen. So dürften Immobilienunternehmen, die beispielsweise ihre Kommunikationspolitik effizienter gestalten möchten, im Bereich der Konsumgüterindustrie geeignete und professionelle Benchmarking-Partner finden. Ansatzpunkte der Partnerwahl liefern u.a. die Auswertung von Publikationen, der Besuch von Fachseminaren, die Nutzung spezialisierter Immobilien-Datenbanken und Befragungen, z.B. bei den Marktpartnern, Immobilienberatern und Kunden.

Eine geeignete Möglichkeit zur Identifikation der geeigneten Vergleichsunternehmen bieten auch sogenannte Benchmarking-Börsen. Eine Benchmarking-Börse, z.B. im Bereich der Marketing- und Vertriebsprozesse, kann hierbei u.a. aufzeigen, welches Prozeß- und Benchmarking-Know-how bereits vorhanden ist, welche Instrumente im Rahmen der Analyse der Prozesse eingesetzt werden, welche Ziele angestrebt werden und wer die Besten in ihrer Klasse sind (vgl. Hanser, P.: Entfesseln Sie Ihr Marketing, in: absatzwirtschaft 1/97, S. 55).

Eine weitere Methode, insbesondere zur Überwindung der branchenorientierten Sichtweise, zeigt sich im *klassifizierenden Benchmarking*, das vom Informationszentrum Benchmarking, Berlin, entwickelt wurde. Grundlage ist eine Klassifizierung und simultane Betrachtungsweise von Unternehmensdaten anhand wesentlicher Unternehmensmerkmale (Merkmalskatalog). Ziel ist die Zuordnung eines Unternehmens zu einer Unternehmensgruppe, in der mit hoher Wahrscheinlichkeit ein geeigneter Benchmarking-Partner gefunden werden kann. Die Bildung der Unternehmensgruppen erfolgt dabei anhand einer Clusteranalyse (vgl. Kempf, S.: IZB-Newsletter, Ausgabe 1/95, S. 2). Siehe dazu auch Abb. 2.38.

# Merkmalskatalog – Ausschnitt

| 1 Klassifizierende Merkmale | Beispiele/Definitionen | |
|---|---|---|
| 1.1 Merkmale der Unternehmensumwelt | | |
|   1.1.1 Technologische Umwelt | | |
|     1.1.1.1 Produktdynamik | | |
|       innerhalb eines Jahres | Computerindustrie | |
|       mehr als ein Jahr | Fernseher, Videorecorder | |
|       mehr als fünf Jahre | deutsche Automobilindustrie | |
|     1.1.1.2 Markteintrittsbarrieren | | |
|       geringe Markteintrittsbarrieren | Gastronomie | |
|       hohe Markteintrittsbarrieren | Automobilproduktion | |
|     1.1.1.3 Technologiepotential | | |
|       Basistechnologie | NC-, CNC-Drehmaschine | |
|       Schlüsseltechnologie | flexible Drehzelle | |
|       Schrittmachertechnologie | Hochgeschwindigkeitsdrehmaschine | |
|   1.1.2 Politisch-rechtliche Umwelt | | |
|     1.1.2.1 Wechselkursrisiko | | |
|       kein Wechselkursrisiko | innerhalb Deutschlands | |
|       geringes Wechselkursrisiko | BRD-Schweiz | |
|       hohes Wechselkursrisiko | BRD-USA; BRD-Brasilien | |
|     1.1.2.2 Staatliche Umweltschutzauflagen | | |
|       nicht vorhanden | Verlagswesen | |
|       vorhanden | Maschinenbaubetrieb | |
|       sehr stark vorhanden | chemische Industrie | |
|     1.1.2.3 Handelsbeschränkungen des Importlandes | | |
|       Freihandelszone | NAFTA, EWS | |
|       eingeschränkter Handel | BRD-China | |
|       Protektionismus | BRD-Japan | |
|   1.1.3 Gesellschaftliche Umwelt (Gesellschaft) | | |
|     1.1.3.1 Produkttypologie | | |
|       Gebrauchsgut | Kühlschrank, Kleidung | |
|       Verbrauchsgut | Bier, Salz | |
|       Dienstleistung | Haarschnitt | |
|   1.1.4 Wirtschaftliche Umwelt (Markt) | | |
|     1.1.4.1 Branchenstrukturformen | | |
|       reines Monopol | örtliche Stromversorgungsunternehmen | |
|       reines Oligopol | Öl-, Stahlproduzenten | |
|       differenziertes Oligopol | Automobilindustrie | |
|       monopolistischer Wettbewerb | Restaurants, Schönheitssalons | |
|       vollkommener Wettbewerb | Zigaretten, Bier | |
|     1.1.4.2 Stabilität der Nachfrage | | |
|       saisonal schwankend | Weihnachtsschmuck, Osterartikel | |
|       periodisch schwankend | Fernseher, Kameras, Bücher | |
|       permanent | Grundnahrungsmittel | |
|     1.1.4.3 Verhandlungsmacht der Abnehmer | | |
|       einige Abnehmer | Automobilindustrie | |
|       viele Abnehmer | Werkzeugmaschinen | |
|     1.1.4.4 Verhandlungsstärke der Lieferanten | | |
|       einige Lieferanten | Speicherbausteine | |
|       viele Lieferanten | Schrauben, Muttern | |

**Abb. 2.38:** Merkmalskatalog

**Quelle:** Informationszentrum Benchmarking IZB, Fraunhofer-Institut für Produktionsanlagen und Konstruktionstechnik, Berlin 1996

Hat man die geeigneten Vergleichsunternehmen gefunden, müssen die relevanten Informationen gesammelt werden. Zu den Informationsquellen gehören neben internen Quellen (Vertriebsdaten, Informationen der Marktforschung etc.) u.a. auch Publikationen, Kundenbefragungen, Produkt- und Leistungsanalysen, persönliche Interviews und Benchmarking-Börsen. Dabei zeigt sich, daß insbesondere ein branchenübergreifendes Benchmarking nicht ohne die Sicherung der Vergleichbarkeit bzw. Verifizierung der Daten möglich ist. So sind beispielsweise Widersprüche aufzudecken und Extremwerte zu überprüfen.

Genügt die gewonnene Informationsbasis, kann die eigene Leistung im Vergleich zu den ausgewählten Benchmarking-Partnern gemessen werden. Im Anschluß daran folgen eine detaillierte Bewertung der Ergebnisse und die Ermittlung der Ursachen für die festgestellten Unterschiede (vgl. Abb. 2.39).

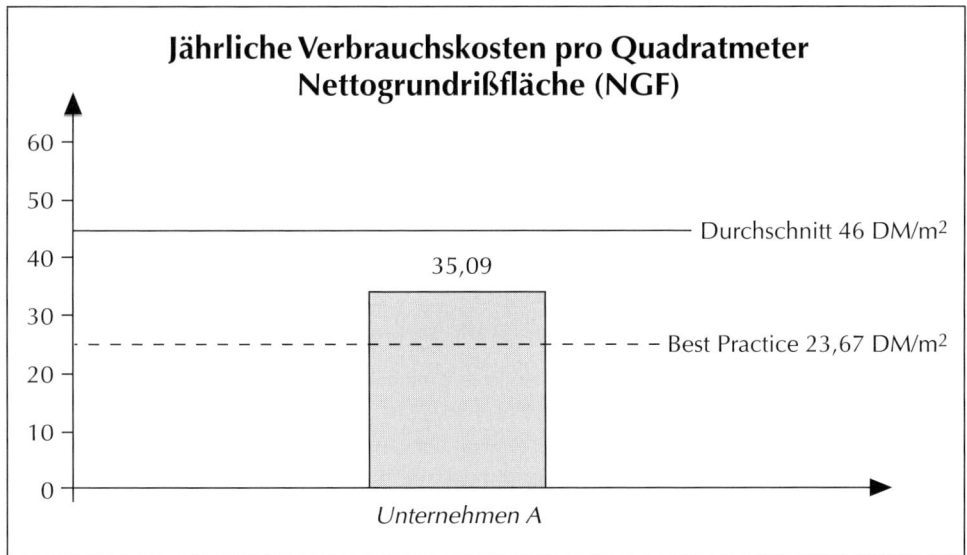

**Abb. 2.39:** Verbrauchskosten pro Quadratmeter
**Quelle:** Facility Management Beratung Knud Hartung, München 1996

*Entwicklung von Maßnahmenkatalogen*

Nach dem eigentlichen Benchmarking-Vergleich müssen aus den gewonnenen Ergebnissen konkrete Maßnahmen entwickelt werden. Dabei sind die gewonnenen Erkenntnisse und Erfahrungen auf den Kontext und die spezifischen Verhältnisse des eigenen Unternehmens zu übertragen.

Bezogen auf Prozeßveränderungen können die folgenden typischen Ergebnisse bzw. Maßnahmen differenziert werden (vgl. Abb. 2.40).

---

### Maßnahmenkatalog

- Eliminierung von Aktivitäten oder Entscheidungen
  (z.B. Abbau übertriebener Kontrollmechanismen)
- Einfügen von neuen Aktivitäten
  (z.B. Installation eines Frühwarnsystems)
- Automatisierung von Aktivitäten
  (z.B. Kurzanalysen/Standort-Checks mit Hilfe spezieller Softwarelösungen)
- Externalisierung und Internalisierung von Aktivitäten
  (z.B. Outsourcing von EDV-Dienstleistungen, Werbung, Facility-Management)
- Einführung von Standards
  (z.B. Vereinheitlichung von Marketingunterlagen, Exposés)
- Formalisierung von Entscheidungen
- Neupositionierung von Aktivitäten
  (Erhöhung der Aufmerksamkeit auf Aktivitäten mit einem hohen Einfluß auf die Qualität und Effizienz der Folgeaktivitäten)
- Zentralisierung und Dezentralisierung von Aktivitäten
- Institutionalisierung von Aktivitäten

---

**Abb. 2.40: Maßnahmenkatalog**
**Quelle:** In Anlehnung an: Pieske, R.: Benchmarking in der Praxis, München 1995, S. 244 ff.

*Umsetzung der Maßnahmen*

Die konkrete Umsetzung der Maßnahmen erfordert die Akzeptanz der Mitarbeiter des Unternehmens. Zur Vermeidung einer Abwehrhaltung ist daher eine klare und ehrliche Kommunikationsstrategie von erheblicher Bedeutung. Mit der eigentlichen Umsetzung ist der Benchmarking-Prozeß allerdings noch nicht beendet. So sind die Leistungsveränderungen im Zeitablauf zu messen und mit der Zielsetzung zu vergleichen.

Aber auch die Ziele müssen den ständigen Entwicklungen und Veränderungen angepaßt werden. Die Etablierung eines kontinuierlichen Benchmarking-Prozesses ist daher im Sinne der Erhaltung und Verbesserung der Wettbewerbsfähigkeit unverzichtbar.

### 2.4.3.3 Voraussetzungen des Benchmarking

Eine wesentliche Voraussetzung für das Benchmarking besteht in der Einheitlichkeit der verwandten Begriffe. So besteht in der Immobilienwirtschaft allein im Bereich der Flächen wie auch der Kosten eine Fülle von Definitionen und Vorstellungen über die spezifischen Begriffsinhalte. Fehler können sich aber auch durch eine unterschiedliche Definition und Zuordnung von Leistungen und Kosten ergeben (vgl. Hartung, K.: Benchmarking als Profession, in: Der Facility-Manager, 2. Quartal '95). Siehe dazu auch Abb. 2.41.

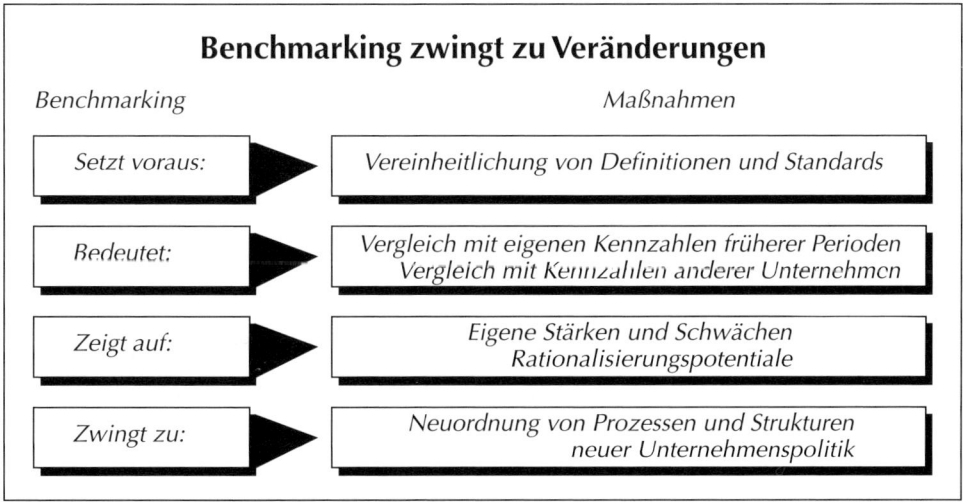

**Abb. 2.41: Veränderungen durch Benchmarketing**
**Quelle:** Schneider, H.: Outsourcing von Gebäude- und Verwaltungsdiensten, Stuttgart 1996

Zur Wahrung einer korrekten Vorgehensweise sind darüber hinaus Verhaltensregeln bzw. ein Verhaltenskodex aufzustellen, der u.a. die vertrauliche Behandlung aller erhaltenen Informationen und die Bereitschaft eines offenen und ehrlichen Informationsaustausches zum Gegenstand hat (vgl. Zerres, M.: Benchmarking – vom Besten lernen, in: Der Grundbesitz, 1996, S. 744).

Der geringen Zahl der bis heute verfügbaren Benchmarking-Studien steht ein großer Bedarf nach mehr Transparenz auf dem Immobilienmarkt gegenüber, so daß davon ausgegangen werden kann, daß sich dieses Managementinstrument auch in der Immobilienwirtschaft zur Steigerung der Wettbewerbsfähigkeit durchsetzen wird.

## 2.5    Unternehmensanalyse

„Zweck der *Unternehmensanalyse* ist es festzustellen, was die Unternehmung aufgrund ihrer spezifischen Stärken und Schwächen sowie ihrer Kernkompetenzen und hinsichtlich der stärksten Konkurrenten in den sie interessierenden Marktsegmenten tun kann." (Vgl. Hinterhuber, H.: Strategische Unternehmensführung, 6. Auflage, 1996, S. 121)

### 2.5.1    Image und Imageanalyse

Unter einem Image versteht man ein beeinflußbares, komplexes und mehrdimensionales System, dessen wahre Grundstrukturen dem betreffenden Imageträger oft nicht voll bewußt sind (vgl. Johannsen, U.: Das Marken- und Firmen-Image, 1971, S. 35). Images können aus Erfahrungsableitung, Projektion und Fremdvermittlung resultieren. Images spiegeln die Realität allerdings nicht naturgetreu wider, sondern kombinieren sie mit sachgerechten Informationen, persönlichen Erfahrungen, Gefühlen, Einstellungen, Gerüchten und Vorurteilen. Es ist somit die Ganzheit aller objektiven und subjektiven, also unter Umständen auch falschen Vorstellungen, die sich Menschen – Einzelpersonen oder Personengruppen – über einen Meinungsgegenstand (Unternehmen, Produkte, Branchen etc.) machen (vgl. Falk, B./Wolf, J.: Handelsbetriebslehre,11. Auflage, 1992, S. 196).

Das Image kann mit den Kategorien Selbst- und Fremdimage in zwei generelle Teilbereiche untergliedert werden. Unter Selbstimage versteht man hierbei das Bild, das sich eine Person, ein Unternehmen oder eine Institution von sich selber macht. Im Gegensatz dazu bezieht sich das Fremdimage auf das Vorstellungsbild, das sich bei Außenstehenden entwickelt hat.

#### 2.5.1.1    Bedeutung von Images im unternehmerischen Marketing

Ausgangspunkt für die Beschäftigung mit dem Phänomen des Image war die Erkenntnis, daß Kaufentscheidungen fast ausschließlich durch individuelle, subjektive Wahrnehmung bzw. *Verbrauchervorstellungen* und nicht aufgrund von objektiven Gesichtspunkten getroffen werden (vgl. Spiegel, B.: Die Struktur der Meinungsverteilung im sozialen Feld, 1961, S. 29).

Insbesondere in Anbetracht der Informationsüberflutung und einer zunehmenden Konfrontation mit einer immer unübersichtlicher werdenden Angebots- und Anbietervielfalt besitzen Images für den Konsumenten eine erhebliche Orientierungsfunktion. Anstelle der unüberschaubaren Vielfalt treten Images, die diese vielfältigen Informationen verdichten und somit eine klare Gliederung und Einordnung ermöglichen. Images sind sozusagen *Informationspakete großer Handlichkeit* (vgl. Nowak/Spiegel: Image und Image-Analyse, in: Marketing-Enzyklopädie, 1974, S. 971).

Das Image, als ein unverzichtbares Mittel der Individualisierung und Abhebung unternehmerischer Leistungen, besitzt eine entscheidende Wirkung auf den Geschäftserfolg. Insbesondere hat es auf Märkte Einfluß, in denen ähnliche oder sogar austauschbare Produkte und Dienstleistungen (Immobiliendienstleister) die Regel sind. Ein eigenständiges und unverwechselbares Image bietet die Chance der Profilierung (vgl. Herzig, O.: Markenbilder, Markenwelten, Neue Wege in der Image-Forschung, 1991, S. 6 f.).

Ein weiterer Gesichtspunkt ergibt sich aus dem Tatbestand, daß die Wahl des Arbeitsplatzes in einem hohen Maße vom Image der Unternehmung, aber auch von der Immobilienbranche beeinflußt wird. Somit können durch ein positives Image qualifizierte Mitarbeiter gewonnen werden. Aber auch bei den Mitarbeitern hat das Image eine wesentliche Orientierungsmarke. Wer will nicht stolz auf seine Arbeit, sein Unternehmen und im weiteren Sinne auch auf seine Branche sein? Ein gutes Image erleichtert hierbei die Identifikation, fördert die Motivation und ermöglicht letztendlich einen dauerhaften Erfolg (vgl. Demuth, A.: Erfolgsfaktor Image, 1994, S. 78 f.).

Ein gutes Image vermag zudem ein positives Klima und Vertrauensverhältnis aufzubauen und leistet einen Beitrag, die vielfach zu verzeichnende Anonymität in der heutigen Wirtschaft aufzuheben. Dieses Goodwill-Polster ist insbesondere in Krisenzeiten, in denen das Unternehmen öffentlich angegriffen wird, von entscheidender Bedeutung. Darüber hinaus bietet das Vorhandensein von Vertrauen eine grundlegende Voraussetzung bei der Kapitalbeschaffung wie auch bei der Realisierung sensibler Investitions- bzw. Bauvorhaben. So lassen sich die verschiedenen Interessenvereinigungen wie Städte und Gemeinden, Kreditinstitute, Investoren, Parteien, Verbände und Bürgerinitiativen sehr viel leichter überzeugen, wenn das Unternehmen ein kompetentes, solides und seriöses Image besitzt.

### 2.5.1.2 Aufgaben, Ziele, Verfahren und Techniken einer Imageanalyse

Eine entscheidende Aufgabe der Imageanalyse besteht in der Erfassung und Diagnose des Ist-Zustandes. Neben der Bestimmung der Vorstellungen und Einschätzungen, die über ein Imageobjekt generell bestehen, müssen hierbei die konkreten Beurteilungsdimensionen, aus denen sich das Image zusammensetzt, analysiert werden.

Ein optimaler Einsatz der marketingpolitischen Instrumente bedarf darüber hinaus der Bestimmung des Soll- bzw. Idealimages. Mit dem Ziel eines effektiven Einsatzes der Imagepolitik sollten im Rahmen einer Imageanalyse auch die relevanten Zielgruppen ermittelt werden. Zu analysieren bzw. zu interpretieren sind darüber hinaus die bestehenden Interdependenzen zwischen den unterschiedlichen Imagearten, wie z.B. Branchenimage, Firmenimage und Produktimage (bzw. Image der Immobilien).

Da sich Images im Laufe der Zeit durch äußere oder innere Einwirkungen verändern können, sind regelmäßige Analysen erforderlich, um beispielsweise zu erkennen, inwieweit die Maßnahmen der Imagepolitik erfolgreich waren oder ob zur Zielerreichung Korrekturen erforderlich werden.

Der Verlauf einer Imageanalyse kann in mehrere Phasen untergliedert werden. In der ersten Phase muß das Untersuchungsproblem abgegrenzt und der methodische Aufbau der empirischen Erhebung festgelegt werden. Im Vordergrund steht hierbei die Frage, was beurteilt werden soll (Beurteilungsobjekt: Unternehmen, Branche, Immobilie, Stadt, Region etc.) und wer die Beurteilung vorzunehmen hat (Beurteilungssubjekt: Mitarbeiter, Kunden, Öffentlichkeit etc.).

In der zweiten Phase, die möglichst breit und offen angelegt sein sollte, sind alle relevanten Imagedimensionen bzw. Bewertungskriterien zu erfassen. Eine Möglichkeit, die relevanten Imagedimensionen zu erheben, besteht u.a. im Rahmen intensiver Expertengespräche, durch Gruppendiskussionen und durch die Exploration.

Anhand dieser Grundlage erfolgen in der dritten Phase die Erarbeitung eines Fragebogens wie auch die Auswahl der geeigneten Verfahren und Techniken, die dann im Rahmen einer quantitativen Imagemessung in der letzten Phase zum Einsatz kommen.

Mit dem Ziel, dem differenzierten und mehrdimensionalen Imagekonstrukt gerecht zu werden, sollte im Rahmen einer Analyse auf den Einsatz spezieller Verfahren und Techniken nicht verzichtet werden. Man unterscheidet hierbei generell offene und geschlossene Verfahren. Will man Einstellungen erheben, die den Befragten nicht bewußt sind, bieten sich offene Verfahren – wie z.B. Explorationen, Assoziationsverfahren, Satzergänzungstests und Tiefeninterviews – an. Geschlossene Verfahren, wie z.B. das Polaritätenprofil, das Unipolare Skalierungsprofil oder die Multidimensionale Skalierung (MDS), werden demgegenüber eingesetzt, wenn die quantifizierte Imagemessung und Vergleichbarkeit im Vordergrund stehen.

*Semantisches Differential*

Das wohl bekannteste Verfahren der Imagemessung ist das Semantische Differential (Polaritätenprofil), das 1952 von Osgood (Osgood, C.E.: The nature and measurement of meaning, 1952) für die Messung von Wortbedeutungen entwickelt wurde.

Beim Semantischen Differential wird das Untersuchungsobjekt mit Hilfe verschiedener Einzelaspekte (Items) anhand einer zweipoligen Ratingskala beurteilt. An den Polen der Ratingskala stehen als Items jeweils gegensätzliche Adjektivpaare. Die Auskunftsperson gibt sodann durch Ankreuzen der Skala zum Ausdruck, in welcher Ausprägung sie die jeweiligen Einzelaspekte mit dem Untersuchungsobjekt assoziiert (vgl. Meffert, H.: Marketingforschung und Käuferverhalten, 2. Auflage, 1992, S. 186).

Da Images mehrdimensional sind, sich jedoch räumlich nicht mehr als drei Ebenen darstellen lassen, werden die Mittelwerte jeder Ratingskala zur besseren Veranschaulichung und Vergleichbarkeit durch eine durchgezogene Linie zu einem sogenannten Profil verbunden. Neben der Mittelwertbildung kann man bei der Auswertung des Semantischen Differentials auch die Streubreite untersuchen sowie eine Datenreduktion über die Faktorenanalyse durchführen.

Wurden im Semantischen Differential in den Anfängen lediglich Eigenschaftspaare mit metaphorischer Bedeutung, sogenannte Konnotationen, verwandt, die keinen konkreten Bezug zum Imageobjekt hatten, operiert man heute zusätzlich mit objektbezogenen Eigenschaften, sogenannten Denotationen. Der Grund für diesen Wandel liegt vor allem in dem Vorteil der besseren praktischen Umsetzung und der leichter zu interpretierenden Informationsergebnisse (vgl. Berekoven/Eckert/Ellenrieder: Marktforschung, 6. Auflage, 1993, S. 78 ff.).

Gründe dafür, daß dieses Verfahren bei der Imagemessung so oft zur Anwendung kommt, liegen in erster Linie in den konkreten Hinweisen, die sich für die Gestaltung von Marketingmaßnahmen ergeben, sowie in der leichten Anwendbarkeit dieses Verfahrens. Kritisch anzumerken ist allerdings das Problem, die richtigen Items bzw. Bewertungskriterien zu erfassen. Dabei sollen keine wichtigen Items vergessen und keine unwichtigen mit aufgenommen werden. Schwierigkeiten können sich auch aus der Tatsache ergeben, daß es nicht immer möglich ist, echte semantische gegensätzliche Adjektivpaare zu finden. Eine weitere Kritik liegt in der Annahme, daß alle Items für die Beurteilung des Imageobjektes die gleiche Gewichtung besitzen.

*Analyse der Image-Einzelfaktoren*

Eine weitere Technik, die bei der Imagemessung zum Einsatz kommt, ist die gezielte Analyse relevanter Image-Einzelfaktoren. Auch diese Möglichkeit, das Image quasi vom Detail her zu analysieren, berücksichtigt die Tatsache, daß es sich beim Image um ein mehrdimensionales System handelt, welches sich aus mehreren Faktoren zusammensetzt.

Darüber hinaus bieten diese detaillierte Untersuchung sowie der anschließende Vergleich mit anderen Untersuchungsobjekten die Möglichkeit, Schwachstellen aufzudecken und zu analysieren. Ein weiterer Gesichtspunkt, der für den Einsatz dieser Technik spricht, ergibt sich aus der Tatsache, daß jede Änderung der Imagedetails immer auch das Gesamtimage beeinflußt. So ist es auch möglich, das Image in seiner Ganzheit allein durch die Verbesserung einiger wichtiger Teilfaktoren erheblich aufzuwerten.

Voraussetzung für den Einsatz dieser Analysetechnik sind allerdings die Auswahl der geeigneten bzw. relevanten Image-Einzelfaktoren und deren Gewichtung. Kritisch ist anzumerken, daß es bei weniger bekannten Imageobjekten vorkommen kann, daß die Befragten bei einer sehr differenzierten Beurteilung überfordert sind und ihre generelle Einschätzung über das jeweilige Imageobjekt die detaillierte Beurteilung der jeweiligen Einzelfaktoren negativ bzw. positiv beeinflußt.

*Satzergänzungstests*

Ein weiteres mögliches Verfahren im Bereich der Imageanalysen ist der Satzergänzungstest, bei dem die betreffende Auskunftsperson einen unvollständigen Satz aus dem zu erforschenden Bereich zu beenden hat. Dabei geben Satzergänzungstests durch die Art der jeweiligen Assoziation einen Hinweis auf die spezifischen Einstellungen, Meinungen, Vorurteile und Motivationen der betreffenden Versuchsperson. Es handelt sich bei Satzergänzungstest somit grundsätzlich um ein assoziatives Verfahren, das auf dem Schema Reiz – Reaktion basiert (vgl. Johannsen, U.: Das Marken- und Firmen-Image, 1971, S. 206).

Ein Vorteil dieser Methode besteht in der Möglichkeit, die Verknüpfungen der Auskunftspersonen durch die richtige Auswahl der Satzfragmente auf wichtige Teilaspekte zu lenken, die somit gezielt analysiert werden können. Man erhält allerdings hiermit lediglich einen ersten Überblick über die Imagedimensionen, ohne daß ihre jeweilige Bedeutung erkennbar wird.

### 2.5.1.3 Empirische Erkenntnisse über das Image der deutschen Immobilienwirtschaft

Mit dem Ziel, das Image der Immobilienwirtschaft grundlegend zu bestimmen, führte das Institut für Gewerbezentren im Jahre 1994 eine umfangreiche Imageanalyse durch. Befragt wurden dabei neben Immobilienexperten auch ausgewählte Unternehmen aus der Immobilienwirtschaft sowie gewerbliche Mieter bzw. Nutzer, die überwiegend aus dem Handelsbereich kamen. Eine Befragung der breiten Öffentlichkeit wurde bei dieser Analyse nicht durchgeführt, da hier die Immobilienwirtschaft in ihrer ganzen Stuktur nicht ausreichend bekannt war, wodurch eine qualifizierte Bewertung bei vielen nicht möglich und hohe Streuverluste vorprogrammiert gewesen wären.

Das Image der deutschen Immobilienwirtschaft wird bei der generellen Imagebeurteilung tendenziell negativ beurteilt. Als Begründung wurde von den befragten Marktteilnehmern vor allem die *schlechte Ausbildung bzw. unzureichende Qualifikation* herausgestellt. Angeführt wurden aber auch das Vorhandensein schwarzer Schafe, unseriöses Verhalten, Skandale, Pleiten, Spekulationen und das Fehlen einer generellen Zulassungsvoraussetzung für Immobilienberufe in Deutschland.

Dabei messen die befragten Marktteilnehmer dem Image generell einen hohen Stellenwert bei. Für sehr bedeutend halten fast alle das Unternehmensbild. Aber auch das Image der jeweiligen Marktteilnehmergruppe sowie das der Immobilienwirtschaft werden allgemein als wesentlich für den Unternehmenserfolg angesehen (vgl. Abb. 2.42).

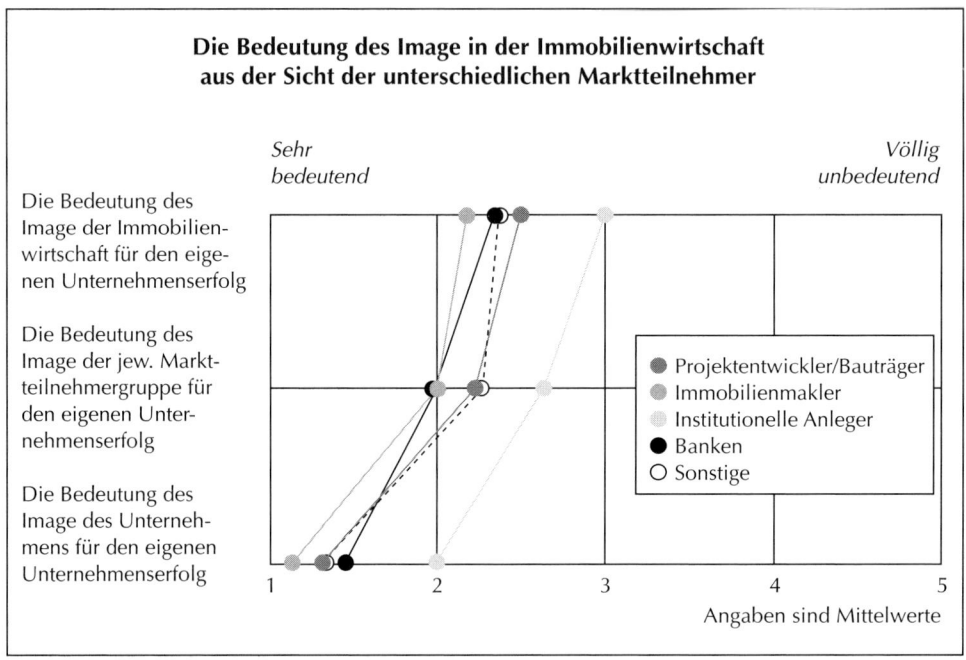

**Abb. 2.42: Das Image in der Immobilienwirtschaft**
**Quelle:         Institut für Gewerbezentren, Starnberg 1997**

Untersucht man das Image der Immobilienwirtschaft mit Hilfe des Semantischen Differentials, so erkennt man, daß die Immobilienwirtschaft von den *Immobilienexperten* ähnlich, aber insgesamt etwas besser beurteilt wird als von den befragten *gewerblichen Mietern bzw. Nutzern.*

Und analysiert man die Bewertung der einzelnen Gegensatzpaare, so wird die Immobilienwirtschaft als ein eher aktiver und bedeutender Wirtschaftszweig eingestuft, der zudem von beiden als eher bekannt beurteilt wird (vgl. Abb. 2.43).

Im Gegensatz dazu wird die Immobilienwirtschaft insgesamt aber auch als eher unseriös und von den gewerblichen Mietern bzw. Nutzern zudem

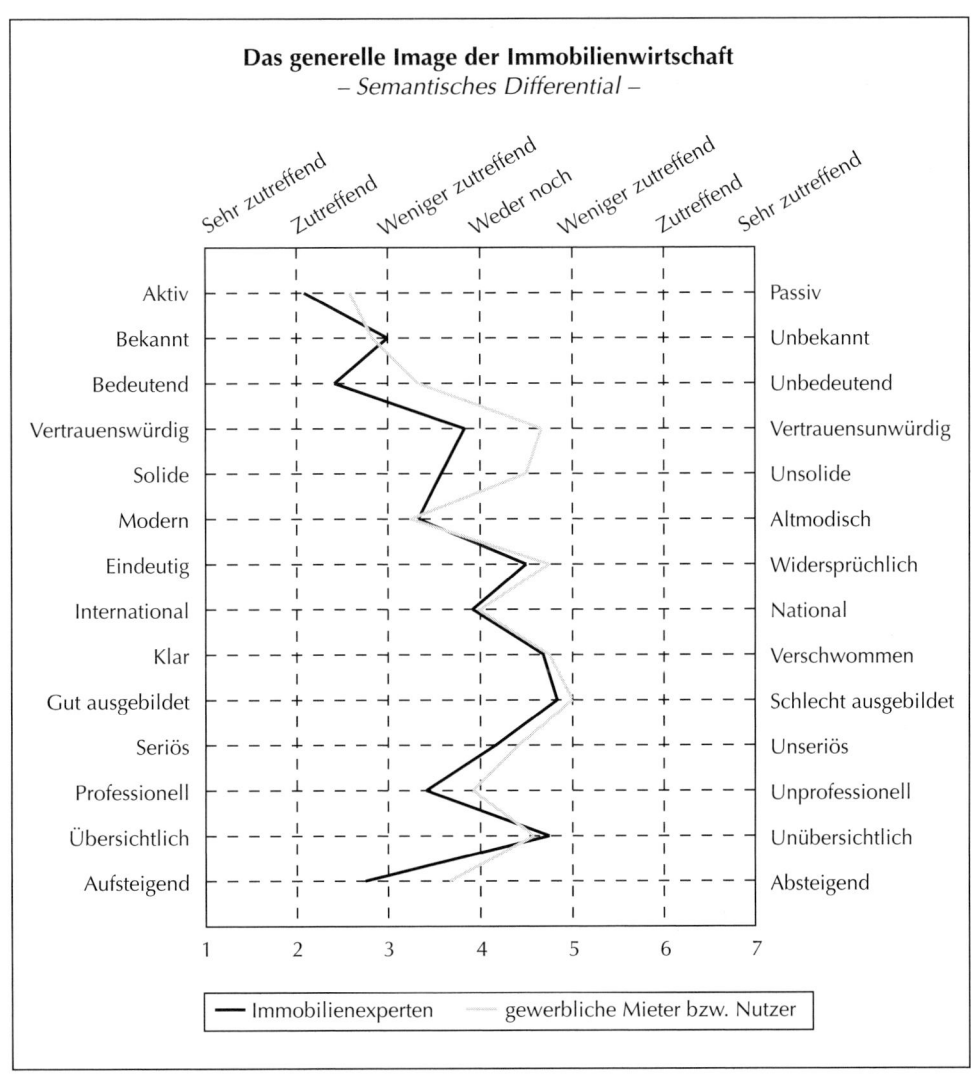

**Abb. 2.43: Das generelle Image – Semantisches Differential**
**Quelle:** Institut für Gewerbezentren, Starnberg 1997

mehr mit den Eigenschaften vertrauensunwürdig und unsolide assoziiert. Sowohl die Immobilienexperten als auch die gewerblichen Mieter bzw. Nutzer beurteilen die Ausbildung in der Immobilienwirtschaft als nicht so gut. Aber auch die Professionalität, die zwar etwas besser eingestuft wurde als die Ausbildung, birgt noch Verbesserungspotentiale.

Darüber hinaus wird die Immobilienwirtschaft als eher unübersichtlich, verschwommen und widersprüchlich eingestuft, was auf ein diffuses Image schließen läßt (vgl. Abb. 2.42 und Abb. 7.19, S. 440).

Mit dem Ziel, der Mehrdimensionalität des Image gerecht zu werden, wurden die Immobilienwirtschaft wie auch die unterschiedlichen Marktteilnehmer zudem anhand ausgewählter Image-Einzelfaktoren beurteilt.

Da nicht allen Einzelfaktoren für das Branchenimage die gleiche Bedeutung zukommt, wurden diese vor einer Bewertung einer Gewichtung unterzogen (vgl. Abb. 2.44).

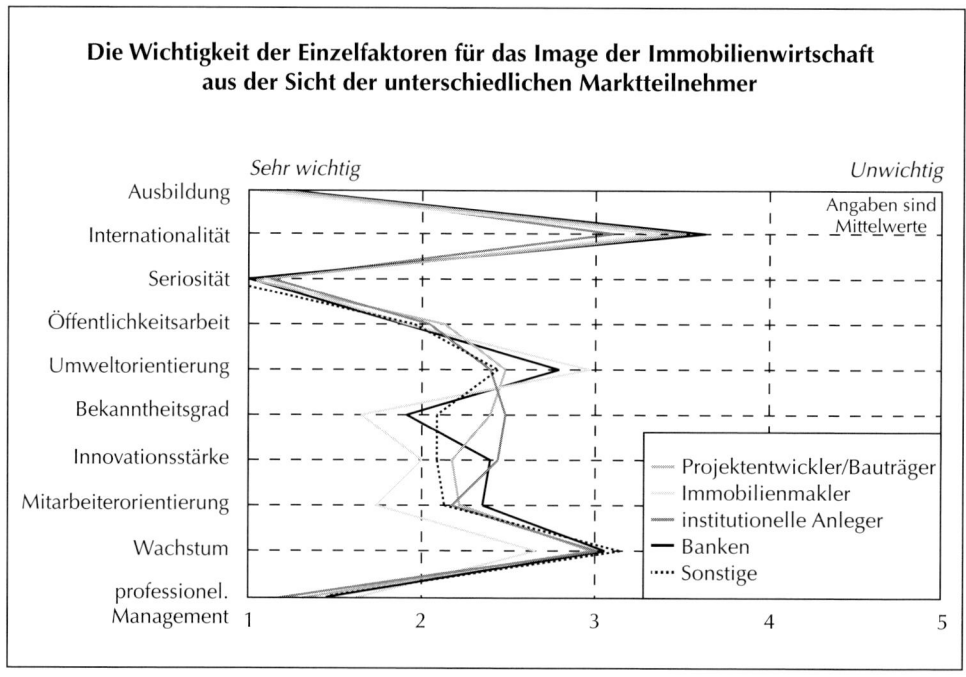

**Abb. 2.44: Bedeutung von Einzelfaktoren für das Image**
**Quelle: Institut für Gewerbezentren, Starnberg 1997**

Dabei kristallisierten sich insbesondere die Seriosität, die Ausbildung und das Vorhandensein eines professionellen Managements als diejenigen Einzelfaktoren heraus, denen ein wesentlicher Einfluß auf das Image der Immobilienwirtschaft zukommt. Die vergleichsweise geringste Wichtigkeit wurde demgegenüber der Internationalität und dem Wachstum beigemessen.

Ein Vergleich der Einstufung der unterschiedlichen Marktteilnehmer zeigt die größten Differenzen bei dem Imagefaktor Bekanntheitsgrad. So wird dieser von den Immobilienmaklern als am wichtigsten und von den institutionellen Anlegern als am unwichtigsten beurteilt.

Im Ergebnis der Bewertung der Imagefaktoren bestätigte sich die generell negative Einschätzung. So wurde die Immobilienwirtschaft anhand der Imagefaktoren fast durchweg zwischen befriedigend und ausreichend eingestuft. Auffallend ist hierbei die Einheitlichkeit, mit der das Image der Immobilienwirtschaft von den unterschiedlichen Marktteilnehmern gesehen wird (vgl. Abb. 2.45).

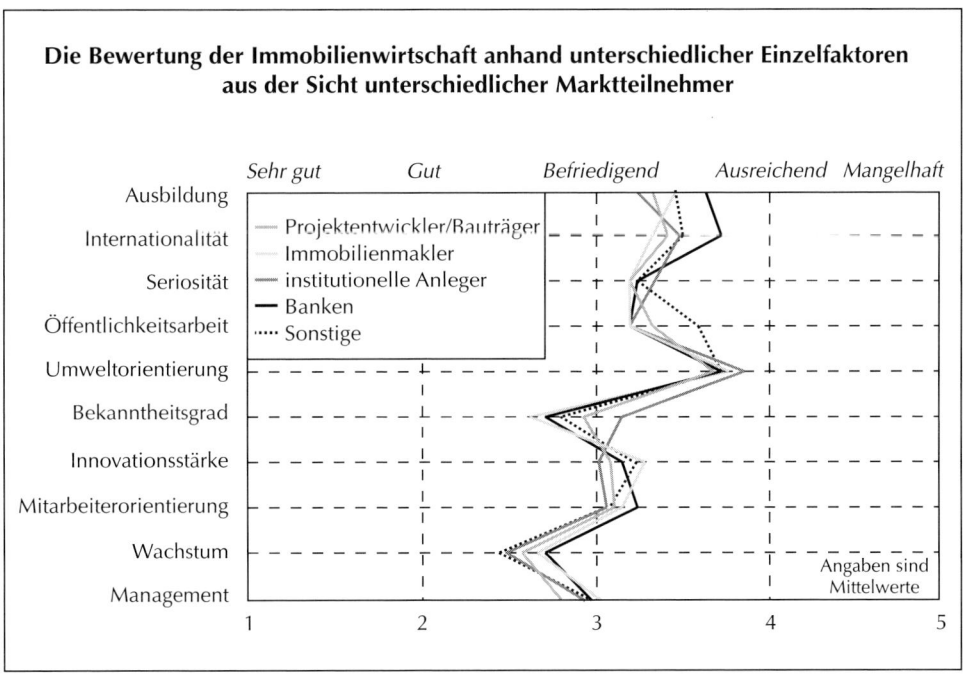

**Abb. 2.45: Bewertung der Immobilienwirtschaft**
**Quelle:      Institut für Gewerbezentren, Starnberg 1997**

Am negativsten wurde die Immobilienwirtschaft bezüglich ihrer Umweltorientierung und Internationalität bewertet. Aber auch die für das Image bedeutenden Einzelfaktoren Ausbildung und Seriosität erhielten lediglich Noten zwischen befriedigend und ausreichend. Die besten Werte erzielte der Einzelfaktor Wachstum, der aber aufgrund seiner eher geringeren Imagebedeutung nicht sehr ins Gewicht fällt.

169

Das Image der verschiedenen Marktteilnehmer wird von einer großen Bandbreite geprägt. Zeichnet sich bei den offenen Immobilienfonds, den Banken, Versicherungsgesellschaften und Pensionskassen ein vergleichsweise gutes Image ab, wurde das der Immobilienverwalter, der Bauträger und insbesondere der Immobilienmakler negativ bewertet.

Mit Abstand am schlechtesten wurde das Image der Immobilienmakler eingestuft. Faßt man die von den Marktteilnehmern vorgenommene Bewertung „ausreichend" und „schlecht" zusammen, so schwanken die vorgenommenen Bewertungen zwischen 76,5 und 88,5 Prozent. Hauptverantwortlich für dieses negative Image ist in erster Linie die schlechte Bewertung der für das Image wichtigen Seriosität und Ausbildung (vgl. Abb. 2.46).

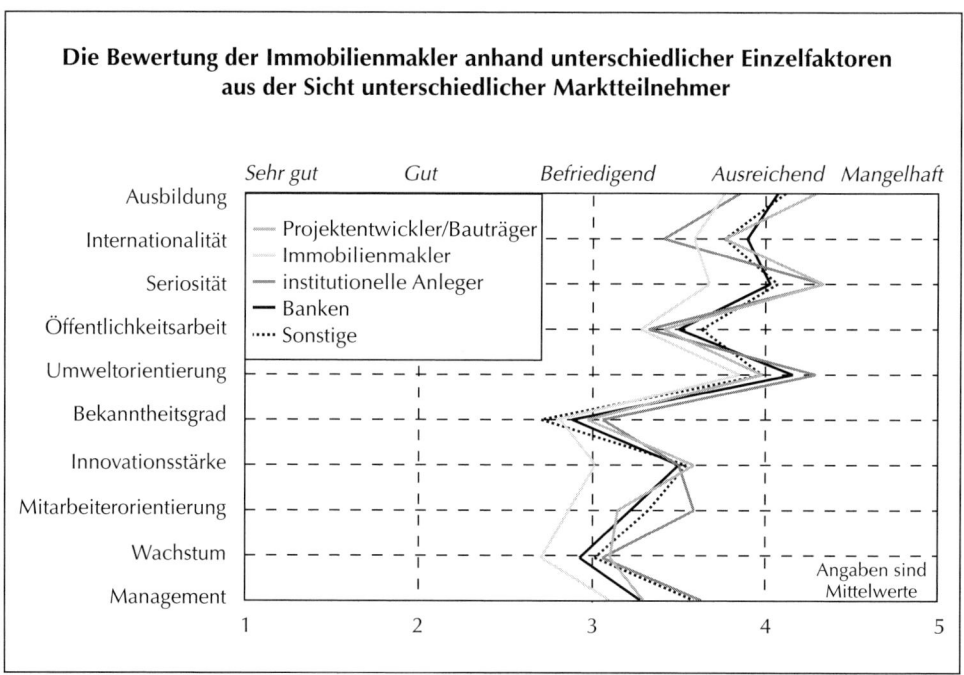

Abb. 2.46: Bewertung der Immobilienmakler
Quelle: Institut für Gewerbezentren, Starnberg 1997

Analysiert man das Image der Immobilienwirtschaft in seiner gesamten Bandbreite, so kann festgestellt werden, daß dieses Image, das ja an sich ein Konglomerat der Images aller Marktteilnehmer sein müßte, nach den Immobilienmaklern die zweitschlechteste Imagebeurteilung aufweist. Dieser Umstand deutet allerdings darauf hin, daß hier das Phänomen der Irradiation zum Tragen kommt, bei der vermutlich das schlechte *Image der Immobilien-makler* in besonderem Maße auf das Gesamterlebnis *Image der Immobilien-wirtschaft* abfärbt.

Begünstigt wird die Irradiation in der Immobilienwirtschaft durch die Tatsache, daß es sich hierbei um einen eher unübersichtlichen und nur verschwommen wahrnehmbaren Wirtschaftszweig handelt.

### 2.5.1.4 Unternehmensimage oder Corporate Image

Das Firmen- oder Unternehmensimage kann generell als Vorstellungsbild einer sozialen Gruppe gegenüber einer Unternehmung definiert werden. Es ist dabei von vielen Einflußgrößen wie Innovations- und Finanzkraft, Produktions- bzw. Dienstleistungsprogramm, Bekanntheitsgrad, Managementqualität, Firmenname, Public Relations und Werbung, Mitarbeiterorientierung sowie Kundenservice abhängig. Als äußerst komplexes und vielschichtiges System beinhaltet es dabei eine Vielzahl wechselseitig verknüpfter Beziehungs- und Bedeutungszusammenhänge.

Unter Corporate Image versteht man das realisierte Ergebnis einer Corporate-Identity-Strategie. Corporate Identity bezeichnet hierbei die Unternehmenspersönlichkeit, die sich im konkreten Verhalten, der Kommunikation und dem Erscheinungsbild der Unternehmen ausdrückt (vgl. Birkigt/Stadler/Funck: Corporate Identity, 6. Auflage, 1993, S.18 ff.). Ziel ist ein einheitlicher Auftritt der Unternehmung, der dadurch das definierte bzw. angestrebte Corporate Image vermitteln soll.

Neben der Wertausdrucksfunktion (Selbstdarstellung nach außen) und der Selbstbildfunktion (Innendarstellung/Erhöhung der Mitarbeitermotivation) gehört die Umweltbewältigungsfunktion (Umweltorientierung durch vereinfachende Interpretation und Strukturierung) zu den wichtigsten Funktionen eines Unternehmensimage. Als Spiegelbild der Corporate Identity liegt die spezifische Bedeutung des Unternehmensimage somit in seiner Wirkung auf die relevanten Interaktionspartner bzw. Imagezielgruppen der Unternehmung (vgl. Huber, B.: Strategische Marketing- und Imageplanung, 1993, S. 82).

Beeinflußt wird das Unternehmensimage aber auch durch das Image der Branche bzw. der jeweiligen Marktteilnehmergruppe. So wird beispielsweise das Image eines Bauträgers durch das Image der *Immobilienwirtschaft* wie auch durch das Image der Marktteilnehmergruppe *Bauträger* geprägt.

Ein wesentlicher Vorteil bei der Planung imageverbessernder Maßnahmen ist die Kenntnis der spezifischen Zielgruppen der Imagepolitik. So ist es erst hierduch möglich, die geplanten Aktivitäten gezielt einzusetzen und sich durch solche Imagefacetten zu profilieren, die für die Zielgruppen von Interesse sind. Welche Zielgruppen im einzelnen relevant sind, hängt neben dem individuellen Tätigkeitsbereich des Unternehmens auch vom individuellen Unternehmensbild ab.

Wie aus der nachfolgenden Abbildung ersichtlich wird, kommt den Kunden als Imagezielgruppe bei allen befragten Marktteilnehmern die weitaus größte Bedeutung zu. Aber auch bei der breiten Öffentlichkeit wurde die Wichtigkeit eines guten Image besonders herausgestellt. Insbesondere für die Projektentwickler bzw. Bauträger sind darüber hinaus die Banken und Behörden als weitere bedeutende Zielgruppen der Imagepolitik auszumachen. Die Notwendigkeit, bei den eigenen Mitarbeitern ein positives Image zu besitzen, wurde demgegenüber insbesondere von den institutionellen Anlegern hervorgehoben (vgl. Abb. 2.47).

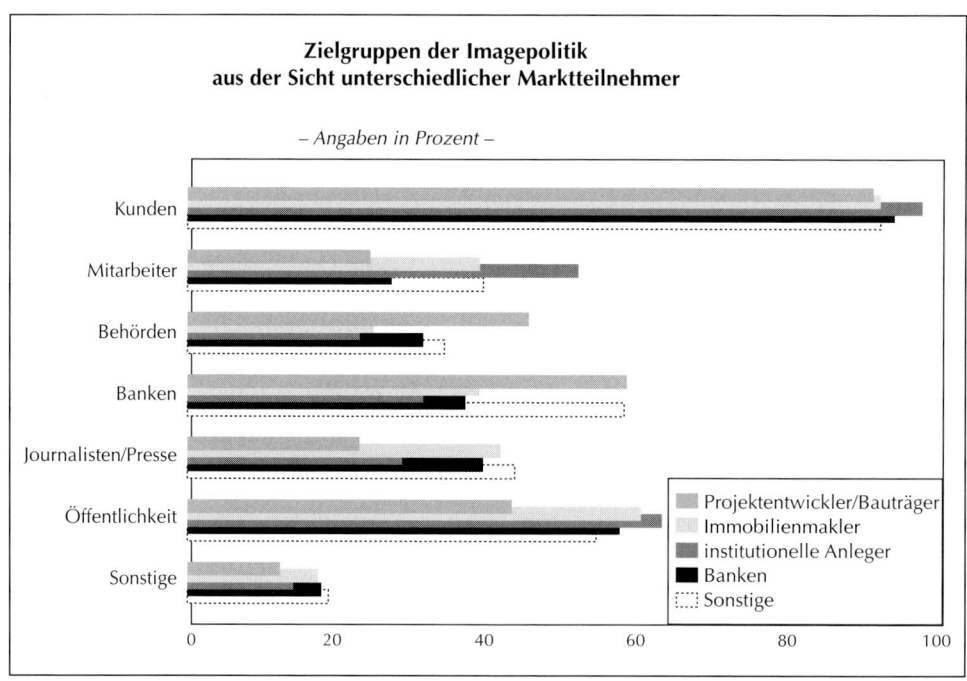

**Abb. 2.47: Zielgruppen der Imagepolitik**
**Quelle:    Institut für Gewerbezentren, Starnberg 1997**

Insbesondere anhand detaillierter Informationen und Ergebnisse einer Imageanalyse, in der auch die speziellen Imagefaktoren und die bestehenden Interdependenzen untersucht wurden, kann das Image eines Unternehmens durch geeignete Maßnahmen beeinflußt werden. Unter Imagepolitik versteht man in diesem Zusammenhang die nach eindeutigen Imagezielen vorgenommene Ausrichtung und Steuerung der Instrumente der Marktgestaltung an abgegrenzten Personen- bzw. Zielgruppen (vgl. Henseler, R.: Image und Imagepolitik im Facheinzelhandel, 1977, S. 85).

Dabei sollte man aber vor dem Einsatz imagepolitischer Maßnahmen bedenken, daß Images auf Dauer nur Bestand haben, wenn sie sich mit der tatsächlichen Beschaffenheit des Imageobjekts decken.

Als Zeichen der Zuverlässigkeit und Kompetenz ist es zudem erforderlich, die Maßnahmen aufeinander abgestimmt einzusetzen, wodurch sich auch eine Addierung der Wirkung einstellen kann. Da sich Images in der Regel nur über einen längeren Zeitablauf durch neue Erfahrungen und Meinungen verändern, sollten Imagestrategien zudem strategisch geplant und strukturbestimmend für die Unternehmung sein. Darüber hinaus schafft eine langfristig angelegte Imagepolitik ein Klima des Vertrauens und der Stabilität, was wiederum den Erfolg der eingesetzten Maßnahmen positiv beeinflußt. Neben der unternehmensinternen Imagepolitik darf auch in Anbetracht der vorhandenen Interdependenzen eine generelle Imageaufwertung der Immobilienwirtschaft bzw. der eigenen Marktteilnehmergruppe nicht vernachlässigt werden.

Neben der Verbesserung der Ausbildung und Qualifikation können die Einführung einer Zulassungsvoraussetzung und die Verbesserung der Öffentlichkeitsarbeit und Kommunikation einen entscheidenden Beitrag zur allgemeinen Imageaufwertung der Immobilienwirtschaft leisten (vgl. Abb. 2.48).

## Maßnahmenkatalog

*– Mögliche Aktivitäten zur Imageverbesserung der Immobilienwirtschaft –*

- Verbesserung der Aus- und Weiterbildung
- Einführung einer Zulassungsvoraussetzung
- Verbesserung der Öffentlichkeitsarbeit/Kommunikation
- Verbandsarbeit verbessern
- Dachorganisation etablieren
- Transparenz erhöhen
- *Schwarze Schafe* bzw. unseriöse Marktteilnehmer ausschließen
- Seriosität verbessern
- Standesregeln einführen
- Kundenorientierung und Service verbessern
- Klare gesetzliche Regelungen schaffen
- Berufsbild etablieren
- Branchenwerbung
- Kontrollorgane bestellen
- Eindeutige Regelung der Maklerprovision

**Abb. 2.48:** Maßnahmenkatalog „Imageverbesserung"
**Quelle:** Institut für Gewerbezentren, Starnberg 1997

## 2.5.2 Portfolio-Analyse bzw. Portfolio-Management

Basierend auf der Portfolio-Analyse hat sich das Portfolio-Management zu einer Führungskonzeption entwickelt und zählt zu den verbreitetsten Analyse- und Planungsinstrumenten des strategischen Managements. Wie bei einem Wertpapierportfolio wird hierbei das Unternehmen als eine Gesamtheit von sogenannten strategischen Geschäftseinheiten (SGE) gesehen. Der Portfolio-Ansatz kann aber auch auf die einzelnen strategischen Geschäftseinheiten übertragen werden, wobei die speziellen Produkte bzw. Immobilien die jeweiligen Einzelelemente darstellen.

Aufgabe der Portfolio-Analyse sind die Visualisierung und Strukturierung der Aktivitäten und äußerst komplexen strategischen Probleme eines Unternehmens. Im Rahmen des Portfolio-Managements dient sie in erster Linie der Suche nach Strategien einer integrativen Steuerung der strategischen Geschäftseinheiten eines Unternehmens. Dabei sind die strategischen Geschäftseinheiten so zu kombinieren, daß die strategischen Ziele der Unternehmen erreicht werden können und eine Ausgewogenheit des Portefeuilles gewährleistet ist. Als Kriterium der Ausgewogenheit kann hierbei beispielsweise die Kategorie Cash-flow herangezogen werden. Eine Vielzahl sachlicher und räumlicher Teilmärkte, eine relativ unübersichtliche Anzahl divergierender Nutzergruppen und eine zunehmende Wechselwirkung zwischen Unternehmen, Wettbewerbern, Kunden, Umwelt und Technik unterstreichen die Komplexität, mit der das Management in der Immobilienwirtschaft konfrontiert wird.

Portfolio-Management ist in der Immobilienwirtschaft in erster Linie für Unternehmen erforderlich, die große und differenzierte Anlagevermögen verwalten. Hierzu zählen exemplarisch die Offenen Immobilienfonds, Pensionskassen und Versicherungsgesellschaften. Darüber hinaus gehört das Portfolio-Management im Rahmen des Corporate-Real-Estate-Managements, insbesondere für große Unternehmen mit umfangreichen Liegenschaften, zu einem unverzichtbaren Analyse- und Planungsinstrument. Der sinnvolle Einsatz des Portfolio-Konzeptes setzt daher die Definition und eindeutige Abgrenzung geeigneter *strategischer Geschäftseinheiten* (Strategic Business Units) voraus. Unter einer strategischen Geschäftseinheit versteht man einen möglichst isolierten und unabhängigen Ausschnitt aus dem gesamten Betätigungsfeld des Unternehmens mit eigenen Ertragsaussichten, Kompetenzen, Chancen und Risiken.

Neben einer eigenständigen Marktaufgabe und einem eigenen Wettbewerberkreis sollte eine strategische Geschäftseinheit die Formulierung eigener Ziele und die selbständige Planung und Durchführung strategischer Aktivitäten ermöglichen. Darüber hinaus muß jede strategische Geschäftseinheit einen dauerhaften Beitrag zum Gesamterfolg des Unternehmens leisten können und sich durch möglichst geringe Überschneidungen mit anderen strategischen Geschäftseinheiten auszeichnen (vgl. Hinterhuber, H.: Strategische Unternehmensführung, 5. Auflage, 1992, S. 142). Die Bildung geeigneter strategischer Geschäftseinheiten erfordert die Auswahl geeigneter *marktorientierter* Segmentierungs- bzw. Abgrenzungskriterien. In Anlehnung an die Streuungskriterien der Anlagepolitik stehen im Immobilienbereich u.a. folgende Segmentierungskriterien zur Verfügung:

- *Abgrenzung auf internationaler Ebene.* Insbesondere unter dem Gesichtspunkt einer langfristigen strategischen Ausrichtung und der Anpassung an eine zunehmende Internationalisierung wird dieses Abgrenzungskriterium an Bedeutung gewinnen.
- *Segmentierung nach dem Makro-Standort.* Abgrenzen lassen sich hierbei unterschiedliche Regionen, Ballungszentren und Städte.

- *Segmentierung nach dem Mikro-Standort.* Neben unterschiedlichen Stadt-teilen können die Mikro-Standorte beispielsweise anhand unterschied-licher Lagequalitäten segmentiert werden. Zur Abgrenzung der Mikro-standorte ist darüber hinaus der Einsatz der mikro-geographischen Marktsegmentierung denkbar.
- *Abgrenzung anhand des Immobilientyps bzw. der Nutzungsart.* Ein we-sentliches Abgrenzungskriterium bezieht sich auf die jeweilige Nutzung bzw. den Nutzungsschwerpunkt (Wohnimmobilien, Seniorenwohnanla-gen, Büroimmobilien, Hotels, Freizeitimmobilien, Handelsimmobilien, Gewerbeparks, Parkierungsbauwerke etc.).
- *Abgrenzung nach unterschiedlichen Betriebstypen und Subsegmenten.* Ins-besondere im Handelsbereich ergibt sich durch einen ständigen Wandel eine erhebliche Bandbreite unterschiedlicher Betriebstypen und Ausprä-gungsformen (SB-Warenhäuser, Discounter, Fachmärkte, Kaufhäuser, Shopping-Center, Factory-Outlet-Center etc.). Eine vergleichbare Ent-wicklung mit einer erstaunlichen Fülle unterschiedlicher Typen und Subsegmente zeigt sich im Bereich der Freizeit- und Entertainment-Im-mobilien (Spielhallen, Squash-Center, Kartbahnen, Multiplexkinos, Groß-diskotheken, Spaß- und Erlebnisbäder, Musicaltheater, Ferienzentren, Freizeitparks etc.).
- *Abgrenzung nach der Objektgröße.* Neben dem Investitionsvolumen je Immobilie ist eine Abgrenzung bezüglich der jeweiligen Flächendimensio-nierung (Geschäftsfläche, Nutzfläche, Verkaufsfläche, Wohnfläche etc.) möglich.
- *Segmentierung nach dem Lebenszyklus.* Neben Immobilien, die sich im Projektstadium bzw. im Bau befinden, kann anhand des Lebenszyklus in fertiggestellte, aber noch nicht voll vermietete, in voll ertragsfähige und am Markt eingeführte und in renovierungs- bzw. sanierungsbedürftige Im-mobilien segmentiert werden.
- *Abgrenzung nach differenzierten Nachfragesegmenten.* Hierbei stehen die unterschiedlichen Kunden- bzw. Nachfragergruppen und deren spezifi-sche Bedürfnisse bzw. Probleme im Vordergrund. Die Kunden bzw. Nach-frager sind dabei so zu segmentieren, daß sich Gruppen mit einem weitge-hend homogenen Nachfrageverhalten bilden.

Eine Segmentierung nach einzelnen Immobilienobjekten, bei der also jede Immobilie eine eigene strategische Geschäftseinheit bildet, ist lediglich für Investoren mit einer geringen Anzahl an Objekten in Betracht zu ziehen. Umfangreichere und differenzierte Immobilienbestände sind demgegen-über in Abhängigkeit der individuellen Gegebenheiten anhand der unterschiedlichen Abgrenzungskriterien zu segmentieren, wobei in der Regel mindestens zwei Kriterien herangezogen werden sollten. Visualisiert werden hier die Struktur und die strategische Lage der Geschäftseinheiten anhand einer zweidimensionalen Matrix. Diese Portfolio-Matrix besteht dabei aus einer internen (Stärken und Schwächen eines Unternehmens) und externen (Zustand der relevanten Umweltstruktur) Komponente. Auf der Basis dieser Grundstruktur wurden eine Reihe unterschiedlicher Portfolio-Konzepte entwickelt. Praktische Bedeutung hat neben dem *Marktwachstums-Marktanteils-Portfolio* u.a. das *Marktattraktivitäts-Wettbewerbsvorteils-Portfolio* erlangt.

Im Rahmen eines hierarchischen Portfolio-Modells erhält man durch die Separierung von zwei Aggregationsstufen die Möglichkeit, den Immobilienbestand des Unternehmens auf zwei separaten Ebenen zu betrachten. Die erste, *niedrigere* Aggregationsstufe *Geschäftsfeld-Portfolio* beinhaltet hierbei die einzelnen Immobilienobjekte bzw. -projekte des Unternehmens nach den gewählten Abgrenzungskriterien. Auf der zweiten Aggregationsstufe werden die Geschäftsfeld-Portfolios der ersten Ebene als strategische Geschäftseinheiten verstanden und in ein *Gesamtportfolio* integriert. Neben der Visualisierung der Immobilienaktivitäten der einzelnen Geschäftsfelder erhält man hierdurch auch eine Darstellung des gesamten Immobilienbestandes eines Unternehmens (vgl. Bone-Winkel, S.: Das strategische Management von Offenen Immobilienfonds, 1994, S. 179 ff.).

### 2.5.2.1 Marktwachstums-Marktanteils-Portfolio

Das Marktwachstums-Marktanteils-Portfolio basiert auf einer Vier-Felder-Matrix, deren jeweilige Hauptachsen das Marktwachstum bzw. den Marktanteil beschreiben. Entwickelt wurde diese wohl bekannteste Variante durch das amerikanische Beratungsunternehmen Boston Consulting Group (vgl. Nieschlag/Dichtl/Hörschgen: Marketing, 16. Auflage, 1991, S. 875). Der relative Marktanteil, als Maßstab für die Stärke des Unternehmens, ergibt sich im allgemeinen aus dem Verhältnis des eigenen Marktanteils zu dem Marktanteil des stärksten Wettbewerbers (vgl. Kotler/Bliemel: Marketing-Management, 8. Auflage, 1995, S. 99). Die in der Matrix eingetragenen Kreise repräsentieren den Standort der unterschiedlichen strategischen Geschäftseinheiten bzw. Produkte, wobei die Variation der Kreisfläche die Bedeutung, gemessen z.B. am Umsatz, Deckungsbeitrag oder Investitionsvolumen, wiedergibt.

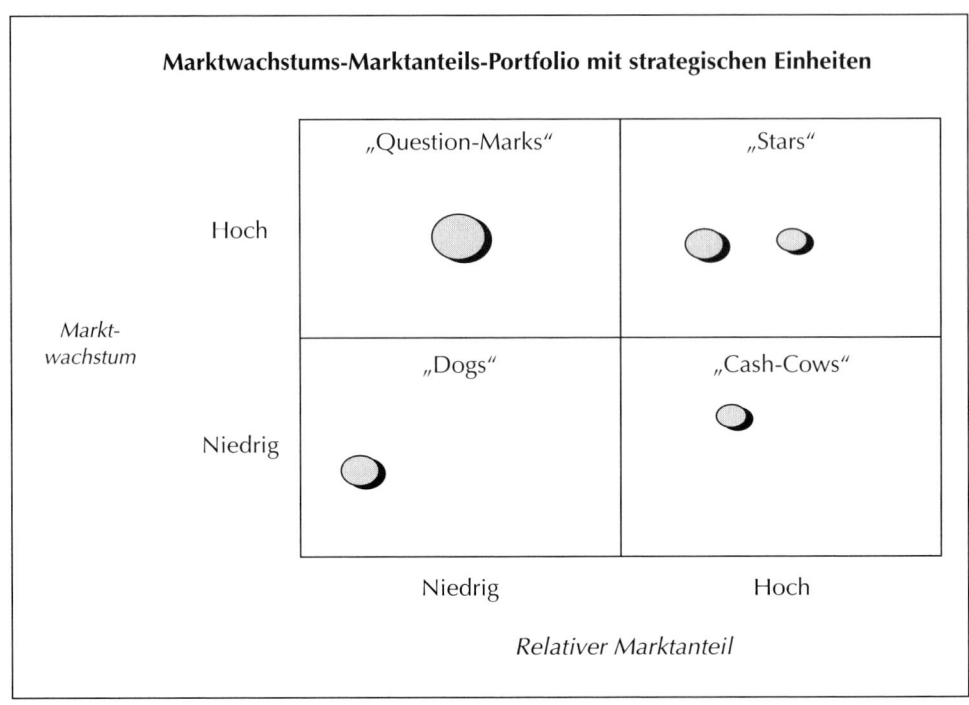

**Marktwachstums-Marktanteils-Portfolio mit strategischen Einheiten**

"Question-Marks"    "Stars"

Hoch

Markt-
wachstum

"Dogs"    "Cash-Cows"

Niedrig

Niedrig    Hoch

*Relativer Marktanteil*

**Abb.: 2.49: Marktwachstums-Marktanteile-Portfolio**
**Quelle:      Institut für Gewerbezentren, Starnberg, Juli 1997**

Aufgrund der entsprechenden Positionierung in der Vier-Felder-Matrix werden den strategischen Geschäftseinheiten bzw. Produkten unterschiedliche *Normstrategien* bzw. strategische Stoßrichtungen empfohlen, die u.a. zu einem aus strategischer Sicht ausgewogenen Produktprogramm führen sollen (vgl. Abb. 2.49).

*Question-Marks*

Question-Marks verzeichnen einen geringen relativen Marktanteil bei gleichzeitig hohem allgemeinem Marktwachstum. Diese Situation trifft in der Regel für Nachwuchsprodukte bzw. neue Geschäftsfelder zu, wobei hier grundsätzlich entschieden werden muß, ob nachhaltige Erfolgsaussichten bestehen. Für den Aufbau sind erhebliche finanzielle Mittel einzuplanen. Als Normstrategie ist zwischen einer *Offensiv-* und *Defensivstrategie* zu wählen.

*Stars*

Mit einem hohen Marktanteil in einem Markt mit hohen Wachstumsraten erwirtschaften die Stars überdurchschnittliche Renditen und ermöglichen das

Unternehmenswachstum. Sie erfordern zur Sicherung bzw. weiteren Verbesserung ihrer Position allerdings hohe finanzielle Mittel (*Investitionsstrategie*). Mit einer Verlangsamung des Wachstums werden Stars zu Cash-Cows.

*Cash-Cows*

Cash-Cows befinden sich auf einem Markt mit allgemein niedrigem Wachstum bei einem gleichzeitigen hohen Marktanteil. Sie erwirtschaften einen hohen positiven Cash-flow und sichern den kurzfristigen Erfolg der Unternehmung, ohne daß erhebliche Investitionen erforderlich werden (*Abschöpfungsstrategie*). Cash-Cows finanzieren somit die anderen sich entwickelnden Geschäftseinheiten des Unternehmens.

*Poor Dogs*

Poor Dogs befinden sich in der Sättigungs- bzw. Degenerationsphase und erwirtschaften in der Regel keinen finanziellen Überschuß. Besteht keine Chance mehr, in ein anderes Feld vorzustoßen, sollten sie aus dem Portfolio eliminiert werden *(Desinvestitionsstrategie)*.

Neben der Übersichtlichkeit, leichten Kommunizierbarkeit und Operationalisierung erleichtert das Vier-Felder-Portfolio den Einstieg in das strategische Denken. Demgegenüber besteht insbesondere durch die Berücksichtigung von lediglich zwei Globalgrößen und die Vernachlässigung einer Vielzahl weiterer Erfolgsfaktoren eine starke Abstraktion zur Realität.

### 2.5.2.2 Marktattraktivitäts-Wettbewerbsvorteils-Portfolio

In Erweiterung des Marktwachstums-Marktanteils-Portfolio wurde von McKinsey in Gemeinschaftsarbeit mit General Electric das Marktattraktivitäts-Wettbewerbsvorteils-Portfolio (Neun-Felder-Portfolio) entwickelt.

Die zwei Dimensionen dieser Portfolio-Variante beinhalten jeweils ein Konglomerat unterschiedlicher Einflußgrößenbündel, wobei sowohl quantitative als auch qualitative Faktoren bzw. Variablen berücksichtigt werden können. Diese differenzierte und mehrdimensionale Geschäftsfeldanalyse ist insbesondere in Anbetracht der Komplexität und Vielschichtigkeit in der Immobilienwirtschaft erforderlich. Darüber hinaus bietet die Berücksichtigung mehrerer spezifischer Faktoren eine bessere Anpassung an die unternehmensbezogenen Besonderheiten (vgl. Meffert, H.: Marketing, 7. Auflage, 1993, S. 72 f.).

Bezieht sich die eine Achsendimension *(Wettbewerbsvorteile)* weitgehend auf Faktoren, die die Unternehmensleitung direkt beeinflussen kann, wird die zweite Dimension *(Marktattraktivität)* durch Faktoren bestimmt, die nicht bzw. nur indirekt durch die Unternehmensleitung beeinflußt werden können.

Die *Auswahl* der relevanten Einflußgrößen und die vorzunehmende *Gewichtung* stellt sich als Grundproblem dieses Portfolio-Ansatzes dar und hängt entscheidend von den individuellen Gegebenheiten und Präferenzen des Unternehmens bzw. Investors ab. Dabei können sich zwangsläufig falsche strategische Schlüsse ergeben, wenn Beurteilungskriterien mit erheblichem Einfluß auf die Stellung im Markt-/Wettbewerbsgefüge vergessen werden.

Als Anhaltspunkt zur Bestimmung der Marktattraktivität im Immobilienbereich können nachfolgend aufgeführte Faktoren differenziert werden. Der Faktorenkatalog ist allerdings nicht allgemeingültig, sondern muß von jedem Unternehmen individuell erarbeitet und angepaßt werden. *Einflußfaktoren der Marktattraktivität* sind die folgenden:

- *Ökonomische Rahmenbedingungen*
  - Wirtschaftsstruktur,
  - Zukunftsträchtigkeit und Bedeutung der örtlichen Wirtschaftskraft,
  - Wirtschaftsklima,
  - Brutto-Wertschöpfung (absolut, je Erwerbstätiger),
  - Brutto-Wertschöpfung, aufgeteilt in unterschiedliche Wirtschaftsbereiche,
  - Einschätzung der Arbeitsmarktlage (Arbeitsplatzangebot, Arbeitslosenquote, verfügbare Arbeitskräfte),
  - Erwerbsstruktur (Anzahl der Erwerbstätigen, Anzahl der sozialversicherungspflichtig Beschäftigten etc.),
  - Einkommenssituation (Netto-Einkommen der Haushalte, Sparquote, Pro-Kopf-Verschuldung, Kaufkraft, einzelhandelsrelevante Pro-Kopf-Ausgaben etc.),
  - Einzelhandelszentralität (Zentralitätsgrad und -entwicklung) etc.
- *Sozio-demographische Struktur*
  - Bevölkerungsbestand und dessen Entwicklung,
  - Bevölkerungsdichte,
  - Bevölkerungsstruktur (Altersstruktur, Geschlechtsstruktur etc.),
  - Haushaltsstruktur (Anzahl, Struktur und Entwicklung der Privathaushalte, durchschnittliche Haushaltsgröße etc.),
  - Sozialstruktur etc.

- *Politische und rechtliche Rahmenbedingungen*
  - Politische Stabilität,
  - Raumordnungspolitik/Bauleitplanung/Stadtentwicklungspolitik/Finanzpolitik etc.,
  - Genehmigungsverfahren,
  - Planungssicherheit,
  - Steuergesetze und deren Änderungen,
  - steuerliche Belastungen (Gewerbesteuer-/Grundsteuerhebesatz etc.),
  - rechtliche Bestimmungen (Baurecht, Mietrecht, Auflagen, Stellplatzrichtlinien etc.)
  - Unternehmensfreundlichkeit der kommunalen Verwaltung,
  - staatliche Fördermittel und Subventionen,
  - Umweltschutzauflagen (Ausgleichsabgaben für Grünflächen etc.)
  - kommunale Flächenausweisungen/Bodenpolitik etc.
- *Infrastruktur*
  - Stadt- und Zentrumsfunktion,
  - Zentralitätswirkung,
  - Mobilität der Bevölkerung (Pkw- und Kfz-Dichte, Pendlerverflechtungen),
  - städtebauliche Entwicklung,
  - Kommunikationsinfrastruktur,
  - soziale Infrastruktur (Schulen, Kindergärten, medizinische Versorgungseinrichtungen etc.),
  - Verkehrssituation (Anbindung an überregionales und regionales Verkehrsnetz, Flughafennähe etc.),
  - Ver- und Entsorgung (Energieversorgung, Energiekosten etc.)
  - Hochschulen und Forschungseinrichtungen (Technologiezentren, Studienplätze, Forschungsinstitute etc.),
  - Schulen und Ausbildungseinrichtungen etc.
- *Weiche Standortfaktoren*
  - Image der Stadt/Region,
  - Freizeit-, Erholungs- und Kulturangebot,
  - Wohnwert,
  - Umweltqualität ($SO_2$-Emissionen, $NO_x$-Emissionen etc.),
  - Landschafts- und Stadtästhetik,
  - City-Marketing.
- *Struktur und Entwicklung des Immobilienmarktes bzw. der relevanten Immobilienteilmärkte*
  - Marktgröße (Büroflächenbestand, Verkaufsflächenbestand etc.),
  - projektierte Flächen und Bauvolumen,

- Entwicklung der Bestände (Zugänge, Abgänge),
- Leerstände (Leerstandsquote, Leerstand in m²),
- Analyse der Teilmärkte nach Zustand, Lage und Austattung,
- Wettbewerbsintensität und -struktur,
- Markteintrittsbarrieren,
- Mieterpotential,
- Nutzeranforderungen (Objektgröße, Aufteilung, Standortpräferenzen, Ausstattung),
- Flächenbedarfsentwicklung der Nachfrager,
- Verhandlungsmacht der Abnehmer (Mieter, Käufer),
- Stabilität der Nachfrage,
- Konjunkturabhängigkeit,
- Wertzuwachserwartungen,
- Mieten und deren Entwicklung (Durchschnittsmieten / Spitzenmieten),
- Renditen und deren Entwicklung etc.
- *Ressourcenverfügbarkeit*
  - Baumarktentwicklung (Verhandlungsmacht der Bauunternehmen, Kapazitätsauslastung der Bauwirtschaft etc.),
  - Finanzierungsquellen (Zinslast, erforderliche Eigenkapitalquoten, Aufgeschlossenheit der Kreditinstitute, Verhandlungsmacht der Kreditgeber etc.),
  - Managementpotential, Qualifikation der Arbeitskräfte etc.

Die Position einer Immobilie bzw. einer strategischen Geschäftseinheit in einem räumlich und sachlich abgegrenzten Immobilienmarkt läßt sich durch den Vergleich der besten Konkurrenzimmobilie bzw. des stärksten Wettbewerbers ermitteln. Die relativen Wettbewerbsvorteile (Stärken) einer Immobilie bzw. einer strategischen Geschäftseinheit ergeben sich im wesentlichen aus den nachfolgend aufgeführten Beurteilungskriterien:

- *Grundstücksbeschaffenheit und Standortfaktoren*
  - Physische Grundstücksbeschaffenheit (Bodenart, Bodenpressung etc.),
  - Altlastensituation,
  - Immissionsbelastung (Lärm, Schmutz, Gase etc.),
  - Stand der Erschließung,
  - rechtliche Situation (Baurecht, Entwicklungszustand, Baulasten-Verzeichnis, Grundbuchinhalt, Auflagen etc.),
  - Lagequalität (Nähe zum Kaufkraftpotential, Standortfrequenz, Kopplungspotential, Einsehbarkeit etc.),

- Größe und Flächenzuschnitt des Grundstücks,
- Erreichbarkeit und Verkehrsanbindung,
- Erweiterungsmöglichkeiten,
- Image des Standortes etc.

- *Nutzungskonzeption*
  - Markt- und standortoptimales Nutzungskonzept,
  - Gesamtgröße des Objektes,
  - Flächenaufteilung (Relation der Verkehrsfläche zur Nutzfläche, Relation der vermietbaren Fläche zur gebauten Brutto-Geschoßfläche, Gebäudetiefen, Grundrisse, Deckenhöhen und Rastermaße etc.),
  - Funktionalität der Anlieferung und Entsorgung,
  - Kundenlauf,
  - Zahl, Größe und Bedeutung der Eingänge,
  - Relation der Kfz-Stellplätze zur Quadratmeter-Nutzfläche etc.

- *Mieter- und Mieter-Mix*
  - Branchen- und Mieter-Mix,
  - Image und Bekanntheitsgrad der Mieter,
  - Bonität/Seriosität der Mieter (Mietzahlungssicherheit),
  - Qualität der Mietverträge / Vertragsmanagement (Indexierung, Umsatzbeteiligung, Betreibungs- und Offenhaltungspflicht etc.),
  - Restlaufzeit der Mietverträge,
  - Sicherheitsleistungen/Mietgarantien etc.

- *Architektur und Ausstattung*
  - Attraktivität (Image, Bekanntheitsgrad),
  - Atmosphäre,
  - Funktionalität und Zweckmäßigkeit,
  - Lage- und Nutzungsadäquanz,
  - Güte der Bauausführung (Baustoffwahl, Konstruktion etc.),
  - Umweltverträglichkeit der verwendeten Materialien,
  - Kommunikations-, Sicherheits- und Haustechnik („intelligentes Gebäude") etc.

- *Immobilienmanagement*
  - Erfordernis eines eigenen Managements (sensible Immobilien),
  - Qualität des Managements (Facility-Management, Vermietmanagement, Kostenmanagement, Informationsmanagement, Marketing-Know-how etc.),
  - Vorhandensein und Qualität der Mieter-/Werbegemeinschaft,
  - Zielgruppenadäquanz der bestehenden bzw. geplanten Marketingkonzeption etc.

- *Kapitalintensität und Reinvestitionsdruck*

- Investitionsaufwand/Ressourcenbindung,
- Produktdynamik,
- Reinvestitionen aufgrund technischer Erosion (Instandhaltung, Instandhaltungsstau),
- Reinvestitionen aufgrund wirtschaftlicher Erosion (Marktdynamik, Veränderung des Verbraucher- bzw. Kundenverhaltens etc.).
- *Objektvolumen*
  - Marktanteil am Standort,
  - Marktanteil im Einzugsgebiet,
  - Marktanteil am Gesamtbestand.
- *Rentabilitäts- und Wirtschaftlichkeitsaspekte*
  - Bewirtschaftungskosten (Kosten der Straßenreinigung, der Versicherung, der Beleuchtung, der Energieversorgung, der Müllabfuhr, der Gartenpflege etc.),
  - Kosten des Managements/Kosten der Verwaltung,
  - Instandhaltungskosten,
  - Mietausfall,
  - Kostentransparenz,
  - Leerstand/Leerstandskosten,
  - Risiko,
  - Mieten (erzielbare Mieten/Entwicklung der Mieten),
  - Flächenproduktivitäten,
  - jährlicher Reinertrag,
  - Rendite (Umsatzrentabilität, Eigenkapitalrentabilität, Gesamtkapitalrentabilität etc.),
  - Cash-flow etc.
- *Wertsteigerungspotential und Flexibilität*
  - Langfristige Werthaltigkeit bzw. Wertsteigerung,
  - Entwicklungspotential (Aufstockung, Flächenumlegung etc.),
  - Flexibilität (inhärente Flexibilität der Nutzung sowie outside flexibility),
  - Drittverwendungsfähigkeit,
  - Fungibilität etc.

Nach der Auswahl der zu beurteilenden Faktoren müssen diese in bezug auf ihre jeweilige Bedeutung *gewichtet* werden. Dabei wird sich die Wertigkeit der einzelnen Kriterien an den Aufgaben und Rahmenbedingungen des spezifischen Unternehmens orientieren. Das heißt, für ein regional tätiges Immobilienunternehmen – wie etwa einen Bauträger – werden Kriterien, die sich in erster Linie auf den Makro-Standort beziehen, von untergeordneter Bedeutung sein, weil die Handlungsalternativen von vornherein begrenzt sind. Demgegenüber können für ein derartiges Unternehmen die jeweiligen Objektgrößen oder auch die Entwicklung des regionalen Teilmarktes aus Gründen der Wirtschaftlichkeit eine bedeutende Stellung einnehmen.

Zur anschließenden *Bewertung* der einzelnen Beurteilungskriterien kommt in der Praxis regelmäßig das Skalierungsverfahren zur Anwendung (vgl. Ebert: Handbuch Controlling, 2. Nachlieferung, 1991, S. 14). Hierzu ist allerdings eine eingehende Bestandsanalyse erforderlich. Die Bewertung der Beurteilungskriterien wird anhand einer Punkteskala von 0 bis 100 vorgenommen. Nach der Multiplikation der ermittelten Punktwerte mit den gewichteten Kriterien addiert man die Punktwerte zu einem Gesamtscore für die Bewertung der Marktattraktivität bzw. der relativen Wettbewerbsvorteile.

Die Positionierung der Immobilie erfolgt in der Neun-Felder-Matrix mit Hilfe von Kreisen, wobei sich der jeweilige Kreismittelpunkt aus dem Schnittpunkt der Achsenwerte ergibt. Der Umfang der Kreise, der beispielsweise durch den jeweiligen Verkehrswert, die Höhe der erzielten Umsätze oder Flächenproduktivitäten zu bestimmen ist, spiegelt die Bedeutung der einzelnen Immobilien im Gesamtbestand wider.

Die Diagonale durch das Neun-Felder-Portfolio teilt die strategischen Einheiten zwei grundsätzlichen Risikobereichen zu. Dabei können die Immobilien bzw. strategischen Geschäftseinheiten rechts oberhalb der Linie tendenziell positiv, die Einheiten links unterhalb als tendenziell gefährdet eingestuft werden.

Für jede strategische Einheit ist in diesem Zusammenhang auch die voraussichtliche weitere Entwicklung unter der Prämisse einer Beibehaltung der gegenwärtigen Strategien zu projizieren. Erforderlich sind hierbei u.a. Prognosen über die Einflüsse der Wettbewerber, Veränderungen der Wettbewerbsstrukturen, ökonomische Entwicklungen, Veränderungen im Konsumentenverhalten (Erlebnisorientierung, Individualisierung, Selbstverwirklichung etc.), neue Arbeitsformen (Telearbeit) und eine Veränderung in den Anforderungen der Nutzer (z.B. „intelligente Gebäude"). Siehe dazu Abb. 2.50.

Wie aufgezeigt wurde, beinhalten die Auswahl, Gewichtung und Bewertung der unterschiedlichen Einflußgrößen bzw. Faktoren ein sehr umfassendes und komplexes Aufgabenspektrum. Eine Basis zur Bewältigung dieses Kataloges ist die Bildung eines interdisziplinären Strategieteams, das sich aus Fachleuten der jeweiligen Geschäftseinheiten, dem Immobilien- bzw. Cen-

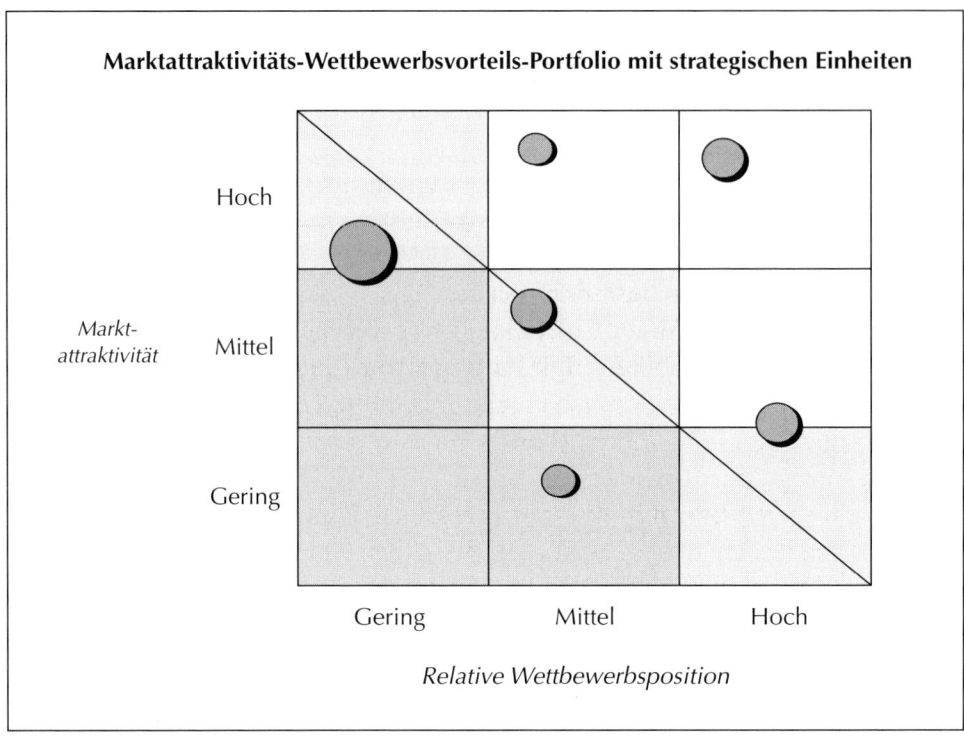

**Marktattraktivitäts-Wettbewerbsvorteils-Portfolio mit strategischen Einheiten**

*Markt-attraktivität*

Hoch

Mittel

Gering

Gering    Mittel    Hoch

*Relative Wettbewerbsposition*

**Abb. 2.50: Marktattraktivitäts-Wettbewerbsvorteils-Portfolio**
**Quelle:     Institut für Gewerbezentren, Starnberg, Juli 1997**

ter-Management, aber auch aus externen Beratern (Architekten, Marktforschern, Marketingexperten etc.) rekrutieren kann.

*Strategieentwicklung*

Neben der Analyse der verschiedenen Immobilien und strategischen Geschäftseinheiten dient das Portfolio-Konzept der Entwicklung geeigneter Strategien, um die gesetzten Unternehmensziele zu erreichen. Dabei unterscheidet man mit den *Unternehmensstrategien* und den *Potentialstrategien* zwei grundlegende Formen.

*Unternehmensstrategien*

Im Rahmen der Unternehmensstrategien ist vorrangig die integrative Steuerung des gesamten Unternehmens (vgl. Müller-Stewens: Portfolio-Analysen, S. 2042 ff., in: Tietz, B. u.a. [Hrsg.]: Handwörterbuch des Marketing, 2. Auflage, 1995) von Bedeutung. Neben den Fragen, welche strategischen Geschäftseinheiten expandieren, welche gehalten und welche schrumpfen sollten, definieren die Unternehmensstrategien die zukünftigen Märkte und Marktsegmente des Unternehmens.

*Potentialstrategien*

Die Potentialstrategien beziehen sich demgegenüber auf der Ebene der strategischen Geschäftseinheiten auf mehr oder weniger große Subsysteme der Unternehmung (Immobilien). Die strategischen Geschäftseinheiten sind dabei mit dem Ziel einer zukünftig ausgewogenen Struktur der Produkte zu entwickeln. Als mögliches Kriterium kann hierbei z.B. der Cash-flow herangezogen werden, wobei den cash-verzehrenden Immobilien (Projektentwicklung, Revitalisierung, Markteinführung) in ausreichendem Maße casherzeugende Immobilien (z.B. am Markt eingeführte, langfristig vermietete Immobilienprodukte) gegenüberstehen müssen. Neben den übergeordneten Zielen des Unternehmens sind im Rahmen der Strategiefindung stets die spezifischen Gegebenheiten und Rahmenbedingungen der Immobilie und die Bedürfnisse der Nutzer zu beachten.

Für die Strategiewahl können beim Neun-Felder-Portfolio drei grundsätzliche Bereiche unterschieden werden. So sind die starken Immobilien bzw. strategischen Einheiten in den drei Feldern oben rechts angesiedelt und durch das Unternehmen in erster Linie über *Investitions- und Wachstumsstrategien* zu unterstützen. Die drei Felder, die sich auf der Diagonalen von links oben nach rechts unten erstrecken, sind demgegenüber von mittelmäßiger Attraktivität gekennzeichnet und erfordern daher ein selektives Vorgehen, wobei sich mit den *Offensiv-, Defensiv-* und den *Übergangsstrategien* die drei möglichen Stoßrichtungen unterscheiden lassen. Für die weniger attraktiven strategischen Einheiten, die links unten angeordnet sind, empfiehlt sich demgegenüber die Entwicklung von *Abschöpfungs-* oder *Desinvestitionsstrategien* (vgl. Hinterhuber, H.: Strategische Unternehmungsführung, 6. Auflage, 1996, S. 163 ff.). Siehe dazu Abb. 2.51.

Zur Bestimmung der spezifischen Stoßrichtungen für die einzelnen strategischen Einheiten bietet sich darüber hinaus die Aufstellung eines *Ziel-Portfolios* an, wobei sich die jeweiligen Strategien aus der Überwindung der Ist-Soll-Distanz ableiten lassen.

## Normstrategien und allgemeine Handlungsempfehlungen

| Normstrategie | Situation | Allgemeine Handlungsempfehlung | Mögliche Umsetzung durch konkrete Maßnahmen |
|---|---|---|---|
| **Investitions- und Wachstumsstrategien** | Marktattraktivität und relative Wettbewerbsposition hoch | Position verteidigen/Sicherung und Ausbau der Wettbewerbsvorteile | Verstärkung der Marketingaktivitäten/quantitatives und qualitatives Flächenmanagement etc. |
| | Hohe Marktattraktivität, aber nur mittlere relative Wettbewerbsposition | Ausbau mit Investitionen | Anpassung der Nutzungskonzeption/Profilierung am Markt/Flächenerweiterung/Optimierung der Ausstattung etc. |
| | Mittlere Marktattraktivität, aber hohe Wettbewerbsposition | Selektiver Ausbau in attraktive Segmente | Anpassung der Nutzungskonzeption, des Mieter- bzw. Branchen-Mix sowie des Leistungsumfangs/Kostenmanagement etc. |
| **Selektive Strategien Offensivstrategien** | Hohe Marktattraktivität, aber nur schwache relative Wettbewerbspostition | Aufbau von Wettbewerbsvorteilen/Spezialisierung auf Stärken | Revitalisierung bzw. grundlegende Neuausrichtung/Flächenrecycling bzw. Desinvestition bei mangelnden Aussichten auf einen langfristigen Erfolg |
| **Übergangsstrategien** | Mittlere Marktattraktivität und mittlere relative Wettbewerbspostition | Verteidigung der erreichten Position/Konzentration auf gewinnträchtige Segmente | Anpassung der Nutzungskonzeption, quantitatives und qualitatives Flächenmanagement/Marketingaktivitäten etc. |
| **Defensivstrategien** | Geringe Marktattraktivität, aber gute relative Wettbewerbsposition | Wettbewerbsposition halten/Cash-flow maximieren | Optimierung des Objektmanagements/Ausschöpfung von Kostensenkungspotentialen (Facility-Management) etc. |
| **Abschöpfungs- oder Desinvestitionsstrategien** | Mittlere Attraktivität, aber nur schwache relative Wettbewerbsposition | Abschöpfung bzw. „risikoarme" Expansion/Minimierung der Investitionen | Anpassung der Nutzungskonzeption, Erschließung zukunftsträchtiger Nutzergruppen |
| | Geringe Marktattraktivität und mittlere Wettbewerbsposition | Verteidigung der rentabelsten Bereiche/Minimierung der Investitionen | Optimierung des Mieter-/Branchen-Mix in rentablen Nutzungssegmenten |
| | Marktattraktivität und Wettbewerbsposition | Kapitalfreisetzung durch Objektverkauf | Kapitalfreisetzung durch Objektverkauf (Realisierung von Wertsteigerungen) bzw. Flächenrecycling |

Abb. 2.51: Von der Normstrategie der Umsetzung

Quelle: Falk, B.: Immobilien-Handbuch, 23. Nachlieferung 8/1996, Landsberg/Lech

Eine weitere Hilfestellung bietet das *Portfolio-Benchmarking*. In Abhängigkeit von Struktur, Größe und Immobilienbestand kann sich hierbei durch den Vergleich, z.B. mit der Performance eines offenen Immobilienfonds, ein Anhaltspunkt über den eigenen Erfolg ableiten.

Sind die Strategien für ein Portfolio erstellt, sollten diese im Sinne einer langfristigen Betrachtung regelmäßig überprüft und den veränderten Rahmenbedingungen angepaßt werden. So können ertragsstarke Immobilien beispielsweise durch technische und wirtschaftliche Erosionserscheinungen ihre Marktbedeutung in sehr kurzer Zeit verlieren und eine nachhaltige Belastung der Ergebnisrechnung bewirken.

### 2.5.2.3 Darstellung eines hierarchischen Portfolio-Modells

Im Rahmen eines fiktiven Beispiels soll nachfolgend auf die wesentlichen Bausteine einer Portfolio-Analyse eingegangen werden. Hierzu wurde ein Immobilien-Portfolio, bestehend aus vier Immobilienobjekten, ausgewählt. Als Abgrenzung für die zu bildenden strategischen Geschäftseinheiten fungiert neben dem jeweiligen Ballungsraum die Nutzungsart der Immobilie (vgl. Abb. 2.52, Abb. 2.53 und Abb. 2.54).

# Immobilien-Portfolio
*– vier Beispiele –*

| | |
|---|---|
| *Objekt 1:* | *Einkaufszentrum* |
| Geschäftsfeld: | *Handelsimmobilie/Ballungsraum I* |
| Verkaufsfläche: | 16 000 m² |
| Verkehrswert: | 88 Mio. DM |
| Charakteristika: | Standort mit einer hohen Bevölkerungsdichte im primären und sekundären Einzugsgebiet und einer überdurchschnittlichen Pro-Kopf-Kaufkraft der Bevölkerung. Die Wettbewerbsintensität ist eher gering einzustufen. |
| | Das Einkaufszentrum präsentiert sich in einer veralteten Nutzungskonzeption und mit einem unattraktiven Mieterbesatz. Als Einkaufszentrum der *zweiten Generation* entsprechen die Architektur und die Ausstattung nicht mehr den heutigen Anforderungen. Der Mikro-Standort ist demgegenüber durch eine sehr gute Einsehbarkeit gekennzeichnet. |

| | |
|---|---|
| *Objekt 2:* | *Einkaufspassage/-Galerie* |
| Geschäftsfeld: | *Handelsimmobilie/Ballungsraum II* |
| Verkaufsfläche: | 7 800 m² |
| Verkehrswert: | 69 Mio. DM |
| Charakteristika: | Standort mit positiven wirtschaftlichen Rahmenbedingungen und einem überdurchschnittlichen Bevölkerungswachstum. Darüber hinaus bestehen eine hohe Zentralitätswirkung und ein sehr gutes Verkehrsnetz. |
| | Der Mikro-Standort der Passage/Galerie ist optimal in das Gesamtgefüge der Innenstadt eingebunden (Zwangslauf). Das Kaufkraftpotential und die Fußgängerfrequenzen des Standortes können durch den Mieter- und Branchen-Mix sehr gut gebunden werden, was auch durch besonders hohe Flächenproduktivitäten zum Ausdruck kommt. |

| *Objekt 3:* | *Multiplex-Kino* |
|---|---|
| Geschäftsfeld: | *Freizeitimmobilie/Ballungsraum II* |
| Verkehrswert: | 52 Mio. DM |
| Charakteristika: | Standort mit einer sehr guten überregionalen Verkehrsanbindung und Erreichbarkeit und einem hohen Freizeitwert. Demgegenüber bestehen eine unterdurchschnittliche Pro-Kopf-Kaufkraft und eine zunehmende Wettbewerbsintensität. |
| | Der Mikro-Standort ist durch ein ausreichendes Kfz-Stellplatzvolumen und eine sehr gute Einsehbarkeit gekennzeichnet. Darüber hinaus existieren Erweiterungsmöglichkeiten im unmittelbaren Umfeld des Kinos. Bedingt durch eine zunehmende Marktdynamik besteht allerdings ein erheblicher Reinvestitionsdruck. |

| *Objekt 4:* | *Freizeitbad* |
|---|---|
| Geschäftsfeld: | *Freizeitimmobilie / Ballungsraum II* |
| Verkehrswert: | 34 Mio. DM |
| Charakteristika: | Standort mit einer hohen Arbeitslosenquote, geringer Pro-Kopf-Kaufkraft und einer starken Konkurrenz durch neuere Freizeit- und Erlebnisbäder im Marktgebiet. |
| | Das Freizeitbad präsentiert sich in einer veralteten Konzeption und einer unattraktiven Architektur und Ausstattung. Darüber hinaus ist das Freizeitbad durch einen erheblichen Instandhaltungsstau und eine geringe Flexibilität und Drittverwendungsfähigkeit gekennzeichnet. Management und Marketing sind als unprofessionell einzustufen. Den sinkenden Besucherzahlen und -erträgen steht eine vergleichsweise hohe Kostenbelastung gegenüber. |

**Abb. 2.52: Immobilien-Portfolio: vier Beispiele**
**Quelle:       Institut für Gewerbezentren, Starnberg Juli 1997**

# Gewichtung innerhalb des Portfolios

| Bestimmung der Portfolio-Position | Gewichtung | Objekt 1: Einkaufszentrum | | Objekt 2: Einkaufspassage/-Galerie | | Objekt 3: Multiplex-Kino | | Objekt 4: Freizeitbad | |
|---|---|---|---|---|---|---|---|---|---|
| | | Bewertung | Ergebnis | Bewertung | Ergebnis | Bewertung | Ergebnis | Bewertung | Ergebnis |
| **Hauptkriterien der Marktattraktivität** | | | | | | | | | |
| Ökonomische Rahmenbedingungen | 20 % | 80 | 16 | 90 | 18 | 55 | 11 | 40 | 8 |
| Sozio-demographische Struktur | 15 % | 90 | 13,5 | 90 | 13,5 | 60 | 9 | 50 | 7,5 |
| Politische und rechtliche Rahmenbedingungen | 10 % | 70 | 7 | 70 | 7 | 50 | 5 | 40 | 4 |
| Infrastruktur | 10 % | 80 | 8 | 90 | 9 | 90 | 9 | 65 | 6,5 |
| Weiche Standortfaktoren | 5 % | 70 | 3,5 | 80 | 4 | 80 | 4 | 70 | 3,5 |
| Struktur und Entwicklung des Immobilienteilmarktes | 35 % | 80 | 28 | 80 | 28 | 50 | 17,5 | 20 | 7 |
| Ressourcenverfügbarkeit | 5 % | 80 | 4 | 90 | 4,5 | 70 | 3,5 | 70 | 3,5 |
| Gesamt | 100 % | | 80 | | 84 | | 59 | | 40 |
| **Hauptkriterien der relativen Wettbewerbsposition** | | | | | | | | | |
| Grundstücksbeschaffenheit und Standortfaktor | 15 % | 70 | 10,5 | 90 | 13,5 | 90 | 13,5 | 50 | 7,5 |
| Nutzungskonzeption | 20 % | 30 | 6 | 80 | 16 | 90 | 18 | 20 | 4 |
| Branchen- und Mieter-Mix | 15 % | 30 | 4,5 | 90 | 13,5 | 90 | 13,5 | 10 | 1,5 |
| Architektur und Ausstattung | 5 % | 20 | 1 | 90 | 4,5 | 70 | 3,5 | 20 | 1 |
| Management | 10 % | 20 | 2 | 80 | 8 | 90 | 9 | 10 | 1 |
| Kapitalintensität und Reinvestitionsdruck | 5 % | 50 | 2,5 | 70 | 3,5 | 40 | 2 | 40 | 2 |
| Objektvolumen | 5 % | 70 | 3,5 | 60 | 3 | 50 | 2,5 | 30 | 1,5 |
| Rentabilitäts- und Wirtschaftlichkeitsaspekte | 15 % | 40 | 6 | 90 | 13,5 | 80 | 12 | 10 | 1,5 |
| Wertsteigerungspotential und Flexibilität | 10 % | 50 | 5 | 85 | 8,5 | 50 | 5 | 30 | 3 |
| Gesamt | 100 % | | 41 | | 84 | | 79 | | 23 |

**Abb. 2.53: Portfoliogewichtung**

**Quelle:** Institut für Gewerbezentren, Starnberg Juli 1997

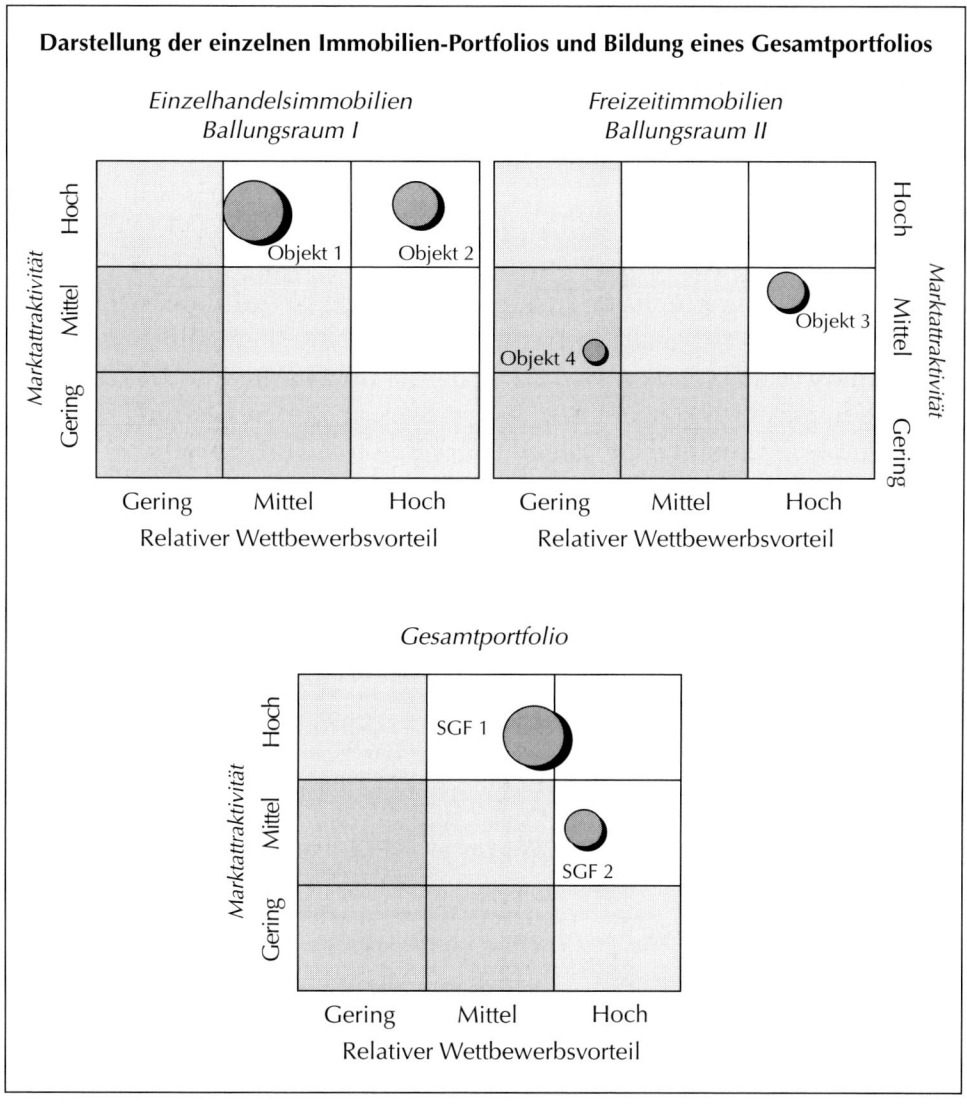

**Abb. 2.54: Einzel- und Gesamtportfolios**
**Quelle:** In Anlehnung an Bone-Winkel, S.: Das strategische Management von Offenen Immobilienfonds, Oestrich-Winkel, Diss. 1994

Nach der Bewertung der Immobilien erfolgt deren Positionierung in den entsprechenden Geschäftsfeld-Portfolios, wobei die Größe der Kreise im dargestellten Beispiel den Verkehrswerten der jeweiligen Immobilien entspricht. Mit den Einzelhandelsimmobilien im Ballungsraum I und den Freizeitimmobilien im Ballungsraum II können hierbei zwei Geschäftsfeld-Portfolios gebildet werden.

Durch die anschließende Aggregation der zwei Geschäftsfeld-Portfolios erhält man ein Gesamtportfolio, wobei sich die strategischen Geschäftseinheiten aus den jeweiligen Geschäftsfeld-Portfolios zusammensetzen. So ergibt sich beispielsweise die strategische Geschäftseinheit 1 (*SGF 1*) durch die Aggregation der beiden Einzelhandelsimmobilien des ersten Geschäftsfeld-Portfolios.

Der Kreisumfang der strategischen Geschäftseinheiten kennzeichnet den Verkehrswert der in den jeweiligen Geschäftsfeld-Portfolios befindlichen Immobilien im Verhältnis zum Gesamtimmobilienbestand. In unserem Beispiel beläuft sich der Verkehrswert der Immobilien im Geschäftsfeld-Portfolio 1 auf insgesamt 157 Millionen DM, was einem Anteil von rund 64,6 Prozent am Gesamtimmobilienbestand (243 Millionen DM) entspricht.

Die Position der strategischen Geschäftseinheiten wird durch die Ermittlung eines Gesamtpunktwertes für die beiden Dimensionen Marktattraktivität und relative Wettbewerbsposition bestimmt. Hierzu werden im dazugehörigen Geschäftsfeld-Portfolio von jeder Immobilie die Punktwerte der beiden Dimensionen entsprechend dem Verkehrswert gewichtet.

Aus der Positionierung der Immobilienobjekte lassen sich nunmehr die Normstrategien und allgemeinen Handlungsempfehlungen ableiten, wobei natürlich die situativen Gegebenheiten und Rahmenbedingungen des jeweiligen Objekts zu berücksichtigen sind.

*Einkaufszentrum (Objekt 1)*

Die gegenwärtige Situation des Einkaufszentrums ist durch eine hohe Marktattraktivität und eine mittlere Wettbewerbsposition gekennzeichnet. Die sich hieraus ableitenden *Investitions- und Wachstumsstrategien* lassen sich beispielsweise durch nachfolgend aufgeführte Handlungsempfehlungen und konkrete Maßnahmen durchsetzen:

• Profilierung gegenüber den Wettbewerbern im Marktgebiet,
• Anpassung der Nutzungskonzeption an die veränderten Marktverhältnisse,
• Expansionsmanagement durch die Angliederung neuer Bauteile bzw. einer intensiveren Nutzung der bestehenden Flächen (Flächenmanagement),
• Aufwertung der Aufenthalts- und Einkaufsqualität durch z.B. Tageslicht, Begrünung, Entertainment, Gastronomie, Service etc.,

- Ausnutzung von Synergieeffekten durch einen optimalen, an den Kundenwünschen ausgerichteten Mieter- und Branchen-Mix,
- Vermietung an neue attraktive Mieter mit einer hohen Magnetwirkung,
- Optimierung des Kundenlaufes,
- Entwicklung einer eigenen Corporate Identity etc.

*Einkaufspassage oder -galerie (Objekt 2)*

Auch für die Passage, die von einer hohen Marktattraktivität und relativen Wettbewerbsposition gekennzeichnet ist, ergeben sich grundsätzlich *Investitions- und Wachstumsstrategien*. Mit dem Ziel, die bestehenden Wettbewerbsvorteile (Stärken) der Passage auszubauen, sind hierbei u.a. folgende Maßnahmen vorstellbar:

- Profilierung durch Marketingaktivitäten (Aktionen, PR-Aktivitäten, Veranstaltungen etc.),
- Expansionsmanagement (z.B. Angliederung neuer Bauteile),
- Flächenmanagement (Verbesserung der Flächennutzung durch z.B. Vermietung von Verkehrs- und Wandflächen),
- Erhöhung der Aufenthaltsqualität (Design, Begrünung, Gastronomie, Entertainment),
- Suche nach zusätzlichen Frequenzbringern (z.B. Magnetmieter im Untergeschoß) etc.

*Multiplex-Kino (Objekt 3)*

Das Multiplex-Kino besitzt eine hohe relative Wettbewerbsposition. Der Markt weist demgegenüber nur eine mittlere Attraktivität aus. Als allgemeine Handlungsempfehlung kann in dieser Situation der selektive Ausbau in attraktive Segmente angebracht sein (*Investitions- und Wachstumsstrategien*). Angesichts eines zunehmenden Wettbewerbs ist zudem auf eine Profilierung und Kundenbindung zu achten. Zu den möglichen Maßnahmen zählen z.B.:

- Suche nach Zusatzeinrichtungen in zukunftsweisenden Bereichen (Virtual Reality, IMAX-Ridefilm, 3-D-Kinos, filmbezogene Videospiele, Erlebnis-/Themengastronomie etc.),
- Erschließung zunkunftsträchtiger Zielgruppen auf der Grundlage eingehender Kundenanalysen (Kundenbefragung),
- Anpassung an neue Kundenwünsche und eine geänderte Technik (z.B. Projektions- und Tontechnik),

- Installation von Monitorwänden für Werbung und Information,
- Profilierung durch ein gezieltes Image- und Qualitätsmanagement,
- Verstärkung der Marketing- und PR-Aktivitäten (Kunden-, Kinozeitschriften, Events, Ausstellungen, Konzerte, Podiumsdiskussionen, Filmfestivals etc.),
- Berücksichtigung einer hohen Flexibilität und Drittverwendungsfähigkeit,
- Senkung der Bewirtschaftungskosten (Kosten- und Energiemanagement) unter Wahrung der Nutzungs- und Erlebnisqualität etc.

*Freizeitbad (Objekt 4)*

Das Freizeitbad ist durch eine geringe relative Wettbewerbsposition und eine mittlere Marktattraktivität gekennzeichnet. Aufgrund dieser Positionierung ergeben sich grundsätzlich *Abschöpfungs- bzw. Desinvestitionsstrategien.* Die eher negative Marktattraktivität und insbesondere der starke Wettbewerb erfordern eine grundlegende Markt- und Wettbewerbsanalyse.

Können aufgrund einer derartigen Basisanalyse keine nachhaltigen Erfolgschancen für ein Freizeitbad ausgemacht werden, sollte ein Objektverkauf in Erwägung gezogen werden. Dabei sollte man allerdings beachten, daß ein zu langes Abschöpfen des Cash-flow in der Regel mit einer Beeinträchtigung der Fungibilität des Objekts erkauft wird.

Ergeben sich aus der Standortanalyse alternative Nutzungsmöglichkeiten, könnte sich mit einer Flächenumnutzung bzw. einem Flächenrecycling eine interessante Alternative bieten.

Entschließt man sich für eine vorübergehende Abschöpfungsstrategie, sind u.a. die erheblichen Kostenbelastungen (Energiekosten/Bewirtschaftungskosten) durch ein umfangreiches Kostenmanagement nachhaltig zu reduzieren.

### 2.5.2.4 Anmerkungen zur Portfolio-Analyse

Der wesentliche Vorteil des Portfolio-Modells besteht in seiner Anschaulichkeit, Transparenz und ganzheitlichen Betrachtung komplexer Sachverhalte (vgl. Coenenberg/Baum: Strategisches Controlling, Band 12, 1992, S. 89 f.). So erfordern gerade die Informationsflut und die Wechselwirkung zwischen Unternehmen, Wettbewerbern, Kunden und Umwelt ein Instrumentarium, das eine möglichst präzise Beurteilung der Anlagen hinsichtlich ihrer gegenwärtigen Marktstellung und ihrer Entwicklungsmöglichkeiten zuläßt.

Darüber hinaus erhöht die Anschaulichkeit den Kommunikationswert und ermöglicht so eine Diskussionsgrundlage und einen einheitlichen Bezugsrahmen. Die Analyse und Visualisierung der Ausgangssituation ermöglichen zudem eine erste Orientierung und erlauben so eine Konzentration auf die wesentlichen Fragen und Problembereiche.

Zudem sollte man sich bei der Anwendung der Portfolio-Methoden der bestehenden Einschränkungen und Nachteile bewußt sein. So besteht bei der Zugrundelegung einer nur noch schwer handhabbaren Menge von Beurteilungskriterien die Gefahr, daß die wirklich erfolgsbestimmenden Kriterien nicht entsprechend ihrer Bedeutung am Markt berücksichtigt werden (vgl. Nieschlag/Dichtl/Hörschgen: Marketing, 16. Auflage, 1991, S. 883). Darüber hinaus werden die Auswahl, die Gewichtung und auch die anschließende Bewertung der einzelnen Einfluß- und Beurteilungskriterien sehr stark von den subjektiven Beurteilungen der am Planungsprozeß Beteiligten beeinflußt. Oft sind aber auch Wirkungszusammenhänge zwischen den einzelnen Beurteilungskriterien nicht oder nicht ausreichend bekannt.

Als weitere Einschränkungen müssen auch die Schwierigkeiten der Definition und eindeutigen Abgrenzung der strategischen Geschäftseinheiten angesehen werden. Zudem bleiben die in der Realität vorhandenen synergetischen Wechselwirkungen und Interdependenzen zwischen den einzelnen Geschäftseinheiten unberücksichtigt (vgl. Kotler/Bliemel: Marketing-Management, 8. Auflage, 1995, S. 106).

Ein weiterer Nachteil ergibt sich durch die eingeschränkte Berücksichtigung der Wettbewerbssituation. So fehlt durch die Beurteilung des eigenen Unternehmens im Verhältnis zum stärksten Wettbewerber die Berücksichtigung neu hinzukommender Wettbewerber oder eine völlige Veränderung der bestehenden Wettbewerbssituation.

Eine weitere Gefahr liegt in der Überbewertung der Normstrategien. So ist die zweidimensionale Darstellung komplexer Sachverhalte zur Ableitung vollständiger Strategieformulierungen als nicht vollständig zu bezeichnen.

Trotz der Unzulänglichkeiten kann die Portfolio-Analyse als ein wichtiges strategisches Planungsinstrument bezeichnet werden, mit dessen Hilfe die

Immobilienaktivitäten analysiert, strukturiert und visualisiert werden können. Unter Beachtung der Einschränkungen und Nachteile bietet die Portfolio-Analyse im Verbund mit anderen strategischen Instrumenten allerdings die Chance, die Entwicklung des Portfolios nicht dem Zufall zu überlassen, sondern gezielt und strategisch darauf Einfluß zu nehmen.

# 3. Produktpolitik

## 3.1 Grundlagen

Die Produktpolitik kann als sehr dominanter, wenn nicht gar als wichtigster Bestandteil der Marketinganstrengungen eines Immobilienunternehmens angesehen werden. Das Produkt selbst füllt doch erst die Aussagen der anderen marketingpolitischen Instrumente wie der Werbe- und Kommunikationspolitik, der Öffentlichkeitsarbeit, der Imagepolitik oder der Preispolitik mit dem nötigen, faßbaren Inhalt. Die Immobilienprodukte sind die Grundlage aller marketing-orientierten Aktivitäten. Die Auswahl der einzelnen Produkte wirkt sich zwangsläufig auf die Art der Distribution, die Absatzpromotionen, die Werbeaussagen sowie die anderen bedeutenden Aspekte des Marketing-Mix aus. „Die Produktpolitik ist eine Variable, die die Marktposition des Unternehmens direkt mitbestimmt." (Vgl. Kotler/Bliemel: Marketing-Management, 8. Auflage, 1995)

Unternehmensentscheidungen bezüglich der anzubietenden oder auch zu eliminierenden Produkte tangieren unmittelbar die spezifischen Zielgruppen für das jeweilige Produkt mit allen entsprechenden positiven oder negativen Konsequenzen für das Unternehmen. Die Aufnahme neuer Produkte verbreitert oftmals die Basis der potentiellen Zielgruppen, verringert aber auch die Abhängigkeit des Unternehmens von einzelnen Marktsegmenten und dient darüber hinaus auch einer besseren Kapazitätsauslastung. Modifikationen an Produkten werden häufig vorgenommen, um etwa aus der Marktforschung bekanntgewordenen Kundenwünschen besser zu entsprechen.

Betrachtet man eine fertiggestellte Immobilie oder auch ein unbebautes Grundstück, so erscheint der Begriff des Produktes sehr einfach. Tatsächlich ist die Immobilie zwar ein physisch faßbares Produkt, welches aber mit zahlreichen – nicht sichtbaren – Dienstleistungen wie Planung, Gestaltung, Funktionalität, Finanzierung etc. in einer engen Verbindung steht.

## 3.2 Begriffliche Definitionen

Relativ weit gefaßt und allgemein gehalten beinhaltet die Produktpolitik nach Meffert (vgl. Meffert, H.: Marketing, 7. Auflage, 1993) „alle Entscheidungstatbestände, welche sich auf die marktgerechte Gestaltung des Leistungsprogramms eines Unternehmens beziehen".

In Anlehnung an Gutenberg zählt Nieschlag darüber hinaus zur Produktpolitik „alle Entscheidungen, die in unmittelbarem Zusammenhang mit dem Produkt getroffen werden; sie umfaßt die Entwicklung neuer Erzeugnisse, die Verbesserung – zuweilen sogar Verschlechterung – vorhandener Erzeugnisse und in Verbindung damit deren zweckmäßige und attraktive Gestaltung" (vgl. Nieschlag/Dichtl/Hörschgen: Marketing, 16. Auflage, 1991, S. 155). Geml versteht unter Produkt alles, was auf einem Markt als Objekt angeboten wird, wobei der Begriff konkrete Gegenstände ebenso umfaßt wie Dienstleistungen, Ideen oder Organisation (vgl. Geisbüsch, H.-G./Geml, R./Lauer, H.: Marketing, 2. Auflage, 1991, S. 203 ff.). Zur Produktpolitik zählen auch die Produktzusammenstellung, die Gestaltung der Produkte, Service- und Garantieleistungen und sonstige Dienstleistungen. Aus diesem Grunde findet man in der Literatur häufiger die Begriffserweiterung von Produktpolitik hin zur Sortiments- oder die Leistungspolitik.

Welche Kriterien bei der Produktpolitik besonders zu berücksichtigen sind, hängt von der Art der Güter ab. Insofern kann dieses Instrument in der Immobilienwirtschaft nicht mit denjenigen von Massengebrauchs- oder Massenverbrauchsgütern vergleichbar sein. Versteht man Immobilien allerdings als langlebige Investitions- oder Gebrauchsgüter, so sind sie zumindest teilweise mit anderen Investitionsgütern vergleichbar. Der Unterschied zwischen dem Produkt „Immobilie" und anderen Investitionsgütern liegt vor allem in seiner Langlebigkeit, aber auch darin, daß der Bodenanteil der Immobilie keiner Abnutzung unterliegt, sieht man einmal von dem selteneren Fall der Ausbeutung von Grundstücken ab (Kiesgrube, Kohleabbau). Es handelt sich fast ausschließlich um keine Massenprodukte, sondern um Individualprodukte, welche teils für anonyme Märkte, häufig aber auch für bereits bekannte Nutzer oder Eigentümer erstellt werden. In der Regel sind die Produkte beratungsintensiv und somit unter die problemvollen Güter des Marktes einzureihen. Produktimmanent sind erklärungsbedüftige Randgebiete, die beispielsweise Fragen der Finanzierung oder steuerliche Aspekte berühren. Besonderheiten des Produkts „Immobilien" sind die hiermit erzielbaren vielfältigen steuerlichen Vergünstigungen, welche teilweise das Produkt selbst in den Hintergrund treten lassen (z.B. Fördergebietsgesetz).

Im allgemeinen verfügen die Unternehmen der Immobilienwirtschaft über ein relativ schmales Produktspektrum; man könnte auch den Begriff des „schmalen Sortiments" verwenden. Jede Produktart erfordert spezielles Know-how, so daß sehr häufig Spezialisten am Markt auftreten, die das jeweilige Segment oder das einzelne Produkt (oder auch die Dienstleistung) anbieten.

Da diese Art von Produkten vergleichsweise begrenzt sind, erscheint es sinnvoll, sie in diesem Kapitel zu charakterisieren. Dies ist auch unter dem Aspekt der Verbesserung der Markttransparenz im Immobilienbereich von Bedeutung. Ferner hat die Entwicklung in den vergangenen 30 Jahren gezeigt, daß die Unternehmen immer dann eine Erweiterung ihrer speziellen Produktpalette realisieren, wenn der eigene Teilbereich (z.B. Wohnungsbau, Gewerbebau oder öffentlicher Bau) sich in einer zyklischen Abschwungphase befand. So wandten sich beispielsweise Mitte bis Ende der achtziger Jahre zahlreiche Wohnungsbauunternehmen den Gewerbeimmobilien zu, während der Wohnimmobilienboom Anfang der neunziger Jahre zahlreiche Gewerbeimmobilien-Spezialisten zum Einsteigen in diesem Sektor veranlaßte.

## 3.3  Ziele und Strategien der Produktpolitik

Erstes Ziel der Produktpolitik des Immobilienunternehmens wird es zunächst sein, in Übereinstimmung mit den Gesamt-Unternehmenszielen die langfristige Etablierung des Unternehmens am Markt zu sichern. Die Produktpolitik ist in ganz wesentlichem Maße Garant für den dauerhaften Absatzerfolg, das Wachstum und die Sicherung des Unternehmens (vgl. auch Nieschlag: Marketing, 16. Auflage, 1991, S. 143 ff.). Ein hoher Spezialisierungsgrad mit der Fixierung auf bestimmte Produkte des Immobilienangebotes ermöglicht ein Abheben von den Wettbewerbern. „Gemischtwarenanbieter", das heißt solche, die ein sehr breites Spektrum von Produkten und/oder Dienstleistungen anbieten, sind vergleichsweise selten. Wie in anderen Bereichen der Wirtschaft wird versucht, durch Erlangung einer Monopolstellung auf dem jeweiligen Spezialgebiet eine Gewinnmaximierung des Unternehmens anzustreben. Mittels der Profilierung durch die Produkte ist die Strategie häufig dahin gerichtet, einem direkten Preiswettbewerb mit anderen Anbietern auszuweichen. In der Regel geschieht dies durch die Herausstellung bestimmter Produkteigenschaften, wie etwa die bessere Lage, das Konzept, die individuelle Architektur, oder den Verkauf von Gesamtpaketen, die neben dem physischen Produkt auch eine Reihe von Dienstleistungen umfassen.

Erleichtert wird die Abgrenzung vom Wettbewerber dadurch, daß Immobilien praktisch nie absolut mit anderen identisch sind. Eine Vergleichbarkeit mit Konkurrenzobjekten ist aber beispielsweise bei der Verwendung von Baumaterialien oder der Wahl von Ausstattungsstandards gegeben. Aus diesem Grund unterzieht man die Produkte einer permanenten, auch innovativen, Produktverbesserung, gegebenenfalls zudem einer gezielten Produktverschlechterung (z.B. im Rahmen des kostensparenden Bauens). Von Zeit zu Zeit erzwingt die Festlegung neuer Normen oder Bauvorschriften eine Veränderung der Produktqualität.

Eine wesentliche strategische Überlegung im Rahmen der Produktpolitik ergibt sich aus der Begrenzung der Größenordnungen angebotener Objekte oder Projekte im Rahmen der Risikobegrenzung. Aufgrund der mit den hohen Herstellungskosten verbundenen Risiken sind die Volumina der Produkte den Möglichkeiten des Unternehmens anzupassen, wobei eine strategische Variante das Eingehen von Produktpartnerschaften vorsehen kann. Eine weitere strategische Überlegung ergibt sich aus der Frage, wie auf Nachfrageänderungen (z.B. Rückgang der Wohnungsnachfrage) mit einer Anpassung der Produktpolitik (Anbieten von Gewerbeflächen) reagiert werden kann. Wurde nicht im Rahmen der strategischen Produktplanung ein derartiges Umschwenken der Produktpolitik vorgesehen, erweist sich die Ausweitung des Produktangebots im konkreten Fall als problematisch.

## 3.4 Die Produkte der Immobilienwirtschaft

Im Gegensatz zu den Produkten beispielsweise des Konsumgütermarktes sind die Produkte des Immobilienmarktes vergleichsweise begrenzt. Deshalb erscheint es sinnvoll, das vorhandene Produktspektrum breiter zu behandeln. Darüber hinaus lassen sich auch unter marketingpolitischen Gesichtspunkten die Möglichkeiten der Produktpolitik hierdurch besser ausleuchten und sind auch als Anregungen für Produktdifferenzierungen oder die Erweiterung der Produktpalette zu sehen.

Eine grobe Unterteilung der Immobilienprodukte kann wie folgt vorgenommen werden:

- Wohnimmobilien,
- Gewerbeimmobilien,
- landwirtschaftliche Immobilien,
- Grund und Boden,
- sonstige Immobilien.

Befaßt man sich mit den einzelnen Immobilienarten näher, so zeigt sich eine nicht unbeträchtliche Zahl verschiedener Produkte mit teilweise sehr unterschiedlicher Zielgruppenansprache.

### 3.4.1 Wohnungsimmobilien

Zu den Wohnungsimmobilien gehören nach Definition des Statistischen Bundesamtes alle Wohnbauten, das heißt Gebäude, die „mindestens zur Hälfte (gemessen an der gesamten Nutzfläche) Wohnzwecken dienen". Neben Langzeitwohnungen zählen zu diesen ebenfalls:

- Ferienwohnungen,
- Ferienhäuser,
- Sommerhäuser,
- Wochenendhäuser,
- Berghütten,
- Jagdhütten,
- Gartenhäuser.

In der Praxis spricht man bei teilweise gewerblich genutzten, teilweise für Wohnzwecke genutzten Gebäuden von gemischt genutzten Immobilien. Auch zählen abgetrennte Wohneinheiten wie Eigentumswohnungen in mehrfunktionalen, gemischt genutzten Objekten ebenfalls zu den Wohnungsimmobilien.

Innerhalb des Bereichs der Wohnungsimmobilien läßt sich eine Vielzahl unterschiedlicher Typen nach der Art und der Größe differenzieren:

- Ein-Zimmer-Appartements,
- Ein-Zimmer-Eigentumswohnungen (mit abgetrenntem Bad und Küche),

- Eigentumswohnungen mit zwei und mehr Zimmern,
- Maisonette-Wohnungen,
- Penthouse-Wohnungen,
- Dachgeschoßwohnungen,
- Reihenhäuser,
- Reiheneckhäuser,
- Doppelhaushälften,
- Einfamilienhäuser, freistehend,
- Landhäuser,
- Bungalows,
- Bauernhäuser,
- Siedlungshäuser,
- Klein-Wohnanlagen,
- Zweifamilienhäuser (Einfamilienhaus mit Einliegerwohnung),
- Mehrfamilienhäuser,
- Hochhäuser,
- Wohnblocks,
- Villen.

Entsprechend neueren sozio-ökonomischen und gesellschaftlichen Entwicklungen und der hieraus resultierenden Nachfrage kann eine weitere Differenzierung vorgenommen werden, wobei die einzelnen Bezeichnungen durchaus auch als Marketingbezeichnungen zu sehen sind. Eine zielgruppenspezifische Namensgebung liegt folgenden Bezeichnungen zugrunde:

- Altenwohnungen,
- altengerechte Wohnungen,
- Mehrgenerationenhäuser,
- Sparhäuser,
- Ökohäuser,
- Energiesparhäuser,
- Niedrigenergiehäuser,
- Familienwohnungen,
- Singlewohnungen,
- Yuppiewohnungen.

Weitere Differenzierungen sind möglich nach dem Baumaterial, und zwar:

- Massivhäuser (Ziegel, Stein, Kunststein, etc.),
- Fertighäuser,

- Blockhäuser,
- Lehmhäuser.

Nach sozialen Aspekten:

- Luxuswohnungen,
- Luxusvillen,
- Sozialwohnungen,
- Arbeiterwohnungen.

Nach den Bauherren/Eigentümern:

- Werkswohnungen,
- Betriebswohnungen,
- Bergarbeiterwohnungen,
- Genossenschaftswohnungen,
- städtische Wohnungen.

Nach dem Alter und der Art des Gebäudes:

- Altbauwohnung,
- Neubauwohnung,
- Jugendstilwohnung,
- Hochhauswohnung,
- Wohnung in einem Baudenkmal.

Nach dem Standort oder nach Grundstücksbesonderheiten:

- Parkwohnungen,
- Seewohnungen,
- Citywohnungen,
- Landhaus,
- Aussichtswohnungen.

## 3.4.2 Gewerbeimmobilien

Gewerbeimmobilien weisen ein sehr breites Spektrum verschiedener Nutzungen und Typen auf, sie sind ein wesentlich vielschichtigerer und komplexerer Sektor als der der Wohnungsimmobilien. Die große Bandbreite beginnt bei der kleinsten Laden- oder Büroeinheit im Teileigentum und reicht bis zum multifunktionalen Einkaufs- und Gewerbezentrum. Gewerbeimmobilien werden vor allem nach der Art der Nutzung unterschieden. Im einzelnen lassen sich beispielhaft folgende Gewerbeimmobilientypen nennen:

- *Handelsimmobilien:*
  - Ladeneinheiten (für den Fach- und Spezialhandel),
  - Supermärkte (z.B. Tengelmann),
  - Discount-Märkte (z.B. Aldi),
  - Fachmärkte (z.B. Adler, Reno, Media Markt),
  - SB-Warenhäuser (z.B. Massa, Allkauf, Real),
  - Kauf- und Warenhäuser (z.B. Karstadt, Kaufhof, C & A),
  - lokale und regionale Einkaufszentren (z.B. CentrO Oberhausen),
  - Einkaufspassagen (z.B. Hanse-Viertel, Hamburg; Kaufinger Tor, München),
  - Einkaufs-Galerien (z.B. Kö-Galerie, Düsseldorf),
  - Einkaufshöfe (z.B. Hamburger Hof, Hamburg),
  - Markthallen etc.

- *Büroimmobilien:*
  - Einzelbüros,
  - Büroetagen,
  - Bürohäuser,
  - Bürohochhäuser (z.B. Messeturm in Frankfurt am Main).

- gemischt genutzte innerstädtische Geschäftshäuser mit Ladenflächen, Büros, Praxen, Parkierung, Wohnen, Freizeit etc.;

- Gewerbeparks mit Dienstleistung, Großhandel, Produktion, Servicebetrieben, Gemeinschaftseinrichtungen, Freizeit, Hotel etc.;

- Technologiezentren/Technologieparks;

- Gewerbehöfe (vor allem als Wiedernutzung von Altliegenschaften);

- Gründer- und Innovationszentren;

- Forschungs-/Entwicklungs-/Wissenschaftszentren (ohne Produktion);

- *Senioreneinrichtungen:*
  - Seniorenstifte,
  - Altenheime,
  - Altenpflegeheime.

- *Freizeitimmobilien:*
  - Freizeitzentren, Freizeitparks (Europark, Rust; Disneyland, Paris),
  - witterungsunabhängige Freizeitparks mit Hotelbetrieb (Center Parcs),
  - Squash,
  - Tennis,
  - Badminton,
  - Sauna, Outdoor-Sauna, Saunalandschaften,
  - Solarium,
  - Spaßbäder,
  - Bowling-Center,
  - Feriensiedlungen mit/ohne Bootshäfen oder Freizeiteinrichtungen,
  - Kultur- und Freizeiteinrichtungen (Musical-Theater, Hotel, Fitneß, Freizeit) etc.

- *Hotels:*
  - Stadthotels,
  - Luxushotels,
  - Ferienhotels,
  - Flughafenhotels,
  - Bundesbahnhotels,
  - Sporthotels,
  - Clubhotels,
  - Kurhotels,
  - „Kinderhotels" etc.

- Boardinghäuser;

- Parkhäuser, Tiefparkanlagen, elektronische Parkhäuser;

- SB-Lagerhäuser (nicht in der Bundesrepublik Deutschland);

- Lagerhäuser;

- Industrie-/Produktionsgebäude;

- Kliniken, Reha-Zentren;

- Schönheitsfarmen.

Nicht alle dieser zahlreichen Gewerbeimmobilientypen erfreuen sich einer gleich starken Bedeutung und Nachfrage. Zu den schwer handelbaren und infolgedessen auch wenig nachgefragten Objekten zählen vor allem Industriegebäude, alte Lagergebäude und Objekte, die sehr spezifisch auf die Bedürfnisse bestimmter Nutzer ausgerichtet sind.

Gleichzeitig lassen sich die Produkte auch danach unterscheiden, ob es sich um Projekte, neue fertiggestellte Objekte, „normale" Bestandsobjekte oder Sanierungsfälle mit oder ohne Entwicklungspotential handelt. Bei den noch nicht fertiggestellten oder geplanten Objekten stellt sich zudem die Frage nach dem Projektierungsfortschritt, insbesondere im Zusammenhang mit dem Baurecht sowie einem eventuellen Vorvermietungsgrad.

### 3.4.3  Grund und Boden

Unbebaute Grundstücke, auch Grund und Boden genannt, stellen nach allgemeiner Auffassung keine Ware im üblichen Sinne dar, weil Grundstücke nicht beliebig reproduzierbar sind. Allerdings handelt es sich um Produkte, die gehandelt werden können, für die ein Markt mit Angebot und Nachfrage besteht. Die Differenzierung der Produkte des Bodenmarkts ist an der möglichen Nutzung sowie am Erschließungszustand ausgerichtet. Hierbei ist von Bedeutung, ob dieses lediglich für eine landwirtschaftliche Nutzung zur Verfügung steht oder im negativen Extremfall nicht einmal hierfür geeignet ist (Felsgrundstück, Moor etc.) oder ob eine höhere Wertigkeit gegeben ist wie bei:

- Bauerwartungsland,
- Rohbauland,
- Fertigbauland,
- freiem, fertigem Bauland (Erschließungskosten enthalten).

Eine weitere Differenzierung erfolgt nach der Art und dem Umfang der möglichen baulichen Nutzung:

- Grundstücke für Industriebau, Lagerhallen, Großhandel,

- Hallen für extensive Handelsnutzung (Möbelhandel, Teppichhandel etc.),
- Einzelhandel mit intensiver Nutzung (z.B. Lebensmittelmärkte, SB-Warenhäuser etc.),
- mehrgeschossige Nutzung (Höhe der GFZ),
- Wohngebäude,
- Bürogebäude,
- Handelsimmobilien mit Geschoßbebauung etc.

Typisch für das Produkt „Grund und Boden" ist, daß der Kauf häufig spekulative Elemente beinhaltet.

## 3.4.4 Landwirtschaftliche Immobilien

Der Vollständigkeit halber sollen auch die landwirtschaftlichen Immobilien erwähnt werden, die als Produkte am Immobilienmarkt jedoch nur von geringer Bedeutung sind. Zudem ist der Markt für landwirtschaftliche Immobilien nur begrenzt für Nichtlandwirte zugänglich. Aus diesem Grunde bleiben die landwirtschaftlichen Grundstücke im weiteren unerwähnt. Landwirtschaftliche Grundstücke können wie folgt differenziert werden:

- Baumwiese,
- Streuobstwiese,
- Nutzacker,
- Waldgrundstück,
- Weideland.

## 3.4.5 Ausländische Immobilien

Im Rahmen der Produktpolitik hat sich in der Bundesrepublik Deutschland eine Spezialisierung einiger Anbieter für ausländische Immobilien ergeben so daß diese separat erfaßt werden. Eine Differenzierung im Rahmen Produktpolitik erfolgt zumeist länder- oder nutzungsspezifisch. Häufiger angebotene Produkte sind beispielsweise:

- Ferienimmobilien (Ferienwohnungen, Ferienhäuser, Landhäuser),
- Investitionsobjekte (Bürogebäude, Geschäftsgebäude, Hotels, Freizeitanlagen etc.).

### 3.4.6 Immobilienanteile

Zu den beiden bedeutendsten Produkten dieses Marktsegments zählen die Offenen und die Geschlossenen Immobilienfonds. Anteile an Offenen Immobilienfonds werden bereits in kleinsten Stückelungen von unter 100 DM angeboten. Geschlossene Immobilienfonds werden ab 5000 DM, meistens jedoch in Tranchen ab 10000 DM vertrieben.

Im Gegensatz zum Teileigentum nach dem Wohnungseigentumsgesetz (WEG), welches individuell grundbuchlich eingetragen und abgesichert werden kann, erfolgt weder bei den Fonds noch bei dem ebenfalls gehandelten sogenannten Bruchteilseigentum nach dem Bürgerlichen Gesetzbuch ein Eintrag in das Grundbuch. Als eine Sonderform kann das Produkt „zeitlich begrenztes Eigentum an einer Immobilie" (Time-sharing) gesehen werden, welches vor allem im Bereich der Ferienimmobilien offeriert wird. Im Gegensatz zu den Immobilienanteilen verfügt der Eigentümer von *Realeigentum* über ein völlig autarkes Objekt auf eigenem Grundstück.

### 3.4.7 Immobiliendienstleistungen

Auch ein weites Feld von Dienstleistungen ist mit dem sehr komplexen Produkt „Immobilie" verbunden. In diesem Zusammenhang sollen nicht die baulich-technischen Dienstleister (wie Architekten, Techniker, Handwerker, Baufachleute, etc.) erfaßt, sondern die immobilienspezifischen Dienstleistungsprodukte Erwähnung finden:

- Projektentwicklung,
- Projektsteuerung,
- Baubetreuung,
- Entwicklung,
- Beratung,
- Verwaltung,
- Management,
- Vertrieb,
- Vermietung etc.

Immobilienspezifische Randprodukte sind Leistungen, die beispielsweise im Rahmen der Finanzierung, der Rechts- oder der Steuerberatung erbracht werden.

# 3.5 Produktentwicklung und Nutzungskonzeption

## 3.5.1 Die Projektidee

Am Anfang einer Projektentwicklung steht entweder die Projektidee, für deren Umsetzung ein geeignetes Grundstück gesucht wird, oder es ergibt sich aus der Untersuchung eines bestehenden Geländes eine bestimmte Verwertungsmöglichkeit. Ideen für die Entwicklung von Projekten können viele haben. Der Projektentwickler hat sie in ein Raumkonzept umzuwandeln, nachdem er sie ausgewertet und als verfolgenswert erachtet hat. Der Entwickler bringt Kapital, Arbeit und sonstige Materialien, Know-how etc. zusammen und hat gleichzeitig zu berücksichtigen, daß das Projekt den gesetzlichen Auflagen entspricht.

Erweist sich einerseits die Projektidee als „Ausgeburt der Phantasie", stellt man also fest, daß sie jeglicher Realisierungschance entbehrt, so stirbt die Projektentwicklung, bevor sie begonnen wurde. Verfügt andererseits das zu nutzende Grundstück nicht über die erforderlichen wirtschaftlichen, rechtlichen sowie ökonomischen Voraussetzungen, so wird es ebenfalls zu einer frühzeitigen Beendigung der Projektentwicklung kommen. Die Projektidee muß eine Reihe von Untersuchungen und Prüfungen bestehen, ehe sie zu einem realisierungsreifen Objekt werden kann.

Genau hier beginnt die eigentliche Projektentwicklung. Sie besteht in einer sorgfältigen Bestandsaufnahme der standortspezifischen sowie rechtlichen Gegebenheiten aus den Eigenschaften eines Geländes oder eines bestehenden Gebäudes und bindet vor allem auch die wirtschaftliche Untersuchung mit ein. Bei einer zunehmenden Komplexität der Immobilienprojekte und einer verstärkten Konkurrenzsituation der Standorte untereinander – speziell bei Gewerbeimmobilien – muß die Projektentwicklung ein optimiertes Konzept für den jeweiligen Standort finden und durchsetzen. Andernfalls ist eine mittel- und langfristige Wirtschaftlichkeit derartiger Langfristinvestitionen nicht gewährleistet.

Die Projektentwicklung hat das Ziel, Investoren und Nutzer zusammenzuführen, alle Einzelleistungen zu koordinieren und ein fertiges Produkt zu liefern. Ein fertiges Produkt kann in diesem Zusammenhang bedeuten, daß die Grundstückssicherung vorgenommen, das Baurecht erlangt und beispielsweise eine Festpreisgarantie mit Fertigstellungsgarantie durch einen Generalunternehmer abgegeben wurde und Vormietverträge für einen Großteil der Flächen vorliegen. Nachdem dieses Paket geschnürt ist, wird das in diesem Stadium befindliche Projekt weiter veräußert. Eine andere Möglichkeit besteht in dem Anbieten einer Komplettimmobilie bis hin zur Fertigstellung inklusive Zwischenfinanzierung und definitiver Vollvermietung.

Im Bereich des Wohnungsbaus beschränkt sich die Projektentwicklung oftmals auf die Suche nach geeigneten Grundstücken und deren Beplanung im Rahmen des geltenden Baurechts. Architekten erbringen die Planungsleistungen nach den Vorgaben des Entwicklers oftmals als Vorleistung. Ein Bauträger hat eine Festpreisgarantie abgegeben, das projektierte Objekt wird vom Plan weg verkauft, wobei mit dem Bau in der Regel erst begonnen wird, wenn die Einheiten mehrheitlich verkauft worden sind.

Zielkonflikte können sich aus den unterschiedlichen Interessenlagen zwischen Projektentwickler, Investoren und den Nutzern ergeben. Der Bauherr oder Investor denkt an eine langfristige Absicherung der Ertragskraft des Objektes. Der Projektentwickler wird unter Umständen versuchen, bei der Projektentwicklung Kompromisse – auch zu Lasten der Wirtschaftlichkeit – einzugehen, um das Projekt zu realisieren und bereits entstandene Kosten zu decken. Nicht auszuschließen ist, daß wider besseres Wissen eine wenig erfolgversprechende Konzeption realisiert wird, um öffentlichen Auflagen oder Nutzerinteressen zu genügen. Ein Generalunternehmer wird möglicherweise versuchen – zumindest aus seiner Sicht –, das Objekt so kostengünstig wie möglich zu erstellen, was zu einer vorzeitigen Erosion führen kann. Oftmals ist der Investor selbst nicht in der Lage, eventuell minderwertige Leistungen sofort zu erkennen. Die weitgehende Ausschaltung dieser Konflikte setzt voraus, daß der Projektentwickler eine hohe Qualifikation mitbringt.

### 3.5.2   Phasen der Produktentwicklung

Um Immobilienprojekte professionell zu entwickeln, sind mindestens die nachfolgenden Phasen zu durchlaufen.

### 3.5.2.1  Projektidee

Die Projektidee als solche kann von den unterschiedlichsten Personen bzw. Institutionen initiiert werden:

- von politischen Gruppierungen (z.B. Ausweis neuer Verkaufsflächen, Ausweis neuer Wohngebiete);
- von der Stadtverwaltung (Verbesserung des Arbeitsplatzangebotes, Verbesserung der Einzelhandelszentralität, Verbesserung des Wohnungsangebotes);
- vom Grundstückseigentümer (zur höherwertigen Nutzung seines Grundstücks);
- von den künftigen Nutzern (z.B. von Handelsunternehmen für die Errichtung neuer Filialen);
- von Banken (z.B. zur Verwertung von Grundstücken);
- von Bauunternehmen und Architekten (zur Sicherung ihrer Beschäftigung);
- von Maklern (für eine erfolgreiche Objektvermittlung);
- von Gutachtern (in Form eines Nutzungskonzeptes);
- von Bürgerinitiativen (zur Verbesserung der Versorgung).

Umgekehrt können diese Institutionen auch als Verhinderer von Projekten in Erscheinung treten, wenn entgegengesetzte Interessen verfolgt werden.

### 3.5.2.2 Produktphilosophie

Städte, Stadtzentren, Stadtteile und Immobilien konkurrieren miteinander. Das jüngste Instrument des marketingpolitischen Instrumentariums ist die Profilierungspolitik. Durch Besonderheiten eines Projektes kann eine höhere Objektattraktivität erreicht werden. Der professionell vorgehende Entwickler wird versuchen, nachdem er sich mit der örtlichen Situation und den Verhaltensweisen auseinandergesetzt hat, die als besonders wesentlich zu beurteilenden Objektkriterien in die Realität umzusetzen. Hierzu gehören u.a. eine besonders gelungene architektonische Gestaltung, ein besonders anziehender Mieter-Mix, die Realisierung eines bestimmten Angebotsniveaus, ein ausreichendes Parkflächenangebot etc.

### 3.5.2.3 Produktqualität

Bei einer immer sensibler werdenden „Umwelt" wird es zunehmend erforderlich, schon im frühen Stadium der Projektentwicklung eine maximale Qualität in städtebaulicher und architektonischer Hinsicht, aber auch im Hinblick auf die Umweltverträglichkeit anzustreben. Dies gilt nicht nur für die eigentliche Gestaltung, sondern beginnt schon beim Entwickeln der Nutzungsstruktur.

Der Anspruch, hohe architektonische, bauliche und städtebauliche Qualität mit funktionaler, konstruktiver und ökonomischer Optimierung zu verbinden, ist die Grundproblematik des Projektentwicklers. Oftmals diametral auseinanderliegende Interessensphären der an der Projektentwicklung partizipierenden Institutionen sind in eine wirtschaftlich tragfähige Konzeption zu integrieren.

### 3.5.2.4 Projektstudie

In dieser nächsten Phase ist eine Projektstudie zu erstellen, die Aufschluß darüber geben soll, ob die erkannte Projektidee realisierbar ist. Die Projektstudie umfaßt üblicherweise eine sogenannte Makro-Analyse, die sich mit den sozio-ökonomischen Rahmenbedingungen der ganzen Stadt befaßt, sowie eine Mikro-Analyse, die das unmittelbare Umfeld des Projektstandortes untersucht.

Projektentwickler und potentielle Investoren interessieren sich zunehmend für die mittel- und langfristigen sozio-ökonomischen Rahmenbedingungen wie die Bevölkerungsentwicklung, Haushaltszahlen und -struktur, Kaufkraftniveau, Einzelhandelszentralität, Wirtschaftskraft, Beschäftigungssituation etc.

Bei der Mikro-Analyse werden Lage, Zuschnitt und Beschaffenheit des Baugrundstückes, Verkehrsanbindung, Integration des Standortes in das Umfeld, die Wettbewerbssituation und die Marktchancen des eigenen Projektes beurteilt. Das Ergebnis derartiger Makro- und Mikro-Analysen kann darin bestehen, das Projekt sofort fallenzulassen, es lediglich bedingt weiterzuverfolgen bzw. in eine weiterführende Projektierungsphase einzutreten.

Bei umfangreichen Investitionen sollte eine Vorentscheidung, ganz gleich, wie sie ausfallen wird, durch Einbeziehung eines sogenannten „interdisziplinären Teams", eines Teams unterschiedlicher Spezialisten, erfolgen.

### 3.5.2.5 Rechtliche Prüfung

Im Rahmen der Projektstudie ist auch die baurechtliche Prüfung vorzunehmen. Die Bebaubarkeit und Nutzung eines Grundstückes besteht in der Rechtsverbindlichkeit des Bebauungsplanes, der für den Bebauungsplan maßgeblichen Fassung der Baunutzungsverordnung sowie der einschlägigen Landesbauordnung. Daneben ist der Flächennutzungsplan zu berücksichtigen. Seit dem 1.1.1984 gilt für die meisten Bebauungspläne eine entschädigungslos zulässige Änderung und Aufhebung der baulichen Nutzbarkeit, sofern sich das beabsichtigte Vorhaben nicht mit den Vorstellungen der Gemeindeverwaltung und des Gemeinderates in Einklang bringen läßt. Gerade aus diesem Grund ist eine Konsensfindung mit den Behörden zu einem sehr frühen Zeitpunkt – allerdings nicht bevor das Grundstück gesichert ist – erforderlich. Scheitern kann ein Projekt auch an einer nicht abgesicherten Erschließung, etwa bei unzureichender Entwässerungs- oder Klärwerkskapazität, oder an Stellplatzregelungen. Gedacht sei hierbei an zu hohe Parkplatzablösung, überzogene Forderungen zur Schaffung von Stellplätzen in den Citys, teilweise aber auch das Gegenteil, nämlich die Verhinderung der Schaffung einer ausreichenden Zahl von Stellplätzen, um Innenstädte vom Individualverkehr zu entlasten.

### 3.5.2.6 Nutzungskonzept

Lassen die Ergebnisse der Makro- und Mikro-Analyse erwarten, daß die Rahmenbedingungen für das projektierte Objekt gegeben sind, so werden in der Regel alternative Nutzungsvarianten erarbeitet. Insbesondere können hierbei die einzelnen Nutzungsarten mit den jeweils erforderlichen Flächen, die Parkierungsflächen, die differenzierte Flächen-Zueinanderordnung sowie die Zueinanderordnung der Funktionen im Rahmen von Grobplanungen dargestellt werden.

### 3.5.2.7 Kosten- und Ertragsschätzung

Die Vorplanung des Projektentwicklers muß bereits von Anfang an durch eine laufende und möglichst kontinuierlich verfeinerte Kostenschätzung und Kostenkontrolle begleitet werden. Im wesentlichen geht es hierbei um die Grundstücks- und Grundstücksnebenkosten, die Bau- und Baunebenkosten sowie die Zwischenfinanzierungs- und Finanzierungskosten.

Die erwarteten Mieteinnahmen haben sich auf der Basis des ausgewählten Nutzungskonzeptes an den am Markt nachhaltig erzielbaren Mieten zu orientieren. Angaben Dritter über erzielbare Mieten, vor allem von Verkäufern und Maklern, sind mit größter Vorsicht zu werten, selbst wenn diese durch eine zeitlich befristete Mietgarantie abgesichert sein sollten.

Projektentwicklungen für komplizierte gewerbliche Immobilien können sich über Jahre hinziehen. Zur Absicherung der Ertragsseite empfehlen sich frühzeitige Abstimmungen und Vorvereinbarungen mit künftigen Mietern,

Pächtern, Nutzern und Kapitalanlegern. Eine laufende Fortschreibung der Kosten sowie Anpassungsmöglichkeiten auf der Ertragsseite mögen ein vorzeitiges Beenden der Projektierungstätigkeit verhindern.

### 3.5.2.8 Wirtschaftlichkeit

Sind die Investitionen und Erträge bekannt, lassen sich unter Berücksichtigung der bekannten Finanzierungskosten unterschiedliche Finanzierungsmodelle erarbeiten. Da in der Regel der Projektentwickler die Immobilie nicht selbst zu halten gedenkt, sondern diese zu einem geeigneten Zeitpunkt an einen Investor verkaufen will, muß er die Rentabilitätsrechnung bzw. Anforderungen privater und institutioneller Anleger sowie die aktuelle Marktsituation kennen. Erst dann läßt sich die Tragfähigkeit des Projekts beurteilen. Insofern ist die Berechnung der Wirtschaftlichkeit wichtigster und abschließender Bestandteil der Projektstudie. Hierbei ist ein in der Regel mindestens zehnjähriger Betrachtungszeitraum zugrunde zu legen.

### 3.5.2.9 Vorbereitungen zur Realisierung

Vor einer endgültigen Entscheidung über die Realisierung des Projektes sind noch verschiedene Voraussetzungen zu schaffen:

- *Grundstückssicherung.* Vorteilhaft ist es, vom Verkäufer noch vor Durchführung diverser Projektstudien ein notarielles Verkaufsangebot entgegenzunehmen, um später zu entscheiden, wer als Bauherr das Grundstück erwirbt. Rücktrittsmöglichkeiten sind vorzusehen – z.B. für den Fall, daß keine Baugenehmigung erteilt wird oder sich das Projekt aus anderen Gründen nicht realisieren läßt.

- *Bauantrag.* Nach der Sicherung des Grundstückes sollte der Bauantrag unverzüglich eingereicht werden. Natürlich sind vorher – in der ersten Phase der Projektentwicklung – diskrete Gespräche mit allen zuständigen Institutionen und Behörden über eine grundsätzliche Genehmigungsfähigkeit geführt worden.

- *Vergabe der Bauleistungen.* Um Klarheit über die Aufwendungen für Bauleistungen zu erhalten, empfiehlt es sich, alternative Generalunternehmerangebote einzuholen. Mit diesen sind ein fester Fertigstellungstermin sowie ein Festpreis verbindlich zu vereinbaren. Berücksichtigen sollte man hierbei sicherlich auch die fachliche Qualität und die Kapazität.

KapHag Gebäude, Berlin

Centro Oberhausen
Architekten: RKW Rhode Kellermann Wawrowsky, Düsseldorf

**Centro Oberhausen**
**Architekten: RKW Rhode Kellermann Wawrowsky, Düsseldorf**

Neue Messe Leipzig
Architekten: von Gerkan, Marg+Partner, Hamburg

Neue Messe Leipzig
Architekten: von Gerkan, Marg+Partner, Hamburg

Zürich-Haus, Hamburg
Architekten: von Gerkan, Marg + Partner, Hamburg

**BOE-Place, Toronto**

**Stilwerk, Hamburg**

### 3.5.2.10 Flexibilität

Als Konsequenz vieler nicht vorhersehbarer, nicht planbarer und nicht konsensfähiger Entscheidungsparameter ist eine größtmögliche Flexibilität während der Entwicklungsphase zu gewährleisten. Dies gilt insbesondere dann, wenn Mieter bzw. Nutzung noch nicht endgültig feststehen. Selbstverständlich hat sich die Flexibilität innerhalb eines vertretbaren Zusatzkostenrahmens zu bewegen.

### 3.5.2.11 Abschluß von Verträgen

Entscheidende Bedeutung bei der Produktentwicklung kommt dem Abschluß von objektspezifischen Verträgen zu. Wenn die Mietverträge in einem sehr frühen Projektstadium unterschrieben werden, werden oftmals Zugeständnisse – vor allem an Großmieter – gemacht, die nicht selten während der Betriebsphase zu Problemen oder unzureichender Rentabilität führen können. Der qualifizierte Investor wird den Mietverträgen eine ganz besondere Aufmerksamkeit widmen. Vor allem richtet sich sein Interesse darauf, kritisch zu prüfen, ob es sich um seriöse Abschlüsse mit marktüblichen Mietpreisen handelt und welcher Vermietungsstand etwa ein halbes Jahr vor Eröffnung erreicht wurde – sofern es sich um Gewerbeimmobilien handelt. Ebenso kritisch wie der Mietvertrag wird auch die Mieterqualität im Hinblick auf berufliche Erfahrung, Bonität oder Seriosität unter die Lupe genommen.

### 3.5.2.12 Abschluß der Finanzierung

In diesem Stadium ist es nunmehr erforderlich, die benötigten Fremdmittel sicherzustellen. In der Regel empfiehlt es sich, durch die Koppelung mit der Mietvertragsdauer für gewerbliche Einheiten die Finanzierungslaufzeit für einen Zeitraum von mindestens zehn Jahren bei konstantem Zins festzuschreiben.

### 3.5.2.13 Baufreigabe

Nachdem das „Paket geschnürt" ist, also alle Phasen erfolgversprechend beendet wurden, kann man mit der Realisierung des Projekts beginnen. In der Regel endet hiermit aber nicht die Tätigkeit des Produktentwicklers. Er ist zwar nicht mehr entwickelnd, aber noch objektbegleitend tätig, sofern er das Projekt noch nicht verkauft hat oder dies von einem Käufer gewünscht wird.

### 3.5.3  Zusammenfassung

Die Produkt- oder Projektentwicklung von Immobilien und hier insbesondere von gewerblichen Immobilien ist in der Regel eine mühsame und sehr zeitaufwendige Tätigkeit. Von der Projektidee bis zur Fertigstellung bzw. Eröffnung eines derartigen Projekts können drei bis fünf Jahre, teilweise bis zu zehn Jahre vergehen. Da der Projektentwickler sehr häufig selbst Risiken und Vorleistungen übernimmt und sich erst einen Investor sucht, nachdem er sämtliche Voraussetzungen zur Realisierung des Projekts erfüllt hat, finanziert er erst mal vor, ohne zu wissen, ob der Investor sein Angebot akzeptiert. Dies verlangt von ihm ein hohes Maß an Kenntnissen in verschiedenen Spezialbereichen, vor allem auf technischem, kaufmännischem und baurechtlichem Gebiet.

## 3.6  Der Einsatz des produktpolitischen Instrumentariums

Nach Wilhelm Vershofen teilt sich der Nutzen, den Güter ihren Verwendern oder Käufern vermitteln, in die beiden Komponenten „Grundnutzen und Zusatznutzen" (vgl. Vershofen, W.: Handbuch der Verbrauchsforschung, Berlin, 1940, S. 69). Verdeutlicht man dies am Beispiel eines Wohnungskäufers, so besteht der Grundnutzen in der Zurverfügungstellung von Wohnraum und dem Schutz vor den Unbilden der Witterung. Ist die Wohnraumgröße ausreichend bemessen, so ist der Grundnutzen ausreichend erfüllt. Von untergeordneter Bedeutung sind in diesem Falle die äußere Gestaltung, der Standort, die Architektur etc. Der Zusatznutzen der Wohnung oder des Hauses kann aber auch darin liegen, daß der Eigentümer sich durch die Auswahl einer besonderen Architektur oder eines attraktiven Wohnstandortes von anderen Wohnimmobilienkäufern abheben will. Darüber hinaus mag es vielen Käufern auch unter sozialen Aspekten sinnvoll erscheinen, im *eigenen* Haus oder der eigenen Wohnung zu wohnen. Schließlich beruht der Kauf einer Immobilie auch auf Aspekten wie der Vermögensbildung, der Alterssicherung, der Wertsteigerung sowie nicht zuletzt der Möglichkeit, Steuern zu sparen.

Abhängig von der Art der Immobilie überwiegt der Grund- oder der Zusatznutzen. Bei einem zur Kapitalanlage gekauften Renditeobjekt dürfte der Grundnutzen: Erzielung einer möglichst hohen Rentabilität überwiegen, beim Kauf einer individuell gestalteten Villa in gehobener Wohnlage dominiert der Zusatznutzen: Luxus, Prestige, Qualität, äußere Gestaltung etc.

Nachfolgend sollen die Aktionsmöglichkeiten dargestellt werden, welche dem Immobilienunternehmen im Rahmen der Produktpolitik zur Verfügung stehen, wobei zwischen Neubauvorhaben/Projekten und Bestandsimmobilien zu differenzieren ist.

### 3.6.1 Festlegung von Produkteigenschaften

#### 3.6.1.1 Bestimmung des Qualitätsniveaus

Unter Qualität sollen hierbei zunächst die Kriterien verstanden werden, welche die technisch bedingte Funktionssicherheit oder Störanfälligkeit sowie die materialbedingte Haltbarkeit oder Wertbeständigkeit betreffen. Dies betrifft primär die Art der verwendeten Baumaterialien einschließlich der technischen Einrichtungen. Die Qualitätsunterschiede liegen in der Lebensdauer, in der Energieeinsparung, der Pflege- oder Servicebedürftigkeit, teilweise aber auch im optisch-gestalterischen Bereich. Das Immobilienunternehmen kann nun entscheiden, ob es sich auf einem niedrigen Qualitäts- und Preisniveau bewegen will, das – wettbewerbsintensive – mittlere Qualitätssegment besetzen oder sich gegebenenfalls auf Luxusobjekte konzentrieren will. Jede derartige Entscheidung setzt voraus, daß das Unternehmen über Informationen über die künftige Abnehmergruppe verfügt.

Weiterhin sind Überlegungen anzustellen, inwieweit energiesparende Heizungs- und Lüftungsanlagen eingebaut werden sollen. Speziell bei Gewerbeimmobilien ist über die Klimatisierung oder Teilklimatisierung der Objekte zu entscheiden. Die Integration wartungsarmer technischer Anlagen stellt ein wesentliches Element der Produktqualität dar und erhöht in beträchtlichem Maße den (Grund-)Nutzen des Produkts.

In den vergangenen Jahren wurden zahlreiche Qualitätsverbesserungen vorgenommen, durch welche die Verwendbarkeit von Immobilien generell erhöht werden konnte. So wurden im Verlauf der Diskussion um die Energieeinsparung Heizungsanlagen optimiert und die Gebäude mit verbesserten Isolierungen versehen. Sogenannte „intelligente Gebäude" mit vielfältigen Kommunikationsmöglichkeiten wurden entwickelt, wobei allerdings das technisch Machbare die heute vorhandenen Erfordernisse offensichtlich noch übertrifft. Die verbesserten Baumaterialien und der verstärkte Einsatz von Elektrik und Elektronik hielten Einzug.

Eine Qualitätsverbesserung trat auch dadurch ein, daß durch Verwendung neuer Materialien die Lebensdauer der Immobilienprodukte positiv beeinflußt wurde. So hat beispielsweise die Bast-Bau GmbH in Düsseldorf festgestellt, daß durch eine 20jährige Gewährleistung nur vergleichsweise geringe Kosten anfallen.

### 3.6.1.2 Zusammenstellung von Produktpaketen

Vor allem in den vergangenen zwei Jahrzehnten wurde der Wunsch der Kunden nach einem problemlosen Immobilien-Komplettangebot deutlich. Hierbei erhält der Kunde nicht nur die fertiggestellte Immobilie, sondern ein ganzes Paket von Dienstleistungen, wodurch der Erwerb des Gutes für ihn problemlos sein soll. Darüber hinaus werden ihm die Vermietung, die Verwaltung, das Management, die Steuerberatung, die Finanzierung etc. abgenommen, so daß er ein vollständiges Leistungspaket erhält. Dieses kann ergänzt werden durch die Zurverfügungstellung von Verträgen aller Art und vielfältige Garantien wie Erstvermietungsgarantie, Mietgarantie, Finanzierungsgarantie etc. Tätigkeiten, die eigentlich dem Immobilieneigentümer obliegen, werden auf Spezialisten verlagert und von diesen übernommen. Der Immobilieneigentümer muß sich kein eigenes spezielles Know-how beschaffen und spart Zeit und Mühe zugunsten anderer Tätigkeiten. Selbst immobilienerfahrene, institutionelle Käufer erwarten oftmals fertiggestellte, vollständig vermietete Objekte mit qualifizierter Verwaltung und Management.

### 3.6.1.3 Auswahl der Standorte

Angesichts der Bedeutung des Immobilienstandortes kommt der Auswahl der Lokalität auch im Rahmen der Produktpolitik beträchtliche Bedeutung zu. Abhängig davon, welche Immobilien entwickelt bzw. errichtet werden sollen, ist oftmals eine Beschränkung auf bestimmte Standorte auch unter strategischen Aspekten sinnvoll. So beschränken sich manche Unternehmen z.B. auf das Anbieten hochwertiger City-Büro-Standorte, andere auf Einzelhandelsobjekte in 1a-Lagen, Hotels an verkehrsgünstigen Standorten oder Wohnungen in Villenlagen. Die Gemeinsamkeit aller dieser Beispiele besteht darin, daß eine gegenseitige Abhängigkeit zwischen Standort und Produkt besteht.

Darüber hinaus existieren Immobilienunternehmen am Markt, die sich auf einen bestimmten, abgegrenzten Standort – wie beispielsweise die Hamburger

City – konzentrieren, die jeweilige Eignung des Produkts also von der individuellen Lage abhängig machen. Ein wesentliches Kriterium für die Entwicklung einer hochwertigen Immobilie besteht in einer abgestimmten Standortwahl. Über die Beschränkung auf bestimmte Standorte oder Produkte erreicht das Immobilienunternehmen auf seinem spezifischen Tätigkeitssegment einen hohen Grad an Know-how. Dadurch bietet sich diesem am Markt die Möglichkeit zur Profilierung gegenüber Wettbewerbern.

### 3.6.1.4 Architektonische Gestaltung

Noch mehr als durch andere Instrumente des marketingpolitischen Instrumentariums wird das Immobilienunternehmen an der fertigen Immobilie, dem fertigen Produkt und hier insbesondere an deren äußerer Gestaltung gemessen. Einige gelungene Immobilienobjekte dokumentieren die Produktpolitik eines Unternehmens weit besser als aufwendige Werbekampagnen. Unter Architektur ist in diesem Zusammenhang hauptsächlich das Design der Immobilie zu verstehen, die Bedeutung der Funktionalität soll separat erfaßt werden.

Durch eine markante, herausragende architektonische Gestaltung kann der Bekanntheitsgrad eines Produktes beträchtlich gesteigert werden. Abhängig auch von der Größe der Immobilie haben einige Objekte bundesweite, wenn nicht gar weltweite Bedeutung erlangt. Für letzteres kann als Beispiel der Messe-Turm in Frankfurt am Main angeführt werden, welcher von der US-Firma Tishman Speyer Properties entwickelt und gebaut wurde. Das Verwaltungsgebäude der Baufirma Züblin in Stuttgart wurde dadurch bekannt, daß hier erstmals in der Bundesrepublik Deutschland zwei Gebäude mittels einer geschlossenen Glaskonstruktion verbunden wurden. Allerdings scheitern spektakuläre Objekte nicht selten an den Beschränkungen durch Bauvorschriften oder an den fehlenden Genehmigungen der Baubehörden.

Von Fall zu Fall kann das Hinzuziehen bestimmter bekannter Architekten sinnvoll sein, um das Produkt als solches aufzuwerten. Bestehen seitens der Kunden Präferenzen im Hinblick auf Baumaterialien, Formen, Farben oder Stilrichtungen, so sind diese bei der Planung der Architektur zu berücksichtigen. Nicht selten ergeben sich hierbei regional, aber auch zeitbezogen unterschiedliche Anforderungen. Partiell erwarten die Kunden gesunde, unbedenkliche Baumaterialien wie Ziegel oder Holz, teilweise wird auf Umweltfreundlichkeit großen Wert gelegt, was sich beispielsweise in der Ablehnung von Tropenhölzern beim Bau von Gebäuden äußern kann.

### 3.6.1.5 Umgebungsgestaltung

Angesichts eines vielfältigen Immobilienangebotes genügt es nicht, lediglich das Objekt selbst mit einer attraktiven optischen Gestaltung zu versehen. Immer häufiger erwarten die Nutzer von Immobilien – gleichgültig, ob es sich um Wohn- oder Gewerbenutzung handelt – eine angenehme Umgebung. Durch die Ausweisung von Grünflächen, die Pflanzung von Bäumen, Blumenbeeten etc. sollen die Außenflächen gestaltet und der Gesamteindruck des Objektes optimiert werden. Kleinere Parks, Wege, Ruhe- oder Kommunikationszonen oder Kinderspielplätze erhöhen den Nutzungswert des Gesamtprodukts. Parkierungsflächen sind nach Möglichkeit nicht sichtbar, also unterirdisch anzulegen. Gewerbeparks oder auch Büroparks werden speziell nach diesem Konzept geplant und entwickelt. Aber auch bei größeren Wohnanlagen wird zunehmend auf die Außengestaltung Rücksicht genommen, wie die zahlreichen Angebote an Wohnparks dokumentieren. Besonders vorteilhaft ist die Nutzung grüner Umgebung beispielsweise bei einer Ortsrandbebauung an der Baugrenze oder bei einem benachbarten Park.

### 3.6.1.6 Integration einer ausreichenden Zahl von Kfz-Stellplätzen

Abhängig von der Art der Nutzung schreibt der Gesetzgeber jeweils eine bestimmte Zahl von Kraftfahrzeugstellplätzen vor. Die Planungshoheit für die Vorgabe der zu schaffenden notwendigen Stellplätze liegt mittlerweile bei den Gemeinden, was teilweise zu sehr unterschiedlichen Stellplatzanforderungen führt. Dies kann dazu beitragen, daß Objekte bzw. Projekte aufgrund einer zu hohen Zahl zwangsweise zu erstellender Kraftfahrzeugstellplätze nicht rentabel realisiert werden können, da die Errichtung der Stellplätze kalkulatorisch nicht untergebracht werden kann. Nach dem sogenannten Frankfurter Modell dürfen Kfz-Stellplätze in Innenstädten einerseits nicht gebaut werden, man muß sich andererseits aber mit hohen Ablösesummen bei den Städten freikaufen. Speziell bei Einzelhandelsobjekten zählen die Kfz-Stellplätze zum akquisitorischen Potential, dienen also der Anziehungskraft des jeweiligen Objektes auf die Kunden. Können Stellplätze nicht errichtet werden, so hat dies erhebliche negative Konsequenzen auf den Markterfolg des in der Immobilie residierenden Unternehmens, mit zwangsläufig negativen Folgen für die Immobilie selbst. Auch für Beschäftigte in Büros und für Besucher von Unternehmen ist ausreichender Parkraum zur Verfügung zu stellen.

Im Rahmen der Produktpolitik sind daher nicht nur die gesetzlichen Vorgaben zu berücksichtigen. Vielmehr muß die tatsächlich wirtschaftlich erforderliche Zahl von Kfz-Stellplätzen ermittelt und realisiert werden.

### 3.6.1.7 Funktionalität

Besondere Wertschätzung bei der Planung von Immobilien sollte die Berücksichtigung der Funktionalität erfahren. Nicht optimal konzipierte Immobilien können häufig nur mit Preisabschlägen vermarktet werden. Denn: Bei Gewerbeimmobilien sind oftmals wirtschaftliche Mißerfolge die Konsequenz fehlender Funktionalität. Im Gegensatz zum Standort, bei welchem vor allem die äußere Erschließung von Bedeutung ist, heißt Funktionalität, eine optimale innere Erschließung des Gebäudes mit einer guten Zugänglichkeit für alle im Objekt angesiedelten Nutzer entsprechend der Nutzungsart der jeweiligen Einheit zu erreichen. Ausgerichtet an den individuellen Erfordernissen müssen die Lage bestimmter Einheiten und die Führung der Verkehrswege, die Plazierung von Aufzügen oder Rolltreppen berücksichtigt werden. Speziell Handelsobjekte müssen sich so im Erdgeschoß befinden oder über Rolltreppen, Rollbänder oder Aufzüge an die Erdgeschoßflächen angebunden sein.

Anlieferungs- und Entsorgungseinrichtungen sind nach dem Prinzip der kurzen Wege zu planen. Die Zugänglichkeit von den Parkierungsflächen zu den Gebäuden ist auf kurzen und einfachen Wegen zu gewährleisten, indem man beispielsweise von der Tiefgarage direkt zu der gewünschten Objekteinheit gelangt. Gerade bei Tiefgaragen wird eine gute Befahrbarkeit häufig dadurch vernachlässigt, daß nur anhand der baurechtlich erforderlichen Mindestmaße geplant und darüber hinaus zahlreiche Stützen vorgesehen werden. Zu berücksichtigen ist bei der Planung der Tiefgarage auch, ob diese vorwiegend einem gleichbleibenden oder einem wechselnden Personenkreis zugedacht ist.

Professionelle Planer achten darauf, daß die Relation von Verkehrsfläche (Flure, Gänge, Treppenhäuser, Aufzüge etc.) zur vermietbaren Nutzfläche möglichst günstig ausfällt. Ein Verkehrsflächenanteil von etwa 15 bis 20 Prozent kann als angemessen beurteilt werden. Zu berücksichtigen ist auch die Relation von Brutto-Geschoßfläche zu Kubikmetern umbauten Raumes.

Die Nutzer und Käufer von Immobilien erwarten – abhängig vom Nutzungszweck – eine bestimmte Dimensionierung der jeweiligen Einheit. Diese sollte weder wesentlich unter- noch überschritten werden, da ansonsten der Mieter oder Nutzer in Flächen zu investieren hat, die er nicht nutzen kann. Aus diesem Grund sollte beispielsweise die Gebäudetiefe von Bürogebäuden oder Hotels nicht mehr als 13 Meter betragen. Bei einer Raumtiefe von 5 bis 5,50 Meter werden üblicherweise Achsmaße zwischen 1,25 und 1,50 Meter verwendet. Je nach Betriebstyp benötigen Handelsunternehmen Objektgrößen zwischen 30 und über 10000 Quadratmeter. Eine funktionale Planung berücksichtigt das Verhältnis zwischen Raumbreite und Raumtiefe sowie eine stützenarme Rasterplanung.

Funktionale Wohnungen sollten bei zwei Zimmern zirka 50 bis 60 Quadratmeter, bei drei Zimmern zirka 70 bis 80 Quadratmeter und bei vier Zimmern 90 bis 95 Quadratmeter nicht überschreiten. Größere Wohneinheiten sind eher unter dem Aspekt des Luxusbedarfs zu sehen und entsprechend zu vermarkten.

### 3.6.1.8 Flexible Nutzbarkeit

Unter der Flexibilität der Nutzung einer Immobilie ist die Fähigkeit zu verstehen, solche verschiedenartigen Möglichkeiten auch zugänglich zu machen. Dies kann sowohl in der Planungs-, Entwicklungs- als auch der Bauphase, aber auch nach Fertigstellung des Objektes geschehen. Da eine Nutzungsänderung an bestehenden Gebäuden in der Regel mit einem wesentlich höheren Kostenaufwand verbunden ist, sollten denkbare Nutzungsalternativen bereits bei der Planung Berücksichtigung finden. Zu berücksichtigen ist speziell bei Handels- und Büroimmobilien ein Höchstmaß an Flexibilität in der Flächenstruktur. Es muß die Möglichkeit bestehen, je nach Wunsch des Nutzers sowohl kleine als auch größere, in sich geschlossene Einheiten zu bilden. Hierdurch können im Zeitablauf auch Expansionswünsche oder Verkleinerungswünsche besser berücksichtigt werden. Um eine variable Nutzung derartiger Einheiten zu ermöglichen, ist vor allem ein großzügiges Stützraster erforderlich.

Erst seit einigen Jahren gehen weitsichtige Investoren dazu über, ihre Immobilie im Hinblick auf alternative Nutzungen und erhöhte Fungibilität zu planen und zu erstellen. Bei einem möglichen Auszug des Mieters oder Eigentümers müssen ebenfalls andere Nutzungen möglich sein. Hintergründe derartiger Überlegungen sind der hohe finanzielle Aufwand und die Langfristigkeit von Finanzierung und Bindung an die Immobilie einerseits sowie die geringe Transparenz zukünftiger (Nachfrage-)Entwicklungen während des im Regelfall relativ sehr langen Nutzungszeitraumes einer Immobilie ande-rerseits. So wird versucht, durch Flexibilität der Nutzung eine nachhaltigere Vermietbarkeit bzw. bessere Wiederveräußerungschance sicherzustellen. Ver-änderungen der Nachfrage und differenzierte Raumbedürfnisse potentieller Mieter und Käufer erfordern alternative Nutzungsmöglichkeiten. Existieren diese nicht, sind entweder teure Umbauten – sofern technisch möglich – vor-zunehmen oder erhebliche Mietabschläge und/oder längere Leerstände zu erwarten.

Ein regelrechter Zwang für eine flexible (Grundriß-)Planung kann z.B. dann entstehen, wenn Mieter oder Nutzer während der Bauphase noch nicht ge-funden und deren Raumanforderungen somit noch nicht bekannt sind. Eine größere Flexibilität bezüglich der Nutzung dient letztlich der nachhaltigen Sicherung der Ertragskraft, von welcher wiederum die langfristige Werter-haltung der Immobilie abhängt.

Kriterien der Flexibilität sind vor allem der Standort, die Konstruktion und Technik sowie das grundstücksbezogene Baurecht.

Bei zunehmender Sättigung der Immobilienteilmärkte gewinnt der Standort sowohl für die Fungibilität als auch für die Vermietbarkeit und Verwertung der Immobilien zunehmend an Bedeutung. Dies gilt sowohl für den Makro-Standort, also den Großraum oder die Region, als auch für das unmittelbare Umfeld, den sogenannten Mikro-Standort.

So kann in Großräumen und Städten mit zukunftsorientierter Wirtschafts-struktur, günstiger Bevölkerungsentwicklung, hoher Zentralität und über-durchschnittlicher Kaufkraft eine insgesamt dauerhafte Nachfrage sowohl nach Wohnimmobilien als auch nach Industrie- und/oder Gewerbeimmobi-lien unterstellt werden.

Nutzungsbeschränkungen resultieren zumeist aus baurechtlichen Regelun-gen oder den Ansprüchen von Nachbarn und örtlichen Interessengruppen (z.B. Verbände, Bügerinitiativen etc.). Die Nutzung bleibt auf die im Flächennutzungsplan bzw. im Bebauungsplan ausgewiesenen Nutzungsar-ten beschränkt. Im Einverständnis mit den Behörden lassen sich allerdings Bebauungspläne neu aufstellen und die Nutzung verändern. Am flexibelsten nutzbar sind demnach Immobilien in Kern-, Misch- oder Sondergebieten. Reine Wohn-, Gewerbe- oder Industriegebiete lassen eine andere als die festgelegte Nutzung in der Regel nicht zu.

Die Konstruktion einer Immobilie kann – innerhalb eines vertretbaren Kostenrahmens – auf alternative Nutzungen ausgerichtet werden. Insbesondere ermöglicht eine flexible Grundrißgestaltung mit vertretbarem Kostenaufwand eine Anpassung an veränderte Situationen und Mieter- bzw. Nutzerwünsche. Hieran müssen sich die statische Konstruktion und die Plazierung von Nebenräumen orientieren. Gegebenenfalls kann ein zweites Treppenhaus die Aufteilung von Stockwerken in verschiedene Einheiten erleichtern. In Flachgebäuden sollte die Deckenbelastbarkeit möglicherweise so ausgerichtet werden, daß die Aufstockung zu einem späteren Zeitpunkt realisierbar wird. Expansionsmöglichkeiten werden so nicht durch beschränkte Grundstücksflächen verhindert. Die Tragfähigkeit bzw. Deckenbelastbarkeit kann bereits zum Zeitpunkt der Errichtung so ausgelegt werden, daß spätere Nutzungen als die ursprünglich vorgesehenen möglich sind.

Generell sollte so eine spätere andersartige Aufteilung der Immobilie nicht ausgeschlossen werden, sei es, weil sich der ursprüngliche Raumbedarf verändert hat oder weil beim Verkauf in Teileigentum bzw. bei Vermietung kleinerer Flächen ein höherer Ertrag möglich ist.

Während der Aufwand für konstruktive Flexibilität eine durchaus sinnvolle Investition darstellen kann, sind die Anforderungen der einzelnen Nutzer an die technische Ausstattung oftmals zu speziell und nicht für andere Branchen geeignet. Der hierfür erforderliche Kostenaufwand erhöht die Flexibilität in der Regel nicht. Eher das Gegenteil kann der Fall sein, wenn diese Anlagen abgetragen und neu installiert werden müssen. In gewissem Rahmen können aber die konstruktiven Voraussetzungen für den Einbau von spezieller Technik geschaffen werden. Die mögliche Anwendung neuentwickelter Kommunikationstechniken erfordert über das bisherige Maß hinausgehende technische Installationen. Allerdings erhöhen sich durch sogenannte intelligente Technik (Kommunikation, Energieeinsparung etc.) auch die Flexibilität und die Fungibilität, zumal das Anspruchsniveau der Mieter bzw. Nutzer bezüglich Ausstattung und Nebenkosten beträchtlich gewachsen ist.

Einer umfassenden Flexibilität der Immobiliennutzung werden neben den bereits genannten baurechtlichen Restriktionen, vor allem durch die Kosten, Grenzen gesetzt. Eine besondere Problematik ergibt sich aus der unterschiedlichen Anzahl notwendiger Kfz-Stellplätze bei unterschiedlichen Nutzungen. Sind aufgrund der veränderten Gebäudefunktion wesentlich mehr Stellplätze nachzuweisen, kann dies zu einer Behinderung der Flexibilität bis hin zu einem völligen Wegfall anderer Nutzungsmöglichkeiten oder völliger Unwirtschaftlichkeit des Gesamtvorhabens führen. So sind beispielsweise für Altenwohnungen minimal nur 0,1 Stellplätze (0,1 bis 0,5 St) je Wohnung erforderlich. Eine Umwandlung zu konventionellen Wohnungen würde jedoch ein bis zwei notwendige Pkw-Stellplätze je Wohnung notwendig machen, im ungünstigsten Falle also die zwanzigfache Stellplatzzahl bedeuten. Ähnliche Differenzen bestehen zwischen den Stellplatzanforderungen bei Hotels, Boardinghäusern und Wohnungen.

### 3.6.1.9 Rentabilität

Eine Produkteigenschaft, die primär für das relativ große Marktsegment der Kapitalanleger von Bedeutung ist, ist die Rentabilität der Immobilie. Unterschiedliche Definitionen der Rendite machen es notwendig, hier auf einige ausgewählte Arten der Rentabilitätsberechnung näher einzugehen.

Die im Vertrieb am häufigsten verwendete Berechnung der Rendite ergibt sich aus den jährlichen Netto-Mieteinnahmen, und zwar bezogen auf den Objekt- bzw. Projekt-Kaufpreis. Korrekterweise sind Kauf-Nebenkosten, insbesondere die Grunderwerbsteuer und die Notar- und Grundbuchgebühren, ebenso wie etwaige Zwischenfinanzierungskosten dem Kaufpreis hinzuzurechnen, was in der Praxis allerdings nur teilweise der Fall ist. Steuerersparnisse, hervorgerufen durch steuerliche Abschreibungsmöglichkeiten und Abzug von Schuldzinsen, werden häufig der Rendite hinzugerechnet. Eine Gesamtrendite, die auch als Performance bezeichnet wird, ergibt sich nach dem Wiederverkauf und errechnet sich aus den Mieteinnahmen, einer eventuellen Steuerersparnis sowie dem nach Verkauf realisierten Wertzuwachs.

Eine sehr interessante Renditeberechnung kann sich dann ergeben, wenn sich die Erträge auf das investierte Eigenkapital beziehen. Eventuelle Steuerersparnisse und die Wertsteigerung beziehen sich dagegen auf das Gesamtobjekt, so daß eine Hebelwirkung entsteht, welche die auf das Eigenkapital bezogene Rendite beträchtlich ansteigen läßt. Im Rahmen des Immobilien-Marketing kann diese Renditeberechnung nur begrenzt eingesetzt werden, da der künftige Verkaufserlös nicht bekannt ist. Allerdings verwendet man beispielhaft oft durchschnittliche Wertsteigerungsraten aus der Vergangenheit. Über Staffel-Mietvereinbarungen und Indexklauseln lassen sich – zumindest für die nächsten zehn Jahre – die künftigen Erlöse voraussagen.

Rentabilitätsorientierte Immobilien sind in der Regel (nicht selbst genutzte) Gewerbeobjekte oder sogenannte Zinshäuser, also komplette Wohnhäuser, häufig mit gewerblicher Nutzung. Derartige Objekte weisen meist eine höhere Rentabilität auf als reine Wohneinheiten bzw. Eigentumswohnungen.

Abhängig von Nutzungsart und Standort erwartet der Nachfrager am Markt bei diesen Objekten bzw. Projekten eine bestimmte Mindestrentabilitätsmarge. So genügt beispielsweise für Handelsobjekte oder Büros in Toplagen eine Rendite von 3 bis 5 Prozent, wogegen Fachmärkte, Lagerhallen oder Hotels in weniger guten Lagen Renditen von 8 bis 10 Prozent aufweisen müssen, um verkäuflich zu sein.

Für die Produktaufbereitung ist es sehr förderlich, daß langfristige Mietverträge – mit bonitätsmäßig einwandfreien Mietern – bereits bestehen. Ist das Objekt noch nicht vermietet oder scheint der Mieter nicht der Garant für eine langfristige Mietzahlungssicherheit zu sein, so dient die Vergabe einer Mietgarantie der besseren Vermarktbarkeit. Eine Risikobegrenzung erreichen die Immobilienunternehmen nicht selten dadurch, daß lediglich eine Erstvermietungsgarantie gewährt wird, das heißt, die Miethöhe wird lediglich für den ersten Mieter, nicht aber bei einem eventuellen Mieterwechsel garantiert.

Orientiert sich das Produkt an der Rentabilität, so muß dies bei der Festlegung des Kaufpreises Berücksichtigung finden. In diesem Zusammenhang ist auf die Interdependenz zwischen der Höhe der Rendite und dem möglichen Mietausfallrisiko hinzuweisen. Handelt es sich um einen als unsicher anzusehenden Mieter, so kann die Verkäuflichkeit des Produkts gegebenenfalls durch Stellung einer höheren als der üblichen dreimonatigen Kaution – etwa durch eine Bankbürgschaft in Höhe einer Jahresmiete – wiederhergestellt werden. Gestaltet sich dagegen die Wiedervermietung bei Ausfall des Mieters zum gleichen oder zu einem höheren Mietpreis als schwierig, läßt sich das Produkt häufig nur über eine höhere Rendite absetzen. Diese wird bisweilen auch dadurch erzielt, daß das Immobilienunternehmen Mieteinnahmen subventioniert, bis diese gegebenenfalls über die Indexierung eine bestimmte Höhe erreicht haben. Tatsächlich handelt es sich hierbei um eine Mietsubvention zur Darstellung einer höheren Rentabilität, welche mit der Aussicht auf Erzielung eines höheren Kaufpreises begründet werden kann. In der Regel wird man jedoch nicht umhinkommen, den Kaufpreis und die Rentabilität auf der Basis einer realistischen Miethöhe festzusetzen. Dies beinhaltet auch, daß bereits im Vorfeld die Risikoabwägung vorgenommen und die Chancen und Risiken gegenübergestellt wurden. Diese können auch dem Kunden aufgezeigt werden, wobei die Risiken nach Möglichkeit z.B. durch Mietgarantien oder eine höhere Kaution minimiert werden.

Nicht selten spricht man in der Praxis bei Renditeobjekten davon, daß der Kunde nicht eine Immobilie, sondern einen Mietvertrag kauft. Dies trifft insbesondere bei Handelsobjekten, Lagergebäuden, aber auch bei Hotels zu. Insofern ist ein „guter" Mietvertrag mit einem bonitätsstarken, möglichst bekannten Mieter ein wesentlicher Bestandteil des Produkts „Renditeimmobilie". Bezogen auf die Rendite von Immobilien kommt dabei vor allem den Indexregelungen zum Zwecke des Inflationsausgleiches sowie den Vereinbarungen über die Übernahme von Nebenkosten erhebliche Bedeutung zu.

Handelt es sich bei dem zu vermarktenden Produkt um eine Wohnimmobilie, die durchaus auch unter dem Aspekt der Rentabilität betrachtet werden kann, so sind aufgrund besonderer gesetzlicher Vorschriften sinnvollerweise Staffel-Mietverträge zu vereinbaren, um dem ansonsten gesetzlich vorgeschriebenen Mieterhöhungsverfahren zu entgehen.

Im Rahmen der Produktpolitik ist generell eine Spezialisierung auf sogenannte Renditeimmobilien nicht unüblich. Teilweise geht die Spezialisierung auch so weit, daß z.B. nur Supermärkte oder Fachmärkte oder Hotels oder Boardinghäuser etc. angeboten werden. Ein wesentlicher Grund hierfür ist das im Rahmen der speziellen Projektentwicklung erworbene Know-how im Hinblick auf Markterfordernisse, Konzeption und Absatzmöglichkeiten.

### 3.6.1.10 Sicherheit

Ein wesentlicher Aspekt für den Kauf von Immobilien ist die Sicherheit. Oftmals ist dieser Gesichtspunkt vor allem in der Bundesrepublik Deutschland Hauptgrund für den Erwerb einer Immobilie, so daß dieses Kriterium im Rahmen der Produktpolitik den seiner Bedeutung angemessenen Stellenwert eingeräumt bekommen muß. Fast jeden Menschen bewegt der Wunsch nach Geborgenheit und Sicherheit. Mehr noch als rationale Überlegungen wie die Altersversorgung, die Geldanlage oder die Schaffung von krisenfestem Eigentum stehen oft emotionale Motive hinter diesem Bedürfnis. Immobilienkäufer suchen vor allem Sicherheit vor Geldentwertung, vor Mieterhöhung oder vor Kündigung. Für die Produktpolitik bedeutet dies, daß

Objekte bzw. Projekte so konzipiert und ausgewählt werden, daß sie dieses Gefühl der Sicherheit gewährleisten und ausstrahlen. Auf rationaler Ebene kann dies dadurch geschehen, daß hochwertige, dauerhafte Baumaterialien verwendet und zukunftsträchtige Standorte ausgesucht werden, aber auch die Art und Nutzung der Produkte bietet dazu Möglichkeiten.

Nach herrschender Meinung bringen Wohnimmobilien allgemein und Gewerbeobjekte in 1a-Lagen (z.B. Fußgängerzonen) die größtmögliche Sicherheit unter allen Immobilienprodukten. Sicherheit bedeutet in diesem Zusammenhang die Möglichkeit der Wiederveräußerung oder Wiedervermietung zu einem angemessenen Preis. Dies heißt auch, daß die Standortwahl und die Konzeption soweit wie möglich zukunftsorientiert ausfallen sollten und eventuell absehbare Veränderungen des Makro- und Mikro-Standortes stets zu berücksichtigen sind.

Als unsicher werden solche Objekte eingestuft, deren Nutzer nur dann existieren können, wenn diese mit qualifizierten Betreibern oder Mietern belegt sind. Kann ein solcher z.B. bei einer Neuvermietung nicht gefunden werden, so ergibt sich bei einer erforderlichen Überlassung zu einem niedrigeren Preis ein Wertverfall bzw. ein Wertrückgang der betreffenden Immobilie.

Für Gewerbemieter dient der Kauf der Immobilie der Standortsicherung, aber auch zum Schutz vor Kündigung oder Mieterhöhungen. Bei gemieteten Räumen muß nicht selten die Notwendigkeit der Standortverlagerung oder die permanente Erhöhung der Fixkosten des Betriebes einkalkuliert werden. Gewerbetreibende, die an einer langfristigen Besetzung des Standorts und einer gleichmäßigen bzw. geringer werdenden Kostenbelastung interessiert sind, können einerseits ausreichende Sicherheit nur über den Kauf des Objektes erhalten. Andererseits setzen beispielsweise die großen Handelsketten, mit Ausnahme von Aldi, auf eine langfristige Anmietung mit mehrfachen Verlängerungsoptionen. Durch die (einseitige) mehrfache Verlängerungsoption wird zumindest der Standort gesichert. Gleichzeitig entfällt der Eigenkapitaleinsatz für die Immobilie. Bei Nichtinanspruchnahme der Verlängerungsoptionen bleiben diese Unternehmen im Hinblick auf einen Standortwechsel relativ flexibel. Für den Immobilieneigentümer bedeutet dies allerdings eine mittel- und langfristig eingeschränkte Sicherheit bezüglich der zukünftigen Mieteinnahmen.

### 3.6.1.11 Emotionale Ansprache

Der Kauf von Immobilien erfolgt häufig – auch bei professionellen Käufern – nur teilweise nach rationalen Gesichtspunkten. Nicht selten haben emotionale Motive für die Kaufentscheidung eine sehr wesentliche Bedeutung. Die angebotenen Produkte sollten daher auch die Emotionen der potentiellen Käufer ansprechen. Dies kann optisch vor allem durch eine zeitgemäße Architektur, durch moderne Farbgestaltung oder die Verwendung bestimmter Materialien geschehen. Darüber hinaus spricht auch die attraktive, ausgesuchte Lage oder die Gestaltung des Objektumfeldes die Emotionen an. Wohn-, Büro- oder Gewerbeprojekte werden als Wohn-, Büro- oder Gewerbeparks konzipiert. Die Nutzer können entspannt in angenehmer Umgebung wohnen, arbeiten oder ihren Geschäften nachgehen. In diesem Zusammenhang gilt es, bereits bei der Produktgestaltung die Vorteile dieses speziellen Objektes den potentiellen Interessenten zu vermitteln. Ziel und Aufgabe der Werbepolitik muß es im nächsten Schritt sein, die emotionale Ansprache gestalterisch und werbemäßig nachzuvollziehen.

## 3.6.2 Praktische Beispiele der Produktentwicklung anhand ausgewählter Immobilientypen

### 3.6.2.1 Wohnimmobilien

Bei der Kreierung und Auswahl des Produkts „Wohnimmobilie" geht es primär um die Schaffung von Wohnqualität. Diese ergibt sich aus der Lage des Objektes, aber auch aus der Bauqualität, der Nutzungskonzeption und der Materialauswahl bei der Errichtung des Gebäudes. Bei der Festlegung auf den Mikro-Standort, also der Lage des Objekts, ist zu berücksichtigen, daß diesem eine grundsätzliche Bedeutung zukommt. Ein unprofessionell konzipiertes Objekt in guter Lage ist weit besser vermarktbar als ein gut konzipiertes an einer mit Nachteilen behafteten Stelle. Oftmals erwartet der Käufer einen ausgesucht ruhig gelegenen Standort. Bevorzugt werden häufig unverbaubare Hänge mit der Möglichkeit zur Schaffung eines nach Süden ausgerichteten Wohnbereichs. Die Lage direkt an Durchgangsstraßen mindert die Werthaltigkeit, wenngleich heute die Wohnbereiche so auf die rückwärtigen Gebäudeteile verlagert werden, daß gegebenenfalls eine eventuelle Verkehrsbelästigung kaum noch spürbar ist.

Im Hinblick auf die erforderliche Infrastruktur ist vor allem die regionale verkehrliche Anbindung von Bedeutung. Sehr vorteilhaft ist hier die Nähe von Schnellstraßen sowie von S- oder U-Bahnen. Zu berücksichtigen sind weiterhin die Nähe zu Einkaufsmöglichkeiten sowie die Erreichbarkeit eines öffentlichen und privaten Dienstleistungsangebotes (Schulen, Kindergärten, Ärzte, Friseure etc.). Im etwas weiteren Umfeld sind die bestehenden Erholungs- und Freizeitmöglichkeiten sowie das Bildungs- und Kulturangebot zu berücksichtigen.

Individuell beurteilt werden müssen die Nutzungsstruktur und die Bebauung in der unmittelbaren Nachbarschaft. Insbesondere geht es hier um die Nähe störender oder emissionsbelasteter Gewerbebetriebe. Nicht zu unterschätzen ist die Bedeutung der Bevölkerungsstruktur im unmittelbaren Umfeld, aus der sich auch teilweise der Imagewert des Wohngebietes ergibt. Ferner ist zu überprüfen, ob stadtplanerische Vorhaben (Straßenbau) oder baurechtliche Rahmenbedingungen (z.B. nur Bau von Flachdachobjekten) dem Bau oder dem Erwerb der Wohnimmobilie entgegenstehen. Schließlich ist auch auf nicht sofort erkennbare Emissionsbelastungen (Einflugschneise von Flughäfen, Abgasbelastung durch Kraftwerke oder Industriebetriebe, Lärmentwicklung durch Sportanlagen etc.) zu achten.

Vorteilhaft ist zudem die attraktive Nachbarschaft etwa zu einem Park, zu einem Villenviertel oder die Möglichkeit zu einer Grenzbebauung mit freier Aussicht für die künftigen Nutzer.

Die Konzeption der Wohnimmobilienprodukte richtet sich einerseits nach den Erwartungen der möglichen Käufer sowie nach der Wirtschaftlichkeit des Bauvorhabens auf der anderen Seite. Viele Käufer bevorzugen so Wohnungen in kleineren Mehrfamilienhäusern mit lediglich sechs bis zehn Wohnungen innerhalb eines Objektes. Verkaufsfördernd ist darüber hinaus eine optisch ansprechende und den Zeitgeschmack ausdrückende Architektur.

Aufgrund der relativ hohen Baukosten muß das Immobilienunternehmen ebenso um eine rationelle Bauweise bemüht sein wie um die Ausschöpfung der Absatzmöglichkeiten. Dies beginnt bei der Relation von Brutto-Geschoßfläche zu Netto-Wohnfläche, die den Faktor 0,8 bis 0,85 nicht unterschreiten sollte. Je nach Baufenster werden pro Treppenhaus zwei bis vier Wohnungen vorgesehen, wobei sich vor allem bei letzteren eine günstige Relation von Nebenflächen zu Wohnflächen ergibt. Eine vertretbare Dimensionierung der Wohnungsgrößen resultiert aus einem gewichteten Mittel zwischen Ansprüchen auf der einen und Bezahlbarkeit bzw. Gesamtkostenvolumen auf der anderen Seite. Besonders gefragte Wohnungsgrößen sind:

- Ein-Zimmer-Wohnungen      30 bis 35 Quadratmeter,
- Zwei-Zimmer-Wohnungen      50 bis 60 Quadratmeter,
- Drei-Zimmer-Wohnungen      70 bis 75 Quadratmeter,
- Vier-Zimmer-Wohnungen      90 bis 95 Quadratmeter.

Kleinere Wohnungen sind eher unzeitgemäß, werden aber teilweise konzipiert, um die gestiegenen Gesamtkosten auf ein als vertretbar erachtetes Maß zu reduzieren. Oberhalb der genannten Größen plazierte Wohnungen können dem gehobenen Bedarf, weit darüber hinausreichende Größen dem Luxusbedarf zugerechnet werden.

Die Wohnungsbauunternehmen achten besonders darauf, keine unwirtschaftlichen Flächen wie zu große Flure oder überdimensionierte Balkons und Terrassen zu realisieren. Der heute erwartete Standard im Hinblick auf eine befriedigende Wohnqualität sind ein ausreichend großes Kinderzimmer (mindestens 10 bis 12 Quadratmeter), separate Toilette, Bad und Dusche innerhalb des Badezimmers sowie in der Regel eine abgeschlossene Küche mit Tageslicht. Die Wohnräume sind im allgemeinen nach Süden oder Westen hin zu orientieren und mit einem Balkon zu versehen, wobei dessen Teilüberdachung von Vorteil ist. Erdgeschoßwohnungen erhalten in der Regel ein Sondernutzungsrecht für den unmittelbar angrenzenden Gartenteil im Wohnbereich. Für den Nutzer hat dies den Vorteil, daß er so ähnlich wie im Einfamilienhaus wohnen kann, und die Eigentümergemeinschaft spart dadurch gleichzeitig Gartenpflegekosten.

Sehr beliebt sind Dachwohnungen, die die Möglichkeit bieten, einen nachträglichen Bühnenbodenausbau vorzunehmen. Dies gilt auch bei größeren Wohnbauprojekten. In diesen finden auch attraktive Penthouse-Wohnungen eine zahlungskräftige Käuferschicht.

Trotz oftmals vorhandener Kaufkraft achten die potentiellen Nutzer aber immer auf geringe Nebenkosten. Präferenzen bestehen daher für Objekte ohne Aufzüge, ohne Flachdächer mit der Folge geringer Instandhaltungsrücklagen und sonstigen Nebenkosten.

Das ausschließliche Produktangebot genügt den hohen Ansprüchen der Kaufinteressenten heute in der Regel nicht mehr. Ein weitgehender Service, der den Produktvertrieb ergänzt, muß heute eine qualifizierte Verwaltung und Vermietung, Finanzierungsberatung sowie Steuer- oder Vermögensberatung (oftmals in Verbindung mit betriebseigenen Spezialisten) umfassen.

### 3.6.2.2 Kombinierte Wohn- und Gewerbeimmobilien

Befaßt sich das Immobilienunternehmen im Rahmen der Produktpolitik vorwiegend mit innerstädtischen Objekten in zentraler Lage der Städte oder Stadtteile, so ergibt sich nicht selten eine gemischte Wohn- und Gewerbenutzung. Baurechtlich ist eine derartige Mischnutzung nur in den sogenannten MI-Gebieten (Mischgebiete) zulässig. Oftmals entsteht an diesen Standorten das typische mehrfunktionale innerstädtische Geschäftshaus, in dem im Erdgeschoß Einzelhandel und/oder Gastronomie und in den Obergeschossen Büros, Praxen und Wohnungen untergebracht sind. Partiell wird eine derartige Nutzung von den Städten und Gemeinden mit sanftem Zwang gefördert, indem beispielsweise 20 Prozent der Fläche für Wohnnutzung vorgeschrieben ist, um auch abends die Innenstädte belebt zu halten.

In diesem Zusammenhang gilt es zu berücksichtigen, daß die Ansprüche der Nutzergruppen voneinander nicht unwesentlich differieren: Eine qualitativ hochwertige Gewerbenutzung erfordert einerseits vor allem einen guten, das heißt verkehrsorientierten Standort. Andererseits mindern Fußgänger-, Kraftfahrzeug- oder öffentlicher Verkehr ebenso wie eine gewerbliche Nutzung in den Augen vieler potentieller Wohnungsinteressenten die Wohnqualität. Insofern gilt es, für die Wohn- wie auch für die Gewerbenutzer eine Zielgruppenbestimmung vorzunehmen und hieran die Produktkonzeption zu orientieren.

Unterschiedliche Ansprüche der einzelnen Nutzergruppen bestehen im Hinblick auf den Standort, die bauliche Konzeption, das Image und die Kompatibilität der verschiedenen Nutzungen. So erfordert ein innerstädtischer Einzelhandelsstandort vor allem eine akzeptable Fußgängerfrequenz, gut erreichbare Parkmöglichkeiten sowie nach Möglichkeit die Nähe zu anderen attraktiven Einzelhandelsanbietern. Nur Betriebe mit erheblicher eigener Anziehungskraft und hohem Stammkundenanteil sind auch in Neben- oder Seitenlagen existenzfähig.

Nachfrager nach Büroräumen erwarten aus Repräsentationsgründen häufig eine gute Büroadresse. Teilweise kann das Vorhandensein gleichartiger Betriebe ein wichtiges Standortkriterium (z.B. bei Ärzten, Fluglinien, Banken) darstellen. Entsprechendes gilt auch für Freizeit- oder Unterhaltungseinrichtungen sowie für gastronomische Betriebe. Demgegenüber sollten Standorte für Wohnraum eher abseits von Hauptverkehrsstraßen und Fußgängerzonen möglichst in Anliegerbezirken situiert sein. Wohnungen in mehrfunktionalen, innerstädtischen Immobilien sprechen insofern aktive Leute, die eher nach außen orientiert sind, und jüngere Menschen mit Interesse an Unterhaltungsmöglichkeiten, Kultur, Gastronomie und Cityleben an.

Müssen mehrere verschiedene Funktionen unter einem Dach abgedeckt werden, so sollten die daraus resultierenden spezifischen Anforderungen bei der baulichen Konzeption berücksichtigt werden. Deshalb ist es sinnvoll, daß Gebäude mit erheblichem Besucherverkehr je nach Nutzung separate Eingänge aufweisen. Finden sich Büros oder Praxen innerhalb des Objektes, müssen Aufzüge und gegebenenfalls großzügigere Treppenaufgänge als bei reinen Wohnhäusern ebenso eingeplant werden wie eine behindertengerechte Zugänglichkeit. Daneben legen viele Büromieter größten Wert auf eine repräsentative Eingangsgestaltung.

Wohnungsnutzer empfinden oftmals Anlieferungen von Einzelhandelsbetrieben oder den Publikumsverkehr von gastronomischen Betrieben als störend. Dies läßt sich von Fall zu Fall durch eine entsprechende Plazierung der einzelnen Einheiten und die Ausrichtung der Wohnbereiche reduzieren oder verhindern.

Als gesundes Verhältnis wird bei mehrfunktionalen Objekten eine Relation Einzelhandelsfläche zu Büro- bzw. Praxisfläche von etwa 70 zu 30 Prozent angesehen. Bei Einzelhandelsflächen kann die gesamte Grundfläche überbaut werden, während Büros oder Wohnungen aufgrund der gegebenen Verhältnisse – je nach Grundstücksgröße – meist nur an den Grundstücksseiten als Randbebauung eingeplant werden können. Der Anteil der Wohnnutzung sollte in sehr zentralen Lagen nach Möglichkeit 10 Prozent der Gesamtfläche nicht überschreiten. Je dezentraler und somit unattraktiver für Gewerbeflächen der Projektstandort situiert ist, desto höher wird im allgemeinen der Anteil der Wohnnutzung. In derartigen Lagen kann es durchaus sinnvoll sein, lediglich im Erdgeschoß Gewerbeeinheiten vorzusehen und den Wohnanteil auf bis zu 80 oder 90 Prozent zu erhöhen.

Der gelegentliche Wechsel der Nutzer von Handels- und Büroflächen erfordert eine höchstmögliche Flexibilität bei der Variierung der Flächengrößen. Diese kann durch ein großzügiges Stützenraster, ausreichende Deckenhöhe und eine leichte Herausnehmbarkeit von Zwischenwänden erreicht werden. Darüber hinaus besteht ein Vorteil des Mischnutzungskonzeptes auch darin, daß zumindest Büro- und Praxisflächen im Fall einer problematischen Nachvermietung in leichter plazierbare Wohnungen umgewandelt werden können. Bei der Aufteilung eines Objektes nach dem Wohnungseigentumsgesetz (WEG) sind die Möglichkeiten einer Umnutzung bereits in der Teilungserklärung vorzusehen.

Die Zusammensetzung der verschiedenen Nutzer ist so zu wählen, daß diese sich nicht gegenseitig stören, sondern zumindest eine erträgliche Koexistenz sichergestellt ist. Ein Zusatznutzen für ein solches Immobilienprodukt ist dann gegeben, wenn sich darüber hinaus Synergieeffekte ergeben. Als typisches Beispiel dafür können die Apotheke und der Krankengymnast in einem Ärztehaus gesehen werden. Auch ein gastronomischer Betrieb in einer größeren Wohnanlage verfügt so bereits am Standort über ein bestimmtes Grundpotential an Kunden.

Oftmals bietet sich nur über die Errichtung einer mehrfunktionalen Immobilie die Möglichkeit zur optimalen Ausnutzung der erlaubten Geschoßflächenzahl oder der Baumassenzahl. Und nur durch die Etablierung von Gewerbeeinheiten mit relativ hohen Mieten kann häufig eine ausreichende Rentabilität dargestellt werden, die die teuren Grundstücks- und Baukosten kompensiert.

Mit der Realisierung derartiger gemischt genutzter Immobilien nimmt das Immobilienunternehmen eine Risikostreuung auch im Hinblick auf die Absatzmöglichkeiten vor. Eine gute Nachfrage nach derartigen Objekten geht von seiten institutioneller Anleger ebenso wie von vermögenden Privatanlegern aus. Dies gilt vor allem für die Großräume und Ballungszentren innerhalb der Bundesrepublik Deutschland. Findet sich kein Gesamtabnehmer, so lassen sich derartige Objekte oft in kleinere Einheiten aufteilen, was auf das Interesse von privaten Nachfragern stößt. Eine Risikostreuung ergibt sich aus der Vielzahl der Funktionen ebenso wie aus der Möglichkeit, unterschiedliche Objektgrößen sowie verschiedene Preis- und Rentabilitätsklassen anbieten zu können.

Komplizierter, auch langwieriger gewordene Genehmigungsprozesse für neue Projekte und die Erweiterung bestehender Objekte und verschärfte Auflagen im Rahmen des Brand- oder Denkmalschutzes sowie Bestimmungen der Gewerbeaufsicht verhindern oftmals die Realisierung innerstädtischer Vorhaben. Darüber hinaus bestehen hier nur beschränkte Möglichkeiten der räumlichen Erweiterung bzw. allgemein der Schaffung neuer innerstädtischer Nutzflächen. Nicht zuletzt aus diesen Gründen weist die gemischte Wohn-Gewerbe-Immobilie interessante Entwicklungsperspektiven im Rahmen der Erschließung von Fußgängerzonen-Randlagen oder in Zwischenlagen mit größeren Wohngebieten und/oder Großbetrieben bzw. Büros mit hoher Beschäftigtenzahl sowie in zentralen Lagen von Klein- und Mittelstädten auf. Vorsicht ist dagegen besonders in Kleinstädten und unbedeutenderen Gemeinden, aber auch in Nebenlagen größerer Städte angebracht, da die Aufnahmefähigkeit für gewerbliche Nutzung hier beschränkt ist.

### 3.6.2.3 Büroimmobilien

Die Umorientierung unseres Staates von der Produktions- hin zur Dienstleistungsgesellschaft schafft immer mehr Bedarf an Flächen für Büroarbeitsplätze. Und zahlreiche Restriktionen im Mietwohnungsbau lenken zunehmend das Interesse von Anlegern und Entwicklern auf die Büroimmobilie, die sich hervorragend als Anlageobjekt für private und institutionelle Investoren mit unterschiedlichsten Investitionsvolumina eignet. Die steigende Technisierung am Büroarbeitsplatz mit der Installation zahlreicher Geräte wie PC, ISDN, Telefax, Kopierer etc. erfordert einen zunehmenden Flächenbedarf je Mitarbeiter. Die Nachfrage nach großen Bürohäusern konzentriert sich primär auf die Zentren bundesdeutscher Ballungsgebiete, aber auch auf Büroflächenagglomerationen an der Peripherie der Zentren, wie z.B. die Hamburger City Nord oder Frankfurt-Niederrad.

Besondere Vorsicht ist bei der spekulativen Errichtung von Büroobjekten geboten, das heißt beim Bau auf Vorrat, wenn der oder die Mieter noch nicht feststehen. Besonders der Büroflächenmarkt ist bekannt für seine Schwankungen sowohl im Hinblick auf die Nachfrage als auch auf das Angebot. Allgemein werden diese als Schweinezyklus bezeichnet. Besonders ausgeprägt ist hierbei die in wirtschaftlichen Schwächezeiten stark rückläufige Nachfrage nach Büroflächen bei einem gleichzeitig im Rahmen einer guten Konjunktur vorher stark erweiterten Angebot. Aufgrund der langen Produktionszeit gelangt dieses häufig erst in einem Konjunkturtief an den Markt. Außerdem wollen die Nutzer von Büroimmobilien in den meisten Fällen nicht volle zwei oder drei Jahre warten, die ein Neubauprojekt von der Konzeption bis zur Fertigstellung oft benötigt, so daß für sie nur eine Anmietung oder der Kauf eines bestehenden bzw. im Bau befindlichen Objektes in Frage kommt.

Will das Immobilienunternehmen Bürohäuser anbieten, sind diese Risiko-faktoren einzukalkulieren.

Die aktivsten und attraktivsten Büroimmobilienmärkte in der Bundesrepu-blik sind seit Jahren in Frankfurt am Main, München, Hamburg, Düsseldorf und Stuttgart vorzufinden – seit der Wiedervereinigung auch in Berlin. In den Großstädten Köln, Essen, Dortmund oder Hannover ist die Nachfrage deutlich geringer, und in den übrigen Städten Deutschlands werden Büro-immobilien überwiegend zur Eigennutzung errichtet. Je nach Lage, techni-schem Zustand, Alter etc. sind die Mieten für Bürohäuser so ausgerichtet, daß Renditen zwischen zirka 4,5 Prozent (Stadtzentren) und 7 Prozent der gesamten Investitionssumme (Stadtperipherie) erzielt werden können.

Die Nutzer fordern heute von Bürogebäuden vor allem, daß sie eine gute Adresse darstellen, eine ansprechende äußere Architektur mit großzügiger Eingangssituation zur Unterstreichung des Repräsentationsbedürfnisses aufweisen, die Anbindung an attraktive öffentliche Verkehrsmittel wie U- und S-Bahn vorzufinden ist, ausreichende Kraftfahrzeugstellplätze für Mitarbei-ter und Gäste zur Verfügung stehen, die Immobilien sich durch ökonomische Raumgrößen und einen geringen Nebenkostensatz auszeichnen. Flexibel zu gestaltende Grundrisse durch leicht herausnehmbare Wände, die die künf-tige Expansion oder Verkleinerung ohne Mühe realisieren lassen, dienen auch im Hinblick auf die Folgevermietung den Interessen des Eigentümers. Eine Klimatisierung wird aus Gründen der Folgekosten, oftmals aber auch wegen der Ablehnung der Mitarbeiter in der Bundesrepublik selten ge-wünscht. Schwer absetzbar sind ältere Bestandsobjekte, die die genannten Anforderungen nicht oder nur zum Teil erfüllen können.

Bei der Planung ist zunächst die Objektgröße so festzulegen, daß das Ver-marktungsrisiko überschaubar bleibt. Die Vermietung muß innerhalb einer angemessenen Zeit, spätestens bis sechs Monate nach der Fertigstellung, vorgenommen werden können. Daneben ist bei der Konzipierung der Ge-samtgröße die Nachfrage der Anleger nach fertiggestellten Objekten zu berücksichtigen. Gesamtvolumina von mehr als 100 Millionen DM sind bei-spielsweise wesentlich schlechter absetzbar als kleinere Objekte in einer Größenordnung von 5 Millionen bis 15 Millionen DM. Größere Einheiten sollten nach Möglichkeit real teilbar sein.

Von größter Bedeutung für eine rationale, funktionale Planung sind die Raumtiefe und das Achsmaß. Die meisten Büronutzer suchen heute nur in geringem Maße Flächen, die auch für Gemeinschaftsarbeitsplätze genutzt werden sollen. In Neubauten sollten daher im Normalfall nicht mehr als 15 Prozent der Gesamtflächen als Großraumbüros vorgesehen werden. Fachleute sind der Ansicht, daß es nur in den seltensten Fällen ein Nachteil wäre, wenn eine Großraumnutzung unmöglich sei. Geht man von einer Einzelbüronutzung aus, sollte die Gebäudetiefe 13 Meter nicht übersteigen. Hieraus ergeben sich beiderseitig eine Raumtiefe von 5,50 Meter sowie ein Flur von 1,50 Meter. Größere Büroraumtiefen sind nicht gleichbedeutend mit größerer Nutzfläche, das heißt, bei gleicher Nutzung wird der Raum überdimensioniert. Im Rahmen einer wirtschaftlichen Konzeption ist ebenfalls auf das Achsmaß zu achten, welches zwischen 1,25 und 1,50 Meter liegen sollte, wenn die Einzelräume nicht überdimensioniert ausfallen sollen. Eine andere Geschoßhöhe ist dann erforderlich, wenn Großräume eingeplant werden sollen.

Doppelböden für die Verkabelung von EDV-Anlagen, Bildschirmen etc. erwarten zunehmend die Nutzer erstklassiger und somit teurer Büroflächen in den besten Innenstadtlagen. Einen relativ neuen Aspekt im Rahmen der Konzeption von Büroimmobilien stellt die Sicherheit dar. Bereits im Rahmen der Planung ist eine leichte Überwachbarkeit, möglichst von einem zentralen Punkt aus, zu berücksichtigen. Eingesetzt werden auch elektronische Schließsysteme mit der Möglichkeit der Registrierung der das Gebäude betretenden und verlassenden Personen.

### 3.6.2.4 Einzelhandelsimmobilien

Dieser Schwerpunkt der Produktpolitik im Bereich gewerblicher Immobilien zeigt sich im gesamten Spektrum der Handelsimmobilien. Solche finden sich häufig in mehr- oder multifunktionalen Objekten, sind oftmals aber auch speziell für eine monofunktionale Handelsnutzung ausgelegt. Bei einer Festlegung im Rahmen der Produktpolitik sind primär die einzelnen Betriebsformen voneinander zu unterscheiden, welche eine unmittelbare Auswirkung auf die Immobilie hinsichtlich der Dimensionierung und Strukturierung haben.

Der Markt für Handelsimmobilien ist bundesweit vergleichsweise transparent, da es sich bei den Nachfragern oftmals um sehr professionell arbeitende regionale oder überregionale Filialisten handelt. Da diese auch sehr aktiv bei den Immobilienunternehmen attraktive Standorte akquirieren, lassen sich durch permanenten Informationsaustausch sehr schnell die aktuellen Standort- und Anforderungskriterien für die jeweiligen Ladenflächen ermitteln. Noch in der Projektentwicklungsphase können so innerhalb kürzester Zeit Chancen und Marktgängigkeit der Handelsflächen einer Prüfung unterzogen werden. Entspricht der Standort des Projekts den Nutzeranforderungen, gestalten sich die Produktkonzeption, die Vermietung sowie der Absatz bei Einzelobjekten weitgehend unproblematisch. Wesentlich komplexer sind allerdings sogenannte agglomerierte Handelsimmobilien wie Einkaufszentren, Einkaufsgalerien und -passagen zu entwickeln.

Zu den zahlenmäßig am häufigsten vertretenen Arten der Handelsimmobilien zählen die Fach- und Spezialgeschäfte, die sich hauptsächlich in den gewachsenen Stadtzentren, in Stadtteilzentren sowie den Shopping-Centern befinden. Betrachtet man deren Dimensionierung, so umfaßt dieses Immobilienprodukt den Kleinstanbieter auf zirka 4 Quadratmeter (z.B. Candy-Shop) ebenso wie das mehrere 100 Quadratmeter oder mehrere 1000 Quadratmeter große Sport-, Textil- oder Elektro-Fachgeschäft. Wenig zukunftsträchtig sind Objekte in sogenannten Streulagen und sehr kleinen Gemeinden (unter 2000 bis 5000 Einwohner). Fach- und Spezialgeschäfte können als Teileinheiten größerer Wohn- und Geschäftshäuser oder Einkaufszentren konzipiert werden. In sehr attraktiven, zentralen Lagen wird man allerdings das Objekt nicht in Teileinheiten, sondern vorzugsweise komplett veräußern.

Sehr gute Möglichkeiten der Produktspezialisierung bieten die Immobilien des Lebensmitteleinzelhandels. Hier dominieren die großen Handelsketten mit ihren wenigen, unterschiedlichen Betriebstypen wie dem Supermarkt, dem Discounter, dem Verbrauchermarkt und dem SB-Warenhaus die Szene. Die Handelsketten als Miet-Nachfrager (Ausnahme: Aldi tritt als Kaufinteressent für geeignete Grundstücke auf) geben klare Vorgaben bezüglich der benötigten Fläche, der Standorte und der ungefähren Mietpreise.

Branchenspezifische Lebensmittelanbieter sind den Fach- und Spezialgeschäften hinzuzurechnen.

Supermärkte und Discount-Märkte können in mehrfunktionalen und gemischt genutzten Gebäuden untergebracht werden. Objekte des größeren 1200-Quadratmeter-Typs sind dagegen nicht selten an verkehrsgünstigen Standorten und als alleinstehende Objekte mit entsprechender Verfügbarkeit von ebenerdigen Kfz-Stellplätzen konzipiert.

Auch SB-Center oder Verbrauchermärkte sind an verkehrsgünstigen Standorten situiert und häufig monofunktional ausgerichtet. Oftmals ergänzen Servicebetriebe oder sonstige Konzessionäre das Angebot dieser Betriebsformen. Objekte ab der Größenordnung von SB-Centers zählen in besonderem Maße zu den von § 11 Abs. 3 Baunutzungsverordnung negativ betroffenen Objekten, deren Errichtung mittels Baurecht verhindert bzw. gesteuert wird. Dies gilt es bei der Festlegung auf diese Produkte speziell zu berücksichtigen.

Zu den Handels-Großbetrieben zählen die großen SB-Warenhäuser mit einer Verkaufsfläche ab 3000 Quadratmeter bis zu (in Einzelfällen) 40000 Quadratmeter Verkaufsfläche. In der Regel können derartige Großobjekte nur an der Peripherie der Städte an sehr verkehrsgünstigen Standorten oder in Gewerbegebieten (bei Vorhandensein des entsprechenden Baurechts) situiert werden. Die kleineren Betriebsgrößen zwischen 4000 und 8000 Quadratmeter bieten sich als Magnetbetriebe für größere Shopping-Center-Projekte an, welche teilweise auch in Innenstadtrandlagen und in Stadtteilen größerer Städte projektiert werden können. Dieser Typ wird als City-SB-Warenhaus bezeichnet und entstand durch den weitgehenden Wegfall von baurechtlich verfügbaren Standorten auf der „grünen Wiese".

Bei Warenhäusern und Kaufhäusern handelt es sich um Einzelhandels-Großbetriebe, die in zentraler Geschäftslage sowie in großen Shopping-Centern über mehrere Ebenen ihre Waren anbieten. Für die Produkt-Neuentwicklung eignen sich diese Betriebstypen, zumindest in den alten Bundesländern, kaum. Chancen für dieses Produkt bestehen dagegen in den größeren Städten (ab zirka 100000 Einwohner) der neuen Bundesländer im Bereich der sogenannten Ein-Sortiment-Kaufhäuser bei Textilien oder Bekleidung, deren bedeutendste Vertreter beispielsweise C & A und Peek & Cloppenburg sind. Diese zumeist in zentralen Lagen angesiedelten Kaufhäuser belegen größere Geschäftsgebäude oftmals auf allen Ebenen vom Untergeschoß bis zum fünften Obergeschoß.

Für Klein-Warenhäuser eignen sich als Standorte sowohl kleinere und mittlere Städte als auch die Außenbezirke von Großstädten.

Ein sehr zeitgemäßes und relativ einfach zu konzipierendes Produkt stellt der Fachmarkt dar. Zumeist in dezentraler, verkehrsorientierter Lage angesiedelt, haben diese Einzelhandelsobjekte oftmals eine Verkaufsfläche von nicht mehr als 1000 Quadratmeter aufzuweisen, was ursächlich mit den Bestimmungen des bereits erwähnten § 11 Abs. 3 der Baunutzungsverordnung zusammenhängt. Ausnahmen hiervon sind die Drogeriemärkte mit einer durchschnittlichen Betriebsgröße von etwa 250 bis 350 Quadratmeter, die an integrierten Standorten angesiedelt sind. Deutlich größere Betriebseinheiten finden sich dagegen beispielsweise bei den Baumärkten, Grünen Märkten, Elektro- und Unterhaltungselektronikmärkten, Spielwaren etc., die nicht selten eine Größenordnung von 3000 bis 5000 Quadratmeter Verkaufsfläche aufweisen. Fachmarktbetreiber suchen vor allem die Nähe von Verbrauchermärkten und Einkaufszentren, aber auch von anderen Fachmärkten oder Fachmarkt-Agglomerationen. Für den Produktentwickler wichtig zu wissen ist, daß dieser Betriebstyp im Gegensatz zu den meisten anderen Handelsobjekten auch ansonsten schwer nutzbare Flächen in Untergeschossen oder Obergeschossen belegen kann.

Zu den größten, teuersten und sicherlich auch sehr komplexen Handelsimmobilien zählt das Einkaufszentrum oder Shopping-Center. Hierbei handelt es sich um eine bewußt geplante und entsprechend errichtete, künstliche Einheit, bestehend aus zahlreichen Einzelhandelsbetrieben unterschiedlicher Betriebsform. Shopping-Center benötigen, um richtig funktionieren zu können, neben dem passenden Standort vor allem einen standortadäquaten, speziell abgestimmten Branchen-Mix, ein ausreichendes Kfz-Stellplatzvolumen sowie ein qualifiziertes Center-Management für die Betreibung bzw. bereits für die Errichtungphase. Eine gewisse Marktsättigung sowie regionale Überangebote erschweren in den alten Bundesländern den Bau von Großobjekten. Dagegen gibt es durchaus Marktchancen für kleiner dimensionierte Objekte in Größenordnungen von 3000 bis 10000 Quadratmeter Geschäftsfläche. Als geeignet für derartige Objekte erweisen sich die Stadtteil-Zentren größerer Städte, aber auch die Mittelstädte, in denen sogenannte Nachbarschaftszentren mit Einzelhandels- und sonstigen Dienstleistungsanbietern für den täglichen Bedarf konzipiert werden. Andere Formen des Einkaufszentrums sind die Einkaufspassagen, Einkaufsgalerien und Einkaufshöfe, die vor allem in den vergangenen 15 Jahren eine Renaissance erlebten.

Erfolgversprechend ist die Entwicklung von Passagen oder Galerien vor allem dann, wenn der Durchgang eine funktionale Bestimmung aufweist, das heißt, wenn es externe Gründe gibt, die Passage zu frequentieren, um etwa von Punkt A nach Punkt B zu gelangen. Vorsicht ist geboten bei der Entwicklung spezieller Handelsprodukte wie Markthallen, Frischezentren, Gourmetmärkten, Food-Courts etc., in denen den Kunden neben dem Einkaufs- auch ein Freizeiterlebnis vermittelt werden soll. In den meisten Fällen konnten sich derartige Objekte in Deutschland nicht dauerhaft am Markt behaupten.

Nachfrager für Handels-Großimmobilien sind vor allem institutionelle Anleger wie Offene und Geschlossene Immobilienfonds, Pensionsfonds oder Versicherungsgesellschaften. Die möglichen Anlagevolumina regionaler Shopping-Center liegen im Durchschnitt bei 250 Millionen DM. Bei größeren Projekten müßte gegebenenfalls eine reale Teilbarkeit vorgesehen werden. Für kleinere Objekte wie Fachmärkte, Supermärkte oder kleinere SB-Warenhäuser kommen auch finanzkräftige Privatinvestoren als Nachfrager in Betracht. Einzelne kleinere Ladeneinheiten lassen sich weitgehend problemlos an Eigennutzer oder Kapitalanleger mit geringeren finanziellen Möglichkeiten absetzen.

Die bei Handelsimmobilien oftmals erzielbaren deutlich höheren Renditen gegenüber Wohn- oder Büroraum sind auch im Zusammenhang mit einem schnelleren Verschleiß von Handelsimmobilien und der geringeren Lebensdauer der Immobilie zu sehen. Höhere Risiken bestehen hinsichtlich der Vermietbarkeit und der dauerhaften Konkurrenzfähigkeit der Objekte. Insofern muß der Produktplaner über die Qualität des Mieters sowie die des Standortes und des Einzugsgebietes Informationen gewinnen. Von ganz erheblicher Bedeutung ist der Realitätsbezug der kalkulierten bzw. erzielten Mieten. Üblicherweise muß die Handelsimmobilie als Paket konzipiert sein, welches neben dem Immobilienprodukt selbst handelsspezifische Mietverträge und gegebenenfalls Mietgarantien sowie Management oder Verwaltung enthält.

### 3.6.2.5 Gewerbeparks

Wurden Gewerbegebiete seit jeher größtenteils unkoordiniert erschlossen und bebaut, so entstehen seit einigen Jahren als ein relativ neues Gewerbeimmobilienprodukt in der Bundesrepublik Deutschland die Gewerbeparks. Unter einem Gewerbepark ist ein planmäßig entwickeltes, größeres Gewerbegebiet zu verstehen, welches nach einer durchdachten Nutzungskonzeption entworfen und unter einheitlichem Namen vermarktet und bekannt gemacht wird. Im Rahmen der Entwicklung und Produktgestaltung wird versucht, Büro- und Lagerbauten mit interessanter Architektur in ansprechender, parkähnlicher Umgebung unterzubringen. Parallel hierzu versucht man, den Mieter- oder Nutzer-Mix so abzustimmen, daß sich Synergieeffekte ergeben können. Sogenannte störende Betriebe, von denen Umweltbelastungen wie Lärm, Staub etc. ausgehen können, werden in gut konzipierten Gewerbeparks grundsätzlich nicht untergebracht. Versorgungseinrichtungen wie Gastronomie oder Kioske ergänzen den Gewerbepark, der als Markenartikel durch Entwicklung eines eigenen Namens und einer eigenen Identität gegenüber anderen, oftmals gewachsenen Gewerbegebieten profiliert werden soll. Um die Einhaltung der Konzeption zu gewährleisten, ist eine Gesamtverwaltung erforderlich.

Hintergrund dieses Konzepts ist, vor allem auch die langfristige Wertentwicklung einer Investition nicht von Zufällen abhängig zu machen, die sich etwa aus Nutzungsänderungen oder schlechter Bewirtschaftung von Nachbargrundstücken ergeben können. Gleichzeitig resultiert aus der planmäßigen Belegung des Gewerbeparks mit einander sich ergänzenden Branchen ebenso ein Zusatznutzen wie durch die parkähnliche Gestaltung und die individuelle Architektur. Anders als bei Handelsimmobilien gestaltet sich die Mieter-Mix-Konzeption für einen Gewerbepark wesentlich schwieriger. Je nach Größe und Standort sind mögliche Schwerpunkte hinsichtlich der Branchen und Bereiche festzulegen, die innerhalb des Objektes unbedingt vertreten sein sollen. Im Rahmen einer Marktanalyse ist der grundsätzliche Bedarf zu ermitteln. Mögliche Besonderheiten des Einzugsgebietes wie bestimmte industrielle Schwerpunkte, Flughafen etc. müssen berücksichtigt werden. Eine gute Anbindung an den öffentlichen Verkehr und an den Individualverkehr ist ebenso notwendig wie eine problemlose Auffindbarkeit des Standortes innerhalb der Stadt bzw. der Region.

Die einzelnen Einheiten müssen so geplant werden, daß der Mieter sowohl die Möglichkeit zur Expansion als auch zur Flächenreduzierung hat. Von wesentlicher Bedeutung ist darüber hinaus das (zu schaffende) Image des Gewerbeparks, welches sich in dessen Namensbezeichnung, Bekanntheitsgrad, der Architektur und der Gesamtgestaltung des Objektes ausdrückt. Neben dem gewerbeparkspezifischen Branchen- oder Mieter-Mix bedarf ein entsprechend groß dimensioniertes Projekt einiger Basiseinrichtungen wie Dienstleistungsunternehmen (Banken, Steuerberater, Reisebüros) sowie gastronomischer oder Sporteinrichtungen. Eine Überbauung der Grundfläche von etwa 40 bis 45 Prozent wird nach Auffassung von Fachleuten als sehr gute Relation zwischen bebauter und unbebauter Fläche angesehen. Die Größe eines Gewerbeparks wird primär von den Möglichkeiten innerhalb des Marktgebietes bestimmt, welches eine ausreichende Größe aufweisen muß. Besonders prädestiniert sind deswegen vor allem die bundesdeutschen Großräume sowie sonstige Groß- und Mittelstädte von ausreichender Zentralität.

Das ins Auge gefaßte Grundstück sollte eine ausreichende Größe aufweisen, um nicht den Einflüssen einer möglicherweise wenig attraktiven Bebauung in der Umgebung ausgeliefert zu sein. Schließlich ist ein qualifiziertes Management aus den späteren Mieteinnahmen zu finanzieren, was ebenfalls eine bestimmte Mindestgröße voraussetzt. In der Regel werden bei Gewerbeparks unter 100 000 Quadratmeter diese Anforderungen nicht erfüllt werden können. Grundstücksflächen ab einer Größenordnung von etwa 100 000 bis 300 000 Quadratmeter erscheinen so besonders geeignet für einen Gewerbepark. Tatsächlich werden und wurden derartige Objekte bereits ab einer Größenordnung von etwa 20 000 bis 30 000 Quadratmeter errichtet und teilweise auch erfolgreich vermietet. In diesen Fällen dürfte dies mehr dem guten Standort als dem Gewerbeparkkonzept zuzuschreiben sein.

Betrachtet man den Mikro-Standort, so sollte die komplette Verkehrsinfrastruktur vorhanden und eine optimale Anbindung gegeben sein bzw. geschaffen werden können. Sehr sorgfältig sind insbesondere störende Einflüsse in der Umgebung zu untersuchen, wobei diese von Müllhalden oder Altlasten ebenso ausgehen können wie von der Nähe eines Flugplatzes (Lärmentwicklung). Sinnvoll ist darüber hinaus aber auch ein ausreichender Abstand zu Wohngebieten, deren Bewohner sich beispielsweise an Zu- und Abfahrtsverkehr stören könnten.

Das äußere Erscheinungsbild des Gewerbeparks sollte durch eine attraktive und vielfältige Architektur und viel Grün geprägt und nicht durch Parkflächen oder Lieferhöfe beeinträchtigt werden. Lieferhöfe können auf die Rückseiten der Gebäude gelegt und ebenso wie Parkierungsflächen durch Sichtschutzwälle, Mauern oder Pflanzungen aus dem Sichtfeld entfernt werden. Das Wort „Park" indiziert dabei, daß es sich um eine angenehme und ökologisch wertvolle Arbeitsumgebung handelt.

Bei der Auslegung der Zahl der Kfz-Stellplätze sollte nicht nur von den Anforderungen der zuständigen Behörden ausgegangen werden, vielmehr sind diese am selbst ermittelten Bedarf bzw. am möglichen künftigen Bedarf auszurichten.

Potentielle Nutzer fragen häufig sowohl Büro- als auch Lager- und Ausstellungsflächen nach, was es bei der Gebäude- und Raumaufteilung zu berücksichtigen gilt. Synergieeffekte für die Mieter und die parkähnliche Außengestaltung führen tendenziell zur Akzeptanz höherer Mieten seitens der Nutzer. Für den potentiellen Investor resultieren aus dieser Sachlage Chancen für höhere Renditen, die bei einem Gewerbepark etwa bei 7 Prozent angesetzt werden können. Zielgruppen für den kompletten und gemanagten Gewerbepark sind aufgrund der Projektdimension und der Anlagevolumina vor allem nationale und international institutionelle Kapitalanleger.

### 3.6.2.6 Senioreneinrichtungen

Die sozio-demographischen Daten weisen, sofern nicht neue, unbekannte tödliche Krankheiten auftreten, auf eine stark wachsende Zunahme der Zahl der älteren Menschen hin. Daneben deutet auch die Einkommensentwicklung bei Rentnern und Pensionären relativ eindeutig auf einen wachsenden Bedarf hin, zumal gleichzeitig bei jüngeren Menschen die Bereitschaft zur Altenpflege abnimmt. Ein großer Teil der bestehenden Einrichtungen ist älter als 15 Jahre und entspricht somit häufig nicht mehr den heutigen Qualitätsanforderungen. Nach der Verordnung über bauliche Mindestanforderungen für Altenheime, Altenwohnheime und Pflegeheime (HeimMIndBauV) unterscheidet man bei Senioreneinrichtungen grundsätzlich folgende Produktarten nach dem Grad der angebotenen Versorgungsleistungen:

- Altenwohnung,
- Altenwohnheim,
- Altenkrankenheim/Altenpflegeheim.

Die Produktpolitik eines Immobilienunternehmens kann sich im Rahmen des Baues von Wohnungen auch über Altenwohnungen erstrecken. Mit vergleichsweise geringen technischen Änderungen können diese in nahezu jede Wohnanlage integriert werden. Nach neuesten Erkenntnissen sind Seniorenwohnungen alten- und behindertengerecht auszubauen, um marktgängig zu sein.

Als reine Gewerbeimmobilie fungiert das Altenwohn- und -pflegeheim. Wohnen und Pflege sollen bewußt unter einem Dach angeboten werden, da die alten Menschen meist irgendwann pflegebedürftig werden und ein nochmaliger Umzug nicht wünschenswert ist. Moderne Seniorenheime sollten heimbedürftigen, aber auch heimwilligen und in der Regel bei der Aufnahme nicht pflegebedürftigen alten Menschen die Möglichkeit einer teilweisen Eigenversorgung geben. Bei Bedarf lassen sich Service- und Pflegeleistungen erweitern. Das Seniorenheim verfügt im besonderen Maße über Gemeinschaftseinrichtungen, in denen gesellschaftliche und kulturelle Veranstaltungen für Anregung und Unterhaltung sorgen sollen. Das heute übliche Angebot umfaßt Nebenräume und Dienstleistungen (z.B. Bibliothek, Fernsehräume, Cafeteria, Mehrzweckräume, Vortragsraum bis zum Theatersaal).

Mehrheitlich werden von den Bewohnern Einzelzimmer bevorzugt. Von wesentlicher Bedeutung ist für viele Interessenten die Atmosphäre einer Senioreneinrichtung, wozu einerseits die Möblierung und Gestaltung der Gemeinschaftseinrichtungen zählt, entscheidend wird allerdings andererseits die Atmosphäre von der Heimleitung und der jeweiligen Personal-Motivation geprägt.

Standorte für Seniorenwohnheime sollten möglichst zentrumsnah in den Innenstädten liegen, wobei darüber hinaus die Möglichkeit zu Spaziergängen in Parks in der Nähe gegeben sein soll. Die noch rüstigen Bewohner legen Wert auf eine entsprechende Infrastruktur mit guten Einkaufsmöglichkeiten und nahegelegenen öffentlichen und kulturellen Einrichtungen. Darüber hinaus ist eine Anbindung an leistungsfähige öffentliche Verkehrsmittel von beträchtlicher Bedeutung. Hinsichtlich des Makro-Standortes wird das Vorhandensein eines ausreichenden Bevölkerungspotentials im näheren Umfeld (maximal ca. 30 bis 50 Kilometer) als notwendig betrachtet.

Um einen wirtschaftlichen Betrieb zu gewährleisten, ist ein Minimum von etwa 40 bis 50 Einheiten im allgemeinen erforderlich. Als ausgesprochen wirtschaftlich gilt eine Dimensionierung von etwa 100 bis 150 Wohneinheiten. Ein Allgemeinflächenanteil von etwa 30 bis 40 Prozent als Relation zwischen Wohnfläche und allgemein zugänglichen Gemeinschaftsflächen wird als ein ökonomisch vertretbares Verhältnis angesehen. Von Experten wird darauf hingewiesen, daß oftmals eine Größenordnung von 1 Million bis 2 Millionen DM an Subventionen erreicht werden kann, was nicht geringzuschätzen ist. Halten die zuständigen Behörden ein Projekt für förderungswürdig, so können gegebenenfalls beträchtliche Betriebskostenzuschüsse zufließen. Grundsätzlich bedarf die Inbetriebnahme der Erlaubnis der zuständigen Behörden.

Der Markt für Senioreneinrichtungen läßt ein echtes Zuwachspotential erkennen. Demzufolge zählen diese Produkte momentan zu den interessantesten gewerblichen Immobilien, deren Rentabilität sich mit 5 bis 7 Prozent (der Investitionssumme) auf durchschnittlichem Niveau für Gewerbeimmobilien bewegt. Berücksichtigt werden muß, daß es sich auch hier um eine sogenannte sensible oder Managementimmobilie handelt, bei der der Qualität des Managements bzw. des Betreibers eine entscheidende Bedeutung zukommt. Zunehmend wird dieser Wachstumsmarkt von Bauträgern und anderen Institutionen bearbeitet. Neben Neubauten können auch Umwandlungen von nicht mehr benötigten Kur- oder Privatkliniken in Senioreneinrichtungen vorgenommen werden.

Als Nachfrager halten sich allerdings bekannte und publikumsorientierte institutionelle Anleger wie Versicherungsgesellschaften zurück, da sie Imageschädigungen bei dem Geschäft mit alten Menschen befürchten. Aufgrund der interessanten Rendite beteiligen sich aber zunehmend eher anonyme institutionelle Anleger wie Immobilienfonds an diesem Gewerbeimmobilientyp. Darüber hinaus kommen Einzelanleger und/oder künftige Nutzer als potentielle Abnehmer in Frage.

### 3.6.2.7 Hotelimmobilien

Hotels und andere Beherbergungsbetriebe bieten dem Immobilienunternehmen vielfältige Gestaltungsmöglichkeiten im Rahmen der Produktpolitik. Zum einen unterscheiden sich Hotels sehr stark im Hinblick auf Standorte, Zielgruppen, Ausstattung oder Service. Andererseits ist das Hotel vor allem ein Dienstleistungsbetrieb, in welchem die Immobilie lediglich den äußeren Rahmen darstellt. Das Entgelt für Übernachtungen ist größtenteils ein Ausgleich für geleisteten Service und zum kleineren Teil ein Nutzungsentgelt für die Immobilie. Hieraus folgt, daß die Hotelimmobilie mehr als die meisten anderen Gewerbeimmobilien ohne einen qualifizierten Betreiber nicht funktionieren wird.

Dies vorausgeschickt, soll die nachfolgende kleine Aufstellung über verschiedene Hoteltypen die Möglichkeiten der Produktpolitik auf diesem Sektor verdeutlichen:

- Zielgruppenorientierte Hotels:
  - Passanten-Hotel,
  - Tagungshotel,
  - Ferienhotel,
  - Kurhotel.

- Standortorientierte Hotels:
  - City-Hotel (in Top-Innenstadtlage),
  - Stadthotel,
  - Landhotel,
  - verkehrsorientiertes Hotel (z.B. an Autobahnen, Bahnhöfen, Flughäfen etc.).

- Ausstattungsorientierte Hotels:
  - Vollhotel,
  - Hotel garni.

- Serviceorientierte Hotels:
  - Luxushotel,
  - Commercial-Hotel,
  - ökonomisches Hotel,
  - gutbürgerliches Hotel,
  - einfaches Hotel.

Darüber hinaus gibt es eine Reihe von Sonderformen wie: Appartement-Hotels, Hotelparks, Feriendörfer, Sporthotels etc. (vgl. Bletschacher, P.A.: Hotels, Ferienzentren und Boardinghäuser, in: Falk, B. [Hrsg.]: Gewerbe-Immobilien, 6. Auflage, S. 57 ff.).

Hotelähnliche, kleinbetriebliche Immobilien wie Hotel-Pensionen, Fremdenheime oder Gasthöfe sollen in diesem Zusammenhang bei der Produktpolitik unberücksichtigt bleiben, da diese primär von Privatinitiatoren realisiert werden.

Wie bei vielen anderen Immobilienprodukten zählt die Standortwahl mit zu den entscheidendsten Kriterien bei der Produktgestaltung eines Hotels. Ein Hotelstandort muß vor allem gut auffindbar und verkehrstechnisch bestens zugänglich sein. Die Nähe zu anderen Hotels setzt oftmals Verbundeffekte im Hinblick auf den Standort frei, welche an Einzelstandorten nicht gegeben sind. Eine Marktchance für ein Hotel besteht grundsätzlich nur, wenn neben der Lage auch die Infrastruktur, das wirtschaftliche Klima der Region, also eine Nachfragesituation allgemein gegeben ist. Je nach Betreiberkonzept läßt sich die Nachfrage auch künstlich schaffen, wenn beispielsweise über einen speziellen Vermarktungsplan ein Tagungshotel konzipiert und realisiert wird. Abhängig von Standort und Grundstückssituation gilt es zu prüfen, welche Art von Hotel in Frage kommt. Je nach Repräsentationsbedürfnis der Zielgruppen muß der Standort über einen vergleichsweise hohen Image- oder Wohnwert verfügen bzw. auch durch die Etablierung dieses speziellen Hotels geschaffen werden können.

Im Gegensatz zu früheren Jahren werden heute neben Citylagen Hotels häufig auch an Autobahnen, Ringstraßen oder Flugplätzen plaziert. Bei Luxushäusern bevorzugen die Nutzer nach wie vor City-Spitzenlagen. Eine weitere Möglichkeit einer guten Standortwahl bietet sich heute im Bereich großer Freizeiteinrichtungen – wie in der Nähe von Golfplätzen – an. Generell sollten Hotelstandorte möglichst nicht durch eine stark schwankende Nachfragesituation gekennzeichnet sein, wie dies an einsaisonalen Urlaubsorten oder an Messeplätzen der Fall sein kann. Der Grundstücksflächenbedarf von Hotelprojekten orientiert sich an der Art des Hotels und ist relativ schwierig zu bestimmen. Aufgrund der möglichen Ausnutzung hoher Geschoßflächenkennziffern läßt sich der Grundstücksflächenbedarf teilweise in engen Grenzen halten. Vor allem bei Hotels der gehobenen Kategorie können deutlich größere Bauwerkstiefen eingeplant werden als bei den meisten anderen Gebäuden, so daß sich mit Hotels Grundstücke oft besser ausnutzen lassen als mit anderen Immobilienprodukten. Auch anderweitig schlecht verwertbare Grundstückszuschnitte können noch einer Hotelnutzung zugeführt werden.

Bei Stadthotels rechnen Experten für ein Zwei-Sterne-Hotelzimmer mit einer Brutto-Geschoßfläche (BGF) von ca. 35 Quadratmeter einschließlich aller Nebenanlagen, ein Vier-Sterne-Hotelzimmer erfordert 50 bis 55 Quadratmeter, ein Luxuszimmer wird erst bei einer Fläche von über 65 Quadratmetern angenommen.

Aufgrund der in einem Hotel in umfangreichem Maße vorhandenen Dienstleistungsfunktionen ergeben sich bei der Planung differenzierte Problemstellungen. Die künftige Zimmerkategorie bestimmt die Flächengröße je Zimmer und somit das Achsmaß und mithin auch die Gebäudetiefe. Komplexe Verkehrsabläufe sind zu berücksichtigen, Gästewege und Personalwege zu trennen.

Bei gehobenen Hotels bemüht man sich in verstärktem Maße um eine Erlebnisarchitektur und Erlebnisgestaltung mit beispielsweise hochwertigen Materialien, Glasaufzügen, Glasgalerie etc. Auf diesem Gebiet ist ein zunehmender Qualitätswettbewerb zu verzeichnen. Aktuelles und sehr anschauliches Beispiel hierfür ist das neue Maritim-Hotel in Köln. Zudem existiert aber auch in jeder Stadt ein Markt für Produkte auf dem Niedrigpreissektor mit beispielsweise Zwei-Sterne-Häusern, die an eher zweitklassigen Standorten das preisorientierte Angebotssegment abdecken. Bei weiter steigenden Hotelpreisen und in wirtschaftlichen Schwächeperioden entsteht möglicherweise auch ein zusätzlicher Bedarf an besonders günstigen Ein-Sterne-Hotels mit geringstem Komfort und Service (McSleep).

Von besonderer Bedeutung bei der Entwicklung und der Vermarktung von Hotels sind die Miet- oder Pachtverträge, die vor allem mit einem qualifizierten Betreiber abgeschlossen sein müssen. Als weitgehend problemlos werden langfristige Miet- und Pachtverträge mit bekannten Hotelketten beurteilt, die es im Rahmen der Produktentwicklung in jedem Falle anzusprechen gilt. Die Vermarktung eines Hotels ohne Betreiber ist praktisch unmöglich. Zielgruppen für die Vermarktung von Hotels sind neben den institutionellen Kapitalanlegern auch vermögende Privatinvestoren. Nicht selten werden die Hotel-Appartements auch einzeln an kleinere Kapitalanleger veräußert.

### 3.6.2.8 Boarding Houses

Bei Boardinghäusern handelt es sich um hotelähnliche Einrichtungen, die zunächst ausschließlich in attraktiven Großstädten und in bevorzugten Lagen entstehen. Diese nach angelsächsischen Hotel-Pensionen für längere Aufenthaltsdauern benannten Häuser sind in Deutschland seither erfolgreich nur im wohnungswirtschaftlichen Sektor realisiert worden, obwohl es sich prinzipiell um eine Gewerbeimmobilie handelt. Die in Appartement-Form angelegten Objekte sind für längere Aufenthaltsdauern vorgesehen, werden möbliert und mit Teil- bis zu Vollservice für die Nutzer angeboten.

Die verstärkte Nachfrage nach (auch zeitlich befristetem) Wohnraum sowie die Preisentwicklung für Hotelübernachtungen haben in den vergangenen Jahren einige Entwickler dazu veranlaßt, zunehmend Boardinghäuser auch in Mittelstädten und nicht nur an Topstandorten zu entwickeln und zu bauen. Die Erfahrung zeigt jedoch, daß Boardinghäuser dauerhaft nur in Großstädten ihren Markt halten können. Die Nachfrage nach dieser Wohnform ist u.a. auch stark abhängig von Preis und Verfügbarkeit konventioneller Wohnungen.

Die einzelnen Boarding-House-Apartments (meist Ein- und Zwei-Zimmer-Apartments) bewegen sich hauptsächlich in Größenordnungen von 20 bis 30

Quadratmeter (Ein-Zimmer-Apartments) und lassen sich aufgrund des relativ geringen Anlagevolumens vergleichsweise einfach an Einzelanleger veräußern. Der Vorteil der gewerblichen Nutzung drückt sich für den Investor in der Möglichkeit zur Optierung für die Mehrwertsteuer auch für Privatpersonen mit entsprechend geringeren Investitionsaufwendungen aus. Aufgrund der hotelähnlichen Wechselnutzung ist mit wesentlich geringeren Stellplatzanforderungen (je drei Zimmer ein Kfz-Stellplatz) zu rechnen als bei einem normalen Apartment-Haus (ein Stellplatz je Wohnung oder Apartment). Eine qualifizierte Betreibung des Boarding House ist erforderlich. Zudem markieren Boardinghäuser den Übergang zwischen den steuerlichen Einkommensarten Gewerbebetrieb und Vermietung und Verpachtung, so daß das Produktpaket die steuerliche Situation ebenso erfassen muß wie die Suche und Vermietung an einen erfahrenen Betreiber.

Als Boardinghäuser bezeichnete Immobilien reichen vom umfunktionierten Hotel bis zum entsprechend aufgewerteten Gästehaus. Aufgrund hoher Betreibungsfixkosten sollte das Objekt jedoch eine Mindestgröße von etwa 50 bis 60 Einheiten – standortadäquat – aufweisen.

### 3.6.2.9 Freizeitimmobilien

Die zunehmende Freizeit und der wachsende Wohlstand sowie die sich ausbreitende Gesundheits- und Fitneßorientierung der Bevölkerung sind Fakten, die für die Entwicklung von Produkten des Sport-, Freizeit- und Fitneßbereichs sprechen. Experten gehen davon aus, daß der Freizeitmarkt in den neunziger Jahren einer der wichtigsten Wachstumsbereiche sein wird. Betrachtet man die unterschiedlichen Typen von Freizeitimmobilien, so zeigt sich eine umfassende Produktpalette, die von der kleinen Sauna oder Solariumanlage über das Fitneßstudio und die Tennishalle bis zum großen multifunktionalen Freizeitpark reicht. In besonderem Maße überschneiden sich bei Freizeitimmobilien, ähnlich wie bei Hotel-Immobilien, der Servicebereich und der unternehmerische Betrieb des Objekts mit der Immobilie selbst. Während beispielsweise eine Sauna oder eine Tennishalle ohne besonderen Managementaufwand zu betreiben sind, bedürfen große multifunktionale Freizeitanlagen einer umfassenden Organisation. Die Immobilie bietet zwar den äußeren Rahmen, den späteren Wert des Objekts bestimmt jedoch primär das unternehmerische Element, so daß auch hier der Mieter- oder Betreiberauswahl größte Aufmerksamkeit zu schenken ist. Oftmals handelt es sich um Spezialimmobilien mit geringen alternativen Nutzungsmöglichkeiten oder Nutzern, wie bei Großkinos oder Theatern (Musical-Theatern).

Relativ enge Grenzen definiert bei letzteren die Marktsättigungsgrenze innerhalb der Bundesrepublik Deutschland.

Entscheidend bei der Standortwahl ist vor allem, daß seine Qualität einem möglichen zukünftigen Wettbewerber standhält, das heißt, der Standort ist so zu wählen, daß ein innovatives, eindeutig besseres Angebot nicht an einem anderen Platz als das eigene Objekt zu finden ist. Geeignet sind daher Grundstücke an belebten Ausfallstraßen oder in der Nähe großer Einzelhandelsbetriebe, an Bürostandorten oder auch in Stadtteilen mit hoher Bevölkerungszahl und geringem Freizeitangebot.

Aufgrund der sehr flächenextensiven Nutzung mit entsprechend niedrigen Mieterträgen ist günstigen Baukosten und attraktiven Grundstückspreisen (Stadtperipherie oder Gewerbegebiete) besondere Bedeutung beizumessen. Aus demselben Grund ist auch eine besondere Sorgfalt bei der Analyse der Bewirtschaftungskosten erforderlich, wobei bei der Berechnung der Rentabilität der Immobilie kalkulatorisch zu trennen ist zwischen dem Ertrag aus der Bewirtschaftung der Freizeiteinrichtung und dem Ertrag der Immobilie.

Obwohl öffentliche Bäder mit gewaltigen Defiziten betrieben werden, erfreuen sich private sogenannte Spaßbäder oder Fitneß-Center, aber auch Freizeitparks zunehmender Beliebtheit. In der Objektkonzeption soll Vorrang haben, daß die Besucher nicht mehr nur schwimmen gehen oder saunieren wollen, sondern ein einzigartiges Freizeiterlebnis suchen.

Sogenannte Spaßbäder wurden in den vergangenen Jahren zunehmend zu starken Wettbewerbern der nüchternen öffentlichen Badeanstalten. Bei der optimalen Entwicklung gibt es allerdings eine Reihe besonderer Kriterien zu bedenken: Die Energiekosten nehmen innerhalb des gesamten Kostenblocks einen erheblichen Raum ein. Mögliche Energiekostensteigerungen wirken sich daher gravierend auf die Ertragssituation aus. Zu berücksichtigen ist darüber hinaus, daß die Drittverwendungsfähigkeit dieser Freizeitimmobilie sehr gering ist und das Spaßbad mindestens 20 Jahre attraktiv bleiben muß, um die für eine Rentabilität erforderliche Besucherzahl zu erreichen. Diese müßte bei rund 7 Prozent bezogen auf das eingesetzte Kapital liegen.

Auch Schlagspiele wie Squash, Tennis oder Badminton stellen gegenwärtig noch einen Wachstumsmarkt dar, wobei der Trend nicht zu den isolierten

Einrichtungen, sondern auch hier zu den multifunktionalen Sport- und Freizeitanlagen geht. Erfolgschancen haben zunehmend vor allem große, überregional attraktive multifunktionale Anlagen an guten Standorten in Ballungszentren.

Mit einzuplanen sind Räume für Gastronomie, einen Tennis-Shop, eine Sauna etc., da diese Einrichtungen zur Ergebnisverbesserung beitragen. Eine Kombination zwischen Badminton und Tennis ist auch möglich und in den vergangenen Jahren häufiger konzeptionell umgesetzt – zumal der Flächenbedarf für Badmintonfelder nur halb so groß ist wie für Tennisfelder.

Aufgrund der erforderlichen Deckenhöhe sind Squashanlagen in mehrfunktionalen Immobilien vergleichsweise schwierig unterzubringen. Als problematisch erweist sich auch insbesondere die Flexibilität der Nutzung, da Squasheinrichtungen kaum anderweitig nutzbar sind. Squashanlagen können allerdings an sonst schwierig zu nutzenden Standorten innerhalb eines größeren Grundstückes oder in der Absicht, das bestehende Baurecht voll auszunutzen, zusätzlich zu anderen Baukörpern etabliert werden. Der Ermittlung des Nachfragepotentials dieser vor allem von jüngeren Menschen betriebenen Sportart kommt besondere Bedeutung zu. Bevorzugte Standorte sind insbesondere größere Städte sowie solche mit Universitäten und Fachhochschulen.

### 3.6.3 Innovative Immobilien

Ein ständiger Wandel im Konsumentenverhalten (Trend zur Individualisierung, Selbstverwirklichung, Erlebnisorientierung etc.) wie auch Veränderungen der Nutzeranforderungen erfordern eine Markt- und Kundennähe sowie die Beachtung internationaler Entwicklungen. Auf der Suche nach neuen Nutzungsmöglichkeiten, Immobilienprodukten und Geschäftsfeldern sollten hierbei insbesondere die innovativen Immobilienprodukte beachtet werden.

#### 3.6.3.1 Freizeit- oder Entertainment-Immobilien

Freizeit als Sphäre der Selbstverwirklichung und Selbstbestimmung gewinnt im Rahmen allgemeiner gesellschaftlicher Trends – wie Individualisierung und Konsumorientierung – einen immer größeren Stellenwert. Mit 70 Prozent bestimmt die Freizeit noch vor der Arbeit und dem Beruf mit lediglich

60 Prozent in der Wertehierarchie der Westdeutschen das persönliche Wohlbefinden und damit die Lebensqualität.

Neben einer Zunahme der arbeitsfreien Zeit haben sich die hohen Steigerungsraten der verfügbaren Haushaltseinkommen positiv auf den Freizeitmarkt ausgewirkt. Eine Ausweitung des Freizeitmarktvolumens um rund 425 Milliarden DM (1994) wird dabei nach einer Marktuntersuchung des Institut für Freizeitwirtschaft, München, bis zum Jahr 2000 auf 520 Milliarden DM (Preise von 1991 zugrunde gelegt) ansteigen. Anstelle pauschaler Zuwachsraten zeigen sich die Wachstumsmöglichkeiten in Zukunft allerdings differenziert, in einzelnen Marktsegmenten und bei bestimmten Zielgruppen.

Der Markt für Freizeitimmobilien zeigt eine erstaunliche Facette unterschiedlicher Typen und Subsegmente. Neben der Multiplikation erfolgreicher Betriebskonzepte in Form von Spielhallen, Videotheken und Fitneßstudios etablierten sich Freizeit-Großeinrichtungen wie Musical-Halls und Multiplex-Kinos. Durch die Übertragung nordamerikanischer Betriebskonzepte zeigen sich, insbesondere im Bereich der Freizeit-Großeinrichtungen, eine zunehmende Internationalisierung und Professionalisierung.

*Marktsegmente und Angebotstypen*

- Multiplex- und Großkinos,
- IMAX-Kinos oder Simulationskinos,
- kulturelle Freizeitanlagen (Museen, Theater, stationäre Musical-Theater etc.),
- Vergnügungs- und Spielstätten (Spielcasinos, Spielbanken),
- Mega-Spielcasino-Zentren,
- Großarenen, Veranstaltungszentren, Kongreßhäuser,
- Erlebnisgastronomie/Themengastronomie,
- Erlebnis-Brauhäuser, -Brauereigaststätten,
- Tanzanlagen (Großdiskotheken, Night-Clubs, Tanztreffs),
- multifunktionale Sportzentren/Sportanlagen (Erlebnis- und Freizeitbäder, Water-Parks, Fitneß-Center, Tenniscenter, Squash-Anlagen, Badminton-Anlagen, Golfanlagen, Free-Climbing-Wände, Bungee-Jumping, Kart-Bahnen etc.),
- Freizeit- und Vergnügungsparks (Zukunftsparks, Themenparks, Filmparks, Raumfahrtparks etc.),
- spezialisierte Tierparks (Vogelparks, Aquarien, Wildparks etc.),

- Family-Entertainment-Center (FEC),
- Schönheits- und Gesundheitsanlagen (Schönheitsfarmen, Solarien, Bräunungsstudios, Dampfbäder etc.).

*Ausgewählte innovative Freizeitimmobilienprodukte*

- *Urban-Entertainment-Center.* Urban-Entertainment-Center stellen eine synergetische Kombination von Unterhaltung, Erlebnis, Freizeit und Kommunikation dar. Die grundsätzliche Philosophie von Urban-Entertainment-Centern besteht in dem Transfer des Shopping-Center-Gedankens auf den Freizeit- bzw. Entertainmentbereich. So entsteht aus einer geplanten Kombination einer Vielzahl von Unterhaltungs-, Freizeit-, Handels- und Dienstleistungsangeboten ein Gesamtkonzept in einem räumlichen Kontext.

  Als geeignete Standorte gelten Citylagen mit touristischer Kapazität und dem erforderlichen lokalen Besucher- bzw. Kaufkraftpotential. Zu den möglichen Nutzungsbausteinen eines Urban-Entertainment-Centers zählen neben Multiplex-Kinos, Musical-Theater, Spielcasinos, Erlebnis- bzw. Themengastronomie, Food-Courts u.a. auch Einzelhandelsbetriebe, Hotels, Großdiskotheken, Family-Entertainment-Center, Virtual-Reality-Center sowie Veranstaltungszentren. Diese Bandbreite vielschichtiger Nutzungsbausteine beinhaltet neben erfolgversprechenden Synergieeffekten allerdings auch eine erhebliche Komplexität und bedarf daher eines professionellen Vorgehens.

  Urban-Entertainment-Center sind auf ein regionales Einzugsgebiet ausgerichtet. Innerhalb einer Entfernungszone von zirka 30 bis 60 Fahrminuten sollten hierbei mindestens eine Million Einwohner vorhanden sein. Darüber hinaus ist auch die touristische Frequenz für den Erfolg einer Reihe von Nutzungsbausteinen eines derartigen Centers ausschlaggebend.

  Mit der Altersklasse der 15- bis 45jährigen der mittleren bis gehobenen sozialen Schicht kann die Hauptzielgruppe eines Urban-Entertainment-Centers ausgemacht werden. Von Relevanz sind zudem Touristen und Tagesgäste der Stadt bzw. Region.

- *Multiplex-Kinos.* Unter Multiplex-Kinos versteht man Großkinos mit mindestens sechs Sälen und 1500 Sitzplätzen. Neben einer optimalen technischen Ausstattung (Ton- und Bildqualität) zeichnen sich Multiplex-Ki-

nos durch einen hohen Besucherkomfort und ein ergänzendes Gastronomieangebot aus. Die Multiplex-Säle sind auf mindestens 150 Plätze ausgelegt. Die durchschnittliche Saalgröße für das Jahr 1996 belief sich auf 266
Sitzplätze pro Saal. Mit den eher funktional orientierten Centern, die sich
auf der *grünen Wiese* in Einkaufs- und Freizeitzentren etabliert haben,
und den aufwendig gestalteten Objekten in Innenstadtlagen unterscheidet
man die zwei grundsätzlichen Standortkriterien. Ein Trend ist die Einbindung von Multiplex-Kinos in Urban-Entertainment-Centern.

Das erste Multiplex-Kino in Deutschland wurde im Oktober 1990 von
United Cinemas International (UCI) im Hürth-Park in Köln-Hürth etabliert. Im November 1996 waren in Deutschland bereits 32 Multiplex- bzw.
Großkinos mit insgesamt 317 Leinwänden in Betrieb. Auch in Zukunft
zeichnet sich ein expansives Wachstum der Multiplex-Kinos ab, so daß ein
verschärfter Verdrängungswettbewerb nicht auszuschließen ist.

Mit der Standortwahl, der Architektur, der Ausstattung und der Führung
des Betriebs können die entscheidenden Erfolgskriterien eines Multiplex-
Kinos angeführt werden. Dabei erfordern bereits kleinere Multiplex-
Kinos einen Einzugsbereich von mindestens 300000 Menschen. Wichtig
sind zudem eine optimale Verkehrsanbindung und die spezifische Bevölkerungsstruktur im Einzugsgebiet. Zu untersuchen ist darüber hinaus die
spezifische Wettbewerbssituation auf dem Kinomarkt.

Ein weiterer Erfolgsfaktor der Multiplex-Kinos besteht in der kundenori-
entierten Ausstattung. Hierzu gehören optimale Sichtverhältnisse (große
Leinwände), ein hoher Sitzkomfort und modernste Ton- und Projektions-
technik. Durch erlebnisorientierte Zusatzangebote haben sich Multiplex-
Kinos als Orte der Kommunikation und Unterhaltung etabliert. Gastronomische Einrichtungen – wie z.B. Internet-Cafés und Bistros, interaktive
Spielmöglichkeiten und Merchandising-Angebote, die im Zusammenhang mit den Filmen stehen – runden das eigentliche Filmangebot ab.

Eine permanente öffentliche Präsenz erhält ein Multiplex-Kino auch
durch Veranstaltungen ohne Filmvorführung: Konzerte, Ausstellungen,
Kabaretts, Varieté-Darbietungen, Podiumsdiskussionen, Kongresse und
Filmfestivals schaffen hierbei nicht nur eine dauerhafte Kundenbindung,
sondern bringen auch neue Besucher und Zielgruppen in die Kinos. Der
Besucher eines Multiplex-Kinos erwartet ein breites Angebot aktueller
Filme in einer Erlebnisatmosphäre mit gutem Service. Ein Drittel der Be-

sucher entscheidet sich erst in der Anlage, welcher Film überhaupt besucht werden soll. Eine Staffelung der Anfangszeiten ermöglicht hierbei eine Minimierung der Wartezeiten. Kinozeitschriften und Monitorwände im Foyer bieten darüber hinaus aktuelle Informationen über das Kino und die aktuellen Filme.

- *IMAX-Kinos.* Kennzeichen der IMAX-Kinos ist die einzigartige IMAX-Projektionstechnologie. Dabei ist der Filmrahmen zehnmal größer als beim herkömmlichen 35-Milimeter-Standardfilm und dreimal größer als das 70-Milimeter-Standardformat und füllt somit das gesamte Blickfeld des Betrachters aus. Eine technische Weiterentwicklung besteht außerdem im IMAX-3-D-Kino, das erstmals auf der EXPO '86 in Vancouver in Kanada vorgestellt wurde.

  Zum Filmangebot gehören in erster Linie dokumentarische Werke (Der blaue Planet, Grand Canyon, New York 3D etc.). Als potentielle Standorte fungieren neben Einkaufs- und Touristenzentren auch Freizeitparks und Museen (Forum der Technik, München).

- *IMAX-Ridefilm.* Das IMAX-Ridefilm-Simulationstheater besteht in der Standardversion aus einem 18sitzigen Modul, einer sphärisch gebogenen 180-Grad-Rundum-Projektionsleinwand und einem hydraulisch betriebenen, computergesteuerten Plateau. Bewegungsabläufe im Film sowie Kamerafahrten und -schwenks werden synchron durch das Plateau simuliert, wodurch das Publikum völlig in die Welt der Simulation eintaucht.

  Mit einer erforderlichen Grundfläche von rund 84 Quadratmeter besteht die Möglichkeit, mehrere Theater an einem Standort zu installieren. Neben Museen und Casinos bieten sich u.a. auch Einkaufszentren für die Etablierung eines IMAX-Ridefilms an.

- *Musical-Theater.* Auch bei den stationären Musical-Theatern kann aufgrund einer stark expansiven Entwicklung mittelfristig mit Sättigungstendenzen gerechnet werden. Musical-Theater sind in der Regel mit Beherbergungseinrichtungen verbunden und weisen zumeist ein ergänzendes Freizeitangebot auf (Freizeit- und Erlebniscentrum Stuttgart International). Durch die Konzentration auf eine Produktion ist eine technisch aufwendige Ausstattung möglich. Neben dem Standort und einer professionellen Marketing- und PR-Konzeption ist der Erfolg der Musical-Theater in besonderem Maße vom angebotenen Musical abhängig.

Die 1985 für die Produktion von „Cats" gegründete Unternehmensgruppe Stella AG, Hamburg, ist der größte Musicalveranstalter Deutschlands. Zu den Musicals der Stella-Gruppe gehören neben „Cats", Hamburg, „Das Phantom der Oper", Hamburg, „Starlight Express", Bochum, „Miss Saigon", Stuttgart, auch „Les Misérables", Duisburg, und „Joseph and the amazing dreamcoat", Essen. Geplant ist darüber hinaus u.a. das Musical „Die Schöne und das Biest", dessen Premiere Ende 1997 im Stuttgarter SI-Centrum stattfinden soll.

- *Family-Entertainment-Center.* Family-Entertainment-Center beinhalten Indoor- und Outdoor-Freizeitangebote für Kinder und Jugendliche, verbunden mit Kommunikationsmöglichkeiten für Erwachsene. Ein wesentliches Element besteht zudem in der Möglichkeit, Kinder- bzw. Familienfeste in separaten Partyräumen durchzuführen. Family-Entertainment-Center sind in Amerika häufig in Shopping-Centers integriert und erfordern üblicherweise Flächen zwischen 1200 und 1500 Quadratmeter. Zu den Angebotsbausteinen gehören u.a. Minigolfanlagen, Karussells, Go-Karts, Rollschuhbahnen, Merchandising- und Gastronomiebetriebe.

- *Themengastronomie.* Themengastronomie bezeichnet eine Form der Erlebnisgastronomie, deren Thematik rund um Kultfiguren und deren Image aufgebaut ist. Abgerundet wird der eigentliche Gastronomiebetrieb durch ein abgestimmtes Merchandising-Angebot mit einem Anteil am Gesamtumsatz von zirka 30 bis 50 Prozent. Angeboten werden hierbei neben T-Shirts, Sonnenbrillen und Star-Accessoires auch Filmrequisiten und Videos. Neben dem Hard Rock Café als Pionier des Themenrestaurants zeigt sich an Beispielen wie Dive!, Planet Hollywood, Fashion Café, Motown Café und Rainforest Café das breite Spektrum dieses expandierenden Freizeitsegments.

Neben den hier kurz vorgestellten Freizeitimmobilien besteht im Markt eine Fülle weiterer, zum Teil sehr innovativer Konzepte bzw. Freizeitanlagensegmente. Das Spektrum reicht von multifunktionalen Sportzentren, Großarenen, Schönheitsfarmen und Erlebnisbädern über Freizeit-, Vergnügungs- und Film-Themenparks bis hin zu Großaquarien, Kart-Bahnen, Ferienzentren und Indoor-Skizentren (in Tokio).

Dem beträchtlichen Investitionsaufwand, insbesondere im Bereich der Freizeit-Großanlagen, stehen in der Regel sehr kurze Lebenszyklen und die Notwendigkeit einer fortwährenden Marktanpassung bzw. Attraktivitätssteigerung gegenüber. Nicht unterschätzt werden darf auch die Tatsache, daß die meisten Freizeitimmobilien von einer äußerst geringen Flexibilität und meist fehlenden Drittverwendungsfähigkeit geprägt sind.

Freizeitimmobilien sind meist äußerst komplexe und sensible Managementimmobilien. Im Mittelpunkt steht hierbei eine an der Objektphilosophie und der spezifischen Zielgruppe ausgerichtete Image- und Profilierungspolitik.

Freizeitimmobilien unterliegen in besonderem Maße den notwendigen Standortanforderungen, die sich je nach Freizeitanlagesegment allerdings differenziert zeigen. Erfordert beispielsweise ein Themenrestaurant einen Standort mit einer hohen touristischen Frequenz, ist das Vorhandensein großer zusammenhängender Flächen, verbunden mit einer späteren Expansionsmöglichkeit für Freizeit-Großeinrichtungen – wie Freizeitparks oder Ferienzentren – ein entscheidender Standortfaktor.

Aufgrund bestehender Vorbehalte vieler Kreditinstitute sind hier meist Eigenkapitalquoten zwischen 50 und 100 Prozent erforderlich. Im Rahmen der Bewertung von Freizeitimmobilien sind für Kreditinstitute neben dem Standort, der Nachfragesituation und der Amortisationszeit u.a. auch die Seriosität des Betreibers, der Reinvestitionsdruck und die Drittverwendbarkeit des Objektes ausschlaggebende Parameter.

Die Schaffung einer erlebnisorientierten Einkaufsatmosphäre gewinnt zunehmend an Bedeutung. In Ergänzung eines attraktiven und zeitgemäßen Ambientes und eines abwechslungsreichen und zielgruppenspezifischen Branchen- und Mieter-Mix werden auch in deutschen Einkaufszentren permanente Freizeiteinrichtungen – wie Multiplex-Kinos, Themengastronomie sowie Family-Entertainment-Center – das Erlebnisangebot komplettieren.

Neben einer grundsätzlichen Erhöhung des Erlebniswertes der Gesamtanlage besteht in der Etablierung von Freizeit- und Entertainment-Anlagen der entscheidende Vorteil einer gezielten Profilierung und Imagepositionierung des Centers, was insbesondere in Anbetracht monotoner bzw. austauschbarer Einzelhandelskonzepte besticht. Darüber hinaus bestehen u.a.

Vorteile in einer Steigerung der Impulskäufe, einer Verlängerung der durchschnittlichen Verweildauer, der Möglichkeit, die Parkflächen durch eine Doppelnutzung besser auszuschöpfen, in der Erhöhung der Wiederholungsquote und der Besucherbindung sowie durch Synergieeffekte im Bereich der Werbung und PR-Arbeit.

Als nachteilig müssen demgegenüber die gesetzlichen Ladenschlußzeiten angesehen werden, die freizeit-antiyzklisch sind und eine gegenseitige positive Verstärkung einschränken. Darüber hinaus haben Freizeiteinrichtungen oftmals eine andere Zielgruppe als der traditionelle Branchen-Mix, mit der Gefahr von Imagekonflikten und einer Zielgruppenverdrängung. Restriktionen ergeben sich aber auch durch den hohen Flächenbedarf einiger Freizeitkonzepte und durch die Steigerung der Betriebskosten durch erhöhte Sicherheitsaufwendungen.

Zu berücksichtigen ist, daß sich Synergieeffekte erst ab einer gewissen Größe und nur im Rahmen eines passenden Gesamtangebotes einstellen. Chancen ergeben sich, wenn Freizeitaktivitäten einbezogen werden, die auf demselben Erwartungs- und Erlebnisspektrum beruhen und dieselben Zielgruppen ansprechen. Dabei sollten sowohl Einkaufszentrum als auch Freizeiteinrichtungen am entsprechenden Standort auch *unabhängig* voneinander erfolgreich betrieben werden können.

### 3.6.3.2 Factory-Outlet-Malls bzw. Designer-Outlet-Center

Der Fabrikverkauf an Endverbraucher durch Markenartikelhersteller in sogenannten Factory-Outlet-Centers prägt in zunehmendem Maße die Einzelhandelslandschaft in den USA. Eine Factory-Outlet-Mall bzw. ein Factory-Outlet-Center faßt mehrere Markenartikelhersteller in einer Einheit zusammen, wobei die Hersteller selbst ein „Outlet" anmieten, um den Konsumenten eigene Produkte preisreduziert anzubieten.

In den USA wurde erstmals im Jahr 1979 in Lakeland – Bundesstaat Tennessee – mit der Belz-Outlet-Mall ein neu konstruiertes und ausschließlich fürs Outlet-Retailing geplantes Center eröffnet. Während in den USA bereits heute weit über 300 dieser sogenannten Value-Centers existieren, schwappte die Entwicklung erst in den vergangenen drei Jahren nach Europa über. Insbesondere England hat hier eine gewisse Vorreiterrolle, was die Realisierung von Factory-Outlet-Centern anbelangt. Seit dem ersten Factory-Outlet-Center in Hornsea, East-Yorkshire, folgten zahlreiche weitere Projektrealisierungen, von denen hinsichtlich ihres wirtschaftlichen Erfolges drei Factory-Outlet-Malls – das Clark's Village in Street, das Bicester Village in Bicester sowie das Factory-Outlet-Center Chesire Oaks in Chester – besonders hervorzuheben sind.

Die Amerikaner unterscheiden grundsätzlich zwischen Off-Price- und Factory-Outlet-Centers. Der Unterschied zwischen einem *Factory-Outlet-Center* und einem *Off-Price-Center* besteht darin, daß die Factory-Outlet-Mall ausschließlich Markenartikelhersteller als Mieter unter einem Dach vereint. Hingegen bieten im Off-Price-Center auch Zwischenhändler Restposten und Produktionsüberhänge an, die preisgünstig von der Markenartikelindustrie oder auch im Ausland eingekauft werden, dem Markenimage jedoch nicht immer gerecht werden.

*Betriebspolitik und Philosophie*

Ein Factory-Outlet-Center faßt ausschließlich Markenartikelhersteller in einer standortmäßig kumulierten größeren Anzahl in einer Einheit zusammen, wobei die Hersteller eine separate Ladeneinheit – den Outlet Store – anmieten, um eigene Produkte preisreduziert direkt an den Konsumenten, den Letztverbraucherkunden, zu veräußern.

*Markt- und Standortfaktoren*

Für die Standortwahl sind folgende Kriterien von besonderer Bedeutung:

• hohe Bevölkerungsdichte im Einzugsgebiet,
• gute überregionale Verkehrsanbindung,
• gute Erreichbarkeit des Standortes/hohe Verkehrsfrequenzen,
• hoher Touristenanteil vorteilhaft,
• Markenbewußtsein der Konsumten im Einzugsgebiet,
• hoher Anteil an Familien mit Kindern,
• geringe Arbeitslosigkeit,
• Einsehbarkeit des Standortes von stark frequentierten Straßen,
• hohes Kaufkraftniveau im Einzugsgebiet,

*Mieter- und Branchen-Mix oder Sortimentspolitik*

Die Attraktivität eines Factory-Outlet-Centers wird entscheidend durch den Mieter-Mix und das angebotene Sortiment bestimmt. Und der Mieter- und

Branchen-Mix wird wiederum durch einen überdurchschnittlichen Anteil an Bekleidungsläden – in der Regel bis zu 70 Prozent – geprägt. Dieser wird durch Schuhe, Haushaltswaren und Porzellan, technische Geräte bis hin zu Uhren und Schmuck ergänzt.

Für die erforderliche Aufenthaltsqualität ist die Einrichtung von gastronomischen Einrichtungen (Food-Courts etc.) und Freizeitelementen nicht zu vernachlässigen. Der Mieter- bzw. Branchen-Mix sollte auf Grundlage einer detaillierten Markt- und Standortanalyse erarbeitet werden.

Die Sortimente bzw. Produktarten, die von den Markenartikelherstellern angeboten werden, umfassen u.a.:

- Zweite-Wahl-Ware,
- Waren aus Produktionsüberhängen,
- Auslaufmodelle/Letzt-Saison-Ware,
- Sonderkollektionsteile,
- Musterkollektionen und
- Alt- und Retourwaren.

*Center-Management*

Ein Factory-Outlet-Center ist eine überaus sensible Managementimmobilie und bedarf daher eines zentralen und professionellen Center-Managements. Die Aufgabenbereiche gehen noch über die von Shopping-Centers hinaus und beinhalten Bereiche wie mietvertragliche Regelungen bzw. Verhandlungen, kaufmännisch-wirtschaftliche Verwaltung, Hausverwaltung und Haustechnik sowie die Steuerung der wirtschaftlichen Entwicklung durch Beratung, Motivation und Kontrolle der Betriebsergebnisse einzelner Outlet-Betreiber.

*Marketing- und Werbegemeinschaft bzw. Mietervereinigung*

Die Standorte von Factory-Outlet-Malls weit außerhalb der Innenstädte erfordern die Einrichtung einer Werbegemeinschaft aller Outlet-Betreiber. Der erforderliche Werbeetat übersteigt den von bundesdeutschen Shopping-Centers im Regelfall. Die Einrichtung sollte bereits in der Planungsphase erfolgen.

*Vertragliche Besonderheiten*

Im Rahmen der vertraglichen Besonderheiten sind neben den mittlerweile üblichen Vereinbarungen über Offenhaltungspflicht, Betreibungspflicht, Wettbewerbsschutz, Pflichtbeitrag zur Werbegemeinschaft auch Besonderheiten wie die Vereinbarung eines Mindestpreisnachlasses (Discount) und die Sortimentsfestlegung zu regeln.

*Künftige Entwicklung der Factory-Outlet-Malls in Deutschland*

Nach der stürmischen Entwicklung in den USA und Großbritannien stellt sich die Frage, ob der Zeitpunkt für die Ansiedlung dieses Shopping-Center-Typs auch in Deutschland gekommen ist.

*Genehmigungsrechtliche Bewertung*

Dies hängt insbesondere von den bestehenden Gesetzesgrundlagen und Bestimmungen ab. Da es sich in diesen Malls um den Verkauf von Handelswaren an Endverbraucher handelt, ist davon auszugehen, daß § 11 Abs. 3 Baunutzungsverordnung (BauNVO) Anwendung findet, sofern diese außerhalb des Kerngebietes einer Stadt liegen und die Flächengröße von 1200 Quadratmeter Brutto-Geschoßfläche überschreiten. Im Rahmen von Länderverordnungen wird zudem in der Regel ein Raumordnungsverfahren eingeleitet werden.

*Rahmenbedingungen durch Wettbewerbsgesetze*

Insbesondere das Gesetz gegen den unlauteren Wettbewerb, das Gesetz über Preisnachlässe (Rabattgesetz) und die Preisangabenverordnung dürften in Deutschland das Konzept eines Factory-Outlet-Centers erschweren.

*Aufgeschlossenheit und Aufgeklärtheit der Markenartikelhersteller*

Da es in Deutschland bis heute kein Factory-Outlet-Center gibt, muß sich ein Investor die Frage stellen, ob die Markenartikelhersteller bereit sind, als Mieter einer Outlet aufzutreten. Diese Frage stellt sich nicht zuletzt auch vor der Ungewißheit, ob der Einzelhandel mit ausschließenden Maßnahmen reagieren wird.

Der bundesdeutsche Einzelhandel hat im internationalen Vergleich eine herausragende Stellung und ist über Einzelhandelsverbände, die die Interessen der vielzähligen Einzelhändler sichern sollen, eine wichtige Lobby. Der Hauptverband des Deutschen Einhandels (HDE) gab zum Jahresanfang 1993 ein „Merkblatt zu Fabrikverkäufen" heraus, in dem zum Boykott von Markenartikelherstellern aufgerufen wurde, die beabsichtigen, den Weg des Fabrikverkaufs unter Ausschaltung des Einzelhandels zu gehen.

### 3.6.3.3 Business-Design-Center

Eine gezielte Ausrichtung auf ein spezielles Nachfragesegment zeigt sich beim Business-Design-Center. Als permanentes, räumlich zusammengefaßtes Ausstellungs-, Order- und Messezentrum für Produkte und Technologie *rund ums Büro*, in das sich Hersteller und Fachhändler dieser Branche einmieten, um ihre Produktpalette einem ausgewählten Fachpublikum in adäquater Atmosphäre zu präsentieren, handelt es sich beim Business-Design-Center um ein klar definiertes Nutzerkonzept.

Neben Showrooms, in denen die Produkte und Leistungsangebote präsentiert werden, gehören Verkaufsbüros, Messe- und Ausstellungsflächen, Tagungs- und Seminarräume und ein ergänzendes Gastronomieangebot zu den Kriterien eines Business-Design-Centers.

Bereits etabliert haben sich Business-Design-Center in New York, Boston, Chicago, Brüssel, Kopenhagen und London. In London wurde das Business-Design-Center bereits vor ca. elf Jahren in einer ehemaligen Viehmarkthalle im Stadtteil Islington errichtet. In Deutschland hat sich dieser Immobilientyp noch nicht durchgesetzt.

# 4. Beschaffungspolitik

## 4.1 Grundlagen

Die eigentlich dem Handel zugeschriebene Leitlinie „Im Einkauf liegt der Gewinn" trifft in vollem Umfang auch für den Immobiliensektor zu. Nur durch einen erfolgreichen Einkauf läßt sich auch der Absatz optimal gestalten. Erschwert wird die Beschaffung dadurch, daß es sich bei Immobilien stets um Unikate handelt, also keine zwei exakt gleichwertigen Objekte oder Projekte beschafft werden können, wogegen Schrauben der Größe M 10 von x Herstellern im In- und Ausland alternativ bezogen werden können. Insbesondere Immobilien und Grundstücke in guten und besonders nachgefragten Lagen sind auf dem Markt schwer zu bekommen, wogegen durchschnittliche und „schlechte" Objekte oder Immobilien zu hohen oder überhöhten Preisen zahlreich angeboten werden und die Marktübersicht zumindest behindern. Aus diesem Grund kommt der Beschaffung im Rahmen der gesamten Marketingpolitik eine erhebliche, wenn nicht gar die Schlüsselrolle zu, da ohne eine ausreichend fundierte Beschaffungspolitik der Absatzerfolg in nicht unbeträchtlichem Maße gefährdet wird.

Sofern es sich nicht um Anlageunternehmen handelt, besteht die Aufgabe der Immobilienunternehmen in der Regel darin, Immobilien von einer Entwicklungsstufe zur nächsten weiterzuleiten, sie durch Kombination mit Dienstleistungen einer höheren Verwertungsstufe zuzuführen oder die Immobilie vom Ursprungszustand (Grundstück) zu einer endgültigen, spezifischen Nutzung (Bebauung mit Bürogebäude, Wohnungen, Shopping-Center etc.) zu führen. Unter Beschaffung kann dabei im weitesten Sinne die Verfügbarmachung aller für die Leistungserbringung notwendigen Faktoren, nämlich insbesondere Grundstücke und Dienstleistungen, Know-how, Arbeitskraft sowie Kapital, verstanden werden. Nachfolgend sollen als Objekte der Beschaffung lediglich die Immobilien selbst behandelt werden, soweit sie nicht im Zusammenhang mit anderen zu beschaffenden Informationen oder Dienstleistungen einen Problemkreis bilden. Damit können in diesem Kapitel nur jene Aktivitäten erfaßt werden, welche unmittelbar im Zusammenhang mit der Beschaffung von Immobilien stehen.

In der Literatur, die sich speziell mit Immobilien beschäftigt, wurde die Beschaffungspolitik bisher kaum behandelt, da dieser Bereich einerseits seither wenig erforscht wurde und auf der anderen Seite das hierfür erforderliche spezifische Know-how bislang von den betroffenen Immobilienunternehmen kaum in die Öffentlichkeit getragen wurde.

## 4.2 Voraussetzungen

Die beschaffungspolitischen Aktivitäten unterliegen dem Primat des Absatzes, das heißt, sie müssen sich weitgehend an den Absatzmöglichkeiten für die entsprechende Immobilie orientieren. Der Beschaffung selbst wird im allgemeinen eine geringere Bedeutung beigemessen als dem Absatz, obwohl – wie eingangs erwähnt – nur über den „richtigen" Einkauf eine weitgehende Absatzsicherheit gewährleistet ist. Hinzu kommt, daß die Immobilienmärkte (insbesondere für ausgezeichnete Grundstücke und Objekte) in der Regel in der Bundesrepublik Deutschland keine Käufermärkte darstellen, sondern tendenziell Verkäufermärkte sind, teilweise mit monopolartiger Ausprägung. Auf der Absatzseite herrscht dagegen ein Käufermarkt, sofern es sich nicht um ausgesprochen gefragte Objekte handelt, da der Kunde aufgrund der Vielzahl der Anbieter überregional eine relativ breite Auswahl an Immobilien vorfindet.

Eine wesentliche Voraussetzung für eine erfolgreiche Beschaffung ist daher das unbedingte Vorhandensein der Kenntnis des entsprechenden Marktes. Beschränkt sich die Beschaffung auf einen lokalen oder regionalen oder gegebenenfalls auf mehrere lokale Märkte, so wird eine permanente Marktbeobachtung durch das Unternehmen bzw. den mit der Beschaffung Beauftragten ausreichen. Ist dies nicht der Fall, müssen die fehlenden Informationen im Rahmen der Informationsgewinnungspolitik beschafft werden. Ziel ist die Erlangung einer „ausreichenden" Markttransparenz, welche zunächst im Rahmen der Sekundärforschung, häufig aber auch durch primäre Forschungsaktivitäten erlangt werden muß. Die allgemeine Knappheitssituation bei Baugrundstücken und die teilweise monopolartige Stellung der Grundstückseigentümer führt dazu, daß der Immobilien- und Grundstücksmarkt nicht mit anderen Märkten in der Wirtschaft verglichen werden kann. Die Kenntnis des Beschaffungsmarktes steht dabei im unmittelbaren Zusammenhang mit der Erkenntnis des Bedarfs und der jeweiligen Absatzmöglichkeiten. Die Beschaffung kann ausschließlich absatzorientiert erfolgen, was wiederum voraussetzt, daß die Absatzmöglichkeiten sowie die jeweiligen Zielgruppen für die speziell zu errichtende Immobilie bekannt sind. Gleichzeitig gilt es abzusichern, daß die zu beschaffenden Objekte oder Grundstücke mit der Unternehmenszielsetzung sowie mit dem übrigen marketingpolitischen Instrumentarium übereinstimmen.

Voraussetzung für eine erfolgreiche Beschaffung ist darüber hinaus zumindest die Grundkenntnis des Baurechts. Insbesondere die Bedeutung von Flächennutzungs- und Bebauungsplänen sowie der Baunutzungsverordnung dürfen keine Unbekannten für die Beschaffungsspezialisten sein. Die Durchsetzung unerwünschter Nutzungen (z.B. bei Einzelhandelsgroßobjekten, störenden Industriebetrieben mit der Gefahr von Emissionen, Speditionen etc.) ist häufig schwer realisierbar.

## 4.3 Informationsgewinnung über die zu beschaffenden Objekte

Kaufinteressenten, welche den Erwerb einer Immobilie in Erwägung ziehen, sollten zunächst ermitteln, welche Eigenschaften das zu beschaffende Objekt aufweisen muß und wer entsprechende bebaute oder unbebaute Grundstücke mit den gewünschten Eigenschaften anbietet.

Wird ein bestimmtes Objekt zum Kauf angeboten, so müssen bei Kaufinteresse insbesondere folgende Informationen zur Verfügung stehen:

- Standort/Lage,
- Verkehrsanbindung,
- Art und Maß der baulichen Nutzung/Nutzungsmöglichkeiten,
- Kaufpreis,
- Größe und Zuschnitt des Objektes,
- Absatzmöglichkeiten,
- Bedarf,
- Baugrundbeschaffenheit/Grundstücksbeschaffenheit.

### 4.3.1 Lage

Die geeignete Lage ergibt sich aus der gegebenen oder geplanten Nutzung der Immobilie. Relativ geringe Anforderungen werden an gewerbliche oder industrielle Nutzungen ohne Kundenverkehr gestellt. Handelt es sich dazu noch um Betriebe, die die Umwelt belasten, so ist die Standortfrage noch unbedeutender. Gefragt ist in diesen Fällen das Vorhandensein oder die Schaffungsmöglichkeit eines entsprechenden Baurechts. Büro- und Verwaltungsgebäude benötigen repräsentative Lagen in den Städten, aber auch an der Stadtperipherie, z.B. in sogenannten Bürostädten. Handelsbetriebe erfordern – je nach Betriebstyp – verkehrsorientierte und gut zugängliche Standorte, wobei diese im Einzelfall auf der „grünen Wiese" und ansonsten in absoluten Innenstadtlagen nachgefragt werden können.

Standorte für Wohnimmobilien orientieren sich an den Bedürfnissen der potentiellen Nutzer und können sich sowohl in zentralen Lagen als auch in peripheren Wohngebieten befinden. Die in der Immobilienwirtschaft immer wieder zu hörende Weisheit bezüglich der drei wichtigsten Kriterien bei der Immobilienbeschaffung lautet: 1. Lage – 2. Lage – 3. Lage. Dies gilt insgesamt jedoch nur noch eingeschränkt, da die ideale Lage, der ideale Standort nur selten realisierbar ist. Optimale Lagen sind mehr und mehr unbezahlbar, so daß in der Praxis häufig Kompromisse gefunden werden müssen. Weitgehende Informationen müssen schließlich über die wesentlichen Daten und Fakten des *Makro-Standortes*, also des Großraumes, gewonnen werden. Bevölkerungsdaten, Kaufkraftsituation, Nachfrage nach bestimmten Immobilientypen etc. – all diese Größen gehören dazu.

## 4.3.2 Verkehrsanbindung

Von besonderer Bedeutung ist die Anbindung an den Individualverkehr und zunehmend auch an den öffentlichen Personennahverkehr. Der Erreichbarkeit des sogenannten *Mikro-Standortes* kommt dieselbe Bedeutung zu wie der Lage. Insbesondere vierspurige Autobahnen oder Schnellstraßen, U-Bahnen und S-Bahnen in unmittelbarer Objektnähe erhöhen die Wertigkeit für beispielsweise Wohn- oder Büronutzungen. Noch größeren Wert auf die Verkehrsanbindung legen die Betriebe des Einzel- und Großhandels, da dieser zumeist existentielle Bedeutung zukommt.

## 4.3.3 Art und Maß der baulichen Nutzung

Im Rahmen der Beschaffung sind insbesondere die Festsetzungen über die Art und das Maß der baulichen Nutzung, manifestiert in der Baunutzungsverordnung, von entscheidender Bedeutung. Insbesondere muß ermittelt werden, welche Nutzungen für ein bestimmtes Objekt zulässig sind und welches Maß der baulichen Nutzung (GFZ und GRZ) möglich ist. Zunehmende Bedeutung erlangen die Stellplatzverordnung bzw. die Stellplatzsatzungen innerhalb der einzelnen Städte und Gemeinden, in welchen die Erstellung von notwendigen Kfz-Stellplätzen geregelt wird (vgl. Abb. 4.1).

### 4.3.4  Kaufpreis

Standort, Nutzungsmöglichkeiten und -volumen (vermietbare oder verkaufbare Fläche), Baugrundbeschaffenheit (Altlasten, Grundwasserstand etc.) sind die wesentlichen Bestimmungsfaktoren für den Kaufpreis. Je nach Art des zu beschaffenden bebauten oder unbebauten Grundstückes errechnet sich der an den Baukosten orientierte Wiederverkaufspreis (Bauträger) oder das Renditeverhältnis bezogen auf die erzielbare oder erzielte Netto-Miete im Verhältnis zum Kaufpreis. Der Erwerber muß hierbei eine Vorstellung über die Kaufpreishöhe haben und die Obergrenze – abhängig von den Weitervermarktungsmöglichkeiten – kennen.

### 4.3.5  Größe und Zuschnitt des Objekts

Bezüglich der Größe und des Zuschnittes ist bei bestehenden Objekten zu prüfen, inwieweit diese für die jeweilige Nutzung optimal geeignet sind, und zwar im Hinblick auf Raumaufteilung, Funktionalität, Parkierung, Grundstücksausnutzung etc. Bei noch nicht feststehender Nutzung ist zu eruieren, inwieweit der Grundstückszuschnitt bestimmte Nutzungen ermöglicht oder ausschließt. Ungünstige Abmessungen können zu einer schlechteren Ausnutzung des Grundstückes führen. Beachtet werden müssen in diesem Zusammenhang auch eventuell bereits festgelegte Baulinien, Baugrenzen oder andere im Bebauungsplan enthaltene wesentliche Informationen. Schließlich ist im Rahmen der Überprüfung der Grundstücksgröße zu ermitteln, inwieweit die Objektgröße in den gesetzten Etatrahmen paßt, das Objekt oder Projekt vom Gesamtvolumen her beschafft werden kann oder nicht. So mag die Beschaffung eines an sich sowohl von der Beschaffungs- als auch von der Absatzseite her sinnvollen Objekts bzw. Projekts an der finanziellen Dimension scheitern.

# Baunutzungsverordnung
## – 27. Januar 1990 –

| Art der baulichen Nutzung | | | | Maß der baulichen Nutzung | | |
|---|---|---|---|---|---|---|
| Bauflächen | Baugebiete | | Charakteristik | Höchstgrenzen bei | | |
| | | | | GRZ | GFZ | BMZ |
| Wohnbauflächen W | Kleinsiedlungsgebiet | WS | Vorwiegend Kleinsiedlungen und landwirtschaftliche Nebenerwerbsstellen | 0,2 | 0,4 | – |
| | Reine Wohngebiete | WR | ausschließlich zum Wohnen | 0,4 | 1,2 | |
| | Allgemeine Wohngebiete | WA | Vorwiegend zum Wohnen | 0,4 | 1,2 | |
| | Besondere Wohngebiete | WB | Bebaute Wohngebiete mit besonderer Eigenart und infrastrukturellen Einrichtungen, die mit der Wohnnutzung vereinbar sind | 0,6 | 1,6 | |
| Gemischte Bauflächen M | Dorfgebiete | MD | Vorwiegend für Wirtschaftsstellen der Land- und Forstwirtschaft und zum Wohnen | 0,6 | 1,2 | |
| | Mischgebiete | MI | Wohnen und gewerbliche Betriebe, die das Wohnen nicht wesentlich stören | 0,6 | 1,2 | |
| | Kerngebiete | MK | Vorwiegend Handelsbetriebe, Einrichtungen der Wirtschaft und Verwaltung | 1,0 | 3,0 | |
| Gewerbliche Bauflächen G | Gewerbegebiete | GE | Vorwiegend nicht erheblich belästigende Gewerbebetriebe | 0,8 | 2,4 | 10,0 |
| | Industriegebiete | GI | Ausschließlich Gewerbebetriebe | 0,8 | 2,4 | 10,0 |
| Sonderbauflächen S | Ferienhausgebiete | SO | Ferienhäuser für den Erholungsaufenthalt eines überwiegend wechselnden Personenkreises | 0,4 | 1,2 | |
| | Wochenendhausgebiete | | Wochenendhäuser als Einzelhäuser oder Hausgruppen | 0,2 | 0,2 | |
| | Sonstige Sondergebiete | | Wesentlicher Unterschied zu anderen Baugebieten | 0,8 | 2,4 | 10,0 |

Z = Zahl der Vollgeschosse  
GRZ = Grundflächenzahl  
GFZ = Geschoßflächenzahl  
BMZ = Baumassenzahl

**Abb. 4.1:  Baunutzungsverordnung i.d.F. 27. 1. 1990**

### 4.3.6 Ermittlung des Absatzpotentials

Haben sich die bisher überprüften Kriterien für die Beschaffung eines bestimmten Objektes als positiv herausgestellt, so sind im Rahmen der absatzorientierten Beschaffungspolitik der mögliche Bedarf und das entsprechende Absatzpotential zu überprüfen, bevor die beabsichtigte Investition getätigt wird. Nicht selten werden besonders bei gewerblichen Objekten Marktanalysen und Tragfähigkeitsstudien vor einem möglichen Erwerb durchgeführt. Seltener ist dies bei Wohnbauobjekten/-projekten der Fall, soweit eine lokale oder regionale Marktbearbeitung erfolgt. Dennoch ist überregional die unterschiedliche Aufnahmefähigkeit der einzelnen Teilmärkte zu berücksichtigen, das heißt, mindestens die Angebots- und die Nachfragestruktur sind zu ermitteln und zu interpretieren. Beispielsweise wird die Nachfrage beeinflußt durch den Wohnungsversorgungsgrad, die Entwicklung der Einwohnerzahlen, feststellbare Stadt-Umland-Wanderungen, die Zusammensetzung und Höhe der Haushaltszahlen etc. (vgl. Abb. 4.2).

## 4.4 Planung der Immobilienbeschaffung

Eine Planung der Immobilienbeschaffung ist auch deswegen notwendig, um in den nachgeordneten Unternehmensbereichen das Optimum an Effizienz zu erreichen. Zunächst hat die Beschaffungsplanung in Abstimmung mit den Unternehmenszielen und den Marketingzielen (vor allem der produkt- und preispolitischen) zu erfolgen. Planung innerhalb des Gesamtrahmens kann Grundsätze definieren, wie beispielsweise die Art allgemein, das Investitionsvolumen oder die Standorte, welche beschafft werden sollen. So gibt es beispielsweise Unternehmen, die sich auf die Beschaffung von Handelsflächen für Fachmärkte oder 1a-Lagen konzentriert haben. Verschiedene Anlagegesellschaften (wie Pensionsfonds, Versicherungen oder Offene Fonds) beschaffen ausschließlich Gewerbeimmobilien in Toplagen von Ballungszentren etc.

Die Planung setzt die (Umsatz-)Ziele und muß Mittel, Wege und Maßnahmen zu deren Erreichung festlegen. Ein derartiges Ziel kann beispielsweise die Kapazitätsauslastung, gemessen an der Zahl der zu beschaffenden Einheiten pro Planperiode sein. Je nachdem, ob sich das Unternehmen in einer Wachstums- oder in einer Konsolidierungsphase befindet, werden Zuwächse festgelegt oder die Kontinuität festgeschrieben. Für alle Mitarbeiter, nicht nur diejenigen im Beschaffungsbereich, sind die quantitativen oder volu-

# Ermittlung des Absatzpotentials für betreute Seniorenwohnungen

| Nr. | | Stadtbereich Personen | Einzugsbereich Umland Personen | Gesamt Personen |
|---|---|---|---|---|
| 1. | Gesamtbevölkerung | 21 972 | 18 055 | 40 027 |
| 2. | Bevölkerung 50 Jahre und darüber ohne Ausländer zum sofortigen oder späteren Selbstbezug = Hauptzielgruppe | 7071 | 5814 | 12 855 |
| 3. | Generelles Interesse am Bezug einer betreuten Altenwohnung 64 % aus 2. | 4525 | 3720 | 8245 |
| 4. | Davon für Kauf 56 % aus 3. | 2534 | 2048 | 4618 |
| 5. | Kaufinteressenten mit einem Monatsnetto-Haushaltseinkommen ab 3000,– DM 80,5 % aus 4. | 2040 | 1677 | 3717 |
| 6. | Kaufinteressenten für Wohnungen über 200 000,– bis 300 000,– DM 68,6 % aus 4. | 1738 | 1430 | 3168 |
| 7. | Zahl der potentiellen Käufer (Erfahrungswert): 1. Ansatz 5 % aus 6. (jeder 20. Interessent wird Käufer) | 87 | 71 | 156 |
| | 2. Ansatz (aus Sekundärerhebungen): Etwa 2 % der Bevölkerung über 50 Jahre werden Käufer | 141 | 116 | 257 |

| Nr. | | |
|---|---|---|
| 8. | Wohnungsbedarf/Absatzpotential Anzahl Personen: durchschnittl. Haushaltsgröße von 1,73 | 1. Ansatz 156:1,73 =   90 Wohnungen<br>2. Ansatz 257:1,73 = 148 Wohnungen |
| 9. | Absatzpotential | 90 – 148 Wohnungen |
| 10. | Sicheres Absatzpotential | 90 Wohnungen |
| 11. | Sicheres Absatzpotential bereinigt um Wettbewerbsangebot | 90 – 10 Wohnungen = 80 Wohnungen |
| 12. | Eigenes Absatzpotential | 80 Wohnungen |

**Abb. 4.2:   Betreute Seniorenwohnungen (Absatzpotential)**

menorientierten Ziele Maßstab für die Tätigkeit sowohl während der laufenden als auch der künftigen Periode. Die Mitarbeiter müssen wissen, was das Unternehmen will oder nicht will. Die schriftliche Formulierung ist Ausdruck des Willens zur Erreichung der Ziele. Die Leistungen der Mitarbeiter werden gesteigert, um die Pläne zu erreichen, dienen aber daneben auch der laufenden Information und Orientierung. Zusätzliche Aktivitäten und Initiativen innerhalb des Unternehmens sollen darüber hinaus dadurch freigesetzt werden.

Im Rahmen der Beschaffungsplanung wird festgelegt, ob die Akquisitionsregion lokal, regional, überregional oder gar international sein soll. Bei internationalen Aktivitäten erfolgt üblicherweise eine Konzentration auf bestimmte Regionen und Städte. Je nach Art der Aufgabenstellung des Unternehmens, den Unternehmenszielen, dem Know-how und den Absatzzielgruppen erfolgt sehr häufig eine Konzentration der Beschaffung auf bestimmte Immobilientypen (z.B. Wohnimmobilien, Gewerbeimmobilien, Handelsimmobilien, Industrieimmobilien etc.), auf Grundstücke für bestimmte Immobilientypen, aber auch auf Immobilienprojekte in den verschiedenen Entwicklungsstadien. Auch im Rahmen der Beschaffung kann eine Spezialisierung als der Regelfall angesehen werden. An der Akquisition unterschiedlichster Objekte – vor allem Projekte – sind Bauunternehmen oder Bauträgerunternehmen, aber auch Unternehmen der Baudurchführung beteiligt, die sich für ihre Kunden eine attraktive Immobilienanlage sichern wollen. Generalistisch orientierte Projektentwickler suchen ihre Chance in der Akquisition verschiedenartiger Objekte oder Projekte.

Im Rahmen der Kosten- und Aufwandsreduzierung konzentrieren sich viele Unternehmen auf die Beschaffung von Objekten bzw. Projekten bestimmter Größenordnungen oder auf die Akquisition von Immobilien für bestimmte Zielgruppen, mit welchen möglicherweise bereits langjährige Kontakte bestehen. Synchron mit den Beschaffungsaktivitäten für die Immobilien selbst kann auch die Beschaffung potentieller Nutzer erfolgen. Durch Kontaktaufnahmen zu Behörden, Unternehmen der Wirtschaft (z.B. expandierende Handelsunternehmen oder wachstumsstarke Industrieunternehmen) kann der Bedarf nach Flächen bereits ermittelt werden, bevor das Grundstück oder die Immobilie bekannt ist bzw. gebaut wird. Hierdurch werden sehr schnelle Akquisitionsentscheidungen möglich.

Bei Großobjekten bietet sich eine kooperative Beschaffung, z.B. mit verschiedenen Funktionsträgern mit sich ergänzendem Know-how, an. Auch lassen sich gerade bei Großobjekten bei der Beschaffung oder Entwicklung die Fixkosten vergleichsweise gering halten.

Schließlich legt die Beschaffungsplanung in Verbindung mit den Unternehmenszielsetzungen auch fest, ob Kauf und Errichtung oder Entwicklung von Objekten in eigener Regie erfolgen sollen bzw. welche Aufgabenbereiche innerhalb des gesamten Immobilien-Marketing und der Immobilienentwicklung wahrgenommen werden sollen und welche Vorteile sich für das Unternehmen im Rahmen der Beschaffung und des Absatzes ergeben.

## 4.5 Beschaffungs-Mix

### 4.5.1 Betreibung einer aktiven Beschaffungspolitik

Da Immobilien und Grundstücke an gesuchten Standorten nur relativ schwer zu beschaffen sind, ist die Betreibung einer aktiven Beschaffungspolitik unumgänglich. Zudem sieht sich der Akquisitionsmanager auf den Beschaffungsmärkten einer starken Nachfragekonkurrenz ausgesetzt. Dies führt in der Praxis häufig dazu, daß nicht allein das höhere Preisangebot entscheidend ist, sondern häufig auch das Image, der Bekanntheitsgrad oder die Substanz des Unternehmens im Vordergrund stehen, oftmals ist es aber auch die Persönlichkeit des Beschaffungsmanagers.

Die Marktpräsenz eines Unternehmens, sowohl auf dem Beschaffungs- als auch auf dem Absatzsektor, führt nicht selten auch zu direkten Angeboten an das Unternehmen, ohne daß die Immobilien an den Markt gelangen.

Aktiven und exzellenten Firmen bieten sich dadurch Gewinnchancen, weil sie aus einer größeren Zahl von Immobilienangeboten die besten aussuchen können, wogegen passivere oder weniger bekannte Unternehmen selten Zugang zu guten Angeboten finden. Unter eher passiver Beschaffung könnte in diesem Zusammenhang verstanden werden, daß hier lediglich auf Immobilienangebote gewartet wird, aber auch, daß man sich lediglich auf eine Auswertung der Medien des Beschaffungsmarkts beschränkt.

### 4.5.2 Maßnahmen

Neben der aktiven Beobachtung des Beschaffungsmarkts zählen zunächst die Beobachtung und Auswertung der örtlichen Medien – auch im Hinblick auf Angebote, Ausschreibungen oder Berichte von Stadtratssitzungen oder sonstigen grundstücksbezogenen Aktivitäten der Städte und Gemeinden – zu den Pflichten der Beschaffungsabteilung. Selbstverständlich sind attraktive, passende Angebote weiter zu verfolgen, indem eine Nachfrage nach näheren Informationen und eine persönliche Kontaktaufnahme erfolgen.

Erscheint es im Rahmen der Beschaffungspolitik sinnvoll, sich an die „breite Öffentlichkeit" zu wenden (was beispielsweise bei regionalen Bauträgern oder Maklern häufig der Fall ist), so sollten eigene Inserate in den regionalen Tageszeitungen, in Gemeindeblättern, aber auch in überregionalen Tages- oder Wochenzeitungen mit bedeutendem Immobilienteil geschaltet werden. Sind Absatz- und Beschaffungsmarkt des Unternehmens identisch und befinden sich Absatz und Akquisition in einer Hand, so werden häufig Such- mit Angebotsinseraten kombiniert. Sowohl Suchanzeigen als auch Absatzinserate sollten im Rahmen der Imagepolitik als Imageanzeigen konzipiert sein.

Eher von größerer Bedeutung als die Medienakquisition ist die Herstellung und Pflege persönlicher Kontakte zu Institutionen und Personen, die von berufs wegen über Informationen über mögliche Immobilienverkäufe verfügen könnten oder gegebenenfalls ein eigenes Interesse am Verkauf sowie an einer Kooperation mit dem Immobilienunternehmen haben könnten.

### 4.5.2.1 Kommunikation und Kooperation

Projekte und Objekte mit guten Standort- und Baulandqualitäten werden heute oft „unter der Hand" weitergereicht, ohne auf den öffentlichen Markt zu gelangen. Die Sichtung von allgemeinen Maklerangeboten und Anzeigen in der Tages- und Fachpresse bringt oft nicht den gewünschten Erfolg. Nach Prüfung dieser Angebote muß man meistens feststellen, daß die angebotenen Objekte ungeeignet sind. Erfolgversprechend erweist sich der umgekehrte Weg, nämlich indem man mit genauen Vorstellungen über das gewünschte Grundstück oder Objekt an den Markt geht. Als Anbieter kommen praktisch alle Grundstückseigentümer und mit der Verwaltung bzw. dem Management von Grundbesitz beauftragten Stellen in Frage. Die Verkaufsbereitschaft hängt von diversen Kriterien ab und ändert sich oftmals im Zeitablauf, so daß eine permanente Kommunikation und die in regelmäßigen Zeitabständen wiederkehrende Kontaktaufnahme mittel- oder längerfristig zum Erwerb führen können.

Zunächst sind hier vor allem die Vertreter von Behörden, insbesondere der Städte und Gemeinden, zu nennen, die zum einen selbst häufig über Grundstücke und Bauprojekte verfügen und andererseits durch Bauvoranfragen oder Anfragen bezüglich der Bebaubarkeit sehr frühzeitig über mögliche Verkäufe oder Entwicklungschancen von Immobilien informiert sind. Die Stadtplanungsämter sind darüber hinaus schon im Vorfeld über die Änderung von Flächennutzungsplänen und die Aufstellung von Bebauungsplänen im Bilde. Verfügt der Beschaffungsmanager über derartige Informationen, so kann er rechtzeitig sein Augenmerk auf interessante Grundstücke mit der gewünschten Nutzung richten. Auch lassen sich in persönlichen Gesprächen die Möglichkeiten der Grundstücksnutzung, wenn auch nicht auf rechtsverbindlichem Wege, ausloten.

Daneben ist die Pflege derartiger Kontakte generell auch im Rahmen der Öffentlichkeitsarbeit und des Unternehmensimage von beträchtlicher Bedeutung. Ansprechpartner bei den Behörden sind darüber hinaus Bürgermeister, Landräte ebenso wie die Entscheidungsträger in den Bau- und Planungsämtern. Einen wesentlichen Anteil an Entscheidungen über die Bebauung oder Nutzung von Grundstücken haben zudem die Stadt- oder Gemeinderäte sowie die Bezirksbeiräte in größeren Städten. Kein Fehler ist es daher, diese gelegentlich zu konsultieren bzw. zu informieren und gleichzeitig Informationen über die mögliche Grundstücksbeschaffung auszutauschen.

Durch die Kontaktpflege mit anderen Ansprechpartnern wie Banken, Architekten, Immobilienmaklern, Projektentwicklern, Fachingenieuren oder Handwerkern gelangt man ebenfalls von Fall zu Fall zu wichtigen Informationen über zur Disposition stehende Objekte oder Projekte. Die Interessen der hier genannten Institutionen und Personen überschneiden sich nicht selten mit denjenigen des eigenen Unternehmens, so daß derartige Kontakte häufig auch kooperative Ansatzpunkte bieten und insofern unter dem Aspekt einer anzustrebenden Kooperation zu sehen sind. Beispielsweise sind Architekten sehr an der Bauplanung für ein Grundstück interessiert, Banken bemühen sich um die Finanzierung des Objekts, Handwerker und Bauunternehmen wollen mit der Bauausführung betraut werden, Makler oder Vertriebsunternehmen versuchen die Vermarktung zu übernehmen.

Von Bedeutung sind darüber hinaus Kontakte zu sonstigen Personen des öffentlichen Lebens, die als Meinungsträger oder Meinungsvervielfältiger fungieren – wie Vereinsvorstände, Rechtsanwälte, Steuerberater, Notare, Vermögensberater – etc. Dieser Personenkreis ist zwar mit der Immobilienwirtschaft selbst nur zum Teil verbunden, verfügt aber nicht selten über Informationen über interessante Immobilien. Im übrigen sind derartige Kontakte auch im Bereich des Vertriebs sehr hilfreich.

Die Kommunikation mit Kollegen aus anderen Immobilienunternehmen kann ebenfalls zur Beschaffung von Immobilien führen, da nicht jedes Unternehmen jedes Angebot – beispielsweise aus Kapazitätsgründen –akzeptieren kann. Darüber hinaus werden Grundstücke oder Immobilien von verschiedenen Personen bzw. Institutionen unterschiedlich betrachtet, was nicht selten dazu führt, daß ein Unternehmen ein Projekt oder Objekt ablehnt, während das andere durchaus akzeptable Vermarktungschancen oder ein erfolgversprechendes Konzept sieht.

Auch Kundengespräche bieten nicht selten Chancen für die Beschaffung von Immobilienobjekten oder Grundstücken. Zum einen ergibt sich bei Kunden gelegentlich die Notwendigkeit zur Umschichtung von Immobilienvermögen, sei es im Rahmen der Realisierung von Wertzuwächsen oder auch durch persönliche Veränderungen oder eine Bereinigung der Anlagestrategie. Andererseits können Hinweise auf Beschaffungsmöglichkeiten auch von (zufriedenen) Kunden an das Immobilienunternehmen auf informellem Wege weitergeleitet werden, ohne daß das betreffende Objekt an den Markt gelangt. Schließlich führt auch die Kommunikation mit Branchenkollegen auf Tagungen oder Seminaren nicht selten zur Übermittlung von Beschaffungschancen.

### 4.5.2.2 Kontaktaufnahme zu Unternehmen der Wirtschaft

Aus verschiedenen Gründen ist es sinnvoll, im Rahmen der Beschaffung mit Unternehmen der Wirtschaft Kontakt aufzunehmen. Expandierende Handels-, Dienstleistungs- oder Industrieunternehmen benötigen etwa neue Flächen, um das geplante Wachstum zu realisieren. Im Rahmen der Immobilienbeschaffung geht es hier primär darum, bestehende, aber von anderen Branchen nicht mehr benötigte Flächen zu akquirieren. Parallel erfolgt eine Auslotung der Absatzchancen für Flächen, über welche das Immobilienunternehmen verfügen kann. Ist die weitere Expansion eines Wirtschaftsunternehmens an einem Standort flächenbedingt nicht mehr möglich, wird ein neuer Standort benötigt – mit der Folge, daß das bestehende Areal zur Verwertung ansteht und häufig auch nach einer Weiterentwicklung verkauft werden muß, um Neuinvestitionen zu finanzieren.

Neben den Beziehungen zu florierenden Unternehmen sind fast noch häufiger Kontakte zu notleidenden Wirtschaftsunternehmen zu suchen. Generell gilt es hier, die Verkaufsbereitschaft von Bestandsimmobilien zu überprüfen. Nicht selten kommen eine Reduzierung der Grundstücksflächen und eine teilweise Verwertung in Betracht, um Bilanzverluste auszugleichen oder wichtige Neuinvestitionen zu finanzieren. Von Fall zu Fall liegt auch eine Umsiedlung des Unternehmens an, um auf geringerer Fläche am Markt bestehen zu können. Im Fall der Liquidation steht in der Regel die vollständige Fläche zur Verwertung an.

In diesem Zusammenhang sind Vergleichs- oder Konkursmeldungen aus amtlichen Veröffentlichungen oder den Medien zu entnehmen. Nicht selten ergibt sich hierbei die Möglichkeit eines Kaufs unter Verkehrswert, wobei die wirklich guten Objekte bzw. Grundstücke oftmals über die betreibende Bank entweder weitergegeben oder selbst entwickelt werden.

### 4.5.3 Ermittlung geeigneter Grundstücke bzw. Objekte

Die mögliche Verwertung eines Grundstückes ist bei persönlicher Inaugenscheinnahme vor Ort häufig rasch erkennbar. Aus diesem Grund sollten alle Mitarbeiter des Immobilienunternehmens wie auch betriebsfremde Beschaffungshelfer über die erforderlichen Kriterien in Kenntnis gesetzt werden, welche Grundstücke und Objekte in Frage kommen und wie ihre Eignung erkennbar ist. Im Anschluß daran sind die Grundstückseigentümer zu ermitteln und die Verkaufsbereitschaft in Erfahrung zu bringen.

Zunächst wird man hierbei auf Baulücken in interessanten Lagen achten, die als solche sofort erkennbar sind. Allerdings sind Baulücken um so seltener, je näher man dem Stadtzentrum kommt. Immer noch vergleichsweise häufig findet man aber sogenannte störende Betriebe auch in zentralen Lagen. Oftmals handelt es sich hierbei um Gewerbe- oder Industrieflächen, welche vor Jahrzehnten am Stadtrand angesiedelt wurden und im Zuge des Städtewachstums immer mehr in das Zentrum rückten. Typische Beispiele derartiger Betriebe sind Brauereien, Gärtnereien oder Druckereien, welche einerseits noch innerstädtisch angesiedelt sind, auf der anderen Seite aber im Zuge von Modernisierungsmaßnahmen in dezentralere Gewerbegebiete umsiedeln wollen – oder auch müssen, wenn das Fabrikgelände zwischenzeitlich von Wohngebäuden umringt ist und Anwohnerproteste über die jetzt störende Nutzung immer lauter werden.

Häufiger findet man auch lagetypisch unterdurchschnittlich ausgenutzte bzw. mit geringwertigerer Nutzung versehene Grundstücke in den Städten, in welchen erhebliches Entwicklungspotential besteht und die damit für die Beschaffung in Frage kommen. Abgesehen von der auch heute noch vorkommenden landwirtschaftlichen Nutzung in Wohn- oder Gewerbegebieten kann es sich hierbei um Produktions- oder Lagerflächen in Dienstleistungsstandorten (Bürostädten) ebenso handeln wie um reine Wohngebäude in Geschäftslagen. Auch auf in Relation zur Umgebung extensiv bebaute Grundstücke ist im Rahmen der Beschaffung zu achten.

Ist für den fachlich geschulten Beschaffungs-Manager bereits von außen erkennbar, daß Industrie- oder Gewerbeflächen teilweise nicht mehr genutzt werden, so empfiehlt sich die Kontaktaufnahme mit den jeweiligen Unternehmen bezüglich des Verkaufs nicht betriebsnotwendiger Flächen. Diese Strategie gilt für die neuen Bundesländer ebenso wie für die Länder der alten Bundesrepublik Deutschland, wenn es um firmeneigene Gebäude und Flächen geht, die teilweise oder ganz schon seit Jahren keine sinnvolle Nutzung mehr erfahren. Eindringlich gewarnt sei in diesem Zusammenhang vor Objekten mit Altlastenproblematik, durch welche aus auf den ersten Blick attraktiv und rentabel erscheinenden Grundstücken sehr schnell Millionengräber werden können. Die Geschichte der betreffenden Grundstücke ist soweit wie möglich auf altlastenverdächtige Nutzungen zurückzuverfolgen. Die Kostenübernahme bei eventuell anfallenden Altlastenbeseitigungen ist beim Kauf genau vertraglich zu fixieren.

Die Deutsche Bahn AG verfügt über sehr großdimensionierte Flächen in zentralen Lagen, welche aufgrund der Verlagerung vom Schienen- zum Straßenverkehr überflüssig wurden. Von chronischen Defiziten geplagt, ist die Bahn AG im Gegensatz zur Post im allgemeinen geneigt, derartigen Grund und Boden abzugeben. Gegebenenfalls bestehen Verwertungsmöglichkeiten in Kooperation mit diesen beiden Unternehmen. Beispiele hierfür sind die Bahnhofsprojekte „Stuttgart 21", „München 21" etc.

Beachtenswert sind im Rahmen der Beschaffung weiterhin andere veraltete oder nichtrenovierte Immobilien, welche offensichtlich aus noch herauszufindenden Gründen von dem oder den Eigentümern vernachlässigt werden. Ein Reparaturstau ist häufig ein Indiz für das Vorhandensein von Verkaufsbereitschaft. Dasselbe gilt auch für leerstehende, ungenutzte Immobilien, bei welchen eine Zwischenvermietung bei der möglicherweise geplanten Veräußerung hinderlich ist.

Nun gilt es, über Grundbuchämter, Nachbarn, Banken, Behörden etc. den oder die Eigentümer der jeweiligen Objekte herauszufinden und mit diesen bezüglich der Überprüfung der Verkaufsbereitschaft Kontakt aufzunehmen. Mit zunehmender Häufigkeit werden Immobilienobjekte oder -grundstücke von Erbengemeinschaften angeboten. Hierbei gilt es insbesondere zu berücksichtigen, daß grundsätzlich zwar häufig Verkaufsbereitschaft besteht, jedoch herrscht oftmals Uneinigkeit zwischen den Erben mit zeitraubenden Folgen für die Kaufverhandlungen. Zum einen wird nicht selten der Markt nur mit dem Zweck sondiert, einen Verkaufswert zu ermitteln, zu welchem ein oder mehrere Beteiligte die Immobilie selbst übernehmen und Miterben ausbezahlt werden. Andererseits ist bei Einigkeit der Erben ein relativ schneller Kauf zu einem realistischen Preis möglich, wenn „Kasse" gemacht werden soll.

### 4.5.4 Ergänzende Aktivitäten im Rahmen des Beschaffungs-Mix

Zur Abrundung der Beschaffungsaktivitäten ist die Mitarbeit in sogenannten Immobilienbörsen zu erwähnen. Daneben kann der selektive Besuch von Immobilienmessen (auch im Rahmen der Absatzaktivitäten) sowie die Teilnahme an Standortpräsentationen, welche teilweise von regionalen Wirtschaftsförderungsgesellschaften veranstaltet werden, im Rahmen der Beschaffung sinnvoll sein.

### 4.5.5 Ergänzende generelle Aspekte des Beschaffungsmarketing

Generell wird das Immobilienunternehmen im Hinblick auf seine Unternehmensziele ein Beschaffungs- oder Anforderungsprofil für seine Wunschimmobilien erstellen. Ebenso wie die Beschaffung selbst ist dieses in Abstimmung und in Kooperation mit den am Absatz beteiligten Personen oder Institutionen innerhalb des Unternehmens zu entwickeln. Im allgemeinen ist es sinnvoll, die Absatzabteilung bereits im Zuge der Beschaffung in die geplanten Aktivitäten zu integrieren, mindestens jedoch vor Vertragsabschluß zu konsultieren. Einerseits wird die Absatzabteilung Objekte, die sie beim Erwerb als positiv beurteilt hat, besser und überzeugender vertreiben können, andererseits kann so sichergestellt werden, daß dem Kauf aus der Sicht des Vertriebs nichts entgegensteht und das Produkt bzw. Objekt den Marktanforderungen entspricht und dementsprechend konzipiert werden kann.

Da attraktive Immobilien und Grundstücke relativ knapp verfügbar sind, gilt es, so viele Beschaffungshelfer wie möglich einzusetzen, gleichgültig, ob dies kostenpflichtig (Makler) oder nicht kostenpflichtig (Behörden, Kooperationspartner etc.) möglich ist.

### 4.5.6 Preis und Wirtschaftlichkeitsanalyse

Letztlich entscheidet der Einkaufspreis eines Grundstückes, ob eine Immobilie oder ein Grundstück wirtschaftlich verwertet und das Investitionsrisiko relativ klein gehalten werden kann. Aus diesem Grund wird in der Regel eine Wirtschaftlichkeits-Kurzanalyse bzw. eine Kosten-Erlös-Betrachtung vorgenommen, welche die Objektrisiken vom Zeitpunkt des Einkaufs bis zum möglichen Zeitpunkt des Verkaufs beinhaltet. Hierbei werden verschiedene Kaufpreise angenommen, zu welchen das Objekt bzw. Projekt voraussichtlich absetzbar ist. Gleichzeitig werden Kaufpreis, Erwerbsnebenkosten, Bau- oder Umbaukosten, Zwischenfinanzierungskosten, Risikozuschläge etc. addiert. Ergibt sich eine ausreichende positive Differenz (Gewinn), so kann dem Kauf nähergetreten werden.

### 4.5.7 Grundstückssicherung

Ist die Möglichkeit der Beschaffung eines attraktiven Grundstücks oder Objekts gegeben, so steht einem unverzüglichen Kauf grundsätzlich nichts im Wege. Bestehen allerdings bestimmte Vorstellungen im Hinblick auf die Bebauung eines Grundstückes oder die Umnutzung eines bestehenden Objektes, so ist der in Aussicht genommene Kauf mit erheblichen Risiken behaftet. Eine detaillierte Überprüfung eines Grundstücks bzw. Objekts gestaltet sich oftmals sehr zeitaufwendig. Wurde das Grundstück erworben, fallen oftmals erhebliche Zwischenfinanzierungskosten an. Gegebenenfalls sind Markt- und Standortanalysen, Wirtschaftlichkeitsanalysen einzuholen oder durch Bauvoranfragen die Bebaubarkeit von Grundstücken für den gewünschten Zweck abzutasten. Unerwünschte Nutzungen werden oftmals von Baugenehmigungsbehörden trotz eines bestehenden Bebauungsplanes behindert oder verhindert. Risikoeingrenzungen sind insofern nur mit beträchtlichem Zeit- und/oder Kapitalaufwand möglich. Will man sicherstellen, daß nach einem positiven Prüfungsergebnis das Objekt noch erworben werden kann, so sollte man auf der Abgabe eines *notariellen Verkaufsangebotes* durch den Verkäufer bestehen. Eine andere Möglichkeit stellt der frühzeitige Abschluß eines Kaufvertrages dar, wobei ein Rücktrittsrecht für den Käufer vereinbart wird, ohne daß dieser Rücktrittsgründe angeben muß.

Alternativ hierzu wird die *Kaufoption* praktiziert, welche vom Kaufinteressenten bis zu einem bestimmten Zeitpunkt wahrgenommen werden muß. Während der Laufzeit dieser Option hat er die Möglichkeit, das Objekt einer eingehenden Prüfung zu unterziehen. Die Vergabe einer Kaufoption ist häufig mit Kosten für den Kaufinteressenten verbunden, da sich der Verkäufer für einen bestimmten Zeitraum passiv verhalten muß. Nach Möglichkeit ist der Kaufpreis, zu welchem das Objekt erworben werden kann, bereits vor der eingehenden Prüfung festzulegen. Ergibt sich aus der Prüfung ein geringerer Wertansatz, so kann neu verhandelt oder abgelehnt werden. Ist das Gegenteil der Fall, so wird das Grundstück zu einem günstigen Preis übernommen. Allerdings machen besonders versierte Grundstücksverkäufer den Kaufpreis ohnehin von der Art und dem Umfang der möglichen Bebauung abhängig. Eine bisweilen oft praktizierte Art der Grundstückssicherung besteht in privatschriftlichen Verträgen, die jedoch eher von psychologischer denn von rechtlicher Bedeutung sind. Bei kleineren Objekten und bei persönlicher Vertrauensbasis zwischen Immobilienkäufer und -verkäufer kommt es bisweilen vor, daß Grundstücke dem Kaufinteressenten zur Beplanung „an die Hand" gegeben werden, das heißt, der Kaufinteressent – oftmals ein Bauträger – wird berechtigt, das Grundstück zu beplanen oder zu einem späteren Zeitpunkt zu erwerben. Bei allen Versionen der Objektsicherung muß festgelegt sein, daß das Objekt auch von einem anderen als dem ursprünglichen Kaufinteressenten erworben werden kann.

### 4.5.8  Beschaffung mittels Erbbaurecht

Will oder kann ein Eigentümer sein Grundstück nicht verkaufen, besteht die Möglichkeit, durch das Erbbaurecht das Grundstück doch nutzen zu können. Dabei behält der bisherige Eigentümer das Eigentum an dem Grundstück und belastet es nur in der Weise, daß einem Erbbauberechtigten das Recht zusteht, auf oder unter der Oberfläche des Grundstückes ein Bauwerk zu errichten. Derartige Konstellationen sind häufiger bei attraktiven innerstädtischen Grundstücken, Grundstücken von Kirchen, der Deutsche Bahn AG oder der Telekom anzutreffen. Ein sehr bekanntes Beispiel in diesem Zusammenhang stellt die Nutzung der sogenannten Wandelhalle des Hamburger Hauptbahnhofes durch ein Shopping-Center dar.

### 4.5.9  Einsicht in das Grundbuch

Hat man ein Grundstück oder Objekt ausgewählt, sollte der nächste Schritt die Einsichtnahme in das Grundbuch beim Grundbuchamt sein. Das Grundbuch ist öffentlich und kann von jedermann eingesehen werden, der dem

Grundbuchbeamten ein berechtigtes Interesse nachweisen kann. Dieses ist beispielsweise schon dann gegeben, wenn man sich als ernsthafter Kaufinteressent zu erkennen gibt. Außerdem kann der potentielle Käufer entweder mit Hilfe eines Notars oder durch die Einwilligungserklärung des Eigentümers das Grundbuch einsehen. Das Grundbuch ist eingeteilt in das Bestandsverzeichnis und in drei sogenannte Abteilungen. Das Bestandsverzeichnis enthält Angaben über das Grundstück, wie z.B. Flur, Flurstücknummer, Größe des Grundstückes und Wirtschaftsart. Die erste Abteilung benennt den Eigentümer. Hieraus wird ersichtlich, ob es sich um einen Alleineigentümer handelt oder ob man unter Umständen noch mit weiteren Miteigentümern verhandeln muß. Besonders kritisch ist die zweite Abteilung zu betrachten, in welcher alle eintragungsfähigen Belastungen (mit Ausnahme der Grundpfandrechte) festgehalten sind. Dieses sind vor allem Grunddienstbarkeiten, beschränkt persönliche Dienstbarkeiten, Vorkaufsrechte, Erbbaurechte, Reallasten etc. Unter Umständen ergeben sich hieraus erhebliche Beschränkungen oder zusätzliche Kosten, wenn über das Grundstück frei verfügt werden soll. In der dritten Abteilung findet man schließlich Reallasten, also Hypotheken, Grund- und Rentenschulden. Vor allem letztere schränken die Verfügungsgewalt eines Käufers über das Grundstück oft entscheidend ein und können auch den Grundstückswert stark mindern. Dem Grundbuch wurde der öffentliche Glaube verliehen, das heißt, die Eintragungen im Grundbuch gelten als richtig, so daß sich jeder auf die Eintragung verlassen kann.

Neben den Grundbüchern werden beim Grundbuchamt auch die Grundakten geführt. Die Grundakten müssen getrennt von den Grundbüchern aufbewahrt werden, und darin sind alle Unterlagen, die sich auf Eintragungen im Grundbuch beziehen, gesammelt. Auch die Grundakte sollte eingesehen werden, da sich hier noch unerledigte Anträge befinden können. Ergänzend sollte darüber hinaus auch das Baulastenverzeichnis eingesehen werden, da gegebenenfalls Belastungen des Grundstücks bestehen, welche nicht im Grundbuch vermerkt sind.

# 5.    Entgeltpolitik

## 5.1    Grundlagen

Unter Entgeltpolitik, auch Kontrahierungspolitik (vgl. Meffert, H.: Marketing, 7. Auflage, 1991, S. 260 ff.) oder Preispolitik (vgl. Nieschlag/Dichtl/Hörschgen: Marketing, 16. Auflage, 1991, S. 235 f.), versteht man die Gesamtheit aller Entscheidungen im Marketing-Mix, die der zielorientierten Gestaltung des Preis-Leistungs-Verhältnisses dienen (vgl. Geisbüsch, H.-G. u.a.: Marketing, 2. Auflage, 1991, S. 609 ff.). Das wichtigste Instrument hierbei stellt die Preispolitik dar. Darüber hinausgehende Instrumente wie die Rabattpolitik sowie die Lieferungs-, Zahlungs- und Kreditierungsbedingungen können unter dem Begriff Konditionenpolitik subsumiert werden und sind ebenfalls von erheblicher Bedeutung. Grundvoraussetzung für eine Entgeltpolitik ist die Existenz einer Wahlmöglichkeit zwischen alternativen Preisen und Konditionen.

Die Besonderheit der Entgeltpolitik besteht vor allem in ihrer flexiblen Handhabung. Da sie mit den jeweiligen Kaufakten unmittelbar zusammenhängt, ist sie im Gegensatz zu den Instrumenten des Produkt- und Distributions-Mix kurzfristig variierbar. Dies gilt vor allem für die Preis- und Rabattpolitik. Obwohl im Immobilienbereich neben dem Preis auch anderen Kriterien wie der Lage, der Architektur, der Verkehrsanbindung etc. eine große Bedeutung zukommt, verursachen die Instrumente der Entgelt- und Konditionenpolitik doch eine erhebliche akquisitorische Wirkung. Große Bedeutung erlangen darüber hinaus eventuell gewährte Zahlungsziele, Zahlungsbedingungen sowie Zwischenkredite, deren Gewährung sich angesichts großer Investitionssummen in erheblichen geldwerten Vorteilen niederschlägt.

Historisch bedingt steht als klassische Aktivität innerhalb der Entgeltpolitik seit jeher der Preis. Vor über 170 Jahren ging die ökonomische Theorie, entwickelt von David Ricardo und Adam Smith, davon aus, daß der Preis die einzige Variable sei, mit welcher sich die Produkte absetzen lassen (vgl. Kotler, P./Bliemel, F.: Marketing-Management, 8. Auflage, 1995, S. 743 ff.). Dies erklärt sich daraus, daß zu dieser Zeit vorwiegend Rohstoffe und Konsumgüter produziert wurden, welche kaum Chancen zu einer Differenzierung, also z.B. Werbung, Markenbildung oder Verpackung, boten.

Die zunehmende Industrialisierung, gestiegene Einkommen, ein höheres Bildungs- und Informationsniveau sowie die Entwicklung vom Verkäufer- zum Käufermarkt führten bei den Konsumenten zu veränderten Konsumgewohnheiten, so daß sich die Bedeutung der Preispolitik allein wesentlich reduzierte. Ausschließlich durch den Preis läßt sich der Absatz von Produkten heute also nicht mehr steuern. Die Preispolitik stellt gegenwärtig nur noch ein Instrument innerhalb eines breitgefächerten marketingpolitischen Instrumentariums dar.

## 5.2 Preispolitische Entscheidungen

Lange Zeit galt es als erwiesen, daß der einfachste Ausgleich zwischen Angebot und Nachfrage über flexible Preise zu erzielen sei. Bei einem Überangebot kommt es modellhaft automatisch zu Preissenkungen, während im umgekehrten Fall der augenblicklichen Knappheit eines Gutes die Preise steigen. Dies wiederum regt die Anbieter zu einer Erweiterung der Kapazitäten an und läßt neue Anbieter auf den Markt drängen. Diese Konstellation führt letztlich wieder zu einem Überangebot mit dann sinkenden Preisen. In der Theorie kommt es schließlich zu einem sogenannten Gleichgewichtspreis, bei welchem gerade so viel angeboten wird, daß die Nachfrage abgedeckt ist. Hat sich ein Marktpreis bzw. Gleichgewichtspreis herausgebildet, kann der Unternehmer durch Preissenkungen oder auch durch Preiserhöhungen die weitere Entwicklung des Absatzvolumens steuern.

### 5.2.1 Preissenkungen

Es hat sich in der Vergangenheit häufig gezeigt, daß die Nachfrage nicht grundsätzlich nur durch Preissenkungen stimuliert werden kann. Speziell bei der Vermarktung von Immobilien werden Preissenkungen von den potentiellen Kunden häufig skeptisch beurteilt; da man im allgemeinen bei Immobilien mit steigenden Preisen rechnet und die Aussicht auf Wertsteigerung ein wesentliches Element der Kaufentscheidung ist, vermuten die Interessenten oftmals das Nichteintreten einer Wertsteigerung oder sogar einen zu erwartenden Wertverlust. Unter Umständen kalkuliert man auch damit, daß Immobilien in absehbarer Zeit noch preisgünstiger werden, und wartet aus diesem Grunde ab. Auch kann vermutet werden, daß die Immobilie mit Mängeln behaftet ist und sich deswegen nicht absetzen läßt. Handelt es sich um eine der letzten Einheiten in einem Objekt, so unterstellt man, daß demnächst neue, bessere Projekte auf den Markt gelangen. Schließlich könnte unterstellt werden, daß sich das Unternehmen in Schwierigkeiten befände und so die Gesamtabwicklung oder die Garantieleistungen nicht gewährleistet wären. Ist die aufgrund des niedrigeren Preises erzielbare Kapitalrendite deutlich höher als bei anderen vergleichbaren Objekten, könnte der potentielle Käufer versteckte Risiken bzw. ein überdurchschnittliches Anlagerisiko befürchten.

Hinzu kommt, daß bei einer generell aggressiven Preispolitik anzunehmen ist, daß die Wettbewerber entsprechend scharf reagieren und ein ruinöser Preiskampf entsteht. Letztlich sind einmal publizierte Preissenkungen auch bei verstärkter Nachfrage relativ schwer rückgängig zu machen.

In Anbetracht dieser Erkenntnisse versuchen die Unternehmen seit längerem, einem Preiswettkampf auszuweichen und sich von den Wettbewerbern durch den Einsatz anderer marketingpolitischer Instrumente abzuheben. Gerade der Immobiliensektor bietet hier aufgrund seiner verschiedenartigen Produkte, die jeweils als Unikate gelten können, besonders gute Möglichkeiten. Jedes Grundstück und jede Immobilie unterscheidet sich wieder von einem anderen Objekt und kann somit grundsätzlich nicht direkt mit dem Angebot des Wettbewerbers verglichen werden.

## 5.2.2 Preiserhöhungen

Die Nachfragezyklen in den vergangenen Jahrzehnten haben gezeigt, daß das Interesse an Immobilien letztlich nicht durch Preissenkungen, sondern durch Preiserhöhungen gesteigert wird. Der potentielle Käufer rechnet mit weiteren Preiserhöhungen, aber auch mit Wertsteigerungen und ist bestrebt, noch zum „alten" Preis einzukaufen. Auch schließt der Verbraucher bei einer Preiserhöhung auf eine rege Nachfrage, was ihn in seiner Entscheidung für dieses spezielle Objekt bestärkt. Die relativ lange Entwicklungs- und Realisierungsdauer von Immobilien bietet unterschiedliche Ansätze für Preisanpassungen.

Nicht selten nehmen Immobilienunternehmen eine starke Nachfrage nach einem Objekt zum Anlaß, einen ursprünglich angesetzten oder kalkulierten Preis zu erhöhen. Eventuell legt der Käufer Wert auf den sogenannten Snob-Appeal, der nur hochpreisigen Objekten zu eigen ist. Hierbei sind sicherlich neben dem Preis noch diverse andere Objektkriterien entscheidend. Gegebenenfalls lassen sich Verbesserungen bei der Bau- und Ausstattungsqualität dem Kunden als Grund für die Preiserhöhung darstellen.

## 5.2.3 Integration der Preispolitik in den Marketing-Mix

Die vorangegangenen, sehr eindimensionalen Betrachtungsweisen des Preises verdeutlichen bereits, daß die Preisfindung zwar ein sehr wesentliches, dennoch jedoch nur *eines* unter zahlreichen anderen marketingpolitischen Instrumenten ist, um den Unternehmenserfolg zu sichern. Die Preispolitik als ein Element des Marketing-Mix ist dabei nicht individuell zu optimieren, sondern möglichst wirkungsvoll in diesen Mix zu integrieren (vgl. Oxenfeldt, in: Meffert, H.: Marketing, 7. Auflage, 1991, S. 261).

Das bedeutet, daß die Preisgestaltung mit den anderen eingesetzten marketingpolitischen Instrumenten abgestimmt sein muß, wenn eine optimale Wirkung der Marketingpolitik erreicht werden soll (vgl. Bidlingmaier 1973, S. 281). In diesem Zusammenhang ist auch zu erwähnen, daß die Preispolitik innerhalb des gesamten Marketing-Mix beispielsweise durch die Preisdifferenzierung und die Variation der Konditionenpolitik noch wesentlich nuancierter eingesetzt werden kann.

Im konkreten Fall hängt der Einsatz des Instrumentes Preispolitik von einer Vielzahl von Faktoren ab, die die klassische Preistheorie nur teilweise erfassen kann. Diese unterscheidet grundsätzlich zwischen monopolistischer, oligopolistischer und atomistischer (polypolistischer) Angebotsstruktur, je nachdem, ob ein, mehrere oder zahlreiche Anbieter am Markt sind.

Zu den wichtigsten Bestimmungsfaktoren für den Einsatz des marketingpolitischen Instrumentariums einschließlich der Preis- und Konditionenpolitik können folgende Kriterien genannt werden:

- Verhalten der Nachfrager,
- Verhalten der Anbieter,
- Verhalten der Absatzmittler,
- staatliche Einflußnahme,
- preispolitische Ziele,
- der preispolitische Entscheidungsrahmen,
- Kostenrahmen und Kostenstruktur.

Bei der Einbindung der Preispolitik in den gesamten Marketing-Mix ist zunächst vom Unternehmen eine generelle Entscheidung über das Angebots- und Ausstattungsniveau zu treffen, mit welchem es auf dem Markt aktiv werden will. Hierin ist die tatsächliche Preispolitik zu integrieren. Im Gegensatz zur Preispolitik bei z.B. Massenprodukten von Konsumgüterherstellern müssen bei Immobilien, da es sich um Solitärprodukte handelt, die Preise in relativ kurzen Zeitabständen bzw. für jedes Produkt oder Objekt neu kalkuliert bzw. festgesetzt werden. Da die Preise jeweils nur für ein Objekt bzw. ein Bauvorhaben festgelegt werden, handelt es sich um sehr stark zeitpunktbezogene Preisfestsetzungen, welche sich an der aktuellen Marktsituation ausrichten. Von erheblicher Bedeutung im Zusammenhang mit der Preispolitik ist auch, welche Nachfrager das Unternehmen generell ansprechen will.

Richtet sich das Angebot beispielsweise an eher uniformierte Kapitalanleger, so sieht die Preisgestaltung völlig anders aus, als wenn professionelle, institutionelle Kapitalanleger oder Eigennutzer von Wohnimmobilien angesprochen werden sollen. Staatliche Aktivitäten, z.B. im Rahmen von Wohnungsbauförderung, steuerlichen Abschreibungsmöglichkeiten etc., beeinflussen die Nachfrage und wirken sich somit auch auf die Preispolitik aus.

Daß es hierbei teilweise zu Fehlleitungen kommen kann, demonstrierte beispielsweise das Bauherrenmodell in den achtziger Jahren. Das vorherrschende Kaufmotiv Steuerersparnis führt zu einem preisunempfindlicheren Nachfragerverhalten mit der Konsequenz, daß dem (höheren) Preis weniger Bedeutung zugemessen wird als der zu erzielenden Steuerersparnis. Parallelen sind bei der Preisgestaltung von Immobilien in den neuen Bundesländern erkennbar, wo insbesondere die steuerliche Sonderabschreibung nach dem Fördergebietsgesetz zum Kauf motiviert.

In der Regel geben Immobiliennachfrager – bezogen auf ihre jeweiligen Verhältnisse – relativ hohe Summen aus. Da zudem häufig Projekte, also unfertige Immobilien veräußert werden, erscheint neben dem Kaufpreis das Vertrauen in die Bonität und Kompetenz, daß die entsprechenden Maßnahmen problemlos und zeitgerecht abgewickelt werden können, von ebenso hoher Bedeutung. Dieses kann wiederum als Resultat der bisherigen Leistungsbilanz und der anderen marketingpolitischen Instrumente im Rahmen der Öffentlichkeitsarbeit gesehen werden.

Bereits anhand der bisher aufgezeigten Kriterien wird deutlich, daß sich preispolitische Entscheidungen nicht isoliert von den anderen Instrumenten des marketingpolitischen Instrumentariums treffen lassen. Häufig ist die Festsetzung eines bestimmten Preises sekundär. Primär ist vor allem die optimale Kombination der absatzpolitischen Instrumente unter besonderer

Berücksichtigung der Produktpolitik. Dennoch bleibt die Preisbildung eine sehr komplexe Aufgabe, da es sich zumeist nicht um standardisierte Produkte handelt, sondern um eine Vielzahl von Faktoren, die die Preisbildung beeinflussen. Dem Management obliegt die Aufgabe, die Bedeutung und den Standort der Preispolitik innerhalb des gesamten marketingpolitischen Instrumentariums richtig zu erkennen und umzusetzen. Die in der Literatur häufig zu findenden theoretischen Preisbildungsmodelle sind für die tatsächliche Preisfindung bisher deswegen unzureichend, da sie in der Regel von der Annahme ausgehen, daß lediglich der Preis als variabel, andere Marketinginstrumente jedoch als unveränderbar angesehen werden. Nach Philip Kotler (Marketing-Management, 8. Auflage, 1995, S. 743 ff.) ist diese Annahme daran zu erkennen, daß die Nachfragefunktion als eine Beziehung zwischen lediglich zwei Variablen, nämlich dem Preis und der nachgefragten Menge, behandelt wird. Aus diesem Grund wurde hier auf die Darstellung der theoretischen Preisbildungsmodelle verzichtet.

## 5.2.4 Preispolitische Ziele und Strategien

Die entgeltpolitischen Ziele und Strategien sind integrierter Bestandteil der Unternehmens- bzw. der Marketingziele. Häufig findet man in der Praxis zwei Preisstrategien: die Marktabschöpfungsstrategie sowie die Marktanteilgewinnungsstrategie.

### 5.2.4.1 Marktabschöpfungsstrategie

Bei der Abschöpfungsstrategie wird versucht, den Preis in einer maximalen Höhe anzusetzen. Zumindest kurz- bis mittelfristiges Ziel ist hierbei die Gewinnmaximierung des Unternehmens. Ausgehend von der Tatsache, daß zumindest einige Käufer von Immobilien bereit sind, einen Mehrpreis für bestimmte Produkte oder Standorte zu bezahlen, wird der höchstmögliche Preis hierfür angesetzt. Im Gegensatz zu vergleichbaren Massenprodukten – wie TV- oder Videogeräten – besteht bei Immobilien zunächst nicht unbedingt die Gefahr, daß ein hoher Ertrag auch zusätzliche Wettbewerber anzieht, da es sich bei jeder Immobilie um ein Einzelstück handelt. Zudem sind individuelle Einkaufspreise für Grundstücke, Bauleistungen und Ausstattung vergleichsweise schwer nachvollziehbar. Voraussetzung für eine derartige Strategie ist zunächst, daß es genügend Käufer gibt, die bereit sind, einen entsprechenden Preis zu bezahlen. Auch muß das Unternehmen den Markt so gut erkennen, daß es in der Lage ist, bereits von Beginn an einen hohen Preis festzulegen. Andernfalls muß es darauf verzichten, den Höchstgewinn zu realisieren. Das Risiko der Marktabschöpfungsstrategie besteht in einer Fehleinschätzung des entsprechenden Marktvolumens. Darüber hinaus führen radikale Preissenkungen im Falle der Unverkäuflichkeit zu dem erst veranschlagten hohen Preis sehr schnell zur Unglaubwürdigkeit der Preispolitik des Unternehmens am Markt. Darüber hinaus setzt der Einsatz dieser Strategie ein erhebliches Maß an Feingefühl für die Marktsituation voraus, da ein Großteil der potentiellen Käufer den Preis sehr genau beachtet und sehr preisempfindlich reagiert.

### 5.2.4.2 Marktanteilgewinnungsstrategie

Im Gegensatz zur Marktabschöpfungsstrategie ist die Marktanteilgewinnungsstrategie langfristig orientiert. Die Preise der Immobilien werden so festgelegt, daß am Ende einer bestimmten Periode und nach Erreichen der Planumsätze ein entsprechender Marktanteil erreicht wird und das Unternehmen sich eine feste Position innerhalb des Marktes sichern konnte. Innerhalb der Preispolitik führt diese Strategie dazu, daß die Preise an der Untergrenze oder unterhalb des Marktpreises festgelegt werden. Existierenden Wettbewerbern werden damit Marktanteile entzogen, potentielle neue Wettbewerber durch das relativ niedrige Preisniveau zunächst vom Eintritt in den Markt abgehalten. Erst nach Erreichen des Marktanteils soll der Gewinn auf ein höheres Niveau gebracht werden. Die Gefahr bei der Realisierung dieser Strategie besteht darin, daß die Kunden das niedrigere Preisniveau mit geringerer Qualität verbinden. Es ist also sehr genau darauf zu achten, daß der niedrigere Preis nicht mit einer geringeren Qualität erkauft wird, was vor allem auch dem Kunden gegenüber dokumentiert werden muß. Darüber hinaus ist auch beim sonstigen absatzpolitischen Instrumentarium das entsprechende Niveau zu halten. Insbesondere der Kundenservice, aber auch die Produktpolitik sind so auszurichten, daß der einmal erreichte Marktanteil auf Dauer bleibt.

In der Praxis muß diese Preisstrategie in Relation zu den Wettbewerbern stehen. Bei der Marktanteilgewinnungsstrategie mag dies bedeuten, daß der eigene Preis unter dem der wichtigsten Wettbewerber liegen könnte. Bei der Abschöpfungsstrategie, z.B. mit einer hochwertigen Immobilie in erstklassiger Lage, kann der Preis beispielsweise um mehrere tausend Mark je Quadratmeter oder 50 bis 100 Prozent über demjenigen einer als durchschnittlich anzusehenden gleichartigen Immobilie festgelegt werden. Unterziele der Marktanteilgewinnungsstrategie könnten die Erlangung einer Vorzugsstellung innerhalb des Marktes, aber auch die Ausschaltung von Wettbewerbern sein.

### 5.2.4.3 Produktlinien-Förderung

Strategische Überlegungen sind, was die Preispolitik in einer Produktlinie (z.B. Gewerbeimmobilien, Wohnimmobilien, Freizeitimmobilien etc.) angeht, stets sinnvoll. Werden verschiedene Arten von Immobilien angeboten, so können diese ohnehin zu unterschiedlichen Preisen verkauft werden. Aber auch bei gleichartigen Immobilien mögen unterschiedliche Preise zum Ansatz kommen. Nicht selten werden innerhalb eines Bauvorhabens die schlechter situierten Einheiten zu einem niedrigeren Preis, eventuell sogar zu einem Lockvogelpreis angeboten. Ähnlich der Aufpreispolitik in der Automobilindustrie müssen dann für bessere Lagen stufenweise höhere Preise bezahlt werden. Sind die verschiedenen Einheiten tatsächlich gleichartig, so bietet sich allerdings auch die Festsetzung von Einheitspreisen an.

### 5.2.4.4 Kostenorientierung

Manche Unternehmen sehen es als ausreichend an, auf die Herstellungspreise lediglich einen Gewinn- und Risikoaufschlag zu kalkulieren, gleichgültig ob der Marktpreis damit unter- oder überschritten wird. Liegen die Produktionskosten nicht zu hoch, so können hierdurch ein relativ höherer Umsatz erzielt und die Ausgaben schneller wieder erwirtschaftet werden. Die Umschlagsgeschwindigkeit wird beschleunigt, und knappe liquide Mittel können schnell wieder in das Unternehmen zurückfließen. Wegen des relativ langen Produktionszeitraumes bei Immobilien kann dies sinnvoller sein, als in längeren Phasen zu höheren Preisen zu verkaufen, hierbei jedoch das Risiko von Teuerung und Marktveränderung zu tragen.

### 5.2.4.5 Rentabilität

Teilweise sehen Unternehmen eine „ausreichende" Rentabilität als Preisbildungsziel an. Höhere Preise könnten zwar teilweise eine höhere Verzinsung bewirken, doch gibt sich das Unternehmen mit einer dem Risiko entsprechenden durchschnittlichen Rentabilität zufrieden. Vorgabepreise können ein Beispiel für den Einsatz dieser Strategie, von Philip Kotler als Satisfizierungsstrategie bezeichnet (Marketing-Management, 8. Auflage, 1995, S. 743ff.), sein.

### 5.2.4.6 Serviceorientierung

Eine preisstrategische Überlegung mag sein, bei Immobilienprodukten, zu denen in der Regel eine Reihe von Zusatzprodukten und umfangreicher Service gehören, den Deckungsbeitrag durch direkte oder indirekte Anrechnung der Serviceleistungen zu erhöhen. Es bietet sich hier entweder an, das Grundprodukt relativ preiswert zu verkaufen, dann jedoch bei Zusatzausstattungen, Kundenservice und -beratung, Finanzierungsberatung, Verwaltung und Management etc. höhere Deckungsbeiträge zu erzielen oder diese Zusatzleistungen als Rechtfertigung für höhere Preise zu verwenden, wie dies beispielsweise bei der Emil-Bast-Bauunternehmung in Düsseldorf – nach eigenen Angaben Marktführer für Kapitalanlagen im Wohnungsbau – der Fall ist.

### 5.2.4.7 Betriebsgerichtete Ziele

Neben den bisher erwähnten sogenannten marktgerichteten Zielen können die preispolitischen Ziele auch an betrieblichen Wünschen ausgerichtet werden. Beispielsweise kann der Absatz an das jährlich produzierte Immobilienvolumen eines Bauträgers angepaßt werden; ein anderes Ziel mag sein, die Vollbeschäftigung innerhalb des Unternehmens zu sichern, und eine weitere strategische Überlegung wird sich an der Realisierung einer optimalen Kostensituation orientieren.

Aufgrund der Orientierung der Preispolitik an anderen unternehmens- und marketingpolitischen Zielen wird sich diese im Regelfall an mehreren Zielen gleichzeitig ausrichten müssen. Insbesondere ist auch die zeitliche Dimension zu berücksichtigen. Der Markt unterliegt beträchtlichen zyklischen Schwankungen im Hinblick auf die gesamtwirtschaftliche Situation wie auch unter Berücksichtigung von Angebotszyklen der Wettbewerber.

### 5.2.5 Restriktionen der Preispolitik

Aus der Einbindung der Entgeltpolitik sowohl in die Unternehmensziele und -strategien, in den gewählten Marketing-Mix, in den zeitlichen Planungshorizont als auch in die jeweilige Markt- und Wettbewerbssituation ergeben sich unternehmensinterne und unternehmensexterne Einflußfaktoren im Hinblick auf die freie Preisgestaltung.

### 5.2.5.1 Unternehmensexterne Einflußfaktoren

*Die Nachfrage*

Eine wirksame Nachfrage setzt zunächst voraus, daß Bedürfnisse und hierfür eine entsprechende Kaufkraft bzw. Bonität für eine eventuelle Kreditaufnahme vorhanden sein müssen. Hohe Kaufkraft weckt beispielsweise bei Wohnimmobilien den Wunsch nach mehr Wohnkomfort und mehr Fläche. Bei Gewerbeimmobilien determinieren expansionswillige Unternehmen die Nachfrage am Markt. Wichtiger noch als die Existenz von bestimmten Bedürfnissen und ausreichender Kaufkraft ist jedoch der Wunsch nach der Verwendung derselben. Beim Absatz von Immobilien muß hier ein ausreichender Zukunftsoptimismus der potentiellen Abnehmer gegeben sein. Dieser wiederum hängt vor allem von den ökonomischen Randdaten und individuellen Nebenbedingungen (wie z.B. drohende Arbeitslosigkeit, mangelnde Auftragssituation bei Unternehmen) ab. In (vermeintlich) krisenhaften Situationen erhöht sich die Zurückhaltung der potentiellen Käufer. Auch die Aussicht auf günstigere Zinsen wirkt restriktiv auf Kaufentscheidungen, wogegen steigende Zinsen kaum kaufmotivierend wirken. Gesamtwirtschaftlich begründete, sogenannte Kaufzurückhaltungswellen sind vom einzelnen Anbieter praktisch nicht zu durchbrechen, da die Nachfrageelastizität auch bei stark reduzierten Preisen gering ist. Ein Umschwung kann nur über eine positive Meinungsbildung, z.B. durch führende Wirtschaftsinstitute, Presse, Politik etc., erfolgen.

Eine starke Nachfrage führt außerdem aufgrund einer auch hier geringen Elastizität zu deutlich höheren Preisen. Zudem fachen staatliche Maßnahmen, auch im Rahmen der Konjunktursteuerung, im allgemeinen die Nachfrage an und nicht das Angebot, was ebenfalls tendenziell zu steigenden Preisen führt. In diesem Fall ist die Restriktion darin zu sehen, nicht den kurzfristig höchstmöglichen Preis zu nehmen und eventuell Stammkunden zu verärgern, sondern die Preise im Hinblick auf eine künftige Absatzkontinuität zu kalkulieren.

*Der Wettbewerb*

Obwohl Immobilienprodukte objektiv nur eine geringe Gleichartigkeit aufweisen, spielt der Preis neben z.B. der Qualität, der Lage und der Ausstattung aufgrund des vergleichsweise hohen Investitionsvolumens eine bedeutende Rolle bei den Kaufentscheidungen. Zwar bemühen sich die Anbieter in der

Regel um eine preisunabhängige Profilierung, doch können die Marktpreise, die sich anhand des durchschnittlichen Konkurrenzpreises ergeben, nicht ohne guten Grund wesentlich überschritten werden. Die Ausnutzung einer eventuell auch zeitweiligen Monopolstellung mit der Konsequenz stark überhöhter Preise könnte darüber hinaus sehr schnell die Öffentlichkeit und die potentiellen Käufer auf den Plan rufen, und zwar mit unter Umständen negativen Auswirkungen auf das Image und den künftigen Absatz.

Vergleichsweise häufig zeigt sich in der Praxis, daß mehrere bedeutende Anbieter innerhalb eines Teilmarktes auftreten und damit ein sogenanntes Teiloligopol bilden. Die am Markt agierenden kleineren Unternehmen können so gezwungen sein, sich einer sogenannten Preisführerschaft zu unterwerfen (vgl. Nieschlag/Dichtl/ Hörschgen: Marketing, 16. Auflage, 1991, S. 241). Eine Überschreitung des gebildeten Marktpreises ist kaum möglich. Andererseits sind kleinere Anbieter zumeist flexibler und mit geringeren Fixkosten belastet, so daß eine Unterschreitung des ortsüblichen Preisniveaus vergleichsweise leicht fällt oder durch eine derartige Konstellation sogar Sondergewinne eingefahren werden können.

*Staatliche Einflußnahmen*

„Die Notwendigkeit staatlichen Eingreifens in die Preispolitik ergibt sich dann, wenn durch Ausnutzung von Unerfahrenheit der Verbraucher, von Notlagen der Abnehmer oder durch wirtschaftliche Vormachtstellungen mit Hilfe überhöhter Preisforderungen das volkswirtschaftliche Gefüge in Unordnung gerät oder soziale und politische Verschiebungen zu befürchten sind." (Vgl. Nieschlag/Dichtl/Hörschgen: Marketing, 16. Auflage, 1991.) Staatliche Einflußnahmen auf den Preis drücken sich meist in indirekten Maßnahmen und Vorschriften aus. Durch das geltende Mietrecht werden die Preise für Wohnungen an Kapitalanleger aufgrund einer beschränkten Rendite indirekt begrenzt. Einschränkende Möglichkeiten der Bebaubarkeit von Grundstücken sowie der Nutzung der Immobilien begrenzen in erheblichem Maße die Preise für die hierauf zu erstellende Immobilie. Abgesehen vom Baurecht fallen die staatlichen Restriktionen bei Gewerbeimmobilien geringer aus. Mannigfaltige Einflußnahmen von Behörden, Bürgervertretern und sonstigen Trägern öffentlicher Belange werden im Rahmen des Baugesuchsverfahrens vorgenommen. Beim Kauf von Grundstücken von der öffentlichen Hand wird gelegentlich ein Weiterverkauf des Grundstückes zu einem höheren Preis ausgeschlossen. Im Zusammenhang mit Preisangaben in der Werbung ist die Preisangabenverordnung zu beachten. Die sogenannte Zugabeverordnung verbietet die Gewährung von Zugaben zu dem erworbenen Hauptprodukt.

Eine häufig im Immobilienbereich anzutreffende Restriktion in der freien Preispolitik ergibt sich aus den betreffenden Bestimmungen über die Preisbildung bei öffentlichen Aufträgen. Im einzelnen handelt es sich hierbei um folgende Verordnungen:

- VOB – Verdingungsordnung für Bauleistungen,
- VOL – Verdingungsordnung für Leistungen (ohne Bauleistungen),
- VPÖA – Verordnung über die Preise bei öffentlichen Aufträgen.

### 5.2.5.2 Unternehmensinterne Einflußfaktoren

Basis der Preispolitik muß es primär sein, zunächst alle Kosten des Unternehmens zu decken sowie darüber hinaus einen Gewinn zu erwirtschaften. In Ausnahmesituationen stellen die variablen und fixen Kosten die Preisuntergrenze dar. Zu diesem Preis wird gegebenenfalls angeboten, wenn eine zeitlich befristete Krisensituation innerhalb des Unternehmens überstanden werden muß. In der Regel fallen darüber hinaus Zwischenfinanzierungszinsen für Eigen- oder Fremdkapital an, ohne deren Berücksichtigung die Kostenuntergrenze sehr schnell weit unterschritten wird. Aufgrund langer Produktionszeiten ist weiterhin ein Risikoausgleich für steigende Preise von Baumaterialien und Personalleistungen zu berücksichtigen. Zumindest kalkulatorisch ist zudem ein Risikozuschlag für eventuell nichtabzusetzende Objekte zu erheben. Im Rahmen der Kostenrechnung wäre nun zu prüfen, ob bei dem ermittelten Preis die geplante Menge auch verkauft werden kann bzw. welche Umsätze bei niedrigeren bzw. bei höheren Preisen erzielt werden könnten. Weitere individuelle Ziele – wie beispielsweise die Anpassung des Absatzes an die Produktion oder die Vollbeschäftigung – tangieren im einzelnen die Preisgestaltung.

## 5.2.6 Preisanalyse und Marktbeobachtung

Aus den unternehmens- und preispolitischen Zielen sowie der Kostenrechnung ergeben sich unternehmensinterne Vorstellungen über die am Markt zu erzielenden Preise. Da das Unternehmen in der Regel nicht alleine am Markt agiert, sind externe Marktbeobachtungen, Markt- und Preisanalysen vorzunehmen. Handelt es sich um den (überschaubaren) lokalen Markt des

Immobilienunternehmens, so werden die Markt- und Preissituation in der Regel von der Unternehmensleitung permanent beobachtet und analysiert. In größeren Unternehmen und auf fremden Märkten wird entweder die Marktforschungsabteilung oder ein externes Marktforschungsinstitut damit beauftragt, die notwendigen Daten und Fakten als Grundlage für die Bestimmung des Marktpreises wie auch für die gesamte Marketingkonzeption zu erheben. Als methodische Ansätze zur Informationsbeschaffung bezüglich der Preispolitik können im einzelnen dienen:

- Auswertung des in örtlichen Zeitungen präsentierten Immobilienangebotes,
- Befragung von Experten, insbesondere Immobilienexperten,
- Befragung von Verbrauchern,
- Auswertung von Unterlagen der Wettbewerber (Preislisten, Prospekte etc.) im Rahmen der Konkurrenzforschung,
- Auswertung von Sekundärstatistiken, also für andere Zwecke erhobene Marktanalysen (z.B. Erhebung über Büroflächen oder Einzelhandelsflächen bei Stadtplanungsämtern oder jährliche Auswertung des RDM – Ring Deutscher Makler – über die Immobilienpreise in den bedeutendsten Städten der Bundesrepublik Deutschland),
- Auswertung von Presseveröffentlichungen,
- Auswertung der Veröffentlichungen der Statistischen Ämter (Baukostenindex, Mietpreisindex etc.).

Der Einsatz des Instruments Preispolitik wird primär durch übergeordnete Unternehmens- und Marketingziele vorgegeben. Die Preispolitik muß mit den anderen Marketinginstrumenten innerhalb eines gesamten Marketingkonzeptes verbunden werden. Damit die Preispolitik adäquat zu den übergeordneten Zielen in das Konzept eingebunden werden kann, müssen alle preislich relevanten Faktoren externer Art im Rahmen der Marktanalyse und Marktbeobachtung erhoben werden. Hier geht es neben dem reinen Preis zusätzlich darum, die relativen Preiskriterien zu ermitteln. Im einzelnen handelt es sich hierbei darum, welche Objekte mit welchen Zusatzleistungen oder sonstigen Dienstleistungen zu einem bestimmten Preis angeboten werden. Daneben sind zu erfassen die Zielgruppen der jeweiligen Preispolitik sowie das einzusetzende Instrumentarium. In diesem Zusammenhang ist die Position des eigenen Unternehmens innerhalb des Wettbewerbs im Hinblick auf die eigenen Möglichkeiten einer aktiven Preispolitik zu berücksichtigen.

### 5.2.7 Möglichkeiten der Preispolitik in der Immobilienpraxis

Basis für die Festsetzung marktgängiger Preise sind zunächst die im Rahmen der Preis- und Marktanalyse festgestellten Einflußfaktoren bezüglich der Angebots- und der Nachfrageseite. Auf der Nachfrageseite ist die Größe des Gesamtmarktes zu bestimmen, aus welcher sich die Zahl der potentiellen Nachfrager sowie das Marktvolumen (z.B. 100000 Quadratmeter Bürofläche, 20000 Quadratmeter Einzelhandelsflächen, 500 Wohnungen pro Jahr etc.) ergeben. Darüber hinaus ist die Nachfrage in spezielle Nachfragegruppen aufzugliedern, z.B. nach der Art, der Größe oder der Bedeutung der jeweiligen Gruppe. Ein preispolitischer Einfluß auf den Anbieter kann somit bei einzelnen Großabnehmern oder bei Nachfrageoligopolen relativ stark sein. Preispolitisch relevante Nachfrage nach z.B. bestimmten Objekten, Größenordnungen oder Standorten sind ebenso zu berücksichtigen wie erkannte Präferenzen (z.B. für den Marktführer). Gegebenenfalls beeinflussen Fachleute wie Bankberater, Vermögensberater, Steuerberater etc. die Preisgestaltung. Aktuelle Einflußnahmen des Staates auf die Nachfrage – und damit auch auf die Preisgestaltung – sollten darüber hinaus jedem Immobilienunternehmen am Markt bekannt sein.

### 5.2.7.1 Preisbildung

Auf der Angebotsseite hängt der Preis zunächst vom Gesamtangebot im jeweiligen Markt- und Preissegment ab. Berücksichtigung müssen darüber hinaus mittelfristige Entwicklungstrends im Hinblick auf Preis- und Angebotsvolumina finden. Beispielsweise können verschiedene Großbauvorhaben geplant sein, welche die eigenen Absatzchancen beeinträchtigen. Die einzelnen Preissegmente des Angebotes sind auf ihre Bedeutung im Rahmen des Gesamtangebotes abzuklopfen und mit dem eigenen Angebot zu vergleichen. Unterschiedliche Preisbandbreiten für die entsprechenden Angebotssegmente müssen überprüft werden. Insbesondere sind die konkurrierenden Anbieter im Hinblick auf ihre Preispolitik und ihr preispolitisches Verhalten zu charakterisieren. Die preispolitisch relevanten Unterschiede zwischen den konkurrierenden und dem eigenen Unternehmen hinsichtlich des gesamten marketingpolitischen Instrumentariums sollten zudem grundsätzlich bekannt sein, um eine aktive, marktorientierte Preispolitik betreiben zu können.

Wie bereits an anderer Stelle erwähnt, ist die Preisbildung nie isoliert zu sehen. Vielmehr orientiert sich diese an den Unternehmens- und Marketingzielen einerseits sowie an der Bedeutung anderer preisrelevanter Kriterien. Insbesondere geht es hier um die Frage, inwieweit anhand der ermittelten internen und externen Einflußgrößen unternehmensindividuelle Spielräume bei der Preisbildung bestehen und inwieweit durch andere marketingpolitische Instrumente die Preisfestsetzung beeinflußt werden kann. Bereits seit einiger Zeit ist eine zunehmende Bedeutung der nicht-preislichen Variablen innerhalb des gesamten Konstrukts festzustellen. Durch umfangreiche Service- und Finanzdienstleistungen – wie z.B. Kundenberatung, längere Gewährleistungsfristen, Übernahme von Zwischenfinanzierungen, Fertigstellungsgarantien, Vermietungsgarantien, Übernahme von Verwaltung und Management – tritt die Bedeutung der absoluten Höhe des Preises in den Hintergrund. Im umgekehrten Fall kann ein Anbieter niedrigpreisiger Immobilien vor Absatzproblemen stehen, wenn die Seriosität und das Image in der Öffentlichkeit dazu führen, daß trotz des niedrigen Preises bei diesem Anbieter nicht gekauft wird. Speziell bei projektierten Immobilien muß der Anbieter darüber hinaus in technischer, kaufmännischer und finanzieller Hinsicht die Gewähr für die ordnungsgemäße Projektfertigstellung bieten.

Verstärkte Aktivitäten bei der Präsentation im Rahmen der Werbepolitik und der Öffentlichkeitsarbeit sind einerseits bei der Preiskalkulation zu berücksichtigen, andererseits wird dadurch der Kaufpreis als primäres Kaufmotiv in den Hintergrund gerückt. Schließlich stellt sich den für die Preisbildung Verantwortlichen auch die Frage, inwieweit ein besonders effizienter Vertrieb den Preisbildungsspielraum erhöht oder vermindert; so kann der Einsatz von hochqualifizierten Strukturvertrieben den Immobilienpreis um 10 bis 20 Prozent erhöhen.

Schließlich muß auch für das Projekt selbst überprüft werden, ob dieses als besonders leicht oder nur durchschnittlich verkäuflich eingestuft wird.

*Anpassung an den Markt*

In zahlreichen Immobilienmärkten findet man teiloligopolistische Bedingungen vor, das heißt, einige oder auch mehrere große Anbieter sowie einige bis viele kleinere Anbieter konkurrieren am Markt. In der Regel orientieren sich die Immobilienunternehmen an den vorherrschenden Marktpreisen, welche anhand der aktuellen Preise der bedeutendsten Wettbewerber in Bandbreiten erkennbar sind. Dieser sogenannte Leitpreis (vgl. Meffert, H.: Marketing, 7. Auflage, 1991, S. 333) entspricht im Normalfall dem Durchschnitt der Branche, im Ausnahmefall dem Preis eines eventuell vorhandenen Marktführers. Die Preise sind jedoch nicht als fixe Vorgaben zu betrachten. Vielmehr handelt es sich hier um eine Orientierungsgröße, welche in bezug auf das eigene Objekt auf Preisdifferenzierungsmöglichkeiten abgesucht wird. Diese Form der Preisbildung findet man deswegen häufig, da es schwierig ist, die Kosten bei projektierten Objekten zum Verkaufszeitpunkt zu verändern. Eine Ausnahme hiervon wäre, wenn bereits ein Generalunternehmerangebot mit Festpreisen vorliegen würde.

Da Immobilienmärkte besonderen Schwankungen unterworfen sind, sind bei der Preisbildung insbesondere die aktuelle sowie die kurzfristig überschaubare Marktsituation zu berücksichtigen. In gewissem Maße besteht ein stillschweigend konformes Verhalten der Wettbewerber. Ist festzustellen, daß sich ein bedeutender Bewerber mit höheren Preisen am Markt durchsetzen kann, so folgen häufig die anderen Unternehmen dieser Preis-Leitlinie, soweit es die Nachfrage zuläßt. Eine rein nachfrageorientierte Preisbildung ist in der Regel kaum möglich. Zu hohen Preisen steht das Wettbewerbsangebot entgegen, niedrige Preise werden durch die individuelle Kostensituation eingeschränkt.

*Hier ein Beispiel für Preisbildung in Anlehnung an den Markt:* Der Marktpreis (im Durchschnitt der wichtigsten Wettbewerber) liegt in München bei 6500,– bis 7500,– DM pro Quadratmeter Wohnfläche. Das eigene Objekt bzw. Projekt befindet sich im Herzogpark in bevorzugter Wohnlage und sollte daher zu einem Quadratmeterpreis von zirka 9500,– DM angeboten werden können. Dieser höhere Preis kann damit begründet werden, daß es sich um eine anerkannte Toplage innerhalb der Stadt handelt, was auch von der nachfragenden Zielgruppe entsprechend honoriert wird. Da es sich um einen sehr stark nachgefragten Standort mit nahen Erholungs- und Freizeitmöglichkeiten handelt, werden hier eben höhere Grundstückspreise verlangt und bezahlt. Das Immobilienprodukt selbst verfügt über eine überdurchschnittliche Ausstattung und Bauqualität. Der Preis kann nach diesem System gebildet werden, sofern nicht die Kostenuntergrenze (einschließlich des Gewinn- und Risikozuschlages) unterschritten wird.

*Kostenorientierte Preisbildung*

Sehr häufig gehen die Unternehmen der Immobilienwirtschaft bei der Preisbildung zunächst von den anfallenden Kosten aus. Im Normalfall werden hierbei alle berücksichtigt, wobei die Gemeinkosten auf der Basis eines bestimmten Beschäftigungsgrades berechnet werden müssen. Anhand dieser Art der Kalkulation kann sehr schnell die Wirtschaftlichkeit eines Bauvorhabens überprüft werden, weswegen diese Preisbildungsmethode häufig auch im Vorfeld der Entwicklung eines Objektes angewandt wird. Liegt der kostenorientierte Preis über dem des Marktpreises, so muß im Normalfall von einer weiteren Verfolgung dieses Projektes abgesehen werden. Nur in spezifischen Sondersituationen kann – beispielsweise aufgrund von Beschäftigungssicherung, Überbrückung einer nachfrageschwachen Periode etc. – eine Preisbildung im Rahmen der Kostenorientierung oder sogar Teilkostenorientierung vorgenommen werden.

## Kostenorientierte Preisbildung

*Grundstückskosten*
+ Grundstücksnebenkosten (Grunderwerbsteuer, Notar, Grundbuch)
+ Grundstücks-Zwischenfinanzierungskosten

---

= *Grundstückskosten gesamt*
+ Baukosten
+ Zwischenfinanzierungskosten
+ Risikozuschlag für nicht verkaufte Einheiten
+ Entwicklung und Projektierung
+ Gemeinkosten und Vertrieb
+ Gewinnzuschlag

---

= *Verkaufspreis*

---

Ein gewisses Risiko beinhalten die Baukosten, die bei einer erstmaligen Kalkulation zumeist nicht konkret feststehen, es sei denn, es wurde bereits ein Generalunternehmerangebot mit Festpreisgarantie eingeholt. Übernähme das Immobilienunternehmen die Bauträgerfunktion selbst, so müßten zur genauen Kalkulation bereits die konkreten Kosten für die einzelnen Gewerke feststehen. Ist dies nicht der Fall, sind die Baukosten mit einem Sicherheitsaufschlag zu versehen. Eine Schwachstelle der kostenorientierten Preisbildung ergibt sich bei der Kalkulation der Zwischenfinanzierungskosten. Hier kann nur auf Erfahrungswerte zurückgegriffen werden, in welchem Zeitraum voraussichtlich ein Bauvorhaben abgesetzt werden kann. Allerdings können – sofern der Markt dies zuläßt – Zwischenfinanzierungszinsen im Laufe der Bauzeit auch den ursprünglichen Kaufpreisen zugeschlagen werden.

## Teilkostenorientierte Preisbildung

*Grundstückskosten*
+ Grundstücksnebenkosten
+ Grundstücks-Zwischenfinanzierungskosten
   (reduzierter Zinssatz bei Eigenkapitaleinsatz)

---

= *Grundstückskosten gesamt*
+ Baukosten
+ Zwischenfinanzierungskosten
   (reduziert bei Eigenkapitaleinsatz oder Baubeginn bei höherer Vorab-Verkaufsquote)
+ Risiko-Zuschlag für nicht verkaufte Einheiten
   (wird reduziert oder nicht berücksichtigt)
+ Gemeinkosten und Vertrieb
   (auf Einsparpotential hin überprüfen)
+ Gewinnzuschlag
   (wird reduziert oder entfällt völlig)

---

= *reduzierter Verkaufspreis*

---

Liegen die kostenorientierten Preise dauerhaft unter den Marktpreisen und können die übrigen marketingpolitischen Instrumente den Preisunterschied nicht ausgleichen, so wird sich das Unternehmen u.a. um eine Senkung der Beschaffungspreise bemühen müssen (vgl. Abb. 5.1).

# Kostenorientierte Verkaufspreisermittlung am Beispiel eines Großprojektes

*Objekt/Projekt: Waldpark, Neustadt*

Erstellt am: 23. 10. 1992
Gedruckt am: 23. 10. 1992

Bauabschnitte 1-5     Addition der jeweiligen Bauabschnittskosten     Seite 1

## A) Gesamtkosten analog DIN 276:

| GK-Zuschl. | Bereich | Ant. Zwi - F % | Zins % | Gesamt Stand: Okt. 92 DM | Erwart. Kostensteigerung DM | Zwischenfinanzierung DM | Insg. + GK-Zuschl.: Dez. 95 DM |
|---|---|---|---|---|---|---|---|
| | 1. Grundstück (a) | 100 | 10 | 15397 567 | — | 3 344 335 | 18 741 902 |
| | Grundstück (b) | 50 | 10 | 1 100 000 | — | 108 708 | 1 208 708 |
| | 2. Erschließung | 50 | 10 | 780 000 | 40 140 | 51 044 | 871 181 |
| | 3. Bauwerk | 50 | 10 | 48 994 025 | 3 053 716 | 3 237 699 | 55 285 111 |
| | 4. Gerät | 50 | 10 | — | | | |
| | 5. Außenanlagen | 50 | 10 | 2 901 235 | 226 080 | 37 429 | 3 164 755 |
| | 6. Zus. Maßnahm. | 50 | 10 | — | | | |
| 15 % | 7. Baunebenkosten | 50 | 10 | 7 801 289 | 497 992 | 1 039 433 | 9 438 714 |

| | | | | | | | |
|---|---|---|---|---|---|---|---|
| Zwischensumme Gruppe 1. : | | | | 16 497 567 | — | 3 453 043 | 19 950 610 |
| Zwischensumme Gruppe 2.-7. : | | | | 60 576 549 | 3 817 939 | 4 365 605 | 68 760 093 |

| | | | |
|---|---|---|---|
| Nicht abzugsfähige Vorsteuer | MwSt. | —   —   — | 8 192 247 |
| Stellplatz-Ablösungen | 0 St. | —   —   — | |
| Leerstand/Vermietungsgarantie: | | | |
|    Anteil: 100 % | Dauer: 0 Monate | | — |
|    Anteil: 100 % | Dauer: 0 Monate | | — |

| | |
|---|---|
| Zwischensumme Gruppe 1.-7. + Kostensteigerung + Leerstand/Vermietungsgarantie + MwSt. | 98 902 950 |
| Verkaufserlöse aus vorhandener Substanz gemäß sep. Ermittlung: | — |
| Verkaufserlöse aus fertiggestellten Gebäudeabschnitten | — |
| **Gesamtkosten** | **98 902 950** |

## B) Erlöse

| Nutzung | BGF in m²: | Anteil in %: | Mietfläche in m²: | Verkauf in DM/m²: | Verkauf fertiggest. Abschn.: m² | Monate |
|---|---|---|---|---|---|---|
| OG: Gewerbe | 2 057 | 85,0 | 1 748 | 4 600 | — | — |
| Büro | — | 85,0 | — | — | — | — |
| Wohnen | 24 032 | 77,7 | 18 668 | 4 400 | — | — |
| Alten-Wohnen | 1 881 | 77,6 | 1 459 | 4 600 | — | — |
| Zwi-Summe OG: | 27 970 | 78,2 | 21 876 | | — | — |
| UG: Lager | 3655 | — | — | | | |
| TG | 8388 | 90,0 | 7549 | Siehe unten | | |
| OG + UG: | 40013 | 73,5 | 29425 | | — | |

| | in St.pl. | in DM/St.pl. | St.pl. | Monate |
|---|---|---|---|---|
| Anzahl TG-Stellplätze | 280 | 22000 | — | — |
| Anzahl offene Stellplätze: | 178 | 8000 | — | — |

| | | |
|---|---|---|
| Erwarteter Verkaufspreisanstieg p. a. bis zur Fertigstellung: | 0% | |
| Beginn der Verkaufspreis-Indexierung: | 01.09.92 | |
| Durchschn. Gebäude-Verkaufspreis: | 4 429 DM/m² | indexiert: 4 429 DM/m² |
| Durchschn. Stellplatz-Verkaufspreis: | 16 559 DM/St. | indexiert: 16 559 DM/St. |

(BGF = Brutto-Grundfläche nach DIN 277 · BRI = Brutto-Rauminhalt nach DIN 277)

**C) Verschiedene Kennwerte ohne Kost.steig. + Zwi.fi.**

| | Stand Okt. 92 | Kennzahlen | |
|---|---|---|---|
| Grundstücksgröße | 24150 m² | GFZ (zulässig) | 1.2 |
| Geschoßfläche ohne Keller (nach BauNVO): | 27970 m² | GFZ (vorh.) | 1.2 |
| Grundstückskosten pro m² Grundstück: | 683,13 DM/m² | BRI/BGF: | 2.8 |
| | | KG-BGF/St.pl. | 29,96 m²/St.pl. |

| | BGF ohne UG:<br>27 970 m² | BGF mit UG:<br>40 013 m² | BRI ohne UG:<br>77 844 m³ | BRI mit UG:<br>112 393 m³ |
|---|---|---|---|---|
| Grundstückskosten pro BGF/BRI: | 589,83 DM/m² | 412,31 DM/m² | 211,93 DM/m³ | 146,78 DM/m³ |
| Herstellkosten (Gr.3) pro BGF/BR: | 1 751,66 DM/m² | **1 224,45 DM/m²** | 629,39 DM/m³ | **435,92 DM/m³** |
| Gesamtkosten pro (Gr. 2-7) BGF/BRI: | 2 755,60 DM/m² | 1 926,23 DM/m² | 990,11 DM/m³ | 685,76 DM/m³ |

**D) Termine**

Gepl. Grundst.kauf:    Grundstück a    Kaufdatum 01.12.92

Gepl. Grundst.kauf:    Grundstück b    Kaufdatum 01.02.93

| Geplante Ausführung: Erschließung | | | | Durchschnitt | Teuerungsfaktor |
|---|---|---|---|---|---|
| | Beginn: | 01.02.93 | entspricht | 1,013478148 | | |
| | Fertigstellung: | 01.07.95 | entspricht | 1,127330611 | 1,07040438 | 0,07040438 |

| Geplante Ausführung: Bauwerk | | | | Durchschnitt | Teuerungsfaktor |
|---|---|---|---|---|---|
| | Beginn: | 01.02.93 | entspricht | 1,013478148 | | |
| | Fertigstellung: | 01.12.95 | entspricht | 1,155797122 | 1,084637635 | 0,084637635 |

| Geplanter Einbau: Gerät | | | | Durchschnitt | Teuerungsfaktor |
|---|---|---|---|---|---|
| | Beginn: | 01.02.93 | entspricht | 1,013478148 | | |
| | Fertigstellung: | 01.12.95 | entspricht | 1,155797122 | 1,084637635 | 0,084637635 |

| Geplante Ausführung: Außenanlagen | | | | Durchschnitt | Teuerungsfaktor |
|---|---|---|---|---|---|
| | Beginn: | 01.02.94 | entspricht | 1,054768812 | | |
| | Fertigstellung: | 01.12.95 | entspricht | 1,755797122 | 1,105282967 | 0,105282967 |

| Geplante Ausführung: Zusätzliche Maßnahmen | | | | Durchschnitt | Teuerungsfaktor |
|---|---|---|---|---|---|
| | Beginn: | 01.02.93 | entspricht | 1,013478148 | | |
| | Fertigstellung: | 01.12.95 | entspricht | 1,155797122 | 1,084637635 | 0,084637635 |

| Baunebenkosten: Planung | | | | Durchschnitt | Teuerungsfaktor |
|---|---|---|---|---|---|
| | Beginn: | 01.10.92 | ermittelt über Honorarsummen | | | |
| | Fertigstellung: | 01.12.95 | der erwart. Kostensteigerung: | 1,063026686 | 0,063026686 |

Vermutliche Fertigstellung: 01.12.95

**E) Erwartete Kostensteigerungen:**    Stand:    01.10.92    Basis: 1 entspricht    1,01    zum Jahresende

| Jahr | angenommener<br>Teuerungsfaktor | Jahresanfang:<br>01.01.1993 .... 2001 | Jahresende<br>31.12.1993.....2001 |
|---|---|---|---|
| 1992 | 1,04 | | |
| 1993 | 1,04 | 1,010111111 | 1,051264596 |
| 1994 | 1,04 | 1,051264596 | 1,094094738 |
| 1995 | 1,06 | 1,094094738 | 1,151576107 |
| 1996 | 1,06 | 1,161576107 | 1,23321958 |
| 1997 | 1,06 | 1,23321958 | 1,309281865 |
| 1998 | 1,06 | 1,309281865 | 1,390035508 |
| 1999 | 1,06 | 1,390035506 | 1,475769854 |
| 2000 | 1,06 | 1,475769854 | 1,56679211 |
| 2001 | 1,06 | 1,56679211 | 1,655152655 |

**Abb. 5.1:  Kostenorientierte Verkaufspreisermittlung am Beispiel eines Großprojektes**
**Quelle:    Hochtief AG, Frankfurt/Main 1996**

*Preisbildung über den Mietwert*

Hauptsächlich bei Gewerbeimmobilien, die nicht für den eigenen Bedarf des Käufers errichtet werden, kommt dem Mietwert bei der Preisbildung eine entscheidende Bedeutung zu. Abhängig von der Art der Nutzung und dem Standort erwarten Kapitalanleger eine (Netto-)Mindestrendite, und zwar bezogen auf den Kaufpreis, abhängig von der aktuellen Nachfrage, der gesamtwirtschaftlichen Situation sowie der Höhe der erwarteten Rentabilität. Käufer von Top-Immobilien in 1a-Lagen großer Städte geben sich aufgrund der hohen Sicherheit, die eine derartige Immobilie bietet, oft mit einem niedrigeren Mietwert zufrieden. Ein Geschäftshaus in den Fußgängerzonen bundesdeutscher Großstädte dürfte so bereits bei einer Rendite von zirka 5,0 bis 5,5 Prozent pro Jahr – in Einzelfällen noch darunter – absetzbar sein, während die potentiellen Käufer beispielsweise für Einzelhandelsobjekte in dezentralen, zukunftsunsicheren Lagen durchaus Renditevorstellungen von 8,0 Prozent oder mehr haben. Häufig werden die Preise auch in einem Vielfachen der Jahres-Netto-Mieteinnahmen ausgedrückt (vgl. Abb. 5.2).

# Mieten und Renditen im Herbst 1996

| | Hamburg | Düsseldorf | Frankfurt | Stuttgart | München | Berlin | Leipzig | Dresden* | Hannover* | Köln* | Nürnberg* | Essen* |
|---|---|---|---|---|---|---|---|---|---|---|---|---|
| **Mieten Herbst 96** | (DM in Quadratmeter pro Monat) | | | | | | | | | | | |
| Büros | 39,29 | 36,31 | 55,21 | 30,73 | 43,51 | 45,22 | 28,55 | 27,00 | 24,23 | 27,80 | 22,77 | 24,81 |
| Läden | 251,15 | 266,54 | 276,61 | 229,13 | 296,90 | 243,39 | 144,26 | 144,60 | 190,21 | 262,81 | 180,00 | 228,81 |
| Lagerhallen | 10,81 | 10,85 | 11,64 | 10,13 | 11,42 | 11,48 | 8,58 | 8,50 | 9,26 | 9,87 | 8,87 | 8,82 |
| **Mietenwicklung** | Frühjahr 1993 bis Herbst 1996 in DM | | | | | | | | | | | |
| Büros | −7,41 | −7,90 | −12,16 | −5,52 | −11,74 | −22,28 | −15,98 | −12,63 | −5,81 | −5,03 | −3,86 | −1,90 |
| Läden | +8,42 | +17,54 | +19,11 | −10,87 | +17,73 | −15,58 | −21,45 | −16,11 | −9,12 | +4,13 | −8,33 | +9,52 |
| Lagerhallen | −0,76 | −0,15 | −0,72 | −1,79 | −1,83 | −1,25 | −2,05 | −1,71 | −0,19 | −0,78 | −0,31 | −0,72 |
| **Mieterwartung** | 1= Mieten werden steigen, 2= Mieten werden stagnieren, 3= Mieten werden fallen | | | | | | | | | | | |
| Büros | 2,02 | 2,14 | 1,98 | 2,27 | 1,73 | 2,15 | 2,70 | 2,54 | 2,15 | 2,05 | 2,24 | 1,97 |
| Läden | 2,08 | 2,00 | 2,05 | 2,17 | 1,98 | 2,12 | 2,46 | 2,36 | 2,06 | 2,03 | 2,14 | 2,09 |
| Lagerhallen | 2,13 | 2,11 | 2,06 | 2,26 | 2,12 | 2,20 | 2,38 | 2,41 | 2,04 | 2,03 | 2,09 | 2,00 |
| **Renditen Herbst 96** | in Prozent | | | | | | | | | | | |
| Zentrale Büros | 5,32 | 5,63 | 5,34 | 5,47 | 5,32 | 5,47 | 5,98 | 5,97 | 5,93 | 5,77 | 5,96 | 5,84 |
| Dezentrale Büros | 6,47 | 6,61 | 6,46 | 6,58 | 6,45 | 6,69 | 7,02 | 7,08 | 6,82 | 6,75 | 6,80 | 6,82 |
| Geschäftshäuser | 5,14 | 5,45 | 5,31 | 5,28 | 5,17 | 5,48 | 5,97 | 5,85 | 5,79 | 5,59 | 5,83 | 5,88 |
| Gewerbeparks | 7,09 | 7,18 | 7,17 | 7,08 | 7,08 | 7,39 | 7,56 | 7,59 | 7,35 | 7,24 | 7,26 | 7,23 |
| Lagerhallen | 8,12 | 8,06 | 8,04 | 8,00 | 7,72 | 8,32 | 8,44 | 8,69 | 8,25 | 8,22 | 8,19 | 8,11 |
| **Renditeentwicklung** | Frühjahr 1993 bis Herbst 1996 in Prozentpunkten (*Herbst 1993 bis Herbst 1996) | | | | | | | | | | | |
| Zentrale Büros | −0,52 | +0,01 | −0,69 | +0,03 | −0,42 | −0,55 | −0,20 | −0,11 | −0,11 | −0,20 | −0,19 | −0,27 |
| Dezentrale Büros | −0,37 | −0,30 | +0,05 | −0,28 | −0,41 | −0,09 | +0,26 | +0,15 | +0,02 | −0,03 | −0,02 | +0,13 |
| Geschäftshäuser | −0,71 | −0,32 | −0,34 | −0,39 | −0,42 | −0,20 | −0,07 | −0,21 | −0,10 | −0,20 | −0,11 | −0,04 |
| Gewerbeparks | −0,14 | −0,16 | +0,21 | +0,31 | +0,29 | +0,32 | +0,16 | +0,07 | +0,13 | +0,02 | +0,02 | −0,04 |
| Lagerhallen | −0,20 | −0,44 | −0,03 | 0,00 | −0,33 | +0,32 | +0,09 | +0,33 | −0,08 | +0,08 | +0,07 | −0,17 |
| **Renditeerwartung** | 1= Renditen werden steigen, 2= Renditen werden stagnieren, 3= Renditen werden fallen | | | | | | | | | | | |
| Zentrale Büros | 1,91 | 1,90 | 1,98 | 1,89 | 2,07 | 1,78 | 1,63 | 1,57 | 1,81 | 1,91 | 1,93 | 1,88 |
| Dezentrale Büros | 1,55 | 1,71 | 1,75 | 1,65 | 1,75 | 1,53 | 1,47 | 1,49 | 1,69 | 1,58 | 1,81 | 1,76 |
| Geschäftshäuser | 1,94 | 1,97 | 1,97 | 2,00 | 1,94 | 1,76 | 1,68 | 1,61 | 1,89 | 1,86 | 1,92 | 1,85 |
| Gewerbeparks | 1,69 | 1,77 | 1,71 | 1,71 | 1,80 | 1,78 | 1,63 | 1,68 | 1,65 | 1,83 | 1,95 | 2,00 |
| Lagerhallen | 1,75 | 1,82 | 1,78 | 1,67 | 1,77 | 1,82 | 1,70 | 1,65 | 1,75 | 1,82 | 1,94 | 1,89 |

**Abb. 5.2: Mieten und Renditen im Herbst 1996**
**Quelle:    DTZ Zadelhoff, Zadelmarkt, Oktober 1996, S. 24**

Folgendes Beispiel soll die Art dieser Berechnung verdeutlichen:

*Beispiel für Preisbildung nach dem Mietwert*

Mieteinnahmen für Büroflächen in Toplagen in Frankfurt am Main: 70 DM pro Quadratmeter und Monat netto zuzüglich Mehrwertsteuer und Betriebs- und Nebenkosten ergeben pro Jahr 12 x DM 70 = 840 DM netto.

Die Käufer erwarten eine Rendite von ca. 6 Prozent, bezogen auf den Kaufpreis inklusive Nebenkosten:

840 DM: 6 x 100 = 14 000 DM je Quadratmeter *inklusive Kauf-Nebenkosten.*

14 000 DM: 103,5 x 100 = 13 527 DM je Quadratmeter netto *ohne Kauf-Nebenkosten.*

Kaufpreis 13 527 DM zuzüglich 15 Prozent Mehrwertsteuer = 2 029 DM ergibt einen möglichen Brutto-Kaufpreis von 15 556 DM je Quadratmeter.

Innerhalb dieses Kaufpreises müssen sämtliche Kosten einschließlich des Gewinn- und Risikozuschlages abzudecken sein. Geringere Abweichungen nach unten oder oben sind, abhängig von den abgeschlossenen Mietverträgen und der Bonität der Mieter, erforderlich bzw. notwendig. Einen Einfluß auf die Kaufpreisfindung haben hierbei vor allem folgende Mietpreis-Modus-Vereinbarungen:

• Wertsicherungsklauseln nach dem jeweiligen Inflationsindex,
• Staffel-Mietverträge mit fester Mietpreisanhebung pro Jahr,
• Umsatz-Mietverträge, bei welchem neben einer Grundmiete auch eine Umsatz-Mietvereinbarung abgeschlossen wurde,
• Optionsvereinbarungen, bei denen üblicherweise der Mieter für eine Mietverlängerung optieren kann.

*Aktive und passive Preispolitik*

Abhängig von den Relationen Angebot zu Nachfrage und eigenes Unternehmen zur Konkurrenz bestimmen die gegebenen Marktverhältnisse die Art der preispolitischen Aktivitäten der Immobilienunternehmen. *Aktive* Preispolitik bedeutet in diesem Zusammenhang, daß das Unternehmen die Preise selbst aktiv festsetzt. Hierbei ist es nicht erforderlich, über eine führende

Marktposition zu verfügen. Auch relativ kleine Anbieter von Immobilien können aktive Preispolitik betreiben, sofern die entsprechenden Voraussetzungen gegeben sind. Im einzelnen sind dies:

- Differenzierung der Objekte/Projekte im Angebot,
- Differenzierung der potentiellen Abnehmer,
- günstige Kostensituation,
- positive Akzeptanz von Unternehmen und Produkten,
- fehlender Marktüberblick der Abnehmerseite,
- günstige Kostenstrukturen.

Eine Begrenzung des preispolitischen Spielraums erfolgt durch den direkten Wettbewerb und durch die Preisorientierung der Nachfrage. Ist das Immobilienunternehmen zu einer *passiven* Preispolitik gezwungen, so kann es nur in begrenztem Rahmen auf die aktiven preispolitischen Maßnahmen der Wettbewerber reagieren. Dies setzt eine defensive Haltung gegenüber wesentlich stärkeren Wettbewerbern voraus.

Auch eine starke Position der potentiellen Abnehmer (z.B. große institutionelle Anleger wie Immobilienfonds- oder Versicherungsgesellschaften) führt gegebenenfalls zu passivem preispolitischem Verhalten. Darüber hinaus kann bewußt auf eine aktive Preispolitik verzichtet werden, wenn beispielsweise durch eine Anpassung an marktübliche Preisverhältnisse sehr gute Renditen erwirtschaftet werden können. Aber auch durch die Teilnahme an einem verbotenen Kartell kann ein Verzicht auf die aktive Preispolitik erfolgen.

Sofern eine angespannte Kostensituation der Grund für eine passive Preispolitik ist, läßt sich diese im Interesse der Sicherung des Unternehmens nur kurzfristig aufrechterhalten. Kurz- oder mittelfristig muß durch den Einsatz des marketingpolitischen Instrumentariums, durch Absenkung des Kostenniveaus oder durch eine Erhöhung der Zahl der abgesetzten Einheiten das Unternehmen wieder aktiv werden. Ohnedies wird ein gut geführtes Unternehmen nur in Ausnahmefällen langfristig eine passive Preispolitik betreiben. Im übrigen werden grundsätzlich die zur Verfügung stehenden marketingpolitischen Instrumente genutzt, um gegenüber dem Wettbewerb eine deutliche Differenzierung zu erreichen. Besonders im Immobilienbereich sollte dies erfolgreichen Unternehmen gelingen, da sich hier eine weite Bandbreite an Service- und Kundendienstleistungen und unterschiedlichen Immobilienprodukten erschließt, welche vergleichsweise einfach eine Differenzierung ermöglichen.

*Mietpreisfindung*

Die Preisbildung über den Mietwert speziell bei Gewerbeimmobilien setzt voraus, daß ein realistischer, dauerhafter Mietpreis gefunden wird, der sich an der Nutzbarkeit und dem Standort des betreffenden Objektes orientiert. Verfügt man über die entsprechende Marktkenntnis, so dürfte es nicht schwerfallen, Miethöhen in Erfahrung zu bringen, die für vergleichbare, ähnliche Objekte bereits bezahlt wurden. Des weiteren bieten Mietpreislisten der beiden Maklerverbände RDM und VDM sowie veröffentlichte Erhebungen großer, internationaler Maklerunternehmen wie Jones Lang Wootton, Müller Immobilien International, Brockhoff einen Überblick über die realistischen Mietpreise in verschiedenen, jedoch nicht allen Städten der Bundesrepublik Deutschland.

Eine genaue Differenzierung nach den individuellen Standorten existiert jedoch zumeist nur für die bundesdeutschen Groß- und Mittelstädte. Entscheidende Kriterien bei der Beurteilung des Mietpreises nach dem Standort sind vor allem die Verkehrsanbindung im Hinblick auf den Kraftfahrzeug- und den öffentlichen Nah- und Fernverkehr. Bei Handelsimmobilien orientiert man sich auch häufig an der Passanten- und der Kraftfahrzeugfrequenz, welche unmittelbar am Standort vorzufinden ist. Nach diesen Kriterien wie auch nach der unmittelbaren Nachbarschaft richten sich die Standortklassifizierungen etwa einer 1a-Lage (Fußgängerzone, Stadtmitte, gefragtester Bürostandort im Zentrum etc.). Durch eine attraktive architektonische Gestaltung eines Gebäudes können sich dann vergleichsweise höhere Mieten realisieren lassen, wenn die nachfragenden Mieter der Repräsentation des Gebäudes eine entsprechende Bedeutung beimessen, dies eben auch honorieren. Ist dies nicht der Fall, kann zumindest eine Präferenz für das attraktivere Objekt entstehen und so der Preisdruck nach unten abgemildert werden.

Ein weiteres Kriterium für die Bemessung des Mietpreises stellt der gebotene Ausstattungsstandard dar. Hierbei kann sowohl nach dem Ausstattungsniveau des gesamten Gebäudes (z.B. „intelligentes" Bürogebäude) wie auch nach dem Stand des Ausbaus einzelner Einheiten (teilweiser Eigenausbau durch den Mieter) unterschieden werden. Einen Ansatzpunkt für die Mietpreisfindung bei Einzelhandelsimmobilien bietet die mögliche Flächenproduktivität, d.h. die auf einem Quadratmeter Fläche zu erzielende jährliche oder monatliche Umsatzleistung. Die entsprechende Miete richtet sich nach einem prozentualen Anteil an dem Umsatz, der pro Quadratmeter erzielt wird. Bei einer jährlichen Flächenproduktivität pro Quadratmeter von etwa 10000 DM und einem prozentual zu erwirtschaftenden Mietanteil von 4 Prozent vom Umsatz ergibt sich eine jährliche Mietkosten-Belastung von 400 DM. Die monatliche Belastung beträgt dann 33,33 DM pro Quadratmeter. Einen ungefähren Anhaltspunkt für die einzelnen Flächenproduktivitäten und die entsprechenden Mietpreisanteile vom Umsatz vermittelt die jährlich vom Kölner Institut für Handelsforschung (an der Universität Köln) herausgegebene Erhebung über die Fachgeschäfte des Einzelhandels. Wie bei allen Durchschnittswerten sind auch diese Zahlen auf den konkreten Standort zu übertragen (vgl. Abb. 5.3 und 5.4).

# Umsatz je Quadratmeter Geschäftsraum und je Quadratmeter Verkaufsraum, Miete und Sachkosten für Geschäftsräume im Jahre 1995 (alte Bundesländer)

| Lfd. Nr. | Branche | Umsatz je m² Geschäftsraum in DM | Umsatz je m² Verkaufsraum in DM | Anteil des Verkaufsraumes am Gesamtgeschäftsraum in % | Zahl d. m² Geschäftsraum je 100 000 DM Umsatz | Zahl d. m² Geschäftsraum je beschäft. Person | Miete od. Mietwert in % des Umsatzes | Sachkosten für Geschäftsräume in % des Umsatzes |
|---|---|---|---|---|---|---|---|---|
| | | 1 | 2 | 3 | 4 | 5 | 6 | 7 |
| 1 | Lebensmitteleinzelhandel | 6290 | 9090 | 71 | 16 | 62 | 2,5 | 1,3 |
| 2 | Reformhäuser | 6310 | 11 120 | 59 | 16 | 40 | 4,7 | 1,4 |
| 3 | Naturkost/Naturwareneinzelhandel | 5720 | 8880 | 66 | 18 | 39 | 3,7 | 1,1 |
| 4 | *Tabakwareneinzelhandel* | *17 300¹⁾* | *27 970¹⁾* | *65* | *6* | *25* | *2,2* | *0,7* |
| 5 | *Gemischtwarengeschäft* | *4370* | *6680* | *67* | *23* | *81* | *2,4* | *1,4* |
| 6 | Textileinzelhandel insgesamt, davon mit vorwiegend: | 4970 | 7100 | 71 | 20 | 61 | 5,5 | 1,6 |
| 7 | Herren- und Knabenoberbekleidung | 5100 | 7100 | 73 | 20 | 61 | 5,3 | 1,6 |
| 8 | Damenoberbekleidung | 6060 | 8580 | 72 | 17 | 48 | 5,3 | 1,6 |
| 9 | Herren-, Damen- und Kinderoberbekleidung | 4710 | 6440 | 74 | 21 | 63 | 5,5 | 1,7 |
| 10 | *Kinder- und Babyausstattung* | *4010* | *5810* | *63* | *25* | *80* | *5,0* | *1,2* |
| 11 | Herrenausstattung | 6820 | 9930 | 70 | 15 | 48 | 6,3 | 1,6 |
| 12 | *Wäsche, Miederwaren und Badeartikeln* | *8710* | *12 450* | *70* | *12* | *30* | *5,8* | *1,2* |
| 13 | *Bettwaren, Bett- und Hauswäsche* | *3170* | *5230* | *64* | *32* | *83* | *6,3* | *1,6* |
| 14 | *Teppichen und Gardinen* | *3090* | *5280* | *67* | *32* | *98* | *6,0* | *1,7* |
| 15 | *Handarbeitsartikeln* | *5760* | *7800* | *75* | *17* | *44* | *9,5* | *1,4* |
| 16 | gemischtem Sortiment | 3310 | 4640 | 73 | 30 | 67 | 4,7 | 1,7 |
| 17 | Schuheinzelhandel | 3930 | 6970 | 57 | 25 | 60 | 5,1 | 1,5 |
| 18 | Möbeleinzelhandel | 1770 | 2570 | 68 | 57 | 246 | 4,9 | 1,2 |
| 19 | Glas-, Porzellan- und Keramikeinzelhandel | 3380 | 5530 | 62 | 30 | 71 | 5,8 | 1,9 |
| 20 | Eisenwaren- und Hausrathandel insgesamt, davon mit: | 3640 | 11070 | 40 | 28 | 104 | 2,9 | 1,1 |
| 21 | *vorwiegend Haus- und Küchengeräten* | *3360* | *5660* | *60* | *30* | *72* | *5,3* | *2,0* |
| 22 | *vorwiegend Haushaltstechnik* | *3720* | *7960* | *52* | *27* | *76* | *3,1* | *1,0* |
| 23 | *vorwiegend Baubeschlägen, Kleineisenwaren und Werkzeugen* | *5710* | *25 700* | *38* | *18* | *76* | *2,3* | *0,7* |
| 24 | *30% und mehr Walzmaterial-, Sanitärartikel-, Bau- und Brennstoffumsatz* | *3540* | *12 250* | *36* | *28* | *124* | *2,1* | *0,7* |
| 25 | gemischtem Sortiment | 2770 | 5330 | 55 | 36 | 118 | 3,2 | 1,3 |
| 26 | *Beleuchtungs- und Elektroeinzelhandel* | *4480* | *11 030* | *48* | *22* | *59* | *2,3* | *1,4* |
| 27 | Radio- und Fernseheinzelhandel | 4810 | 9290 | 54 | 21 | 54 | 3,4 | 1,1 |
| 28 | *Tapeten-, Bodenbelag- und Farbenhandel* | *2810* | *5560* | *56* | *36* | *105* | *5,0* | *1,5* |
| 29 | Drogerien | 3810 | 6150 | 63 | 26 | 57 | 4,3 | 1,5 |
| 30 | *Parfümerieeinzelhandel* | *8690* | *15 290* | *56* | *12* | *26* | *4,3* | *1,1* |
| 31 | Lederwareneinzelhandel | 4310 | 6430 | 67 | 23 | 55 | 6,5 | 1,8 |
| 32 | *Fotoeinzelhandel* | *8240* | *14 870* | *63* | *12* | *35* | *5,0* | *1,0* |
| 33 | Uhren-, Juwelen-, Gold- und Silberwareneinzelhandel | 11 730 | 21 720 | 56 | 9 | 26 | 4,2 | 1,5 |
| 34 | Zweiradhandel | 3390 | 7160 | 52 | 30 | 82 | 4,1 | 1,0 |
| 35 | Sportartikeleinzelhandel | 4530 | 6780 | 70 | 22 | 67 | 4,9 | 1,4 |
| 36 | *Spielwareneinzelhandel* | *3440* | *5670* | *65* | *29* | *80* | *4,1* | *1,3* |
| 37 | *Musikfachgeschäfte* | *6740* | *9510* | *75* | *15* | *73* | *4,1* | *0,9* |
| 38 | Sortimentsbuchhandel | 9150 | 13 570 | 70 | 11 | 35 | 3,3 | 0,8 |
| 39 | Bürowirtschaftlicher Fachhandel insgesamt, davon: | 6780 | 14 300 | 50 | 15 | 45 | 3,1 | 0,8 |
| 40 | *BBO-Fachgeschäfte* | *9540* | *24 170* | *35* | *11* | *44* | *1,9* | *0,7* |
| 41 | *PBS-Fachgeschäfte mit vorwiegend Umsatz mit privaten Verwendern* | *5870* | *9940* | *61* | *17* | *38* | *4,3* | *1,0* |
| 42 | *PBS-Fachgeschäfte mit vorwiegend Umsatz mit gewerblichen Verwendern* | *7240* | *15 950* | *48* | *14* | *41* | *2,3* | *0,4* |
| 43 | *BBO/PBS-Vollsortimenter* | *6530* | *16 640* | *39* | *15* | *55* | *2,3* | *0,7* |
| 44 | *Medizinisch-technischer Fachhandel* | *10 860* | *45 540* | *28* | *9* | *53* | *1,7* | *0,4* |
| 45 | *Zoologische Fachgeschäfte* | *2900* | *3360* | *76* | *35* | *103* | *4,6* | *1,9* |
| 46 | Blumenfachgeschäft | 3860 | 6980 | 58 | 26 | 41 | 6,0 | 2,0 |
| | Einzelhandelsfachgeschäfte insgesamt | 5620 | 9040 | 66 | 18 | 73 | 3,8 | 1,3 |
| | Zum Vergleich: Einzelhandelsfachgeschäfte insgesamt im Jahre 1994 | 5620 | 9100 | 65 | 18 | 71 | 3,7 | 1,3 |
| | Einzelhandelsfachgeschäfte insgesamt ohne Lebensmitteleinzelhandel | 5230 | 9010 | 63 | 19 | 79 | 4,6 | 1,3 |
| | Zum Vergleich: Einzelhandelsfachgeschäfte insgesamt ohne Lebensmitteleinzelhandel im Jahre 1994 | 5310 | 8960 | 63 | 19 | 79 | 4,4 | 1,3 |

*Kursivdruck bedeutet: Die Zahl der berichtenden Betriebe liegt unter 40.*
¹⁾ Ohne Automatenumsatz

**Abb. 5.3: Kosten- und Umsatzprofil: Geschäftsräume (alte Bundesländer)**
**Quelle:** Mitteilung des Instituts für Handelsforschung an der Universität zu Köln, IfH, Köln 1996

# Umsatz je Quadratmeter Geschäftsraum und je Quadratmeter Verkaufsraum, Miete und Sachkosten für Geschäftsräume im Jahre 1995 (neue Bundesländer)

| Lfd. Nr. | Branche | Umsatz je m² Geschäftsraum in DM | Umsatz je m² Verkaufsraum in DM | Anteil des Verkaufsraumes am Gesamtgeschäftsraum in % | Zahl d. m² Geschäftsraum je 100 000 DM Umsatz | Zahl d. m² Geschäftsraum je beschäft. Person | Miete od. Mietwert in % des Umsatzes | Sachkosten für Geschäftsräume in % des Umsatzes |
|---|---|---|---|---|---|---|---|---|
| | | 1 | 2 | 3 | 4 | 5 | 6 | 7 |
| 1 | Lebensmitteleinzelhandel | 6960 | 10120 | 68 | 14 | 48 | 2,7 | 1,5 |
| 2 | *Reformhäuser* | *4530* | *6430* | *68* | *22* | *36* | *5,5* | *1,7* |
| 3 | Textileinzelhandel insgesamt, davon mit vorwiegend: | 4750 | 6690 | 72 | 21 | 46 | 6,1 | 1,2 |
| 4 | *Herren- und Knabenoberbekleidung* | *5950* | *8020* | *73* | *17* | *47* | *6,2* | *1,3* |
| 5 | *Damenoberbekleidung* | *3790* | *5110* | *73* | *26* | *47* | *7,1* | *1,4* |
| 6 | *Herren-, Damen- und Kinderoberbekleidung* | *5020* | *6440* | *75* | *20* | *54* | *6,6* | *1,5* |
| 7 | *Herrenausstattung* | *3430* | *4340* | *78* | *29* | *40* | *5,2* | *1,0* |
| 8 | *Wäsche, Miederwaren und Badeartikeln* | *4760* | *7820* | *66* | *21* | *42* | *5,8* | *1,1* |
| 9 | Schuheinzelhandel | *3480* | *5880* | *61* | *29* | *55* | *5,7* | *1,6* |
| 10 | Möbeleinzelhandel | *1350* | *2010* | *68* | *74* | *214* | *5,5* | *1,8* |
| 11 | *Glas-, Porzellan- und Keramikeinzelhandel* | *2930* | *5280* | *56* | *34* | *51* | *4,6* | *1,6* |
| | Eisenwaren- und Hausrathandel davon mit: | | | | | | | |
| 12 | *vorwiegend Baubeschlägen, Kleineisenwaren und Werkzeugen* | *2810* | *5270* | *55* | *36* | *68* | *6,1* | *1,4* |
| 13 | *gemischtem Sortiment* | *2050* | *3710* | *54* | *49* | *97* | *5,7* | *1,8* |
| 14 | Beleuchtungs- und Elektroeinzelhandel | *4420* | *6220* | *70* | *23* | *53* | *3,0* | *2,0* |
| 15 | *Radio- und Fernseheinzelhandel* | *6020* | *11830* | *50* | *17* | *47* | *2,4* | *0,9* |
| 16 | Drogerien | *3990* | *7360* | *58* | *25* | *54* | *3,9* | *1,2* |
| 17 | Lederwareneinzelhandel | *4240* | *8080* | *56* | *24* | *37* | *3,2* | *1,6* |
| 18 | Uhren-, Juwelen-, Gold- und Silberwareneinzelhandel | *10380* | *16380* | *62* | *10* | *21* | *4,9* | *1,4* |
| 19 | Zweiradhandel | *2970* | *5780* | *55* | *34* | *68* | *5,7* | *1,4* |
| 20 | Sportartikeleinzelhandel | *6900* | *8880* | *76* | *15* | *50* | *5,0* | *1,2* |
| 21 | Sortimentsbuchhandel | *8000* | *12190* | *67* | *13* | *40* | *3,9* | *0,7* |
| | Bürowirtschaftlicher Fachhandel davon: | | | | | | | |
| 22 | *BBO-Fachgeschäfte* | *7690* | *–¹⁾* | *–¹⁾* | *13* | *48* | *–¹⁾* | *–¹⁾* |
| 23 | Blumenfachgeschäft | *3590* | *6790* | *59* | *28* | *32* | *7,3* | *1,8* |
| | *Kursivdruck bedeutet: Die Zahl der berichtenden Betriebe liegt unter 40.* ¹⁾ Nicht ermittelt | | | | | | | |

**Abb. 5.4:** Kosten- und Umsatzprofil: Geschäftsräume (neue Bundesländer)
**Quelle:** Mitteilung des Instituts für Handelsforschung an der Universität zu Köln, IfH, Köln 1996

Eine absolute Untergrenze der Mieten ergibt sich – zumindest bei gewerblichen Neubauvorhaben – aus der über die Miete erzielbaren Rendite in Relation zu den Baukosten. Können beispielsweise bei einem Kaufpreis für eine Gewerbeeinheit von 4000 DM pro Quadratmeter nicht mindestens 18 bis 20 DM pro Quadratmeter und Monat Miete erzielt werden, so besteht die Gefahr, daß dieses zu vermietende Objekt nicht zu veräußern ist. Eine niedrigere Miete könnte nur zum Ansatz kommen, wenn die Möglichkeit zur Verringerung der Grundstücks- oder Baukosten gegeben ist.

*Preisbildung bei Gebraucht-Objekten*

Bei bestehenden Objekten wird der Verkaufspreis in der Regel im Rahmen einer Bewertung ermittelt. In der Praxis werden dabei verschiedene Arten der Bewertung angewandt, wobei je nach der Grundbewertung oft unterschiedliche Institutionen bzw. Methoden Anwendung finden. Während beispielsweise bei Rechtsstreitigkeiten Gutachten eingeholt werden (müssen), wird sich der Käufer oder Verkäufer der üblichen Wertermittlungsverfahren wie z.B. der Sach- oder Ertragswertverfahren bedienen, um den Verkehrswert einer Immobilie zu ermitteln. Darüber hinaus ist jedoch die Beobachtung des jeweiligen Marktes bzw. die Gewinnung von Informationen hierüber von entscheidender Bedeutung, um zu einer realistischen Werteinschätzung zu gelangen. Bei der Bewertung ist vor allem der Begriff des sogenannten Verkehrswertes von Bedeutung, unter welchem der Wert verstanden wird, der bei einer freihändigen Veräußerung des Grundstückes unter normalen Umständen erzielt werden kann (§12 Hypothekenbank-Gesetz).

Bei Eigentumswohnungen wird die Ermittlung des Vergleichswertes vorgenommen. Der Wert gemischt genutzter Objekte kann häufig in einer Kombination aus Ertragswert und Sachwert festgestellt werden. Der Wert reiner Gewerbeimmobilien bemißt sich hier überwiegend nach dem Ertragswert. Demgegenüber werden individuelle Wohnhäuser (Einfamilienhäuser, Villen) zumeist nach dem Sachwert sowie einem eventuellem Liebhaberwert beurteilt.

## 5.2.7.2 Preisdifferenzierung

*Differenzierung nach dem Objekt*

Da nur in den allerseltensten Fällen zwei Immobilienobjekte oder -projekte absolut gleichwertig und gleichartig sind, bietet sich in der Praxis relativ häufig die Möglichkeit der objektspezifischen Preisdifferenzierung. Innerhalb bestimmter Bandbreiten können auf einen normalen, durchschnittlichen Preis, je nach Wertigkeit des Objektes, Zu- oder Abschläge vorgenommen werden. Eines der bedeutendsten Kriterien für einen unterschiedlichen Preisansatz ist der individuelle Objektstandort. Handelt es sich hierbei um eine besonders nachgefragte Wohn- oder Geschäftslage, so muß generell von höheren Grundstückspreisen ausgegangen werden. Ein weiteres Kriterium stellen die realisierte Bauqualität sowie die gewählte Ausstattung dar. Bei

Gewerbeobjekten ist die objektspezifische Preisdifferenzierung immer auch abhängig von der zu erzielenden Miete, welche wiederum von der Art der Nutzung bestimmt wird. Können objektbezogene Präferenzen geschaffen werden, so besteht generell auch ein größerer Preisgestaltungsspielraum.

Wie die beiden folgenden Differenzierungsbeispiele zeigen, werden beim Ansatz von Teileinheiten innerhalb eines Gesamtobjektes/-projektes weitere Preisdifferenzierungen möglich. Im einzelnen richtet man sich hierbei nach der zu erwartenden Verkäuflichkeit und Nachfrage im Hinblick auf die Lage der Teileinheiten innerhalb des Gesamtkomplexes, der Größe oder dem Zuschnitt, wie auch nach der „Preisoptik". Beispielsweise sollten nach Möglichkeit bestimmte Kaufschwellen nicht überschritten werden – wie etwa für eine Drei-Zimmer-Wohnung ein Preis von 200 000 bis 250 000 DM je nach regionalem Teilmarkt. Ausgehend von dem aus der Kalkulation bekannten erforderlichen Durchschnittspreis werden die einzelnen Einheiten im Hinblick auf den zu erzielenden Preis bewertet (vgl. Abb. 5.5 und Abb. 5.6).

*Zeitliche Preisdifferenzierung*

Da Immobilienprojekte im Laufe ihrer Erstellung nicht unbeträchtlichen Preisveränderungen unterworfen sind und erhebliche Zwischenfinanzierungskosten anfallen können, besteht geradezu ein betriebswirtschaftlicher Zwang nach einer Preisdifferenzierung in zeitlicher Hinsicht. Grundgedanke ist hierbei zunächst, die auflaufenden kalkulatorischen Kosten im Verkaufspreis unterzubringen. Grundsätzlich besteht die Chance, von allgemein steigenden Immobilienpreisen durch Anhebung des eigenen Preises zu profitieren. Schließlich wirkt die Aussicht auf steigende Preise in der Regel kaufmotivierend, während im umgekehrten Fall bei sinkenden Preisen Kaufzurückhaltung in Erwartung weiterer Preissenkungen geübt wird. Diese Art der Preisdifferenzierung wird in der Regel bei Bauprojekten angewendet, die sukzessive als Teileigentum oder in Bauabschnitten veräußert werden. In der Praxis wird die zeitliche Preisdifferenzierung sowohl offen wie auch verdeckt angewendet. *Offen* bedeutet in diesem Fall, daß in den Verkaufsunterlagen der kalkulierte Preis nur bis zu einem bestimmten Zeitpunkt (z.B. 31.12.1997) als Festpreis ausgewiesen wird. Für spätere Zeitpunkte sind die Preisanpassungen in Art und Höhe genau terminiert: Zum Beispiel ab 1.1.1998 aktueller Listenpreis zuzüglich 2 Prozent, ab 1.7.1998 aktueller Listenpreis zuzüglich 4 Prozent, ab 1.10.1998 aktueller Listenpreis zuzüglich 6 Prozent usw.

# Beispiel für Preisdifferenzierung aufgrund unterschiedlicher Bewertung einzelner Einheiten anhand eines Wohn- und Geschäftshauses

| Einheit | Nutzung | ca. Nutzfläche in Quadratmeter | Preisbeeinflussungsfaktoren | Preis pro Quadratmeter Nutzfläche/ vermietbare Fläche in DM | Gesamt-preis |
|---|---|---|---|---|---|
| A 1 | Laden/EG | 58 | Erdgeschoß, ebenerdiger Zugang, keine Stufen, geringer Gesamtpreis, Fußgängerzone Bestlage, kleine Einheit, Mehrwertsteueroption für Käufer, Miete: 80 bis 100 DM pro Quadratmeter und Monat, Branchen: Schmuck, Mode etc., Rendite: ca. 6 bis 6,5 %. | 14 655,– | 850 000,– |
| A 2 | Laden | 101 | Wenige Meter in Seitenstraße, von Fußgängerzone aus erkennbar, größerer Laden, verschiedene Branchen, Miete: 40 bis 50 DM, Lage: 2 a, Mehrwertsteueroption möglich. | 8307,– | 839 000,– |
| C 1 | Laden/EG | 76 | Überdurchschnittlich viele Schaufenster, Eckladen, optisch hervorragende Sichtbarkeit, gute Aufteilung, geringe Ladentiefe, viele Branchen möglich, Fußgängerzone 1a-Lage. | 15 000,– | 1,14 Mio. |
| C 2 | Laden/EG | 97 | Gebäuderückseite, nur über Nebenstraße zugänglich, geringe Sichtbarkeit, nur für Branchen mit eigener Anziehungskraft, Miete: 20 bis 25 DM. | 4417,– | 428 500,– |
| D 1 | Laden/EG | 300 | Großraumladen, relativ geringer Mietansatz mit 25 DM pro Quadratmeter, 1b-Lage, relativ hohes Anlagevolumen für Einzelanleger, ca. 7,5 % Rendite. | 4000,– | 1,2 Mio. |
| A 3 | Büro/ 1. OG | 57 | Kleine Einheit, Miethöhe: 20 DM, erzielbare Rendite: 6 %, optische Attraktivität des Gebäudes, gute Adresse. | 4000,– | 228 000,– |
| A 4 | Büro/ 1. OG | 80 | Mittelgroße Einheit, erzielbare Miete: 18 DM. | 4132,– | 330 600,– |
| B 3 | Arztpraxis | 130 | Mietpreis: 17 DM, relativ hohe Sicherheit durch Arztnutzung, Rendite: ca. 5 bis 5,5 %. | 4230,– | 550 000,– |
| C 1 | Büro | 300 | Große Einheit, vermietet an Behörde (Sicherheit), relativ geringe Rendite möglich. | 4333,– | 1,3 Mio. |

Abb. 5.5:  Beispiel-Preisdifferenzierung (Wohn- und Geschäftshaus)
Quelle:    Institut für Gewerbezentren, Starnberg 1997

# Beispiel einer Preisdifferenzierung anhand eines Wohnungsbauobjektes

| Geschoß | Zimmerzahl | Wohnfläche | Preis pro Quadratmeter in DM | Faktoren für die Preisfestlegung |
|---|---|---|---|---|
| EG | 3 | 87 m² | 3900 | Relativ schlechte Aussicht, Erdgeschoß, inklusive Gartenanteil |
| EG | 1 | 36 m² | 4800 | Kleine Einheit, relativ höhere Kosten, bessere Verkäuflichkeit aufgrund des geringen Volumens, Südwestseite |
| EG | 1 | 36 m² | 4600 | Begründung wie oben, jedoch Nordwestseite |
| EG | 3 | 87 m² | 3700 | Aussicht verdeckt, Erdgeschoß, Nordwestseite |
| 1. OG | 3 | 82 m² | 4550 | Durchschnittliche Aussicht, besser als Erdgeschoß, Südwestseite |
| 1. OG | 1 | 33 m² | 4900 | Durchschnittliche Aussicht, besser als Erdgeschoß, Südwestseite, kleine Einheit |
| 1. OG | 1 | 33 m² | 4750 | Durchschnittliche Aussicht, besser als Erdgeschoß, Nordwestseite |
| 1. OG | 3 | 82 m² | 4450 | Nordwestseite, besser als 1. OG |
| 2. OG | 3 | 82 m² | 4600 | Südwestseite, besser als 1. OG |
| 2. OG | 1 | 33 m² | 5050 | Überdurchschnittliche Aussicht, Südwestseite |
| 2. OG | 1 | 33 m² | 4950 | Überdurchschnittliche Aussicht, Nordwestseite |
| 2. OG | 3 | 82 m² | 4500 | Nordwestseite |
| Dachgeschoß | 4 | 100 m² | 5300 | Top-Penthouse-Wohnung mit Dachgarten, beste Aussicht, Südwestseite |
| Dachgeschoß | 4 | 100 m² | 5150 | Dito, aber Nordwestseite |

**Abb. 5.6: Beispiel – Preisdifferenzierung (Wohn- und Geschäftshaus)**
**Quelle:   Institut für Gewerbezentren, Starnberg 1997**

Diese Art der Preisgestaltung hat für den Kunden den Vorteil, daß sie genau nachvollziehbar und auch in gewissem Sinne gerecht ist, da Käufe in einem frühen Projekt- oder Entwicklungsstadium entsprechend dem niedrigeren Risiko und den geringeren Zwischenfinanzierungskosten des Immobilienunternehmens honoriert werden. Eine Variante, bei der die zukünftigen Preisanpassungen offengehalten werden, besteht darin, daß ein bestimmter Festpreis nur bis zu einem festgelegten Zeitpunkt gelten soll. Dies hat für das Immobilienunternehmen den Vorteil, daß der Kunde zwar weiß, daß eine Preisanpassung vorgesehen ist, der Umfang kann jedoch durch das Unternehmen anhand der aktuellen Marktlage und der aktuellen Kostensituation bestimmt werden.

Nicht selten vollzieht sich die Preisdifferenzierung *verdeckt,* d.h. fast unter Ausschluß der Öffentlichkeit. In diesem Fall werden die Preise von Zeit zu Zeit mit der aktuellen Kosten- und Marktsituation verglichen und dementsprechend verändert. Der Nachteil dieser Methode ist für das Immobilienunternehmen darin zu sehen, daß der potentielle Nachfrager von einem stabilen Markt ohne Preiserhöhungen ausgeht und dadurch seine Kaufentscheidung gegebenenfalls zurückstellt, wogegen er bei steigenden Preisen einem gewissen kaufpsychologischen Zwang unterliegen würde. Vorteilhaft ist zudem, daß zumindest bei starker Nachfrage jederzeit eine Preisanpassung in Form einer Preiserhöhung vorgenommen werden kann. Bei schwacher Nachfrage ist dagegen generell zu überlegen, ob ein schleppender Absatz bei gleichbleibenden Preisen in Kauf genommen werden soll oder ob zugunsten eines schnelleren Umschlages die Preise reduziert werden müssen, wenn die anderen Instrumente des Marketing sich als unwirksam erweisen.

Für Kaufinteressenten, welche eine fertiggestellte Immobilie erwerben wollen, kann ein höherer Komplettpreis ausgewiesen werden, der alle dem Immobilienunternehmen entstandenen Kosten abdeckt. Generell besteht darüber hinaus die Möglichkeit, zur Reduzierung zeitlicher Absatzschwankungen das Instrument der zeitlichen Preisdifferenzierung einzusetzen. Grundgedanke sind ein gleichmäßigerer über das Jahr verteilter Absatz und eine gleichmäßigere Auslastung des Personals. Darüber hinaus läßt sich eine Entzerrung des Jahresendgeschäftes erreichen, welches nach wie vor im Kapitalanlagebereich eine erhebliche Bedeutung hat. Allerdings ist in höchstem Maße darauf zu achten, daß bei zu starker Preisdifferenzierung (nach oben und nach unten) nicht die Glaubwürdigkeit der Preispolitik in Zweifel gezogen wird.

*Kundenspezifische Preisdifferenzierung*

Hierbei werden unterschiedlichen Kunden, Personen oder Institutionen jeweils andere Entgelte in Rechnung gestellt. Beispielsweise können Stammkunden, welche bereits mehrere Immobilien bei einem Anbieter erworben haben, mit Sonderpreisen weiterhin an das Unternehmen gebunden werden. Dasselbe gilt auch für Kunden, welche durch ein hohes Kaufvolumen eine individuelle Preisgestaltung erforderlich machen. Schließlich können Meinungsführer mit Vorzugspreisen bedacht werden, wenn sich dies auf das Unternehmen oder das Objekt positiv auswirkt. Auch konnten bestimmte Personen oder Firmen schon Sonderpreise bekommen, wenn das Immobilienunternehmen gerade diese Person oder Institution aus Image- und/oder Promotionsgründen im Objekt vertreten sehen wollte.

*Preisdifferenzierung nach Märkten*

Sofern ein Immobilienobjekt oder -projekt nicht nur lokal oder regional angeboten wird, besteht für das Immobilienunternehmen die Möglichkeit, die unterschiedlichen Märkte mit differenzierten Preisen zu belegen. Voraussetzung ist hier zunächst, daß die unterschiedlichen Märkte nicht in Kontakt zueinander treten können. Eine Preisdifferenzierung nach Märkten ist vor allem bei Immobilien an Kapitalanleger oder bei überregional tätigen Unternehmen einsetzbar. Durch diese marktspezifische Differenzierung können sich die Immobilienunternehmen die regionalen Unterschiede zunutze machen. Der Vorteil kann darin bestehen, die Umschlagsgeschwindigkeit für die Objekte zu verbessern oder auch einen erhöhten Deckungsbeitrag zu erwirtschaften.

Die regionale Preisdifferenzierung beinhaltet häufig auch eine Differenzierung nach der Art des Vertriebs. Werden Objekte über sogenannte Strukturvertriebe vermarktet, so arbeiten diese mit anderen, wesentlich höheren Vertriebskosten als beispielsweise einzelne Maklerunternehmen oder Banken.

*Differenzierung nach dem Verwendungszweck*

Je nach Art der Nutzung der Immobilie lassen sich unterschiedliche Preise erzielen, die nicht oder nur zum Teil kostenwirksam sein müssen. Abhängig davon, ob eine Immobilie beispielsweise als Lager, als Wohnung, als Büro oder als Laden Verwendung findet, sind in der Regel unterschiedliche Mietpreise bzw. Wertansätze für den Kauf üblich. Im allgemeinen gilt: Je höher die Miete, desto höherwertiger die Nutzung. Bei Mietpreisen von 500 DM pro Quadratmeter und Monat für Einzelhandelsflächen in Topinnenstadtlagen ist zweifelsfrei ein anderer Kaufpreis anzusetzen als für ein Lagerhaus in dezentraler Lage, welches einen Mietpreis von z.B. 8 DM pro Quadratmeter und Monat erzielt. Darüber hinaus bieten Gewerbeimmobilien durch die Möglichkeit der Mehrwertsteueroption dem Käufer weiteren Spielraum für eine Preisdifferenzierung.

Nicht selten erwarten Immobilienkäufer die Übernahme verschiedener Serviceleistungen durch das Immobilienunternehmen. Teilweise werden die Beratungsleistungen als selbstverständlich angesehen, wie beispielsweise die allgemeine Verkaufs- und Finanzierungsberatung bis hin zur Berücksichtigung der individuellen steuerlichen Situation. Darüber hinaus gibt es eine Reihe von Dienstleistungen, welche auch im Rahmen der Preisdifferenzierung einsetzbar sind. Für zahlreiche Kunden ist es wichtig, daß die Serviceleistungen aus einer Hand kommen. Häufig werden daher – teilweise im Rahmen des Verkaufspreises, teilweise als Zusatz-Dienstleistungen –, zahlreiche Leistungen und Garantien wie beispielsweise die Übernahme der Vermietung einschließlich der Vermietungsgarantie, eine Fertigstellungsgarantie, die Gewährung einer überdurchschnittlichen Gewährleistungsdauer (bis zu zehn Jahre), Steuerberatung, Treuhandschaft, Hausmeister- und Objektservice, Management, Verwaltung usw. übernommen. Der Kunde erwirbt dadurch eine Immobilie, die kaum Probleme verursacht und bei welcher ihm alle Verwaltungsaufgaben abgenommen werden. Zudem bietet dieser weite Bereich der Dienstleistungen vielfältige Möglichkeiten der Preisdifferenzierung, da eine Aufschlüsselung in die einzelnen Kostenbestandteile für den Kunden praktisch nicht möglich ist.

### 5.2.7.3 Rabattpolitik

Im Gegensatz zu anderen Unternehmen, vor allem des Handels und der Industrie, wird in der Immobilienwirtschaft die Rabattpolitik angewendet. Einerseits bietet sich die Möglichkeit der Anwendung dieses Instrumentes im Prinzip nur bei Neubauimmobilien, welche über einen bestehenden Festpreis offeriert werden, zum anderen werden aber gelegentlich auch in anderen Fällen Preisnachlässe gewährt. Der Begriff Rabatt ist in der Immobilienwirtschaft allerdings eher unüblich, zumal die *Konditionenpolitik* vielfältige Möglichkeiten der Preisreduzierung unter anderem Namen zuläßt. Abgesehen davon besteht bei einer intensiven Anwendung der Rabattpolitik sehr schnell die Gefahr des Verlustes der Glaubwürdigkeit der kalkulierten Festpreise. Darüber hinaus werden Immobilien häufig nach individuellen Wünschen mit einer jeweils eigenständigen Kalkulation erstellt, so daß sich eine Rabattpolitik in diesen Fällen ohnehin erübrigt.

Allerdings besteht die Möglichkeit der Verwendung eines Rabatt- oder Nachlaßsystems dadurch, daß die voraussichtlichen Zwischenfinanzierungskosten bereits im Endpreis integriert sind. Bei entsprechend früherem Kauf, abhängig vom Kaufzeitpunkt, kann dann ein Nachlaß beispielsweise in einer Staffelung von 2, 4, 6 oder 8 Prozent gewährt werden. Ein offenes Ausweisen dieser Staffel in den Preislisten ist deswegen sinnvoll, da hiermit für den potentiellen Kunden klar nachvollziehbare Größen und ein Anreiz für einen Kauf zu einem frühen Zeitpunkt gegeben sind. Gleichzeitig vermindert sich so das Absatzrisiko des Unternehmens. Zu berücksichtigen sind hier allerdings die einschlägigen Bestimmungen des Rabattgesetzes.

Die Vereinbarung von *Skonti* als Anreiz für schnellere Zahlung ist in der Immobilienwirtschaft, zumindest dem Begriff nach, im allgemeinen unüblich. Die Feinsteuerung des Zahlungszeitpunktes ist sinnvollerweise unter der Konditionenpolitik zu erfassen.

### 5.2.8 Konditionenpolitik

Während unter dem Preis „im täglichen Geschäftsleben" nur der tatsächlich zu entrichtende Geldbetrag oder Rechnungsbetrag verstanden wird, zählen die Zahlungsart und der Zahlungszeitpunkt sowie andere, nicht nominal den Preis berührende Kriterien zu den Konditionen eines Kaufs. Primär handelt es sich hierbei um Bedingungen, die vor allem den Zahlungszeitpunkt, die Art der Zahlung, aber auch den Eigentumsübergang der Immobilie betreffen. Häufig werden diese sogenannten Lieferungs- und Zahlungsbedingungen auch als Unterbedingungen des Kaufvertrages angesehen. Weit mehr als mit der Rabattpolitik läßt sich mit der Konditionenpolitik eine individuelle Feinsteuerung der Preise vornehmen, ohne die Preisglaubwürdigkeit zu beeinträchtigen. Abgesehen davon bietet sich hier dem Unternehmen die Möglichkeit, sich von den Wettbewerbern zu unterscheiden, ohne daß dies von diesen zunächst wahrnehmbar ist und diese somit nur mit einer gewissen Zeitverzögerung hierauf reagieren können (vgl. Abb. 5.7).

Eine in der Immobilienwirtschaft gemäß MaBV häufig angewendete Variante der Konditionenpolitik ergibt sich aus der Festsetzung der Zahlungsziele. Aufgrund der vergleichsweise hohen Kaufpreise sehen sich die Unternehmen bei einer Verlängerung des Zahlungszieles mit einem erheblichen Kostenfaktor konfrontiert, welcher umgekehrt dem Kunden in entsprechendem Maße zugute kommt. Zahlungsziele werden häufig dann gewährt, wenn zeitlich beschränkte Liquiditätsengpässe seitens der Nachfrager bestehen, sei es durch den Verkauf von Altimmobilien oder die Mobilisierung von

## Kaufpreisbezahlung nach Makler- und Bauträgerverordnung (MaBV)

Der Kaufpreis beträgt:

DM ............... – Deutsche Mark ................ –.

Davon entfallen auf:

a) den Grundstücksanteil                                    DM ...................
b) die Bau- und Baunebenkosten der Wohnung                 DM ...................
c) den XX                                                   DM ...................

Der Kaufpreis ist nach den Bestimmungen der Makler- und Bauträger-verordnung in folgenden Raten zahlbar:

| | | | |
|---|---|---|---|
| a) | nach Beginn der Erdarbeiten | 30,0 % | DM ................... |
| b) | nach Rohbaufertigstellung | 28,0 % | DM ................... |
| c) | nach Fertigstellung der Rohinstallation und des Innenputzes (ohne Beiputzarbeiten) | 17,5 % | DM ................... |
| d) | nach Fertigstellung der Schreiner- und Glaserarbeiten (ohne Türblätter) | 10,5 % | DM ................... |
| e) | nach Bezugsfertigkeit und Zug um Zug gegen die Besitzübergabe | 10,5 % | DM ................... |
| f) | nach vollständiger Fertigstellung | 3,5 % | DM ................... |
| | zusammen: | 100,0 % | DM ................... |

**Abb. 5.7: Kaufpreisbezahlung**
**Quelle:    Institut für Gewerbezentren, Starnberg 1997**

Festgeld oder sonstigen Kapitalanlagen, die Erwartung einer größeren Erb-schaft etc. Auch unschlüssige Kaufinteressenten lassen sich mittels dieses In-struments häufig zum sofortigen Kauf bewegen.

Immobilien werden vergleichsweise häufig im Stadium der Entwicklung oder auch in verschiedenen anderen Bauphasen veräußert, wobei der Initia-tor oder Bauträger eine komplette Immobilie zu einem bestimmten Zeit-punkt fertigzustellen hat. Aus diesem Ansatz ergibt sich ein Zahlungsplan, welcher von dem Verkäufer anhand des Baufortschrittes fixiert wird. Eine (gesetzliche) Orientierungshilfe bietet hierbei die Makler- und Bauträgerverordnung, die beim Verkauf von Immobilien durch Bauträger einen bestimmten Zahlungsmodus vorsieht (vgl. Abb. 5.7).

Seit Verabschiedung dieser Verordnung hat sich die Gewichtung der einzelnen Bestandteile des Immobilienkaufpreises, insbesondere durch die starke Erhöhung der Grundstückspreise, verändert. Aus diesem Grund wird in der Praxis der Zahlungsmodus nach der Makler- und Bauträgerverordnung immer häufiger durch individuelle Vereinbarungen bezüglich des Zahlungsplanes modifiziert. Sofern die Sicherheit des Kunden, beispielsweise durch treuhänderisches Inkasso der Banken, gewährleistet ist, kann von der gesetzlichen Regelung abgewichen werden. Der Zahlungsplan läßt im allgemeinen Raum für individuelle Vereinbarungen mit den Käufern, und zwar sowohl hinsichtlich der Höhe der zu zahlenden Kaufpreisraten als auch in bezug auf die Zahlungszeitpunkte.

Die *Übernahme von typischen Risiken* der Kunden beinhaltet Teile der Konditionenpolitik wie auch der Servicepolitik. Während in diesem Zusammenhang eine Festpreisgarantie eine allgemein übliche Kaufvertragsbedingung darstellt, muß eine Fertigstellungsgarantie zu einem bestimmten Zeitpunkt in der Regel individuell vereinbart werden. Miet- oder Erstvermietungsgarantien dienen einerseits der Untermauerung des Verkaufspreises, zum anderen erhält der Käufer eine zusätzliche Sicherheit durch das Obligo des Verkäufers. Insbesondere bei der Vermarktung von Gewerbeimmobilien wird dem potentiellen Erwerber die Übernahme weitreichender Garantien sowie häufig ein komplett fertiggestelltes und vermietetes Objekt einschließlich professioneller Verwaltung in Aussicht gestellt.

Mittels der Vereinbarung von Konventionalstrafen bei nicht rechtzeitiger Fertigstellung eines Objektes muß gegebenenfalls ein für den Käufer wichtiger Fertigstellungstermin (z.B. aus steuerlichen Gründen, Umzug, Ausfall des Weihnachtsgeschäftes bei Ladeneinheiten) abgesichert werden. Der Erwerber erhält hierbei in der Regel einen Ersatz für den Nutzungsausfall, und zwar etwa in Höhe der zu erwartenden Miete oder des Nutzungswertes. Üblicherweise wird im Rahmen von notariellen Kaufverträgen auch die Berechnung von Verzugszinsen bei verspäteter Bezahlung geregelt, wobei der Zinssatz häufig etwa bei 4 bis 6 Prozent über dem jeweiligen Diskontsatz festgelegt wird. In Einzelfällen kann man den Käufern bei verspäteter Zahlung insofern entgegenkommen, als auf eine Berechnung der Verzugszinsen völlig verzichtet wird oder nur ein reduzierter Zinssatz zur Anwendung kommt. Nicht selten wird von Immobilienkäufern während der Bauzeit eine

Änderung des Grundrisses oder der Ausstattung gewünscht. Sofern hierbei nur geringe Kosten anfallen, kann auf eine Verrechnung verzichtet werden. Außerdem bietet sich in diesem Zusammenhang auch die Möglichkeit, eine nachträgliche Erhöhung des Kaufpreises und insbesondere des Deckungsbeitrages zu erreichen.

Relativ selten ist die Inzahlungnahme von gebrauchten Immobilien aufgrund der vergleichsweise hohen Transaktionskosten und der damit verbundenen erheblichen finanziellen Risiken für die Immobilienunternehmen. Lassen sich jedoch die zumeist recht hohen Preisvorstellungen der Kunden mit den Unternehmenszielen in Übereinstimmung bringen, so wird diese Methode in der Praxis durchaus angewendet. Keine Schwierigkeiten bereitet dagegen in der Regel die Inzahlungnahme baureifer Grundstücke, sofern deren Verwendungsfähigkeit gegeben ist. Im Detail spielen bei der Übernahme von anderen Objekten wiederum die Zahlungs- und Übergangszeitpunkte eine erhebliche Rolle. Muß der Wunsch eines Kunden nach Übernahme seiner Altimmobilie negativ beschieden werden, so bietet sich eine Kaufpreisstundung bis zu einem festgelegten Termin an. Gleichzeitig wird in der Praxis eine günstigere oder kostenlose Vermittlung von Alt- oder Gebrauchtobjekten bei Neukauf angeboten. Kaum verbreitet, aber dennoch eine Möglichkeit der Verkaufsförderung ist die Inzahlungnahme sonstiger Wertgegenstände wie Kraftfahrzeuge, Kunstgegenstände, Antiquitäten etc. Auf diese Weise kann der Entschluß des Kunden zum Kauf erleichtert werden, da sich seine Eigenkapitalbasis verbessert.

Eine über den Rahmen der Zahlungsbedingungen weit hinausgehende Kreditgewährung im Sinne einer längerfristigen Kreditierung des Kaufpreises durch das Immobilienunternehmen kommt in der Praxis kaum vor. Lehnen die Kreditinstitute eine Objektfinanzierung ab, so dürfte für das Immobilienunternehmen die Sicherheit der Finanzierung noch weniger gewährleistet sein. Eine Ausweitung der Absatzmöglichkeiten würde mit erheblichen Risiken für das Unternehmen erkauft.

## 5.2.9 Ergänzende preispolitische Absatzhilfen

Vor allem bei schwer verkäuflichen, aber auch bei gut kalkulierten Objekten ist das verkaufende Unternehmen naturgemäß eher geneigt, besonders ausgefallene Absatzhilfen oder Konditionen mit den Kaufinteressenten zu vereinbaren. Droht ein Objekt zu einer dauerhaften Verlustquelle zu werden, wird allerdings die gesamte Klaviatur des marketing- und preispolitischen Instrumentariums durchgespielt. Abgesehen von einer radikalen Kaufpreisreduzierung können wesentlich subtilere und differenziertere Hilfen eingesetzt werden, welche die spezifischen Problemstellungen im Einzelfall häufig besser zu lösen in der Lage sind. Eine gravierende Kaufpreisreduzierung kann dem Kaufinteressenten auch als Eigenkapital zur Verfügung gestellt werden, wenn anderweitig eine Finanzierung nicht zustande gebracht werden kann. Im Prinzip handelt es sich hierbei um eine offene Finanzierungshilfe. Verdeckte Finanzierungshilfen werden von Fall zu Fall während Hochzinsphasen dergestalt angewendet, daß das Objekt mit einer Finanzierung verkauft wird und die mit einer Bank vereinbarte Finanzierung um einen oder zwei Prozentpunkte für einen bestimmten, begrenzten Zeitraum heruntersubventioniert wird. Inwieweit derartige Subventionen eine kalkulatorische Berücksichtigung finden können, hängt letztlich vom Objekt selbst sowie von der aktuellen Marktlage ab. In anderen Fällen mag bereits die Schaffung von Markttransparenz im Finanzierungsbereich mit der Vermittlung der günstigsten Finanzierung für den Kunden zum Ziel führen.

Im Bereich der Wohnimmobilien existiert eine Reihe von Fördermöglichkeiten im Rahmen von Baukostenzuschüssen und Zinsverbilligungen, durch welche sich die Konditionen für die Betroffenen verbessern. Für bestimmte Bauvorhaben können von den Immobilienunternehmen öffentliche Fördermittel beantragt werden, welche einmal im Rahmen der Preispolitik Berücksichtigung finden und zum anderen im Rahmen des Kundenservice dem Kunden mitzuteilen sind.

Eine des öfteren praktizierte Form der Absatzhilfe ist die (kostenlose) Gewährung von Zugaben. Hierbei kann es sich um die Überlassung von Stellplätzen oder Tiefgaragenplätzen ohne Berechnung ebenso handeln wie um ein gegenüber der Baubeschreibung höheres Ausstattungsniveau, den Einbau von Zusatzeinrichtungen (Sauna, Hobbyraum etc.) oder um objektfremde Beigaben. Beispielsweise wurde bei einem größeren Doppelhausprojekt, das relativ abseits, aber in der Nähe einer Großstadt lag und ohne ausreichende Anbindung an öffentliche Verkehrsmittel gelegen war, ein Zweitwagen für die Ehefrau angeboten. Im Einzelfall wurden darüber hinaus die Kosten für den Erwerb des Führerscheins übernommen. So können andere Gebrauchsgegenstände, Möbel, Küche etc. als Beigabe gewährt werden, was allerdings mit der Zugabeverordnung in Übereinstimmung zu bringen ist. Im Einzelfall wäre dies wohl aber eher eine Frage der vertraglichen Gestaltung.

Eine weitere Absatzhilfe, insbesondere für handwerklich begabte Kunden, besteht darin, die Möglichkeit für Eigenleistungen einzubringen und hierdurch gegebenenfalls zu einem günstigeren Kaufpreis – oder Mietpreis, auch bei Gewerbemietern – zu kommen.

# 6. Distributionspolitik

## 6.1 Die Rolle der Distributionspolitik im Immobilienmarketing

### 6.1.1 Einführung

Seit Beendigung des Zweiten Weltkriegs und der sich hieran anschließenden Wiederaufbauphase der zahlreichen zerstörten Gebäude beschränkten sich absatzwirtschaftliche Anstrengungen von Wohn- und Gewerbeimmobilien allein auf Verteilungsaufgaben. Umfangreiche Überlegungen im Rahmen der Distributionspolitik waren zu diesem Zeitpunkt so gut wie nicht erforderlich. Immobilien auf Vorrat zu produzieren oder auch eine Projektentwicklung von Immobilien, bei der ausgehend von einer Idee oder einem vorhandenen Grundstück Immobilien geplant werden, häufig ohne den späteren Nutzer bereits zu kennen, war zu diesem Zeitpunkt nicht erforderlich.

Erstmals zu Beginn der siebziger Jahre wandelte sich der Immobilienmarkt dahingehend, daß die Immobiliennachfrage das vorhandene Angebot überstieg, d.h. von einem „Käufermarkt" gesprochen werden konnte. Diese Veränderung wirkte sich nicht zuletzt auch auf das Marketing von Immobilien aus, so daß zunehmend ein umfassendes marketingpolitisches Instrumentarium zur Anwendung kommen mußte. Eine ähnliche Situation ergab sich in den neunziger Jahren, als sich im Anschluß an die durch die Wiedervereinigung ausgelöste Überhitzungsphase aufgrund der allgemeinen rezessiven konjunkturellen Entwicklung die Märkte konsolidierten.

Die Nutzerfindung für projektierte Immobilien ist seit Mitte der neunziger Jahre das ausschlaggebende Kriterium, die Investition zum Erfolg zu führen. Neben den produktpolitischen Entscheidungen, bei der eine Profilierung bzw. Differenzierung im Markt angestrebt wird, steht auch die Distributionspolitik zunehmend im Vordergrund, um die Vermarktung der hergestellten Immobilien sicherzustellen. So wurde es zu Beginn der siebziger Jahre erforderlich, der Distribution neue Aufgabenfelder zuzuteilen. Neben den eigentlichen Vertriebsentscheidungen prägen sie Kriterien wie die Motivation der Absatzmittler, die Informationsgewinnung aus dem Vertrieb, die Vermittlungs- und Beratungsleistungen der Absatzmittler etc.

## 6.1.2  Die Definition der Distributionspolitik

Eine einheitliche Definition der Distributionspolitik ist in der Literatur nicht existent. In Anlehnung an neuere Werke zum Thema „Marketing" können aber unter der Distribution alle Entscheidungen und Handlungen verstanden werden, die im Zusammenhang mit dem Weg eines Immobilienproduktes zum Nutzer stehen (vgl. Meffert, H.: Marketing, 7. Auflage, 1991, S. 421). Gleichzeitig ist die Distribution allerdings auch der wesentlichste Engpaßfaktor, dessen Möglichkeiten und Ergebnisse sehr stark durch Produktmerkmale bestimmt werden und deren optimale Gestaltung wiederum von Informationen abhängig ist, die vom Vertrieb geliefert werden.

Eine weitere Definition sieht in der Distributionspolitik „die Regelung bzw. Festlegung aller betrieblichen Aktivitäten, die darauf gerichtet sind, eine Leistung vom Ort ihrer Entstehung unter Überbrückung von Raum und Zeit an jene Stelle(n) heranzubringen, wo sie nach dem Wunsch von Anbieter und Nachfrager in den Verfügungsbereich des letzteren übergehen soll" (vgl. Nieschlag/Dichtl/Hörschgen: Marketing, 16. Auflage, 1991, S. 367). Diese Definition läßt sich auf Immobilien nur eingeschränkt transferieren, da die Immobilie standortgebunden und die beim Konsumgut erforderliche physische Distribution – mit Ausnahme der Fertighäuser – nicht möglich ist.

Mit der physischen Distribution verbinden sich die sogenannten logistischen Aufgaben der Raum- und Zeitüberbrückung mittels Transport und Lagerung. Die Gesamtheit der an der physischen Distribution eines bestimmten Gutes teilnehmenden Betriebe bildet das physische Distributionssystem, das nach den zu verrichtenden Funktionen in ein Lagersystem, ein Transportsystem, ein Auftragsbearbeitungssystem etc. als Subsysteme unterteilt werden kann.

## 6.1.3  Auswirkung immobilienspezifischer Besonderheiten auf die Distribution

### 6.1.3.1  Standortgebundenheit

Auf die bereits im vorherigen Kapitel angesprochene Immobilität soll im nachfolgenden näher eingegangen werden, da die Distributionspolitik von diesem Kriterium in besonderem Maße geprägt wird. Während die Warenbereithaltung, die Lieferbereitschaft, die Auswahl der Transportmittel, die Lagerhaltung etc. wesentliche Aufgabenfelder der Distributionspolitik in der Konsumgüterindustrie darstellen, spielen sie, da eine Immobilie nicht geliefert werden kann, in der Immobilienwirtschaft – außer bei Fertighäusern – keine Rolle.

Vielmehr ist aufgrund der Standortgebundenheit von Immobilien auf die Auswahl eines adäquaten Standortes zu achten, da dieser während der Nutzungsdauer nicht mehr veränderbar ist. Die Standortwahl muß die Vorstellungen der analysierten bzw. anvisierten Zielgruppe treffen. Hierfür sind regelmäßige Markt- und Standortanalysen von Marktforschungsinstituten oder Researchabteilungen der Immobilienunternehmen erforderlich.

Vielfältige Möglichkeiten im Konsumgüterbereich, das Produkt dem Endverbraucher physisch auch zugänglich zu machen, werden bei der Immobilie einzig und allein durch die Standortwahl abgedeckt. Nur der Standort, der auch in Übereinstimmung mit der potentiellen Zielgruppe steht, wird durch die Distributionspolitik auch an den Käufer oder Nutzer vermittelt werden können. Häufig wird deshalb in der Immobilienwirtschaft von der „Lage, Lage und nochmals Lage" gesprochen. Insofern kann die Standortwahl im Vergleich zur Konsumgüterindustrie als Logistikersatz gesehen werden, da der Herstellungsort allgemein dem Ort der Nutzung der Immobilie entspricht.

### 6.1.3.2 Herstellungsdauer

Neben der Standortwahl als Logistikersatz ist im Rahmen der Distributionspolitik der zeitliche Faktor näher zu betrachten. Die in der Konsumgüterindustrie nicht unbedeutende Lagerhaltung, die eine zeitliche Überbrückung von der Herstellung bis zum Übergang des Produktes auf den Konsumenten darstellt, ist in der Immobilienwirtschaft ebenfalls nahezu bedeutungslos. Vielmehr versucht der Projektentwickler, die „richtige Immobilie" zum *„richtigen Zeitpunkt"* am „richtigen Ort" zu entwickeln.

Der Zeitpunkt, zu dem eine Immobilie fertiggestellt wird, ist somit ein weiterer sich auf die Distribution auswirkender Faktor. Zwischen der Projektidee und der Fertigstellung von Immobilien vergehen in Abhängigkeit von der Art und Größe der Immobilie und den spezifischen Standortbedingungen nicht selten mehrere Jahre. Innerhalb dieser Zeit eintretende Marktveränderungen können das Marketing erschweren, sofern sich das Verhältnis zwischen Angebot und Nachfrage zugunsten des Angebotes entwickelt. Eine

Erleichterung für die Distribution tritt demgegenüber bei einer erhöhten Nachfrage ein.

Das Verhältnis von Immobilienangebot und -nachfrage wirkt sich nicht zuletzt auch auf die Zeit aus, die für die Nutzer- bzw. Käuferfindung aufgewendet werden muß. Unterschiede bestehen auch bei den einzelnen Immobilienarten. Im Durchschnitt sind für Gewerbeimmobilien zwischen drei und sechs Monate anzusetzen. Deutlich geringer sind regelmäßig die Vermietungszeiten für Wohnimmobilien.

### 6.1.3.3 Langlebigkeit

Die Immobilie ist das langlebigste aller Wirtschaftsgüter und wird üblicherweise von mehreren Nutzern während ihrer Lebensdauer in Anspruch genommen. In Abhängigkeit von der technischen Qualität des Baukörpers und bei regelmäßiger Instandhaltung kann die Nutzungsdauer bis zu hundert Jahren und in Einzelfällen auch länger betragen.

Bezogen auf die Distribution von Immobilien ergeben sich hieraus mehrere Handlungsfelder. Einerseits können bei der Nutzer- und Mieterfindung während der Lebensdauer Distributionsleistungen erforderlich werden. Andererseits ist die Distribution gefordert, sofern ein Eigentumswechsel bei einer Immobilie stattfinden soll.

### 6.1.3.4 Heterogenität

Die besondere Bedeutung der Distributionspolitik in der Immobilienwirtschaft ergibt sich aus dem Umstand, daß es sich bei der Immobilie in der Regel um Unikate handelt. Unterschiede in der Standortqualität, der Grundstücksbeschaffenheit, der Architektur, der Bauqualität, der Innenausstattung etc. sind nur einige Kriterien, die eine Vergleichbarkeit von Immobilien ermöglichen. Bei der Immobilie handelt es sich um ein heterogenes Gut, da es eine völlige Identität zwischen Immobilien nicht geben kann.

Neben dem eigentlichen Vermarktungs- oder Vermietungsaspekt kommt daher den Beratungs- und Serviceleistungen in der Immobilienwirtschaft – anders als in der Konsumgüterindustrie – eine nahezu gleichrangige Bedeutung zu. Als Beratungsleistungen sind Markt- und Standortanalysen, Bewertungen, Wirtschaftlichkeitsberechnungen, Nutzungskonzeptionen, Finanzierungsmöglichkeiten, Rechts- und Steuerfragen etc. übliche Aufgabenfelder. (Nähere Einzelheiten hierzu können unter dem Stichwort „Service-politik" nachgelesen werden.)

### 6.1.4 Ziele der Distributionspolitik

Im Rahmen der Marketingpolitik eines Unternehmens liegt das Ziel der Distribution einerseits in der Nutzer- bzw. Käuferfindung im jeweiligen Absatzmarkt, wobei die Wahl der Absatzwege und -organe die Präferenzen für eine Immobilie im gesamten Marketing-Mix beeinflußt. Diese Mittlerfunktion besteht für die drei Bereiche:

- Verkauf von Neubau- und Bestandsobjekten,
- Vermietung von Immobilien und
- Vermarktung von Immobilienfondsanteilen.

Zunächst ist es bei der Distribution jedoch erforderlich, operationale und relevante distributionspolitische Zielsetzungen zu formulieren, die im Hinblick auf die Unternehmens- und allgemeinen Marketingziele abzustimmen sind (vgl. Meffert, H.: Marketing, 7. Auflage, 1991, S. 422). Von besonderer Bedeutung ist in der Immobilienwirtschaft die Wahl der Absatzmethode, die regelmäßig eine langfristige Entscheidung darstellt.

## 6.2 Die Wahl der Absatzmethode

### 6.2.1 Bedeutung der Absatzmethode

Jeder Anbieter von Immobilien steht im Rahmen der Distributionspolitik vor der wichtigen Frage, welcher Absatzmethode bzw. welchen Distributionsweges er sich bedienen soll. Mit der Wahl der Absatzmethode wird festgelegt, auf welche Art und Weise eine Immobilientransaktion zwischen Käufer und Verkäufer oder eine Immobilienvermietung zwischen Mieter und Vermieter erfolgen soll.

In der Immobilienwirtschaft werden in den unterschiedlichsten Bereichen Distributionsaufgaben erforderlich. Hierunter kann die Vermietung oder aber der Verkauf von Wohn- und Gewerbeimmobilien gezählt werden. Bei offenen und geschlossenen Immobilienfonds ist die Wahl der Absatzmethode wiederum unter anderen Schwerpunkten zu sehen. Nicht zuletzt stehen differenzierte Absatzalternativen bei den vielfältigen Immobilienarten und -typen zur Disposition.

Die Entscheidung für einen bestimmten Absatzweg wird von Unternehmen auf lange Sicht getroffen, da sich erhebliche Auswirkungen sowohl auf die Kosten und Erlöse als auch auf das Image von Produkt und Hersteller – Bauträger, Projektentwickler etc. – ergeben (vgl. Nieschlag/Dichtl/Hörschgen: Marketing, 16. Auflage, 1991, S. 378). Sofern die Anzahl der zu distribuierenden Immobilien, die Objektgröße oder auch das Investitionsvolumen eine derartige Entscheidung überhaupt notwendig werden läßt, ist die Wahl der Absatzmethode von strategischer Natur. Einer Privatperson stellt sich die Frage der Absatzwahl grundsätzlich auch, jedoch ist diese bei einem überdurchschnittlichen Anteil an eigengenutzten Wohnimmobilien im Regelfall eine Einzelfallentscheidung.

Generell kann bei der Distribution von Immobilien im Vergleich zum Konsumgüter-Marketing festgestellt werden, daß die Vertriebswege wesentlich kürzer sind. In vielen Fällen werden die Immobilien oder Immobilienfondsanteile direkt durch Eigentümer, Privatpersonen, Bauträger, Projektentwickler oder auch von Banken (überwiegend Fondsanteile) und Versicherungen vertrieben.

## 6.2.2 Bestimmungsfaktoren

Den Anbietern von Immobilien stehen unterschiedliche Distributionsmöglichkeiten zur Verfügung, unabhängig davon, ob es sich um den Vertrieb von Immobilienfondsanteilen, die Vermietung oder die Veräußerung von Immobilien handelt. Die Wahl und Gestaltung der Absatzwege kann als ein Kernbereich im Immobilien-Marketing angesehen werden. Die Auswirkungen der unterschiedlichen Absatzwege auf Unternehmen bzw. Privatpersonen müssen daher genau durchdacht, möglicherweise sogar analysiert werden.

Nachfolgende Bestimmungsfaktoren sind für die Wahl des Absatzweges von prägender Bedeutung:

- die Individualität einer Immobilie,
- die allgemeinen Marktverhältnisse am Immobilienmarkt,
- das Preisniveau bzw. die Preisentwicklung von Immobilien,

- die Zielgruppenorientierung,
- die Unternehmensstruktur des Immobilienanbieters,
- der regionale Tätigkeitsbereich des Immobilienanbieters,
- die vorhandene Personalkapazität sowohl in fachlicher als auch in quantitativer Hinsicht,
- die Flexibilität des Distributionsunternehmens,
- die bestehenden Kundenkontakte des Anbieters und
- die jeweils entstehenden Kosten für die Vermarktung.

Diese Faktoren stellen lediglich eine Auswahl dar, erheben somit keinen Anspruch auf Vollständigkeit.

### 6.2.3 Systematisierungsansatz

In der einschlägigen Literatur zum Thema „Marketing" wurden zahlreiche wissenschaftliche Versuche unternommen, die einzelnen Absatzmethoden zu systematisieren, die sich überwiegend auf die Konsumgüterindustrie beziehen. Nach Gutenberg lassen sich Absatzmethoden in die drei folgenden Systematisierungsansätze strukturieren (vgl. Gutenberg: Grundlagen der Betriebswirtschaftslehre, zweiter Band, 3. Auflage, 1959, S. 90 ff.):

- zentraler und dezentraler Absatz (Vertriebssystem),
- eigenes und fremdes Verkaufsorgan (Absatzform),
- direkter und indirekter Absatz (Absatzwege).

Die aufgezeigten Systematisierungsansätze der Absatzmethode sind nicht exakt voneinander abgrenzbar und nicht überschneidungsfrei. Bezogen auf die Immobilienwirtschaft stellt sich die Frage, welcher der aufgeführten Ansätze nach Gutenberg sich am sinnvollsten auf die bestehenden Absatzmethoden des Gutes Immobilie transferieren läßt.

Sowohl die hohe Anzahl der Marktteilnehmer als auch die Vielfältigkeit der Produktarten (siehe hierzu die Ausführungen zum Thema „Produktpolitik") erschweren die Strukturierung der möglichen Absatzwege in der Immobilienwirtschaft nicht unerheblich. Auch sind beim Immobilien-Marketing die Vermietung und der Verkauf von Immobilien sowie die Vermarktung von Immobilienfondsanteilen – Geschlossene und Offene Immobilienfonds – zu unterscheiden. Im Konsumgüterbereich geht es demgegenüber einzig und allein um den Verkauf von Konsumgütern. Anhand des direkten und indirekten

Absatzweges wird daher versucht, die facettenreichen Möglichkeiten der Distribution von Immobilien, denen sich die Marktteilnehmer am Immobilienmarkt zu stellen haben, aufzuzeigen.

Die Abgrenzung zwischen direktem und indirektem Absatzweg bedeutet jedoch nicht, daß Marktteilnehmer nicht beide Absatzwege zugleich nutzen können. Sollte sich beispielsweise ein Unternehmen unter strategischen Gesichtspunkten für einen direkten Absatzweg entscheiden, so kann dieses in Einzelfällen oder für eine befristete Zeit auch indirekte Absatzwege wählen, weil die eigenen Kapazitäten nicht ausreichen oder andere Beweggründe den Ausschlag hierfür geben.

## 6.2.4 Direkter Absatzweg

### 6.2.4.1 Begriff und Abgrenzung

Beim direkten Absatzweg erfolgt der Vertrieb von Immobilien ohne die Inanspruchnahme fremder Vertriebspartner, eben ohne Einschaltung externer Personen oder Unternehmen. Es wird also direkt vom Eigentümer an die Nutzer bzw. Mieter bzw. Käufer veräußert. Über den direkten Absatzweg wird somit der Anbieter bzw. Eigentümer unmittelbar als Vertriebsorgan tätig.

Der Immobilienmarkt gliedert sich nicht nur in eine Vielzahl unterschiedlicher Teilmärkte, sondern verfügt auch über eine sehr heterogene Eigentümerstruktur. Immobilien können sich so im Eigentum befinden von:

- Privatpersonen,
- Banken und Sparkassen (Deutsche Bank AG etc.),
- Versicherungen (Allianz AG etc.),
- Pensionskassen (Unilever etc.),
- Projektentwicklungsunternehmen (Roland Ernst etc.),
- Bauträgern (Südhausbau etc.),
- Wohnungsunternehmen und -genossenschaften,
- Bauunternehmen (Philipp Holzmann AG, Hochtief AG, Walter Bau AG etc.),
- Industrieunternehmen (Siemens, Daimler-Benz AG, VEBA AG, Thyssen AG etc.),
- Handelsunternehmen (METRO AG, Rewe-Konzern, Spar Handels AG etc.),

- sonstigen Unternehmen,
- staatlichen Verwaltungen,
- Architekten und
- Leasinggesellschaften.

Während Privatpersonen überwiegend direkt am jeweiligen Absatzmarkt auftreten, setzen Unternehmen im direkten Absatzweg auch eigene Vertriebsabteilungen ein. Die Etablierung einer eigenständigen Abteilung für den Kauf und Verkauf sowie die Vermietung von Immobilien sollte jedoch in Abhängigkeit von der Unternehmensgröße, dem Immobilienbestand und dem Umfang der erforderlichen Vertriebskapazitäten entschieden werden.

Der erforderlichen Präsenz auf unterschiedlichen Teilmärkten kann durch die Einrichtung von Niederlassungen Rechnung getragen werden. Veranlaßt von der Wiedervereinigung sind insbesondere Bauträger und Projektentwickler in den vergangenen Jahren dazu übergegangen, eigene Niederlassungen in den wichtigsten regionalen Teilmärkten wie Berlin, Leipzig und Dresden einzurichten.

### 6.2.4.2 Immobilienanbieter im direkten Absatzweg

Ohne die Zwischenschaltung von Absatzhelfern treten *Privatpersonen* von ihrer absoluten Anzahl her mit weitem Abstand am häufigsten am Immobilienmarkt als Anbieter auf. Analysiert man jedoch den Direktvertrieb von Privatpersonen etwas genauer, so ist festzustellen, daß der Anteil wohnungswirtschaftlich genutzter Immobilien – insbesondere im Bereich der Vermietung von Mietwohnungen – dominiert. Diese Aussage kann dadurch begründet werden, daß der durch Immobilienmakler vermittelte Anteil am Gesamtumsatz bei lediglich 16 Prozent im Jahr 1995 (vgl. Grabener, H.: Immobilienmakler in Deutschland – Ein Beruf im Wandel, 1. Auflage, 1996) lag.

Bei den Gewerbeimmobilien fällt der Marktanteil deutlich geringer aus, was durch den Tatbestand zu erklären ist, daß hier ein deutlich höherer Beratungs- und Managementbedarf erforderlich ist. Die alleinige Anzeigenschaltung reicht bei den sogenannten Managementimmobilien nicht aus, vielmehr führt insbesondere in Zeiten gesättigter Märkte fast ausschließlich eine ganzheitlich durchdachte Marketingkonzeption zum Vermarktungserfolg, über deren erforderliches Know-how Privatpersonen allgemein nicht verfügen.

Neben den Privatpersonen bilden die Vertriebsabteilungen von Immobilienunternehmen, aber auch anderen Unternehmen – Genossenschaften, Institutionen, Verbänden oder staatlichen Verwaltungen – die zweite große Gruppe der Absatzmittler im direkten Vertriebsweg, sofern der Vertrieb nicht direkt über die Handlungsorgane der Unternehmen (z.B. Vorstand, Geschäftsführer, geschäftsführende Gesellschafter etc.) erfolgt.

Unterschiedliche Ausprägungsarten sind bei den *Vertriebsabteilungen* bekannt. Während sich bis zu Beginn der siebziger Jahre das Aufgabenfeld der Vertriebsabteilungen fast ausschließlich auf die Vermietung oder den Verkauf bezog, stehen heutzutage im Rahmen einer ganzheitlichen Marketingstrategie weitere Tätigkeitsbereiche im Vordergrund. Hierunter können insbesondere die bereits erwähnten Beratungs- und Serviceleistungen verstanden werden.

Je größer der erforderliche Vermarktungsaufwand von Immobiliengesellschaften ist, desto wahrscheinlicher ist die Verteilung der marketingpolitischen Aufgaben auf einzelne Abteilungen. Insbesondere bei den großen Bauunternehmen, Bauträgern oder auch Projektentwicklungsgesellschaften sind eigenständige Bereiche wie Research, Vertrieb, Öffentlichkeitsarbeit, Bewertung etc. üblich.

Bei großen, überregional, national und international tätigen Unternehmen der Immobilienbranche kann der Vertrieb über *Niederlassungen* erfolgen. Diese gehören eigentumsrechtlich zum jeweiligen Unternehmen und sind diesem meist direkt unterstellt. Das Tätigkeitsfeld von Niederlassungen ist häufig auf regionale Teilmärkte beschränkt, wobei der Vorteil in einem spezielleren Marktüberblick liegt. In den Niederlassungen wird in den seltensten Fällen das gesamte immobilienspezifische Tätigkeitsfeld abgedeckt. Vielmehr können diese, sofern notwendig, von den Abteilungen der Mutterunternehmen zentral abgerufen werden.

Von bedeutenden Wirtschaftsunternehmen, Institutionen und Verbänden können nicht zuletzt auch *eigenständige Unternehmen* gegründet werden, in die der gesamte Immobilienbestand eingebracht und dann dort verwaltet bzw. gemanagt wird. Als Beispiel können die Immobilien-Tochter der Allianz, die AGRAG sowie die ICN in Nürnberg angeführt werden, die ausschließlich für das Immobilienvermögen der Schickedanz-Gruppe (Quelle Versand) tätig ist. Diese Firmen sind üblicherweise auch für die jeweiligen Distributionsaufgaben zuständig.

### 6.2.4.3 Beurteilungskriterien

*Positive Aspekte*

Die Entscheidung für einen direkten Absatzweg ist bei den Herstellern bzw. Anbietern von Immobilien sowohl mit positiven als auch mit negativen Konsequenzen verbunden. Bei den Vertriebsabteilungen, Niederlassungen oder eigenständigen Immobilienunternehmen ist es ein Plus, daß diese regelmäßig über angestellte Mitarbeiter verfügen und so die *Identifikation* mit dem Produkt „Immobilie" stärker ausgeprägt ist, was sich nicht zuletzt in einem guten *Unternehmens- und Produktimage* niederschlagen kann. Auch der private Anbieter von Immobilien verfügt allgemein über besonders detaillierte Informationen über das zu vermarktende Objekt.

Des weiteren kann über den direkten Absatzkanal unmittelbar auf die *Preisgestaltung* sowie die Art und Weise der Ansprache potentieller Interessenten Einfluß genommen werden, wodurch sich das Risiko, auf unverkäuflichen Immobilien sitzenzubleiben, reduzieren läßt. Existiert bei Unternehmen bereits eine Marketingstrategie, sollten sich unternehmensspezifische Öffentlichkeitsarbeit und Corporate Identity auch in der Distribution von Immobilien positiv niederschlagen bzw. eine unternehmenseinheitliche Anwendung erfolgen.

Der unmittelbare Kontakt zum Kunden muß stets erhalten bleiben. Jede Immobilientransaktion oder Vermietungsleistung liefert wertvolle *Informationen,* die der Absatzstrategie unmittelbar zur Verfügung stehen und für die Entwicklung neuer Projekte ausgewertet und berücksichtigt werden können. Die Arbeit in den Marktforschungsabteilungen wird durch diesen Informationspool erleichtert.

*Negative Aspekte*

Den Vorteilen eines direkten Vertriebsweges stehen aber auch Nachteile gegenüber. So zeichnen sich Vertriebsabteilungen, Niederlassungen oder eigenständige Immobilienunternehmen einerseits oftmals durch eine gewisse *Starrheit* aus und bedürfen einer permanenten Auslastung durch das Development bzw. den Bau von Immobilien, da die Fixkostenbelastung im Vergleich zum indirekten Vertriebsweg deutlich höher ist. Auf der anderen Seite kann in der Vertriebsabteilung auch der *Engpaßfaktor* liegen, insbesondere in Zeiten eines überdurchschnittlich hohen Projektentwicklungsvolumens.

Allgemein kann festgehalten werden, daß der Absatz für den Anbieter von Immobilien um so kostspieliger ist, je enger die Verbindung zwischen Anbieter und Nutzer bzw. Käufer einer Immobilie ist. Mit dem Übergang von einem indirekten auf ein direktes Vertriebssystem erhöhen sich die Vertriebskosten meistens überproportional (vgl. Meffert, H.: Marketing, 7. Auflage, 1991, S. 426). Eine Beurteilung des Absatzweges sollte jedoch nicht ausschließlich nach Kostengesichtspunkten vorgenommen werden, da unter Marketingaspekten die Entscheidung vom reinen Kostenansatz abweichen kann.

Entscheidet sich ein Bauträger für die Distribution seiner Immobilienprodukte durch eine eigene Vertriebsabteilung, so entstehen beim Aufbau nicht unerhebliche *Kosten* für Personalbeschaffung, Schulung, Räumlichkeiten etc. Aber auch im späteren Verlauf ist die Qualität der Mitarbeiter durch inner- oder außerbetriebliche Aus- und Fortbildungsmaßnahmen auf einem Niveau zu halten, das den Vertriebsanforderungen des Unternehmens entspricht. Überdies kann eine hohe Fluktuation zu gesteigerten Kosten im Vertrieb führen. Die Entscheidung für eine eigene Verkaufsorganisation ist somit kurzfristig kaum revidierbar.

Zur Motivation der Mitarbeiter sind Provisionszahlungen ein bewährtes Mittel. Bei längerer Betriebsanwesenheit besteht allerdings die Gefahr einer gewissen *Betriebsblindheit,* die jedoch teilweise durch die Fluktuation von Mitarbeitern ausgeglichen werden kann.

### 6.2.5 Indirekter Absatzweg

#### 6.2.5.1 Definition und Abgrenzung

Die Absatzaufgaben werden bei indirekten Vertriebswegen auf rechtlich und wirtschaftlich selbständige Partnerunternehmen – wie Immobilienmakler, Immobilienabteilungen von Banken und Sparkassen, Bausparkassen, Versicherungen, Anlageberater, Immobilienbörsen oder auch Auktionshäuser – übertragen. Diese werden in der einschlägigen Marketingliteratur auch als *Absatzhelfer* bezeichnet.

Im Konsumgüter-Marketing verfügen die *Absatzmittler* über einen bedeutenden Anteil an den unterschiedlichen Absatzmethoden. Absatzmittler sind rechtlich und wirtschaftlich selbständige Unternehmen, die Produkte auf eigenes Risiko kaufen, um sie wieder zu verkaufen (vgl. Ahlert, D.: Distributionspolitik, 1985, S. 47). Der Unterschied zum Absatzhelfer besteht also darin, daß der Absatzmittler Immobilien auf eigenes Risiko kaufen muß. Da der Kapitaleinsatz und das hieraus resultierende Risiko jedoch extrem hoch sind, gibt es einen mit dem Kosumgüterhandelssystem – Einzelhandel und Großhandel – vergleichbaren Immobilien- und Grundstückshandel – „Immobilienhändler" – auf dem deutschen Immobilienmarkt in der Regel nicht.

### 6.2.5.2 Anbieter von Immobilien im indirekten Absatzweg

Die Distribution von Immobilien über *Maklerunternehmen* ist in Deutschland der am meisten verbreitetste Absatzweg, was durch Abb. 6.1 verdeutlicht wird. Maklerleistungen werden jedoch nicht ausschließlich von Maklerunternehmen übernommen, sondern auch Banken und Sparkassen, Bausparkassen und Versicherungen versuchen neben den Vertriebstätigkeiten für eigene Bestandsimmobilien überwiegend auch als Dienstleister aktiv zu werden.

Im Rahmen der Allfinanztheorie nimmt der Marktanteil an Maklertätigkeiten der *Banken* und *Sparkassen* permanent zu, so daß reine Maklerunternehmen einem zunehmend schärferen Wettbewerb ausgesetzt sind. Diese

## Schätzung der Marktanteile von Maklerunternehmen am gesamten Immobilienumsatz

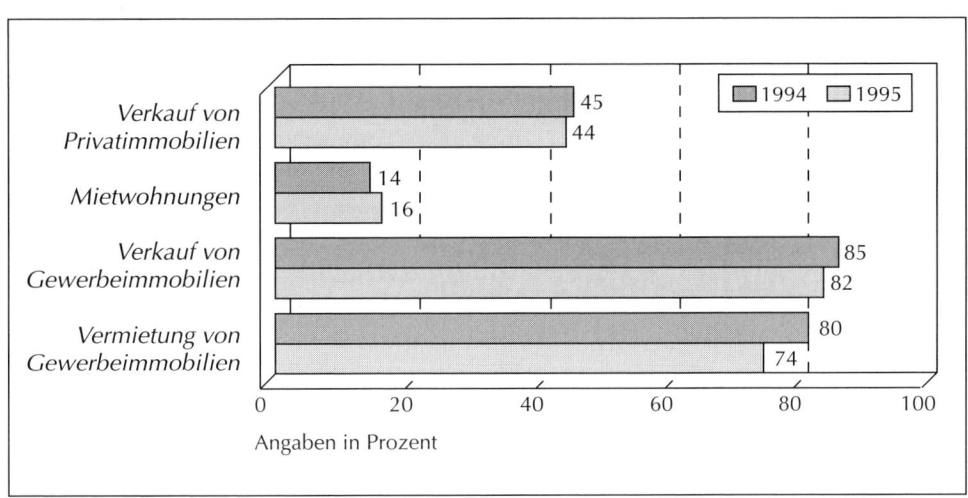

Abb. 6.1: Marktanteile von Maklerunternehmen am gesamten Immobilienumsatz
Quelle:     Betriebsbefragung '96: Maklerjahr 1995, Grabener Verlag, Schwedeneck 1996

Institute verfügen resultierend aus dem Finanzierungsgeschäft über einen umfangreichen Kundenstamm, aus dem sich zwangsläufig Synergieeffekte für die Distribution von Immobilien ergeben.

Des weiteren sind auch *Bausparkassen* im Vertrieb von Immobilien stark engagiert, da sich hier Synergieeffekte zum eigentlichen Kerngeschäft ergeben. Die Zielsetzung der Schwäbisch Hall GmbH z.B. besteht sogar darin, einer der wohnungswirtschaftlich größten Immobilienvermittler bundesweit zu werden. Die Kunden sollen vom Verbundsystem Bausparkasse, Bank und Immobilienvermittlungsgeschäft profitieren.

Neben den Bausparkassen können noch *Versicherungsunternehmen* und *Anlageberater* als Absatzhelfer auftreten, jedoch kann bei derartigen Unternehmen die Maklertätigkeit nicht als eine Hauptaufgabe angesehen werden. Versicherungsunternehmen sind zudem vermehrt in der Vermittlung von unternehmenseigenen Wohnimmobilien – insbesondere für aus Anlagemotiven erworbene Eigentumswohnungen – tätig.

Nicht zuletzt können bei der Vermietung und Vermarktung von Immobilien *Auktionshäuser* oder *Immobilienbörsen* zwischengeschaltet werden. Bezogen auf den gesamten erforderlichen Umfang der Maklertätigkeit darf dieser Anteil jedoch eher als unbedeutend eingestuft werden.

Grundstücksauktionshäuser bieten Immobilien einer größeren Anzahl von Interessenten im Bieterverfahren an, wobei derjenige den Zuschlag erhält, der im Rahmen einer öffentlichen Sitzung den höchsten Kaufpreis zahlt. Private Grundstücksauktionshäuser verfügen über ein ständiges, objektives Angebot an unterschiedlichsten Grundstücken, die einer eingehenden Prüfung – Begutachtung und Bewertung, gründlicher Recherche bei Grundbuchämtern, Bauämtern etc., Festlegung eines marktgerechten Auktionslimits, Dokumentation jedes Objektes u.v.m. – unterliegen, bevor sie zur Versteigerung zugelassen werden.

Die Leistungsvergütung des Auktionshauses besteht üblicherweise in einer Courtage in Höhe von ca. 6 Prozent netto, bezogen auf das Angebot des Meistbietenden. Zusätzlich wird eine erfolgsabhängige Courtage mit dem Verkäufer des Grundstückes vereinbart, die auf Basis des über das vereinbarte Limit hinaus erzielten Verkaufspreises berechnet wird. Bei einem Verkauf zum vereinbarten Limit entstehen dem Auftraggeber hingegen keine Kosten.

Mit Zuschlag für den Meistbietenden ist der materiell-rechtliche Kaufvertrag geschlossen. Das Versteigerungsprotokoll ersetzt den sonst üblichen Kaufvertrag und wird von einem Notar, dem Auktionator und dem Erwerber sofort nach dem Versteigerungstermin unterschrieben. Die rechtliche Grundlage für die Eigentumsübertragung ist das Eigentumsgesetz.

Immobilienbörsen dienen der Anbahnung von Gemeinschaftsgeschäften unter ihren Mitgliedern, das heißt Maklern, bei denen Angebot und Nachfrage zusammengeführt wird. Die Immobilienbörse wird dabei als Informationsmedium genutzt, um zwischen den Maklern Mitteilungen über konkrete Geschäftschancen auszutauschen, und zwar mit dem Ziel, später auch Vertragsabschlüsse zu tätigen. Immobilienbörsen bieten so insbesondere örtlich operierenden Maklern die Chance, ihren Interessentenkreis zu vergrößern. Ohne den Infopool der Immobilienbörsen müßte manches Börsenmitglied die Annahme von Spezialaufträgen ablehnen, weil diese sonst den üblichen Arbeitsbereich überschreiten würden.

### 6.2.5.3 Beurteilungskriterien

*Positive Aspekte*

Der wesentliche Vorteil bei einem indirekten Absatz liegt in einer hohen *Flexibilität,* unter der die zeitnahe und effiziente Reaktion auf sich ändernde Markt- und Produktgegebenheiten verstanden werden kann. Der Vertrieb wird somit nie zum Engpaßfaktor. Vielmehr üben professionelle und permanent am Markt auftretende Immobilienanbieter eine Art Ventilfunktion aus, da sie über den direkten Absatzweg hinaus Vertriebskapazitäten übernehmen können. Dieses bedingt jedoch eine volle Auslastung der unternehmenseigenen Vertriebskapazität, sofern eine vorhanden ist.

Auch Privatpersonen bedienen sich überwiegend sogenannter Absatzhelfer, sofern sie nicht über das erforderliche *immobilienspezifische Fachwissen* verfügen. Ähnlich geht es den Immobilienunternehmen, deren eigene Vertriebsabteilung nur eingeschränkt das umfangreiche Spektrum in Betracht kommender Distributionsaufgaben wahrnehmen kann. Die Zuschaltung eines externen Vertriebs wird grundsätzlich auch in Frage kommen, sofern die eigenen Vertriebskapazitäten bereits voll ausgelastet sind oder Strukturveränderungen eine Umstellung vom internen zum externen Vertrieb erforderlich machen.

Bei der Einschaltung externer Vertriebswege können zusätzliche *Vermitt-lungs- und Beratungsleistungen* – wie Objekteinschätzungen, Markt- und Standortanalysen, Bewertungen, Finanzierungen, Steuerfragen, Rechtsfra-gen, Immobilienverwaltung und -management – mit abgerufen werden, über die Privatpersonen oder auch Immobilienunternehmen nicht immer verfü-gen. Für derartige über den eigentlichen Vertrieb hinausgehende Leistungen entstehen relativ hohe Kosten, die sich allgemein nur größere Unternehmen leisten können jedoch aus marketingpolitischen Gesichtspunkten, insbeson-dere in Zeiten eines Mietermarktes, unabdingbar werden können.

*Negative Aspekte*

Generell kann festgestellt werden, daß die Vorteile des direkten Absatzwegs den Nachteilen des indirekten entsprechen, was bei der *Informationsgewin-nung* zum Ausdruck kommt. Während beim direkten Vertriebsweg die Aus-wertung von Daten aus dem Vertrieb für die Entwicklung neuer Projekte oder auch für zukünftige Distributionsaufgaben im Unternehmen wertvolle Informationen liefert, gehen die Daten bei externen Unternehmen verloren oder müssen teuer eingekauft werden.

Ähnliches kann für das *Unternehmensimage* registriert werden. Unterneh-men, die eine Immobilie entwickelt und hergestellt haben und sich somit über mehrere Monate und Jahre mit dem Objekt beschäftigen, identifizie-ren sich sehr stark damit, was sich nicht zuletzt auf die Vertriebsabteilung positiv auswirkt. Demgegenüber werden Absatzhelfer regelmäßig erst zu einem späteren Zeitpunkt eingeschaltet. Zwei divergierende Faktoren ste-hen bei ihnen im Vordergrund. Einerseits soll die Immobilie schnellstmög-lich veräußert bzw. vermietet werden. Andererseits muß ein höchstmög-licher Verkaufs- bzw. Mietpreis erzielt werden, da sich hieran üblicherweise die Provision bemißt. Die Vielzahl der von den Absatzhelfern zu vermit-telnden Immobilien läßt häufig die Exklusivität und Individualität der Ver-marktung vermissen.

### 6.2.6 Qualifikation und Motivationsmöglichkeiten der Absatzorgane

Den Absatzorganen kommt eine dominierende Bedeutung innerhalb des ge-samten Marketing-Mix zu. Dieser Tatsache kann durch die Motivation der Absatzorgane einerseits und durch die Qualifikation andererseits Rechnung getragen werden.

### 6.2.6.1 Qualifikation der Absatzsorgane

Eine vom Institut für Gewerbezentren durchgeführte Imageanalyse in den Jahren 1994 und 1995 kam zu dem Ergebnis, daß sich das Image der deutschen Immobilienwirtschaft in einem desolaten Zustand befindet. Die Hauptgründe hierfür seien in erster Linie die schlechte Beurteilung der Immobilienmakler, unseriöses Geschäftsgebaren einiger Marktteilnehmer, nicht zuletzt aber auch die ungenügende Aus- und Fortbildung in weiten Kreisen der Immobilienwirtschaft. Die Qualifikation von Vertriebspersonen wird sich daher immer direkt auf den Marketingerfolg auswirken.

Allgemein definiert ist ein fachlich qualifizierter und im Umgang versierter Mitarbeiter für Vermarktungsleistungen in der Immobilienwirtschaft gefragt. Ein solcher wird nämlich nur dann zum Vertragsabschluß kommen, sofern er den Kunden ausführlich informiert und fachlich kompetent berät. Nicht zuletzt ist aufgrund der vielschichtigen Immobilientypen eine Spezialisierung erforderlich. Die Zeit des Allroundvermittlers ist bei einem Mieter- und Käufermarkt ohne Zweifel vorbei.

Um die erforderliche Qualifikation der Vertriebsorgane sicherzustellen, ist bereits bei der Personaleinstellung auf die Kenntnisse und Fähigkeiten der Bewerber zu achten. Und in den vergangenen Jahren haben sich auch die Ausbildungsmöglichkeiten zur Wahrnehmung von Vertriebsaufgaben in der Immobilienwirtschaft deutlich verbessert. Neben der Ausbildung zum Kaufmann der Grundstücks- und Wohnungswirtschaft existieren heute zahlreiche Fachschul- und Hochschulstudiengänge bzw. Vertiefungsrichtungen, die die immobilienwirtschaftliche Qualifikation von Absolventen angehoben haben.

Die Ausbildung stellt jedoch nur einen Part dar, um einen möglichst hohen Know-how-Standard der Vertriebsorgane zu erreichen. Ein permanent sich verändernder Immobilienmarkt und eine zunehmende Konkurrenz machen es erforderlich, Vermittler durch Schulung und Training fortzubilden, um den Anschluß an neue Entwicklungen nicht zu verpassen. Eine Weiterbildung bereits tätiger Vermittler ist durch die Einrichtung betriebsinterner Seminare oder durch die Teilnahme an externen Tagungen, Vorträgen oder Seminaren möglich.

Alle hier kurz aufgezeigten Möglichkeiten werden zukünftig für eine möglichst hohe Qualifikation der Immobilienvermittler, die sich letztlich auch auf das Image eines Produktes bzw. auf das Unternehmensimage positiv auswirkt, sorgen.

### 6.2.6.2 Motivationsmöglichkeiten

Die Motivation der im Immobilienvertrieb tätigen Personen kann am einfachsten durch eine finanzielle Beteiligung bei einem Verkaufs- oder Vermietungsabschluß erfolgen. Das *Honorierungssystem* ist damit der wohl beste Parameter, um die Motivation der Vertriebsorgane zu steigern. Unterschieden werden dabei das erfolgsabhängige Honorar von dem Festgehalt bzw. Pauschalhonorar. Unwesentlich ist es dabei, ob es sich um eine rein erfolgsabhängige Vergütung eines externen Vertriebspartners oder eines Angestellten des Unternehmens handelt.

Einerseits wird ein reines Festgehalt, aber auch eine ausschließliche Umsatz- bzw. erfolgsabhängige Vergütung die Motivation unternehmenseigener Vertriebsmitarbeiter gefährden und die Fixkostenbelastung für das Unternehmen erhöhen, da keine entsprechenden Umsätze den Festgehältern gegenüberstehen. Ähnliches gilt für die Beauftragung externer Vertriebsunternehmen, die bei einem Pauschalhonorar den Aufwand für den Vertrieb zu minimieren versuchen, da hierdurch der Deckungsbeitrag positiv beeinflußbar ist.

Andererseits kann eine reine Umsatzhonorierung oder ein ausschließlich erfolgsabhängiges Honorar zu unseriösen Vertriebsmethoden führen, die nicht zuletzt den Ruf des Unternehmens gefährden. Bei eigenen Mitarbeitern sollte gerade aus der sozialen Verantwortung heraus ein derartiges Honorierungssystem nicht zur Anwendung kommen.

In der gängigen Praxis wird daher auf eine Kombination beider Systeme zurückgegriffen. Unternehmenseigene Vertriebsmitarbeiter erhalten üblicherweise ein Festgehalt (Fixum), das sich durch eine umsatzabhängige Provision erhöht. Das Fixum stellt nur die Sicherung des Existenzminimums dar, die eigentliche Motivation wird darüber hinaus durch die Provision erreicht. Eine ähnliche Konzeption kann auch mit einem externen Vertriebspartner vereinbart werden. Ein relativ geringes Pauschalhonorar sichert dabei die für das Unternehmen entstehenden Kosten.

Neben dem Honorierungssystem verfügen Unternehmen über weitere Möglichkeiten, die Mitarbeiter des Vertriebs zu motivieren. Die Bereitstellung von Dienstwagen, Mobiltelefonen und anderen Luxusgütern mit dem Recht der privaten Nutzung kann sich positiv auf den *Prestigewert* eines Mitarbeiters auswirken. Direktversicherungen, Belegschaftsaktien, Unternehmensbeteiligungen etc. sind weitere *Zusatzleistungen,* die die Motivation von Vertriebspersonen erhöhen und die Fluktuation einschränken können. Als weitere Motivationsinstrumente im Immobilienvertrieb mögen *Incentivereisen, Mitsprachemöglichkeiten* bei der Hereinnahme neuer Projekte bzw. Objekte, *Kompetenzausweitung* oder die Schaffung eines *internen Wettbewerbes* genannt werden.

## 6.3 Der Immobilienmakler als Distributionsorgan

In der Immobilienwirtschaft existieren mittlerweile zahlreiche unterschiedliche Distributionssysteme und -strukturen, die in Abhängigkeit von der Zielsetzung und Strategie (siehe hierzu auch unter dem Stichwort „Wahl der Absatzmethode") des Immobilienunternehmens zu bestimmen sind. Die Palette der verschiedenen Formen reicht hier vom angestellten über den selbständigen Makler bis hin zur Kooperation innerhalb eines Franchisesystems.

### 6.3.1 Definition und Abgrenzung

Die Aufgabe des Immobilienmaklers besteht darin, Verträge über Immobilien zu vermitteln bzw. die Gelegenheit zum Abschluß von Verträgen über Immobilien nachzuweisen. Dabei kommt der Immobilienmakler nicht nur distributionspolitischen Aufgaben nach, sondern wird genauso auf der Beschaffungsseite von Immobilien aktiv.

Der Immobilienmakler ist nach der Makler- und Bauträgerverordnung (MaBV) Zivilmakler. Eine klare Abgrenzung muß so an dieser Stelle einerseits zum Immobilienhändler und andererseits zum Handelsmakler erfolgen. Während der Immobilienhändler im eigenen Namen Grundstücke und Gebäude an- und verkauft, makelt der Handelsmakler ausschließlich Objekte des Handelsverkehrs, was seiner Kaufmannseigenschaft entsprechend im Handelsgesetzbuch geregelt ist. Hier gehören die Grundstücke dazu.

In der Praxis der Immobilienwirtschaft ist somit in der Regel weder der Handelsmakler noch der Immobilienhändler vertreten, und zwar aufgrund der hohen Investitionsvolumina sowie der steuerlichen Auswirkungen, bedingt durch die Spekulationsfrist. Neben dem Direktvertrieb kommt der Maklertätigkeit in der Immobiliendistribution eine Schlüsselfunktion zu.

Die wichtigsten Eigenschaften des idealen Immobilienmaklers liegen in seiner Unabhängigkeit und Unparteilichkeit. Je deutlicher jeder einzelne Makler die Eigenschaften für seine Auftraggeber erfahrbar macht, desto größer wird auch sein Ansehen in der Öffentlichkeit sein.

Neben reinen Maklerunternehmen sind Maklertätigkeiten aber auch in Banken, Bausparkassen, Versicherungsunternehmen sowie in anderen Immobilienunternehmen wie Projektentwicklungsgesellschaften und Bauträgern vorzufinden, die nicht zwangsläufig unternehmenseigene Vertriebsorgane auf Angestelltenbasis für ihren Immobilienvertrieb einsetzen müssen.

## 6.3.2 Zulassungsvoraussetzungen

*Bundesrepublik Deutschland*

Die Makler- und Bauträgerverordnung (MaBV) sowie die Gewerbeordnung (GewO) bilden die gesetzliche Grundlage von Maklertätigkeiten. Der Beruf des Immobilienmaklers erfordert in Deutschland keinen Fachkundenachweis, sondern ausschließlich die Erlaubnis nach § 34c GewO, sofern man dieser Tätigkeit *gewerbsmäßig* und *nachhaltig* nachgeht. Die Genehmigung wird durch die zuständige Ordnungsbehörde erteilt. Privatpersonen, die ihre eigengenutzten Immobilien vermieten oder veräußern wollen, benötigen eine gewerbliche Zulassung jedoch nicht. Neben dem erforderlichen Beleg seiner Zuverlässigkeit muß der Immobilienmakler lediglich einen Nachweis über geordnete Vermögensverhältnisse bringen. Das heißt, er muß darlegen, ob

- über sein Vermögen das Konkurs- oder Vergleichsverfahren eröffnet,
- die Eröffnung des Konkursverfahrens mangels Masse abgewiesen oder
- ein Eintrag ins Schuldnerverzeichnis vorgenommen worden ist.

*Österreich*

In Österreich zählt die Immobilienmaklerbranche zu den sogenannten konzessionierten Gewerben und erfordert nach § 266 Satz 1 Gewerbeordnung (GewO) eine offizielle Genehmigung. Diese Genehmigung wird im allgemeinen nur erteilt, sofern das vorgeschriebene Mindestalter von 24 Jahren eingehalten wird. Geschäftsführer müssen ihren ständigen Wohnsitz in Österreich nachweisen. Auch dürfen strafrechtliche Verurteilungen oder erhebliche Finanzvergehen beim Antragsteller nicht vorliegen.

Im Gegensatz zur Handhabung in der Bundesrepublik Deutschland erhält ein österreichischer Makler nur dann seine Zulassung, wenn er die notwendigen Fach- und Sachkenntnisse nachweisen kann. Diese werden im Rahmen einer Konzessionsprüfung abgefragt, zu der ein Bewerber nur zugelassen wird, sofern er fachliche Vorkenntnisse nachweisen kann.

*Großbritannien*

In Großbritannien kann jeder Immobilienmakler werden, der das 18. Lebensjahr vollendet hat und der nicht als zahlungsunfähig gilt. Der Nachweis der fachlichen Qualifikation oder auch Ausbildung ist dort jedoch nicht gesetzlich vorgeschrieben.

*Frankreich*

In Frankreich enthält das Hoguet-Gesetz die entsprechenden gesetzlichen Vorschriften für die Zulassungsvoraussetzung als Immobilienmakler. Dieses Gesetz schreibt vor, daß für selbständige Immobilienmakler ein Legitimationsausweis (Carte Professionnelle) notwendig ist. Der Erhalt des Legitimationsausweises ist vom Nachweis von Fach- und Sachkenntnissen auf dem Gebiet der Immobilienwirtschaft abhängig.

## 6.3.3 Maklersysteme und Kooperationen

### 6.3.3.1 Immobilienmakler und -betriebe

Die aktuelle Betriebsbefragung 1996 unter den deutschen Immobilienmaklern zum Geschäftsjahr 1995 (durchgeführt vom Grabener Verlag) ergab, daß in Deutschland 14 500 Immobilienmakler aktiv sind. Werden die Nebenerwerbsbetriebe und die sogenannten „Wohnzimmermakler" herausgerechnet, verbleiben 9800 Vollerwerbsbetriebe, das heißt Firmen, von deren Gewinn der Immobilienmakler auch leben kann. 1993 lag diese Anzahl noch bei 9000 Betrieben. Während die Zahl der eigenständigen Maklerunternehmen deutlich zurückging, konnten nur durch den Ausbau

des Filialnetzes von Banken, Versicherungen, Bausparkassen und Groß-
maklern Zuwächse verzeichnet werden.

Die Ausweitung des bundesdeutschen Marktgebietes durch die Wiedervereinigung und ihre Auswirkungen auch auf Bedingungen der Immobilienmakler wird anhand der Altersstruktur der Firmen deutlich. In den neunziger Jahren wurden 42 Prozent aller Maklerunternehmen gegründet. In
einer Einzelberechnung für den 31. Dezember 1995 ermittelte der Grabener Verlag nur noch eine Anzahl von ca. 9400 Maklern, das heißt, die Anzahl war erheblich gesunken. In den kommenden Monaten und Jahren wird
sich aufgrund der rezessiven Entwicklung in der Immobilienwirtschaft dieser Ausleseprozess zu Lasten der eigenständigen Makler noch weiter fortsetzen.

Die Altersstruktur der Maklerunternehmen zeigt des weiteren auf, daß
lediglich 7 Prozent wirklich alteingesessene Familienunternehmen – vor den
siebziger Jahren gegründet – sind. Weitere 16 Prozent wurden in den siebziger Jahren und die restlichen 35 Prozent in den achtziger Jahren ins Leben
gerufen.

### 6.3.3.2 Organisationsgrad der Maklerunternehmen

Der Organisationsgrad der bundesdeutschen Maklerunternehmen lag bei
ca. 75 Prozent. Das bedeutet: 4673 Makler waren 1995 im Ring Deutscher
Makler (RDM) und 2494 Makler waren im Verband Deutscher Makler
(VDM) organisiert. Des weiteren ergab die aktuelle Betriebsbefragung, daß
von den damaligen Nichtmitgliedern weitere 22 Prozent einem Verband bei-
treten wollten. Interessant ist auch, daß sich 67 Prozent der in den beiden
konkurrierenden Verbänden organisierten Mitglieder für einen Zusammenschluß und 31 Prozent dagegen aussprachen.

Im Rahmen des europäischen Vereinigungsprozesses hat sich der VDM
an der Gründung eines Europäischen Maklerverbandes – Confédération
Européenne de l'Immobilier (CEI) – im März 1988 beteiligt. Zu den Grün-
dungsmitgliedern zählen auch Standesorganisationen aus Großbritannien,
Frankreich, Spanien, den Niederlanden und Luxemburg. Dieser Verband
beschränkt sich auf das europäische Marktgebiet. Der FIABCI ist hingegen
der Weltverband der Immobilienmakler, der von deutscher Seite durch den
RDM repräsentiert wird.

Beide bundesdeutschen Maklerverbände bemühen sich seit Jahren, die Anforderungen an den Beruf des Immobilienmaklers durch die Vorschreibung eines gesonderten Ausbildungsganges zu erhöhen. Gegenwärtig ist es in Deutschland durch die Gewerbefreit noch jedem erlaubt, dem Beruf des Immobilienmaklers nachzugehen. 1994 wurde mit dem Deutschen Verband der Chartered Surveyors e.V. ein Gesamtverband der Immobilienwirtschaft gegründet, in dem sich ca. 20 Prozent der Mitglieder mit der Vermittlung von Immobilien befassen. Mit rund 70 000 Mitgliedern weltweit ist diese Institution einer der größten Berufsverbände. Die Zielsetzung ist die Gewährleistung eines hohen Branchenstandards, sichergestellt durch hohe Qualifikationsanforderungen der Mitglieder.

### 6.3.3.3 Angestellte Immobilienmakler

Angestellte Immobilienmakler sind vor allem bei Maklerunternehmen von Banken und großen Firmen im Bereich der Gewerbeimmobilien vorzufinden. Hierunter sind beispielsweise Unternehmen wie DTZ Zadelhoff, Dr. Lübcke, Deutsche Bank-Immobilien, Hypo Immobilien Service (HIS) und Bayerische Vereinsbank Immobilien Gesellschaft (BVIG) zu zählen.

Für angestellte Immobilienmakler sind zwei Bezahlungssysteme häufig anzutreffen. Während aber nur noch 12 Prozent der Außendienstmitarbeiter 1995 ein Festgehalt erhielten, ist die Zahl derjenigen, die neben einem Grundgehalt eine erfolgsabhängige Provision bekamen, von 26 Prozent im Jahr 1994 auf 32 Prozent 1995 angestiegen. Neben diesen beiden Vergütungsarten ist auch ein reines Erfolgshonorar denkbar. Dieses findet jedoch überwiegend bei den selbständigen Immobilienmaklern Anwendung.

Insgesamt besteht ein Trend hin zur erfolgsabhängigen Vergütung. Selbst bei der Mischform mit Grundgehalt und Provision kann durch einen möglichst geringen Anteil des Grundgehaltes dem Erfolgskriterium ein hoher Stellenwert beigemessen werden. Das Grundgehalt stellt einen Vorschuß dar, der mit der erfolgsabhängigen Provision verrechnet wird. Die Provisionssätze bewegen sich zwischen 10 und 40 Prozent.

### 6.3.3.4 Selbständige Immobilienmakler

Dieses System wird vorwiegend bei Bausparkassen und großen, unabhängigen Immobiliengesellschaften praktiziert. Die Außendienstmitarbeiter sind auf Basis des § 84 HGB tätig. In der Startphase erhalten sie entsprechende

Unterstützung in Form eines Fixums bzw. Vorschusses. Nach sechs bis zwölf Monaten wird diese auf ein Minimum reduziert oder überwiegend sogar ganz gestrichen.

Die Tantiemen für den selbständigen Immobilienmakler liegen, bezogen auf die Netto-Provision, zwischen 18 und 33 Prozent. Teilweise wird unterteilt in Provisionen für die Akquisition und den Verkauf von Objekten. Bei einer durchschnittlichen Außendienst-Provisionseinnahme von 28 Prozent lag die Aufteilung zwischen Einkäufer und Verkäufer bei 4 Prozent zu 24 Prozent. Der Anteil der rein erfolgsabhängigen Vergütung stieg bei den Außendienstmitarbeitern von Maklern auf 42 Prozent gegenüber dem Vorjahr (33 Prozent) deutlich an.

Selbständige Immobilienmakler haben beispielsweise Gesellschaften wie Schwäbisch-Hall Immobilien, Landesbausparkassen (LBS), Leonberger Immobilien oder auch Maklerunternehmen wie z.B. Blumenauer.

### 6.3.3.5 Franchise-Systeme

Der zunehmende Konkurrenzkampf in der Immobilienwirtschaft macht es erforderlich, durch Kooperationen die Wettbewerbsfähigkeit zu steigern. Als Weg in die Zukunft werden einfache Angebotsbörsen, die Bildung von Arbeitsgemeinschaften, Kooperationen über EDV- oder Internet-Börsen, aber auch die Gründung von Franchiseunternehmen gesehen.

Kleinere Maklerunternehmen können aufgrund der relativ geringen Personalkapazität den umfangreichen Service- und Beratungsaufwand rund um die Immobilie kaum mehr erfüllen. Gerade vor diesem Hintergrund bilden Franchisesysteme eine gute Alternative, um sich derartige Leistungen vom Franchisegeber zu erwerben.

Der Franchisenehmer erhält vom Franchisegeber Dienstleistungen und Rechte wie zentrale Werbung bzw. Werbeberatung, Firmenname und Logo, Provisionsabrechnung sowie eine erforderliche Schulung und Weiterbildung. Als Gegenleistung hat dieser eine Lizenzgebühr sowie einen prozentualen Anteil der Courtage an den Franchisegeber zu entrichten.

Eine offizielle Definition des Begriffes „Franchise" wurde vom Deutschen Franchise-Verband e.V. mit Sitz in München erarbeitet: „Franchising ist ein vertikal-kooperativ organisiertes Absatzsystem rechtlich selbständiger Unternehmen auf der Basis eines vertraglichen Dauerschuldverhältnisses. Das System tritt am Markt einheitlich auf und wird geprägt durch das arbeitsteilige Leistungsprogramm der Systempartner sowie durch ein Weisungs- und Kontrollsystem zur Sicherung eines systemkonformen Verhaltens."

Das Leistungsprogramm des Franchise-Gebers ist das Franchise-Paket; es besteht aus einem Beschaffungs-, Absatz- und Organisationskonzept, der Gewährung von Schutzrechten, der Ausbildung des Franchisenehmers und der Verpflichtung des Franchisegebers, den Franchisenehmer aktiv und laufend zu unterstützen und das Konzept ständig weiterzuentwickeln.

Der Franchise-Nehmer ist im eigenen Namen und für eigene Rechnung tätig; er hat das Recht und die Pflicht, das Franchisepaket gegen Entgelt zu nutzen. Als Leistungsbeitrag liefert er Arbeit, Kapital und Informationen." (Vgl. Kaub, E.: Franchise, Systeme in der Gastronomie, Dissertation, 1980, S. 29.)

Diese Definition läßt sich jedoch nur eingeschränkt auf die Immobilienwirtschaft bzw. den Immobilienmakler übertragen. Beim Franchising in der Immobilienwirtschaft muß die Geschäftstätigkeit eine Vermittlungstätigkeit sein, so daß diese ausschließlich auf Maklerunternehmen anwendbar ist. Handelsvertreter oder Agenturen handeln demgegenüber in fremdem Namen und auf eigene Rechnung und sind somit nicht franchisefähig.

In der Bundesrepublik Deutschland vereinen 14 aktive Franchise-Anbieter knapp 500 selbständige Immobilienmakler. Die Auflistung in der Abbildung unten zeigt die Makler auf, die als Franchisegeber auftreten (vgl. Abb. 6.2):

## Makler als Franchisegeber

| Firmen | Telefon/ Faxnummer | Grün- dungs- jahr | Zahl der angeschlossenen Betriebe |
|---|---|---|---|
| Aufina GmbH Gustav-Stresemann-Ring 12-16, 85189 Wiesbaden | Tel.: 0611/9011-150 Fax: 0611/9011-111 | 1986 | 140 Betriebe, keine firmeneigenen Betriebe, Masterfranchising ab 1996 mit ca. 6 Büros in Österreich |
| Deutscher Immobilienberater Verbund GmbH i.G. D.I.V. c/o Deutscher Immobiliendienst AG i.G. (Holding), Carl-Zeiss-Str. 37-43, 63322 Rödermark | Tel.: 06074/881440 Fax: 06074/881441 | 1996 | Aufbau mit 15–20 Betrieben |

| | | | |
|---|---|---|---|
| HBT Immobilien-vertriebs Franchising GmbH Frankfurter Str. 17, 71732 Tamm-Hohenstange | Tel.: 0 71 41/20 86 00 Fax: 0 71 41/20 86 03 | 1995 | 45 Betriebe, davon 5 firmen-eigene Betriebe, weitere 4 in den USA u. Frankreich |
| IVP AG, Immobilien Vermittlungspartner AG Talamtstr. 6, 06108 Halle | Tel.: 03 45/2 12 95-0 Fax: 03 45/2 12 95-49 | 1991 | 12 Betriebe, davon 5 firmen-eigene Betriebe, weitere 6 Betriebe im Aus-land |
| Kempe Immobilien Börse GmbH Achenbachstr. 23, 40237 Düsseldorf | Tel.: 0211/91 43 00 Fax: 0211/67 89 18 | 1991 | 28 Betriebe, keine firmen-eigenen Betriebe, weitere 20 Betriebe in Tschechien |
| Kreimer & Co. Immobilien-gruppe Stormstr. 2, 50858 Köln-Weiden | Tel.: 0 22 34/4 90 01 Fax: 0 22 34/4 90 03 | 1992 | 10 Betriebe, davon 1 firmen-eigener Betrieb |
| KULSA Immobilien-Beratungs-GmbH Hauptstr. 90 F, 99947 Behringen | Tel.: 03 62 54/75-0 Fax: 03 62 54/75-111 | 1990 | 73 Betriebe, davon 2 firmen-eigene Betriebe, weitere 5 in Österreich, 1 in Hongkong, 1 in St. Petersburg, 1 in Washington |
| K + M Münzer GmbH Beethovenstr. 2, 78166 Donaueschingen | Tel.: 0771/8 32 72-0 Fax: 0771/8 32 72-20 | 1991 | 9 Betriebe, keine firmen-eigenen Betriebe |
| NOVUM GmbH Alte Kreisstr. 42, 76149 Karlsruhe | Tel.: 07 21/97 83 60 Fax: 07 21/9 78 36 29 | 1996 | 1 Betrieb, 10 weitere Be-triebe sind bereits in Koope-ration, davon 1 firmen-eigener Betrieb |
| Partner Immobilien GmbH Postweg 3, 83209 Prien/Chiemsee | Tel.: 0 80 51/10 34 Fax: 0 80 51/26 28 | 1994 | 6 Betriebe, davon kein firmeneigener Betrieb |
| RE/MAX Deutschland Regio-nen Nord/Ost, West u. Mitte/Süd Koordination: Heinestr. 14, 60322 Frankfurt am Main | Tel.: 0 69/55 26 26 Fax: 0 69/55 25 11 | seit 1995 in Deutsch-land, seit 1973 internatio-nal | International 2 560 Betriebe |
| Barbara Schaeffer Immo-bilien, Inhaber Harald Zamzow Saarbrücker Str. 87, 66424 Homburg | Tel.: 0 68 41/13 13 Fax: 0 68 41/13 43 | 1987 | 8 Betriebe, davon 1 firmen-eigener Betrieb |

| | | | |
|---|---|---|---|
| Dr. Stange + Co. Nachf. Ludwig-Marum-Str. 28, 76185 Karlsruhe | Tel.: 0721/95 59 50 Fax: 0721/95 59 51 9 | 1952 | Ca. 300 Betriebe, davon kein firmeneigener Betrieb, weitere 50 Betriebe in Italien, Frankreich, Österreich, Portugal, Polen, Saudiarabien, Schweden, Schweiz, Spanien, Dominikanische Republik, Ungarn, USA, Azoren, Irland, Kroatien, Norwegen |
| RDM-Bayern Service GmbH, Bereich Süddt. Immobilien-börse Rosental 6, 80335 München | Tel.: 0 89/26 02 24 93 Fax: 0 89/26 02 24 94 | 1995 | 53 Betriebe, davon 53 firmeneigene und selbständige Betriebe |

**Abb. 6.2: Franchise-Unternehmen im Maklerbereich**
**Quelle:**     Grabener, H. J. Immobilienmakler in Deutschland – Ein Beruf im Wandel, Dezember 1996, S. 73 f.

### 6.3.3.6  Ranking der bundesdeutschen Maklerunternehmen

Siehe dazu Abb. 6.3.

## 6.3.4   Image der Immobilienmakler

Das Institut für Gewerbezentren führte 1994 eine umfangreiche Image-analyse durch, die zum Ziel hatte, das Image der deutschen Immobilienwirt-schaft generell, aber auch bezogen auf einzelne Marktteilnehmer wie Projektentwickler oder Bauträger, Immobilienmakler, institutionelle Anleger, Banken sowie sonstige Marktteilnehmer, die sich keiner der vorgenannten Gruppen eindeutig zuordnen ließen, zu analysieren.

Bei der Befragung wurden insgesamt 3300 Personen aus der Immobilien-wirtschaft, aber auch gewerbliche Mieter bzw. Nutzer angeschrieben, von denen über 500 Rückläufe die Grundlage der Imageanalyse bildeten. Das Image der deutschen Immobilienwirtschaft wird generell eher negativ beur-teilt, da 39,2 Prozent der befragten Personen das Image eher befriedigend und 31,4 Prozent sogar als nicht gut empfanden. Lediglich 11,8 Prozent ga-ben eine positive Beurteilung ab.

## Ranking der bundesdeutschen Immobilienmakler nach Provisionsumsätzen

*– Provisionsumsätze Wohnen und Gewerbe 1995 –*

| Rang | Unternehmen | Schwerpunkt* | Provisionsumsätze |
|------|-------------|:------------:|------------------:|
| 1 | Bayerische Landes-Immobilien-Vermittlung | w | 115 079 000 |
| 2 | LBS-Immobilien Münster | w | 114 224 000 |
| 3 | Dr. Lübke Immobilien | u | 68 987 000 |
| 4 | Müller International Immobilien | u | 59 676 000 |
| 5 | Blumenauer Immobilien | g | 56 186 419 |
| 6 | Aengevelt Immobilien | u | 55 105 405 |
| 7 | Jones Lang Wootton | g | 45 855 586 |
| 8 | Angermann | g | 44 011 000 |
| 9 | Engel & Völkers | g | 33 509 000 |
| 10 | Eschner & Partner | u | 33 400 000 |
| 11 | LBS-Immobilien Potsdam | w | 29 445 000 |
| 12 | DB Immobilien | w | 27 083 000 |
| 13 | Ellwanger & Geiger | u | 22 276 000 |
| 14 | LBS-Immobilien Kiel | u | 19 240 000 |
| 15 | Alt & Kelber | w | 19 200 000 |
| 16 | LBS-Immobilien Mainz | w | 14 401 800 |
| 17 | DIVA-Immobilien | w | 8 875 000 |
| 18 | Eureal | g | 8 749 000 |
| 19 | Hertz & Co. | g | 8 517 000 |
| 20 | Deuteron Holding | u | 8 222 346 |
| 21 | Deutsche Hypo Immobilien | g | 6 736 633 |
| 22 | Frankfurter Sparkasse | g | 6 581 000 |
| 23 | Schauer & Schöll | w | 5 684 390 |
| 24 | LBS-Immobilien Saarbrücken | g | 4 260 520 |
| 25 | Dr. Krüger Immobilien | w | 4 179 892 |
| 26 | Kreissparkasse Esslingen-Nürtingen | w | 3 909 000 |
| 27 | von Emhofen Immobilien | w | 3 082 654 |
| 28 | LBS-Immobilien Berlin | w | 2 569 000 |
| 29 | Naspa Immobilien-Service | w | 2 374 800 |
| 30 | Liljeberg | g | 2 071 000 |
| 31 | P.A. Vermittlungsgesellschaft | u | 1 282 000 |
| 32 | Rederer & Partner | u | 1 079 910 |

*rechtlich selbständige Gesellschaften*

| Rang | Unternehmen | Schwerpunkt* | Provisionsumsätze |
|------|-------------|:------------:|------------------:|
| 1 | DIP | g | 96 072 549 |
| 2 | Aufina | w | 56 975 383 |
| 3 | Kulsa | w | 14 700 000 |

*Verbünde von rechtlich selbständigen Gesellschaften*

*w = Makler mit 80 % oder mehr des Provisionsumsatzes im Bereich Wohnimmobilien, g = Makler mit 80 % oder mehr des Provisionsumsatzes im Bereich Gewerbeimmobilien, u = Universalmakler ohne Schwerpunkt des Provisionsumsatzes.

**Abb. 6.3: Ranking nach Provisionsumsätzen**

**Quelle:** **Provisionsumsätze der Wohn- und Gewerbemakler, in: IMMOBILIEN-MANAGER, Nr. 9, S. 11, Köln 1996**

Noch schlechter, und zwar deutlich schlechter, fiel die Beurteilung der Immobilienmakler aus, bei denen die Bewertung „ausreichend" und „schlecht" mit 76,5 bis sogar 88,5 Prozent in Abhängigkeit der Marktteilnehmer überwog. Auch die Makler selbst beurteilten ihr eigenes Branchenimage mit immerhin noch zu 53,4 Prozent überwiegend als „ausreichend" bis „schlecht". Hierbei stellt sich die Frage, welche Gründe für diese desolate Imagesituation beim Distributionsorgan Immobilienmakler ursächlich sind.

Als Begründungen für das schlechte Ergebnis gaben die befragten Experten eine zu geringe Professionalität, eine unzureichende Ausbildung sowie fehlende Seriosität der meisten Makler an. Aber auch die oft vorherrschende Profitgier und das Streben nach dem „schnellen Geld" kamen durch die Analyse zum Ausdruck.

Aus den genannten Gründen lassen sich die folgenden Maßnahmen zur Verbesserung des Image der Immobilienmakler ableiten:

- Ausweitung der Ausbildung und Steigerung der Qualifikation,
- Einführung einer fachlichen Zulassungsvoraussetzung für Immobilienmakler,
- Verbesserung der Öffentlichkeitsarbeit und Kommunikationspolitik,
- Etablierung einer Dachorganisation mit hohen Anforderungskriterien an deren Mitglieder,
- Erhöhung der Transparenz und damit auch der Seriosität sowie
- Verbesserung des Kundenservice und der Kundenorientierung.

### 6.3.5 Kennzahlen von Maklerunternehmen

Die wohl umfassendste Primärerhebung bei den deutschen Immobilienmaklern führt seit einigen Jahren regelmäßig der Grabener Verlag in Schwedeneck durch. Die neueste Betriebsbefragung wurde im ersten Quartal 1996 durchgeführt, wo knapp 19000 Fragebögen an Makler und Immobilienunternehmen verschickt wurden. Von denen wiederum 2911 antworteten. Bei einer Datengrundlage von 2713 Fragebögen und einer relativ hohen Beteiligungsquote von knapp 15 Prozent ergab sich ein realistisches Bild der Maklerunternehmen. Die Auswertung der Betriebsbefragung läßt Aussagen hinsichtlich der Betriebsgröße, der Ausdehnungs- und Vermittlungsbereiche, der Umsätze und Ausgabenverteilung sowie der Werbeausgaben und -medien zu.

### 6.3.5.1 Betriebsgröße

Über drei Viertel aller Maklerunternehmen sind Kleinunternehmen, das heißt, sie verfügen über bis zu fünf Mitarbeitern. Die Kleinbetriebe nehmen von ihrer Bedeutung zugunsten der Mittelbetriebe – sechs bis 15 Mitarbeiter – leicht ab. 1994 konnten noch 78 Prozent (1995: 76 Prozent) registriert werden. Demgegenüber nahmen die Mittelbetriebe von 18 auf 19 Prozent im Jahr 1995 zu. Auch der Anteil der Großbetriebe – 16 und mehr Mitarbeiter – konnte zu Lasten der Kleinbetriebe von 4 im Jahr 1994 auf 5 Prozent in 1995 zulegen.

### 6.3.5.2 Ausdehnungs- und Vermittlungsbereiche

Von den an der Untersuchung beteiligten Maklerunternehmen arbeiteten ca. 64 Prozent ausschließlich in ihrem regionalen Umfeld, in Städten oder Gemeinden in der Nähe. Immerhin 12 Prozent sind noch in der gesamten Bundesrepublik Deutschland aktiv. Nur 7 Prozent verfügen über internationale Verbindungen.

### 6.3.5.3 Umsätze je Betrieb

Gegenüber 1993 (584 000 DM) konnte der Umsatz 1995 je Betrieb im Durchschnitt auf 587 912 DM leicht gesteigert werden, fiel aber im Vergleich zum Vorjahresergebnis von 611 217 DM um 15 Prozent zurück. Das Ergebnis ist dahingehend zu relativieren, daß 1995 ca. 4 Prozent weniger Maklerunternehmen als im Vorjahr existierten.

### 6.3.5.4 Maklereinnahmen- und -ausgabenverteilung

Bei den *Maklereinnahmen* dominieren mit 57,3 Prozent die Erlöse aus den Verkaufsvermittlungen, gefolgt von 14,8 Prozent aus Vermietungsleistungen. Während die Verkaufsprovisionen zum Vorjahr (61,2 Prozent) abnahmen, konnten demgegenüber die Vermietungsprovisionen zu 1994 (13,0 Prozent) zunehmen. Weitere Einnahmen erzielen Maklerbetriebe zu 13,6 Prozent (1994: 11,9 Prozent) aus der Hausverwaltung, zu 6,3 Prozent (1994: 5,1 Prozent) aus Finanzierungen, zu 4,1 Prozent (1994: 3,6 Prozent) aus allgemeinen Beratungsleistungen und zu 3,9 Prozent (1994: 4,5 Prozent) aus sonstigen Einnahmequellen.

Der gesamte durchschnittliche Jahresumsatz von 587 912 DM teilt sich entsprechend der prozentualen Anteile wie folgt auf:

- Verkaufsprovisionen          336 874 DM
- Vermietungsprovisionen     87 011 DM
- Hausverwaltungen         79 956 DM
- Finanzierungen           37 038 DM
- allgemeine Beratungsleistungen   24 104 DM
- Sonstiges               22 929 DM

Bei den *Ausgaben der Maklerbetriebe* entfällt mit 35,1 Prozent der größte Anteil auf Gehälter und Provisionen. Im Jahr 1994 lag dieser noch bei 34,0 Prozent. Auch die Ausgaben für Werbung erhöhten sich im Vergleich zum Vorjahr auf 15,9 Prozent (1994: 14,2 Prozent). Von der rezessiven Entwicklung im gewerblichen Immobilienbereich konnten auch die Maklerunternehmen profitieren. Die Ausgaben für Büromieten fielen dementsprechend von 9,9 Prozent im Jahr 1994 auf durchschnittlich 8,9 Prozent in 1995. Die restlichen Ausgaben eines Maklerbetriebes verteilen sich zu 5,8 Prozent (1994: 5,3 Prozent) auf Fahrzeugkosten, zu 4,9 Prozent (1994: 6,0 Prozent) auf Reisekosten und zu 10,2 Prozent (1994: 11,9 Prozent) auf andere Kosten.

Bei einer Saldierung der Maklereinnahmen mit den -ausgaben errechnet sich für 1995 ein *Betriebsgewinn* in Höhe von knapp 113 000 DM vor Steuern, der den Unternehmerlohn und die Rücklagen beinhaltet, respektiv von 19,2 Prozent. Gegenüber dem Vorjahr (18,7 Prozent) hat sich dieser nur geringfügig um 1,24 Prozent verringert. Der Betriebsgewinn ist jedoch sicherlich bei der Herausrechnung der zahlreichen Nebenerwerbsbetriebe (ca. 4700) deutlich höher anzusetzen.

### 6.3.5.5 Werbemittel der Immobilienmakler

Bei den Immobilienmaklern wird zu einem überdurchschnittlichen Anteil von 64 Prozent durch Anzeigenschaltung versucht, den Kontakt zu potentiellen Interessenten herzustellen. Immerhin noch knapp 10 Prozent gehen den direkten Distributionsweg des Mailings (vgl. Abb. 6.4).

### 6.3.5.6 Vermittlungszeiten einer Immobilie

Für eine erfolgreiche Vermittlungstätigkeit einer Immobilie benötigte der Makler 1993 lediglich 4,3 Monate, 1994 waren es bereits 5,2 Monate und 1995 sogar 6,2 Monate. Die rezessive Entwicklung am Immobilienmarkt läßt sich somit anhand dieser Zahlen sehr gut nachvollziehen.

# Werbemittel der Immobilienmakler

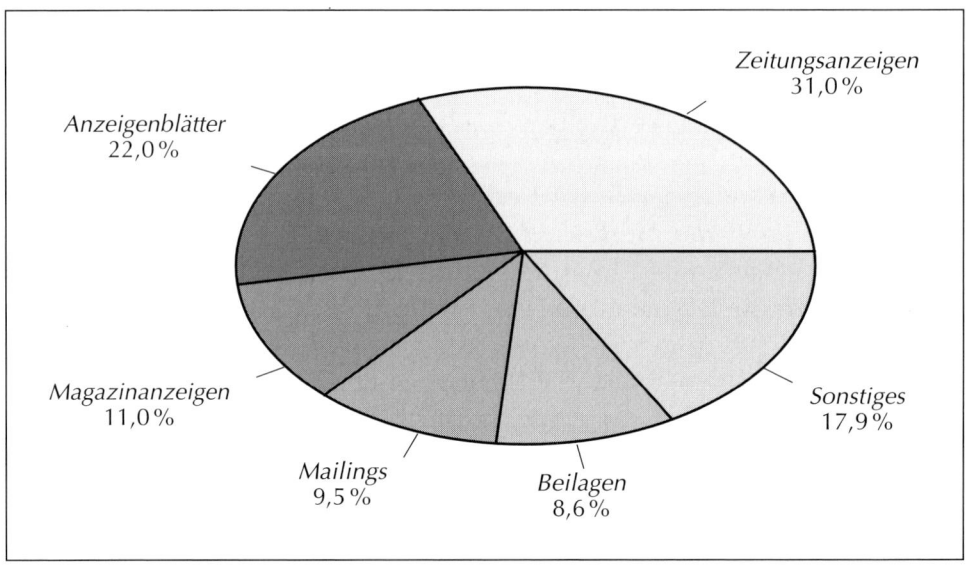

**Abb. 6.4: Werbemittel**
**Quelle:** Betriebsbefragung '96: Maklerjahr 1995, Grabener Verlag, Schwedeneck 1996

## 6.3.6 Aufgabenspektrum und Anforderungen

Die Veränderung der Marktgegebenheiten hat sich auf die Anforderungen und Aufgabenbereiche des Distributionsorgans Immobilienmakler nachhaltig ausgewirkt. Die reine Verteilungsfunktion der frühen Nachkriegsjahre hat sich deutlich in Richtung eines zunehmenden Service- und Dienstleistungsangebotes rund um die Immobilie verschoben. Hierunter sind Marktanalysen, Bewertungen, Hausverwaltungsaufgaben, Rechtskenntnisse, Fachkenntnisse im Steuerrecht und der Gebäudebewirtschaftung, aber auch Finanzierungsberatungen zu verstehen.

In allen Bereichen muß sich der Immobilienmakler als sach- und fachkundiger Ansprechpartner für beide Miet- bzw. Kaufvertragsparteien erweisen. Nur so wird er in der Lage sein, das Vertrauen beider Parteien zu gewinnen.

Von besonderer Bedeutung ist für ihn die „richtige" Einschätzung der bestehenden Marktsituation und der zukünftig zu erwartenden Veränderungen in bezug auf das Preis- bzw. Mietniveau einer bestimmten Region. Nur derjenige Makler, der für ein zu vermakelndes Objekt auch den am Markt tatsächlich erzielbaren Preis bzw. die erzielbare Miete erfaßt, wird in Zeiten eines Mieter- bzw. Käufermarktes auch erfolgreich sein.

### 6.3.7 Maklercourtage und Provisionsanspruch

Bei Immobilienkäufen bzw. -verkäufen wird die Maklercourtage durch den Gesetzgeber nicht einheitlich geregelt und muß daher zwischen dem Makler und den Kunden vertraglich vereinbart werden. In Abhängigkeit von der Marktsituation kann diese jedoch bis zu 6 Prozent zuzüglich Mehrwertsteuer in bezug auf den vereinbarten Kauf- oder Mietpreis betragen. In den vergangenen Monaten (Stand 1997) ist jedoch eine zunehmend stärkere Marktposition der Kaufinteressenten zu registrieren gewesen, so daß auch der Immobilienmakler zu Zugeständnissen bei seiner Provision bereit sein muß bzw. diese unter Umständen auch ausschließlich von Vermieter- oder Käuferseite erhält.

Bei der Bemessung der Höhe der Provision sind unterschiedliche Vorschriften zu beachten. Einerseits darf die Provision nach § 138 Abs. 2 Bürgerliches Gesetzbuch (BGB) nicht *wucherisch*, das heißt, in einem „auffälligen Mißverhältnis" zur Leistung stehen, andererseits sind im Bereich der Wohnungsvermittlung noch besondere Vorschriften zu berücksichtigen. Hier darf die Provision nicht in einem Prozentsatz ausgedrückt, sondern muß in einem Bruchteil oder Vielfachen der Monatsmiete angegeben werden und darf das 2,3fache der Monatsmiete inklusive Mehrwertsteuer nicht übersteigen.

Die Einschaltung des Distributionsorgans Immobilienmakler hat für den Auftraggeber den Vorteil, daß Distributionskosten für ihn nur im Falle einer erfolgreichen Vermittlung fällig werden. Im Gegensatz zum unternehmenseigenen Distributionsorgan braucht er somit nicht ins volle Obligo zu gehen. Die reine erfolgsabhängige Vergütung des Immobilienmaklers kann dahingehend abbedungen werden, daß sich der Auftraggeber nach § 652 Abs. 2 BGB zur Übernahme anfallender Aufwendungen wie Kosten für Insertionen, Exposés, nachweisbare Porto- und Telefonspesen sowie Reise- und Fahrtkosten verpflichtet. Unzulässig sind hingegen die Einbeziehung von Gemeinkosten des Maklerbüros.

# 6.4 Aufgabenfelder der Distributionspolitik

Obwohl der Immobilienmarkt in der Bundesrepublik Deutschland über zahlreiche Teilmärkte verfügt und große Unterschiede zwischen den einzelnen Immobilienarten – z.B. Handels-, Büro-, Hotel- oder auch Wohnimmobilien – bestehen, gibt es dennoch im Rahmen der distributionspolitischen Aufgabenfelder eine gewisse Einheitlichkeit.

Bei der Vermietungs- bzw. Vermarktungstätigkeit können allgemein fünf Phasen unterschieden werden. Während die erste Phase noch objektspezifische Aufgabengebiete umfaßt, steht bei den nachfolgenden Phasen – Angebotsphase, Korrekturphase und Kontaktphase – die Ansprache potentieller Nutzer, Mieter oder auch Investoren im Vordergrund. Alle Phasen verfolgen die Zielsetzung, zu einem Miet- oder Kaufvertragsabschluß zu gelangen.

## 6.4.1 Objektspezifische Aufgabengebiete

Erste Zielsetzung sollte für das Distributionsorgan darin bestehen, die für die gesamten Vermietungs- bzw. Vermarktungsaktivitäten erforderlichen Datengrundlagen für das Objekt zu beschaffen. Hierunter sind Aufgabenfelder wie Bestandsanalysen, Objektbewertungen und Objektaufbereitungen zu zählen.

Bauträger oder Projektentwickler, die sich im Rahmen ihrer Produktpolitik auf ein bestimmtes Produkt festgelegt haben, verfügen im Unterschied zu externen Vertriebsorganen wie z.B. Maklerunternehmen bereits über zahlreiche Objekt-/Projektdaten. Die objektspezifischen Aufgabengebiete sind daher nicht für jedes Vertriebsorgan relevant. Dennoch wird versucht, diese in ihrer Gesamtheit darzustellen.

### 6.4.1.1 Objektaufnahme und Bestandsanalyse

Bevor es zum Einsatz der umfangreichen distributionspolitischen Aufgabenbereiche kommt, müssen sämtliche Informationen zu einer Immobilie oder einem Grundstück zusammengetragen und analysiert werden. Sinnvollerweise wird – vielleicht sogar in Abhängigkeit des Immobilientyps – hierzu eine Checkliste herangezogen, um zu gewährleisten, daß die vielfältigen Bereiche in ihrer Gesamtheit auch abgedeckt werden.

Die Objektaufnahme reicht von der Feststellung der Grundbuchatbestände, der Beurteilung des technischen Zustandes von Gebäuden, der Erfassung der Nutz- und Grundstücksflächen bis hin zur Klärung der Altlastenfrage. In Abhängigkeit von der jeweiligen Immobilienart kann die Bestandsanalyse sehr umfangreich werden. So ist es bei sogenannten Managementimmobilien – z.B. Gewerbeparks, Shopping-Center, Musicaltheater etc. – regelmäßig erforderlich, Experten und Fachleute zu beauftragen, um Fragen hinsichtlich des technischen Zustandes, der Beurteilung der Standortvoraussetzungen (mikro- und makroanalytische Kriterien), der Verkehrserschließung, der Eigentums- und Mietverhältnisse, des Planungsrechts, der tatsächlich vorhandenen Mietflächen etc. klären zu lassen. (Näheres hierzu kann unter dem Stichwort „Immobilien-Research" nachgelesen werden.)

Die Objektaufnahme/Bestandsanalyse ist sicherlich eines der wichtigsten Aufgabengebiete bei der Vermietung und Vermarktung von Immobilien, da sie die Grundlage für eine Vielzahl weiterer Entscheidungen im Marketing ist und die Qualität von Entscheidungen grundsätzlich von der Datengrundlage abhängt, auf der sie basieren.

Die Faktoren, die bei einer Objektaufnahme oder Bestandsanalyse abgefragt werden können, sind vielfältig. Das nachfolgende Beispiel einer Checkliste erhebt daher keinen Anspruch aus Vollständigkeit. (Detaillierte Prüfkriterien können unter dem Stichwort „Immobilien-Research" nachgelesen werden.) Siehe dazu Abb. 6.5.

### 6.4.1.2 Bewertung des Objektes bzw. Projektes

Neben der Objektanalyse sind die zu vermarktenden Immobilien oder Grundstücke zu bewerten, so daß für die Preis- und Konditionenpolitik die Grundlage geschaffen wird. Die Beurteilung des Objektes bzw. Projektes kann unterschiedliche Zielsetzungen verfolgen. Dabei können die technische und die wirtschaftliche Bewertung differenziert werden.

Bei einer technischen Bewertung sollte das Grundstück bzw. die Immobilie durch den Sachverständigen besichtigt werden, um die Objektstruktur und den technischen Zustand von Gebäuden zu erfassen, aber auch vorhandene Baumängel oder bestehende Reparaturstaus zu erkennen. Führt die Bewertung zum Ergebnis, daß die vorhandenen Gebäudekörper keine nachhaltige Nutzung mehr zulassen, sind die erforderlichen Umbau-, Nachrüst- und – möglicherweise – die Abbruchkosten zu kalkulieren.

# Checkliste für eine Objektaufnahme/Bestandsanalyse
## – *Fragebogen zum Grundstück (gekürzte Form)* –

Ort:                                                    Straße:
Gemarkung:                                              Flurstück:                          Flur:
Lageplan, Flurkarte bitte übersenden!
Grundstück:                                             Größe:
Teilung möglich?                        ja: ❑         nein: ❑

bisherige Nutzung:
seit wann?:

Eigentümer:                                                        Ort:

Straße:                                                 Telefon:                  Fax:
Vermarktung:                   Verkauf: ❑            Erbpacht: ❑            Dauer (Pacht):

Preis:
Verhandlungsbasis?                      ja: ❑         nein: ❑

Stand der Bauplanung:          keine: ❑         Bauvoranfrage: ❑         Baugenehmigung: ❑
Planung soll mit verkauft werden:               ja: ❑                    nein: ❑

Grundlage der Bebaubarkeit:           V & E: ❑                          B-Plan: ❑      § 34: ❑
GRZ:                           GFZ:

Erläuterungen/Besonderheiten zur Grundlage der Bebaubarkeit bitte mit übersenden!
baul. Nutzung:    MI: ❑      MK: ❑      GE: ❑      GI: ❑      SO: ❑      andere: ❑
Auflagen für   Fassadengestaltung?
               Dachgestaltung?
               andere Auflagen?

Nachbarbebauung:

Erschließung:              nicht erschlossen: ❑      erschlossen: ❑
Strom: ❑        Wasser: ❑        Abwasser ❑              Erdgas: ❑              Telekom: ❑

Ist das Grundstück:
frei von Altlasten?         ja: ❑         nein: ❑      Gutachten? ja: ❑         nein: ❑
bebaut?                     ja: ❑         nein: ❑
Wenn ja,    Art:                                       Grundfl.:                Geschosse:

Denkmalschutz?         ja: ❑         nein: ❑      Sanierungskosten: DM
Naturdenkmäler?        ja: ❑         nein: ❑

Städt. Stellplatzordn.:       Hotel        :         Betten        =         PKW-Pl.
                              Restaurant   :         m²/ Rest.pl.  =         PKW-Pl.
Stellfächen:                  oberirdisch  :    ❑    Tiefgaragen:       ❑
Zufahrt von:                                      Abfahrt über:

**Abb. 6.5:  Objektaufnahme/Bestandsanalyse**
**Quelle:    Institut für Gewerbezentren, Starnberg 1995**

Bei der Vermietung von Immobilien ist durch das Vertriebsorgan das nachhaltig erzielbare Mietniveau für den spezifischen Teilmarkt zu eruieren. Jedoch wird das bei der individuellen Bewertung einer Immobilie alleine nicht ausreichen, da der technische Zustand des zu bewertenden Objektes vom üblichen Zustand, an dem sich das Marktniveau orientiert, abweichen kann. Um die Höhe der Zu- oder Abschläge zu bestimmen, muß die Immobilie auch bei Objektvermietungen hinsichtlich ihres technischen Zustandes überprüft werden.

Die Bewertung von Grundstücken und Gebäuden kann jedoch mit der Maßgabe erfolgen, den am Markt erzielbaren Wert zu ermitteln. Die deutsche Wertermittlung unterscheidet hier das Ertragswert-, Sachwert- und Vergleichswertverfahren. Die Zielsetzung der drei Methoden ist es, den Verkehrswert zu berechnen. Für das Vertriebsorgan ist der Verkehrswert jedoch nicht immer die ausschlaggebende Größe. Dieser wird durch den Preis bestimmt, der in dem Zeitpunkt, auf den sich die Ermittlung bezieht, im gewöhnlichen Geschäftsverkehr nach den rechtlichen Gegebenheiten und tatsächlichen Eigenschaften, der sonstigen Beschaffenheit und der Lage des Grundstücks ohne Rücksicht auf ungewöhnliche und persönliche Verhältnisse zu erzielen wäre (vgl. § 194 Baugesetzbuch). Da durch diesen Wert u.a. ungewöhnliche Verhältnisse – ein „Schlüsselgrundstück" wird zur Realisierung eines Shopping-Centers benötigt – auszuschließen sind, kann sich auch ein deutlich höherer Veräußerungspreis erzielen lassen.

Vertriebsorgane sollten bestrebt sein, stets einen optimalen Preis für das Grundstück bzw. Objekt zu erzielen. Neben dem Preis müssen aber auch der Faktor Zeit und der für die Vermarktung erforderliche Werbeaufwand berücksichtigt werden. Ist der Verkauf einer Immobilie ohne umfangreiche Werbemaßnahmen zu einem etwas unter dem berechneten Wert liegenden Preis möglich, so ist durch das Vertriebsorgan abzuwägen, ob der optimale Verkaufspreis auch im Hinblick auf den entstehenden Werbeaufwand und den Faktor Zeit noch optimal ist.

Unterschiede der Grundstücks- oder Immobilienwertermittlung ergeben sich auch in Abhängigkeit der unterschiedlichen Nutzungsarten. Wohnimmobilien sind mehr vor dem Hintergrund des technischen Zustandes des Gebäudes zu bewerten. Demgegenüber steht bei Gewerbeimmobilien wie Büroimmobilien, Handelsimmobilien, Gewerbeparks etc. regelmäßig der Ertragswert im Vordergrund. Hierzu ist die Ermittlung der nachhaltig erzielbaren Mieterträge erforderlich.

Die Vielschichtigkeit und Komplexität der Immobilienbewertung erfordert häufig die Einschaltung von Immobiliensachverständigen, da diese über langjährige Erfahrungen verfügen. Bei der Bewertung der Immobilie oder des Grundstückes sollte sinnvollerweise auf die bereits ermittelten Daten und Informationen der Objektaufnahme bzw. Bestandsanalyse zurückgegriffen bzw. diese dem Immobiliensachverständigen zur Verfügung gestellt werden.

### 6.4.1.3 Objektaufbereitung

Hierunter können keineswegs einfache Untersuchungen verstanden werden, sondern müssen vielmehr geeignete Maßnahmen, Investitionen etc. subsumiert werden, die die Marktfähigkeit des zur Vermittlung anstehenden Objektes verbessern oder gar erst ermöglichen. Eine Kosten-Nutzen-Analyse wird zudem Aufschlüsse darüber geben, inwieweit durch Renovierungen, Sanierungen oder auch Umbauten eine Verbesserung der Vermarktungschancen erzielt werden kann. Die Analyse sollte Aussagen darüber machen, ob der Ertrag über die aufgewendeten Kosten hinausgeht.

Komplette Umstrukturierungen können sich im Einzelhandelsbereich wie beispielsweise bei Einkaufszentren ergeben. Ausgehend von den Vermietungsaktivitäten für eine einzelne Ladeneinheit ist es vorstellbar, im Rahmen einer Kosten-Nutzen-Analyse den gesamten Mieter- und Branchen-Mix des Centers zu überprüfen. Der Check-up könnte folgende Ergebnisse aufweisen:

* Zusammenlegung kleinerer Ladeneinheiten, um einen großflächigen Anbieter für das Einkaufszentrum zu gewinnen,
* Realisierung eines Markthallenkonzeptes mit attraktivem Branchen-Mix statt der bisherigen Nutzung durch einen großflächigen Nutzer mit einem beschränkten Sortiment,
* Umwidmung von Parkierungsflächen in Einzelhandelsflächen,
* Verkleinerung oder Vergrößerung von Mallflächen etc.

Als noch umfangreicher muß die Objektaufbereitung von unbebauten Grundstücken eingestuft werden, deren Vermarktung für Nutzungen erfolgen soll, die entweder einem rechtsverbindlichen Bebauungsplan entgegenstehen oder für die es noch gar keinen Bebauungsplan gibt. Aber auch die Verbesserung der Vermarktungsmöglichkeiten durch ein Parzellieren von Grundstücken sollte untersucht werden. Nicht zuletzt beinhaltet die Kosten-Nutzen-Analyse zudem die zeitlichen Risiken durch ein hierdurch ausgelöstes oder unabwendbares Bebauungsplanverfahren.

## 6.4.2 Angebotsphase

Die vorbereitenden Maßnahmen – Bestandsanalyse, Objektbewertung und Objektaufbereitung – ermöglichen es dem Vertriebsorgan, die Immobilie richtig einzuschätzen, um sie in einer zweiten Phase den potentiellen Interessenten anzubieten.

### 6.4.2.1 Zielorientierung

Die Bestimmung einer für das Objekt adäquaten Zielgruppe bildet die Grundlage für weitere Aufgabenbereiche innerhalb der Angebotsphase. Je nachdem, um welchen Immobilientyp es sich handelt, ist eine differenzierte Marktsegmentierung vorzunehmen. Marktbeobachtungen und Vertriebserfahrungen in einem regionalen Teilmarkt sind erforderlich, um die immobilienspezifischen Nutzeranforderungen zu kennen bzw. erst einmal in Erfahrung zu bringen. Ein Abgleich mit den Standortkriterien der Immobilie läßt erste Aussagen zu potentiellen Interessenten zu.

Den Bedarfsträgern sollten optimalerweise nur solche Objekte zur Prüfung vorgelegt werden, die im wesentlichen den angemeldeten Bedürfnissen bzw. ihren spezifischen Standortkriterien entsprechen. Je gezielter die Ansprache durch die Zielgruppenbestimmung ist, desto höher ist die Aussicht auf Erfolg.

Insbesondere in Zeiten eines Käufer- bzw. Mietermarktes wird die zielgruppenorientierte Ansprache einen immer höheren Stellenwert einnehmen. Im Direktmarketing können daher bereits heute durch sogenannte mikro-geographische Analysen Lebensstil, sozialer Status und Kaufverhalten der Bewohner einer kleinen geographischen Einheit ermittelt und im Vergleich zu anderen Einheiten Unterschiede herausgearbeitet werden.

Ein Entwickler von Wohnimmobilien vermag durch die geographische Analyse die in dem Wohngebiet lebende Bevölkerung hinsichtlich der genannten Kriterien einzugrenzen und somit Aussagen zu der für ihn relevanten Zielgruppe erhalten. (Nähere Informationen können dem Kapitel „Mikrogeographische Analysen" entnommen werden.)

### 6.4.2.2 Kontaktanschriften bzw. Sucherdatei

Wenn die Zielgruppe erst einmal definiert ist, müssen die entsprechenden Kontakte zu dieser Gruppe hergestellt werden. Besonders vorteilhaft scheint für das Vertriebsorgan eine eigene Adreßdatenbank bzw. eine Sucherdatei zu sein, über die sehr schnell und zielstrebig die Zielgruppenansprache erfolgen kann. Die Kenntnis von Namen und Anschriften potentieller Mieter oder Käufer ist eines der wesentlichen Aktiva des Vertriebsorgans.

Sollte das Vertriebsorgan über eine eigene Datenbank bzw. Sucherdatei nicht verfügen, so stellt sich die Frage, wie die Anschriften der spezifischen Zielgruppe gewonnen werden können. Mehrere Möglichkeiten sind praktikabel. Beispielsweise können Direktmarketingunternehmen, die zur Erarbeitung einer mikro-geographischen Analyse beauftragt wurden, für die analysierte Zielgruppe gleichzeitig auch Direktansprachen vornehmen, bei denen auf umfangreiche Datenbanken zugegriffen wird. Adreßdatenbanken können auch über unterschiedliche Dienstleistungsunternehmen käuflich erworben werden. Diese zeichnen sich meist durch eine feingliedrige Unterteilung in einzelne Zielgruppen aus. Nicht zuletzt liefert auch das „Who is Who der Immobilienwirtschaft" brauchbare Informationen.

### 6.4.2.3 Bestimmung der Ansprachemittel

Bevor die Kontaktaufnahme zur Zielgruppe erfolgt, ist das Ansprachemittel festzulegen. Grundsätzlich kann hierbei in mündliche und schriftliche Formen unterschieden werden, wobei mehrere Unterarten zu berücksichtigen sind. Schriftlich ist eine Ansprache der Zielgruppe durch Brief, Telefax etc. oder mündlich u.a. durch Telefon, Kundenbesuch möglich. (Unter dem Stichwort „Kommunikationspolitik" werden die Möglichkeiten und Formen der Kundenansprache näher erläutert.)

### 6.4.2.4 Objektbeschreibung

Die Bestandsanalyse, die Objektbewertung und die Objektaufbereitung stellen die Grundlage für die Erstellung eines Angebotsexposés, einer Werbebroschüre und sonstiger Angebotsmaterialien dar. Die Konkurrenz in der Immobilienwirtschaft ist durch die Vielzahl der Angebote sehr ausgeprägt, daher ist es erforderlich, sich bereits durch das Angebotsexposé von den Wettbewerbern abzuheben. Kreativität und Fachwissen sind hier gleichermaßen gefragt.

Die Anforderungen an ein Exposé sollten jedoch auf die spezifische Zielgruppe abgestimmt werden. Während in der Wohnungswirtschaft dort häufig emotionale Kriterien im Vordergrund stehen, können Expansionsmanager großer Handelskonzerne überwiegend über die spezifischen Standortfaktoren eines Objektes interessiert werden. Je genauer dabei das Exposé auf die besonderen Standortanforderungen der Zielgruppe abgestimmt ist, desto höher wird auch die Wahrscheinlichkeit sein, Nutzer, Mieter oder Käufer für die Verhandlungsphase zu gewinnen.

Neben einer reinen Auflistung der harten und weichen Standortfaktoren werden auch die Art und Qualität der Datenübermittlung bzw. die Datenübermittlungsform mit zum Erfolg beitragen. Mit Hilfe von Videofilmen, Computersimulationen etc. können große Projekte auch schon vor oder während der Bauphase mehrdimensional dargestellt und in das Exposé ein- bzw. ihm beigefügt werden.

Die Erstellung eines Angebotsexposés soll den ersten Kontakt zu Nutzern oder Investoren herstellen, und eine unprofessionelle Vorgehensweise wird sich sehr schnell negativ auf das Image des Vertriebsorgans auswirken. Nicht immer wird jedoch das Exposé oder eine Werbebroschüre das Interesse wecken können. So ist für jede Distribution von Immobilien in einer Einzelfallentscheidung zu klären, mit welchem Ansprachemittel man am effektivsten die Zielgruppe erreichen kann.

### 6.4.2.5 Abschluß der Angebotsphase

Die Angebotsphase wird durch die eigentliche Kontaktaufnahme zur Zielgruppe abgeschlossen, das heißt, wenn ein Exposé mit Anschreiben zugeschickt wird oder auch eine telefonische Anfrage erfolgt. Im Regelfall reicht jedoch eine einmalige Kontaktaufnahme nicht aus. Vielmehr ist in einem bestimmten Zeitturnus bei der Zielgruppe nachzufassen bzw. an die erfolgte Kontaktaufnahme zu erinnern.

Die Angebotsphase sollte eine zeitliche Befristung erhalten, um das Objekt nicht über einen zu langen Zeitraum anzubieten und damit negativ auf die Vermarktungsmöglichkeiten einzuwirken. Vielmehr muß die Angebotsphase nach der zeitlichen Befristung abgeschlossen sein, um dann die Angebotsaktivitäten in einer sich hieran anschließenden Phase zu überprüfen und – sofern erforderlich – Korrekturen vorzunehmen.

### 6.4.3 Korrekturphase

#### 6.4.3.1 Analyse der Angebotskriterien

Sofern sich durch die Angebotsphase eine nur geringe oder sogar gar keine Resonanz ergeben hat, sind die Gründe hierfür möglichst sachlich zu eruieren. Dieses ist jedoch in Anbetracht der vielfältigen den Erfolg einer Angebotsphase beeinflussenden Faktoren nicht immer einfach. Eine fehlerhafte Definition der Zielgruppe, ein nicht den Marktverhältnissen entsprechendes Preis-Leistungs-Verhältnis, eine veränderte Marktsituation oder eine nicht den Erfordernissen entsprechende Aufbereitung des Objektes können mögliche Gründe sein, die nicht zuletzt die weitere Vorgehensweise der Vertriebsaktivitäten bestimmen.

#### 6.4.3.2 Überarbeitung der Angebotskriterien

Sind die Gründe für eine erfolglose Angebotsphase herausgefiltert, so ist im nächsten Schritt zu überprüfen, inwieweit sich diese durch das Vertriebsorgan beheben bzw. überarbeiten lassen. Während ein nichtmarktkonformes Preisniveau ohne großen Aufwand relativ einfach den Marktverhältnissen angepaßt werden kann, ist eine neue Definition der Zielgruppe schon problematischer.

Nicht selten liegen die Gründe für eine falsche Zielgruppenbestimmung bereits in der Phase der Objektaufnahme und der Bestandsanalyse. Insbesondere für größere Gewerbeimmobilien wird die Wichtigkeit von Markt- und Standortanalysen bzw. auch bei Handelsimmobilien erforderliche Passanten- und Haushaltsbefragungen als Mittel zur exakten Eingrenzung der Zielgruppe unterschätzt, so daß diese dann leider erst in der Korrekturphase nachgeholt werden.

Schwierig und zeitaufwendig ist regelmäßig auch die Korrektur objektspezifischer Ursachen. Eine Büroimmobilie beispielsweise, die nicht mehr über den erforderlichen technischen Standard verfügt, ist nur mit großem Aufwand – sofern ein Abriß und Neubau nicht sogar zweckmäßiger ist – in einen vermarktungsfähigen Zustand zu bringen.

#### 6.4.3.3 Festlegung der weiteren Vorgehensweise

In Abhängigkeit der Ursachen für eine erfolglos verlaufende Angebotsphase ist die weitere Verkaufsstrategie festzulegen. Die Immobilie kann ohne eine Verzögerung wieder in den Markt eingebracht werden, sofern nun eine richtig definierte Zielgruppe angesprochen wird oder korrigierende Maßnahmen zur Aufbereitung des Objektes vorgenommen werden, die die Marktfähigkeit der Immobilie wiederherstellen.

Anders verhält sich die Sachlage hingegen bei einem falsch kalkulierten Preisniveau. Da die Immobilie wieder derselben Zielgruppe angeboten werden muß, sollte das Vertriebsorgan eine Angebotspause einlegen, um es dann zu einem marktadäquaten Preisniveau wieder anzubieten.

## 6.4.4 Verhandlungsphase

### 6.4.4.1 Vorbereitungsarbeiten der Verhandlungsphase

Das Vertriebsorgan sollte sich, erforderlichenfalls in Zusammenarbeit mit dem Auftraggeber bzw. dem Eigentümer der Immobilie, auf die Verhandlung mit potentiellen Interessenten vorbereiten und optimalerweise eine Verhandlungsstrategie ausarbeiten. Die Verhandlungsphase beginnt üblicherweise mit der Besichtigung der Immobilie, zu der insbesondere auch die inneren Räumlichkeiten des Objektes zu zählen sind.

Das Vertriebsorgan muß auf alle möglicherweise auftretenden Detailfragen wie die Höhe der Nebenkosten, Finanzierungsfragen, eventuell vorzunehmende bauliche Veränderungsmaßnahmen etc. vorbereitet sein. Fach- und Sachkompetenz einerseits sowie eine gute Vorbereitung andererseits sind die Voraussetzungen hierfür. Bei der Vorbereitung ist ein Zugriff auf die bereits in der Objektaufnahme analysierte Datengrundlage vorteilhaft.

### 6.4.4.2 Zielsetzung der Verhandlungsphase

Die Zielsetzung der Verhandlungsphase ist es, die Verhandlungsstandpunkte beider Vertragsparteien so weit anzunähern, daß unüberbrückbare Gegensätze nicht mehr vorhanden sind. Erst zu diesem Zeitpunkt sollten die Entscheidungsträger beider Vertragsparteien im Rahmen der Phase des Vertragsabschlusses zusammengeführt werden, wobei das vorbereitende Vertriebsorgan häufig die Gesprächsregie übernimmt.

Werden die Parteien zu frühzeitig zusammengebracht, besteht erfahrungsgemäß und unnötigerweise die Gefahr, daß die Immobilie aus dem Entscheidungsprozeß ausscheidet, weil regelmäßig die Divergenz der umfangreichen
Verhandlungspunkte beider Parteien noch zu groß ist, um zu einer Einigung
zu gelangen.

Bei Großobjekten übernimmt die Verhandlungsphase nicht selten ein externes Vertriebsorgan wie beispielsweise ein überregional tätiges Maklerunternehmen. Dieses muß sich bereits während der Verhandlungsphase
eine Vertrauensbasis zu den Miet- oder Kaufinteressenten, aber auch zum
Auftraggeber bzw. Eigentümer der Immobilie aufbauen.

### 6.4.4.3 Überprüfung der Verhandlungsphase

Durch einzelne Verhandlungsgespräche kann sich herauskristallisieren, daß
unterschiedlichste Ursachen den Eintritt in die Phase des Vertragsabschlusses verhindern. Entsprechend der Korrekturphase sind auch hier die Gründe
sofort nach einem Verhandlungsgespräch zu untersuchen und die Ursachen
– sofern möglich – unmittelbar zu beheben.

## 6.4.5   Phase des Vertragsabschlusses

### 6.4.5.1 Verhandlung der Vertragsinhalte

Eine erfolgreich abgeschlossene Verhandlungsphase ist die Voraussetzung
für den Abschluß eines Miet- oder Kaufvertrages. Vor Vertragsunterzeich-
nung sind jedoch die Vertragsinhalte abschließend zu verhandeln und
schriftlich aufzusetzen. Vorteilhaft ist hierbei, wenn die durch die Verhandlungsphase vorbesprochenen Vertragsinhalte bereits schriftlich niedergelegt
sind und diese dann Punkt für Punkt durchgegangen werden können.

### 6.4.5.2 Einschaltung von Spezialisten

Für den Vertragsabschluß sind regelmäßig Spezialisten zur genauen Ausfor-
mulierung der Vertragsinhalte zu konsultieren. Und: Bei allen Immobilienkäufen ist aufgrund der Beurkundungspflicht ein Notar zwingend hinzuzu-
ziehen. Der Termin mit ihm sollte stets so gut vorbereitet sein, daß die
eigentliche Beurkundung problemlos erfolgen kann.

Ein Vertragsabschluß bedeutet für die einzelnen Parteien eine überwiegend langfristige Bindung, daher sollten Vertragsinhalte durch einen Rechtsanwalt überprüft werden. Insbesondere bei einer ungeklärten Baurechtssituation, komplizierten Managementimmobilien wie Shopping-Center, Gewerbeparks, Urban-Entertainment-Center oder auch bei Unsicherheiten hinsichtlich der Bodenbeschaffenheit – Altlasten beachten – sollte auf juristischen Sachverstand nicht verzichtet werden. Ein juristisch einwandfreier Vertrag kann spätere Rechtsstreitigkeiten mit teilweise erheblichen finanziellen Auswirkungen vermeiden helfen.

### 6.4.5.3 Miet- oder Kaufvertragsabschluß

Am Ende jeder Zielverfolgung innerhalb der Distributionspolitik steht der Kauf- oder Mietvertragsabschluß. Der Vertrag ist sozusagen bei der Erreichung sämtlicher Distributionsziele äußeres Zeichen eines erfolgreichen Geschäftsabschlusses. Wird so die Distributionstätigkeit des Vertriebsorgans bei einem Kaufvertrag beendet, muß dies bei einem Mietvertrag nicht zwangsläufig der Fall sein. Ein professionelles Vermietmanagement beispielsweise könnte dem Mietvertragsabschluß unmittelbar folgen.

### 6.4.5.4 Post-Sales-Services

Nach Abschluß des Miet- oder Kaufvertrages sollte die Distributionstätigkeit nicht als beendet angesehen werden. Insbesondere für permanent am Markt tätige Distributionsorgane stellt die Kundenbetreuung eine ausgezeichnete Möglichkeit dar, um auch für weitere Objekte und Projekte ähnlich gelagerte Funktionen zu übernehmen. Diese Kundenbetreuung geht weit über die Aufrechterhaltung des Kontaktes zum Kunden hinaus und muß vielmehr als umfangreiche Serviceleistung verstanden werden. (Näheres hierzu kann unter dem Stichwort „Servicepolitik" nachgelesen werden.)

## 6.5 Vermietmanagement

### 6.5.1 Definition und Zielsetzung

Das Vermietmanagement dient nicht nur der Optimierung bestehender Mietverhältnisse bzw. des Mieter- und Branchen-Mix, sondern auch der Behandlung und Reorganisation des Vertragswesens durch die Entwicklung einer neuen Vertragsgeneration – z.B. Vertragstypologien, Dokumentationen, Richtlinien – und der Neuverhandlung mit Mietern und Vermietern. Ein besonderer Stellenwert kommt hier dem Vermietmanagement von Shopping-Centern, großflächigen Einzelhandelsagglomerationen, Gewerbeparks und Technologiezentren sowie großflächigen Büroimmobilien zu, und zwar aufgrund ihrer Komplexität und Managementintensität.

Ein professionelles Vermietmanagement sollte bereits bei der Projektentwicklung von Wohn- und Gewerbeimmobilien anfangen. Der Vermietmanager muß frühzeitig eingeschaltet werden, um die Weichen für eine erfolgreiche Plazierung der Immobilie zu stellen. Die Anforderungen an die jeweilige Qualifikation zur Vermietung sind in Abhängigkeit vom Immobilientyp sehr unterschiedlich. Monofunktional genutzte Immobilien mit Großflächen wie z.B. Verbrauchermärkte bzw. SB-Warenhäuser oder auch reine Wohnimmobilien stellen oftmals geringere Anforderungen an das Vermietmanagement als sensible Managementimmobilien wie Gewerbeparks oder Shopping-Center.

Für den Immobilieneigentümer ist die oberste Zielsetzung unternehmerischen Handelns in der Regel die Optimierung der Rentabilität, die er durch den Vermietmanager zu erreichen versucht. Die Maximierung der Mieterträge allein wäre jedoch von zu kurzfristiger Natur und entspräche nicht dem Wesen der Immobilie nach langfristiger Kapitalbindung, es gehört also noch weit mehr dazu.

## 6.5.2 Erstvermietungsphase

Grundsätzlich muß zwischen der Erstvermietung einer Immobilie und der Nachvermietung bestehender Objekte unterschieden werden. Die Erstvermietung sollte bei geplanten Projekten bereits in der Konzeptionsphase beginnen, um nicht nur architektonisch ansprechende, sondern vielmehr auch für die Nutzer funktionsfähige Konzeptionen zu schaffen.

### 6.5.2.1 Aufgabenbereiche

Die Erstvermietung von Immobilien wird bei Neubauten, noch unvermieteten Sanierungsobjekten, Revitalisierungsmaßnahmen u.ä. erforderlich, nicht jedoch bei eigengenutzten Objekten oder Immobilien, die trotz eingeleiteter Sanierungs- und Revitalisierungsmaßnahmen noch überwiegend vermietet sind.

Insbesondere für größere Immobilienvorhaben wird häufig ein Projektentwicklungsteam gebildet, in das der Vermietmanager neben Eigentümer, Architekten und Juristen integriert werden sollte, um eine beratende und steuernde Funktion in bezug auf die zu vermietenden Flächen einzunehmen.

Die Aufgabenbereiche reichen von der Anordnung von Flächen für bestimmte Branchen, der Festlegung von gewünschten Mietern bis hin zur Regulierung von architektonischen Plänen, die die Vermietbarkeit des Projektes stark einschränken. Der Vermietmanager sollte den Standard der Bauausführung, bezogen auf das Niveau des Mikro- und Makro-Standortes, anpassen und Aussagen zu den in Abhängigkeit der Mieterträge finanzierbaren Herstellungskosten treffen. Kenntnisse über die Mietbelastbarkeit der verschiedenen Nutzerschichten, wie z.B. die Flächenproduktivitäten von Handelsbranchen, sind unerläßlich.

Die Erstvermietungsphase stellt besonders hohe Ansprüche an das Vermietmanagement, da hierdurch letztendlich über die späteren Nutzer der Immobilie entschieden wird. Nur wenn der Vermietmanager dafür Sorge trägt, daß ein durchdachtes, konsequent auf den Standort und die Nutzungsart ausgerichtetes Konzept realisiert wird, hat er die Grundlage nicht nur für die Erstvermietung, sondern vielmehr auch für das Vermietmanagement während der gesamten Lebensdauer der Immobilie geschaffen.

### 6.5.2.2 Zeitplan

Für die Erstvermietungsphase ist sinnvollerweise ein Zeitplan aufzustellen, der auf die gesamte Projektentwicklung der Immobilien genau abzustimmen ist. Während insbesondere Großmieter Expansionsvorhaben von Büro- und Geschäftsflächen auch mittel- bis langfristig planen und direkt aufgrund von hinreichenden Erfahrungen Flächen auch vom Plan weg anmieten, müssen kleiner dimensionierte Räume zu einem deutlich späteren Zeitpunkt angeboten werden.

Des weiteren sollte der Zeitplan Regelungen dahingehend vornehmen, welche Mieter in welcher Reihenfolge anzusprechen sind. Grundsätzlich sind die großflächigen Einheiten zuerst zu vermieten, da einerseits noch ein Verhandlungsspielraum für großflächige Mieter gegeben ist und andererseits bedeutende Vermietungen in einem Objekt regelmäßig eine Signalwirkung auf die Interessenten kleinerer Mieteinheiten haben.

### 6.5.2.3 Festlegung einer Nutzungskonzeption

Bei geplanten Projekten kann die Nutzungskonzeption durch Modelle, Pläne, Zeichnungen oder auch durch Architektursimulationen u.ä. den zukünftigen Nutzern bereits vor der Fertigstellung aufzeigen, wie und in welcher Art die Immobilie realisiert werden soll. Die Grundlage für die Festlegung einer Nutzungskonzeption bildet eine umfangreiche Analyse der wesentlichen sozio-demographischen und sozio-ökonomischen Daten sowie der mikro-analytischen Besonderheiten des Projektgrundstückes.

Je genauer diese Analyse durchgeführt wird, desto effizienter können die erhobenen Daten in der Nutzungskonzeption umgesetzt und die relevante Zielgruppe angesprochen werden. Nicht zuletzt sollte auch die Markteinschätzung des Gutachters bzw. des Projektentwicklungsteams in die Nutzungskonzeption mit einfließen.

Die Standortkriterien für einzelne Immobilienarten wie Büroimmobilien, Passagen bzw. Einkaufs-Galerien, Fachmärkte, Gewerbeparks, Hotels sind sehr unterschiedlich. Ein Abgleich der Standortkriterien des Grundstückes und der Standortanforderungen an einzelne Immobilienarten ermöglicht es, die für den speziellen Standort am besten geeignete Nutzungsart herauszufiltern.

Sofern die Nutzungsart bereits feststeht, sollten die analysierten Standortkriterien eines Grundstückes auch in bezug auf die Bedürfnisse der zukünftigen Nutzer – in regionalen Teilmärkten sind diese sehr unterschiedlich – bewertet werden. Je konsequenter die Konzeption auf die von den Nutzern präferierten Anforderungen abgestimmt wird, desto erfolgreicher wird die Ansprache potentieller Interessenten verlaufen. Die nachfolgenden beiden Beispiele sollen diesen Sachverhalt verdeutlichen.

Während so bei Büroimmobilien in München die Möglichkeit, die Fenster öffnen zu können, sehr wichtig für die Mieter ist, gewichten die Mieter im Frankfurter Raum dieses Kriterium deutlich niedriger und demgegenüber das Vorhandensein von Klimaanlagen sehr viel höher. Eine noch genauere Differenzierung muß auf dem Handelssektor erfolgen. Die Standortanforderungen können bereits innerhalb eines Immobilientyps – Fachmarkt, Shopping-Center etc. – oder sogar zwischen einzelnen Mietern eines Immobilientyps unterschiedlich ausfallen.

Der wirtschaftliche Grundpfeiler jeder Immobilie wird daher in einer für den Standort passenden Nutzungskonzeption zu sehen sein, die es wiederum den Mietern oder Nutzern der Immobilie ermöglicht, nachhaltig zufriedenstellende Geschäftsergebnisse zu erzielen, die nicht zuletzt auch die Mietzahlungen sichern bzw. sogar Mieterhöhungen zulassen.

Die Erstvermietung einer Immobilie auf der Grundlage einer professionell erarbeiteten Nutzungskonzeption vorzunehmen stellt die Ausgangsvoraussetzung für die Wirtschaftlichkeit der Immobilie dar. Jedoch sollte durch eine permanent vorzunehmende Pflege und Überarbeitung der ausgearbeiteten Konzeption hieran angeknüpft werden.

### 6.5.2.4 Vermietungskonzeptionen (Mieter- und Branchen-Mix)

Nachdem für ein Projekt die Nutzungskonzeption erarbeitet worden ist, muß anschließend der Mieter- und Branchenbesatz genau festgelegt werden. Eine besondere Bedeutung hat dieser in Einkaufszentren und Gewerbeparks, da die Synergieeffekte bei einer optimalen Zusammensetzung besonders groß sind bzw. bei sich „störenden" Mietern erhebliche Probleme auftreten können. Die Festlegung der Vermietkonzeption soll im nachfolgenden am Beispiel eines Shopping-Centers verdeutlicht werden.

Das Vermietmanagement hat auf der Grundlage der Standortanalyse einen Branchen-Mix zu erarbeiten, der konkreten Mietflächen im Objekt bestimmte Branchen zuordnet. Spezifische Bedürfnisse einzelner Branchen und Mieter in Form von Haupt- und Nebenflächen, Infrastruktur, Anlieferung, Ladenzuschnitt und -größe, Kundenstrom, Einsehbarkeit etc. sind zu berücksichtigen.

Beim Erarbeiten eines Vermietungskonzeptes muß, bezogen auf die Ergebnisse der durchgeführten Analyse, das standortspezifische Genre festgelegt werden, ob primär lauf- oder zielkundenorientierte Anbieter in Frage kommen und welche Angebotslücken im bestehenden Einzelhandelsbestand am Standort geschlossen werden können. Die Positionierung des Shopping-Centers im Markt sollte die oberste Zielsetzung bei der Bestimmung des Vermietungskonzeptes sein.

Wenn den jeweiligen Mietflächen einzelne Branchen zugeordnet sind, sollte in einer zweiten Phase konkret festgelegt werden, welche Mietkandidaten mit welcher Priorität in Frage kommen. Auch hierbei ist selbstverständlich auf die Ergebnisse der Standortanalyse zurückzugreifen, um nicht zuletzt auch die darin aufgezeigten Angebotslücken am Projektstandort zu schließen. Die für eine Einheit zugeordneten potentiellen Mieter sind in ihrer Rangfolge zu gewichten, und durch die Auflistung von potentiellen Mietern – Ansprechpartner und Anschriften – ist eine Datengrundlage herzustellen.

### 6.5.2.5 Einrichtung von Vermietungsbüros

Als ein bewährtes und sehr hilfreiches Mittel zur Unterstützung der Tätigkeiten des Vermietmanagers zählt die Einrichtung von Vermietungsbüros. Ist ein Kontakt zu den potentiellen Mietern hergestellt, können sich diese im Vermietbüro eines Projektes umfangreich über das projektierte Vorhaben informieren. Daher sollte das Vemietbüro komplett mit Plänen, Grundrissen, Modellen und sämtlichem Anschauungsmaterial wie Architektursimulationen, Videos u.ä., aber auch mit Telefon und Fax für den Vermietexperten ausgestattet sein.

Bei einem sich noch in der Realisierungsphase befindlichen Projekt ist das Vermietbüro gut für potentielle Mieter auszuschildern. Ein eigener Besprechungsraum nimmt den Interessenten für das Projektvorhaben die Schwellenangst, um sich über das Projekt beim Vermietmanagement zu erkundigen und sich einen ersten Eindruck zu verschaffen.

Eine weiterentwickelte Form des Vermietbüros stellt die Marketing-Suite dar. Entsprechend dem Vermietbüro soll die Marketing-Suite mittels Modellen, Schaubildern und anderen Visualisierungen über ein Objekt informieren. Die Präsentation des Objektes ist den hohen Anprüchen der potentiellen Mieter angepaßt. Die Einrichtung einer Marketing-Suite ist mit überdurchschnittlichen Kosten verbunden und sollte daher im Vermietmanagement nur für Objekte mit höchsten Ansprüchen eingesetzt werden.

### 6.5.2.6 Musterbüros oder -ladenlokale auf der Baustelle

Die räumliche Vorstellungskraft potentieller Mietinteressenten wird in der Regel überschätzt. Musterbüros und -ladenlokale ermöglichen es, den potentiellen Kunden bereits in der Realisierungsphase über die Ausstattungsqualität und vieles mehr zu informieren. Optimalerweise werden sich potentielle Mieter in diesem sehr frühen Stadium mit dem Projekt identifizieren, so daß im Musterbüro oder -ladenlokal Detailfragen für die Umsetzung eines eigenen Büros oder Ladens mit dem Vermietmanager besprochen werden können.

### 6.5.2.7 Übernahme von Ausbaukosten

In Abhängigkeit von der Marktsituation muß das Vermietmanagement aus strategischen Gründen bereit sein, Zugeständnisse bei der Gewinnung von besonders wichtigen Mietern für das Objekt einzugehen, die sich jedoch im Rahmen der gesamten Vermietungsstrategie rechtfertigen lassen. Die Übernahme von Ausbaukosten durch den Vermieter kann, insbesondere in Zeiten eines Mietermarktes, zu einem auslösenden Faktor für einen Vertragsabschluß werden.

Stellt die Übernahme von Ausbaukosten für den Mieter eine teilweise nicht unerhebliche Mietentlastung dar, kann der Eigentümer diese über die Laufzeit des Mietvertrages abschreiben und unter Umständen auch steuerliche Vorteile hieraus erzielen. Derartige Instrumente sollten nur bei für das Objekt wichtigen Mietern – in Handelsimmobilien bei sogenannten Magnetbetrieben (Anchor Tenants) – eingesetzt werden, wobei die auszuhandelnden Mietverträge langfristiger Natur sein sollten.

## 6.5.3 Nachvermietungsphase

Sofern die Erstvermietung abgeschlossen ist, muß sich die Nachvermietung unmittelbar anschließen. Häufig wird der Fehler begangen, daß nach einer erfolgreichen Erstvermietung ein aktives Vermietmanagement nicht für notwendig erachtet wird. Erst bei einem erneuten Vermietbedarf werden die distributionspolitischen Aufgaben für die Immobilie wieder aufgenommen, ohne jedoch über Informationen zu verfügen, inwiefern sich Veränderungen bei den Mietern im eigenen Haus – z.B. Expansionswünsche vorhandener Mieter – ergeben haben.

### 6.5.3.1 Präventive Maßnahmen des Vermietmanagements

Bevor überhaupt eine Nachvermietung erforderlich wird, sollten präventive Maßnahmen diese zu verhindern versuchen. Grundvoraussetzung für die Durchführung von effizienten, präventiven Maßnahmen sind ein permanentes Zusammenarbeiten mit den Mietern und der Aufbau eines Vertrauensverhältnisses, denn nur so wird der Mieter seine Probleme rechtzeitig offenlegen und Lösungen gefunden werden. Hierbei reicht es nach aller Erfahrung nicht aus, die vereinbarte Miete zu reduzieren. Vielmehr müssen die Ursachen für eine rückläufige Geschäftsentwicklung gefunden werden.

Hierfür ist das Vermietmanagement bzw. in Shopping-Centern, Passagen und Einkaufs-Galerien der Center-Manager des Objektes zuständig. Bei Handelsimmobilien lassen sich Handlungsbereiche des Vermietmanagements durch erforderliche monatliche oder vierteljährliche Umsatzmeldungen bei kombinierten Fix- bzw. Umsatzmieten oder reinen umsatzbezogenen Mietverträgen besonders schnell erkennen.

### 6.5.3.2 Veranstaltungen, Ausstellungen, Dekorationen

Gerade bei sensiblen Managementimmobilien ist ein aktives Vermietmanagement gefragt. Dieses soll am Beispiel einer leerstehenden Ladeneinheit in einem Shopping-Center verdeutlicht werden. Leerstehende Ladeneinheiten wirken sich negativ auf die Atmosphäre und damit auch auf die Wirtschaftlichkeit des Centers aus. Das Vermietmanagement hat, sofern kein adäquater Mieter gefunden werden kann, durch Kreativität und Einfallsreichtum Abhilfe zu schaffen.

Ausstellungen oder anderweitige kurzfristige Belebungen wie Talkshows u.ä. können möglicherweise sogar den entgangenen Mietpreis minimieren. Mindestens sollte das Ladenlokal jedoch so dekoriert werden, daß dieses auf den Kundenlauf im Center keine negative Wirkung hat.

Aber auch bei Büro- oder Freizeitimmobilien sowie Gewerbeparks etc. werden während der Lebensdauer der Gebäude immer wieder Einheiten leerstehen, die durch das Vermietmanagement anzubieten sind. Von diesem eingeleitete Aktionen und Veranstaltungen – Tage der offenen Tür, Ausstellungen bekannter Künstler, Feste für die Mieter und deren Kunden u.ä. – sind aktive Maßnahmen, die von der allgemein üblichen Direktansprache abweichen, aus denen sich jedoch nicht selten potentielle Interessenten gewinnen lassen.

Veranstaltungen für Mieter oder auch für deren Kunden klären die Nutzer über die Aufgabenbereiche und Tätigkeitsfelder anderer Mieter und deren Kunden auf, woraus sich nicht zu unterschätzende Synergieeffekte ergeben können. Das gesamte Klima im Objekt wird verbessert. Hiervon profitiert nicht zuletzt auch das Vermietmanagement, da gute Geschäftsentwicklungen der Mieter die beste Grundlage für Mieterhöhungen sind. Auch die Flächennachfrage innerhalb des Objektes läßt sich mit dieser Strategie erhöhen.

### 6.5.3.3 Überprüfung des Gesamtobjektes

Selbst bei einem professionellen Vermietmanagement kann sich ein hoher Leerstand im Objekt einstellen bzw. sich die Gebäuderendite nachteilig entwickeln. In den meisten Fällen ist eine kritische Objektanalyse für die Ursachenforschung zu erstellen. Da externe Beratungsunternehmen regelmäßig über einen Abstand zur Immobilie verfügen und eine gewisse Neutralität besteht, ist deren Einschaltung allgemein als vorteilhafter zu beurteilen, als wenn sich der Vermietmanager, der nicht selten an Betriebsblindheit leidet, dieser Aufgabe annimmt.

Trotz umfangreicher Instandhaltungsmaßnahmen können Erosionserscheinungen die Ursache für einen hohen Leerstand im Objekt sein. Inwiefern Revitalisierungsmaßnahmen dem Objekt wieder den erforderlichen technischen Standard verleihen können bzw. sogar ein Teil- oder Totalabriß erforderlich ist, sollte dann durch entsprechende Experten geprüft werden.

### 6.5.4 Aufgabenbereiche und Anforderungen an das Vermietmanagement

Das Vermietmanagement ist verantwortlich für das Ausführen unterschiedlichster Aufgabenbereiche, die nahezu die gesamte Bandbreite des Immobilien-Marketing abdecken. Damit ist jedoch noch nicht entschieden, welche Aufgaben durch den Vermietmanager selbst und welche durch eine Fremdvergabe an externe Beratungsunternehmen wahrgenommen werden.

Die wichtigste Tätigkeit eines Vermietmanagers ist bei Bestandsobjekten in Verhandlungen mit vorhandenen Mietern, bei deren Vertragsablauf, der Umsetzung der bestmöglichen Ausnutzung bestehender Räumlichkeiten, der Realisierung einer optimalen Kombination von Mietern und Branchen, aber auch in der Wahrnehmung von Beratungs- und Kontrollaufgaben, um den Eigentümer durch den Abschluß von umsatzabhängigen Mietverträgen an den Flächenproduktivitäten erfolgreicher Mieter partizipieren zu lassen, angesiedelt.

Im Rahmen von Projektplanungen deckt das Vermietmanagement Aufgabenbereiche wie fachkundige Beratungsleistungen bei der Vermietung, Mitwirkung an der Erarbeitung eines Nutzungs- und Vermietungskonzeptes,

Aufstellung eines Zeitrasters für das gesamte Vorhaben, Aussagen zu den Mietniveaus unterschiedlicher Nutzer des Projektes und vieles mehr ab.

Bei der Ausarbeitung des Mietvertragswerkes wirkt sich neben dem Vermietmanagement die Einbindung von erfahrenen Juristen regelmäßig als vorteilhaft aus. Besonderer Managementbedarf besteht für Fragen der Mietvertragslaufzeiten, der Mietzinsregelungen, der Mietanpassungsmöglichkeiten (Staffelmieten, Indexierung u.ä.) sowie der Mietart (Umsatz-, Fest- oder kombinierte Fest-/Umsatzmiete).

Die Anforderungen an einen Vermietmanager sind vielfältig. Insbesondere wird seine Flexibilität gefragt sein, die spezifischen Probleme, Wünsche und Anforderungen eines jeden Mieterinteressenten oder eines bereits bestehenden Mieters zu erkennen und diesem hierfür individuelle Problemlösungen zu bieten. Die Qualität bemißt sich an seinem branchen- bzw. nutzerspezifischen Know-how, denn spätestes im Rahmen von Vermietungsverhandlungen mit potentiellen Interessenten oder bei Nachverhandlungen mit bereits vorhandenen Mietern wird sich herausstellen, ob er den Anforderungen gewachsen ist.

Der Vermietmanager muß sicher und zielgerichtet Vertragsverhandlungen führen und dabei stets auf die persönlichen Eigenarten der Gesprächspartner eingehen. Des weiteren sind Kontakte zu Mietern unterschiedlicher Nutzungsarten bzw. Branchen von Vorteil, die durch die Teilnahme an internationalen Tagungen und Messen erworben werden können.

Das Vermietmanagement von Immobilien muß als eine sehr sensible Managementaufgabe verstanden werden, bei der der persönliche Kontakt und Umgang mit den Vertragspartnern im Vordergrund steht. Es sollte daher sichergestellt werden, daß die Erstvermietung eines Projektes oder auch die Mieterpflege und Neuvermietung leerstehender Einheiten in bestehenden Objekten nicht durch ständig wechselnde Personen vorgenommen werden, sondern sich vielmehr eine Vertrauensbasis zur für diese Aufgabe beauftragten Person aufbauen kann.

### 6.5.5 Überprüfung der Leistungen des Vermietmanagements

Wie bereits im vorherigen Kapitel verdeutlicht, ist der Aufbau einer Vertrauensbasis zwischen Vermietmanager und potentiellen bzw. vorhandenen

Mietern sehr wesentlich für den Erfolg des gesamten Vermietmanagements. Daher sollte von Zeit zu Zeit eine Überprüfung durch den Eigentümer vorgenommen werden, inwiefern der Vermietmanager diese Vertrauensfunktion in der Vergangenheit überhaupt herstellen konnte.

Die Leistungen des Vermietmanagements können bei Neubauten durch die abgeschlossenen Mietverträge quantifiziert werden. Die Quantität läßt jedoch noch keine Aussage hinsichtlich der Qualität der Vermietungsleistung zu. Hier sollte ein Abgleich zwischen den avisierten Soll-Mieterträgen und den tatsächlich vereinbarten Mieterträgen vorgenommen werden. Anhand der Mietvertragsabschlüsse sind des weiteren auch die Zugeständnisse an Mieter zu beurteilen.

Deutlich schwieriger ist die Überprüfung der Leistung des Vermietmanagements bei Bestandsobjekten. Auf die Leistungen wird der Eigentümer regelmäßig erst dann aufmerksam, wenn in einem Objekt ein hoher Leerstand entstanden ist. Dieser Umstand muß nicht zwangsläufig auf ein unqualifiziertes Vermietmanagement zurückgeführt werden. Umgekehrt kann der Eigentümer jedoch auch nicht davon ausgehen, daß bei einem voll vermieteten Objekt eine optimale Leistung des Vermietmanagements gegeben ist.

In derartigen Fällen bietet sich die Überprüfung durch Soll-Ist-Vergleiche an, das heißt, der Vermietmanager wird in Abhängigkeit der Marktsituation die Entwicklung für das Projekt prognostizieren, damit am Jahresende ein Abgleich vorgenommen werden kann. Folgende Kriterien sollten durch einen Soll-Ist-Vergleich überprüft werden:

• Entwicklung der Ist-Miete zur Soll-Miete;
• Entwicklung der Betriebskosten;
• Umsatzeinbrüche bzw. Bonitätsprobleme, insbesondere bereits nach der Anlaufphase;
• Entwicklung der Mietergemeinschaft;
• Praktikabilität der Flächenaufteilung im Hinblick auf die Zugänglichkeiten durch die jeweiligen Mietparteien;
• Funktionsfähigkeit von Müllentsorgung, Andienungszonen, Störungen der Mieter untereinander etc.

Von Zeit zu Zeit bietet sich auch die Beauftragung externer Beratungsunternehmen an, um aktuelle Daten über die vorhandene Marktsituation des Objektes zu erhalten. Ein solches Gutachten sollte Aussagen zum gegenwärtigen Mietniveau, zu den Leerstandsraten u.v.m., aber auch zu den zukünftigen Entwicklungen und Projektplanungen beinhalten. Nur derartige Analysen ermöglichen es dem Eigentümer, die Leistungen des Vermietmanagements zu beurteilen. Nicht selten werden jedoch auch die Mieter ihren Unmut über eine schlechte Leistung des Vermietmanagements gegenüber dem Eigentümer rechtzeitig zum Ausdruck bringen.

## 6.6 Die Distribution von Immobilienfondsanteilen

Bei der Distribution von Immobilienfondsanteilen sind zunächst die Offenen Immobilienfonds und die Geschlossenen Immobilienfonds zu unterscheiden. Beide Anteilsarten verfügen jedoch unter distributionspolitischen Gesichtspunkten über gewisse Gemeinsamkeiten.

### 6.6.1 Definition und Abgrenzung

Bei den Offenen Immobilienfonds werden die Gelder der Anleger von der Kapitalanlagegesellschaft in Grundbesitz investiert und anschließend auch von ihr gemanagt, wobei das Fondsvolumen nach oben nicht begrenzt ist. Die erworbenen Immobilien befinden sich alle im Eigentum der Kapitalanlagegesellschaft, die das Vermögen als Sondervermögen treuhänderisch verwaltet. Neben der Fremdverwaltung der Kundengelder sind durch ein qualifiziertes Management unternehmerische Investitionsentscheidungen zu treffen, die insbesondere unter Beachtung der Risikomischung und der Performance der Anlagen vorgenommen werden sollten.

Während beim Offenen Immobilienfonds eine unbeschränkte Anzahl von Anteilsscheinen ausgegeben werden kann, ist das Fondsvermögen bei Geschlossenen Immobilienfonds von Anfang an hinsichtlich der Höhe und Zusammensetzung des Fonds festgelegt. Die Risikostreuung wird im Gegensatz zum Offenen Immobilienfonds beschränkt. Sind die Anteile an einem Geschlossenen Immobilienfonds veräußert, wird dieser geschlossen, das heißt, das Fondsvolumen kann im Gegensatz zum Offenen Immobilienfonds nicht erhöht werden.

Die Gemeinsamkeit beider Kapitalanlageformen besteht darin, daß sich das Vermögen überwiegend aus Immobilien zusammensetzt und sich mehrere Kapitalanleger beteiligen, um größere Objekte erwerben oder umfassende Projekte realisieren zu können. Investitionen in Immobilien erfordern regelmäßig hohe Anlagevolumina. Hingegen können Anteile an Immobilienfonds bereits zu geringen Summen erworben werden. Bei Offenen Immobilienfonds können bereits Beträge von 50 DM angelegt werden, wodurch es somit einer breiten Bevölkerungsschicht ermöglicht wird, diese Anlageform zu nutzen.

Fondsgesellschaften müssen selbstverständlich für ihr Fondsvermögen Immobilien kaufen und verkaufen sowie Managementaufgaben in der Vermietung nachkommen. Alle Bereiche tangieren, wie in den vorherigen Kapiteln bereits aufgezeigt, natürlich auch die Distributionspolitik. Jedoch soll im Rahmen des Kapitels „Distribution von Immobilienfondsanteilen" ausschließlich auf den Vertrieb von Fondsanteilen eingegangen werden, da sich aufgrund ihres speziellen Kapitalanlagecharakters Besonderheiten unter distributionspolititschen Aspekten ergeben.

## 6.6.2   Die Distribution Offener Immobilienfonds

### 6.6.2.1 Immobilienvermögen und Mittelaufkommen Offener Immobilienfonds

Im Bundesverband Deutscher Investment-Gesellschaften e.V. (BVI) sind zusammen zwölf Immobilienfondsgesellschaften vertreten, die 25 Sondervermögen mit einem Gesamtwert von 70,5 Milliarden DM (Stand: 30.9.96) betreuen. Das Immobilienvermögen, das heißt der fertigen und im Bau befindlichen Immobilien, beläuft sich auf 40,7 Milliarden DM (Stand: 31.3.96).

In den vergangenen Jahren lastete auf den Gesellschaften Offener Immobilienfonds ein erheblicher Anlagedruck, da durch den Vertrieb Offener Immobilienfonds ein hoher Mittelzufluß – von 1991 bis 1995 bekamen die Fonds von ihren Anlegern 31,65 Milliarden DM – registriert werden konnte. Immerhin fast 22 Milliarden DM konnten von den Fondsgesellschaften in Immobilien angelegt werden, was rund 3,0 Millionen Quadratmeter unterschiedlicher Nutzungsarten entsprach. Im Durchschnitt eines Fünf-Jahres-Zeitraumes lag die Anlagequote bei 69 Prozent des Mittelaufkommens (vgl. Abb. 6.6).

## Mittelaufkommen und Immobilieneinkauf der deutschen Offenen Immobilienfonds

| Jahr | Anzahl der Objekte | Werte des Sondervermögens (in Mio. DM) | Nutzfläche (in Quadratmeter) | Mittelaufkommen (in Mio. DM) | Investitionsquote (in Prozent) |
|---|---|---|---|---|---|
| 1991 | 19 | 1 166 | 179 790 | 1 679 | 69 |
| 1992 | 35 | 2 427 | 371 821 | 5 045 | 48 |
| 1993 | 65 | 6 243 | 919 778 | 12 521 | 50 |
| 1994 | 93 | 7 208 | 1 085 908 | 6 018 | 120 |
| 1995 | 57 | 4 715 | 667 006 | 6 383 | 74 |

**Abb. 6.6:** Offene Immobilienfonds – Mittelaufkommen und Immobilieneinkauf
**Quelle:** Deutsche Immobilien-Fonds AG, Hamburg
**Hinweis:** ohne iii-GmbH, 1991/'92 ohne KGI, 1991 ohne Credis

### 6.6.2.2 Anbieterstruktur und Verflechtung

Analysiert man die insgesamt 13 offenen Immobilienfonds in Deutschland, so kann festgestellt werden, daß hauptsächlich überregional tätige Finanzgruppen als Gesellschafter hinter den Fondsanbietern stehen. Abbildung 6.7 gibt Aufschluß über die Namen der offenen Immobilienfonds, deren Kapitalanlagegesellschaften und der zugehörigen Depotbank.

### 6.6.2.3 Vertriebskanäle Offener Immobilienfonds

In Anbetracht der Verflechtung zwischen der Kapitalanlagegesellschaft und der Depotbank ist es nicht weiter verwunderlich, daß letztere mittels des vorhandenen und umfangreichen Filialnetzes die dominierende Distributionsfunktion für die Fondsanteile übernimmt. Anleger bewerten Offene Immobilienfonds insbesondere hinsichtlich ihrer Rendite, die sich durch die Ausschüttung bestimmt. Daher übernehmen Vermögensanlageberater der Depotbank die Vertriebsfunktion von Fondsanteilen, um das gesamte Anlagevolumen eines Investors auch unter Inflationsgesichtspunkten zu diversifizieren.

Zunehmend werden von den Kapitalanlagegesellschaften Strukturvertriebe und Finanzdienstleister – *Allfinanzunternehmen* – eingesetzt, die zu den aggressiven Vertreibern gezählt werden können. Nicht zuletzt werden Offene Immobilienfonds über *Fondsgebundene Lebensversicherungen* vertrieben.

# Offene Immobilienfonds in der Bundesrepublik Deutschland

| Fondsname | Kapitalanlage-gesellschaft | Sitz | Auflagedatum | Depotbank |
|---|---|---|---|---|
| BfG: Immo-Invest | BfG: Immobilien-Investment GmbH | Frankfurt | 2. Mai 1989 | Bank für Gemein-wirtschaft AG |
| CS Euroreal | CS-Immobilien-Fonds GmbH Kapital-anlagegesellschaft | Frankfurt | 6. April 1992 | Schweizerische Kreditanstalt AG (Deutschland) |
| CS-WV Immofonds | CS-Immobilien-Fonds GmbH Kapital-anlagegesellschaft | Frankfurt | k.A. | Schweizerische Kreditanstalt AG (Deutschland) |
| Despa Fonds | Despa Deutsche Sparkassen-Immobilien-Anlage-GmbH | Frankfurt | 3. Nov. 1967 | Deutsche Girozentrale – Kommunalbank |
| DIFA-Fonds Nr. 1 | DIFA Deutsche Immobilien Fonds AG | Hamburg | 1. Juli 1966 | DG Bank Deutsche Genossenschaft Bank |
| DIFA-Grund | DIFA Deutsche Immobilien Fonds AG | Hamburg | 1. April 1985 | DG Bank Deutsche Genossenschaft Bank |
| grundbesitz-invest | Deutsche Grundbesitz-Investmentgesellschaft mbH | Frankfurt | 27. Oktober 1970 | Deutsche Bank AG |
| Grundwert-Fonds Nr. 1 | DEGI Deutsche Gesellschaft für Immobilienfonds mbH | Frankfurt | 7. Nov. 1972 | Dresdner Bank AG |
| HANSA-immobilia | HANSAINVEST Hansea-tische Investment GmbH | Hamburg | 4. Januar 1988 | Vereins- und Westbank AG |
| Haus-Invest | Commerz Grundbesitz-In-vestmentgesellschaft mbH | Wiesbaden | 7. April 1972 | Commerzbank AG |
| iii-Fonds Nr. 1 | Internationales Immobilien Institut GmbH | München | 16. Februar 1959 | Bayerische Hypotheken- und Wechsel-Bank AG |
| iii-Fonds Nr. 2 | Internationales Immobilien Institut GmbH | München | 1. Mai 1965 | Bayerische Vereinsbank AG |
| Westinvest 1 | Rheinisch-Westfälische Grundstücks-Investment GmbH | Düsseldorf | 2. August 1989 | Westdeutsche Landesbank Girozentrale |

**Abb. 6.7: Verschiedene deutsche Offene Immobilienfonds**
**Quelle:    Jahrbuch des Bundesverbandes Deutscher Investment-Gesellschaften, 1996**

#### 6.6.2.4 Provisionen für den Vertrieb von Fondsanteilen

Üblicherweise wird den Fondsanlegern in Offenen Immobilienfonds keine direkt zuweisbare Provision abverlangt, wie dieses bei der Maklercourtage der Fall ist. Die Kosten für den Vertrieb sind vielmehr in dem Ausgabeaufschlag eines Fondsanteils – Differenz zwischen Ausgabe- und Rücknahmekurs – enthalten. Abhängig von der Fondsgesellschaft bewegt sich der Ausgabeaufschlag zwischen 5 und 6 Prozent. Die Verrechnung zwischen der Kapitalanlagegesellschaft und der Depotbank erfolgt monatlich auf Basis der veräußerten Fondsanteile.

Neben den Vertriebskosten sind auch noch die Kosten für das Management des Fonds zu berücksichtigen. Die Managementgebühr variiert zwischen 0,5 und 1 Prozent. Für die Verwaltung der Investmentzertifikate nimmt die Depotbank eine sogenannte Depotbankgebühr, die bis zu 0,25 Prozent betragen kann.

## 6.6.3 Vertriebsstrukturen Geschlossener Immobilienfonds

#### 6.6.3.1 Bedeutung Geschlossener Immobilienfonds

Die Anzahl der Anbieter Geschlossener Immobilienfonds ist durch die Einführung der Sondergebietsabschreibung in den fünf neuen Bundesländern und Berlin in den vergangenen Jahren stark angestiegen. Verläßliche Statistiken existieren allerdings nicht. Fondsinitiatoren suchen regelmäßig geeignete Objekte oder Grundstücke, um sie entsprechend der baulichen Vorgaben und Möglichkeiten zu projektieren. Dabei sind vielfältige Nutzungsarten und -konzeptionen denkbar. Die Realisierungsvarianten reichen von der Wohnimmobilie über Reha-Kiniken bis hin zum Fachmarktzentrum auf der „grünen Wiese".

#### 6.6.3.2 Distributionsorgane Geschlossener Immobilienfonds

Sofern die gesamte Planung für das Vorhaben steht und ein Fondsprospekt erstellt ist, wird von der Fondsgesellschaft der Immobilienfonds zur Zeichnung freigegeben. Dabei stellt sich für den Initiator die Frage, welcher Distributionskanäle er sich bedient. Unterschiedliche Möglichkeiten sind hier gegeneinander abzuwägen. Während der Fondsvertrieb über freie und unabhängige Finanzdienstleister wie Finanz- und Anlageberater, Versicherungsvertreter etc. die eine Seite der Möglichkeiten darstellt, können entsprechend des Vertriebs von Offenen Immobilienfonds auch Banken und Versicherungen eingeschaltet werden, die fast ausschließlich Zertifikate aus dem eigenen Konzernverbund bzw. Verband anbieten.

Seltener ist hingegen ein *eigener selbständiger Vertrieb* von Immobilienfonds vorzufinden. Die Ursache liegt darin begründet, daß der Fonds geschlossen wird, sobald alle Anteile gezeichnet sind und damit auch die Distributionsaufgabe erfüllt ist. Ausnahmen sind lediglich bei Fondsinitiatoren vorzufinden, die in regelmäßigen Abständen neue Papiere am Markt plazieren. Hierunter sind u.a. Fondsanbieter wie die Prinz zu Hohenlohe-Jagstberg & Banghard GmbH in Stuttgart, die Dr. Görlich GmbH in Berlin und die Dr. Ebertz & Partner Unternehmens- und Finanzberatung in Köln zu zählen.

Des weiteren kann sich der Initiator für die Gründung einer eigenen Vertriebsgesellschaft entscheiden, sofern bei einem hohen Fondsvolumen eine längerfristige Plazierungszeit einkalkuliert werden muß. Der Drei-Länder-Fonds von der Stuttgarter Kapital-Konsult verfügt bereits über ein Fondsvolumen von 2,2 Milliarden DM. Für die Plazierung des Eigenkapitals war die KC-Gesellschaft für die Vermittlung von Verträgen und Kapitalanlagen mbH beauftragt, die zirka 5 000 Vertriebsleute im Strukturvertrieb beschäftigt, davon rund 3 000 Aktive. Diese konnten knapp 30 000 Anleger für die Zeichnung des Fondskapitals gewinnen. Da das Fondsvolumen durch einzelne Plazierungsabschnitte mehrmals erhöht wurde, rentierte sich der Aufbau einer eigenständigen Vertriebsgesellschaft, die jedoch noch anderweitige Vertriebsaufgaben auszuüben hatte.

Während die *Versicherungsunternehmen* und deren Vertreter regelmäßig nur für einen Fondsinitiator – zumeist eine Tochtergesellschaft – aktiv werden, vertreiben *Universalbanken* neben den Angeboten konzerneigener Fondsgesellschaften häufig auch Anteile anderer Fonds. Vorstellbar ist auch ein Vertrieb über ein Bankenkonsortium oder eine Kombination unterschiedlicher Vertriebsorgane, um eine breitere Ansprache der Zielgruppe zu erreichen.

Da Geschlossene Immobilienfonds zu einem hohen Anteil von Kapitalanlegern unter steuerlichen Aspekten gezeichnet werden, sind auch *Allfinanzunternehmen* an einem Vertrieb von Fondsanteilen interessiert. Strukturvertriebe werden entweder für nur eine Fondsgesellschaft tätig, zu denen dann üblicherweise eine kapitalmäßige oder gesellschaftliche Verflechtung besteht oder die von seiten des Fondsinitiators gegründet werden. Existiert hingegen eine völlige Unabhängigkeit, so wird der Strukturvertrieb für die Plazierung unterschiedlicher Fondsanteile, aber auch anderweitiger Kapitalanlageformen tätig werden. Bei unabhängigen Allfinanzunternehmen, wie z.B. die DVAG Deutsche Vermögensberatung AG, die OVB Allfinanzvermittlungs GmbH & Co. KG, werden unterschiedlichste Formen von Lebensversicherungen, private Rentenversicherungen, Investmentfonds (u.a. auch Offene Immobilienfonds), Bausparverträge, Krankenversicherungen, Sparverträge, teilweise jedoch auch Geschlossene Immobilienfonds angeboten.

### 6.6.3.3 Plazierungskosten oder Eigenkapitalbeschaffung

Bei Geschlossenen Immobilienfonds kann dem Fondsprospekt der Aufwand für die Plazierung der Fondsanteile entnommen werden. Nicht zuletzt ist hier auch die Vertriebsgesellschaft aufgeführt, die die Vertriebsaufgaben für den Fondsinitiator übernimmt. Die *Höhe der Plazierungskosten* variiert von Fondsanbieter zu Fondsanbieter und kann zwischen 5 und 15 Prozent, bezogen auf das Emissionskapital, ausmachen. Die Vertriebskosten für Geschlossene Immobilienfondsanteile liegen damit deutlich über denen der Offenen Immobilienfonds, da von diesen bereits bestehende Vertriebsstrukturen der Depotbanken genutzt werden. Dennoch sollten von Anlegerseite die Plazierungskosten kritisch hinterfragt werden.

Neben den Kosten für die Plazierung des Eigenkapitals fällt bei einem nicht unerheblichen Anteil von Anbietern Geschlossener Immobilienfonds zusätzlich eine *Plazierungsgarantie* an. Durch diese sichert die Vertriebsgesellschaft zu, das Gesellschaftskapital bis zu einem vereinbarten Zeitpunkt zu plazieren. Sofern dieser Garantie nicht vollständig nachgekommen wird, ist die Vertriebsgesellschaft zur Übernahme des nicht gezeichneten Emissionskapitals verpflichtet. Hierfür erhält die Garantin eine Vergütung bis zu einem Prozent des zu plazierenden Fondskapitals zuzüglich Umsatzsteuer, die nach Vollplazierung zur Auszahlung fällig wird.

### 6.6.3.4 Qualifikation der Vertriebsorgane

Entsprechend dem Verkauf oder der Vermietung von Immobilien stellt sich auch bei der Plazierung Geschlossener Immobilienfonds die Frage, über welche Qualifikation die Vertriebsorgane verfügen.

Die Zielgruppe für den Vertrieb von geschlossenen Immobilienfondsanteilen sind Kapitalanleger, die ihre Gelder überwiegend unter Renditegesichtspunkten am Kapitalmarkt anlegen. Die Anzeigen für den Fondsvertrieb bzw. die Finanzpläne in den Fondsprospekten zielen dementsprechend sehr stark auf die steuerlichen Effekte ab. Die „Verlustzuweisung" ist ein zentrales Verkaufsargument.

Obwohl sich die Rendite eines Geschlossenen Immobilienfonds durch die Qualität der Immobilie und den daraus resultierenden erzielbaren Mieterträgen bestimmt, stehen hier dennoch steuerliche Aspekte bei den Vertriebsaktivitäten im Vordergrund. So fällt der für Immobilien üblicherweise erforderliche Beratungsbedarf bei Geschlossenen Fonds nur sehr selten an. Nur wenige Anteilszeichner machen sich überhaupt die Mühe, sich das Objekt anzusehen. Ein Verkauf erfolgt in der Regel vielmehr über den Fondsprospekt.

Die eingangs gestellte Frage läßt sich demnach wohl dahingehend beantworten, daß für den Vertrieb Geschlossener Immobilienfonds eher der Anlageberater mit Kenntnissen im Steuerrecht als der versierte Immobilienfachmann gefragt ist. Die Dominanz liegt daher auch im Strukturvertrieb, optimalerweise bei Unternehmen, die bereits über eine steuerorientierte Kundenklientel verfügen.

Die Beratungsqualität ist so bei Geschlossenen Immobilienfonds sehr kritisch zu betrachten. Ob sich der geringe immobilienspezifische Beratungsaufwand in der Zukunft fortsetzen läßt, muß wohl in Anbetracht der rezessiven Marktverfassung bezweifelt werden. Doch dürfte für Fondsinitiatoren in einer sehr stark auf die Beratungsqualität ausgerichteten Vertriebskonzeption wohl auch eine Profilierungsmöglichkeit bestehen.

### 6.6.3.5 Drittverwendungsfähigkeit von Geschlossenen Immobilienfonds

Gegenüber den Offenen Immobilienfonds werden bei der geschlossenen Form Vertriebsaktivitäten fast ausschließlich nur für die Plazierung der Fondsanteile erforderlich, da ein geregelter Zweitmarkt praktisch nicht vorhanden ist. Permanent am Markt auftretende Fondsgesellschaften versuchen zwar, Anteile ihres Unternehmens zu handeln, die Schwierigkeit besteht jedoch darin, daß die Fondsanteile bei jeder Transaktion – ähnlich dem täglich ermittelten Fondsanteilswert von Offenen Immobilienfonds – neu zu bewerten sind.

Des weiteren führt die Steuerorientiertheit der Fonds regelmäßig zu hohen Liquiditätszuflüssen in den Anfangsjahren, die sich für einen Zweiterwerber nachteilig auswirken, da dieser nach Inanspruchnahme der Abschreibung die dann anfallenden Erträge zu versteuern hat, ohne jedoch die Steuervorteile in den Anfangsjahren ausgenutzt zu haben.

Zusammenfassend kann festgestellt werden, daß die Fungibilität von Geschlossenen Immobilienfonds stark eingeschränkt ist. Diese kann jedoch dadurch gegeben sein, daß

- der Anleger seinen Anteil an einen Dritten verkauft,
- er der Gesellschaft kündigt oder
- die Gesellschafter beschließen, das Immobilienvermögen zu veräußern und anschließend die Gesellschaft zu liquidieren.

### 6.6.3.6  Anbieter von Geschlossenen Immobilienfonds

Siehe dazu Abb. 6.8

## Angebot an Geschlossenen Immobilienfonds zum Jahresende 1996

| Initiator/Vertrieb, Ort | Fondsname | Gesamtinvestition (Eigenkapital o. Agio) | Im Fonds enthaltene Immobilien | Verlustzuweisung | Ausschüttung (1. volle,2005 und letzte) | Mindestzeichnungssumme |
|---|---|---|---|---|---|---|
| Allmang + Partner, Hamburg | Appartementhaus Hamburg | MDM 20,1 (MDM 12) | Appartementhaus in Hamburg Volkspark | 1996: ca. 40 % | 1997: 9,0 % 2005: 11,0 % 2010: 11,0 % | DM 5 000 zzgl. 5 % Agio |
| Allweier Markus Immobilien, Neu-Edingen | Gewerbepark Thüringen | MDM 13,6 (MDM 7,5) | Einkaufzentrum in Plaue | 1996: 81,8 % | 1996: 3,18 % 2004: 3,67 % | DM 10 000, kein Agio |
| BBV Immobilien-Fonds, München | BBV Fonds Nr. 14 | MDM 324,1 (MDM 227) | Immobilien in Rostock Büro in Berlin/Dresden | 1996: 76,9 % | 1996: 4,25 % 2005: 4,5 % 2015: 8,0 % | DM 20 000 zzgl. 5 % Agio |
| BVT, München | Gewerbepark Henningsdorf | MDM 12,5 (MDM 7,0) | Bürogebäude in Henningsdorf | 1996: 85 % 1997: 4 % 1998: 2,5 % | 1996: 5,0 % 2005: 5,0 % 2014: 7,0 % | DM 50 000 zzgl. 5 % Agio |
| BVT, München | Kläranlagen Zwickau | MDM 175,3 (MDM 65) | Kläranlagen in Zwickau, Werdau und Niederopritz | 1996: 109,6 % 1997: 3,1 % | 1996: 5,0 % 2005: 6,0 % 2016: 10,0 % | DM 50 000 zzgl. 5 % Agio |
| CFB Commerz Fonds Beteiligungsges., Düsseldorf | CFB-Fonds Nr. 77 | MDM 45,2 (MDM 30,9) | Büro- und Verwaltungsgebäude in Teltow | 1996: 75,9 % | 1997: 4,0 % 2005: 4,25 % 2016: 7,0 % | DM 50 000 kein Agio |
| Cheops GmbH, Haar (Quinz-Gruppe) | Quinz Grundstücksges. | MDM 15 (MDM 9) | Immobilien in Haar und Deisenhofen | 1996: 5,9 % 1997: 4,2 % 1998: 3,5 % | 2009: 4,8 % 2019: 5,0 % 2027: 15,1 % | DM 12 000 zzgl. 5 % Agio |

| | | | | | | |
|---|---|---|---|---|---|---|
| Columbus Capital, München | Immobilien-fonds XI | MDM 51,7 (MDM 33,7) | Bürogebäude in Rostock | 1996: ca. 90% | 1997: 5,0% 2005: 5,25% 2017: 7,0% | DM 50000 zzgl. 5% Agio |
| Concordia Bau und Boden, Oberhausen | Grundrendite-fonds Berlin | MDM 181,8 (MDM 35 Anlegerg.) | 2 Bürogebäude in Berlin-Weißensee | 1996: 100% | 1996: 6,0% 2005: 6,0% 2016: 9,5% | DM 100000 zzgl. 5% Agio |
| DAL Deutsche Anlagen-Leasing, Mainz | Sparkasse Tel-tow-Fläming | ca. MDM 40 (ca. MDM 22) | Büro- und Verwaltungs-gebäude in Luckenwalde | 1996: 70% 1997: 13% | 1998: 4,0% 2005: 5,0% 2017: 8,0% | DM 50000 kein Agio |
| DG Immobilien-Anlage, Frankfurt | DG-Anlage Fonds 35 | MDM 254,0 (MDM 168,6) | Büro-/Geschäftsgebäude in Berlin und in FFM | 1996: 63% | 1997: 4,0% 2005: 4,5% 2016: 8,5% | DM 20000 zzgl. 5% Agio |
| DG Immobilien-Anlage, Frankfurt | DG-Anlage Fonds 37 | MDM 166,9 (MDM 48) | 2 Wohn- und Geschäfts-häuser in Berlin | 1996: 154% 1997: 4,6% 1998: 1,2% | ab 2005: 2,25% ab 2011: 6,75% | DM 50000 zzgl. 5% Agio |
| Deutsche Immobilien Anlageges. mbH, Frankfurt | DB Immo-bilienfonds 7 | MDM 558,3 (MDM 347,6) | Hauptbahnhof Leipzig, Büro/Wohnungen in HH | 1996: 67% 1997: 9% | 1998: 4,5% 2005: 4,7% 2017: 7,2% | DM 50000 zzgl. 3,5% Agio |
| DIA Immobilien, Osnabrück | DIA Fonds Nr. 24 | MDM 66,3 (MDM 25) | Rehabilitationsklinik in Bad Gandersheim | 1996: 60% 1997: 40% | 1998: 7,0% | DM 30000 zzgl. 5% Agio |
| DIL Deutsche Immobilien Leasing, Düsseldorf | DIL Fonds Nr. 131 | MDM 129,8 (MDM 70,2) | Heizkraftwerk in Frank-furt an der Oder | 1996: 88% 1997: 7% 1998: 2,5% | 1998: 5,8% 2005: 9,6% 2010: 10,1% | DM 100000 kein Agio |
| DIL Deutsche Immobi-lien Leasing und ILV Leasing, Düsseldorf | ILV Fonds Nr. 63 | MDM 275,1 (MDM 95,8) | Kommunikations- und Servicezentrum, Berlin | 1996: 89,7% 1997: 6,8% 1998: 1,7% | 1998: 2,75% 2005: 3,6% 2016: 15,0% | DM 100000 zzgl. 0,7% Agio |
| DIV Deutsche Immo-Fonds Verwalt., Frankfurt | Grundbesitz-anlage Nr. 26 | MDM 69,1 (MDM 36,7) | Wohn- und Geschäfts-häuser in Berlin-Pankow | 1996: 97% | 1997: 3,25% 2005: 3,5% 2046: 31,0% | DM 20000 zzgl. 5% Agio |
| Doba Grund GmbH, München (Doblinger Gruppe) | Doba Anspar-fonds | MDM 98,5 (MDM 90) | Immobilien in München und in Putzbrunn | 1996: ca. 14% 1997: 3,8% 1998: 3,5% | 2012: 10,5% 2019: 14% 2026: 23% | DM 15000 zzgl. 5% Agio |
| Doba Grund GmbH, München (Doblinger Gruppe) | Berlin-Hohen-schönhausen | MDM 47,3 (MDM 19) | Büro/Logistikcenter Ber-lin-Hohenschönhausen | 1996: 105% | 1997: 7,0% 2005: 7,0% 2017: 11,5% | DM 100000 zzgl. 5% Agio |
| Domfinanz GmbH, München | Wohn-/ Geschäftsh. Tiffany | MDM 18,3 (MDM 14) | Wohn- und Geschäfts-haus in Coswig | 1996: ca. 80% | 1997: 3,0% 2005: 3,25% 2015: 4,5% | DM 50000 zzgl. 5% Agio |
| Energiekontor, Bremerhaven | Bio-Solar-Haus Uetze | MDM 4,1 (MDM 3,9) | Bio-Solar-Mehrfamilien-haus, Uetze bei Hannover | 1996: 6% | 1997: 5,5% 2005: 5,5% 2014: 6,0% | DM 20000 kein Agio |
| Falk + Partner Unterneh-mensgruppe, München | Falk-Fonds Nr. 58 | MDM 53,3 (MDM 34) | Einkaufs- und Dienstlei-stungszentrum in Leipzig | 1996: 91% | 1997: 5,0% 2005: 5,5% 2017: 10,0% | DM 30000 zzgl. 5% Agio |
| Falk + Partner Unterneh-mensgruppe, München | Falk-Fonds Nr. 59 | MDM 102,7 (MDM 57,9) | Büro- und Geschäftshaus in Berlin, Hotel auf Sylt | 1996: 78% 1997: 3% | 1997: 5,0% 2005: 5,5% 2017: 10,0% | DM 30000 zzgl. 5% Agio |
| Fondsverwaltungsges. Allg. Leasing, München | Beteiligungs-angebot XII | MDM 134,6 (MDM 56,4) | NDR-Funkhaus in Schwerin | 1996: 120% 1997: 15,8% (Bareinlage) | 1998: 1,3% 2014: 3,3% | DM 150000 kein Agio |
| Fondsverwaltungsges. Allg. Leasing, München | Müllheizkraft-werk Kempten | MDM 182,3 (MDM 80,5) | Restmüllheizkraftwerk in Kempten | 1996: 56,3% 1997:28,9% 1998: 13,5% | 1997: 2,2% 2000: 2,5% 2004: 11,95% | DM 100000 kein Agio (22 % finanziert) |
| Fundus Fondsverwaltun-gen, Köln | Fundus-Fonds 31 | MDM 456,3 (MDM 425) | Hotel Adlon am Branden-burger Tor/Berlin | 1996: 38,4% 1997: 1,5% | 1999: 4,0% 2005: 5,0% 2017: 7,5% | DM 50000 zzgl. 5% Agio |
| GEWOBAG AG, Berlin (Vertrieb: Dr. Görlich) | Fonds GEWO-BAG 3 | MDM 223,3 (MDM 73,4) | Geförderte Wohnungen Tegel/Hohenschön-hausen | 1996: 95% 1997: 94% | 1998: 2,0% | DM 25000 zzgl. 5% Agio |

| | | | | | | |
|---|---|---|---|---|---|---|
| GHF Gesellschaft für Handel und Finanz, Leer | Wohnstift „Auf der Kronenburg" | MDM 135,4 (MDM 67) | Wohnstift für betreutes Wohnen in Dortmund | 1996: 38,6% 1997: 10,9% | 1996: 7,0% 2005: 8,0% 2017: 11,0% | DM 50 000 zzgl. 5% Agio |
| Groth + Graalfs, Berlin | Karow-Lambda | MDM 63,7 (MDM 26,4) | Wohnungsbau im 1. Förderweg in Weißensee | 1996: 170,4% 1997: 6,4% 1998: 4,3% | 1998: 2,0% 2005: 2,0% 2011: 2,0% | DM 30 000 zzgl. 5% Agio |
| Groth + Graalfs, Berlin | Kirchsteigfeld Fonds 18 | MDM 95,6 (MDM 36) | Wohnungsbau im 3. Förderweg, Brandenburg | 1996: 141,5% 1997: 4,7% 1998: 5,0% | 1997: 1,5% 2005: 2,0% 2011: 3,0% | DM 30 000 zzgl. 5% Agio |
| Grund + Renten Ges. für Anlagen Consult, Berlin | GKB-City-Fonds | MDM 81 (MDM 48) | 2 Büro- und Geschäftshäuser in Berlin | 1996: 57,2% | 1997: 5,0% 2005: 5,5% 2021: 9,0% | DM 30 000 zzgl. 5% Agio |
| Grund + Renten Ges. für Anlagen Consult, Berlin | GKB-Trio | MDM 28 (MDM 15,5) | 3 Büros/Geschäfte in Pankow, Brandenburg | 1996: 77,8% | 1997: 5,0% 2005: 5,0% 2021: 7,75% | DM 50 000 zzgl. 5% Agio |
| Dr. Hanne, Berlin | Seniorenresidenzen „Am Krökentor" | MDM 34,5 (MDM 18,1) | Seniorenresidenzen und Büro/Geschäftshaus in Magdeburg | 1996: 90% 1997: 15% | 1998: 3,0% 2006: 6,75% 2020: 10,0% | DM 50 000 zzgl. 5% Agio |
| Dr. Hanne, Berlin | Residenzen in Dresden/Freudenstadt | MDM 104,3 (MDM 47,6) | je eine Seniorenresidenz in Dresden/Freudenstadt | 1996: 75% 1997/98: 18% | 1998: 3,0% 1999: 6,75% 2020: 10,25% | DM 50 000 zzgl. 5% Agio |
| Hannover HL Leasing, München | HL-Fonds Nr. 21 | MDM 468,5 (MDM 123) | 4 Verwaltungsgebäude in Berlin (2x), München, Frankfurt | 1996: 141% (bezogen auf Bareinlage) | 1996: 3,2% 2005: 1,0% 2026: 10,7% | DM 209 780 zzgl. 3% Agio (Bareinlage) |
| HAT Hanseatische Anlage Treuhand, Hamburg | HAT Immobilienfonds 57 | MDM 50,4 (MDM 9,98) | Seniorenresidenz in Baden-Baden | 1996: ca. 20% | keine, da bis 2014 Unterdeckungen | DM 10 000 zzgl. 5% Agio |
| H.F.S. Hypo-Fondsbeteiligungen, München | H.F.S. Zweitmarktfonds | MDM 108,7 (MDM 70) | Blindpool, der Zweitmarktanteile erwirbt | 1996: ca. 8% | 1999: 5,5% 2005: 7,25% 2017: 10,25% | DM 20 000 zzgl. 5% Agio |
| IBH Immobilienfonds, München | Wohnbaufonds Nürnberg-Fürth | MDM 8,1 (MDM 6,1) | Wohnungen in Nürnberg/Fürth | 1996: ca. 15% | 1996: 3,0% 2005: 3,5% 2010: 4,5% | DM 30 000 zzgl. 5% Agio |
| IC Immobilien Consult. & Anlageges., Düsseldorf | IC Fonds USA 8 | MUS-$ 10 (MUS-$ 5,9) | Fachmarktzentrum in Monrovia/L.A., USA | keine, teilw. steuerfreie Erträge | 1997: 7,0% 2005: 7,0% 2015: 10,5% | US-$ 50 000 zzgl. 5% Agio |
| ILG Planungsges. Industrie & Leasing, München | ILG Fonds Nr. 26 | MDM 71,8 (MDM 44,2) | Einzelhandelsdienstleistungszentrum Dresden | 1996: 91,3% | 1997: 5,0% 2005: 5,5% 2015: 8,0% | DM 10 000 zzgl. 5% Agio |
| Immo.-Anlageges. für Württemberg. Versich., Köln | Fonds USA Washington | MUS-$ 22,18 (MUS-$ 11,6) | Geschäftshaus in Georgetown, Washington D.C. | keine, teilw. steuerfreie Erträge (DBA) | 1996: 7,0% 2005: 8,0% 2010: 9,0% | US-$ 25 000 zzgl. 5% Agio |
| Inteco Holding, Kernen | Rendite-Fonds Nr. 117/118 | MDM 13,5 (MDM 12,8) | Gewerbe in Großröhsdorf und Seifhennersdorf | 1996: 47,4% 1997: 1,8% 1998: 0,7% | 1996: 6,2% 2005: 7,4% 2017: 9,8% | DM 100 000 zzgl. 5% Agio |
| Jamestown US-Immobilien GmbH, Köln | Jamestown 15 | MUS-$ 58,3 (M$ 25,75) | Immobilien in San Francisco, Nashville, Philadelphia | keine, teilw. steuerfreie Erträge (DBA) | 1997: 7,5% 2005: 8,5% 2007: 9,5% | US-$ 25 000 zzgl. 5% Agio |
| KapHag Vermögensanlagen, Berlin | HapHag Renditefonds 50 | MDM 288,6 (MDM 219) | Büro- und Einzelhandelsgebäude in Berlin-Mitte | 1996: 59,1% 1997: 2,6% | 1998: 4,5% 2005: 4,5% 2027: 10,0% | DM 50 000 zzgl. 5% Agio |
| Kapital-Consult, Stuttgart | Drei-Länder-Fonds 94/17 | MDM 2211,7 (MDM 1281,4) | Immobilien in Stuttgart, Baden-Baden, USA | 1996: 19% | 1996: 7,0% 2005: 7,0% 2025: 18,5% | DM 20 000 zzgl. 5% Agio |
| Kapital und Steuern GmbH, Emden | Reading Reef Club | MDM 12,9 (MDM 7,1) | Hotelanlage und Dependance auf Jamaica | keine | 1996: 8,75% 1999: 12,5% 2001: 13,75% | DM 50 000 zzgl. 5% Agio |
| Kerber Projekt Consult GmbH, Saarbrücken | Kerber Grundbesitz Fonds 1 | MDM 10,5 (MDM 10) | Markt Saarbrücken, Wohnen in St. Ingbert | 1996: ca. 26% | 1997: 4,0% 2005: 5,0% 2015: 6,0% | DM 10 000 zzgl. 5% Agio |

| | | | | | | |
|---|---|---|---|---|---|---|
| Kersting Dr. Manfred, Paderborn | Klinik Blumenhof | MDM 30,7 (MDM 14) | Kurklinik in Bayerbach bei Bad Birnbach | 1996: ca.100% | 1997: 7,0% 2005: 8,5% 2011: 12,0% | DM 30 000 zzgl. 5% Agio |
| Kersting Dr. Manfred, Paderborn | Reha-Klinik 4 Jahreszeiten | MDM 134,8 (MDM 56,5) | Reha-Klinik und First-class-Hotel Bad Gögging | 1996: 48,8% 1997: 48,4% | 1998: 7,5% 2005: 9,0% 2012: 12,0% | DM 30 000 zzgl. 5% Agio |
| Konzepta, Berlin | Fontane-Center | MDM 64,1 (MDM 34) | Büro/Geschäftshaus mit Wohnungen bei Berlin | 1996: 105% | 1997: 4,5% 2005: 5,0% 2018: 10,0% | DM 50 000 zzgl. 5% Agio |
| Konzepta, Berlin | Heideresidenzen bei Hamburg | MDM 22,6 (MDM 11,6) | 2 Seniorenheime im Landkreis Harburg | 1996: 46% 1997: 7% 1998: 6% | 1997: 5,0% 2005: 6,5% 2018: 15,0% | DM 50 000 zzgl. 5% Agio |
| LBB Immobilien, Wiesbaden | LBB Fonds 5 | MDM 1182 (MDM 440,8) | 15 verschiedene Immobilien in Deutschland | 1996: 85% 1997: 1,1% | 1997: 5,5% 2005: 5,5% 2021: 7,0% | DM 20 000 zzgl. 5% Agio |
| LBB Immobilien, Wiesbaden | LBB Fonds 6 | ca. MDM 540 (MDM 206) | 9 verschiedene Immobilien in Deutschland | 1996: 87% | 1997: 5,5% 2005: 5,5% 2017: 7,0% | DM 20 000 zzgl. 5% Agio |
| MPC Münchmeyer, Petersen Capital, Hamburg | Rendite-Fonds Holland 2 | MDM 11,8 (MDM 7,8) | Bürogebäude in Groningen (Holland) | keine, teilw. steuerfreie Erträge (DBA) | 1996: 7,0% 2005: 8,0% 2007: 8,25% | DM 20 000 zzgl. 5% Agio |
| Dr. Peters GmbH, Dortmund | DS-Rendite Fonds Nr. 50 | MDM 28,2 (MDM 15) | Alten- und Pflegeheim, Joachimsthal | 1996: 97% 1997: 3% | 1998: 5,0% 2005: 5,25% 2019: 8,5% | DM 20 000 zzgl. 5% Agio |
| Dr. Peters GmbH, Dortmund | DS-Rendite Fonds Nr. 51 | MDM 55,5 (MDM 29,7) | Alten- und Pflegeheim in Erfurt-Alpenstadt | 1996: 97% 1997: 3% | 1998: 5,0% 2005: 5,25% 2019: 8,5% | DM 20 000 zzgl. 5% Agio |
| Dr. Peters GmbH, Dortmund | DS-Rendite Fonds Nr. 52 | MDM 41,6 (MDM 22,3) | Alten- und Pflegeheim, Gräfenroda, südwestlich von Erfurt | 1996: 97% 1997: 3% | 1998: 5,0% 2005: 5,25% 2019: 8,5% | DM 20 000 zzgl. 5% Agio |
| Phidas GmbH, Berlin | Wohnpark Mühlenstücke | MDM 37,8 (MDM 15) | Wohnungsbau im 3. Förderweg (Land Brandenburg) in Nauen | 1996: 142,8% 1997: 2,2% 1998: 1,8% | 2001: 1,0% 2005: 2,0% 2022: 3,0% | DM 30 000 zzgl. 5% Agio |

**Abb. 6.8: Anbieter von Geschlossenen Immobilienfonds**
**Quelle:    G. Rodler (Hrsg.), Immobilien-Magazin, Nr. 6, S. 26 ff., Grasbrunn Oktober 1996**

# 7. Kommunikationspolitik

## 7.1 Werbung

### 7.1.1 Inhalt und Bedeutung der Werbung

Immobilien, die sich quasi von selbst verkaufen, sind in der heutigen Zeit eher die Ausnahme. Ohne Werbung ist der Verkauf bzw. die Vermietung auf einem Käufer- bzw. Mietermarkt kaum vorstellbar geworden. Die Werbung zählt dabei neben der Verkaufsförderung, dem persönlichen Verkauf und der Öffentlichkeitsarbeit zu den wesentlichen Instrumenten der Kommunikationspolitik. Behrens definiert Werbung als „eine absichtliche und zwangfreie Form der Beeinflussung, welche die Menschen zur Erfüllung der Werbeziele veranlassen soll" (Behrens, K.: Absatzwerbung, 1963 S. 12).

Nach der Anzahl der Umworbenen kann in Mengenumwerbung (Mediawerbung) und Einzelumwerbung (Direktwerbung) differenziert werden. Während die klassische Werbung (Mediawerbung) in Massenmedien wie Fernsehen, Rundfunk, Tageszeitungen, Zeitschriften, Plakate etc. indirekt, also unter Nutzung technischer Hilfsmittel, ein breites und anonymes Publikum anspricht, bezieht sich die Direktwerbung auf die unmittelbare Ansprache ausgewählter Personen und Institutionen (Zielgruppen). Ein typisches Beispiel für die Direktwerbung ist die Mietersuche im gewerblichen Bereich anhand gezielt versendeter Werbebriefe bzw. Werbeprospekte.

#### 7.1.1.1 Aufgabenbereiche der Werbung in der Immobilienwirtschaft

Werbung kann für die einzelnen Produkte bzw. Produktgruppen (Wohnung, Büroimmobilie, Gewerbepark etc.), für eine angebotene Dienstleistung (Hausverwaltung, Facility-Management, Research, Immobilien-Controlling etc.) oder für das Unternehmen als Ganzes (Unternehmens- bzw. Firmenwerbung) durchgeführt werden. Während bei der Werbung für die angebotenen Produkte und Dienstleistungen in erster Linie die einzelnen Leistungen herausgestellt werden, versucht die Firmenwerbung, eine Vertrauensbasis bzw. einen Goodwill aufzubauen (Corporate Image) und für das gesamte Leistungsangebot zu werben.

### 7.1.1.2 Organisation und Träger der Immobilienwerbung

Zu den strategischen Überlegungen gehört die Frage, ob die Werbung alleine (Allein- bzw. Einzelwerbung) oder in Gemeinschaft mit anderen (Kollektivwerbung) durchgeführt werden soll.

*Kollektivwerbung*

Kollektivwerbung kann u.a. in die Gemeinschaftswerbung und die Sammelwerbung untergliedert werden. Unter einer Gemeinschaftswerbung versteht man den Zusammenschluß verschiedener Unternehmen zum Zweck der gemeinsamen werblichen Profilierung, wobei die einzelnen Beteiligten anonym bleiben. Durch die gemeinschaftliche Werbung soll die individuelle Werbung der Unternehmen ergänzt und verstärkt werden. Praktiziert wird die Gemeinschaftswerbung insbesondere in Einkaufszentren, Freizeitimmobilien und Gewerbeparks durch die Bildung einer Werbegemeinschaft. Durchgeführt wird die Gemeinschaftswerbung aber auch von Städten im Rahmen des Stadtmarketing und von den Bausparkassen, die in Form von Zeitungsanzeigen, Radio- und Fernseh-Spots für das Produkt „Bausparvertrag" werben. Ein weiteres Beispiel aus der Immobilienwirtschaft zeigt sich darüber hinaus beim Bundesverband Deutscher Fertigbau (BDF), wobei hier das Fertighaus bei den Nachfragern positioniert werden soll.

Generelles Ziel einer Werbegemeinschaft ist es, die Immobilie außen als Einheit zu präsentieren, den Bekanntheitsgrad zu erhöhen und das Image des Immobilienproduktes zu verbessern. Durch den Finanzierungspool können hierbei Werbeträger eingesetzt werden, die üblicherweise aus Kostengründen nicht berücksichtigt werden könnten (Fernsehen, Publikumszeitschriften etc.).

Eine erfolgreiche Gemeinschaftswerbung erfordert die enge Zusammenarbeit der verschiedenen Akteure. Vertrauen und Offenheit zwischen den Partnern zählen zu den Voraussetzungen einer effektiven Gemeinschaftswerbung. In Einkaufszentren z.B. ist üblicherweise mit dem Abschluß des Mietvertrages zugleich die Verpflichtung zum Beitritt in die Werbegemeinschaft verbunden. Zu fixieren sind in diesem Zusammenhang auch die Regelungen über Werbebeiträge und Kostenumlagen. Unabhängig davon, ob der Mieter aktiv an der Mieter- bzw. Werbevereinigung mitarbeitet oder nicht, sind von ihm die Kosten aus den Umlagen zu tragen. Außerdem sollte der Mieter bei allen eigenen Werbeaktivitäten das Objektsignet verwenden.

Von Sammelwerbung spricht man, wenn mehrere Unternehmen im Rahmen einer gemeinsamen Werbemaßnahme unter Nennung ihrer Marken- bzw. Firmennamen für den Absatz ihrer jeweiligen Leistungen werben. Ein Beispiel aus der Immobilienwirtschaft ist der Zusammenschluß bedeutender Maklerunternehmen in der DIP (Deutsche Immobilien-Partner), bei der die Unternehmen Aengevelt, Gaulke & van Mastrigt GmbH, Arnold Hertz, Schauer Immobilien sowie das Bankhaus Ellwanger & Geiger zusammengeschlossen sind und unter gemeinschaftlichem Logo in Anzeigen, Werbeprospekten, Marktberichten auftreten.

*Einsatz einer Werbeagentur*

Für jedes Unternehmen stellt sich darüber hinaus die Frage, ob es sich bei den anstehenden Werbemaßnahmen durch eine Werbeagentur ganz oder teilweise beraten läßt. Eine zunehmende Komplexität im Bereich der Werbung spricht dabei für die Übertragung auf einen Spezialisten. So beschäftigen die Werbeagenturen nicht nur Fachleute in den unterschiedlichen Bereichen, sondern verfügen durch die Zusammenarbeit mit vielen Klienten in der Regel auch über eine reichhaltige Erfahrung und Professionalität.

Das angebotene Spektrum reicht vom Fullservice bis zur Spezialagentur. Fullservice-Agenturen setzen sich dabei nicht nur mit der konkreten Werbesituation auseinander, sondern berücksichtigen auch die Marketingsituation des Unternehmens. Von marktorientierten Spezialagenturen spricht man, wenn sich die Werbeagentur auf Märkten mit spezifischen Kommunikationsstrukturen (z.B. Werbung für Einkaufszentren, Werbung im Bereich der Büroimmobilien etc.) spezialisiert hat. Funktionsorientierte Spezialagenturen übernehmen nur Teilaufgaben (Mediaplanung, Kreation, Marketingberatung, Direktmarketing etc.) einer Fullservice-Agentur (Wolf, J.: Werbung und Public Relations, 1992, S. 176). Die nachfolgende Checkliste vermittelt, welche Kriterien bei der Auswahl einer Werbeagentur zu berücksichtigen sind (vgl. Abb. 7.1).

## Checkliste: Kriterien für die Auswahl einer Werbeagentur

- *Leistungsangebot*
- Ist ein Fullservice, Teilservice oder eine Spezialagentur erforderlich? Entspricht das Dienstleistungsprogramm den Anforderungen des Unternehmens?

- Über welche Serviceabteilungen (Marktforschung, Werbeträgerforschung, Marketingberatung, Kreativabteilung, Mediaplanung, PR-Beratung, Werbemittelerfolgskontrolle etc.) verfügt die Werbeagentur?
- Wird mehr Wert auf Kreativität (innovative Gestaltung) oder Kompetenz (Branchenerfahrung und Problemlösungs-Know-how) gelegt?
- Welche Erfahrung im Immobilienbereich bzw. der Zielgruppe besitzt die Werbeagentur? Ist die Erfahrung erforderlich?
- Wird eine Agentur mit einem internationalen Netzwerk benötigt?
- Welche Erfolge (z.B. bisherige Kampagnen) kann die Agentur vorweisen? Welche von der Werbeagentur betreuten Immobilien konnten sich im Laufe der letzten Jahre erfolgreich am Markt behaupten bzw. positionieren?

- *Agenturphilosophie*
- Über welche Philosophie verfügt die Agentur?
- Ist die Agenturphilosophie mit der eigenen Marketingphilosophie kompatibel?

- *Kundenbetreuung*
- Gibt es einen Betreuer, der ausschließlich für das eigene Unternehmen zuständig ist?
- Über welche Erfahrung verfügt der Betreuer im spezifischen Marktsegment?
- Wie lange arbeitet die Agentur mit ihren bisherigen Kunden zusammen?
- Sind die bisherigen Kunden mit der Arbeit der Werbeagentur zufrieden?
- Wie wichtig ist die räumliche Nähe der Agentur für die Betreuung?

- *Unabhängigkeit*
- Ist die Werbeagentur bezüglich der Werbeträger frei von Bindungen?
- Ist die Werbeagentur ebenso bezüglich der Zulieferer (Materialien oder Information) frei von Bindungen?

- *Leistungsabrechnung*
- Welches Honorarmodell bietet die Agentur an? Honorar- oder Provisionsabrechnung? Oder auch eine erfolgsorientierte Vergütung?
- Wie wird das Kosten-Leistungs-Verhältnis beurteilt (eventuell im Vergleich zu anderen Agenturen)?

**Abb. 7.1: Checkliste „Werbeagentur"**
**Quelle:** In Anlehnung an Hanser, P.: Deutscher Werbekalender 1997 (34. Ausgabe), Düsseldorf 1997, S. II-176. / Wolf, J.: Werbung und Public Relations, München: 1992, S. 177. / Rogge, H.: Werbung, Ludwigshafen 1996, S. 85.

Info Box Potsdamer Platz, Berlin

Lindencorso, Berlin, Baustellengestaltung

Lindencorso, Berlin, Bau- und Projektschild

**Checkpoint Charlie, Berlin, Baustellengestaltung**

Checkpoint Charlie, Berlin, Baustellenschild

413

Ku'damm Eck, Berlin, Situation 1997

414

Ku'damm Eck, Berlin, Planung, Computersimulation

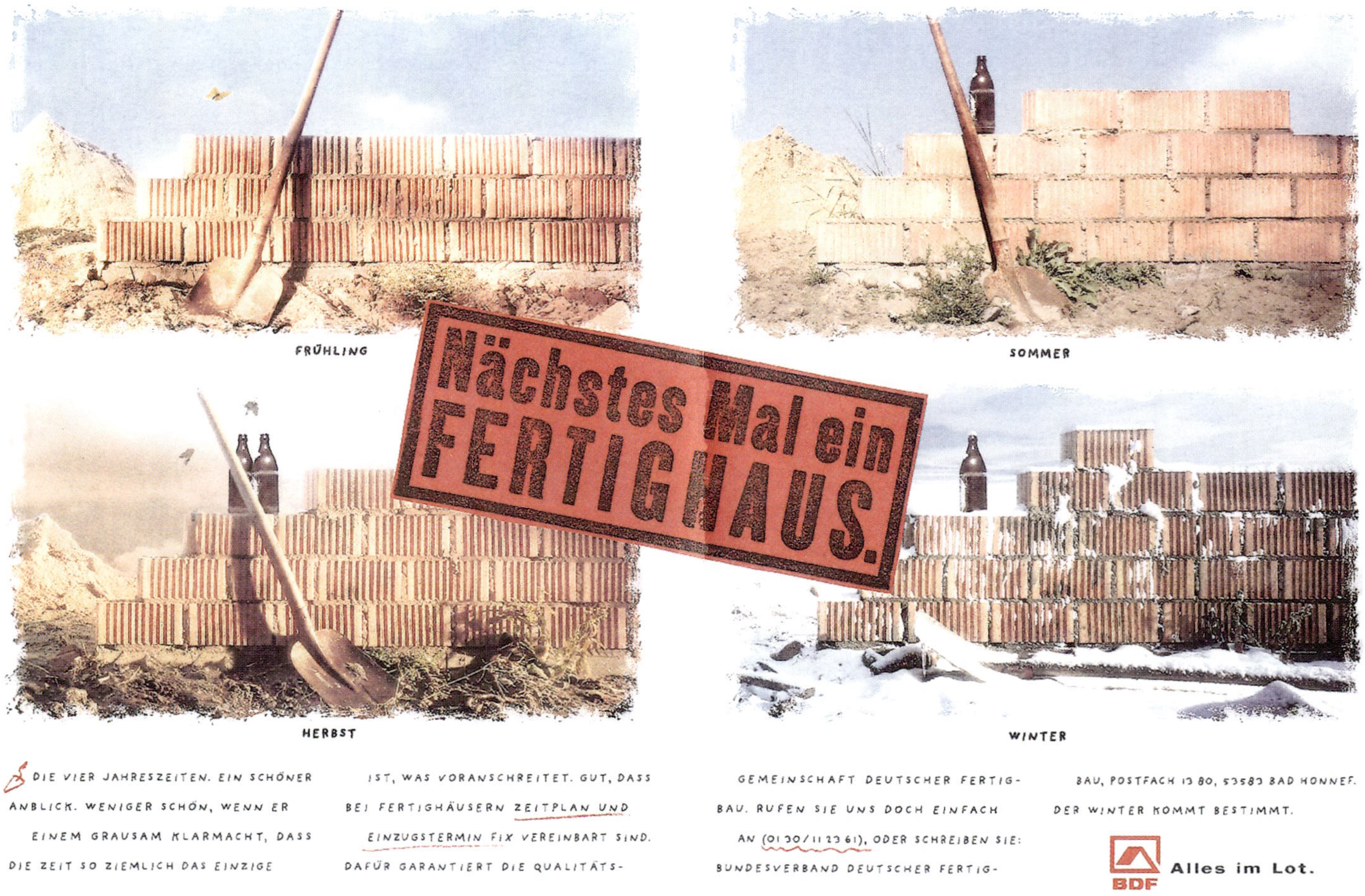

Springer & Jacoby, Hamburg

Eine ergänzende Einschätzung bezüglich der Qualität und Kreativität einer Werbeagentur erhält man im Rahmen einer Wettbewerbspräsentation. Hierzu werden nach einem einheitlichen Briefing einige ausgewählte Werbeagenturen aufgefordert, für ein vorgegebenes Werbeproblem Lösungsvorschläge zu unterbreiten. Für die Wettbewerbspräsentation wird mit den beauftragten Agenturen, je nach Umfang der Aufgabe und der Präsentation, in der Regel eine Vergütung vereinbart.

Basis der Zusammenarbeit zwischen Kunde und Agentur ist das Briefing. Unter Briefing wird hierbei die „Zusammenfassung der Gesamtaufgabenstellung der Werbung verstanden, die als Arbeitsrichtlinie und Orientierungsrahmen für alle an der Werbung planend und durchführend Beteiligten dient" (Rogge, H.: Werbung, 1996, S. 49). Das Briefing als Ist-Aufnahme und Darstellung des *potentiellen* Auftraggebers dient somit als Grundlage für die Entwicklung eines sinnvollen und effektiven Werbekonzeptes. Als Konkretisierung der Aufgabenstellung kann das Briefing folgende Informationen beinhalten (vgl. Abb. 7.2).

---

### Inhalt eines Briefing

- Marketing- und Kommunikationsziele, differenziert nach Zielgruppen (Penetration der Botschaft, Steigerung des Bekanntheitsgrades etc.);
- Situation des Unternehmens (Marktposition, Image, Umsatzentwicklung etc.);
- Marktgegebenheiten und -entwicklung (Markt- und Standortanalyse);
- Leistungsprofil – Stärken und Schwächen der zu bewerbenden Immobilie (Objektanalyse);
- Leistungsprofil der wichtigsten Wettbewerber (Preispolitik, Produktpolitik, Servicepolitik, Werbestrategie etc.);
- Zielgruppenbeschreibung (Anforderungsprofil, Motive, Bedürfnisse etc.);
- Kernbotschaft und Positionierung (Unique Selling Proposition);
- Hinweise zur kreativen Umsetzung bzw. Gestaltung (Mediastrategie, Werbemittelgestaltung etc.);
- Marketingpläne / Werbemaßnahmen in der Vergangenheit;
- Angaben zum Logo, Corporate Identity, Corporate Design etc.;
- Werbebudget (Budgetvolumen, Aufteilung des Werbebudgets auf die einzelnen Werbeträger etc.);
- Zeitplan (Präsentationstermin, Buchungstermine bei den Medien etc.).

---

Abb. 7.2: Briefinginhalt
Quelle:   In Anlehnung an Hanser, P.: Deutscher Werbekalender 1997 (34. Ausgabe), Düsseldorf 1997, S. II-177. / Wolf, J.: Werbung und Public Relations, München 1992, S. 178 f.

## 7.1.2 Entwicklung einer Werbekonzeption

Unter der Werbekonzeption ist der gesamtheitliche Entwurf der Werbeplanung und Werbedurchführung zu verstehen. Die Werbekonzeption kann dabei in folgende Elemente untergliedert werden:

- Definition der Werbeziele für die Zielgruppen,
- Festlegung des Werbebudgets,
- Entscheidungen zur Werbebotschaft,
- Wahl der Werbemittel und Werbeträger,
- Timing des Mediaeinsatzes,
- Beurteilung bzw. Kontrolle der Werbewirkung.

### 7.1.2.1 Definition der Werbeziele

Der erste Schritt in der Entwicklung einer Werbekonzeption besteht in der Definition der Werbeziele. Die Werbeziele sind dabei als Unterziele zu den Marketingzielen zu verstehen und müssen u.a. aus den Zielmarkt- und Positionierungsentscheidungen des Unternehmens abgeleitet werden (vgl. Kotler, P./Bliemel, F.: Marketing-Management, 1995, S. 959). Eine wesentliche Grundlage und Entscheidungsparameter der Werbeplanung ergibt sich somit aus dem Zielmarkt, also dem spezifischen Produkt bzw. Geschäftsfeld des Unternehmens (Gewerbepark, Einkaufspassage, betreutes Wohnen etc.). Ausgangspunkt jeder werblichen Aktivität ist daher die Ermittlung, Abgrenzung und Analyse des Zielmarktes bzw. der Zielfelder des Unternehmens.

Werbeziele sind dabei zielgruppenbezogen zu formulieren und auf die anzusprechenden Marktsegmente auszurichten. Dies erfordert allerdings eine genaue Kenntnis des Zielmarktes auf der Basis eingehender Marktforschungserhebungen. Zu untersuchen ist hierbei u.a. das Image, das Kommunikations- und Werbeverhalten und das Angebotsspektrum (Standort, Bauqualität, Architektur, Ausstattungsqualität etc.) der Wettbewerber. Aber nicht nur das Marketingverhalten der Konkurrenz, auch das eigene Unternehmen ist zu analysieren. Denn nur wenn das eigene Image und der Bekanntheitsgrad des Unternehmens bzw. der zu bewerbenden Immobilie bekannt ist und die spezifischen Besonderheiten (Stärken bzw. Schwächen) des Angebotes beurteilt werden können, ist die Entwicklung einer unter strategischen Gesichtspunkten erfolgreichen Werbekonzeption gegeben.

*Identifikation der Zielgruppe*

Eine weitere Voraussetzung erfolgreicher Werbung zeigt sich in der Identifikation der Zielgruppe. Die Bestimmung der Zielgruppe ist hierbei eng mit dem anvisierten Zielmarkt verbunden. Sie ergibt sich in der Regel aus dem angebotenen Immobilienprodukt bzw. der Dienstleistung und ist von daher bereits im Rahmen der Produktpolitik (Projektentwicklung) zu definieren. Als Zielgruppe ist in diesem Zusammenhang eine Gruppe von Personen und/oder Institutionen zu verstehen, an die sich die Werbemaßnahme richtet, um ein angestrebtes Werbeziel zu erreichen. Im Immobilienbereich kann – je nach Immobilientyp, Standort und spezifischer Werbezielsetzung – eine Reihe von grundsätzlichen Zielgruppen abgegrenzt werden, (vgl. Abb. 7.3).

Eine Feinabstimmung dieser grundsätzlichen Zielgruppen etwa im Hinblick auf gemeinsame sozio-demographische Merkmale, spezifische Bedürfnisse,

---

## Zielgruppen

- Institutionelle Kapitalanleger oder Investoren: (Offene Immobilienfonds, Geschlossene Immobilienfonds, Leasing-Gesellschaften, ausländische Investoren, Versicherungsunternehmen, Pensionsfonds etc.);
- Selbstnutzer (Privatpersonen, Unternehmen, öffentliche Bauherren);
- Mieter oder Nutzer aus den unterschiedlichsten Bereichen (Wohnungsmieter, Einzelhändler, Großhändler, Dienstleistungsunternehmen, Gewerbebetriebe etc.);
- Projektentwickler, Bauträger;
- Kapitalgeber oder Kreditinstitute bzw. Bausparkassen etc.;
- Absatzmittler oder Absatzhelfer;
- Immobilienverwalter oder Immobilienmanager;
- Wohnungsunternehmen oder Wohnungsbaugenossenschaften;
- Architekten, Bauunternehmen, Handwerker etc.;
- Behörden;
- Öffentlichkeit;
- Journalisten oder die Presse allgemein;
- Immobilienberater;
- Opinionleader etc.

---

**Abb. 7.3: Zielgruppen**
**Quelle:    Institut für Gewerbezentren, Starnberg 1997**

Motive, Anforderungen oder regionale Merkmale (Begrenzung auf bestimmte Städte, Regionen, Einzugsgebiete etc.) sind darüber hinaus für eine effiziente werbliche Ansprache und Reduktion der Streuverluste unbedingt erforderlich.

Im Rahmen der Zielgruppendefinition kann in diesem Zusammenhang eine Reihe von unterschiedlichen Segmentierungskriterien herangezogen werden:

- *Demographische Kriterien.* Alter, Geschlecht, Familienstand, Haushaltsstruktur, Wohnort/Standort etc.
- *Sozioökonomische Kriterien.* Beruf, Position, Einkommen, Schul- und Berufsbildung, Sozialschicht etc.
- *Verhaltenspsychologische Kriterien.* Informationsverhalten, Prestigebewußtsein, Selbstverwirklichung, Konsumgewohnheiten etc.

Für eine erfolgreiche Zielgruppenbestimmung sind allerdings nur diejenigen Segmentierungskriterien auszuwählen, die eng mit dem interessierenden Nachfrageverhalten (Kauf, Anmietung etc.) korrespondieren (vgl. Froböse, M.: Mikro-geographische Segmentierung von Einzelhandelsmärkten, 1995, S. 29). Im Rahmen der Zielgruppenbestimmung ebenfalls zu beachten ist deren werbliche Erreichbarkeit. Erforderlich ist in diesem Zusammenhang die Möglichkeit einer gezielten Zielgruppenansprache mit bestimmten Werbemitteln oder Werbeträgern.

Eine effiziente werbliche Ansprache erfordert darüber hinaus eine Analyse der definierten Zielgruppe u.a. bezüglich ihrer Motive, Bedürfnisse, Verhaltensweisen, Standortpräferenzen und Anforderungskriterien (z.B. Klimatisierung, Doppelböden, Serviceeinrichtungen, PC-Netzverkabelung, abgehängte Decken, flexible Raumaufteilung im Bürobereich). Siehe dazu Abb. 7.4.

| Zielgruppenanalyse | |
|---|---|
| *Zielgruppen im Wohnungsbereich* | *Motive* |
| *Selbstnutzer* | • Unabhängigkeit,<br>• Selbstverwirklichung bzw. freie Entfaltung für die Familie,<br>• Abnehmende Belastung im Laufe der Jahre,<br>• Altersvorsorge,<br>• Sachwertanlage,<br>• Anerkennung seitens des sozialen Umfeldes etc. |
| *Kapitalanleger* | • Steuerersparnis,<br>• Sachwertanlage,<br>• Rendite (Wertzuwachs, Miete),<br>• Rentenvorsorge,<br>• öffentliche Förderung etc. |

**Abb. 7.4: Zielgruppenanalyse**
**Quelle:      Institut für Gewerbezentren, Starnberg 1997**

Effektive Werbung muß sich darüber hinaus an dem spezifischen Entscheidungsprozeß der Mieter bzw. Käufer orientieren. Zu analysieren ist hierbei u.a. die Informationsaufnahme und -verarbeitung der betreffenden Zielgruppe. Will man beispielsweise einen Expansionsleiter eines Handelsfilialisten für eine Anmietung gewinnen, so ist eine Ausrichtung der werblichen Ansprache auf die spezifischen Informationsbedürfnisse (Standort oder Lage der Mieteinheit, Mietkonditionen, Höhe der Nebenkosten, einzelhandelsrelevante Marktdaten im Einzugsgebiet etc.) des potentiellen Mieters empfehlenswert.

*Inhalt der Werbeziele*

Neben der Zielgruppe ist auch der Inhalt der Werbeziele zu definieren. Werbeziele können hierbei in generelle und spezielle (operationale) Werbeziele differenziert werden. Zu den generellen bzw. primären Werbezielen zählen beispielsweise die Einführungs-, die Erhaltungs- und Erinnerungs- sowie die Expansionswerbung.

Darüber hinaus unterscheidet man grundsätzlich in ökonomische und außerökonomische Werbeziele. Zu den ökonomischen Werbezielen gehören beispielsweise die Erhöhung der Mieteinahmen, der Flächenproduktivitäten und der Verkaufserlöse. Außerökonomische Zielgrößen bzw. Indikatoren können wiederum in Kontaktziele (z.B. Bekanntmachung einer Projektentwicklung) und psychologische Ziele (z.B. Steigerung des Goodwill gegenüber einem Unternehmen oder Bauvorhaben etc.) differenziert werden. Die außerökonomischen Werbeziele sind somit nicht unmittelbar auf ökonomische Ergebnisgrößen ausgerichtet, sondern unterstützen und beeinflussen vielmehr die Realisierbarkeit ökonomischer Ziele (vgl. Rogge, H.: Werbung, 1996, S. 66).

Da ökonomische Zielgrößen von zahlreichen Einflußfaktoren – wie z.B. der konjunkturellen Situation, dem Konsumentenverhalten, der Lage, der Konzeption und dem Einsatz der übrigen marketingpolitischen Instrumente (Preispolitik, Verkaufsförderung, Verkaufsmanagement, Öffentlichkeitsarbeit, Distributionspolitik etc.) – beeinflußt werden, besteht keine eindeutige Ursache-Wirkung-Beziehung zwischen den Werbeaktivitäten auf der einen und den ökonomischen Zielgrößen auf der anderen Seite. Ökonomische Zielgrößen werden daher zunehmend durch außerökonomische Ziele abgelöst (vgl. Nieschlag, R./Dichtl, E./Hörschgen, H.: Marketing, 1991, S. 504).

Zu beachten sind in diesem Zusammenhang auch die verschiedenen aufeinanderfolgenden Stufen der Werbewirkung (Stufenmodelle). Das bekannteste Modell, welches die unterschiedlichen Werbewirkungsstufen beschreibt, ist das **AIDA**-Modell mit den Teilwirkungen:

- **A**ttention (Aufmerksamkeit erregen),
- **I**nterest (Interesse wecken),
- **D**esire (Verlangen, Weckung des Wunsches nach der Leistung),
- **A**ction (Auslösung einer Handlung in Form eines Kaufes, einer Anmietung etc.).

Zugrunde liegt diesem Modell ein Prozeß, der die Reihenfolge *kognitive*, *affektive* und *konative* Wirkung durchläuft. Der Nachfrager erwirbt also zunächst Wissen über die Immobilie (Lage, Größe, Ausstattung, Preis etc.), entwickelt daraufhin (positive oder negative) Empfindungen, Präferenzen, Zuneigung zur Immobilie und handelt schließlich, indem er die Immobilie kauft, mietet oder sie zurückweist bzw. ablehnt (Kotler, P./Bliemel, F.: Marketing-Management, 1995, S. 916 f.).

Da jedes Unternehmen u.a. aufgrund seiner spezifischen Marketingstrategien unterschiedliche Werbeziele verfolgt, ist der nachfolgende Katalog außerökonomischer Werbeziele nicht als allgemeingültig, sondern lediglich als Anregung zu verstehen (vgl. Abb. 7.5).

Neben der Festlegung der Werbezielinhalte ist auch das angestrebte Ausmaß und der zeitliche Bezug der Werbeziele zu definieren. Zeigt sich beispielsweise in einer Passantenbefragung, daß der Bekanntheitsgrad einer Enter-

---

## Katalog möglicher außerökonomischer Werbeziele

- Bekanntmachen einer neuen Immobilie (Eröffnungswerbung);
- Bekanntmachen eines neuen Unternehmens oder einer neuen Unternehmensdienstleistung (Facility-Management, Corporate-Real-Estate, Finanzierungsberatung, Hausverwaltung, Öffentlichkeitsarbeit etc.);
- Steigerung des Bekanntheitsgrades eines Unternehmens bzw. einer Immobilie;
- Erwecken von Neugier, Interesse oder Kontaktwille;
- Information der Konsumenten oder Kunden (z.B. über eine Center-Revitalisierung, eine Aktion oder ein Event, neue Angebotssortimente);
- Information über die Vorteile, Besonderheiten, Kosten-Nutzen-Status der Immobilie;
- Profilierung der eigenen Immobilie von den Angeboten der Wettbewerber;
- Verbesserung des Corporate Image oder des Image der Marktteilnehmergruppe;
- Aufwertung des Image der Immobilie (Produktimage oder Preisimage);
- Verbesserung des Serviceimage;
- Vermittlung emotionaler Erlebniswerte mit einer Immobilie;
- Schaffung einer USP (Unique Selling Proposition);
- Erinnerungswerbung (in der Reifephase);
- Erhaltung der Kundentreue;
- Erhöhung der Besucherfrequenzen (Handels- oder Freizeitimmobilie);
- Erweiterung des Einzugsgebietes (Handels- oder Freizeitimmobilie);
- Gewinnung neuer Kunden oder Zielgruppen.

---

**Abb. 7.5: Außerökonomische Werbeziele**
**Quelle:    Institut für Gewerbezentren, Starnberg 1997**

tainmentimmobilie bei der anvisierten Zielgruppe der 20- bis 45jährigen mit gehobenem Einkommen im Einzugsgebiet lediglich rund 45 Prozent beträgt, könnte ein Werbeziel folgende Zieldimensionen beinhalten:

- *Zielinhalt:*          Erhöhung des Bekanntheitsgrades der Entertainmentimmobilie bei der anvisierten Zielgruppe (20- bis 45jährige mit gehobenem Einkommen) im Einzugsgebiet.
- *Erstrebtes Ausmaß:*   Steigerung des Bekanntheitsgrades innerhalb der Zielgruppe von bisher 45 auf 80 Prozent.
- *Zeitlicher Bezug*:     Erhöhung des Bekanntheitsgrades innerhalb eines Jahres.

### 7.1.2.2 Festlegung des Werbebudgets

Nach der Definition der Werbeziele ist das Werbebudget zu bestimmen. Im Rahmen der Budgetierungsentscheidung sind dabei u.a. die Phase des Produktlebenszyklus, der Markt- und Kundenanteil, der Bekanntheitsgrad, der Wettbewerb und die Notwendigkeit der Kontakthäufigkeit zu berücksichtigen (vgl. Kotler, P./Bliemel, F.: Marketing-Management, 1995, S. 963). In der Praxis wird die Höhe des Werbebudgets in der Regel nach folgenden Methoden festgelegt (vgl. Weis, C.: Marketing, 1993, S. 352 f.):

- *Die ausgabenorientierte Methode (All-you-can-afford-Method):* Das Werbebudget orientiert sich hierbei an der finanziellen Lage oder Liquidität des Immobilienunternehmens. Unberücksichtigt bleiben bei diesem Ansatz allerdings die eigentlichen Marketing- bzw. Werbeziele.

- *Die Prozentsatz-von-...-Methode (Percentage-of-...-Method):* Bei dieser Methode wird die Höhe des Werbebudgets als bestimmter Prozentsatz z.B. vom Umsatz, Gewinn oder der Investitionssumme bestimmt. Auch dieser Ansatz ist kritisch zu beurteilen. Eine Orientierung z.B. am Umsatz hat ein prozyklisches Vorgehen zur Folge. So ergibt sich in einer Zeit der Prosperität und voll ausgelasteter Kapazitäten ein hohes und in rezessiven Zeiten ein geringes Werbebudget. Nicht berücksichtigt wird bei dieser Methode darüber hinaus der Lebenszyklus der Immobilie.

- *Orientierung an den Wettbewerbern (Competitive-Parity-Method):* Als Maßstab zur Bestimmung der Höhe des Werbebudgets werden bei dieser Methode die Etats vergleichbarer Wettbewerbsunternehmen bzw. ein

Branchendurchschnitt herangezogen. Unberücksichtigt bleiben allerdings auch hier die eigentlichen Werbeziele und die spezifische Situation des eigenen Unternehmens bzw. der zu bewerbenden Immobilie (Lebenszyklus, Bekanntheitsgrad, Image etc.).

- *Orientierung an den Zielen und Aufgaben (Objective-and-Task-Method):* Von den skizzierten Methoden kann vor allem dieser Ansatz als geeignet angesehen werden. Ausgangspunkt für die Festlegung der Höhe des Werbebudgets ist hierbei die Erreichung der exakt definierten Werbeziele im Rahmen der langfristigen Marketing- und Unternehmensziele. Die Werbung ist hierbei optimal in das Marketing des Immobilienunternehmens integriert und berücksichtigt neben der spezifischen Situation des Unternehmens bzw. der Immobilie auch die Marktlage und die Maßnahmen der Wettbewerber.

Die Ermittlung des Werbebudgets nach der Ziel-und-Aufgaben-Methode erfolgt (in Anlehnung an Hanser, P.: Deutscher Werbekalender 1997, S. II–178) sukzessive nach folgenden fünf Schritten:

*1. Schritt:* Festlegung produktbezogener Werbeziele und Zielgruppen.
*2. Schritt:* Bestimmung der im Hinblick auf die Zielgruppe adäquaten Werbemittel.
*3. Schritt:* Schätzung der erforderlichen Werbekontaktzahl.
*4. Schritt:* Ermittlung der treffsichersten Streumöglichkeit.
*5. Schritt:* Aggregation der Kostendaten zur Durchführung des Werbeprogramms. Wird der Kostenrahmen überschritten, ist ein erneuter Durchlauf mit gegebenenfalls reduziertem Anspruchsniveau durchzuführen.

### 7.1.2.3 Entscheidungen zur Werbebotschaft

Hat man die Werbeziele und Zielgruppen definiert, muß der Inhalt und die Form respektive Gestaltung der Werbebotschaft festgelegt werden. Grundlegender Inhalt der Werbebotschaft ist hierbei die eindeutige Identifikation und Differenzierung des Angebotes.

Aus Gründen der Individualisierung und Profilierung sollten in diesem Zusammenhang insbesondere größere Projekte durch die Kreierung eines Namens und Logos oder Signets am Markt als *Markenartikel* positioniert werden. Der Name sollte dabei einen Bezug zum Projekt und zum Projektumfeld haben (Hanseviertel, Messeturm, Gänsemarkt-Passage, Kö-Galerie) und nicht nur aus der Phantasie heraus entstehen. Wohlklingende Namen wie Park-Residenz, Galleria, Fürstenhof etc. müssen auch im Einklang mit den tatsächlichen Gegebenheiten des Projektes stehen. Als Bestandteil der Corporate Identity einer Immobilie sollte das Signet in allen Werbeaussagen und Geschäftsvorgängen Verwendung finden. Als Ergänzung zum Logo ist ein Slogan zu kreieren, der um die Sympathie der Zielgruppe wirbt und die spezifischen Vorzüge der Immobilie hervorhebt.

Die Einkaufspassage „*Kaufinger Tor*" vermittelt beispielsweise mit ihrem Namen und Logo nicht nur einen Bezug zur Lage (Kaufingerstraße München), sondern lädt durch den angedeuteten Torbogen auch zum Eintreten und Flanieren ein (vgl. Abb. 7.6).

Neben der Identifikation des Angebots soll die Werbebotschaft der Zielgruppe eine besondere Nutzenbotschaft offerieren. Im Sinne einer Unique Selling Proposition (USP) ist hierbei der einzigartige, unverwechselbare Produktvorteil bzw. das Besondere der Immobilie herauszustellen. Der USP kann sich dabei sowohl auf den objektiven Grundnutzen als auch auf den subjektiven Zusatznutzen beziehen. Wichtig ist darüber hinaus, daß der spezifische Nutzen im Rahmen der Werbebotschaft auch begründet wird (vgl. Weis, C.: Marketing, 1993, S. 355). Immobilien müssen beim Nachfrager als begehrenswert und einzigartig positioniert werden.

Anhaltspunkte zur Entwicklung zielgruppengerechter Werbebotschaften können sich durch Befragungen der Kunden, Konsumenten, Mieter, Nutzer und Immobilienexperten ergeben. Neben dem Anforderungsprofil der Zielgruppe sollten hierbei auch Meinungen über die Stärken und Schwächen und das Image der Immobilie identifiziert und im Rahmen der Werbebotschaft berücksichtigt werden. Im Sinne einer eigenständigen Profilierung ist darüber hinaus auf die Werbeargumentation der Wettbewerber zu achten.

Inhaltlich wird die Wirkung der Werbebotschaft auch durch ihre Gestaltung beeinflußt, und neben dem Stil der Werbebotschaft ist die Wortwahl, Tonqualität und eine Reihe formaler Elemente (Größe, Farbgebung, Plazierung etc.) für den Werbeerfolg ausschlaggebend. Im Sinne eines einheitlichen und prägnanten Image sind dabei alle Gestaltungselemente aufeinander abzustimmen und als geschlossene Einheit (Gestaltfestigkeit) zu kreieren (Behrens, K.: Absatzwerbung, 1963, S. 77).

**KAUFINGER TOR**

DIE EINKAUFSPASSAGE IM HERZEN MÜNCHENS

Abb. 7.6: Beispiel Kaufinger Tor

Die Gestaltung einer Werbebotschaft muß hierbei auf die Eigenschaften der Zielgruppe zugeschnitten sein und gleichzeitig die Corporate Identity und das Image des werbenden Immobilien-Unternehmens bzw. der spezifischen Immobilie berücksichtigen. In Abhängigkeit hiervon werden dabei eher rationale (wirtschaftliche, funktionale, technische) oder emotionale Aspekte (Humor, Liebe, Freude, Glück, Zufriedenheit) im Vordergrund der Werbebotschaft stehen.

Im Rahmen der Werbekonzeption ist die Tatsache zu beachten, daß es sich im Zusammenhang mit Immobilien um sehr individuelle Produkte (Unikate) handelt, die nach Lage, Größe, Typ, Ausstattung, Zielgruppe etc. durch eine große Bandbreite charakterisiert sind. Gefragt ist daher jeweils eine individuelle Lösung für einen spezifischen Fall. Besonders erfolgreich sind Werbebotschaften, die sich von der eher üblichen, monotonen Immobilienwerbung abheben. Eine beispielhafte Werbeaktion, die in eindrucksvoller Weise die spezifische Situation berücksichtigt, stammt aus den USA (Schönert, W.: Jede Werbung ist auch Imagewerbung, Die Freie Wohnungswirtschaft, 2/1991):

Vor einem Grundstück mit Apartmenthaus stand hier an einem stark befahrenen Highway mit hohem Berufspendleranteil ein Verkaufsschild, das ein fröhliches Jungengesicht mit folgendem Text zeigte: „*Daddy, if we lived here, you could start now!*" Damit aber nicht genug. Wenn man sich als Berufstätiger abends wieder aus der Stadt hinausquälte, zeigte sich das Verkaufsschild ebenfalls mit dem fröhlichen Jungengesicht darauf und dem Text: „*Daddy, if we lived here, you could be at home now!*"

Da ein Blickfang wie dieser in besonderem Maße durch emotionale Reize bestimmt wird, kann durch die Verwendung gefühlsgeladener Bilder, Überschriften, Schlüsselwörter und Blickfänge die entscheidende erste Aufmerksamkeit erheblich gesteigert werden (Kroeber-Riel, W.: Konsumentenverhalten, 1975, S. 59). Eine besonders emotionalisierende Wirkung wird hierbei der Darstellung von Personen (glückliche Familie, spielende Kinder im Garten etc.) zugeschrieben.

Als Blickfang und erste Orientierung über die Einordnung der Werbeaussage kommt darüber hinaus der Schlagzeile bzw. Headline eine besondere Bedeutung zu. Sie soll Interesse und Neugier wecken und einen Anreiz zur weiteren Beschäftigung mit den Inhalten der Werbebotschaft geben. Zu unterscheiden ist die Schlagzeile vom eigentlichen Slogan. Der Slogan besitz die Aufgabe, die eigentliche Werbeaussage in einen prägnanten und wirksamen Spruch umzuformen (Rogge, H.: Werbung, 1996, S. 293). Der Slogan sollte aufmerksamkeitsstark sein, eine hohe Merkfähigkeit aufweisen sowie trennscharf, glaubhaft, leicht erkennbar, eindeutig, kurz, prägnant sein und eine positive Ausstrahlung besitzen.

Eine zunehmende Bedeutung genießen Bilder in der Werbung. So wird das Bild nicht nur als erstes erblickt, sondern kann vom Betrachter auch sehr schnell aufgenommen werden – eine Tatsache, die insbesondere in Anbetracht der heutigen Informationsüberflutung an Relevanz gewinnt. Bilder rufen dabei Assoziationen hervor und beeinflussen so die Einstellungen und Wünsche der Umworbenen.

Die Aufmerksamkeitswirkung der Werbung wird darüber hinaus durch die Frage der Plazierung beeinflußt. Im Zusammenhang mit mehrseitigen Werbeträgern (Zeitungen, Zeitschriften etc.) wird hierbei insbesondere der ersten und letzten Umschlagseite erfahrungsgemäß eine stärkere Beachtung geschenkt. Durch die Plazierung einer Anzeigenserie an der jeweils gleichen Stelle in einer Zeitung kann ein Bekanntheitsgefühl und eine Stärkung des Aufmerksamkeitsgrades erzielt werden.

Da die Anzeige in Tageszeitungen und Anzeigenblättern für die Immobilienwirtschaft von besonderer Bedeutung ist, sind in der folgenden Checkliste „Anzeigengestaltung" die wesentlichen Gestaltungsgrundsätze dargestellt (vgl. Abb. 7.7):

---

### Checkliste: „Anzeigengestaltung"

- Ist die Headline konkret, aufmerksamkeitsstark und prägnant?
- Veranlaßt die Headline zum Weiterlesen der Anzeige?
- Berücksichtigt die Anzeige die Sicht bzw. die Interessen des potentiellen Kunden?
- Vermittelt das Bild die eigentliche Schlüsselbotschaft?
- Berücksichtigt die Anzeige das *Besondere* der Immobilie?
- Unterstützen sich Bild und Headline gegenseitig? Greift das Bild auf, was die Headline aussagt?
- Wird der Interessent auch zum Handeln aufgefordert?
- Ist die Anzeige übersichtlich, oder wird der Betrachter durch viele Elemente abgelenkt oder gar verwirrt?

---

- Entspricht die Anzeige überhaupt der Wahrheit?
- Ist die Sprache und die Wortwahl der Zielgruppe und dem Produkt angemessen?
- Kann man innerhalb kurzer Zeit (zwei Sekunden) verstehen, was die Anzeige aussagen will?
- Ist das Format der Anzeige als gelungen zu bezeichnen?
- Entspricht die Anzeige dem bisherigen Werbestil und dem einheitlichen Erscheinungsbild des Unternehmens (Corporate Identity)?
- Sind alle entscheidenden Komponenten der Werbekonstanten (Firmensignet, Schriftzug, Hausfarben etc.) berücksichtigt?
- Wurden Abkürzungen verwendet? Kann auf die Abkürzungen verzichtet werden? Und wenn nicht: Sind diese überhaupt verständlich?

**Abb. 7.7:** Checkliste „Anzeigengestaltung"
**Quelle:** In Anlehnung an Rogge, H.: Werbung, Ludwigshafen 1996, S. 307 und Ohrt, M.: Klein[e] Anzeigen mit großer Wirkung, Schwedeneck 1996, S.91 sowie Wolf, J.: Werbung und Public Relations, München 1992, S. 82 f.

### 7.1.2.4 Wahl der Werbeträger

Wurde eine Werbebotschaft ausgewählt, muß sie in eine reale und wahrnehmbare Darstellungsform, in ein sogenanntes *Werbemittel* (Anzeige, Plakat, Prospekt, Werbefilm, Fernsehspot etc.), transformiert werden. Die *Werbeträger* schaffen demgegenüber die Möglichkeit der Kontaktaufnahme zwischen Umworbenen und Werbebotschaft (Zeitung, Zeitschrift, Fernsehen, Hörfunk, Kino etc.). Werbeträger können daher auch als Organ der Informationsübermittlung in der Werbung bezeichnet werden (vgl. Abb. 7.8).

### Medienübersicht (Typologie)

- *Printmedien*
  – Tages- und Wochenzeitungen,
  – Magazine oder Programmsupplements,
  – Anzeigenblätter,
  – Publikumszeitschriften,
  – Special-Interest-Zeitschriften,
  – Fachzeitschriften,

- Stadtmagazine oder Stadtillustrierte,
- Adreßbücher oder Telefonbücher.

- *Elektronische Medien*
  - Fernsehen (öffentlich-rechtliche Anbieter oder private Anbieter),
  - Hörfunk (öffentlich-rechtliche Anbieter oder private Anbieter),
  - Kino,
  - Online-Dienste (Mailboxen oder Internet).

- *Außenwerbung*
  - Bauschilder,
  - Plakatwerbung (Allgemeinstellen, Ganzstellen und Großflächen),
  - CityLightPoster,
  - Verkehrsmittelwerbung.

- *Direktwerbung*
  - Telefon bzw. Telefonmarketing,
  - Direkt-Mail,
  - Fax,
  - Computer-Netzwerke (Internet).

**Abb. 7.8: Medienübersicht**
**Quelle: Institut für Gewerbezentren, Starnberg 1997**

Als Werbeträger dominieren in der Immobilienwirtschaft bislang die Tageszeitungen und Anzeigenblätter. Insbesondere die Immobilienmakler nutzen diese Medien zur Plazierung ihrer Verkaufs- und Angebotsanzeigen (vgl. Abb. 7.9).

*Auswahlkriterien der Werbeträgerplanung*

Die Auswahl der geeigneten Werbeträger geschieht im Rahmen der Mediaplanung. Zu berücksichtigen sind hierbei in erster Linie die *Art der Produkte und Dienstleistungen* (Eigentumswohnung mit einfacher Ausstattung, Stadtappartement mit gehobener Ausstattung, Einfamilienhaus im Grünen etc.) und die *Zielgruppe,* mit der die Werbung angesprochen werden soll (Rentner in gesicherten Einkommens- und Vermögensverhältnissen, Mehrfamilienhaushalte mit überdurchschnittlichem Einkommen, junge Singles bis 35 Jahre etc.).

# Und oben die Oma.

**S**o eine richtige, *getrennte Einliegerwohnung* ist schon was Schönes: Für die Oma, für den Herrn Sohn oder zum Vermieten (von den Steuervergünstigungen mal ganz abgesehen). Unsere Häuser im „Dorf" haben alle eine richtige Einliegerwohnung. Ein Beispiel:

**Unsere Doppelhaushälfte J3 mit Einliegerwohnung hat**
- 189,5 m² Wohn-/Nutzfläche
- ein 30 m² großes Wohnzimmer mit überdachtem Freisitz
- drei Schlafzimmer
- eine große Terrasse im Obergeschoß
- eine getrennte, teilausgebaute Einliegerwohnung mit Außentreppe

Gesamtpreis: DM 568 000,–

Falls Sie etwas anderes suchen: Unter unseren elf verschiedenen Haustypen werden Sie Ihr Haus finden.

Wir haben unser Projekt „Das Dorf" getauft, und wenn Sie es sich ansehen, werden Sie wissen, warum. „Das Dorf" ist ein nach alten Vorbildern geplantes Ensemble mit abwechslungsreichen Gassen und Wegen, Plätzen und Höfen, Wohn- und Spielstraßen. „Das Dorf" ist verkehrsberuhigt. Hier hat der Mensch Vorfahrt.

„Das Dorf" liegt im Osten von München, in **Kirchheim-Heimstetten** (10 000 Einwohner, S 6, Gymnasium, Heimstettener See). Mit der S 6 sind es nur 19 Minuten ab Marienplatz, vom Bahnhof gehen Sie nur noch fünf Minuten. Mit dem Auto fahren Sie über Bogenhausen auf der B 12 zur Ausfahrt Feldkirchen-Ost/Heimstetten.

Besuchen Sie uns im „Dorf" an der Gruber Straße: Mo.-Do. 9-18 Uhr, Fr. 9-15 Uhr, Sa./So. 14-18 Uhr. Folgen Sie den grünen Hinweishänden.

**Westland Utrecht Deutschland GmbH**   **ROLF KYREIN GMBH + CO. KG**

ROLF KYREIN GmbH & Co. KG
Münchener Freiheit 16
80802 München
Telefon 0 89/9 03 69 00

Bitte senden Sie mir den Video-Film über „Das Dorf"
❏ VHS   ❏ Beta   ❏ Video 2000
Ich werde die Cassette nach 8 Tagen zurücksenden oder die Schutzgebühr von DM 22,80 bezahlen.

Absender:

_____

_____

_____

**Quelle:   Kyrein GmbH + Co.KG, München**

# Halt!

**F**inden Sie es falsch, wenn Autos auch in Wohngebieten die Straßen beherrschen? Wenn man *Angst* haben muß, seine Kinder aus dem Haus zu lassen? Wenn Fußgänger und Radfahrer Verkehrsteilnehmer zweiter Klasse sind? Dann sollten Sie sich „Das Dorf" anschauen. „Das Dorf" ist ein nach alten Vorbildern geplantes Ensemble mit abwechslungsreichen Gassen und Wegen, Plätzen und Höfen, Wohn- und Spielstraßen. „Das Dorf" ist verkehrsberuhigt. Hier hat der Mensch Vorfahrt.

„Das Dorf" liegt im Osten von München, in **Kirchheim-Heimstetten** (10 000 Einwohner, S 6, Gymnasium, Heimstettener See). Mit der S 6 sind es nur 19 Minuten ab Marienplatz, vom Bahnhof gehen Sie nur noch fünf Minuten. Mit dem Auto fahren Sie über Bogenhausen auf der B 12 zur Ausfahrt Feldkirchen-Ost/Heimstetten.

Besuchen Sie uns im „Dorf" an der Gruber Straße: Mo.-Do. 9-18 Uhr, Fr. 9-15 Uhr, Sa./So. 14-18 Uhr. Folgen Sie den grünen Hinweishänden.

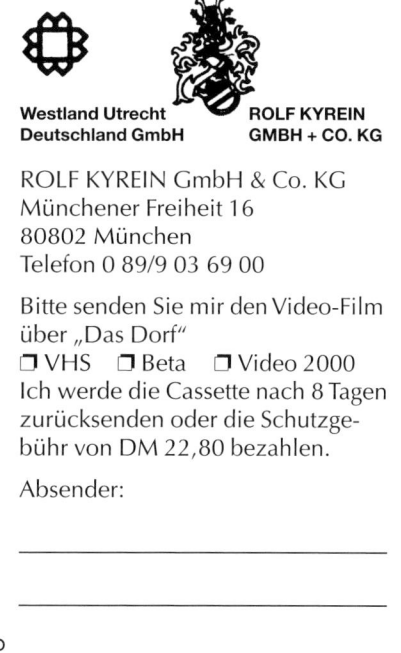

Wir bauen hier 11 verschiedene Haustypen. Ein Beispiel:

**Unsere Doppelhaushälfte J2 mit Einliegerwohnung hat**

- 188,5 m² Wohn-/Nutzfläche
- einen 31 m² großen Wohnraum mit überdachtem Freisitz
- drei Schlafzimmer
- eine große, überdachte Terrasse im Obergeschoß
- eine Loggia im Dachgeschoß
- eine getrennte, teilausgebaute Einliegerwohnung mit Außentreppe

Gesamtpreis: DM 460 000,–

**Westland Utrecht Deutschland GmbH**
**ROLF KYREIN GMBH + CO. KG**

ROLF KYREIN GmbH & Co. KG
Münchener Freiheit 16
80802 München
Telefon 0 89/9 03 69 00

Bitte senden Sie mir den Video-Film über „Das Dorf"
❏ VHS   ❏ Beta   ❏ Video 2000
Ich werde die Cassette nach 8 Tagen zurücksenden oder die Schutzgebühr von DM 22,80 bezahlen.

Absender:

_____

_____

_____

**Quelle:  Kyrein GmbH + Co.KG, München**

433

**Quelle:**   Wirtschaftswerbung Weckert, Böblingen

434

# Ab heute können Sie das, was Sie hier sehen, auch hören.

# Ohne daß Ihnen dabei Hören und Sehen vergeht!

**T**ja, so ist das nun mal im Leben. Wer schön sein will, muß leiden. Daran kommt jetzt auch das Franken-Zentrum nicht vorbei. Ich hab's Ihnen ja schon erzählt, was sich da jetzt abspielt. Und was die Jungs dort vorhaben, um das Franken-Zentrum noch schöner, noch attraktiver, noch sympathischer zu machen.

**E**ine Verjüngungskur an Leib und Seele haben die dem FZ vorgeschrieben. Und da sind wir jetzt mit Dampf dabei. Neue Läden kommen rein, neue Rolltreppen und was weiß ich noch alles. Ich will hier nicht auf den Putz hauen, ich sag' nur eines, das wird ein ganz dolles Ding.

**V**orher aber geht's noch ganz schön rund. An allen Ecken und Enden. Bei uns am Bau und erst recht in den Geschäften. Ist doch klar, die legen sich jetzt natürlich mächtig ins Zeug, damit Sie denen auch bei Krach und Staub die Stange halten.
Treu bleiben – sagt meine Frau.

**U**nd wenn man sich so umsieht, lohnt sich das echt. Denn schauen Sie doch mal, allein der kostenlose Park-platz, dazu die U-Bahn und der Bus-bahnhof direkt vor der Tür, dazu die Riesenauswahl unter einem einzigen Dach, dazu laufend Sonderangebote zum Umbau, dazu dieses, dazu jenes und dazu jetzt noch all das Neue zum Frühjahr. Na mal ehrlich, was will unsereins da noch mehr. Das gibt's so doch nirgends. Was macht da schon ein bißchen Krach und Staub, wenn man dafür vieles andere spart: Geld, Zeit und Nerven.

So denken Sie doch auch. Na also!
Deshalb auf bald im Franken-Zentrum.
Ihr Frankie-Boy.

Fortsetzung folgt.

**Quelle:**    Wirtschaftswerbung Weckert, Böblingen

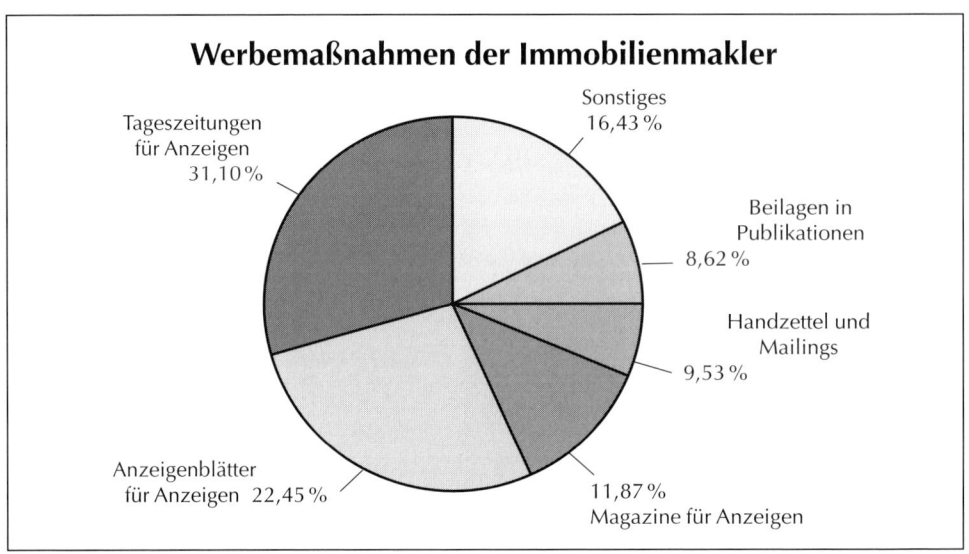

**Abb. 7.9: Werbemaßnahmen**
**Quelle:** Grabener, H.: Immobilienmakler in Deutschland – Ein Beruf im Wandel, Schweden-eck 1996, S. 56.

Eine zielgruppengerechte Auswahl der Werbeträger setzt einen Interme-diavergleich voraus. Im Rahmen des Intermediavergleichs werden die Wer-beträger hinsichtlich der zu verfolgenden Werbeziele anhand bestimmter Beurteilungskriterien miteinander verglichen (vgl. Abb. 7.10).

Die *Darstellungsmöglichkeit* des Werbeträgers bezieht sich auf die mögliche Art der Informationsdarbietung und -übermittlung. Während Tageszeitun-gen die Werbebotschaft nur optisch in Form von Anzeigen wiedergeben kön-nen, besteht im Werbeträger Fernsehen und Kino eine optische und akusti-sche (bisensorische) Darstellungsmöglichkeit.

Die *Empfangssituation* beschreibt die Situation, in der sich der Nutzer eines Mediums zur Zeit des Werbekontaktes befindet. Während beispielsweise die Konzentration beim Lesen einer Zeitung sehr stark auf das Medium gerich-tet ist, besteht beim Radio als Hintergrundmedium eine starke Ablenkung (Wolf, J.: Werbung und Public Relations, 1992 S. 55).

Je nach dem Werbeträgertyp existieren unterschiedliche Möglichkeiten der *Selektivität* einzelner Medien innerhalb der Gattung. So können beispiels-weise im Bereich der Publikumszeitschriften anhand der Mediadaten die ge-eigneten, d.h. zielgruppenrelevanten Zeitschriften ermittelt werden.

```
┌─────────────────────────────────────────────────────────────────────┐
│                                                                       │
│          **Beurteilungskriterien der Werbeträgerauswahl**             │
│                                                                       │
│  • *Werbebotschaftsbezogene Beurteilungskriterien:*                   │
│      – Darstellungs-/Gestaltungsmöglichkeit,                          │
│      – Inhaltsbreite des Mediums.                                     │
│                                                                       │
│  • *Empfängerbezogene Auswahlkriterien:*                              │
│      – Empfangssituation,                                             │
│      – Nutzungsverhalten,                                             │
│      – Selektivität.                                                  │
│                                                                       │
│  • *Mediumbezogene Auswahlkriterien:*                                 │
│      – Grundfunktion des Mediums,                                     │
│      – Reichweite (Penetrationskraft),                                │
│      – Kostensituation,                                               │
│      – regionale Steuerbarkeit,                                       │
│      – Verfügbarkeit,                                                 │
│      – Umfeldbedingungen,                                             │
│      – Wertschätzung,                                                 │
│      – Expositionsvermögen (Werbemittelkontakt).                      │
│                                                                       │
└─────────────────────────────────────────────────────────────────────┘
```

Abb. 7.10:  Werbeträgerauswahl I
Quelle:     Wolf, J.: Werbung und Public Relations, München 1992, S. 52 und Rogge, H.:
            Werbung, Ludwigshafen 1996, S. 201.

Die *quantitative Reichweite* gibt an, wieviel Prozent der Gesamtbevölkerung mit dem belegten Werbeträger in einer Zeiteinheit in Kontakt kommen. Eine große Reichweite ist besonders im Rahmen der Einführungswerbung von Bedeutung. Inwieweit auch der Personenkreis durch den Werbeträger erreicht wird, der durch eine Werbemaßnahme angesprochen werden soll (Zielgruppe), vermittelt die *qualitative Reichweite* bzw. Penetrationskraft.

Im Rahmen der *Kostensituation* müssen sowohl die durchschnittlichen Streukosten als auch die Kosten für die Gestaltung berücksichtigt werden. Zur Bewertung dieser Streukosten wird in der Regel der Tausenderpreis herangezogen. Der Tausenderpreis errechnet sich aus den Kosten für die Belegung eines Werbeträgers (Preis pro Anzeigenseite oder Preis je 30 Sekunden Hörfunkspot) mal 1000, geteilt durch die Zahl der Werbeträgerkontakte. Da ein großer Teil der Unternehmen in der Immobilienwirtschaft in regional abgegrenzten Marktfeldern tätig ist (z.B. regional tätige Bauträger, Wohnungsunternehmen, Immobilienmakler), kommt der *regionalen Steuerbarkeit,* also der räumlichen Auswahl des Werbeträgereinsatzes (Minimierung der Streukosten), eine besondere Bedeutung zu.

Eine Werbebotschaft sollte hierbei grundsätzlich nur in einem Werbeträger plaziert werden, der bei der relevanten Zielgruppe eine *Wertschätzung* (Glaubwürdigkeit, Sozialprestige, Ansehen etc.) genießt. Die Werbeträger haben ihr eigenes Image und wirken somit auch auf die Werbebotschaft (Imagetransfer).

## Werbeträgerauswahl und Imagetransfer

| Eigenschaften | Mediagruppe | | | | | |
|---|---|---|---|---|---|---|
| | Zeitungen | Zeitschriften | Fernsehen | Funk | Film | Plakat |
| Inhaltsbreite | 10 | 10 | 6 | 6 | 8 | 2 |
| Gestaltungsmöglichkeit | 6 | 7 | 10 | 3 | 10 | 4 |
| Empfangssituation | 8 | 5 | 8 | 5 | 10 | 2 |
| Selektivität | 2 | 2–10 | 2 | 5 | 8 | 2 |
| Grundfunktion | 10 | 5–10 | 5 | 5 | 2 | 10 |
| Penetrationskraft | 9 | 7 | 5 | 5 | 2 | 10 |
| Kostensituation | 6 | 10 | 9 | 10 | 2 | 8 |
| Regionale Steuerbarkeit | 9 | 0-5 | 6 | 5 | 10 | 10 |
| Verfügbarkeit | 10 | 10 | 2 | 4 | 10 | 6 |
| Expositionsvermögen | 7 | 5 | 9 | 8 | 10 | 2 |
| Umfeldbedingungen | 5 | 5–10 | 0 | 0 | 0 | 0 |
| Wertschätzung | 10 | 5–10 | 6 | 5 | 3 | 2 |

Punktbewertung:
0 = Eigenschaft trifft überhaupt nicht zu
10 = Eigenschaft trifft in sehr starkem Maße zu

**Abb. 7.11:** Werbeträgerauswahl II
**Quelle:** Dohmen, J.: Wesen und Aufgabe der Werbeträger, in: Ruland, J. (Hrsg.): Werbeträger, Bad Homburg 1972.

Nachdem entschieden wurde, welche Werbeträger eingesetzt werden sollen, muß der zielgruppengenaue und kosteneffektive Werbeträger innerhalb der jeweiligen Mediagruppe ermittelt werden (Intramediavergleich). Nach Behrens wird die Eignung der speziellen Werbeträger innerhalb einer Mediagruppe von der räumlichen Reichweite, der zeitlichen Verfügbarkeit, der quantitativen (globalen) Reichweite, der qualitativen Reichweite und den Kosten (Nutzungspreis) beeinflußt (Behrens, K.: Absatzwerbung, 1963, S. 96).

*Mediaanalysen als Informationsbasis*

Von der richtigen, das heißt zielgruppengenauen Auswahl der Werbeträger wird im wesentlichen der Erfolg der Werbung determiniert. Aus diesem Grund sollte auf eine eingehende Analyse der Werbeträger nicht verzichtet werden. Informationen über Medien und ihre spezifischen Nutzer erhält man anhand umfangreicher Mediaanalysen, die von unabhängigen Instituten erstellt werden. Mit Hilfe der Mediaanalysen kann u.a. festgestellt werden, mit welchen Medien die Zielgruppe am effektivsten zu erreichen ist, welcher Anschaffungsbedarf besteht oder welche realisierbaren Kaufwünsche vorhanden sind (z.B. persönliche Planung, innerhalb der nächsten ein bis zwei Jahre ein Haus oder eine Eigentumswohnung zu kaufen oder zu bauen).

Zu den bedeutenden Multi-Media-Analysen gehören die *Allensbacher Werbeträger-Analyse (AWA)* und die im Auftrag der Arbeitsgemeinschaft Media-Analyse e.V. (AG.MA) erstellte *Media-Analyse (MA)*. Die auf die Gesamtbevölkerung ab 14 Jahren hochgerechneten Ergebnisse umfangreicher Interviews lassen hierbei erkennen, welche Bevölkerungsgruppen in welchem Maße von welchen Medien erreicht werden. Möglich wird hierdurch ein auf die spezifische Zielgruppe ausgerichteter Media-Mix.

Die Allensbacher Werbeträger-Analyse (AWA '96) berichtet auf der Basis von rund 20000 Interviews über das Konsumentenverhalten und die Mediennutzung in Deutschland und zählt damit zur größten unabhängigen deutschen Markt-Media-Analyse. Alle Informationen zu Märkten, Einstellungen, Freizeitaktivitäten und zur Mediennutzung stammen von denselben Personen. Damit ist die Allensbacher Markt- und Werbeträger-Analyse auch in diesem Jahr die einzige Markt-Media-Analyse, deren Daten in einer Single-Source-Studie ermittelt wurden. Zu allen erhobenen Medien können Auswertungen auf der Werbeträger- und der Werbemittelebene durchgeführt werden. Und durch ein vielfältiges Angebot an unterschiedlichen Merkmalen können zudem auch die relevanten Marktsegmente ermittelt werden (AWA '96 Märkte, Meinungen, Mediennutzung in Deutschland, Institut für Demoskopie Allensbach).

## AWA '96 Sonderauswertung – Rangreihe nach Affinität
## Zielgruppe: Personen ab 14 Jahre, die in den nächsten 1–2 Jahren
## ein Haus oder eine Eigentumswohnung kaufen oder bauen wollen

| | Gesamtbevölk. ab 14 J. Reichweite | | – Zielgruppe – | | | Index (Gesamt-bev. =100%) |
| | | | Reichweite | | Zusammen-setzung | |
| | % | Mio. | % | Mio. | % | |
|---|---|---|---|---|---|---|
| Gesamt | 100,1 | 63,38 | 100,0 | 4,63 | 7 | 100 |
| Impulse | 0,7 | 0,43 | 2,4 | 0,11 | 26 | 358 |
| Manager Magazin | 1,2 | 0,76 | 4,1 | 0,19 | 25 | 344 |
| Börse Online | 0,5 | 0,30 | 1,5 | 0,07 | 23 | 320 |
| Bauen | 0,8 | 0,51 | 2,5 | 0,12 | 23 | 315 |
| Hausbau Magazin | 0,6 | 0,35 | 1,7 | 0,08 | 23 | 312 |
| Handelsblatt | 0,9 | 0,56 | 2,7 | 0,13 | 23 | 309 |
| VIF Gourmet-Journal | 0,3 | 0,21 | 1,0 | 0,05 | 22 | 297 |
| Tennis Revue | 0,3 | 0,19 | 0,9 | 0,04 | 21 | 282 |
| Häuser | 0,5 | 0,33 | 1,5 | 0,07 | 20 | 277 |
| Finanzen | 0,8 | 0,54 | 2,3 | 0,11 | 20 | 274 |
| PS Das Sportmotorrad-Magazin | 0,4 | 0,27 | 1,2 | 0,05 | 20 | 274 |
| Time | 0,4 | 0,25 | 1,1 | 0,05 | 20 | 271 |
| MO Motorrad Magazin | 0,3 | 0,16 | 0,7 | 0,03 | 20 | 270 |
| Capital | 4,0 | 2,52 | 10,7 | 0,49 | 20 | 268 |
| Bauidee | 1,0 | 0,65 | 2,7 | 0,13 | 19 | 266 |
| WirtschaftsWoche | 1,6 | 0,98 | 4,1 | 0,19 | 19 | 265 |
| Com T-Online & Internet | 0,5 | 0,35 | 1,4 | 0,07 | 19 | 260 |
| C't Magazin f. Computertechnik | 0,7 | 0,46 | 1,8 | 0,08 | 18 | 246 |
| Bauen & Wohnen | 1,0 | 0,66 | 2,6 | 0,12 | 18 | 245 |
| Ambiente | 0,8 | 0,53 | 2,0 | 0,09 | 17 | 240 |
| Althaus Modernisieren | 0,7 | 0,43 | 1,6 | 0,07 | 17 | 234 |
| Oldtimer Markt | 0,6 | 0,39 | 1,4 | 0,07 | 17 | 234 |
| Boote | 0,4 | 0,22 | 0,8 | 0,04 | 17 | 234 |
| Ski | 0,6 | 0,40 | 1,5 | 0,07 | 17 | 231 |
| Amiga Magazin | 0,7 | 0,46 | 1,7 | 0,08 | 17 | 230 |
| Off Road | 0,3 | 0,22 | 0,8 | 0,04 | 17 | 227 |
| Win | 1,3 | 0,82 | 2,9 | 0,13 | 16 | 225 |
| VDI nachrichten | 0,5 | 0,29 | 1,0 | 0,05 | 16 | 223 |
| Frankfurter Allgemeine Magazin | 1,6 | 0,98 | 3,4 | 0,16 | 16 | 221 |
| Das Einfamilienhaus | 0,8 | 0,51 | 1,7 | 0,08 | 16 | 219 |
| Frankfurter Allgemeine Zeitung | 2,1 | 1,34 | 4,6 | 0,21 | 16 | 218 |
| Chip | 1,6 | 1,03 | 3,5 | 0,16 | 16 | 218 |
| Architektur & Wohnen | 1,0 | 0,64 | 2,2 | 0,10 | 16 | 218 |
| PC Professionell | 1,0 | 0,62 | 2,1 | 0,10 | 16 | 218 |
| PC Magazin | 0,5 | 0,33 | 1,1 | 0,05 | 16 | 217 |
| DM | 2,2 | 1,39 | 4,7 | 0,22 | 16 | 216 |

| | Gesamtbevölk. ab 14 J. Reichweite | | – Zielgruppe – | | | Index (Ge-samt-bev. =100%) |
|---|---|---|---|---|---|---|
| | | | Reichweite | | Zusammen-setzung | |
| | % | Mio. | % | Mio. | % | |
| Wohnidee | 1,8 | 1,14 | 3,9 | 0,18 | 16 | 215 |
| Zuhause Wohnen | 1,5 | 0,96 | 3,2 | 0,15 | 16 | 215 |
| Haus & Wohnung | 0,9 | 0,54 | 1,8 | 0,09 | 16 | 215 |
| PC Anwender | 0,7 | 0,42 | 1,4 | 0,07 | 16 | 215 |
| Mein Eigenheim | 4,8 | 3,02 | 10,2 | 0,47 | 16 | 214 |
| Color Foto | 0,6 | 0,38 | 1,3 | 0,06 | 16 | 213 |
| Spielen und Lernen | 1,2 | 0,79 | 2,6 | 0,12 | 15 | 212 |
| PC Magazin DOS | 2,0 | 1,30 | 4,3 | 0,20 | 15 | 211 |
| Motorrad | 1,5 | 0,95 | 3,2 | 0,15 | 15 | 211 |
| Umbauen & Modernisieren | 1,2 | 0,75 | 2,5 | 0,12 | 15 | 211 |
| Tennis Magazin | 0,6 | 0,35 | 1,2 | 0,05 | 15 | 211 |
| Yacht | 0,3 | 0,17 | 0,6 | 0,03 | 15 | 211 |
| Männer Vogue | 0,4 | 0,23 | 0,7 | 0,03 | 15 | 208 |
| Neues Wohnen | 0,7 | 0,42 | 1,4 | 0,06 | 15 | 207 |
| Motorrad Reisen & Sport | 0,8 | 0,50 | 1,6 | 0,08 | 15 | 205 |
| Spektrum der Wissenschaft | 0,6 | 0,41 | 1,3 | 0,06 | 15 | 203 |
| Sports live | 0,5 | 0,32 | 1,0 | 0,05 | 15 | 203 |
| Bayernkurier | 0,3 | 0,19 | 0,6 | 0,03 | 15 | 203 |
| Penthouse | 1,3 | 0,80 | 2,5 | 0,12 | 14 | 198 |
| Auto Motor und Sport | 4,5 | 2,86 | 8,9 | 0,41 | 14 | 197 |
| Profitips | 0,3 | 0,20 | 0,6 | 0,03 | 14 | 197 |
| Holiday | 0,6 | 0,39 | 1,2 | 0,06 | 14 | 195 |
| Rallye Racing | 0,5 | 0,33 | 1,0 | 0,05 | 14 | 195 |
| Mein Kind und ich | 0,7 | 0,44 | 1,3 | 0,06 | 14 | 194 |
| Auto Magazin | 0,9 | 0,58 | 1,8 | 0,08 | 14 | 192 |
| Eltern | 3,6 | 2,26 | 6,8 | 0,32 | 14 | 191 |
| PC Welt | 1,9 | 1,18 | 3,6 | 0,16 | 14 | 191 |
| Max | 1,2 | 0,76 | 2,3 | 0,11 | 14 | 188 |
| Deutsche Handwerkszeitung | 0,7 | 0,47 | 1,4 | 0,06 | 14 | 188 |
| Fit for fun | 1,8 | 1,12 | 3,3 | 0,15 | 14 | 187 |
| Die Woche | 0,6 | 0,41 | 1,2 | 0,06 | 14 | 186 |
| Die Zeit | 2,9 | 1,82 | 5,3 | 0,25 | 14 | 185 |
| Die Zeit Magazin | 2,3 | 1,45 | 4,2 | 0,20 | 13 | 185 |
| Prinz | 1,0 | 0,65 | 1,9 | 0,09 | 13 | 185 |
| Schöner Wohnen | 5,4 | 3,41 | 9,9 | 0,46 | 13 | 184 |
| Mega-Kombi Metropolen | 1,4 | 0,89 | 2,6 | 0,12 | 13 | 184 |
| Spotlight | 0,3 | 0,19 | 0,6 | 0,03 | 13 | 184 |
| Die Welt | 1,2 | 0,79 | 2,3 | 0,10 | 13 | 183 |
| Art | 0,5 | 0,33 | 1,0 | 0,04 | 13 | 183 |
| Geo Special | 3,5 | 2,21 | 6,3 | 0,29 | 13 | 182 |
| Spiegel Special | 1,7 | 1,08 | 3,1 | 0,14 | 13 | 182 |
| Wohnen im eigenen Heim | 5,5 | 3,46 | 9,8 | 0,46 | 13 | 181 |
| Mega-Kombi-Gesamt | 1,7 | 1,09 | 3,1 | 0,14 | 13 | 181 |
| Handwerk Magazin | 0,7 | 0,47 | 1,4 | 0,06 | 13 | 181 |
| Audio | 0,4 | 0,26 | 0,8 | 0,03 | 13 | 181 |
| Das Haus | 5,7 | 3,64 | 10,3 | 0,48 | 13 | 180 |
| Playboy | 2,7 | 1,71 | 4,8 | 0,22 | 13 | 180 |
| Gute Fahrt | 0,7 | 0,41 | 1,2 | 0,05 | 13 | 180 |

# Untersuchungsdaten zur AWA '96

| Methodische Gesamtverantwortung: | Institut für Demoskopie Allensbach | | |
|---|---|---|---|
| Grundgesamtheit: | Deutsche Bevölkerung ab 14 Jahren in Privathaushalten am Ort der Hauptwohnung in der Bundesrepublik Deutschland | | |
| | | Gesamt-Deutschland (Mio.) | Deutschland West mit West-Berlin (Mio.) | Deutschland Ost mit Ost-Berlin (Mio.) |

| | Gesamt-Deutschland (Mio.) | Deutschland West mit West-Berlin (Mio.) | Deutschland Ost mit Ost-Berlin (Mio.) |
|---|---|---|---|
| Gesamt | 63,38 | 50,50 | 12,88 |
| Männer | 30,10 | 24,00 | 6,10 |
| Frauen | 33,28 | 26,50 | 6,78 |
| Haushalte | 33,95 | 27,30 | 6,65 |

**Stichprobe:**

Nach dem Quoten-Auswahlverfahren angelegte Personenstichprobe – 19.752 Befragte insgesamt

Disproportionaler Stichprobenansatz zur Vergrößerung der Fallzahlen im markt- und media-analytisch überdurchschnittlich genutzten Segment der 14- bis unter 60jährigen:

| Ungewichtete Fallzahlen | | Gewichtete Fallzahlen |
|---|---|---|
| 19.752 | Befragte insgesamt | 19.777 |
| 16.242 | 14 bis unter 60 Jahre alt | 14.498 |
| 3.510 | 60 Jahre und älter | 5.279 |
| 15.365 | Deutschland West | 15.759 |
| 4.387 | Deutschland Ost | 4.018 |
| 9.424 | Männer | 9.392 |
| 10.328 | Frauen | 10.385 |
| 6.469 | Frühjahr 1995 | 6.592 |
| 6.696 | Herbst 1995 | 6.592 |
| 6.587 | Frühjahr 1996 | 6.593 |

Durch faktorielle (iterative) Gewichtung wurden die Werte den fortgeschriebenen Zahlen der amtlichen Statistik für Geschlecht, Altersgruppen, Haushaltsgröße, politische Gemeindegrößenklassen und regionale Gebiete angeglichen.

**Untersuchungszeitraum:**

| Frühjahr 1995: | 16.2.95 – 2.5.95 | IfD-Archiv-Nr. 6011 |
|---|---|---|
| Herbst 1995: | 22.9.95 – 9.12.95 | IfD-Archiv-Nr. 6020 |
| Frühjahr 1996: | 13.2.96 – 27.4.96 | IfD-Archiv-Nr. 6026 |

Die Feldarbeit wurde ausschließlich von geschulten Interviewern des Instituts für Demoskopie Allensbach durchgeführt.

| Methodische Gesamt-verantwortung: | Institut für Demoskopie Allensbach |
|---|---|
| Berichterstattung: | AWA '96 allensbacher markt- und werbeträger-analyse 1996<br><br>Code-Buch<br>Berichtsband I         Marktstrukturen<br>Berichtsband II       Reichweiten der Medien<br>Berichtsband IIIa     Märkte und Medien<br>Berichtsband IIIb     Märkte und Medien<br>Berichtsband IV      Dokumentation<br>Sonderband Medien   Zusatzinformationen Medien |
| Service-Dienste für die Bezieher der AWA '96: | Institut für Demoskopie Allensbach<br>Radolfzeller Straße 8<br>D-78472 Allensbach<br>Telefon: (07533) 8050<br>Telex: 733292<br>Felefax: (07533) 3048<br><br>Datenbänder mit den kompletten Informationen der AWA '96 stehen ab 2. Juli 1996 auch über folgende Firmen zur Verfügung:<br><br>– HANSPETER LORENZ GmbH<br>    Daten- und Informationsverarbeitung<br>    Glashütter Weg 72<br>    D-22844 Norderstedt<br>    Telefon: (040) 5227100<br>    Telefax: (040) 5228011<br><br>– MEDIAMATIK Beratungen GmbH & Co.<br>    Bei den Mühren 70<br>    D-20456 Hamburg<br>    Telefon: (040) 367815<br>    Telefax: (040) 367468<br><br>WICHTIGER HINWEIS: Bei allen Zählungen aus der AWA '96 sind die in den Teilnahmebedingungen und im Code-Buch festgelegten Regelungen zu beachten. |

**Quelle:** Institut für Demoskopie Allensbach Gesellschaft zum Studium der öffentlichen Meinung mbH (IfD), Allensbach am Bodensee 1997

443

Zählen etwa leitende Mitarbeiter in Wirtschaft und Verwaltung zur Haupt-zielgruppe eines Unternehmens, ist die vergleichende Leseranalyse ausge-wählter Titel bei Entscheidungsträgern in Wirtschaft und Verwaltung *(LAE)* von Bedeutung. Die LAE wird hierbei von vier unabhängigen Instituten im Auftrag der Arbeitsgemeinschaft Leseranalyse (bestehend aus 19 Verlagen sowie dem Gesamtverband Werbeagenturen GWA) erstellt (Hanser, P.: Deutscher Werbekalender 1997, 34. Ausgabe, S. II–185).

*Werbeträger in der Immobilienwirtschaft*

Nachfolgend sollen einige ausgewählte Werbeträger vorgestellt und auf ihre Einsatzmöglichkeiten in der Immobilienwirtschaft untersucht werden.

- *Tageszeitungen*

  Die Tageszeitung zählt zu den bedeutenden Werbeträgern der Immobilien-wirtschaft (Immobilienteil z.B. der Süddeutschen Zeitung, des Hamburger Abendblattes etc.). Tageszeitungen erfüllen in erster Linie eine Informa-tionsfunktion und genießen bei den Lesern in der Regel ein besonderes Vertrauen (eine Glaubwürdigkeit), das sich durch einen Imagetransfer positiv auf die eigene Werbebotschaft auswirkt. Darüber hinaus lassen sich insbesondere komplexe Werbebotschaften sehr gut durch eine Anzei-genwerbung in einer Tageszeitung vermitteln. Eine regionale Streuung ist bei den meisten Zeitungen schon durch die Tatsache gegeben, daß sie in genau definierten Verbreitungsgebieten erscheinen.

  Im Zusammenhang mit der Plazierung von Zeitungsanzeigen ist grund-sätzlich in Anzeigen im Anzeigenteil sowie in Anzeigen im redaktionellen Teil zu differenzieren. Grundpreis für die Berechnung des Anzeigenprei-ses ist der Grundpreis bzw. Millimeterpreis (Preis für 1 Millimeter Höhe über eine Spaltenbreite). Der Tausenderpreis für Tageszeitungen kann u.a. nach dem Tausenderauflagenpreis ermittelt werden:

$$\text{Tausenderauflagenpreis} = \frac{\text{Bruttopreis des Inserats}}{\text{verkaufte Auflage}} \times 1000$$

Da eine Tageszeitung in der Regel von mehreren Personen (z.B. auch deren Haushaltsmitgliedern) gelesen wird, sollte nicht nur die verkaufte Auflage, sondern auch die Zahl der Leser pro Ausgabe berücksichtigt werden. Die Zahl der Leser pro Ausgabe wird von der Arbeitsgemeinschaft Media-Analyse e.V. (AG.MA) ermittelt. Der Tausenderleserpreis läßt sich nach folgender Formel berechnen:

$$\text{Tausenderleserpreis} = \frac{\text{Bruttopreis des Inserats}}{\text{Zahl der Leser pro Ausgabe}} \times 1000$$

- *Fachzeitschriften*

Werbung in Fachzeitschriften erreicht konkret definierte Zielgruppen und weist daher nur sehr geringe Streuverluste auf. Fachzeitschriften werden in der Regel im beruflichen Zusammenhang genutzt und zählen zu den wichtigen Informationsträgern, da sie für die jeweilige Branche Markttransparenz vermitteln und auf Marktentwicklungen (z.B. innovative Immobilien, neue Wettbewerber) hinweisen. Da sich die Anzeigen in einer Fachzeitschrift meist an den redaktionellen Inhalt anlehnen, ist der Aufmerksamkeitsgrad in der Regel sehr hoch.

In der Immobilienwirtschaft hat der Anteil der Fachzeitschriften in den letzten Jahren erheblich zugenommen. Für den optimalen Werbeeinsatz sind Informationen über die Leserschaft sowie die tatsächlichen Fachzeitschriftenbenutzer unabdingbar. Eine Vergleichbarkeit ist dabei nur gegeben, wenn bei der Analyse methodisch vorgegangen wird. Zu beachten ist hierbei, ob die Werbeträgeranalyse den wissenschaftlichen Mindestvoraussetzungen des ZAW-Rahmenschemas für Werbeträgeranalysen entspricht (vgl. Abb. 7.12).

- *Kino*

In Kinos können Immobilienunternehmen durch die Schaltung von Werbedias, Kinospots und Werbefilmen für ihre Produkte oder ihr Unternehmen werben. Der Besucher geht in das Kino mit dem Ziel, sich zu unterhalten. Dieser Tatsache muß der Werbefilm Rechnung tragen. Die Botschaft ist daher in unterhaltsamer und atmosphärisch attraktiver Form zu vermitteln.

Allerdings ist die Kinowerbung nur sinnvoll, wenn die Besuchergruppen der Kinos bzw. eines bestimmten Kinotyps (Multiplex-Kino, Imax-Kino etc.) der Zielgruppe des Unternehmens entsprechen. Im Rahmen einer näheren Analyse der Demographie der Kinobesucher zeigt sich im Durchschnitt ein klares Gewicht der jüngeren Zielgruppe mit relativ guter Bildung. So repräsentieren die Besucher im Alter zwischen 14 und 29 Jahren insgesamt 71 Prozent der gesamten Kinobesucher in Deutschland (vgl. Abb. 7.12).

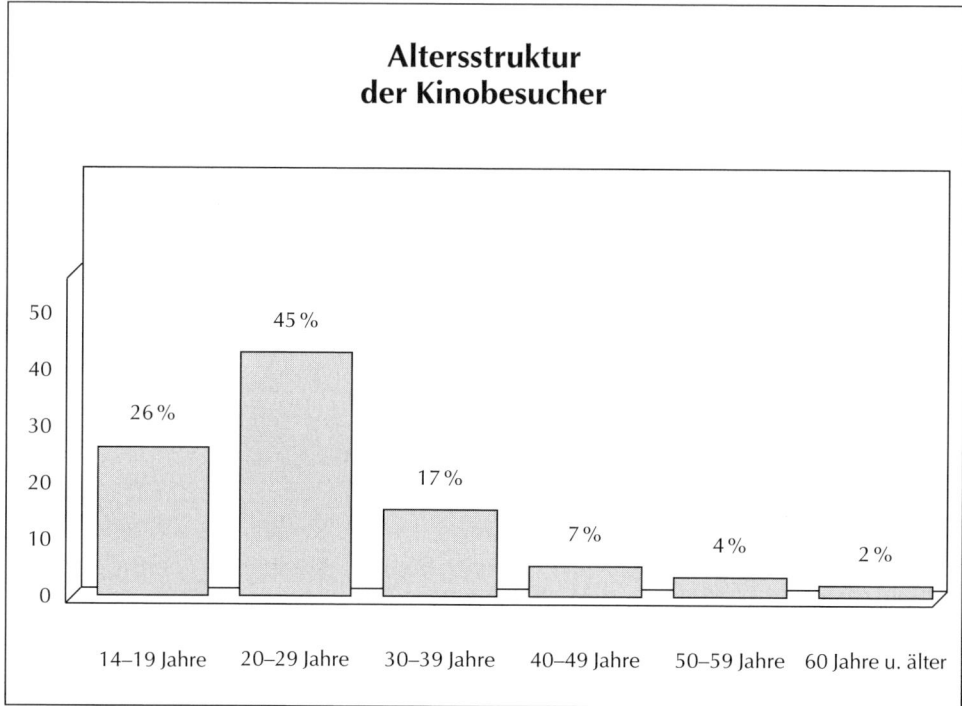

**Abb. 7.12:** Altersstruktur der Kinobesucher
**Quelle:**      MA'96 / FDW Werbung im Kino in: W & V Compact 4/96

Untersucht man den Bildungsstand, erkennt man ein eindeutiges Übergewicht der Besucher mit einer höheren Bildung. Neben 37 Prozent Besuchern mit Abitur bzw. Studium beträgt der Besucheranteil der Leute mit einer weiterführenden Schule ohne Abitur 39 Prozent. Vergleichsweise schwach vertreten sind demgegenüber Besucher mit Volks- oder Hauptschule mit Lehre (15 Prozent) und Besucher mit Volks-/Hauptschulabschluß ohne Lehre (8 Prozent).

Ein weiteres Merkmal der Kinobesucher ist in dem relativ hohen Haushaltsnettoeinkommen zu sehen. So stammen 56 Prozent der Kinogänger aus Haushalten mit einem Nettoeinkommen von mehr als 4000 DM im Monat.

- *Hörfunk*
  Durch eine Vielzahl kleiner lokaler Radiostationen eignet sich die Hörfunkwerbung auch für regional agierende Immobilienunternehmen. Durch die Möglichkeit einer schnellen Bekanntmachung einer Immobilie bzw. einer Dienstleistung eignet sich der Hörfunk insbesondere in der Einführungsphase. Ob zu Hause, im Büro, beim Autofahren - das Radio ist fast überall dabei. Man bezeichnet es daher auch als ein omnipräsentes Medium. Demgegenüber ist der Aufmerksamkeitsgrad der Hörer allerdings als eher gering einzustufen (man hört Radio neben anderen Aktivitäten).

In Ergänzung des klassischen Hörfunkspots hat sich mittlerweile eine Vielzahl unterschiedlicher Werbeformen etabliert (vgl. Abb. 7.13).

---

### Sonderwerbeformen im privaten Hörfunk

- *Moderatoren sprechen Werbung:*
  Werbetelefon bzw. Werbekunde im Studio,
  Kurzinterview mit Produktnennung.
- *Werbereport bzw. „Service":*
  Benennung neuer Bauvorhaben (Wohnanlage etc.) in einer Magazinsendung mit themennahem Programm (z.B. Bausparförderung, Immobilienanlage).
- *Sponsorensendungen:*
  Spezielle Sendungen mit Produktnennung und Produktvorstellung

- *Ü-Wagen live:*
  Außenstelle beim Kunden (z.B. Shopping-Center) mit Live-Interview, Namensnennung des Centers.
- *Moderation vor Ort mit Live-Einblendungen*
- *Gewinnspiele*
- *Unterbrecherwerbung:*
  Werbespot oder Moderatorenwerbung zwischen Programmteilen.
- *Werbe-Memory:*
  Kurzspot als Erinnerungswerbung.

**Abb. 7.13:** **Sonderwerbeformen im privaten Hörfunk**
**Quelle:** **In Anlehnung an Dingler, G.: Neue Wege im Privatrundfunk in: Greff, G./Töpfer, A.: [Hrsg.] Direkt-Marketing mit neuen Medien, Landsberg/Lech, 1993, S. 284**

- *Fernsehen*
  Fernsehen besitzt als multisensorischer Werbeträger (Text, Bild, Ton, Farbe etc.) bezüglich der Werbeträgergestaltung besondere Vorteile. Durch Musik, Bilder und Farbe können die Emotionen der Zuschauer gezielt angesprochen werden. Das Fernsehen erreicht den Zuschauer in der Regel zu Hause und vermittelt ein Gruppenerlebnis. Darüber hinaus wird diesem Medium eine besondere Glaubwürdigkeit, Aktualität und Autorität zugesprochen. Jedoch besteht insbesondere durch das Zapping, also das Umschalten auf ein anderes Programm, die Gefahr, daß die Werbung überhaupt nicht wahrgenommen wird (Wolf, J.: Werbung und Public Relations, 1992, S. 100 ff.).

Auch im Fernsehen werden die klassischen Werbespots mittlerweile durch spezielle Sonderwerbeformen ergänzt. So wird beispielsweise beim Direct-Response TV (DRTV) der Zuschauer während eines zirka 60 bis 120 Sekunden langen Spots aufgefordert, das präsentierte Produkt oder auch Informationsmaterial sofort über eine eingeblendete gebührenfreie Telefonnummer zu bestellen. Etabliert haben sich darüber hinaus u.a. Gameshows, Product-Placement, TV-Sponsoring und Videotext-Werbung.

Neue Wege und technische Möglichkeiten der Fernsehwerbung ergeben sich auch durch das digitale Fernsehen. Eine mögliche Variante bieten beispielsweise die sogenannten *Langformate*. Hierunter versteht man Produkt-Informationsfilme, die auf einem Unterkanal geschaltet werden. Im

Rahmen eines klassischen Fernsehspots bzw. eines Sponsoringhinweises werden die Zuschauer hierbei auf die Möglichkeit aufmerksam gemacht, ausführliche Produktinformationen abzurufen (Hanser, P.: Deutscher Werbekalender 1997, 34. Ausgabe, S. III-266 f.).

Auch im Fernsehbereich gibt es eine wachsende Anzahl privater Anbieter mit teilweise sehr begrenzten Sendegebieten, so daß auch dieser Werbeträger für regional agierende Immobilienunternehmen interessant wird. Ein Beispiel hierfür ist der Fernsehsender tv.münchen, der das erste Immobilien-Magazin mit der Bezeichnung „Nicht ohne Grund" im deutschen Fernsehen etabliert hat (vgl. Abb. 7.14).

---

### Beispiel: TV-Immobilien-Magazin

Seit Mai 1996 wird das TV-Immobilien-Magazin auf tv.münchen dreimal täglich ausgestrahlt. Zum *Inhalt* gehören ca. zwei Minuten Beratung rund um das Thema „Immobilie" (Tips zu unterschiedlichen steuerlichen Fragen, zu Bausparverträgen, zum Immobilienkauf etc.), ca. eine Minute Finanzierungsberatung zu den aktuellen Hypothekenzinsen im Darlehensbereich und ca. sechs Minuten Präsentation der zum Verkauf anstehenden Objekte (Ein- und Mehrfamilienhäuser, Wohnungen, ausgewählte Gewerbeimmobilien und Grundstücke).

Die *Präsentation der Objekte* erfolgt u.a. durch Bewegtbildaufnahmen, durch die Wiedergabe attraktiver Fotos sowie Modelle und durch die Darstellung von Lageplänen.

Der *Ablauf* des TV-Immobilien-Magazins gliedert sich in neun Phasen:

1. Signation bzw. Vorspann der Sendung (Begrüßung durch den Moderator mit kurzer Zusammenfassung der einzelnen Programmpunkte und Ankündigung der ersten Objekte);
2. Ausführliche Vorstellung und Beschreibung der ersten Objekte (ca. 55 Sekunden);
3. Ca. zwei Minuten Interview mit einem Studiogast zu aktuellen Themen (Einblendung der Telefonnummer, unter der sich der Zuschauer ausführlich zu diesem Thema informieren kann);
4. Vorstellung weiterer Objekte;

---

5. Einblendung der aktuellen Hypotheken- und Darlehenszinsen mit Kommentar zur aktuellen Zinsentwicklung;
6. Vorstellung weiterer Objekte;
7. Zusammenfassung aller vorgestellten Objekte (jeweils ca. fünf Sekunden) mit Bild und Kurzbeschreibung sowie Hinweis auf Kontaktadresse. Der Moderator weist zudem darauf hin, daß die gezeigten Objekte noch mal in Ruhe mit allen Angaben im tv.m-Videotext abrufbar sind;
8. Schlußwort durch den Moderator;
9. Abspann.

Die drei täglichen *Sendetermine* wurden über den Tag verteilt ausgewählt, da jeweils ein unterschiedliches Publikum (Zielgruppe) angesprochen werden soll:

- 7:20 Uhr: Als begleitende Information zum Frühstück sollen Berufstätige der Oberschicht angesprochen werden.
- 12:20 Uhr: Hier soll u.a. das weibliche Publikum als Mitentscheidungsträger informiert werden.
- 18:20 Uhr: Breitenwirksame Ansprache der gesamten Familie am Vorabend.

Das Magazin hat sich bereits stark etabliert, so daß im Zeitraum Mai bis September 1996 eine kumulierte Reichweite von durchschnittlich 137 500 Zuschauern pro Woche erreicht werden konnte.

**Abb. 7.14: Beispiel: TV-Immobilien-Magazin**
**Quelle:** tv.münchen, Informationen über das Immobilien-Magazin „Nicht ohne Grund", München 1997

*Bauschild*

Von erheblicher Bedeutung ist die Visualisierung eines Projektes durch ein Bauschild auf dem Grundstück. Neben dem Aufbau eines Vertrauensverhältnisses bei den Bürgern und potentiellen Konsumenten können hierdurch Miet- bzw. Kaufinteressenten gefunden werden. Darüber hinaus wird sich ein professionell gestaltetes Bauschild auch positiv auf das Image und den Bekanntheitsgrad des Anbieters (Initiators) auswirken.

Das Bauschild ist zugleich ein Direct-Response-Medium. Neben dem Logo und dem Namen des Initiators ist daher auch seine Telefonnummer oder die des Immobilienmaklers mit einer Aufforderung zur Kontaktaufnahme zu plazieren. Durch die Visualisierung des späteren Bauwerkes, etwa mittels einer Architekturvisualisierung, können das Vorstellungsvermögen und die Vorfreude des Betrachters geweckt werden. Zu vermerken sind auf dem Bauschild auch die entscheidenden Informationen des Vorhabens wie z.B. Verkaufsfläche, Mietfläche und vorgesehene Parkplatzanzahl.

Zu achten ist auf eine gute Lesbarkeit dieses Bauschildes. Ein besonders attraktiver Effekt kann durch seine Beleuchtung erreicht werden. Darüber hinaus muß das Bauschild gut sichtbar plaziert werden. Zur Erhöhung der Aufmerksamkeitswirkung empfiehlt es sich, an einer Haupt- bzw. Durchgangsstraße in beiden Fahrtrichtungen Schilder aufzustellen.

*Internet*

Unter Internet versteht man eine weltweite Verbindung von Computernetzen. Die Werbung wandelt sich im Online-Marketing von einer gesendeten zu einer angeforderten Botschaft. Bislang kann allerdings in der Immobilienwirtschaft bezüglich der Werbung im Internet noch eine starke Zurückhaltung festgestellt werden.

Im Internet können die Kunden bzw. Interessenten weltweit und zeitunabhängig nach der gewünschten Immobilie suchen. Dabei ist oft sogar eine gezielte Suche nach unterschiedlichen Kriterien (Quadratmeter- und Zimmerzahl, Kauf- bzw. Mietpreisgrenzen, Balkon oder Garten, Region, Austattungskriterien etc.) möglich. Der Kunde verlangt hierbei Informationen über die Produkte (Immobilien) und Dienstleistungen, und zwar in einer attraktiven Art und Weise (Lagebeschreibung, Fotos, Grundrisse, 3D-Besichtigung etc.).

Zu untersuchen ist allerdings, ob man im Internet auch die ausgewählte Zielgruppe erreicht. Während für die etablierten Werbeträger eine Vielzahl von Mediadaten verfügbar ist, gibt es für den typischen Online-Nutzer bislang nur sehr wenige Untersuchungen. Zu einer der größten Erhebungen gehört der MC Online-Monitor. Nach dieser Untersuchung beträgt der Altersmittelwert eines typischen Internet-Surfers ca. 30 Jahre. Darüber hinaus sind etwas mehr Großstädter vertreten, und das Bildungsniveau ist überdurchschnittlich hoch (Hanser, P.: Deutscher Werbekalender 1997, 34. Ausgabe, S. III-331).

### 7.1.2.5 Timing des Mediaeinsatzes

Neben der Entscheidung über die Werbeziele, die zu tätigenden Werbeausgaben und die geeigneten Werbeträger ist der zeitliche Mediaeinsatz zu planen. In Abhängigkeit des Lebenszyklus einer Immobilie kann die langfristige Planung des Mediaeinsatzes hierbei in die Einführungswerbung, die Marktfestigungs- bzw. Erinnerungswerbung und in die Wiedereinführungswerbung differenziert werden.

*Einführungswerbung*

Einführungswerbung liegt vor, wenn eine neue Immobilie am Markt positioniert werden soll. Die Einführungswerbung ist dabei vor allem in hart umkämpften Märkten von einer besonderen Konzentration des Werbeeinsatzes gekennzeichnet (Weser-Krell, L.: Kommunikationspolitik in: Marketing 1991, S. 431). Die Einführungswerbung hat die Aufgabe, den erforderlichen Bekanntheitsgrad aufzubauen und ein Interesse bei der potentiellen Zielgruppe zu wecken.

Die Einführungswerbung kann in die Vorwerbung, die Eröffnungskampagne bzw. Eröffnungswerbung und die Nachfaßwerbung differenziert werden. Im Rahmen der Vorwerbung wird hierbei das erste und oft entscheidende Bild festgelegt. Spätestens zu diesem Zeitpunkt sind der Name und das Signet zu veröffentlichen. Aufgabe der Vorwerbung ist der Aufbau einer *erwartungsvollen* Spannung auf den eigentlichen Eröffnungstermin in Form von z.B. Anzeigen, Hörfunkspots, Presseartikeln.

Erfahrungen im Bereich der Einkaufszentren haben gezeigt, daß es von Vorteil ist, beim Aufbau und Ablauf der Vorwerbungsanzeigen in folgenden Schritten vorzugehen:

1. Darstellung des Gebäudes (in Verbindung mit dem Namen und Signet),
2. Bekanntgabe der Branchen und Warensegmente und
3. Einladung zur Eröffnung (Beschreibung des Centers mit allen Attraktionen, Ankündigung der Sensationen, Überraschungen, Eröffnungsgeschenke etc. für den bevorstehenden Eröffnungstag.)

Ähnlich einer Theaterinszenierung ist die Eröffnungsveranstaltung mit genau geplanten Höhepunkten zu organisieren. Ihr Ablauf sollte eine dauerhafte Spannung gewährleisten und letztlich ein *harmonisches Ganzes* ergeben. Neben der Bekanntmachung hat die Eröffnungskampagne das Ziel, den Imageaufbau des Centers zu unterstützen. Anstelle einer *seelenlosen Verkaufsmaschine* ist ein definiertes und zielgruppengerechtes Centerimage zu entwickeln. Die Nachfaßwerbung sollte kontinuierlich die Vorzüge des Centers wiederholen und neue Aktionen ankündigen. Neben einer stabilen Imagepositionierung muß durch die Nachfaßwerbung eine langfristige Kundenbindung aufgebaut werden.

*Marktfestigungs- bzw. Erinnerungswerbung*

Primäres Ziel der Marktfestigungs- bzw. Erinnerungswerbung ist die Erhaltung des erreichten Bekanntheitsgrades und Image. Ein kontinuierlicher und einheitlicher Werbeauftritt vermittelt hierbei die entscheidende Vertrauensbasis. Ist die Immobilie am Markt etabliert (vermietet, vom Kunden angenommen etc.), können die Werbeausgaben in der Regel zurückgefahren werden, und zwar solange der gewünschte Marktauftritt nicht gefährdet wird und der Wettbewerb dies zuläßt.

Mit dem Ziel, die einmal gesetzten Vorhaben auch in die Tat umzusetzen, ist Kontinuität gefragt. Kurzfristige Änderungen in der Strategie und dem Werbekonzept sollten unbedingt vermieden werden. Als Zeichen der Zuverlässigkeit und Kompetenz ist es darüber hinaus erforderlich, die unterschiedlichen Maßnahmen der Werbung, aber auch der Öffentlichkeitsarbeit und Verkaufsförderung aufeinander abgestimmt einzusetzen, wodurch auch eine Addierung der Wirkung erzielt werden kann.

*Wiedereinführungswerbung*

Ein weiterer Aufgabenschwerpunkt kommt der Werbung in der Phase der Wiedereinführung bzw. Revitalisierung einer Immobilie zu. Im Rahmen der Revitalisierung wird die Immobilie durch die Beeinflussung der Ausstattung und der Qualität an die geänderten Marktverhältnisse angepaßt. Wie jedes Produkt unterliegt auch die Immobilie einem Alterungsprozeß. Die Gründe hierfür sind nicht nur in einer baulich bzw. technisch hervorgerufenen Erosion, sondern auch in wirtschaftlich bedingten Umständen (Marktveränderungen, attraktivere Wettbewerbsobjekte, Veränderungen im Kundenverhalten etc.) zu sehen.

Aufgabe der Werbe- und PR-Maßnahmen ist in diesem Zusammenhang die Schaffung der notwendigen Akzeptanz bei den Mietern, Nutzern und Kunden. Nur eine begleitende Kampagne und eine umfassende und rechtzeitige Informationspolitik und Aufklärungsarbeit über das neue Konzept, aber auch die möglichen negativen Begleitumstände, schaffen hierbei das notwendige *Wir-Gefühl*. Nach erfolgter Revitalisierung sind die Veränderungen zu veröffentlichen und erforderliche Imagekorrekturen werblich zu unterstützen.

### 7.1.2.6 Messung des Werbeerfolges

Die Planung und Durchführung der Werbung im Immobilienbereich ist mit erheblichen Kosten verbunden. Zielsetzung sollte es daher sein, die Investitionen in die Werbung sinnvoll einzusetzen und mögliche Fehlinvestitionen auszuschalten. Unter Werbeerfolgskontrolle werden in diesem Zusammenhang Maßnahmen verstanden, die eine Einschätzung der Relation zwischen Werbeeinsatz und Werbeerfolg ermöglichen.

Die Erforschung der Werbewirkung kann dabei nach ihrem Einsatzzeitpunkt (vor oder nach dem Werbeeinsatz) differenziert werden. Als Pre-Tests bezeichnet man hierbei alle Arten der kontrollierten Werbeforschung, die vor der eigentlichen Schaltung durchgeführt werden und sich auf die Überprüfung der Werbemaßnahmen beziehen. Post-Tests werden demgegenüber nach der Schaltung bzw. dem Einsatz im Markt vorgenommen. Bei den Post-Tests steht dabei die Ermittlung der Kontakt- bzw. Berührungswirkung im Mittelpunkt der Untersuchung (Rogge, H.: Werbung, 1996, S. 316).

Anknüpfend an die Differenzierung zwischen ökonomischen und kommunikativen Werbezielen kann die Werbeerfolgskontrolle in die Kontrolle des ökonomischen und in die des außerökonomischen Erfolges untergliedert werden. Da der ökonomische Werbeerfolg von einer Vielzahl von Faktoren (Wettbewerb, Rahmenbedingungen etc.) abhängig ist, kommt der Messung des kommunikativen Werbeerfolgs die größere Bedeutung zu.

Zur Beurteilung der kommunikativen Leistungsfähigkeit der Werbung gelangt in der Praxis eine Vielzahl von Verfahren zur Anwendung. Als dominierende Beurteilungsmethode hat sich die Befragung anhand einer direkten Bewertung oder durch den Einsatz eines Portfoliotests durchgesetzt. Ein Bedeutungsgewinn kann darüber hinaus bei den apparativen Meß- und Beurteilungsverfahren festgestellt werden (Kotler, P./Bliemel, F.: Marketing-Management, 1995, S. 990). Siehe dazu auch Abb. 7.15.

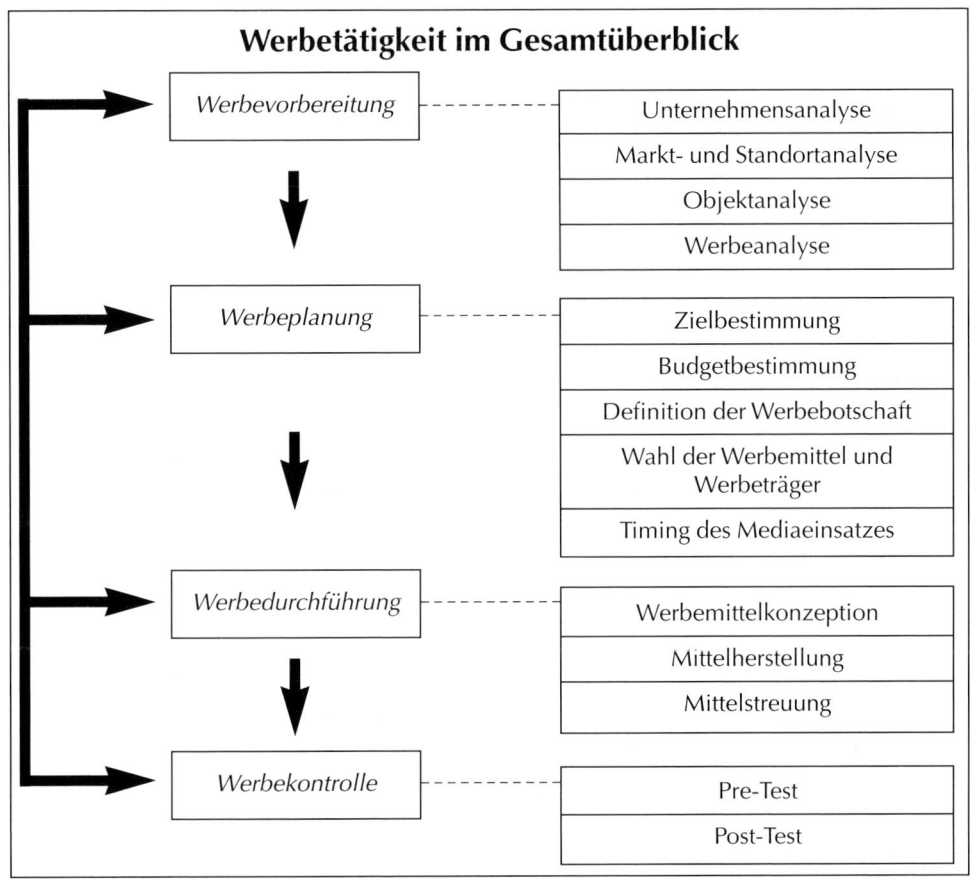

**Werbetätigkeit im Gesamtüberblick**

| Werbevorbereitung | Unternehmensanalyse |
| | Markt- und Standortanalyse |
| | Objektanalyse |
| | Werbeanalyse |

| Werbeplanung | Zielbestimmung |
| | Budgetbestimmung |
| | Definition der Werbebotschaft |
| | Wahl der Werbemittel und Werbeträger |
| | Timing des Mediaeinsatzes |

| Werbedurchführung | Werbemittelkonzeption |
| | Mittelherstellung |
| | Mittelstreuung |

| Werbekontrolle | Pre-Test |
| | Post-Test |

**Abb. 7.15: Werbetätigkeit im Gesamtüberblick**
**Quelle:** Institut für Gewerbezentren, Starnberg 1997 in Anlehnung an: Rogge, H.-J.: Werbung, Ludwigshafen, 1996

## 7.2 Öffentlichkeitsarbeit

Im letzten Jahrzehnt vollzogen sich in der Bundesrepublik Deutschland tiefgreifende wirtschaftliche und gesellschaftliche Wandlungen, die nicht ohne Auswirkungen auf die Unternehmenspolitik blieben:

- Ein immer härter werdender Wettbewerb auf nationalem wie internationalem Boden,
- eine fortschreitende Globalisierung und Erschließung neuer Märkte (Ost-Europa, Asien etc.),
- kritischere Nachfrager sowie

- ein Wandel vom Vermietermarkt zum Mietermarkt bzw. vom Verkäufermarkt zum Käufermarkt waren festzustellen.

Der Verbraucher stellt für den Anbieter auf dem Immobilienmarkt nicht mehr eine anonyme Masse dar, mit der er sich nicht genauer zu befassen hat, sondern der Unternehmer muß vielmehr seine Unternehmenspolitik auf die vielschichtigen Interessen und Bedürfnisse des Verbrauchers ausrichten. Um sich vom Konkurrenten zu unterscheiden, darf man sich heutzutage nicht mehr auf das Produkt und dessen Qualität beschränken, sondern muß sich mehr und mehr auf den Eindruck, den das Produkt *und* die Unternehmung sowie deren Umfeld und Geschäftspolitik auf den Nachfrager machen, konzentrieren. *„Nicht die Tatsachen, sondern die Meinungen der Menschen über die Tatsachen sind von entscheidender Bedeutung",* wie Epiktet schon feststellte.

## 7.2.1  Inhalt und Wesen der Öffentlichkeitsarbeit

### 7.2.1.1  Begriffliche Einordnung

Als Instrument der Kommunikationspolitik prägt die Öffentlichkeitsarbeit das Image eines Unternehmens. Die Pflege der Beziehungen zur Öffentlichkeit, deren Befriedigung des Informationsbedürfnisses, die Erhöhung des Vertrauens in das Unternehmen und dessen Leistungen sind die herausragenden Anforderungen. Um all die Kriterien zu erfüllen, ist die Beziehung planmäßig, systematisch, kontinuierlich und wirtschaftlich sinnvoll zu gestalten. Als Hauptmaximen stehen hierfür:

- *Wahrheit:*  Jede PR-Aussage muß den Tatsachen entsprechen.
- *Klarheit:*  Eine PR-Aussage muß einfach, verständlich und ohne verbale Finessen sein.
- *Einheit von Wort und Tat:* Das Immobilienmanagement muß mit den PR-Aussagen übereinstimmen.

Ein anderer wichtiger PR-Grundsatz lautet: *„Public Relations begins at home",* was besagt, daß die Öffentlichkeitsarbeit außerhalb des Unternehmens *(Public Relations)* nur erfolgreich sein kann, wenn zuerst die eigenen Mitarbeiter zeitnahe und richtige Informationen erhalten *(Human Relations).* Denn die eigenen Mitarbeiter prägen zu einem nicht unerheblichen Teil das Image des Unternehmens. Je höher ihr Ausbildungsniveau ist, desto höher ist auch ihr Anspruch an Information und Mitsprache. Bei der Entscheidung, ein bestimmtes Unternehmen als zukünftigen Arbeitgeber zu wählen, spielt so außer der Bezahlung vor allem das Image des Unternehmens eine wichtige Rolle. Den eigenen Mitarbeitern kommt daher eine nicht unwesentliche Multiplikatorwirkung im Meinungsmarkt zu.

### 7.2.1.2 Aufgaben und Ziele

Die Hauptaufgabe der Öffentlichkeitsarbeit für ein Immobilienunternehmen (Maklerunternehmen, Projektentwicklungsgesellschaften, Immobilienfonds etc.) liegt im Aufbau und der Erhaltung eines positiven Marktimage, das ein ganz besonderes Werbemittel darstellt. Ein positives Firmenimage wirkt sich nicht nur förderlich auf die Gewinnung von Nachwuchskräften und neuen Mitarbeitern aus, sondern gilt als Hauptkatalysator für den Vertrauensauf- und -ausbau gegenüber der Öffentlichkeit, was das Unternehmen selbst und dessen Leistung angeht. Besonders wichtig in der Immobilienbranche ist das Herausstellen der Solidität, weil der Kunde im Regelfall vor Fertigstellung seines Objektes bereits Zahlungen leisten muß.

Ein permanenter Dialog mit der Öffentlichkeit ist notwendig und muß vor dem Hintergrund einer sensiblen, anspruchsvollen und kritischen Öffentlichkeitsarbeit vollzogen werden. Das PR-Verständnis früherer Jahre: „Tue Gutes und rede darüber … und verschweige nach Möglichkeit Schlechtes oder Unpopuläres" reicht nicht mehr aus. Das Ziel eines sachlichen, verständlichen und überprüfbaren Informationsaustausches sollte hierbei als Grundsatz dienen. In weitestgehender Übereinstimmung mit den Beziehungsfeldern der Human Relations (eigene Mitarbeiter etc.) sowie der Public Relations (soziales Umfeld) sollen die Aufgaben des Beziehungsträgers erfüllt werden. Folgende externe und interne Aufgaben und Ziele mögen dies beispielhaft verdeutlichen.

*Externe Aufgaben und Ziele*

- Eine *positive Darstellung* des Immobilienunternehmens und Erhöhung seines *Bekanntheitsgrades* ist anzustreben.
- Das Firmen- und Produktimage ist für die Öffentlichkeit so positiv wie möglich zu gestalten, und somit kann *Glaubwürdigkeit und Vertrauen aufgebaut* werden.
- Der *Dialog* mit der wirtschaftlich relevanten Öffentlichkeit ist zu *fördern*.
- *Reaktionsvermögen und Dynamik* – also Flexibilität – ist gegenüber der Öffentlichkeit zu *demonstrieren*.

- *Bedürfnisse sind zu wecken* und *Produktpräferenzen zu bilden.*
- Eine *absatzunterstützende PR-Arbeit* ist zu leisten.
- *Informationsbedürfnisse* der breiten Öffentlichkeit sind zu befriedigen.
- Mit unterschiedlichen Interessengruppen muß man sich *sachlich auseinandersetzen.*

*Interne Aufgaben und Ziele*

Die Hauptintention der internen Öffentlichkeitsarbeit besteht in der Motivationsförderung von Mitarbeitern und Projektbeteiligten sowie in der Vermittlung der Unternehmenskultur (Corporate Culture), und zwar mit dem Ziel, alle Beteiligten zu Botschaftern des Unternehmens zu machen.

### 7.2.1.3 Zielgruppen

Im Mittelpunkt der Öffentlichkeitsarbeit steht der Informationsaustausch zwischen dem Beziehungsträger (dem jeweiligen Unternehmen) und seinen internen oder externen Beziehungsfeldern. Bei der Formulierung der Aufgabe der Öffentlichkeitsarbeit stellt sich somit die Frage, mit welchen Zielgruppen das Unternehmen zu tun hat. Zum Beispiel mit Kapitalgebern, mit Behörden, mit Berufsberatern, mit Nachbarn, mit Gewerkschaften, mit Redakteuren, mit eigenen Mitarbeitern, mit der Konkurrenz etc. wären hier mögliche Antworten.

Eine Einteilung in Teilöffentlichkeiten kann also folgendermaßen vorgenommen werden:

- *Geschäftswelt:*
  - potentielle Mieter,
  - Kooperationspartner,
  - Auftragnehmer,
  - Wettbewerber,
  - Wirtschaftspresse etc.

- *Finanzwelt:*
  - potentielle Mieter, Käufer etc.,
  - Banken, Immobilienfonds,
  - Finanzanalytiker und Anlageberater,
  - Finanzpresse etc.

- *Politik:*
  – potentielle Mieter,
  – Entscheidungsträger in lokalen Behörden,
  – Abgeordnete von Land und Bund,
  – politische Mandatsträger etc.

- *Öffentliche Meinung:*
  – Bevölkerung (Anwohner, Gewerbetreibende) im regionalen Umfeld,
  – Bürgerinitiativen,
  – Interessengruppen,
  – Meinungsbildner in den Medien etc.

Je nachdem, ob gewerbe- oder wohnwirtschaftlich ein Verkauf oder eine Vermietung (oder Leasing etc.) an einen privaten Investor, einen Firmenkunden oder an eine Institution getätigt oder vermittelt wird, verändern sich die Zielgruppen und mit ihnen die Bedürfnisse, Ansichten, Denkweisen sowie auch die Kommunikationsmöglichkeiten. Während die wichtigsten Zielgruppen die potentiellen Mieter, Käufer etc. bilden, dürfen nicht jene Teilöffentlichkeiten übersehen werden, die mit ihrer Meinung die eigentliche Zielgruppe – und somit deren Verhalten – positiv beeinflussen können: unmittelbare Nachbarschaft, Bürgerinitiativen, Interessenverbände (Einzelhandelsverbände, Innungen, Naturschutzverbände etc.) sowie die politischen Effizienzen. Schließlich könnte es sich bei all jenen um zukünftige Mitarbeiter oder Nutzer einer Immobilie handeln.

*Abgrenzung Öffentlichkeitsarbeit und Werbung*

Im Gegensatz zur Werbung und Verkaufsförderung dient die Öffentlichkeitsarbeit nicht in erster Linie der Absatzfunktion, sondern auch der Pflege der Beziehungen zur Öffentlichkeit. Obwohl sich die Öffentlichkeitsarbeit und die Werbung weitgehend derselben Medien bedienen, spricht die Werbung aber doch mehr die potentiellen Käufer an und zielt auf deren Kaufhandlung, während die Public-Relations-Maßnahmen generell informieren möchten. Unter Umständen können jedoch auch die PR-Maßnahmen als indirekte Werbemaßnahmen bezeichnet werden – zumal durch ungezwungene Kontakte zum Kunden nachhaltigere Werbewirkungen erzielt werden können als durch direkte Werbeaktivitäten.

Public-Relations-Arbeit konzentriert sich somit auf ausgewählte Teilöffentlichkeiten und will überzeugen, während Werbung zu überreden versucht.

Die Zielsetzung steckt damit bei der Öffentlichkeitsarbeit in einer systematischen Verbesserung des Kommunikations- und Informationsaustausches in den Bereichen *Human Relations* (interne Beziehungsfelder) und *Public Relations* (externe Beziehungsfelder). Bei einem permanenten Zielhorizont muß der Informationsaustausch sachlich verständlich und überprüfbar sein. Eine Anzeige kann zum Beispiel vom Inhalt ihrer Botschaft her dem Bereich der Öffentlichkeitsarbeit zugeordnet werden, wenn sie zur Formung eines festgelegten Image bestimmt ist. Dagegen gehört eine direkt auf den Verkauf abzielende Werbebotschaft – zum Beispiel bei Wohnimmobilien – dem Bereich der Werbung an (vgl. Abb. 7.16).

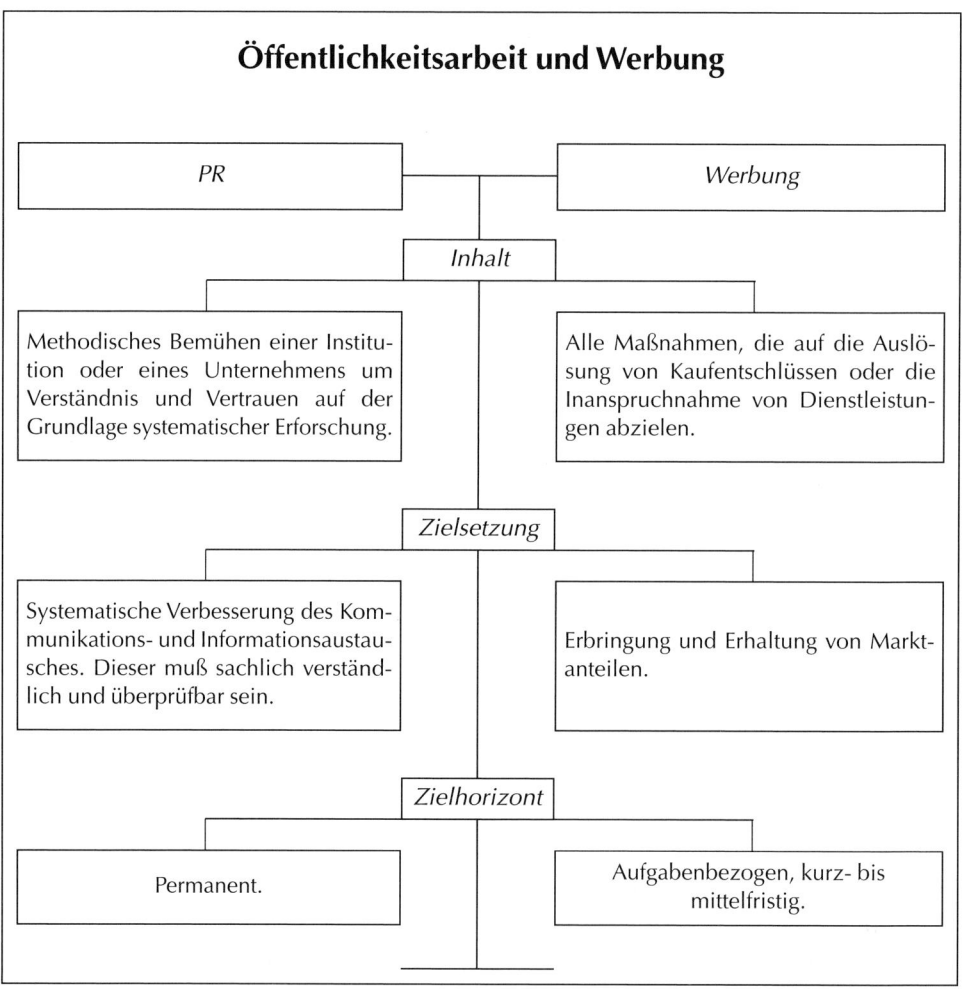

**Abb. 7.16: Abgrenzung: Öffentlichkeitsarbeit und Werbung**
**Quelle:        Institut für Gewerbezentren, Starnberg 1997**

## 7.2.2 Themen und Anlässe der Öffentlichkeitsarbeit

Warum soll die Immobilienbranche eigentlich ihre Öffentlichkeitsarbeit intensivieren? Gibt es denn genügend Themen und Anlässe, welche allgemein interessieren und ein Unternehmen seriös und positiv erscheinen lassen? Das Informationsbedürfnis der zu einem Immobilienunternehmen in Beziehung Stehenden (potentielle Kunden, Journalisten oder Presse allgemein, Behörden etc.) bezieht sich keinesfalls nur auf Erfolgsmeldungen. Professionelle Öffentlichkeitsarbeit bringt ihre Früchte im Regelfall erst in schwierigen Zeiten und im Umgang mit kritischen Themen hervor: die Haltung zu Altlasten, umstrittene Großobjekte, Grundstücks- und Landverbrauch, ökologisches Bauen, alternative Energiesysteme, Asbest, platzsparendes Bauen, Baustops, Vermietungserfolge, Richtfeste, Eröffnungen etc. gehören dazu. Je nach Kreativität und Innovationsvermögen ist die Liste der Gründe für eine PR-Aktion nahezu unerschöpflich. Die folgenden Fragen sollen eine Entscheidungshilfe bieten (vgl. Wilkes/Richter-Sjöö [Hrsg.]: Arbeitsbuch Presse und PR, 2. Aufl., Essen 1985), die Arbeit in Sachen „Öffentlichkeitsarbeit" konstruktiv zu gestalten. Siehe dazu Abb. 7.17.

### Checkliste: „Öffentlichkeitsarbeit"

1. Wissen Sie, wie Ihre Mitarbeiter und deren Familien über Ihr Unternehmen denken? Wie beurteilen sie das Image Ihres Unternehmens?
2. Wissen Nachbarn und Anwohner im Umkreis Ihres Betriebes (ihrer Projekte) genau, was Ihre Firma unternimmt, durch welche Anstrengungen und welche Erfolge Ihre Arbeit charakterisiert ist?
3. Weiß Ihre Bank, wissen Ihre Ansprechpartner bei der Behörde und die Politiker in Ihrer Gemeinde (Bezirk), wen sie vor sich haben, wenn sie Sie anrufen? Wissen diese Leute, was Sie herstellen, wie innovativ Sie sind, wie erfolgreich Sie im Markt operieren?
4. Gehören Sie einem Verein oder Verband an? Haben Sie sich dort auch für besondere Posten (etwa für Öffentlichkeitsarbeit) zur Verfügung gestellt?
5. Reagieren Sie positiv, und zwar mit konkreten Aktionen, auf das große Interesse breiter Bevölkerungskreise, mehr Informationen über Ihr Unternehmen und das konkrete Betriebsgeschehen zu bekommen?
6. Haben Sie ein gutes Betriebsklima (ehrlich sein!), was als gutes Merkmal für innerbetriebliche Motivation zu werten wäre?

7. Haben Kunden und Lieferanten Vertrauen zu Ihnen, und äußert sich dieses Vertrauen in einem fairen Kaufmannsdialog?
8. Haben Sie wirklich gute und zukunftsorientierte Produkte als wichtigste Voraussetzung für eine zukünftige kontinuierliche Öffentlichkeitsarbeit anzubieten?
9. Bejahen Sie die Notwendigkeit für die Wirtschaft insgesamt – und damit auch für Ihr Unternehmen –, daß jeder seinen Beitrag zur Lösung sozialer Probleme zu leisten hat? Haben Sie hier schon eigene Aktivitäten realisiert?
10. Kennen Sie die Meinungsmacher im lokalen Bereich (Redakteure, Politiker, Prominenz, Vereine und Verbände etc.)?

**Abb. 7.17:** Checkliste „Öffentlichkeitsarbeit"
**Quelle:** Wilkes/Richter-Sjöö: Arbeitsbuch Presse und PR, 2. Aufl., Essen 1985.

Immobilienfremde Wirtschaftszweige, und hier im speziellen die Konsumgüterindustrie, die in bestimmten Segmenten uniforme Produkte auf den Markt bringt, nutzt schon seit geraumer Zeit das Instrument der Öffentlichkeitsarbeit. Aus Sicht des Kunden beeinflußt im Zweifel nicht (immer) das letzte Zehntel der Zinskonditionen bzw. des Kaufpreises einer Immobilie die Entscheidung für oder wider. Faktoren wie Sympathie und Vertrauen bilden nicht selten das Zünglein an der Waage. Vertrauen läßt sich allerdings erst durch Transparenz dessen, was in einem Unternehmen vorgeht, aufbauen.

### 7.2.3 Phasen eines strategischen Öffentlichkeitsarbeits-Konzepts

Der Aufbau von Image und insbesondere die Veränderung eines bestehenden Unternehmens- oder Immobilienimage ist ein langwieriger Prozeß. Demzufolge erfordert auch professionelle Öffentlichkeitsarbeit strategische Konzepte. Die vier Grundphasen der Öffentlichkeitsarbeit lassen sich einteilen in:

- *Situationsanalyse* (Analyse/Bewertung/Konzeption),
- *Kommunikationsstrategie* (Redaktion und Gestaltung),
- *Bestimmung der PR-Träger* (Kontakt),
- *Durchführung und Erfolgskontrolle* (Organisation).

Während die letzten drei Punkte den operativen Teil ausmachen, das heißt die Umsetzung von Zielen und PR-Botschaften durch geeignete Mittel und Maßnahmen betreffen, muß aber auf den ersten Punkt, die Analyse und die daraus resultierende Strategieentwicklung, besondere Sorgfalt gelegt werden.

### 7.2.3.1 Phase I – Situationsanalyse

Die erste Stufe des Public-Relations-Prozesses besteht im wesentlichen aus der Sammlung der Ist-Fakten und deren Bewertung. Sämtliche Ist-Fakten werden im ersten Schritt getrennt nach *unternehmensinternen* und *unternehmensexternen* Gesichtspunkten zusammengetragen und in einem zweiten Schritt nach Stärken und Schwächen formuliert. Teilweise müssen gerade die nicht monetären Fakten mit den Mitteln der Marktforschung erhoben werden. Dazu zählt als maßgebliches Faktum im Bereich der Öffentlichkeitsarbeit das Image des jeweiligen Unternehmens. Die eigenen Mitarbeiter, Subunternehmer, Mieter etc. werden in einem festgelegten Stichprobenumfang mit Hilfe eines sogenannten *Semantischen Differentials* – anhand festgelegter Adjektive – nach dem Unternehmensimage befragt. Wie nachfolgende Abbildung zeigt, werden dabei Gegensatzpaare aufgestellt, aus denen sich sehr deutlich Defizite ableiten lassen. In dem hier abgebildeten Beispiel hat das Unternehmen eindeutig Schwächen im Bereich der zeitgemäßen Anpassung und wird demnach als tendenziell altmodisch bezeichnet. Demgegenüber betrachtet jedoch die Mehrheit der Befragten das Unternehmen als aktiv und agierend (vgl. Abb. 7.18 und Abb. 2.43 auf S. 167).

Somit lassen sich aus der Bewertung der Ist-Fakten Stärken und Schwächen im unternehmensinternen und -externen Bereich ableiten. Exemplarisch sollen folgende Beispiele als Stärken und Schwächen genannt werden:

- *Stärken (extern):*
  - *Das Bauunternehmen ist ein wichtiger Arbeitgeber in der Region.*
  - *Das Bauunternehmen realisiert im Jahr 50 Prozent der fertiggestellten Wohnungen in der Region.*
  - *70 Prozent der Einwohner am Sitz der Hauptniederlassung kennen das Unternehmen.*
  - *Das Unternehmen ist bekannt für gute Bauqualität.*

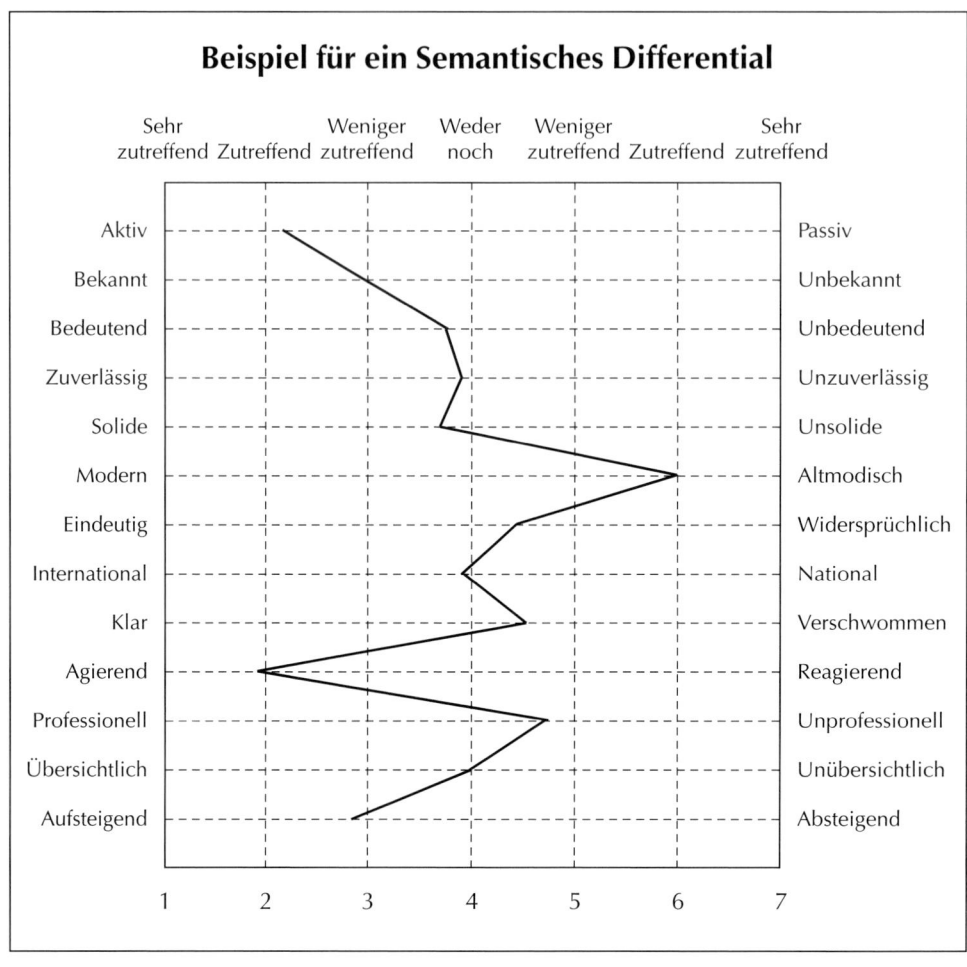

**Abb. 7.18:  Beispiel: Semantisches Differential**
**Quelle:        Institut für Gewerbezentren, Starnberg 1997**

• *Stärken (intern):*
  *– Das Bauunternehmen verfügt über überdurchschnittliche Sozialleistungen.*
  *– Das Unternehmen verfügt über geringe Personalfluktuation.*
  *– 90 Prozent der Belegschaft lesen die Hauszeitung.*

Diese Beispiele ließen sich genauso auf die Schwächen (getrennnt nach unternehmensinternen sowie -externen Fakten) übertragen. Gerade die Analyse der Schwächen zeigt Konfliktpotentiale zwischen den Eigeninteressen des Unternehmens und den öffentlichen Interessen auf, aus denen sich die Aufgabenstellung ableiten läßt.

### 7.2.3.2  Phase II – Kommunikationsstrategie

*Phase II* beinhaltet die *Erarbeitung einer Kommunikationsstrategie*, die aus obiger Aufgabenstellung (Phase I) *meßbare Ziele* festlegt, *Zielgruppen* bestimmt, *Sollvorgaben* formuliert und diese in *PR-Botschaften* oder Themenkomplexe mit den geeigneten Mitteln und Maßnahmen umsetzt, und zwar getrennt nach internen und externen Zielgruppen.

Unter Berücksichtigung des bisherigen Erscheinungsbildes und der Unternehmensziele erfolgt die Zielsetzung der PR-Maßnahme(n). Entsprechend der Stärken- und Schwächenanalyse ergeben sich für jedes Unternehmen unterschiedliche Ziele (vgl. Abb. 7.19).

---

### ZIELSETZUNG
#### (Beispiel)

*Externe Ziele:*
- Bekanntheitsgrad bei potentiellen Mietern von 10 auf 20 Prozent in zwei Jahren erhöhen (externe Zielgruppe z.B. Handels-Filialunternehmen).

- Bei Developern (externe Zielgruppe) bekannt machen, daß sich die Anlageobjekte um z. B. Hotels erweitert haben (Meßbarkeit in Form des Ankaufs von Hotels).

*Interne Ziele:*
- Verbesserung der Mitarbeiterqualifikation durch Weiterbildung ausgewählter Mitarbeiter.

- Ausbildung ausgewählter Mitarbeiter zu Center-Managern (interne Zielgruppe) – Kontrolle erfolgt über den erfolgreichen Abschluß.

- Erhöhung des Anteiles der Mitarbeiter, die die Hauszeitschrift lesen, von 40 auf 50 Prozent (interne Zielgruppen), und zwar innerhalb eines Jahres.

---

Abb. 7.19: Zielsetzung (Beispiel)

Quelle:  Institut für Gewerbezentren, Starnberg Juli 1997; in Anlehnung an Wilkes/Richter-Sjöö: (Hrsg.). Arbeitshandbuch Presse und PR, 2. Aufl., Essen 1985

Die PR-Botschaft (also die Gesamtaussage) umschreibt das „Soll-Image" und dient somit als gemeinsame Basis für die internen und externen Zielgruppenaussagen. Je exakter die Zielgruppen bestimmt werden, desto gezielter können PR-Botschaften lanciert werden. So zerfallen etwa die Mitarbeiter in eine Vielzahl von Teilgruppen mit unterschiedlichen Interessenlagen und Erwartungen an ihren Arbeitgeber. Mögliche Zielgruppen innerhalb des Immobilienbereiches sind so zum Beispiel:

- *Interne Zielgruppen*
  - Objekt-Manager und Objekt-Verwalter,
  - Hausmeister,
  - Bautechniker,
  - einzelne Abteilungen,
  - Genehmigungsgremien (Aufsichtsrat etc.),
  - Grundstücksakquisiteure,
  - Vermieter,
  - Center-Manager,
  - Betriebsrat,
  - Niederlassungsleiter etc.

- *Externe Zielgruppen*
  - Behörden,
  - Medien (z.B. Fachpresse, Tagespresse),
  - Wohnungs- bzw. Gewerbemieter,
  - Makler,
  - Bauträger,
  - Offene oder Geschlossene Immobilienfonds,
  - Anlieger,
  - Bürgerinitiativen,
  - Hochschulen,
  - finanzierende Banken etc.

Wie oben erwähnt, versucht die PR-Botschaft in einem griffigen Satz das Soll-Image, angelehnt an die Unternehmensgrundsätze („Corporate Culture"), zu formulieren. Hilfreich zur Festlegung des Soll-Image ist das bereits genannte Semantische Differential, in dem sich Wunschwerte einzeichnen lassen. Während die Industrie mit exklusiven Beispielen aufwarten kann:

- „BMW – aus Freude am Fahren",
- „DEA – hier tanken Sie auf",
- „Dresdner Bank – das grüne Band der Symphatie",

finden sich in der Immobilien-Wirtschaft nur wenige gelungene Umsetzungen wie zum Beispiel: *„Schwäbisch Hall – auf diese Steine können Sie bauen".* Diese PR-Perspektiven sollen jedoch sicherstellen, daß sich in Informationen und Aussagen gegenüber internen und externen Zielgruppen keine Widersprüche ergeben.

### 7.2.3.3 Phase III – Bestimmung der PR-Träger

Unter Berücksichtigung von Zeit- und Geldressourcen (Budget) erfolgt in der *Phase III* die *kreative Umsetzung* in Text-, Bild- sowie Aktionsideen. Welche diese, bezogen auf die Immobilienbranche, sein können, bleibt der Kreativität der PR-Verantwortlichen überlassen. Als Anregung und zur Überprüfung des eigenen Repertoires dienen die Beispiele im Kapitel „Instrumente zur Steuerung der Öffentlichkeitsarbeit".

Sicherlich spricht zum Beispiel eine Unternehmensdarstellung über einen regionalen Fernsehsender eine andere Zielgruppe (z.B. Nachfrager für Eigentumswohnungen zur Selbstnutzung) an als eine Schaltung per Internet. Letzteres könnte sich bei guter Gestaltung positiv auf dem gewerblichen interregionalen Bereich auswirken. Des weiteren bietet sich für regionale, im Wohnungsbau tätige Unternehmen die Einrichtung von Sprechstunden an, in denen sich potentielle Käufer, aber auch sonstige Interessenten eingehend mit den Projekten (eventuell Aussehen einer Musterwohnung) befassen können. Aus Rücksichtnahme gegenüber den berufstätigen Interessenten verlängern mittlerweile vereinzelt Wohnungsunternehmen und -makler ihre Sprechzeiten bis 20 Uhr und passen sich somit an die Öffnungszeiten des Einzelhandels an.

In dieser Phase III erfolgt also die Abstimmung aller internen und externen Maßnahmen (diesmal erfolgt keine Differenzierung zwischen internen und externen Zielgruppen), die in einen mittel- bis langfristigen Maßnahmenplan (sogenanntes *PR-Programm*) einfließen.

### 7.2.3.4 Phase IV – Durchführung und Erfolgskontrolle

In der *vierten Phase* erfolgt die Durchführung des PR-Programmes als integrierter Zeit- und Maßnahmenplan mit den Grundfunktionen *Redaktion, Kontakt* und *Organisation.* Deren Wirkung wird im Rahmen eines Feedbacks (Befragung, Beobachtung etc.) durch die Zielgruppen ausgewertet und eventuell korrigiert. So läßt sich zum Beispiel ein Semantisches Differential sowohl vor Durchführung von PR-Aktionen als auch ein bis zwei Jahre später erstellen. Bei Einkaufszentren gehört diese Methodik zum Instrumentarium eines Center-Managers. Imageveränderungen sind immer langfristiger Natur. Die Zeiträume zwischen zwei Image-Analysen sollten daher nicht zu kurz gewählt sein, da ansonsten eine Veränderung möglicherweise noch nicht exakt meßbar ist. Die folgende Übersicht soll den Ablauf der einzelnen Phasen nochmals graphisch verdeutlichen (vgl. Abb. 7.20).

# Phasen strategischer Öffentlichkeitsarbeit

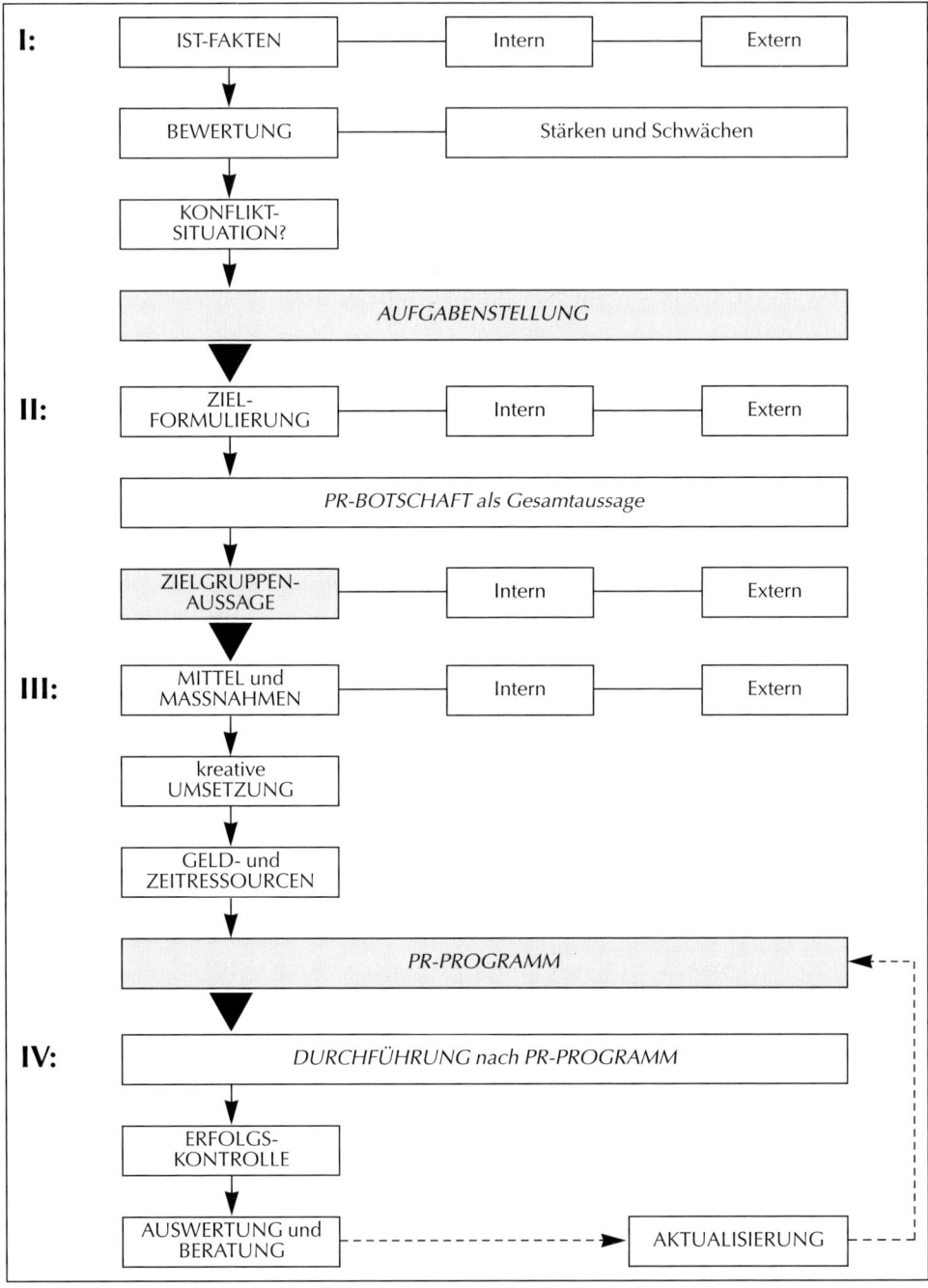

**Abb. 7.20:** Phasen eines strategischen Ablaufes der Öffentlichkeitsarbeit
**Quelle:** Institut für Gewerbezentren, Starnberg 1997

### 7.2.4 Instrumente zur Steuerung der Öffentlichkeitsarbeit

#### 7.2.4.1 Auswahl des richtigen Instruments

Die Frage nach dem geeigneten Instrument und Informationsträger ist sicherlich ein kritisches Moment bei der Erstellung eines Konzeptes für die Öffentlichkeitsarbeit. Denn: *„Der Köder muß dem Fisch schmecken und nicht dem Angler"*, besagt eine Branchenweisheit und gibt deutlich den Weg zur Auswahl der Instrumente vor. Wie im vorigen Abschnitt verdeutlicht wurde, ist das PR-Konzept wesentlich abhängig von:

- einer klar formulierten *Aufgabenstellung,*
- einer klar definierten *Zielgruppe* und
- der *Beachtung* spezifischer *Eigenschaften* verschiedener Instrumente.

In den weiteren Ausführungen dieses Abschnittes werden, ohne Anspruch auf Vollständigkeit, verschiedene Instrumente aufgezeigt und charakterisiert. Grundsätzlich ist es wichtig, sich in die Denk- und Handlungsweise sowie in die Bedürfniswelt der Zielgruppe zu versetzen. Fragen wie beispielsweise die folgenden sind hier relevant:

- Existiert eine Vorstellung über die Zielgruppe?
- Wer ist diese Zielgruppe konkret?
- Wo findet man die Zielgruppe?
- Wie denkt diese Zielgruppe?
- Wie denken die Teilöffentlichkeiten, die diese Zielgruppe beeinflussen können?
- Mit welcher Botschaft erreicht man diese Zielgruppe am besten?
- Was soll dieser Zielgruppe mitgeteilt werden?
- Welche spezifischen Eigenschaften eines Werbeträgers eignen sich am besten für die PR-Botschaft (CD-Rom, Computeranimation, Videokassette etc.)?

Bei einem potentiellen Käufer einer Eigentumswohnung wird neben dem Anbieten einer starken sachlichen Unterstützung und Betreuung auch ein hohes Maß an Ausstrahlung von Sicherheit und Vertrauen zu transportieren sein. Für die meisten Nachfrager stellen Immobilienunternehmen eine unbekannte Größe dar, weshalb es gelingen muß, zu diesen eine Vertrauensbasis herzustellen.

Demgegenüber ist die Zielgruppe der institutionellen Nachfrager als anders anzusehen. Hier handelt es sich in der Regel um professionelle Gesprächspartner, bei denen die persönliche Ansprache im Vordergrund steht. Ihnen Vertrauen zu vermitteln heißt, einen kleinen Kreis von Ansprechpartnern zu pflegen, wobei die persönliche Komponente eine wichtige Rolle spielt. Zwischen diesen beiden Polen erstreckt sich ein heterogenes Spektrum von unterschiedlichen Angebots- und Nachfragekombinationen, auf das die jeweilige PR-Strategie abgestimmt werden muß.

Bevor mit der Durchführung der PR-Aktionen begonnen wird, ist zu überlegen, ob diese Aktivitäten mit einem eigenen Stab von Mitarbeitern durchgeführt werden sollen, ob dieser Teil einem professionellen Marketingunternehmen übertragen werden muß oder ob man sich nur in beratender Funktion einer Marketingunternehmung bedient. Sinnvoll ist, sich frühzeitig beraten zu lassen, wie die vier Phasen mit professionellen Marketingfachleuten am besten zu durchlaufen sind und für sich die Vor- und Nachteile einer jeweiligen Zusammenarbeit gegenüberzustellen.

### 7.2.4.2 Instrumente der Human Relations

Interne Kommunikationsformen helfen, daß Mitarbeiter in die Unternehmens- und Projektkultur nicht nur einbezogen, sondern auch deren Bestandteil werden und sich somit zu Botschaftern des Unternehmens bzw. des Projektes entwickeln. Möglichen Maßnahmen stehen mündliche, schriftliche, gesetzlich verankerte, visuelle und audiovisuelle sowie soziale Mittel zur Verfügung.

- *Mündliche Mittel:*
  - Einzelgespräche (Anstellungs- und Beurteilungsgespräch),
  - Gruppengespräche (Mitarbeiterversammlung),
  - Belegschaftsversammlung.

- *Schriftliche Mittel:*
  - Betriebszeitung (Ziel: mehr Transparenz gegenüber den Mitarbeitern),
  - Hausmitteilungen (zur raschen Information der Mitarbeiter),
  - das Schwarze Brett (dient der allgmeinen Bekanntgabe betrieblicher Belange),
  - Sozialbilanz,
  - Mitarbeiterbroschüren.

470

- *Gesetzlich verankerte Mittel (laut Betriebverfassungsgesetz):*
  - die Betriebsversammlung,
  - schriftliche Informationspflicht des Arbeitgebers.

- *Visuelle und audiovisuelle Mittel:*
  - Schaukästen,
  - Tonbildschauen,
  - Videokassetten, Bildplatten.

- *Soziale Mittel:*
  - Kantinen oder Cafeteria,
  - Geschenke zu persönlichen Festen,
  - Förderung des Freizeitinteresses,
  - Sozialbeihilfe,
  - betriebliche Altersversorgung.

### 7.2.4.3 Instrumente der Public Relations

Die Einteilungsmöglichkeiten der Instrumente der Public Relations sind je nach Ansatz verschieden. Eine klassische Einteilung nach der *Art der Instrumente* ist die folgende, und zwar in die drei Größen:

- PR-Veranstaltungen,
- Veröffentlichungen,
- die klassische Pressearbeit.

Ebenso können die Instrumente nach dem intentionellen Hintergrund eingeteilt werden, in *autarke,* also für sich allein stehende PR-Aktionen (Darstellungsbroschüre, Betriebsfest, Richtfest etc.) sowie in *flankierende* PR-Maßnahmen. Bei letzteren handelt es sich zum Beispiel um gut gestaltete Anzeigen und Berichte in Tages- und Wirtschaftszeitungen, und zwar über Richtfeste, neue Vermietungserfolge, neue Vertragsabschlüsse etc.

*Veröffentlichungen*

Hierzu zählen Geschäftsberichte, Prospekte, Schriftbeiträge, audiovisuelle Materialien (Filme, CD-Rom, Video- und Audiokassetten) sowie unternehmens- oder projektbezogene Newsletter und Magazine. Große Immobilienmaklerunternehmen publizieren regelmäßig regionen- oder themenbezogene Marktreports in Fachzeitschriften, Tages- oder Wirtschaftszeitungen. Brockhoff & Partner etwa macht neben der regelmäßigen Aussendung von Presse-mitteilungen an Tages- und Fachpresse in den renommierten Zeitungen Frankfurter Allgemeine Zeitung und Handelsblatt in festen Rubriken zum Immobiliengeschehen auf sich aufmerksam. Analog dazu stellt zum Beispiel Jones Lang Wootton regelmäßig neue Bewertungsmethoden und Untersuchungsergebnisse in der Immobilien Zeitung vor und verstärkt somit seinen Ruf als Immobilienconsultant, -makler sowie als Research-Unternehmen.

Innerhalb der Medien sind das regionale Fernsehen sowie das Internet als geeignetes Medium zu erwähnen. Der Vorteil des Internets liegt darin, daß hier die Möglichkeit besteht, ohne großen Aufwand Daten zu aktualisieren und somit den Nutzer die Entstehung eines Objektes miterleben zu lassen. Bekanntmachungen von Grundsteinlegungen, Richtfesten oder der Einrichtung eines Musterbüros können beispielsweise regelmäßig werbewirksam Aufmerksamkeit erlangen. Jüngsten Umfragen zufolge überstieg in Deutschland zum ersten Mal der Anteil der Angestellten (36,4 Prozent) als Anwender den der Studenten (29,8 Prozent). Hier zeichnet sich ein Wandel der Zielgruppenansprache ab, vor allem auf dem Hintergrund eines in den USA durchschnittlichen Angestelltenanteils von ca. 60 Prozent (vgl. Immobilien Zeitung vom 6.3.1996, S. 9).

Professionell aufgemachte Prospekte über das Unternehmen – sogenannte Darstellungsbroschüren – dienen als Informationsträger: Gründungsgeschichte, bisherige Entwicklung, Niederlassungen, Unternehmenstätigkeit oder Leistungsumfang, Zahlen über die Geschäftätigkeit etc. gehören hier hinein. Eine bislang einzigartige Publizitäts- und Öffentlichkeitsarbeit leistete die IVG AG (Industrieverwaltungsgesellschaft AG) in Bonn. Anfang November 1993 veröffentlichte sie ein Gutachten über die Verkehrswerte der wirtschaftlich relevanten Immobilienstandorte. In regelmäßigen Abständen soll eine Wertfortschreibung erfolgen. *Weitere interessante Veröffentlichungen sind zum Beispiel:*

- Schriftenbeiträge in Tageszeitungen, Magazinen, Büchern etc.;
- Darstellungsbroschüren, Firmenzeitschriften;
- Hauszeitschriften, die auch an Externe ausgegeben werden.

*Veranstaltungen*

Hier wiederum kann man unterscheiden zwischen herkömmlichen Veranstaltungen (z.B. Richtfest) oder neuartigen Events wie Pressekonferenzen,

Ausflügen, Ausstellungen, Gewinnspielen oder Wettbewerben, Jubiläumsfeiern, Informationsseminaren etc.

Eine noch sehr junge Form der Veranstaltung ist das Sponsoring (z.B. Förderung eines Kunstmuseums, Sportvereins, von Veranstaltungen allgemein, Hochschulen usw.). Im Unterschied zum Mäzenatentum erwarten Sponsoren für ihre Förderung konkrete Gegenleistungen. In der Regel verspricht sich der Sponsor einen Imagetransfer von der von ihm geförderten Maßnahme oder Institution, dem Sponsoringobjekt, auf sein Unternehmen oder einzelne seiner Produkte. Während zum Beispiel das Sponsoring bei Kunstmuseen schon etabliert ist und hier vor allem durch Kreditinstitute, Versicherungsgesellschaften oder durch die Automobil- sowie Getränkewirtschaft geleistet wird, hat sich diese Form der Public Relations in der Immobilienwirtschaft noch nicht etablieren können.

Durch Beteiligung oder Besuch von Messen, Ausstellungen und Fachtagungen besteht die Möglichkeit der Kontaktaufnahme sowohl zu Gleichgesinnten als auch zu Medienvertretern, Kunden usw. Europaweit gilt die MIPIM in Cannes als die bedeutendste Veranstaltung auf dem Immobiliensektor. Jedoch auch nationale Immobilienmessen – wie die Münchener IMMOFAIR – sind je nach Zielgruppe ein geeignetes PR-Medium. Eine weitere Form von Veranstaltungen sind organisierte Besichtigungstouren, zum Beispiel regionalspezifischer Immobilientypen (Factory Outlet Malls, Business Parks, Trade Marts, Motels etc.). Eingeladen werden sollten die Stimmungsmultiplikatoren, die es gilt für das geplante Vorhaben zu gewinnen (Journalisten, Politiker, Geschäftspartner etc.).

Innerhalb des Baustellen-PR geben zum Beispiel Bauabschnitte – Grundsteinlegung, Richtfest, Eröffnung – Anlässe zu besonderen Veranstaltungen. Die traditionellen Akte der Grundsteinlegung, des Richtfestes und der Eröffnung sind insbesondere in kritischen Marktzeiten durch zusätzliche Kommunikationsanlässe (sogenannte Events) vor Ort zu ergänzen.

Weitere mögliche Veranstaltungen sind:

- Good-will-Veranstaltungen (z.B. Spendenaktionen, sportliche Ereignisse),
- kulturelle Events (z.B. „Checkpoint Charlie meets Culture"),
- Infobox (Red Box am Potsdamer Platz),
- Planungswochenende,
- Tag der offenen Tür,

- Podiumsdiskussionen,
- Symposien oder Kolloquien,
- Workshops.

*Klassische Pressearbeit*

Journalisten kommt eine erhebliche Mulitplikatorwirkung im Meinungsmarkt zu. Sinnvoll ist hierfür der Aufbau einer *Pressekartei,* die alle für das Immobilienunternehmen relevanten Journalisten mit genauer Anschrift und Erreichbarkeit aufführen muß. Die Qualität einer Pressekartei orientiert sich dabei nicht an der Anzahl der Journalisten, sondern an der richtigen Auswahl der Leute und der Kontakthäufigkeit. Mitteilungen an die Medien über ein Produkt, eine Dienstleistung, eine Person, eine Organisation oder eine Idee stellen die Existenz eines Unternehmens positiv dar und erhöhen zugleich den Bekanntheitsgrad allgemein.

Weitere mögliche Beiträge zur Pressearbeit sind:

- Kontaktpflege zur lokalen und überregionalen Presse,
- Abgabe von Presseerklärungen,
- Hinwirken auf redaktionelle Beiträge,
- Abhalten von Pressekonferenzen,
- Zurverfügungstellung von Marktberichten (z.B. zur Situation der Gewerbeimmobilie, Gewerbeparks, Büroimmobilien, Markt der Fertigbauhäuser etc.),
- Einladung zum Immobilienstammtisch etc.,
- Pressekonferenz,
- Pressemitteilungen,
- Pressegespräche,
- Journalistenreisen,
- Reden und Vorträge (auf Hochschulen, Seminaren etc.),
- Exklusivartikel.

# 8. Servicepolitik

## 8.1. Grundlagen

Die Absatzchancen von Immobilien, die sowohl in technischer wie auch in wirtschaftlicher, funktioneller und steuerlicher Hinsicht als besonders komplizierte Produkte angesehen werden können, hängen in sehr hohem Maße von den gebotenen Serviceleistungen des Immobilienunternehmens ab. Eine starke Betonung der Kunden- bzw. Nutzerorientierung erhöht die Präferenz gegenüber den Wettbewerbern. Der Service stellt darüber hinaus auch ein wichtiges Instrument zur dauerhaften Befriedigung der Kundenbedürfnisse dar, welches Jahre, teilweise Jahrzehnte über den eigentlichen Verkauf hinausreicht. Ein umfassender Service verschafft den Kaufinteressenten von Immobilien die Sicherheit, mit dem sehr komplexen Gebilde „Immobilie" heute und auch in ferner Zukunft mit Unterstützung des Immobilienunternehmens umgehen zu können.

Serviceleistungen werden vor allem im Rahmen des unmittelbaren Verkaufs ohne vertragliche Verpflichtung und kostenlos erbracht. Schwierig ist hierbei zu trennen, wo die kundenorientierte Verkaufsberatung endet und die zusätzliche Serviceleistung beginnt. Überschneidungen sind in der Immobilienpraxis an der Tagesordnung. Eine theoretische Trennlinie kann etwa dort gezogen werden, wo die Beratung bezogen auf das Produkt selbst dem Verkauf hinzuzurechnen ist. Soll dagegen das Produkt verändert oder weiterentwickelt werden, was relativ häufig vorkommt, ist diese Tätigkeit bereits dem Service zuzurechnen. Dasselbe müßte sinngemäß für Beratungsleistungen im Hinblick auf die Finanzierung, die Projektentwicklung oder sonstige ökonomische Aspekte gelten. Immer steht jedoch die Serviceleistung im Zusammenhang mit dem Verkauf, der als übergeordnete Zielsetzung zu gelten hat. Unmittelbar mit dem Verkauf zusammenhängende Serviceleistungen weisen somit in der Regel den Charakter von – zumeist kostenlosen – Nebenleistungen auf. Darüber hinaus ist bereits im Rahmen der Absatztätigkeit von erheblicher Bedeutung, daß spätere – dann zumeist kostenpflichtige – Serviceleistungen wie Verwaltung, Management, Nachvermietung etc. angeboten werden können.

Bei Immobilien handelt es sich um besonders beratungs- und erklärungsbedürftige Produkte. Eine erstklassige Servicepolitik muß sich daher zunächst durch optimale Beratung bei Kauf oder Verkauf, Entwicklung usw. auszeichnen. Die Komplexität von Immobilien äußert sich in der Vielzahl der beteiligten Disziplinen, wie z.B. der Bautechnik, der Planung oder juristischen, wirtschaftlichen und steuerlichen Aspekten. Will das Immobilienunternehmen einen umfassenden Service bieten, so kann dies speziell bei größeren Objekten bis zum Einsatz von externen Spezialberatern oder der Kooperation mit einem interdisziplinären Team von Fachleuten führen. In jüngerer Zeit wird verstärkt versucht, durch die Übernahme zusätzlicher Dienstleistungen ein umfassendes Serviceangebot zu präsentieren, um sich von Wettbewerbern abzuheben, aber auch um den preispolitischen Gestaltungsspielraum zu erhöhen.

Die Bedeutung einer qualifizierten Servicepolitik ergibt sich vor allem aus der sehr guten Möglichkeit zur Profilierung des Unternehmens gegenüber dem Kunden und damit zur Schaffung von Präferenzen gegenüber Wettbewerbern. Durch die erhöhte Zahl der Kundenkontakte wird das Vertrauensverhältnis vertieft, sofern eine positive Abwicklung der Serviceleistungen gegeben ist. Aus dem zunehmend informellen Umgang mit den Kunden lassen sich außerdem Informationen über eventuell auftretende Probleme gewinnen, welche als Vorschläge für neue Problemlösungen zu nutzen sind. Diese können darüber hinaus zu einer Verbesserung der Produkte führen.

Da es sich bei der Vermarktung von Immobilien um sehr hochwertige und hochpreisige Produkte mit in der Regel sehr hohen Kaufsummen handelt, wird von den Kunden oder Nutzern ein umfassendes Dienstleistungsangebot erwartet. Zu berücksichtigen ist in diesem Zusammenhang auch der in Relation zum Objektpreis relativ geringe Kostenanteil für die Serviceaufwendungen. Abgesehen davon will eine anspruchsvolle Klientel in der heutigen Dienstleistungsgesellschaft generell einen umfassenden Service. Durch permanente wirtschaftliche, steuerliche und rechtliche Veränderungen und zunehmende Komplizierung wurde die Servicepolitik zu einem existentiellen Bestandteil der Distributionspolitik. Je nach dem Komplexitätsgrad der erforderlichen Serviceleistung und der Größe des Unternehmens kann diese von internen oder externen Experten erbracht werden.

In der Literatur wird von Serviceleistungen im eigentlichen Sinne zumeist dann gesprochen, wenn es sich um Zusatzleistungen handelt, die nach Kauf oder Miete erfolgen. Die Unternehmen der Immobilienwirtschaft bringen demgegenüber weitreichende, zumeist kostenlose Serviceleistungen vor der Transaktion. Nach dem Kauf schließen sich kostenfreie Leistungen wie der allgemeine Post-Sales-Service oder die Garantieabwicklung ebenso an wie kostenpflichtige Dienste im Rahmen von Verwaltung, Management, Technikservice etc.

Die gesamte Servicepolitik muß für den Kunden eine umfassende Problemlösung gewährleisten, das heißt, der Besitz oder die Nutzung der Immobilie soll möglichst störungsfrei und problemlos verlaufen. In diesem Zusammenhang erwartet der anspruchsvolle Immobiliennutzer ein ganzes Bündel an Serviceleistungen, welches mit der Immobilie fest verknüpft ist. Eine wesentliche Bedeutung der Servicepolitik ergibt sich aus der Bildung von Präferenzen gegenüber Wettbewerbsunternehmen. Ohne einen umfassenden Service wird das Produkt Immobilie zunehmend schwerer absetzbar. Allgemein ergibt sich aus der konsequenten Servicepolitik die Schaffung eines dauerhaften Vertrauensverhältnisses zwischen Kunden und Immobilienunternehmen und bildet somit eine wichtige Basis für die Schaffung von Dauerkunden-Verhältnissen und informeller Mund-zu-Mund-Propaganda.

Nicht zu unterschätzen ist in diesem Zusammenhang auch die imagebildende Funktion der Servicepolitik. Mit Hilfe dieses Instrumentes lassen sich – mit unterstützender Hilfe der Werbepolitik – die Vorstellungen der Kunden und Käufer von den Wettbewerbern abgrenzen, wodurch das Unternehmen dem direkten Preisvergleich in gewissem Umfang ausweichen kann. Dies bedeutet jedoch nicht, daß alle Serviceleistungen kostenlos gewährt werden müssen. Je nach Objekt- oder Projektgröße erwartet der Kunde vor allem vor dem Kauf in gewissem Rahmen kostenlose Serviceleistungen. Die Frage ist hierbei, inwieweit eine Präferenzbildung durch die (kostenlose) Serviceleistung zum Tragen kommt und inwieweit sich eventuell anfallende Kosten von Dienstleistungen aus dem gegebenen Sachverhalt erklären lassen. Von Bedeutung ist daher eher, daß die Möglichkeit zur Inanspruchnahme bestimmter Dienstleistungen gegeben ist, nicht jedoch ein eventueller Kostenanfall. Tendenziell kann man aber davon ausgehen, daß die absatzbezogene Wirkung von Serviceleistungen im allgemeinen um so höher ist, je mehr diese als Bestandteil des Kaufpreises anzusehen ist.

## 8.2 Kundendienst und Kundenorientierung

Nicht zu verwechseln mit der Servicepolitik ist der Kundendienst, welcher sich vor allem auf die Gewährleistung oder Wiederherstellung von technischen Einrichtungen innerhalb des Gebäudes erstreckt. Primär geht es im

Rahmen der Kundendienstleistungen um die einwandfreie Funktion der eingebauten Aggregate. Ist dagegen eine möglichst kostengünstige Lösung angestrebt, vor allem auch während des Betriebs, oder Assistenz bei der Lösung anwendungstechnischer Probleme von Geräten nötig, so kann dies auch als Serviceleistung eingestuft werden. Die sehr komplexe Haustechnik von Gewerbe-Großimmobilien läßt es als sinnvoll erscheinen, auf die Erfahrungen von Herstellern und insbesondere auch von Managementunternehmen zurückzugreifen, welche in der Vergangenheit bereits anwendungs- und kostengünstige Lösungen für die Immobilieneigentümer gefunden haben. Geringere Nebenkosten und Kundendienstkosten dienen unmittelbar der Steigerung der Rentabilität. Bei der sehr komplexen Technik von Gewerbe-Großimmobilien können durch den Einsatz unterschiedlicher technischer Einrichtungen Kosten in erheblicher Größenordnung eingespart werden.

Die technischen Kundendienstleistungen werden häufig von den Herstellern selbst bzw. deren Kooperationspartnern übernommen. Die herstellerorientierte Betreuung ist oftmals ein unabdingbares Erfordernis. Zum Leistungs- und Serviceprogramm von Managementgesellschaften zählt der Abschluß von Wartungs- und Inspektionsverträgen. Hierbei handelt es sich jedoch nicht um kostenlose Serviceleistungen, sondern um Dienstleistungen nach Kauf, welche zumeist im Rahmen von Management- oder Verwaltungsverträgen erbracht werden.

Die im Hinblick auf den Kauf oder Verkauf einer Immobilie erfolgenden Aktivitäten des Immobilienunternehmens müssen sich an den Wünschen, Vorstellungen oder Zielen des Kunden ausrichten. Eine optimale Beratung und Betreuung ist kundenorientiert. Konkret bedeutet dies, daß auf die individuellen Wünsche und Vorstellungen der Kunden eingegangen werden soll. Dies kann allerdings nicht bedeuten, daß das Immobilienunternehmen lediglich Erfüllungsgehilfe nach den Vorstellungen der Kunden ist. Die Grenze ist individuell da zu ziehen, wo die Fachkompetenz des Immobilienunternehmens zum Vorteil des Kunden andere Ideen entwickelt als der immobilienspezifisch weniger versierte Kunde. Dieser erwartet eine konkrete Hilfestellung bei der Lösung einer spezifischen Aufgabe. In der Praxis bedeutet dies, daß nicht selten die Vorstellungen der Kunden mit der Realität des Immobilienmarktes in Einklang gebracht werden müssen. Handelt es sich bei dem Kunden um ein Unternehmen (z.B. Handels-, Dienstleistungs- oder Industrieunternehmen oder eine institutionelle Kapitalanlagegesellschaft), so ist auch bei Immobiliengeschäften die Unternehmensphilosophie zu berücksichtigen. Standorte, Raumaufteilung und Architektur sowie äußeres Umfeld müssen zu dem jeweiligen Unternehmen passen, das heißt beispielsweise, daß das Verwaltungsgebäude oder die Hauptverwaltung einer Bank nur an gewissen Standorten innerhalb der Stadt realisierbar ist. Dabei muß sich das betreffende Objekt oder Projekt auch in die Corporate Identity einfügen, kann aber gleichzeitig durch eine besondere Projektidee eigenes Profil gewinnen bzw. zur Profilierung und Imagebildung des Kunden beitragen.

Immobilienunternehmen, die derartige Überlegungen in ihre Vermarktungs- und Servicestrategie einfließen lassen, verfügen gegenüber Wettbewerbern über einen wichtigen Vorsprung vor allem bei der Zusammenarbeit mit professionell denkenden Unternehmen. Privatkäufer haben häufig genaue Vorstellungen über das zu erwerbende Objekt. Zu einem guten Service sollte in diesem Zusammenhang gehören, daß sich Immobilienangebote relativ nahe an den Wünschen der möglichen Erwerber bewegen und die Interessenten nicht wahllos mit Angeboten überschüttet werden. Dasselbe gilt auch gegenüber Anlegern oder Anlagegesellschaften, die häufig über detailliert ausgearbeitete Anlagestrategien verfügen, an deren Immobilienanforderungen man sich orientieren sollte. Wird dies nicht berücksichtigt, besteht die Gefahr, daß sich das Immobilienunternehmen aus der Sicht der potentiellen Kunden selbst als unprofessionell disqualifiziert. Insbesondere sind zu beachten die Art oder Nutzung der zu erwerbenden Immobilien, die besonderen Makro- und Mikrostandorte, Städte oder auch das Wissen um eine gewünschte regionale Streuung von Immobilienbesitz. Hierzu zählt auch das Festhalten von Expansionsabsichten bestimmter Unternehmen, welche zum Teil mittel- oder langfristig bestehen.

Unter kundenorientiertem Service ist letztlich auch zu verstehen, die Objekte oder Projekte so aufzubereiten und den Kunden diejenigen Informationen über das Objekt zur Verfügung zu stellen, daß diese sich auf den ersten Blick einen Eindruck darüber verschaffen können, ob eine weitere Verfolgung des Projektes sinnvoll ist. Eine derartige Serviceleistung wird von den Kunden im Hinblick auf das Image des Immobilienunternehmens, aber auch generell dadurch honoriert, daß das Immobilienunternehmen als professioneller Geschäftspartner angesehen wird.

## 8.3   Kooperation von Fachleuten

Die Komplexität von Immobilienentwicklungen und -transaktionen erfordert oftmals den Einsatz von Spezialisten aus den verschiedensten Disziplinen. In größeren Unternehmen besteht die Möglichkeit, auf unternehmenseigene Fachleute zurückzugreifen. Kleinere Firmen arbeiten im Normalfall mit externen Spezialisten, die zu bestimmten Fragestellungen oder Problemen herangezogen werden können. Eine Serviceleistung stellt in diesem Zusammenhang bereits das Wissen um die Existenz qualifizierter Fachleute aus den jeweiligen Bereichen dar, welches an den Kunden im Rahmen von Empfehlungen weitervermittelt wird. Hierbei kann es sich um den Baurechtsspezialisten ebenso handeln wie um einen Juristen mit spezieller Erfahrung im Gewerbemietrecht.

Bei der Planung und Entwicklung von Projekten ist der Einsatz von Architekten und Planern mit Erfahrung auf dem jeweiligen Sektor vorteilhaft. Die Koordinierung der verschiedenen Spezialdisziplinen kann bei einem Bau- oder Bauträgerunternehmen zum Service zählen. Für die Immobilienvermittler gilt dies nur in begrenztem Umfang. Für Projektentwicklungsunternehmen kann dies Teil eines zu bezahlenden Dienstleistungspaketes, aber auch Teil einer unternehmerischen Tätigkeit mit dem Ziel der Realisierung eines Entwicklergewinns sein. Auch anhand dieser Betrachtung zeigt sich, daß die Grenzen zwischen kostenpflichtigen Dienstleistungen und kostenfreien Serviceleistungen, je nach Art der Leistung und der Art des Unternehmens, fließend sind.

## 8.4 Serviceleistungen in der Praxis

Zu den allgemeinen und häufigsten Serviceleistungen bei der Immobilienvermarktung zählen vor allem eine konstruktiv-kritische Bestandsaufnahme der Immobilie oder des Projektes einschließlich der Überprüfung der Objektstruktur, der Kontrolle des Baurechts sowie der Altlastensituation respektive eine realistische Objektbewertung. Bei größeren Objekten kann letztere durchaus auch in Form eines Objekt- und Bewertungsgutachtens kostenpflichtig oder kostenfrei von externen Institutionen übernommen werden. Zum Service muß dagegen die Bereitstellung allgemeiner, aussagefähiger Standortinformationen im Hinblick auf die Art der Immobilie und die Käuferzielgruppe gehören. Bei Gewerbeobjekten wünschen potentielle Kaufinteressenten zunächst Informationen über den Makro-Standort, also das weitere Umfeld der Immobilie. Wichtigste Informationen hierbei sind:

- das Einwohnerpotential sowie dessen Entwicklung,
- die Zahl der Haushalte und deren Entwicklung,

- das Kaufkraftniveau der Einwohner,
- die Einzelhandelszentralität,
- die Wirtschaftskraft,
- die Beschäftigungssituation,
- eventuelle touristische Aspekte.

Gewünschte Informationen über den Mikro-Standort, also das unmittelbare Objektumfeld, beinhalten die Verkehrsanbindung, d.h. die Zufahrtsmöglichkeiten von und zu Autobahnen, Bundesstraßen oder sonstigen Straßen, die Nähe zu Bundesbahnhöfen, S- oder U-Bahnhöfen als attraktive öffentliche Verkehrsmittel, aber auch die Kraftfahrzeug- und die Fußgängerfrequenz für bestimmte Nutzungen des Einzelhandels- oder Dienstleistungssektors. Käufer von Wohnimmobilien sind dagegen mehr an Informationen wie Lagequalität, Nähe zu Schulen oder Kindergärten, Einkaufsmöglichkeiten, aber auch an verkehrlichen Anbindungen interessiert. Beim Absatz von Handelsimmobilien sind insbesondere auch Aussagen zur Wettbewerbssituation sowie zum Standortumfeld erforderlich.

### 8.4.1 Erstellung von Verkaufsunterlagen

Die Zusammenstellung der Verkaufsunterlagen zählt in der Regel zu den Serviceleistungen der Immobilienunternehmen. Abhängig von dem zu vermarktenden Objekt, der Art und dem Umfang der Zielgruppe etc. gilt es zu entscheiden, ob lediglich ein vergleichsweise kurz gefaßtes Exposé oder umfassende Verkaufsunterlagen zusammengestellt werden sollen. Handelt es sich um ein größeres Neubauprojekt, so wird häufig ein bebilderter Farbprospekt erstellt.

Unabhängig von der Gestaltung der Verkaufsunterlagen sollte sein Inhalt schlüssig, aussagefähig und möglichst vollständig sein, um einem Kaufinteressenten umfassende Informationen zur Verfügung zu stellen. Mindestens folgende wesentlichen Fakten oder Übersichten sollte enthalten sein:

- Lage- und Orientierungsplan innerhalb des Großraumes,
- Lageplan des Objektumfeldes/Mikro-Standortes,
- amtlicher Lageplan,
- Objekt-/Projektansichten (z.B. in Form von Zeichnungen),
- Grundrisse,
- Berechnungen von Nutz- und sonstigen Flächen,

- Größe des Grundstückes,
- Objekt-/Projektbeschreibung/Konzeption,
- Baubeschreibung,
- Sonderausstattungen,
- Informationen über den Makro- und Mikro-Standort,
- sonstige positive Aspekte,
- Offenlegung von Schwachstellen,
- Instandhaltungsstatus,
- Kaufpreis,
- Mietpreise,
- Netto-Rendite,
- Nebenkosten,
- Informationen zu den Mietverträgen (insbesondere Dauer, Optionen, Indexierung),
- abschließende Objekt-/Projektbeurteilung.

Es hat sich als sinnvoll erwiesen, nicht nur sämtliche positive Aspekte des Objektes darzustellen, sondern auch mögliche/offensichtliche Schwachstellen wertneutral offenzulegen. Andernfalls besteht die Gefahr, daß der Kunde bei einem einmaligen negativen Erlebnis das Immobilienunternehmen künftig meidet bzw. den Wahrheitsgehalt der zur Verfügung gestellten Informationen anzweifelt. Der Umfang des Informationsmaterials richtet sich auch nach der Größe des Marktgebietes. Naturgemäß sollten Objekte, die überregional angeboten werden, über so detaillierte Verkaufsunterlagen verfügen, daß sich der Interessent vor Ort bereits ein erstes Bild hiervon machen kann und das Interesse für einen Besuch/eine Ortsbesichtigung geweckt wird. Bei örtlichen Angeboten kann der schnelle persönliche Kontakt umfangreiche Verkaufsunterlagen ersetzen. Mietverträge von vermieteten Objekten werden in der Regel aus Datenschutzgründen ohnehin erst nach dem ersten persönlichen Kontakt mit dem Kaufinteressenten abgegeben.

## 8.4.2 Marktforschung als Kundenservice

Hauptsächlich bundesweit oder international tätige, große Maklerunternehmen wie Müller Immobilien International, Aengevelt-Immobilien, Jones Lang Wootton etc. haben damit begonnen, durch eigene Marktforschungsaktivitäten die Markttransparenz, vor allem auf den Büro- und Handelsimmobilienmärkten, deutlich zu erhöhen. Ausgehend von den eigenen Vermietungs- und Verkaufsaktivitäten sowie durch ergänzende Marktforschung werden seit einigen Jahren regelmäßig Marktberichte für die bedeutendsten bundesdeutschen Immobilienmärkte herausgegeben. Diese enthalten vor allem Übersichten über die Entwicklung der Kauf- und Mietpreise für die vom Markt und Absatzvolumen her bedeutendsten Immobilienarten. Sie beziehen sich primär auf die wichtigsten bundesdeutschen Städte, wobei innerhalb dieser Städte, zumeist Hamburg, Hannover, Berlin, Dresden, Leipzig, Düsseldorf, Köln, Frankfurt/Main, Stuttgart und München, eine lokale Differenzierung nach den jeweiligen unterschiedlichen Standorten erfolgt.

Daneben enthalten diese Marktberichte Angaben über den Umfang der vorhandenen und der neu geschaffenen Flächen sowie über die Höhe des abgesetzten Flächenvolumens. Für den Interessenten ist hierbei relativ leicht erkennbar, ob die produzierte Fläche auch tatsächlich abgesetzt wurde und welche Diskrepanzen zwischen Angebot und Nachfrage bestehen bzw. welche Standortpräferenzen gegeben sind. Prognosen über die künftige Marktentwicklung, d.h. insbesondere die künftige Flächen-Produktion und das Absatzvolumen sowie die zu erwartenden Mietpreise, runden die Informationspalette ab.

Verschiedene Immobilienunternehmen entwickelten Standortübersichten über bestimmte Immobilienteilmärkte. So ließ ein Unternehmen einen Standortatlas über die 1a-Lagen einer Vielzahl bundesdeutscher Groß- und Mittelstädte erarbeiten, in welchem die Einzelhandelsbetriebe branchenbezogen oder mit Namen kartographisch dargestellt waren. Ein anderes Unternehmen stellte Informationen über die Makro-Standorte der wichtigsten bundesdeutschen Groß- und Mittelstädte zusammen. Im einzelnen handelt es sich hierbei um Standortkriterien wie Einwohnerzahl, Kaufkraft etc. Ein weiteres Beispiel stellt die Erarbeitung von Plänen für Fußgängerzonen mit Angaben über die dort situierten Betriebe sowie die Wertigkeit der Lage dar. Diese Beispiele aus dem Bereich der Gewerbeimmobilien erleichtern dem interessierten Nachfrager oder dem Investor die Tätigkeit erheblich, da diese Informationen sonst zeit- und kostenaufwendig von verschiedenen Stellen beschafft oder vor Ort recherchiert werden müßten. Gleichzeitig sind dies Serviceleistungen, die dem Immobilienunternehmen in den Augen der potentiellen Kunden erhebliche Sachkompetenz verleihen und dessen Image beträchtlich verbessern.

Einen sehr guten Überblick über Miet- und Kaufpreise, vor allem von Wohnimmobilien, vermitteln die jährlich herausgegebenen Preisspiegel der beiden großen Maklerverbände RDM und VDM, in denen die Miet- und Kaufpreise von Häusern, Wohnungen und Grundstücken sowie von Geschäftshäusern in zahlreichen bundesdeutschen Städten dargestellt sind.

## 8.5 Serviceleistungen vor Kauf

Eine wichtige Differenzierung der Serviceleistungen ergibt sich aus dem Aspekt, ob für den Kunden Kosten anfallen oder ob die Leistungen kostenfrei erfolgen sollen. Die Trennlinie zwischen kostenfreiem und kostenpflichtigem Service verläuft in der Regel fließend. Eine Abgrenzung läßt sich in etwa dergestalt vornehmen, daß unmittelbar dem Absatz dienende Serviceleistungen ohne gesonderte Berechnung erfolgen. Dem Absatz mittelbar dienende Leistungen wie Marktanalysen, Gutachten, umfassende Bewertungen etc. sind in der Regel als kostenpflichtige Zusatzleistungen zu sehen. Im Einzelfall hängt dies sicherlich auch von individuellen Kriterien wie dem Transaktionsvolumen und der Erwartung der Kunden bzw. Auftraggeber ab. Bestimmte Leistungen werden von den Kunden erwartet und können als allgemein üblich angesehen werden. In der Regel sind allgemeine Verkaufs- oder Kaufberatungen, Werbung, Kauf- oder Verkaufsverhandlungen in einem Honorar oder in der Kostenkalkulation des Immobilienunternehmens enthalten. Naturgemäß neigen die Immobilienunternehmen vor einem (lukrativen) Verkauf eher zu kostenlosen Serviceleistungen als nach der Transaktion. In jedem Falle ist eine klare Abgrenzung der zu erbringenden Leistungen vorzunehmen und für die Kunden oder Interessenten klar und transparent zu gestalten. Individuelle Verhandlungsspielräume sind deswegen nicht ausgeschlossen. Wichtig erscheint der Hinweis auf die eventuelle Notwendigkeit von über den normalen Rahmen hinausgehenden kostenpflichtigen Dienstleistungen.

In diesem Zusammenhang kann festgestellt werden, daß gerade bei der Anbahnung von Immobiliengeschäften für die Maklerunternehmen die Gefahr der Abgabe von kostenlosem Know-how und kostenlosen Serviceleistungen besteht. Nicht selten werden Informationen über Immobilienwerte, Mietpreise, Markteinschätzung usw. abgefragt, ohne daß eine konkrete Beauftragung des Immobilienunternehmens vorgesehen ist. Selbst bei der Entwicklung von Projektkonzeptionen wird gelegentlich der Versuch einer Inanspruchnahme vorgenommen. Gerne läßt man sich auch bereits ausgearbeitete Miet-, Kauf- oder sonstige Dienstleistungsverträge unter dem Deckmantel eines Akquisitionsinteresses aushändigen. Diese Beispiele mögen veranschaulichen, daß oftmals als selbstverständlich vorausgesetzte Serviceleistungen im konkreten Fall äußerst wertvoll sein können und keinesfalls unter Wert abgegeben werden sollten.

Zu den allgemeinen Serviceleistungen vor Kauf zählen diejenigen Leistungen, die die Vermarktung einer Immobilie unmittelbar betreffen, nachdem eine Wertschätzung vorgenommen und die Verkaufsunterlagen erstellt wurden. Basis hierfür ist die Festlegung einer Absatzstrategie, welche sich an der Art des Objektes und an den potentiellen Zielgruppen orientiert. Hierbei wird vor allem festgelegt, wie die Zielgruppenansprache erfolgen soll. Die gebräuchlichsten Möglichkeiten hierbei sind die Ansprache über die Medien, insbesondere die Zeitungen, die Auswertung der vorhandenen Interessenten-Kartei sowie die Inanspruchnahme persönlicher Kontaktmöglichkeiten.

### 8.5.1 Allgemeine Verkaufsberatung

Darüber hinaus zählt die allgemeine Verkaufsberatung, die sich über technische, steuerliche, objektbezogene bis hin zu Finanzierungsfragen erstreckt, zu den allgemeinen Serviceleistungen. Auch die Wahrnehmung von Besichtigungsterminen, Besprechungsterminen oder Verhandlungen mit Käufern und Verkäufern sind diesen zuzurechnen. Häufig sind darüber hinaus informative Kontakte zu Behörden, Architekten und anderen Fachleuten erforderlich. Juristische Hilfen sind zumeist im Zusammenhang mit Vertragsgestaltungen Bestandteil dieses Leistungspaketes. In Neubauobjekten erfolgt häufig eine begleitende Betreuung des Kunden bis zur Fertigstellung und zur endgültigen Abwicklung einschließlich der Vermietung und Übergabe an eine Management- oder Verwaltungsgesellschaft.

Kleinere Marktforschungsaktivitäten, vor allem im Rahmen ergänzender Informationsgewinnung und Datensammlung, erfolgen über die Objektaufbereitung. Innerhalb dieses Bündels von Grundleistungen lassen sich im Normalfall umfassende Problemlösungen für Käufer wie auch für den Verkäufer herausarbeiten. Ist dies nicht der Fall, müssen zusätzliche Serviceleistungen angeboten werden, um den Absatz der Immobilie zu ermöglichen.

In derartigen Fällen ist häufig eine Beratung im Hinblick auf raumwirtschaftliche Maßnahmen erforderlich. Primär geht es hierbei um das Erkennen von eventuellen Verbesserungsmöglichkeiten des Objektes bei der Ausnutzung bzw. Nutzung vorhandener Flächen (beispielsweise durch Umwandlung von Nebenflächen in Nutzflächen). Nicht selten besteht auch die Option der Intensivierung der Flächenausnutzung, z.B. durch Umwandlung einer größeren Fläche in mehrere kleine Einheiten. Bei älteren oder ursprünglich für einen anderen Zweck errichteten Gebäuden besteht häufig die Möglichkeit zur Verbesserung der Funktionen innerhalb des Gebäudes (Eingangssituation, Aufzüge, Anlieferung etc.). Gegebenenfalls können Vorschläge über Veränderungsmöglichkeiten der Gebäudestruktur unterbreitet werden.

Derartige Beratungsleistungen können bis zu einem gewissen Grad bei unternehmensinterner Abwicklung als Serviceleistungen angesehen werden. Da diese Schritte bereits in die Projekt-(Weiter-)Entwicklung hineinreichen und gegebenenfalls zusätzliche Experten benötigt werden, bewegt man sich kostenmäßig hier sehr schnell in Bereichen, welche eine zusätzliche Honorierung erforderlich machen. Dies gilt erst recht, wenn zusätzlich maßgeschneiderte Nutzungskonzepte erarbeitet werden. Hierbei kann es sich im einzelnen um Funktionskonzepte, aber auch um die Kreierung eines Branchen- und Mieter-Mix handeln. Neben der individuellen Plazierung der verschiedenen Einheiten soll eine wirtschaftlich sinnvoll optimierte Ausnutzung der Flächen erreicht werden.

Immobilien werden sehr häufig in den verschiedensten Stadien der Projektentwicklung aus den verschiedensten Gründen weiterverkauft. Nicht selten ist die Ursache darin zu suchen, daß entweder spezifisches Know-how ab einer bestimmten Entwicklungsstufe fehlt oder daß eine ursprünglich geplante Konzeption keine Aussicht auf Erfolg zeigt. Zur Verbesserung der Absatzchancen werden in diesem Zusammenhang häufig neue Konzepte oder eine Weiterentwicklung bestehender Konzepte erforderlich.

### 8.5.2 Finanz- und Steuerberatung

Beim Verkauf der meisten Immobilien nimmt der Komplex der Finanzierungsberatung und der steuerlichen Situation einen breiten Raum ein. In den meisten Fällen wird über Finanzierungsfragen diskutiert oder beim Verkauf an Privatpersonen eine Finanzierungsberatung vorgenommen. Die einfachste Art der Serviceleistung für den Kunden bei Finanzierungsfragen ist ein Überblick über die Zinskonditionen unterschiedlicher Institute und Institutionen mit entsprechender Bewertung. Ein Vergleich der regionalen Finanzierungsmärkte führt nicht selten zu günstigeren Konditionen. In Zusammenarbeit mit Banken, Versicherungen, Leasinggesellschaften oder Geschlossenen Immobilienfonds werden die individuellen Möglichkeiten der

Zwischenfinanzierung oder der Endfinanzierung besprochen und geprüft. Aus der Kombination der verschiedenen Finanzierungsarten ergibt sich ein auf den Interessenten speziell zugeschnittener Finanzierungs-Mix.

Alle Immobilientransaktionen sind in irgendeiner Form von den steuerlichen Gegebenheiten der Kunden tangiert. Der qualifizierte Absatz von Immobilien erfordert daher immer auch die spezielle Behandlung der steuerlichen Situation der Kaufinteressenten, verbunden mit der Berechnung der bestmöglichen Steuervorteile. Neben den Fragen der Abschreibungssätze bzw. der Abschreibungsmöglichkeiten tangiert dieser Themenkomplex auch weitere steuerliche Immobilienvorteile wie eine niedrige Bewertung, steuerfreies Inkasso von Wertsteigerungen, zeitliche Bestimmung, wann Steuern anfallen; erbschaftsteuerliche Aspekte spielen ebenso eine Rolle etc. Daneben gilt es, den Fremdkapitaleinsatz zu optimieren und den Kunden im Hinblick auf die bestmögliche Finanzierungsart auch unter steuerlichen Aspekten – in der Regel in Zusammenarbeit mit einem Steuerberater – zu informieren.

Eine besondere Serviceleistung ist in der Vermittlung besonders preisgünstiger Kredite zu sehen. Nicht selten kann das Immobilienunternehmen bessere Konditionen durch Poolbildung im Rahmen eines größeren Gesamtdarlehens erreichen. Nicht ausgelassen werden sollte auch die Möglichkeit zur Übernahme eines günstigen Altkredits, wenn dieser vom Verkäufer nicht mehr benötigt wird und die Banken hiermit einverstanden sind.

Meist im Zusammenhang mit der Finanzierung sind Informationen über die Existenz staatlicher Förderprogramme und die Möglichkeiten zu deren Ausschöpfung gefragt. Insofern ist es wichtig, daß das Immobilienunternehmen über diese Informationen sowie die Berechnungsmodalitäten verfügt. Vor allem für den Wohnungsbau wurde und wird eine oft kaum zu überschauende Vielzahl von Bundes- oder Länderprogrammen aufgelegt, um den Wohnungsbau, teilweise für bestimmte Zielgruppen, zu fördern. Dies reicht von der Möglichkeit zu erhöhten Abschreibungen für Wohnungsimmobilien bis zur Vermietung, sofern es sich um Neubauten handelt. Eine Vielzahl von Sonderregelungen gibt es bei Vermietungen an Personen mit bestimmten Einkommensgrenzen, beispielsweise in Form von Mietzuschüssen (bis 10 DM pro Quadratmeter und Monat), durch Gewährung verlorener Zuschüsse oder in Form von Zinssubventionen.

Zinsvergünstigungen können darüber hinaus im Rahmen von Aufwendungsdarlehen der Landeskreditbanken gewährt werden. Auch für Dachausbauten oder Umwandlungen zu Wohnraum werden – je nach Wohnungs-bedarf – zuweilen Fördermittel ausgelobt.

In formal-rechtlich festgelegten Sanierungsgebieten wird beim Abriß der Altbausubstanz der Restsubstanzwert ersetzt. Darüber hinaus kann es je nach Gemeinde beträchtliche Zuschüsse im Rahmen der Programme für einfache Stadterneuerung (EPS für Gewerbe- wie auch für Wohnimmobilien) geben. Ferner wird die Etablierung von Gewerbebetrieben noch einmal separat über verbilligte Kredite gefördert. Zuschüsse gewähren auch die Landesdenkmalämter bei den entsprechenden Voraussetzungen für denkmalbedingte Mehraufwendungen.

Für den sozialen Wohnungsbau, aber auch um Gewerbebetriebe zur Ansiedlung zu veranlassen, geben Städte und Gemeinden von Fall zu Fall verbilligte Grundstücke ab oder subventionieren die Erschließungskosten. Mit dem Wissen um unterschiedliche Höhen bei den Gewerbesteuer-Hebesätzen verfügt man schließlich über eine Steuerungsmöglichkeit bei der Ansiedlung von Gewerbebetrieben.

## 8.6    Visuelle Präsentation

Als Ergänzung zu Plänen, Objektbeschreibungen und der Aufzählung von Daten und Fakten erscheint es vor allem bei der überregionalen Vermarktung sinnvoll, visuelle und akustische Informationen für den Kaufinteressenten einzusetzen. Marketingexperten und Psychologen weisen darauf hin, daß vor allem die visuelle Darstellung beim Absatz als beträchtlicher Verstärker gilt und die Informationsaufnahme wesentlich verbessert. Die Vorführung eines Neubau-Projektes anhand eines Modells ist daher nahezu unumgänglich. Mittels Computersimulation lassen sich mittlerweile äußerst realistische Film- bzw. Videoproduktionen fertigen, bei welchen der Betrachter das Projekt aus allen Perspektiven betrachten und sogar per Mausklick durch die einzelnen (bereits voll ausgestatteten) Räume gehen kann. Hierzu sind lediglich die Planunterlagen der Architekten sowie die Bau- und Ausstattungsbeschreibung erforderlich.

Von bestehenden Objekten sind zumindest aussagefähige Fotos anzufertigen. Als heute noch überdurchschnittlicher Service kann die Bereitstellung von Informationen auf Video gelten. Diese Art der Präsentation erleichtert vor allem die überregionale Vermarktung und führt zu einem positiven

Image des Immobilienunternehmens bei Kaufinteressenten. Soll ein Objekt oder Projekt international angeboten werden, bietet sich die Synchronisation des Videos in die entsprechenden Sprachen an. Exposés werden entsprechend übersetzt. Größere Unternehmen setzen mehrsprachiges Personal ein.

## 8.7 Besondere Serviceleistungen

### 8.7.1 Erstellung von Gutachten und Analysen

Sofern für den Absatz erforderlich, müssen Wertgutachten, Standort-, Markt- und Objektanalysen erstellt werden. Käufer oder auch politische Entscheidungsgremien bestehen oftmals darauf, daß derartige Gutachten von unabhängigen Institutionen eingeholt werden. Insofern ist es in der Regel nicht erforderlich, daß das Immobilienunternehmen die Kapazität für die Erbringung dieser Serviceleistung bereithält.

Bei Neubauprojekten erwarten potentielle Investoren das Vorhandensein mindestens einer Tragfähigkeitsanalyse sowohl im Hinblick auf die Wirtschaftlichkeit als auch auf das Baurecht. Die Existenz eines schlüssigen Projektkonzeptes und von Fall zu Fall auch eines Finanzierungskonzeptes ist hilfreich. Bei Spezialimmobilien für bestimmte Nutzungszwecke muß darüber hinaus eine Ertragsprognose abgegeben werden können.

Derartige tiefgreifende Analysen werden vor allem bei der Vermarktung großer Gewerbeimmobilienobjekte und -projekte nachgefragt.

### 8.7.2 Abgabe von Garantien

Um nicht den leeren Versprechungen von Verkäufern oder Vermittlern ausgesetzt zu sein und da oftmals auch das eigene spezifische Know-how nicht ausreicht, erwarten Immobilienkapitalanleger Serviceleistungen, die der Absicherung der Immobilien-Investitionen dienen. Mit einer Reihe von Garantien lassen sich die Unsicherheiten der Bau- und Betriebsphase überwinden. Relativ gebräuchlich ist die Abgabe einer Fertigstellungsgarantie durch das Bauunternehmen oder den Generalunternehmer, häufig verbunden mit Konventionalstrafen, die zumindest die Mietausfälle des Investors decken.

Durch spektakuläre Konkurse in der Vergangenheit und Gegenwart vorsichtig geworden, bestehen manche Investoren darüber hinaus auf einer bankverbürgten Fertigstellungsgarantie, mit dem Ziel sicherzustellen, daß das Bauprojekt nicht durch die Zahlungsunfähigkeit des Bauträgers gestoppt wird. Mit der Abgabe einer Garantiebürgschaft einer Bank soll die finanzielle Deckung eventuell anfallender Garantieleistungen auch bei Ausfall des Bauunternehmens abgesichert werden.

Ist die Bonität eines Mieters schwer abschätzbar oder besteht Unsicherheit im Hinblick auf die spätere tatsächliche Miethöhe, verlangen Investoren häufig eine Mietgarantie, zumindest für die ersten Betriebsjahre. In der Vergangenheit wurden gelegentlich nur Erstvermietungsgarantien abgegeben, die dem Käufer die Garantie für eine erstmalige Vermietung zu bestimmten Konditionen gewähren. Im Normalfall sind Mietgarantien nicht kostenfrei zu haben. Ein Abschlag von 10 bis 15 Prozent auf die aktuellen Marktmieten kann als üblich gelten, sofern die Mietgarantie nicht als Instrument der Konditionenpolitik zu sehen und demzufolge überhöht festgelegt ist.

### 8.7.3  Qualifizierte Mietvertragsgestaltung

Besonders hohe Anforderungen müssen an die Gestaltung der Mietverträge gestellt werden, hängt doch von diesen über Jahre oder Jahrzehnte das Verhältnis zwischen Mieter und Investor, aber auch die Rentabilität der Immobilie ab. Dies gilt sowohl für Gewerbe- wie auch für Wohnungsbauten, obwohl bei letzteren die freien Gestaltungsmöglichkeiten vom Gesetzgeber stark eingeschränkt wurden. Bei Wohnungsmietverträgen besteht ein gewisser Gestaltungsspielraum vor allem im Rahmen der Vereinbarung von Staffel-Mietverträgen, den Nebenkostenregelungen oder den Regelungen über Untervermietung, Tierhaltung etc. Auch Zeitmietverträge sind unter bestimmten Voraussetzungen möglich.

Eine relativ freie Vereinbarung der Konditionen ist dagegen bei Mietverträgen für Gewerbeimmobilien gegeben, weswegen eine Verwendung von Vertragsmustern aus dem Schreibwarenladen abzulehnen ist. Gewerbeimmobilien sind in der Regel nur so gut wie die abgeschlossenen Mietverträge, so daß hierdurch auch der Wert des Objektes direkt beeinflußt wird. Aus diesem Grund sollen im Rahmen dieses Kapitels diejenigen Kriterien angesprochen werden, denen eine übergeordnete Bedeutung zukommt.

Neben dem eigentlichen Mietpreis sollte unbedingt eine Wertsicherungsklausel enthalten sein, deren Genehmigung durch die Landeszentralbank (von Immobilienunternehmen) einzuholen ist. Die Vereinbarung von Indexregelungen setzt allerdings voraus, daß die Mietvertragslaufzeit mindestens zehn Jahre beträgt. Die Standortqualität ist ein wesentlicher Indikator für die Mietvertragslaufzeiten, das heißt, je besser der Standort, desto kürzere Laufzeiten können vereinbart werden. Die Vereinbarung einer Staffelmiete ist dann sinnvoll, wenn die Laufzeit weniger als zehn Jahre betragen soll. Üblich ist der Ausschluß von Konkurrenzschutz. Einseitige Verlängerungsoptionen zugunsten der Mieter sind vor allem an hochwertigen Standorten aus der Sicht des Vermieters nicht zu empfehlen. Über die Höhe der zu erstellenden Kaution (oder Bankbürgschaft) läßt sich bei bonitätsschwächeren Mietern die Sicherheit des Mieteinganges – zumindest für einen begrenzten Zeitraum – garantieren. Es bleibt mehr Zeit für die Nachvermietung und begrenzt das Mietausfallrisiko. Eine kombinierte Fix- oder Umsatzmiete ist vor allem bei Handelsimmobilien, welche an Filialketten vermietet werden, üblich. Daneben soll der Mieter aus der Sicht des Vermieters nach Möglichkeit alle Nebenkosten, einschließlich der Grundsteuer, tragen. Die Untervermietung ist ebenso zu regeln wie das Anbringen von Werbung an Fassaden.

Sonderregelungen gelten bei der Vermietung von Handelsflächen in Shopping-Centers. In diesen Mietverträgen sind insbesondere eine Offenhaltungspflicht und die Betreibungspflicht enthalten. Daneben müssen die zu führenden Sortimente gegeneinander abgegrenzt werden. Regelungen bezüglich der Kündigung sowie eventueller gesamtschuldnerischer Haftung bei mehreren Mietern sollten dagegen in jedem Vertrag enthalten sein.

### 8.7.4 Verwaltung

Das Anbieten einer Immobilienverwaltung ist vor allem bei Wohnimmobilien von Bedeutung. Bereits wegen der Verbrauchsabrechnungen als Nebenkostensammel- und -verteilerstelle ist eine Immobilienverwaltung erforderlich. Daneben bestimmt das Wohnungseigentumsgesetz (WEG) den Einsatz eines Verwalters. Nicht selten übernimmt die Verwaltung auch die Funktion einer Clearingstelle zwischen Mieter und Vermieter sowie bei Teileigentum zwischen Eigentümern. Hauptaufgabe der Verwaltung ist die Funktionserhaltung der Immobilie. In diesem Zusammenhang schlägt der Verwalter Instandhaltungsmaßnahmen vor und stellt für die Eigentümergemeinschaft einen Hausmeister ein, der sich vor Ort um kleinere Reparaturarbeiten und die allgemeine Pflege kümmert. Da sich qualifizierte, technisch begabte Hausmeister für Teilzeittätigkeiten immer seltener finden lassen, haben einige Verwaltungsunternehmen einen professionellen Hausmeisterservice etabliert. Dieser arbeitet mit Bau- oder Technikfachleuten zusammen, die von Fall zu Fall eingesetzt werden können.

Bauträgerunternehmen kooperieren häufig intensiv mit Verwaltungsfirmen oder haben eigene Verwaltungsfirmen gegründet, um den Kunden auch nach dem Kauf aus einer Hand bedienen und auf die Qualität der Verwaltung Einfluß nehmen zu können. Vorteile sieht man hier auch in der Abwicklung von Garantiefällen, mit denen sich der Verwalter in den ersten fünf Jahren nach Fertigstellung einer Immobilie auseinandersetzen muß.

Im Rahmen der Verantwortlichkeit für Hausverwaltung und Haustechnik obliegen dem Verwalter auch die Einstellung, Schulung und Kontrolle des technischen Personals sowie der Abschluß von Wartungsverträgen (z.B. für Aufzüge, Klimaanlagen, Heizung etc.) und Dienstleistungsverträgen (z.B. für Reinigung, Bewachung etc.). Die korrekte Durchführung ist hierbei jeweils zu kontrollieren. Anstehende Reparaturen und Baumaßnahmen sind im Rahmen von Ausschreibungen vorzubereiten, zu vergeben und zu kontrollieren. Kleinere Reparaturen werden nach Möglichkeit vom eigenen technischen Personal oder dem Hausmeister bei Überwachung durch den Verwalter durchgeführt. Bei der Verwaltung größerer Einheiten mit komplizierteren technischen Einrichtungen ist von Fall zu Fall, adäquat zum Hausmeisterservice, die Etablierung eines Technikservice sinnvoll, wenn der Haustechniker in einem Objekt nicht ausgelastet wird.

Erst in der Praxis wird der Stellenwert einer gut funktionierenden Verwaltung deutlich, z.B. dann, wenn der Immobilieneigentümer jahrelang einem unzuverlässigen Verwalter ausgeliefert war, welcher Entscheidungen und notwendige Maßnahmen entweder verschleppt oder nicht durchgeführt hat.

### 8.7.5 Sicherheitsmanagement

Verschiedene Immobilientypen wie Shopping-Center, Bürobauten oder auch sonstige der Öffentlichkeit zugängliche Gebäude können beträchtlichen Sicherheitsrisiken unterliegen. Dies gilt vor allem dann, wenn besonders gefährdete Mieter oder Nutzer wie z.B. Banken, Juweliere oder sonstige Betriebe mit hohen Kassenbeständen, Apotheken etc. innerhalb des

Objektes untergebracht sind. Zu einem umfassenden Dienstleistungsangebot für solche Immobilien gehört es auch, die Sicherheit in den betreffenden Objekten zu gewährleisten. Einige große Dienstleistungsunternehmen
in der Bundesrepublik Deutschland bieten diesen Service speziell auch für
Immobilien an. Basis des Sicherheitsmanagements ist die qualifizierte
Sicherheitsanalyse, um die möglichen Risiken zu erkennen. Eine im Rahmen der Sicherheitsanalyse ermittelte Schwachstellenanalyse zeigt die Ge-
fahrenstelle auf.

Da Sicherheit Kosten verursacht, ergibt sich das Problem der Wirtschaftlichkeit entsprechender Maßnahmen. Mangelnde Sicherheit kann sich
auch in einer Imageschädigung, Frequenz- und/oder Umsatzverlusten und
letztlich in schlechterer Vermietbarkeit ausdrücken. Sicherheitsmaßnahmen lassen sich personell, technisch oder organisatorisch durchführen.
Hierzu zählt beispielsweise der Einsatz von Wachpersonal ebenso wie die
Verbesserung besonders gefährdeter Bereiche durch das Anbringen von
Spiegeln oder Kameras oder der Einsatz von Alarmsystemen. In der Planung und Durchführung der organisatorischen Sicherheitsmaßnahmen ist
ein wesentliches Kriterium des Sicherheitsmanagements zu sehen. Hierbei
werden exakte Ablaufpläne für hoffentlich nicht eintretende Ereignisse erstellt.

## 8.7.6 Mietgarantie

Wurde mit dem Käufer bei Abschluß des Kaufvertrages eine Mietgarantie
vereinbart, sorgt der Garantiegeber für die Sicherheit kontinuierlicher Mietzahlungen an den Immobilieneigentümer. Eventuelle Mieterhöhungsmöglichkeiten werden wahrgenommen und von seriösen Garantiegebern antei-
lig an den Immobilieneigentümer weitergegeben. Zeichnet sich der Ausfall
oder die Kündigung eines Mieters ab, so wird der Garantiegeber sich auch
aus eigenem Interesse unverzüglich um Ersatz bemühen.

Mietgarantien werden teilweise von den Verwaltungsunternehmen, vor allem
im Wohnungsbau, übernommen. Bei (größeren) Gewerbeobjekten werden –
auch aus Gründen der Risikobegrenzung – eigene Unternehmen, zumeist in
Form einer GmbH, gegründet.

### 8.7.7 Wiederverkauf

Hat der Immobilienkunde dem Unternehmen beim Kauf einen Vertrauens-
beweis entgegengebracht, so sollte dies auch für einen Weiterverkauf gelten.
Häufig erfahren die mit dem Absatz betrauten Personen oder Institutionen
bereits vor einem Kauf, welche Intentionen sich der Käufer der Immobilie
stellt. Erfolgt der Kauf aus steuerlichen oder Kapitalanlagegründen, so kann
nach einem bestimmten Zeitraum (z.B. nach Ablauf der erhöhten Abschreibung) ein Wiederverkauf ins Auge gefaßt und ein Wertzuwachs realisiert
werden. Auch bei großen Anlagevermögen institutioneller Anleger wird von
Zeit zu Zeit eine Umschichtung in Erwägung gezogen. Eigennutzer sind gegebenenfalls gezwungen, aus Expansionsgründen einen Standortwechsel
vorzunehmen.

Verfügt das Immobilienunternehmen über einen permanenten Kontakt zu
den Kunden, beispielsweise weil auch die Verwaltung oder das Management
von diesem übernommen wurde, so hat es gute Chancen, auch beim Wiederverkauf tätig werden zu können. Bei nicht konkreten Verkaufsabsichten
kann der Hinweis auf aktuelle Verkaufschancen auftrags- und umsatzför-
dernd wirken. Gleichzeitig eröffnet sich dadurch die Gelegenheit, auch bei
einem Neukauf hinzugezogen bzw. berücksichtigt zu werden. Voraussetzung
hierfür ist die bisherige, positiv bewertete Tätigkeit des Immobilienunternehmens aus der Sicht der Kunden. Idealerweise erbringt dieses alle Leistungen vom Kauf über die damit verbundenen Serviceleistungen bis hin zur
begleitenden Verwaltung, dem Management, der Projektweiterentwicklung
oder -aufbereitung bis hin zum Wiederverkauf, also ein umfassendes Full-
Service-Angebot aus einer Hand.

## 8.8 Serviceleistungen nach dem Kauf

Auch nach dem Erwerb oder dem Einzug benötigt der Mieter bzw. Käufer
verschiedene Dienstleistungen, welche im Rahmen des Betriebes der Immobilie, der Vermietung, der Weiterentwicklung oder eines eventuellen Wieder-
verkaufs anfallen. Erwähnt sei der allgemeine Nach-Verkauf-Service (Post-
Sales-Service), welcher mehr als Kontakthaltung mit dem Kunden im Rahmen
der Imagepflege und zum Erhalt der guten Kundenbeziehungen gedacht ist
denn als konkrete Serviceleistung. Hierbei handelt es sich um einen gelegent-
lichen Informationsaustausch über die bisherige Abwicklung und die Zufriedenheit des Kunden mit dem Kauf. Darüber hinaus wird der Kunde von Zeit

zu Zeit über die generelle Marktsituation oder über aktuelle Kauf- oder Verkaufschancen informiert. Kleinere Aufmerksamkeiten, wie die Übersendung von Geburtstags- oder Weihnachtsgrüßen, können für eine positive Grundstimmung des Kunden gegenüber dem Immobilienunternehmen sorgen.

### 8.8.1 Baubetreuung

Zum Tätigkeitsfeld vor allem von Bauträgern, aber auch von Absatzmittlern zählt die fachliche Betreuung während der Bauphase. Während dieser Zeit taucht eine Reihe von spezifischen Fragestellungen bezüglich der Ausführung eines Gebäudes oder des Baufortschrittes auf. Objektveränderungen werden diskutiert, und für zu treffende Entscheidungen benötigen die nicht immer erfahrenen Bauherren fachlichen Rat.

Die Baubetreuung umfaßt vor allem eine laufende Information des Kunden über den Projektverlauf sowie die Koordinierung und Kontrolle aller Projektbeteiligten. Einer laufenden Überwachung bedarf die Übereinstimmung der tatsächlichen Ausführung mit der Baugenehmigung und der Bau- bzw. Leistungsbeschreibung. Gleichzeitig ist die Einhaltung von Organisations- und Terminplänen zu kontrollieren. Darüber hinaus ist sicherzustellen, daß die Zahlungspläne dem Baufortschritt entsprechen. Die an der Objektüberwachung fachlich beteiligten Personen oder Institutionen benötigen eine hierfür übergeordnete Koordination.

Unstimmigkeiten ergeben sich häufig bei der Abnahme von Bauleistungen und der Feststellung von Mängeln. Die Baubetreuung muß hier oftmals ausgleichend eingreifen. Nach Fertigstellung erfolgt die Übergabe des Objektes einschließlich der Zusammenstellung und Übergabe der erforderlichen Unterlagen wie z.B. Bedienungsanleitungen oder Prüfprotokolle. Befinden sich zahlreiche technische Einrichtungen im Gebäude, ist oftmals die Auflistung der einzelnen Gewährleistungsfristen sinnvoll. Eine abschließende Leistung im Rahmen der Baubetreuung stellt die Überwachung der Beseitigung von bei der Abnahme festgestellten Mängeln dar.

### 8.8.2 Übernahme des Vermietmanagements

Wird das zu erstellende Objekt nicht vom Käufer selbst genutzt, bietet das Immobilienunternehmen häufig an, die Vermietung für den Eigentümer als

Serviceleistung zu übernehmen. Handelt es sich nicht lediglich um eine Eigentumswohnung, sondern um komplizierte Gewerbeeinheiten, so ist ein professionelles Vermietmanagement erforderlich. Der Abschluß von Mietverträgen erfolgt teilweise vor Baubeginn (z.B. bei Handelsobjekten). In der Regel disponieren die künftigen Mieter jedoch nicht ein oder zwei Jahre im voraus, sondern erwarten den Bezug des Gebäudes in etwa drei bis neun Monaten. Für das Vermiet-Management ist daher auch der richtige Zeitpunkt der Ansprache der jeweiligen Zielgruppe von Bedeutung. Werden verschiedene Einheiten innerhalb eines Objektes vermietet, so muß eine ausgewogene Zielgruppenansprache erfolgen. Hierbei ist weniger an die eher passive Medienwerbung gedacht. Eine aktive Vermietung wird vor allem anhand einer Suchkartei mit direkter oder persönlicher Ansprache der Interessenten vorgenommen. Voraussetzung hierfür ist, daß bereits Vermietkonzeptionen entwickelt und Vermietstrategien erarbeitet worden sind. Auch der zukünftige Branchen- oder Mieter-Mix sollte zumindest in Umrissen bereits feststehen. Eine wesentliche Basis für das Vermietmanagement ist die Verwendung nutzerspezifischer Mietverträge.

Nach Inbetriebnahme der Immobilie sind zunächst relativ kurzfristig die Indexanpassungen zu überwachen. Einer laufenden Kontrolle bedürfen auch die Geschäftsentwicklung der Mieter sowie die Entwicklung von deren Umsätzen und/oder Bonität im Hinblick auf die Zahlungsfähigkeit und die Miethöhe.

Eine Weitervermietung muß im Rahmen der erarbeiteten Gesamtkonzeption erfolgen, wobei eine rechtzeitige Ansprache potentieller Mieter vor Auslauf bestehender Mietverträge notwendig ist. Parallel hierzu erfolgt die Beobachtung von den Immobilien betreffenden Marktveränderungen, verbunden mit der Eruierung von Mieterhöhungsmöglichkeiten, welche es dann konkret zu realisieren gilt. Andererseits ist zahlungsunwilligen oder störenden Mietern rechtzeitig und gegebenenfalls auch ohne Rücksicht auf bestehende Vertragsklauseln zu kündigen.

### 8.8.3 Management in Sachen Immobilien

Die Notwendigkeit der Installation eines Immobilienmanagements erkannte man erst in jüngerer Zeit, nachdem festgestellt wurde, daß im Bereich der gewerblichen Immobilien zahlreiche Objekte nicht nur lediglich verwaltet werden können, sondern aktiv gemanagt werden müssen. Dies bedeutet, daß derartige Immobilien ähnlich wie Unternehmen eine gezielte Steuerung erfahren sollten. Hohe Immobilienwerte und häufig sehr komplexe Aufgabenstellungen bei den sogenannten sensiblen Großimmobilien machen ein qualifiziertes Management erforderlich, welches auch zur betriebswirtschaftlichen Steuerung eines oder mehrerer Objekte fähig ist. Bei den sogenannten Managementimmobilien handelt es sich vor allem um Kooperationsformen, in denen zahlreiche unterschiedliche Betriebe untergebracht sind, wie z.B.:

- Freizeiteinrichtungen/Freizeitzentren,
- Einkaufszentren/Einkaufs-Galerien/-passagen,
- Industrie- und Gewerbeparks,
- Technologiezentren/Gründerzentren.

Seniorenwohnheime und Hotels erfordern ebenfalls ein sachkundiges Management, welches aber im Regelfall von den Betreibern und nicht von den Immobilieneigentümern gestellt wird.

Das Leistungsspektrum des Managements umfaßt die kaufmännisch-wirtschaftliche und die technische Verwaltung und Steuerung der Immobilie. Insbesondere zählen hierzu die Kontrolle geschlossener Miet-, Wartungs- und Dienstleistungsverträge und die Überprüfung eingehender Rechnungen. Im Rahmen der Verantwortlichkeit für Hausverwaltung und Haustechnik obliegen dem Management die Einstellung, Schulung und Kontrolle technischen Personals bzw. der Einsatz und die Kontrolle unternehmensexterner technischer Betriebe.

Im Rahmen des Flächenmanagements ist der Manager permanent bestrebt, alle Flächen der Immobilie sowohl quantitativ als auch qualitativ optimal auszunutzen. Nicht zu trennen sind die Ertrags- und Kostensituation einer Immobilie. Die Wahrnehmung von Kostenreduzierungen führt ebenso zu Ertragssteigerungen wie Mieterhöhungen. Insofern zählt das Kostenmanagement zu den wesentlichen Teilaufgaben. Schließlich ist die Gewährleistung einer ausreichenden Objektsicherheit den Managementaufgaben zuzuschreiben. Derartige Sicherheitsanforderungen umfassen sowohl Personen als auch Gebäude, Waren oder Lagerbestände.

Im Rahmen der Öffentlichkeitsarbeit werden Kontakte zur Presse, zu Behörden, Verbänden oder Vereinen gehalten. Weitergehende Aufgabenstellungen ergeben sich bei dem Management von Einkaufszentren, wo die Beratung einzelner Betriebe, die Motivation von Mietern oder die Zusammen-arbeit mit beratenden Institutionen zum Aufgabenspektrum des Manage-ments zählen (vgl. Abb. 8.1).

## Serviceleistungen des Immobilienmanagements

| *Vor dem Kauf / Vor der Vermietung* | *Nach dem Kauf* |
|---|---|
| Technische Beratung | Allgemeiner Post-Sales-Service |
| Steuerliche Beratung | Vermietung/Wiedervermietung |
| Finanzierungsberatung | Verwaltung |
| Projektentwicklung | Hausmeisterservice |
| Projektweiterentwicklung | Technik-Service |
| Objektweiterentwicklung | Garantieabwicklung |
| Projektausarbeitung | Weiterentwicklung/Optimierung |
| Problemlösungsvorschläge | Wiederverkauf |
| Marktforschung/Informationsgewinnung | Mietgarantie |
| Objektaufbereitung | Instandhaltung |
| Juristische Beratung | Bau- und Projektbetreuung |
| Vertragsgestaltung | Sicherheitsmanagement |
| Abwicklung | Facility-Management |
| Begleitende Betreuung/Baubetreuung | Allgemeines Management |
| Objektanalyse | |
| Marktanalyse | |
| Wertgutachten | |
| Erstvermietungsgarantie | |
| Mietgarantie | |
| Fertigstellungsgarantie | |
| Ausgabe einer Garantiebürgschaft | |

**Abb. 8.1: Serviceleistungen des Immobilienmanagements**
**Quelle:    Institut für Gewerbezentren, Starnberg 1997**

# 9. Strategisches Marketing aus der Sicht eines Immobilienunternehmens

## 9.1 Grundlegendes zum strategischen Immobilien-Marketing

### 9.1.1 Bedeutung und Ziel

Strategisches Marketing ist ein zukunftsgestaltendes Instrument für die Entscheidungsträger im Unternehmen. Dennoch darf es nicht nur im engen Sinn, also instrumentell begriffen werden, sondern muß als solches weiter und damit strategisch als „Unternehmsführung vom Markt her" verstanden und „gelebt" werden. Neben der Kundenorientierung bedarf es einer expliziten und systematischen Wettbewerborientierung, die angesichts gesättigter Märkte sowie einer rezessiven Grundtendenz aktueller denn je ist.

Von besonderer Bedeutung ist das strategische Marketing in der Immobilienwirtschaft aus folgenden Gründen:

- Beim Immobilienmarkt handelt es sich um einen sehr komplexen und heterogenen Gesamtmarkt, der u.a. durch das Angebots- und Nachfrageverhalten aller Marktteilnehmer bestimmt wird. Dazu kommen allgemein wirtschaftliche, rechtliche, infrastrukturelle und sozio-demographische Rahmenbedingungen sowie der Einfluß vor- und nachgelagerter Märkte auf den Immobilienmarkt. Maßgeblich ist nicht nur die Entwicklung des Bau- und Kapitalmarktes, sondern auch die jener Branchen, die Immobilien explizit nachfragen.

- Die Wertschöpfungskette einer Immobilie von der Projektidee bis zur Vermietung, dem Verkauf bzw. der Nutzung ist relativ langfristig; sie umfaßt zumeist mehrere Jahre. Entscheidend ist dieser Entwicklungszeitraum für das Angebot der Immobilie am Markt.

- Die zur Erstellung einer Immobilie notwendigen Investitionen liegen im Vergleich zu anderen Wirtschaftsgütern relativ hoch und können zusammen mit den hohen Transaktionskosten zu Marktzugangsbarrieren führen.

Die Basis, auf der eine erfolgreiche Marketingstrategie gegründet werden kann, sind deshalb eine starke Unternehmensvision und eine verantwortungsbewußt gelebte Unternehmenspilosophie. Die Vision der Unternehmensleitung prägt den Geist des Unternehmens und schafft Impulse für eine erfolgversprechende Anpassung an Markt- und Umweltveränderungen.

Die vor den Immobilienunternehmen liegenden Herausforderungen verlangen ein ganzheitliches, strategisches Denken und Handeln. Für das Marketing bedeutet dies, angefangen von der ersten Projektidee bis zur langfristigen Immobilienverwaltung, sogar bis hin zum Verkauf, die Immobilien markt- und zielgruppengerecht zu entwickeln, zu realisieren und zu steuern.

Ziel des strategischen Immobilien-Marketing muß es somit sein, durch eine kundenorientierte Verkettung aller Unternehmensaktivitäten eine Immobilie zu entwickeln, die sich einerseits durch ihre maximale Performance einen Logenplatz im Bewußtsein des Adressaten aufbaut und andererseits dauerhafte Wettbewerbsvorteile in den Zielmärkten schafft und absichert – zur Zukunftssicherung aller Beteiligten.

Für das strategische Marketing heißt das in der Konsequenz, die heute dominierende Kundenorientierung mit einer Optimierung der Strategiefindung und -durchsetzung zu verknüpfen. Das technische Problem besteht hierbei in der Wahl geeigneter Instrumente und Verfahren.

## 9.1.2  Definitorische Abgrenzung

### 9.1.2.1  Marketingstrategie

Die Steuerung des marketingpolitischen Instrumentariums setzt grundlegend die Bestimmung und Realisierung von Strategien voraus. Eine Marketingstrategie ist nach Kotler „eine Zusammenstellung konsistenter, angemessener und praktisch anwendbarer Grundsätze, mit deren Hilfe das Unternehmen seine langfristigen Kunden- und Gewinnziele in einer vorgegebenen konkurrierenden Umwelt zu erreichen hofft" (Kotler/Bliemel: Marketing-Management, 8. Auflage, Stuttgart, 1995).

### 9.1.2.2  Strategisches Marketing

Das strategische Immobilien-Marketing beginnt mit der ersten Gedankenbildung zu einem Objekt und begleitet in unterschiedlichen Formen die Immobilie während ihrer Planung, Herstellung, Vermarktung und gesamten Nutzung, konsequent weitergedacht bis zu ihrem Abbruch. Im Rahmen des strategischen Immobilien-Marketing werden die marktrelevanten Vorgaben für die Entwicklung gemeinsam mit den Entscheidungsträgern festgelegt. Sie sind für die folgende Projektbearbeitung die Richtschnur und dienen sowohl dem Projektmanagement als auch dem Marketingmanagement als Zielvorgabe für ein erfolgreiches Projekt. Eine strategieorientierte Marketingpolitik ist somit dadurch gekennzeichnet, daß sie die Prämissen für den Einsatz der Instrumente vorgibt.

### 9.1.3 Strategisch relevante Faktoren für das Immobilien-Marketing

Zu den wesentlichen strategischen Größen im Immobilien-Marketingprozeß gehören Standortqualität, Attraktivität der Immobilie, Produktivität und Rentabilität. Sie sind in der Regel nicht losgelöst voneinander zu bewerten, beeinflussen sie doch, je nach Zielgruppe und Ansprechpartner, das Gesamtergebnis.

#### 9.1.3.1 Standortqualität

Die Bedeutung der Standortqualität ist allgemein bekannt („Location, Location, Location!"). Dennoch bleibt festzuhalten, daß fast alle bekannten Flops der Immobilienbranche eine ihrer Ursachen in der Mißachtung der bekannten Vorgaben für diesen Marketingfaktor haben. Generiert werden solche Fehlentscheidungen häufig nicht aus Unwissenheit, sondern durch maßlose Überbewertung anderer Faktoren – wie z.B. Architektur, Design etc.

#### 9.1.3.2 Attraktivität der Immobilie

Die Attraktivität der Immobilie besteht unter anderem in der Gebäudearchitektur und der Innengestaltung. Beide optischen Komponenten der Immobilie müssen langfristig Bestand haben. Ebenso bedeutsam sind die Funktionalität der Immobilie und die Infrastruktur des Standortes mit entsprechenden Versorgungseinheiten. Hinzu kommen die weichen Faktoren, die die Nutzungsqualität der Immobilie im Gebrauch prägen. Darunter fallen alle Dienstleistungen, die dem Nutzer dazu verhelfen, seine eigene unternehmerische Leistung besser zu erbringen.

Die Architektur, die innere und äußere Gestaltung eines Einkaufs-Centers z.B. zählt zu den wichtigsten strategischen Elementen des Shopping-Center-Marketing. Aus deren Qualität ergibt sich der animative Rahmen des Erlebnisraumes „Einkaufs-Center", wenn die Grundanforderungen an Standort, Architektur und Funktionalität erfüllt sind.

Aus praktischer Sicht ist festzustellen, daß Einkaufs-Center, deren Marketingfaktoren Standort, Architektur und Funktionalität stimmen und deren aktuelle Nutzungskonzeption (Struktur) dem jeweiligen Entwicklungsstand des Handels entspricht oder diesem angepaßt wird, sogenannte gestalterische bzw. modische Abnutzungserscheinungen am ehesten verkraften.

### 9.1.3.3 Produktivität

Produktivität ist für den Nutzer die wesentliche wirtschaftliche Einflußgröße bei der Zukunftssicherung seines eigenen Unternehmens. Dabei ist er nicht nur bestrebt, Räume mit einer guten Flächenproduktivität anzumieten, z.B. dargestellt als Verhältnis von BGF-Mietfläche zur Netto-Nutzfläche, sondern sein oberstes Ziel – etwa bei einer Büroimmobilie – muß es sein, die Mitarbeiterproduktivität auf einem hohen Niveau sicherzustellen. Das Produktivitätspotential ist deshalb für den Nutzer oft die wichtigste Größe, da in ihm die bedeutendsten Wertschöpfungschancen seines Unternehmens liegen.

### 9.1.3.4 Rentabilität

In direktem Zusammenhang mit der Produktivität einer Immobilie steht deren Rentabilität. Je größer die Produktivität einer gewerblich genutzten Immobilie für einen Nutzer ist, desto eher wird er bereit sein, eine höhere Miete bzw. einen höheren Kaufpreis zu zahlen. Somit ist die Rentabilität direkt von der Produktivität abhängig. Der Projektentwickler muß deshalb bestrebt sein, ein Gebäude anzubieten, bei dem durch die Gesamtinvestition eine möglichst hohe Produktivität erzielt wird.

Im Rahmen des strategischen Immobilien-Marketing werden die marktrelevanten Vorgaben für die Entwicklung gemeinsam mit den Entscheidungsträgern festgelegt. Sie sind für die folgende Projektbearbeitung die Richtschnur und dienen sowohl dem Projektmanagement als auch dem Marketingmanagement als Zielvorgabe für ein erfolgreiches Projekt.

Die Aufgaben des strategischen Marketingmanagements bestehen somit in:

- der Festlegung der strategischen Zielmärkte bzw. der Produktfelder,
- der Bestimmung der Marketingstrategien sowie in
- der operativen Handhabung der Marketing-Mix-Instrumente.

### 9.1.4 Charakteristika des strategischen Immobilien-Marketing

Zu den wichtigsten Charakteristika des strategischen Immobilien-Marketing zählen:

- die Orientierung an langfristigen, flexiblen Entwicklungen der Immobilienwirtschaft,
- die Konzentration von Ressourcen auf attraktive neue Geschäftsfelder, wie z.B. ökologische Bebauung,
- die Grundsatzentscheidungen über die Art der Unternehmenstätigkeit im Immobilienbereich,
- die Verzahnung des Immobilien-Marketing mit anderen Funktionsbereichen des Unternehmens sowie
- die Ausrichtung auf die Gewinnung von Wettbewerbsvorteilen in der Wahrnehmung des Kunden.

## 9.2 Erarbeitung von Marketingstrategien im Rahmen einer Marketingkonzeption

### 9.2.1 Grundlagen einer strategischen Marketingkonzeption für Immobilien

#### 9.2.1.1 Das Markt- und Wettbewerbsumfeld

Der strategische Ansatz für das Marketingkonzept einer Immobilie muß darauf abzielen, die spezifischen Schwächen des Wettbewerbs zu analysieren und diesen signifikante Stärken durch die Wahl des Standortes, der Qualität des Gebäudes sowie seiner Nutzungskonzeption entgegenzusetzen.

Die hohe Nachfrage nach gewerblichen Objekten versetzte die Immobilienwirtschaft über lange Jahre in die günstige Situation, Grundstücke und Gebäude auf Vorrat zu erwerben, ohne befürchten zu müssen, diese nicht marktgerecht verwerten zu können. Eigentumswohnungen und gewerbliche Mietflächen wurden nahezu problemlos vom Markt aufgenommen.

Der Immobilienmarkt hat sich gewandelt. Aus dem Angebotsmarkt ist ein Nachfragemarkt geworden. Zu den Hardfacts der klassischen Immobilienentwicklung wie Standort, Kosten, Zeit kommen die Softfacts wie Identifikation, Kommunikation und Service.

Zukünftig wird nicht mehr die Bereitstellung von Produkten und ergänzenden Leistungen allein als Engpaß in der betrieblichen Tätigkeit gelten können, sondern Identifikation, Motivation und Akquisition von Nachfragern werden hier genauso wichtig. Im Mittelpunkt der gesamten Aktivitäten muß somit in Zukunft der Kunde stehen, wobei das Marketing den Kontakt zwischen dem Unternehmen und dem wichtigsten Erfolgsfaktor – eben dem Kunden – herstellen soll.

Rentabilität und überdurchschnittliche Sicherheit von Immobilieninvestitionen sind gegenwärtig nicht mehr automatisch gegeben, was steigende Risiken bei der Projektentwicklung zur Folge hat. Denn die Langfristigkeit einer Immobilieninvestition sowie ihre Finanzierung können mit der Notwendigkeit der Flexibilität und dem immer rascheren Wandel der Nutzungen in Konflikt geraten. Vor diesem Hintergrund müssen Immobilienunternehmen häufig die „Quadratur des Kreises" versuchen und langfristig und berechenbar planen oder agieren sowie die Kundenwünsche flexibel lösen.

Gefragt sind in veränderten Marktsituationen Lösungsansätze, die praktikabel sind, um auf veränderte Bedingungen schnell und flexibel einzugehen. Immobilienunternehmen müssen sich ein eigenes individuelles Profil im strategischen Marketing aufbauen, um ihre Marktstellung auch bei einem schrumpfenden Markt zu halten bzw. zu steigern und um Wettbewerbsvorteile erzielen zu können. Insbesondere bei einer Ungleichverteilung von Wissen, Wollen und Können unter den Unternehmen besteht die Chance für besser informierte Firmen, sich Wettbewerbsvorteile zu verschaffen.

## 9.2.1.2  Die Beziehung des Immobilienunternehmens zur Umwelt oder anderen Einflußfaktoren

*Markt bzw. Marktsituation*

Die Märkte der Gegenwart sind derzeit durch zwei gravierende Einflußfaktoren gekennzeichnet: die Entwicklung zum Käufermarkt sowie die Stagnation – ja teilweise sogar die Schrumpfung – ganzer Märkte mit unsicherer Zukunftserwartung, geringerer Kaufkraft und mangelnder Verschuldungsbereitschaft. Die stete Veränderung der Märkte durch neue Technologien, neuartige Bedürfnisse oder veränderte Anforderungen führte dazu, daß der Marketinggedanke auf das gesamte unternehmerische Handeln ausgeweitet wurde.

Die *strategische Ausgangssituation* zahlreicher Immobilienunternehmen ist daraus resultierend durch die folgende Situation geprägt:

- Flächenüberkapazitäten und Marktsättigung in nahezu allen Bereichen,
- hoher Kosten- und Preisdruck,
- Angleichung der Angebotsqualitäten,
- Kompetenzwettbewerb,
- Steigerung des Anspruchniveaus der Kunden,
- Zunahme der Bedeutung von Kundenorientierung und -beziehung,
- wachsende Internationalisierung und Europäisierung des Marktes sowie
- veränderte Aufgabe der Informations- und Kommunikationstechnologie.

*Kunde*

Käufermarkt und Marktbedingungen, die immer restriktiver werden, führen dazu, daß der Kunde in den Mittelpunkt der Unternehmens- und Marketingaktivitäten gestellt werden muß. Die Marketingexperten sprechen in diesem Zusammenhang von der Zielerreichung der sogenannten Customer satisfaction, der Kundenzufriedenheit.

Da es nicht *einen* Immobilienmarkt in Deutschland gibt, sondern zahlreiche uneinheitliche, zum Teil traditionell geprägte Märkte mit unterschiedlichen Abnehmerkreisen, sind die Marketingstrategien eines Immobilienunternehmens bzw. eines Geschäftsbereiches (z.B. Projektentwicklung) auf ausgewählte Zielmärkte und Zielgruppen abzustimmen, wobei zuvor ihre objekt- und standortspezifischen Anforderungen ermittelt werden müssen.

Als Wettbewerber innerhalb der Immobilienwirtschaft bezeichnet man alle Unternehmen und Institutionen, die einer bestimmten Gruppe zuzuordnen sowie innerhalb des gewerblichen und/oder wohnungswirtschaftlichen Marktes aktiv sind. Bezogen auf eine ausgewählte institutionelle Gruppe läßt sich die Position der Wettbewerber z.B. mit Hilfe eines Marktanteils-/Marktwachstums-Portfolios bestimmen, wobei die Segmentierung aus unternehmensspezifischer Sicht vorzunehmen ist.

Für die Gruppe der Kreditinstitute soll aus der Sicht der Hypothekenbanken die Bestimmung der Wettbewerber anhand eines Marktanteils-/Marktwachstums-Portfolios beispielhaft aufgezeigt werden. Dazu sind zum Beispiel aus der Perspektive einer Bank zunächst alle Wettbewerber zu definieren, die insgesamt auf dem Baufinanzierungsmarkt aktiv sind. Danach erfolgt eine Differenzierung nach Wettbewerbern, die schwerpunktmäßig dem privaten Wohnungsbaufinanzierungsmarkt bzw. dem gewerblichen Baufinanzierungsbereich zuzuordnen sind.

Diese Unternehmen lassen sich dann nach den strategischen Wettbewerbskriterien Marktanteil und Wachstum in einer Vier-Felder-Matrix wie in Abb. 9.1 gezeigt differenzieren.

Bei den *privaten Wohnungsbaufinanzierungen* haben die Sparkassen den höchsten Marktanteil und die Großbanken das stärkste Wachstum zu verzeichnen.

Im gewerblichen Baufinanzierungsbereich verzeichnen die privaten Hypothekenbanken sowie die Sparkassen neben einem hohen Marktanteil auch ein auffällig hohes Wachstum.

Für die Hypothekenbanken ergibt sich daraus eine besondere Wettbewerbssituation. Es fehlt ihnen, aufgrund eines nicht existierenden flächendeckenden Filialnetzes, der Marktzugang zum Segment der attraktiven Privatkundschaft. Dahingegen liegt im gewerblichen Bereich ihre Stärke.

## Marktanteil und Wachstum als Wettbewerbskriterien

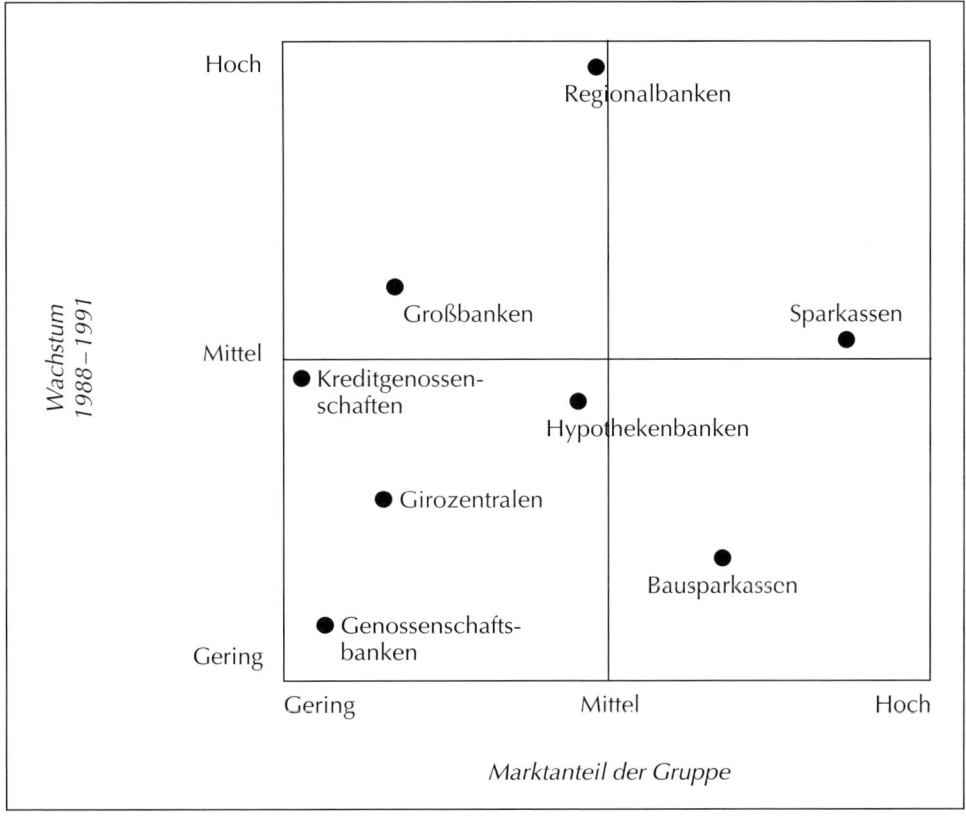

**Abb. 9.1:** Marktanteil und Wachstum als Wettbewerbskriterien
**Quelle:** Blumer, J.: Württembergische Hypothekenbank, Stuttgart, o.J.

## 9.2.2 Begriff der Marketingkonzeption

Unter einer Marketingkonzeption versteht man in der klassischen Marketinglehre einen umfassenden, gedanklichen Entwurf, der sich an einer Leitidee bzw. an bestimmten Richtlinien (Zielen) orientiert und grundlegende Handlungsrahmen (Strategien) sowie die notwendigen operativen Handlungen (Instrumenteneinsatz) in einem schlüssigen Plan zusammenfaßt (vgl. Becker, J.: Grundlagen der Marketing-Konzeption, 1983, S. 2).

Die Marketingkonzeption ist damit das Ergebnis der durch die Marketingforschung erstellten detaillierten Analysen und umfaßt Festlegungen auf drei Konzeptionsebenen:

- *Zielebene*
  Unternehmensphilosophie und -leitbild sowie strategische Grundlagen;
- *Strategieebene*
  Strategische Marketingziele und Marketingstrategien;
- *Marketing-Mix-Ebene*
  Maßnahmenbestimmung und -umsetzung.

Die Unterscheidung von drei Konzeptionsebenen impliziert, daß eine *Marketingkonzeption* nicht in einem Schritt entwickelt werden kann, sondern das *Ergebnis eines umfassenden iterativen und dynamischen Planungsprozesses* darstellt (vgl. Abb. 9.2).

## Marktanteile und Wachstum von privaten Hypothekenbanken und Sparkassen

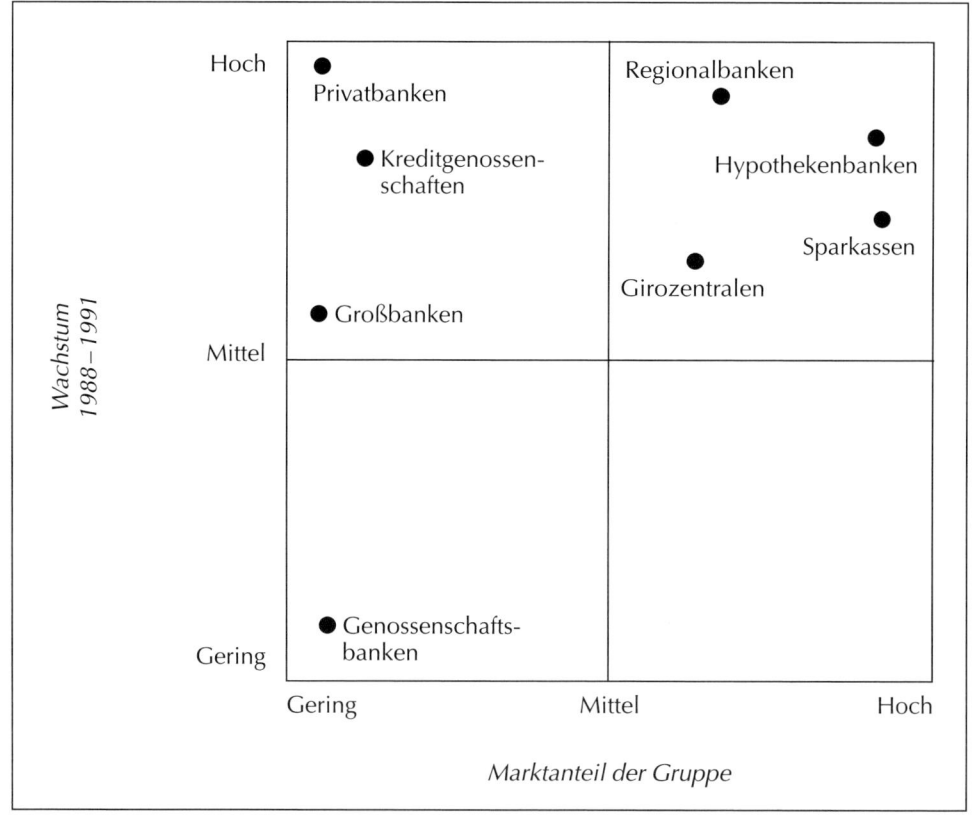

**Abb. 9.2: Hypothekenbanken und Sparkassen**
**Quelle:    Blumer, J.: Württembergische Hypothekenbank, Stuttgart, o.J.**

### 9.2.3 Konzeptionelle Gestaltungsformen

Im Hinblick auf die Gestaltung einer Marketingkonzeption lassen sich nach Kotler grundlegend die folgenden Inhalte unterscheiden (vgl. Kotler/Bliemel: Marketing-Management, 8. Auflage, Stuttgart 1995).

#### 9.2.3.1 Verkaufskonzeption

Das traditionelle Marketingkonzept ergab sich aus dem Problem, Kunden für bereits existierende Produkte zu gewinnen. Die moderne Verkaufskonzeption geht demnach von den vorhandenen Immobilienprodukten des Unternehmens aus und betrachtet Marketing als Einsatz von Absatzförderungs- und Verkaufsmaßnahmen mit dem Ziel, Verkäufe mit Gewinn abzuschließen. Allerdings ist in Zeiten von Marktsättigung und Leerständen sowie des Verdrängungswettbewerbes diese Konzeption äußerst schwierig zu gestalten und umzusetzen.

#### 9.2.3.2 Marketingkonzeption

Die moderne Marketingkonzeption versteht sich hier als Konzeption der Unternehmensführung, wobei sie die vorhandenen und potentiellen Kunden berücksichtigt. Sie ist darauf ausgerichtet, durch Zufriedenstellung der Kunden Gewinne zu erzielen. Sie versucht, dieses Ziel durch ein koordiniertes Marketingprogramm zu erreichen. Kundenorientierung, Kundennähe, Kundenzufriedenheit sind die Konzeptkriterien.

Hat ein Unternehmen sich entschlossen, eine dieser Marketingkonzeptionen zu verwirklichen, d.h. Kundenbedürfnisse in den Vordergrund zu stellen, und versucht es, durch ein koordiniertes Marketingprogramm Gewinne durch Kundenzufriedenheit zu erzielen, sieht es sich vor die Aufgabe gestellt, eine Marketingstrategie zu entwickeln.

### 9.2.4 Struktur der Marketingkonzeption

#### 9.2.4.1 Zielebene

Am Anfang einer strategischen Marketingkonzeption steht die Festlegung eines Zielsystems, von dem die Definition der Unternehmensphilosophie bzw. des Unternehmensleitbildes einen Teilaspekt darstellt.

*Unternehmensziele*

Die Unternehmens- und Marketingziele umfassen die zukunftsorientierten Vorgaben für das Immobilienunternehmen. Die Unternehmensziele stellen dabei die Orientierungs- und Richtgrößen für das Unternehmen dar. Sie sind zugleich Aussagen über angestrebte Zustände, die aufgrund unternehmerischer Maßnahmen erreicht werden sollen.

Hierzu zählen als Basisziele:

- Marktstellungsziele wie Marktanteil, Umsatz, neue Immobilienmärkte,
- Rentabilitätsziele wie Gewinn, Umsatzrentabilität,
- Rentabilität des Eigenkapitals, Rentabilität des Gesamtkapitals,
- finanzielle Ziele wie Kreditwürdigkeit, Liquidität,
- Kapitalstruktur,
- soziale Ziele wie soziale Integration, Einkommen und Sicherheit,
- Markt- und Prestigeziele wie Unabhängigkeit, Image, politischer und gesellschaftlicher Einfluß.

Vorrangiges Unternehmensziel ist es, im Interesse der langfristigen Existenzsicherung und Wahrung der Selbständigkeit einen nachhaltigen Erfolg zu erzielen. Um dieses Ziel zu erreichen, müssen den Nachfragern zukunftsweisende, marktgerechte Produkte mit entsprechenden Qualitätsstandards angeboten werden.

*Marketingziele*

Die Marketingziele kennzeichnen die dem Marketingbereich gesetzten Vorgaben, die durch den Einsatz marketingpolitischer Instrumente erreicht werden sollen. Neben den ökonomischen Marketingzielen wie Deckungsbeitrag und Marktanteil stehen zur Beeinflussung bzw. Änderung des Kaufverhaltens vor allem die sogenannten nicht-ökonomischen Marketingziele. Hierzu gehören:

- Erhöhung des Bekanntheitsgrades,
- Veränderung bzw. Stärkung von Einstellungen bzw. des Image,
- Erhöhung der Präferenz,
- Verstärkung der Kaufabsicht.

### 9.2.4.2 Strategieebene

Innerhalb der Marketingkonzeption bildet die Marketingstrategie das zentrale Bindeglied zwischen den Zielen und den operativen Marketingmaßnahmen. Die Marketingstrategie ist dabei zu verstehen als ein bedingter, globaler Verhaltensplan zur Erreichung der Unternehmens- und Marketingziele.

### 9.2.4.3 Marketing-Mix-Ebene

Hierin werden die Vorgaben für den operativen Planungsprozeß, die Verwendung der Marketinginstrumente sowie deren koordinierter Einsatz erarbeitet.

Da der Immobilienmarkt sehr stark konjunkturabhängig ist, muß auch der Einsatz der marketingpolitischen Instrumente entsprechend variiert werden. Diese sind entsprechend der Marktsituation, differenziert nach dem Zielmarkt und der Zielgruppe, einzusetzen.

Während in einer Phase der Immobilien-Hochkonjunktur bzw. der Erzielung hoher Erträge die marketingpolitischen Aktivitäten eher geringer sind als in einer Rezession, kommt es zu einer unterschiedlichen Gewichtung beim Einsatz der Instrumente. So werden in einer Rezession insbesondere die Instrumente Preispolitik und Verkaufsförderung intensiv eingesetzt. Die Inhalte konzentrieren sich dann verstärkt auf das Preis-Leistungs- bzw. Nutzungsverhältnis und die Wirtschaftlichkeit der Immobilie für den Investor oder den Nutzer. So läßt sich in Zeiten der Rezession eine gewisse Stabilisierung des Absatzes erreichen. Problematisch erscheint jedoch das Konzept eines Rezessions-Marketing. Dabei sind sogenannte zeitliche Spill-over-Effekte zu berücksichtigen, d. h., wer in einer Rezession seine Produkte verschleudert, kann sie in der Hochkonjunktur nicht mehr als hochwertige und exklusive Markenprodukte verkaufen. Insofern darf es in der inhaltlichen Gestaltung des Marketing zwischen einer Hochkonjunkturphase und einer Rezessionsphase allenfalls graduelle Unterschiede geben.

## 9.2.5 Erarbeitung der Marketingkonzeption als Prozeß

Ganz allgemein gilt auch für den Immobilienmarkt die Herausforderung, in einem Käufermarkt zu bestehen. Dafür Strategien zu entwickeln und anzuwenden stellt die Fähigkeit eines Unternehmens dar, auf das System des

Wettbewerbs so einzuwirken, daß sich vorhersehbare Verschiebungen des Wettbewerbs zum Vorteil der eigenen Unternehmung ergeben.

Der strategische Marketingprozeß basiert insgesamt auf dem Vorhandensein einer Unternehmensphilosophie (eines Leitbildes), einer strategischen Grundsatzentscheidung sowie eines strategischen Ziels.

### 9.2.5.1 Entwicklung einer Unternehmensphilosophie, eines Leitbildes und eines strategischen Zielsystems

*Entwicklung der Unternehmensphilosophie*

In der Philosophie eines Unternehmens werden solche Grundeinstellungen beschrieben, die das Verhältnis der Unternehmensangehörigen zu Kapitalgebern, Kunden, Behörden, Meinungsbildnern sowie allgemein das Verhältnis Unternehmung – Gesellschaft zum Ausdruck bringen. Definiert werden können in einem solchen System von Leitmaximen demnach beispielsweise:

- *das Bekenntnis zur Wirtschaftsordnung und zur gesellschaftlichen Funktion der Unternehmung.* So hatten sich beispielsweise die ehemals gemeinnützigen Wohnungbauunternehmen u.a. die Schaffung von dringend benötigtem Wohnraum als Ziel gesetzt;
- *die Einstellung zu Wachstum, Wettbewerb und technischem Fortschritt.* Die Innovationsorientierung sowie die Betonung des hohen Technologiestandes findet man als Leitmotiv bei renommierten Bauunternehmen wie der Ed. Züblin AG und der Bilfinger und Berger Bauaktiengesellschaft. Sie entwickeln neue Verfahren und Materialien am Bau;
- *die Rolle des Gewinns für die Unternehmung und Gesellschaft.* Bei Fragen und Ausführungen zu diesem Aspekt halten sich die Immobilienunternehmen überwiegend bedeckt;
- *die Verantwortung gegenüber Mitarbeitern und Kapitalgebern.* In der Praxis betonen besonders Maklerunternehmen die gezielte, individuelle Aus- und Weiterbildung ihrer Mitarbeiter und Führungskräfte. Um dieser Leitmaxime Rechnung zu tragen, hat beispielsweise das weltweit agierende Maklerunternehmen Jones Lang Wootton GmbH eine eigene, interne Immobilienakademie gegründet;
- *eine Leitmaxime*, die hauptsächlich von Bau- und Bauträgerunternehmen sowie Projektentwicklern angestrebt wird, ist der Qualitätsanspruch bei Planung, Ausführung und Kontrolle der vereinbarten Leistungen;

- *die beabsichtigte Verbindung zwischen Ökonomie und Ökologie.* Dieses Ziel verfolgt zum Beispiel die GiP – Gewerbe im Park GmbH, indem sie versucht, Gewerbeansiedlungen harmonisch in das Landschaftsbild zu integrieren;
- eine weitere Verhaltensnorm, die in den Unternehmensphilosophien von Immobilienunternehmen wie dem Bankhaus Ellwanger & Geiger, der Maklerfirma Kemper's GmbH, der Philipp Holzmann AG sowie der ECE Projektmanagement GmbH fixiert ist. Sie strebt den Aufbau langfristiger Geschäftsbeziehungen zu Käufern, Nutzern, Investoren, Kapitalgebern und Planern an.

Durch die Philosophie wird einem Unternehmen somit Identität verliehen, ein Vorstellungsbild entsteht, ein Profil, ein Image. Wie ein Unternehmen am Markt auftritt, gibt seinen Marktaktivitäten, wenn dieses professionell geschieht, zusätzliche Bedeutung.

*Entwicklung eines Leitbildes*

Die Erarbeitung einer Marketingstrategie beruht ebenfalls auf dem Vorhandensein eines Leitbildes der Unternehmung. Dieses enthält grundsätzliche Aussagen über das Warum und Wie der Existenz des Unternehmens. Inhaltlich sollte dabei das Bild des Unternehmens aus der Sicht der Geschäftsleitung nicht von dem der Mitarbeiter oder der Öffentlichkeit abweichen. Grund dafür ist, daß es bei einem heterogenen Unternehmensimage nicht ausreicht, die positiven Leistungen des Unternehmens herauszustellen. Ziel muß vielmehr die Formung einer einheitlichen und prägnanten Unternehmenspersönlichkeit sein, die sogenannte Corporate Identity (CI). Die CI kann somit als konsequente Weiterentwicklung des Public-Relations-Gedankens betrachtet werden.

Um eine CI zu schaffen, bedarf es der Koordination und Integration aller kommunikativen Maßnahmen, des Verhaltens der Mitarbeiter, des Unternehmens als Ganzem sowie seines unternehmerischen Erscheinungsbildes (Corporate Design).

Die gesamte Ausrichtung des Unternehmens sollte einheitlich erscheinen. Dazu gehört auch ein durchgehendes Logo des Unternehmens. Geschäftspost, Mailings, Plakate, Anzeigen und Prospekte müssen erkennbar von ein und demselben Unternehmen stammen. Bei Brockhoff & Partner pflanzt sich dieser Gedanke sogar bis zur Geschäftseinrichtung und den Firmenwagen fort. Bei der Geschäftseinrichtung wird darauf geachtet, daß die Farben zu den Farben des Logos passen, und die Nummernschilder der Firmenwagen tragen die Initialen BP.

## Das Unternehmensleitbild

| *Produkt- bzw. Leistungsangebots- orientierung* | *Marktorientierung* | *Verhaltensgrundsätze* |
|---|---|---|
| • Art der zu lösenden Kundenprobleme,<br>• Nutzungsart, Breite, Tiefe,<br>• Individual- bzw. Massenbedarf,<br>• Qualitätsniveau,<br>• Niedrig- und Hochpreisprodukte. | • Zielmärkte,<br>• Marktsegmente,<br>• Zielgruppenseg- mente,<br>• Marktführerschaft,<br>• Regional- erschließung:<br>  – lokal,<br>  – überregional,<br>  – national,<br>  – international. | • Wachstumsvor- stellungen,<br>• Produkt-Markt- Politik,<br>• Investitionspolitik,<br>• Distributionspolitik,<br>• Verhalten gegenüber den Marktteilnehmern:<br>  – Kunde,<br>  – Wettbewerber,<br>  – Marktpartner,<br>• Finanzpolitik. |

**Abb. 9.3: Das Unternehmensleitbild**
**Quelle:    Liebl, W.: Erfolgreiches Marketing-Management, Landsberg/Lech 1992**

Am *Beispiel der ECE Projektmanagement GmbH* soll aufgezeigt werden, wie eine Unternehmensphilosophie im Sinne einer CI konzipiert werden kann. Die ECE Projektmanagement GmbH ist ein Unternehmen der Otto-Gruppe in Hamburg, das seit mehr als 25 Jahren Shopping-Center, Büro- und Verwaltungsgebäude, Spezialimmobilien sowie Industrie- und Gewerbeparks entwickelt, realisiert und betreibt. Auf dem Sektor der Einkaufszentren ist die ECE Marktführer in Deutschland. Es ist ihr gelungen, die Unternehmensidentität auf der Basis einer ausgeprägten Philosophie zu schaffen, die durch ihr harmonisches Verhalten, ihre Kommunikationsfähigkeit und ihr Erscheinungsbild vermittelt wird.

514

Die Philosophie der ECE wurde und wird wesentlich durch die Visionen, Ideen und Pioniertaten des Begründers Werner Otto geprägt. Seine Idee, den Shopping-Center-Gedanken aus Nordamerika auf Europa zu übertragen, bildete den Grundstein für das Unternehmen und seine oberste Leitmaxime: *„Ohne Visionen gibt es keinen Erfolg."* Mit diesem Firmenslogan möchte man auf die Zukunftsorientierung des Unternehmens hinweisen, denn Visionen sind die vorausgedachte Zukunft.

Erweitert wird die Unternehmensphilosophie der ECE durch folgende Leitsätze:

- Erfolg aus einer Hand,
- Verantwortung für Qualität und Funktionalität,
- Langfristige Erfolge statt kurzfristige Effekte,
- Kommunikation neu ermöglichen,
- Verantwortung gegenüber der Architektur.

### 9.2.5.2 Strategische Analysen und Prognosen

Vor dem Hintergrund einer Prozeßorientierung werden in einer ersten Phase Situationsanalysen über das externe Umfeld sowie das Unternehmen selbst durchgeführt. Bei der Analyse externer Faktoren müssen u.a. potentielle Märkte und Zielgruppen beurteilt werden. Zu diesem Zweck sind ihre ökonomisch-technischen, ihre politisch-rechtlichen sowie ihre sozio-demographischen Rahmenbedingungen mit Hilfe von Marktforschungstechniken zu untersuchen. Darüber hinaus sind die internen Strukturen, Ressourcen sowie das Kapital daraufhin zu prüfen, ob die Unternehmung unter diesen Voraussetzungen in der Lage ist, die am attraktivsten erscheinenden Märkte erfolgreich zu bearbeiten sowie die passenden Immobilienprodukte für die jeweiligen Zielgruppen zu realisieren.

### 9.2.5.3 Generierung strategischer Marketingziele

In Verknüpfung der Ergebnisse aus der ersten Phase mit den unternehmenspolitischen Zielsetzungen sind in einer zweiten Phase die Marketingziele für das Unternehmen zu generieren. Das bedeutet, das Unternehmensziel wird in einzelne Marketingziele unterteilt, die wiederum zeitlich und inhaltlich aufeinander abgestimmt werden.

### 9.2.5.4 Suche, Bewertung und Auswahl von Marketingstrategien

Ergibt sich aus der Situationsanalyse der Tatbestand, daß die Unternehmung in den attraktiven Märkten auf Wettbewerbsvorteile bauen kann, sind in einer dritten Phase entsprechende strategische Marketingentscheidungen zu treffen. So kann eine Unternehmung aufgrund ihrer nur begrenzt zur Verfügung stehenden Ressourcen an Kapital und Personal zumeist nicht alle sich bietenden Chancen gleichzeitig und mit gleicher Intensität wahrnehmen. Das bedeutet, daß die Unternehmensleitung marketingpolitische Prioritäten setzen muß. Daneben wird sie eine Entscheidung darüber zu treffen haben, mit welchen Wettbewerbsstrategien und mit welcher Soll-Portfolio-Strategie die Unternehmung in den von ihr bestimmten Zielmärkten aktiv werden soll.

Mit der Bestimmung dieser Basisstrategie eng verknüpft sind die vom Immobilienunternehmen und seinen strategischen Geschäftseinheiten sowie Immobilienprodukten anzustrebenden Positionierungen im Markt. Grundlegend richtet sich die Strategiefestsetzung nach der Struktur der Nachfrager, den bereits besetzten Märkten und dem Verhalten der Marktpartner. Einzubeziehen sind dabei ebenfalls die sogenannten Softfacts wie Kundenzufriedenheit, Verhalten und Wettbewerber, Qualitätsaspekte etc.

Neben den strukturellen und instrumentellen Voraussetzungen gehören zu einer erfolgreichen zukunftsorientierten Steuerung des Unternehmens auch Innovations- und Entscheidungsbereitschaft der Unternehmensführung. Denn Konzepte für Strategien sind für die Praxis nur dann bedeutend, wenn sie sich dort durchsetzen lassen bzw. tatsächlich durchgesetzt werden (vgl. Abb. 9.4).

## 9.3 Generierung der strategischen Marketingziele

Die strategischen Marketingziele des Unternehmens zur Optimierung des Produktes Immobilie beziehen sich auf:

- das Produkt selbst,
- die Immobilienmärkte,
- die Zielgruppe/den Kunden sowie
- den Wettbewerber/den Marktpartner.

# Strategisches Marketing

| Phasen des strategischen Marketing | Methoden und Instrumente |
|---|---|
| 1. Entwicklung des Leitbildes | • Leitlinienkonzept |
| 2. Strategische Analyse<br>  2.1 Externes Umfeld<br>    • Umwelt<br>    • Wettbewerb<br>    • Kundengruppen<br>    • Potentielle Märkte<br>  2.2 Internes Umfeld<br>    • Unternehmenssituation<br>    • Stärken-Schwächen-<br>      Analyse | <br><br><br>• Markt- und Standortanalyse<br>• Branchen-/Konkurrenzanalyse<br>• Imageanalyse, Zielgruppenanalyse<br>• Portfolio-Methode<br><br>• Potentialanalyse<br>• Stärken- und Schwächen-Profil |
| 3. Generierung strategischer<br>   Marketingziele | |
| 4. Bewertung und Auswahl strate-<br>   gischer Marketingstrategien<br>  4.1 Festlegung der strategischen<br>      Geschäftseinheiten<br>  4.2 Basisstrategien<br>  4.3 Marketing-Mix-Strategien | <br><br>• Clusteranalyse<br>• Portfolio-Methode,<br>  Scoring-Modelle<br>• PIMS-Programm |
| 5. Budgetierung | |

**Abb. 9.4: Wichtige Methoden und Instrumente für das strategische Marketing**
Quelle:    Institut für Gewerbezentren, Starnberg 1997

Für diese Gruppen muß unter Zugrundelegung der aufgrund von Markt-
und Standortanalysen gewonnen Erkenntnisse ein individuelles Zielsystem
erarbeitet werden. In der Realität liegen zumeist begrenzte, unter einem bestimmten Leitbild formulierte Ziele vor wie Erreichung eines Marktanteils
von x Prozent, Erzielung eines Umsatzwachstums von x Prozent, Erreichung
eines verkauften Flächenvolumens von x Prozent. Eine weitere Zieldimen-
sionierung ist der Marktsegmentbezug. Die Marketingziele müssen damit

auf eine jeweils sich homogen verhaltende Schicht von Zielgruppen, z.B. nach geographischen, sozialökonomischen und psychologischen Merkmalen, abgestimmt werden.

Die Marketingziele sind dabei naturgemäß in Verbindung mit den Unternehmenszielen zu definieren:

- *Produkt-Markt-Ziele.* Die produktpolitischen Ziele sind, abgestimmt auf das strategische Vorhaben/Projekt, die einzelnen Nutzungen und die angestrebten Preise, zu definieren und festzuschreiben.
- *Preisziele.* Zu planen und zu überprüfen sind die preispolitischen Ziele als Basis zur Grundstücks- bzw. Objektverwertung. Die preispolitischen Ziele sind grundsätzlich unter Beachtung der Markt- und Konkurrenzsituation zu erarbeiten.
- *Vertriebsziele.* Die Definition der vertriebspolitischen Ziele dient zur Unterscheidung der Zielsetzung für den direkten und den indirekten Vertrieb.
- *Kommunikationsziele.* Die Definition der Kommunikationsziele bestimmt und koordiniert die Ziele der Werbung, der Öffentlichkeitsarbeit und der vertriebsunterstützenden Maßnahmen. Auch die Festlegung der einzelnen Kommunikationswege ist in diesem Zusammenhang notwendig.

## 9.4 Entwicklung von Immobilien-Marketingstrategien

Eine Marketingstrategie hat drei Dimensionen, die ihren Inhalt bestimmen:

- die Position des eigenen Unternehmens im Markt und im Wettbewerb,
- den Stand der Produkte im Produktlebenszyklus und
- die erwartete künftige wirtschaftliche Entwicklung.

### 9.4.1 Marktsegmentierung

#### 9.4.1.1 Bestimmung der strategischen Geschäftsfelder

Ein strategisches Geschäftsfeld (SGF) ist durch eine spezifische Marktaufgabe gekennzeichnet, es weist eine hohe Eigenständigkeit auf und liefert einen Beitrag zum Erfolgspotential der Unternehmung (vgl. Gälweiler, A.: Strategische Unternehmensplanung, in: Steinemann, H. [Hrsg.]: Planung und Kontrolle, Probleme der strategischen Unternehmensführung, 1981).

In der Immobilienwirtschaft sind für die Abgrenzung der strategischen Geschäftsfelder vor allem zwei Aspekte von besonderer Bedeutung:

- Wie läßt sich der relevante Zielmarkt räumlich abgrenzen (regional)?
- Wie wird der relevante Zielmarkt sachlich abgegrenzt (Nutzertypen, Kundengruppen/Zielgruppen)?

Im Hinblick auf eine *sachliche Abgrenzung des Zielmarktes* stellt sich insbesondere die Frage, ob der relevante Markt sich produktbezogen oder eher zielgruppenbezogen aufgliedern läßt. Eine grundlegende produktbezogene Marktabgrenzung kann zunächst dahingehend vorgenommen werden, daß sich das Immobilienunternehmen schwerpunktmäßig mit dem Wohnungs- oder dem gewerblichen Immobilienmarkt, in Ausnahmefällen auch mit beiden Märkten beschäftigt. Strategisch gesehen müßte dann für das jeweilige Unternehmen eine Diversifikation vorgenommen werden.

Hinsichtlich der *räumlichen Marktabgrenzung* sollte geklärt werden, ob ein Unternehmen einen regionalen, nationalen oder internationalen Anspruch hat. In der Immobilienwirtschaft kommen als realistische Alternativen auch alle drei Möglichkeiten vor, wobei eine regionale Ausrichtung nicht nur auf den Innen-, sondern auch auf den Außenmarkt bezogen sein kann. So engagieren sich einige Maklerunternehmen, wie z.B. Jones Lang Wootton oder Aengevelt, nicht nur auf den regionalen Teilmärkten in Deutschland, sondern – teilweise bedingt auch durch ihren Firmenhauptsitz – auch auf ausländischen Märkten. Eine solche Strategie kann dahingehend von Vorteil sein, daß jene Unternehmen aufgrund internationaler Kostenvorteile nur regional tätige Wettbewerber von ihren angestammten Teilmärkten verdrängen.

Jeder der beiden genannten Geschäftsfeldbereiche (sachlich/räumlich) kann zusätzlich durch eine funktionale Abgrenzung erweitert werden. In bezug auf das Produkt Immobilie handelt es sich dabei um sogenannte *wertschöpfungsbezogene Abgrenzungen* (Geschäftsfelder) wie:

- Immobilienentwicklung,
- Immobilienfinanzierung,
- Immobilienverwaltung/-management,
- Immobilienvertrieb,
- strategisches Immobilienmanagement,
- Immobilien-Marketing.

### 9.4.1.2 Zielmarktbestimmung

Ausgehend von den Erkenntnissen aus der strategischen Analyse müssen die Immobilienunternehmen im Hinblick auf künftige Investitionsentscheidungen die Fragestellung beantworten, ob und in welche Zielmärkte sowie in welche Immobilientypen investiert werden soll. Die Portfolio-Methode stellt für die Beantwortung dieser Fragestellung einen geeigneten Ansatz dar.

Im Vordergrund stehen bestimmte Merkmale, nach denen die Segmentierung des Gesamtmarktes in Teilmärkte erfolgt. Als quantitative Faktoren zur Bewertung eines Standortes kann z.B. neben der Performance das Marktpotential herangezogen werden. Das Marktpotential beinhaltet dabei Kriterien für:

- die Bewertung des Makro-Standortes;
  - Wirtschaftskraft des Standortes (Brutto-Wertschöpfung, Arbeitslosenquote, Kaufkraft etc.),
  - Standortqualität (Einwohner, Infrastruktur etc.),
  - Güte des Teilimmobilienmarktes (Leerstände, Entwicklung der Fläche etc.)
- die Bewertung des Mikro-Standortes;
  - technische Qualität der Immobilie (Architektur/Ausstattung, Flächeneffizienz, Drittverwendungsmöglichkeit),
  - wirtschaftliche Betrachtung der Immobilie (Mieter-Mix, Leerstand, Fungibilität etc.).

Diese Faktoren werden mit Hilfe eines Scoring-Modells bewertet und gewichtet, so daß sich daraus ein Wert für das Marktpotential des Standortes bzw. der dort vorhandenen Immobilien ergibt (vgl. Abb. 9.5).

Aus einer dann zu erstellenden visuellen Darstellung (Portfolio-Modell) ergeben sich vier Zuordnungs- und Entscheidungsfelder. Unter der Maßgabe, daß die Grundanforderung an die Performance beispielsweise bei 7,3 Prozent liegt und das durchschnittliche Marktpotential bei 4, ergeben sich die folgenden vier Portfolio-Felder. Dazu werden die Performance-Zahlen in der Waagerechten und das Marktpotential in der Senkrechten abgebildet.

# Aufbau eines Scoring-Modells

| Standort/ Objekt | Standortkriterien | Gewich- tung in Prozent | Bewertung | Ergebnis | Gewich- tung in Prozent | Er- geb- nis |
|---|---|---|---|---|---|---|
| München | Wirtschaftskraft<br>• Brutto-Wertschöpfung<br>• Arbeitslosenquote<br>• Kaufkraft<br>• etc. | | | | | |
| | Standortqualität<br>• Einwohner<br>• Infrastruktur<br>• Attraktivität der Stadt<br>• etc. | | | | | |
| | Tellimmobilien-<br>märkte<br>...<br>Nachhaltigkeit | | | | | |
| Gesamt | | | | | | |

**Abb. 9.5: Aufbau eines Scoring-Modells**
**Quelle:   Institut für Gewerbezentren, Starnberg, 1997, in Anlehnung an Informationen der IBM Deutschland GmbH**

*Feld I:*
Potential über 4, Performance kleiner 7,3 Prozent. Bei Standort und Objekt muß grundsätzlich beurteilt werden, ob mittel- bis langfristig Chancen beste-hen, eine über 7,3 Prozent liegende Performance zu erzielen.

*Feld II:*
Potential über 4, Performance größer 7,3 Prozent. Objekt wird an dem Stand-ort mittelfristig erfolgreich sein. Deshalb wäre dieses Objekt für einen Kauf vorzusehen bzw. im Bestand zu behalten.

*Feld III:*
Potential kleiner 4, Performance größer 7,3 Prozent. Hier ist von einem Kauf

der Immobilie abzuraten bzw. es muß über den Verkauf eines Bestandsobjektes nachgedacht werden, da Performanceerwartungen nicht erfüllt sind.

*Feld IV:*
Potential kleiner 4, Performance kleiner 7,3 Prozent. In diesen Standort bzw. in diese Immobilie sollte keinesfalls investiert werden. Auch sollte eine mögliche Bestandsimmobilie schnellstmöglich verkauft werden, um eine Schadensbegrenzung zu erwirken (vgl. Abb. 9.6).

### 9.4.1.3 Zielgruppenbestimmung

Aufgrund der strukturell bedingten Ungleichgewichte auf den Immobilienmärkten insgesamt ist es notwendig, eine langfristige Marketingorientierung zu betreiben.

Die unterschiedlichen Immobilientypen werden von sehr unterschiedlichen Zielgruppen mit wiederum verschiedenen Anforderungen und Wünschen nachgefragt. Deshalb ist als Basis für eine zielgruppenorientierte Marketingstrategie die Orientierung aller Marketingaktivitäten an den differenzierten Kundengruppen unerläßlich. Für den *Wohnungsmarkt* läßt sich ein *Zielgruppensegmentierungsmodell* – wie in nachstehender Abbildung gezeigt – aufstellen (vgl. Abb. 9.7).

Im Ergebnis der Zielgruppen-Portfolios wird deutlich, daß z.B. ein Wohnungsunternehmen im Eigentumsbereich eine andere Strategie verfolgen muß als im Mietwohnungsbereich. Ebenso muß eine Gewerbeimmobilie, die sehr managementintensiv ist (z.B. Shopping-Center), mit einer anderen Marketingstrategie vermarktet werden als z.B. eine rein gewerblich genutzte Immobilie (z.B. Lagerhalle). Siehe dazu auch Abb. 9.7.

## 9.4.2 Basisstrategien des Unternehmens

### 9.4.2.1 Wettbewerbsstrategien

Wettbewerbsstrategien definieren die Art und Weise, in der das Unternehmen in den einzelnen strategischen Geschäftsfeldern konkurrenzbezogen und mit dem Ziel der Erlangung eines strategischen Wettbewerbsvorteils agieren soll. Wettbewerbsvorteile entstehen jedoch erst aus dem Kundennutzen, den das Unternehmen mit seiner Marktleistung relativ zu Konkurrenzprodukten erzielt.

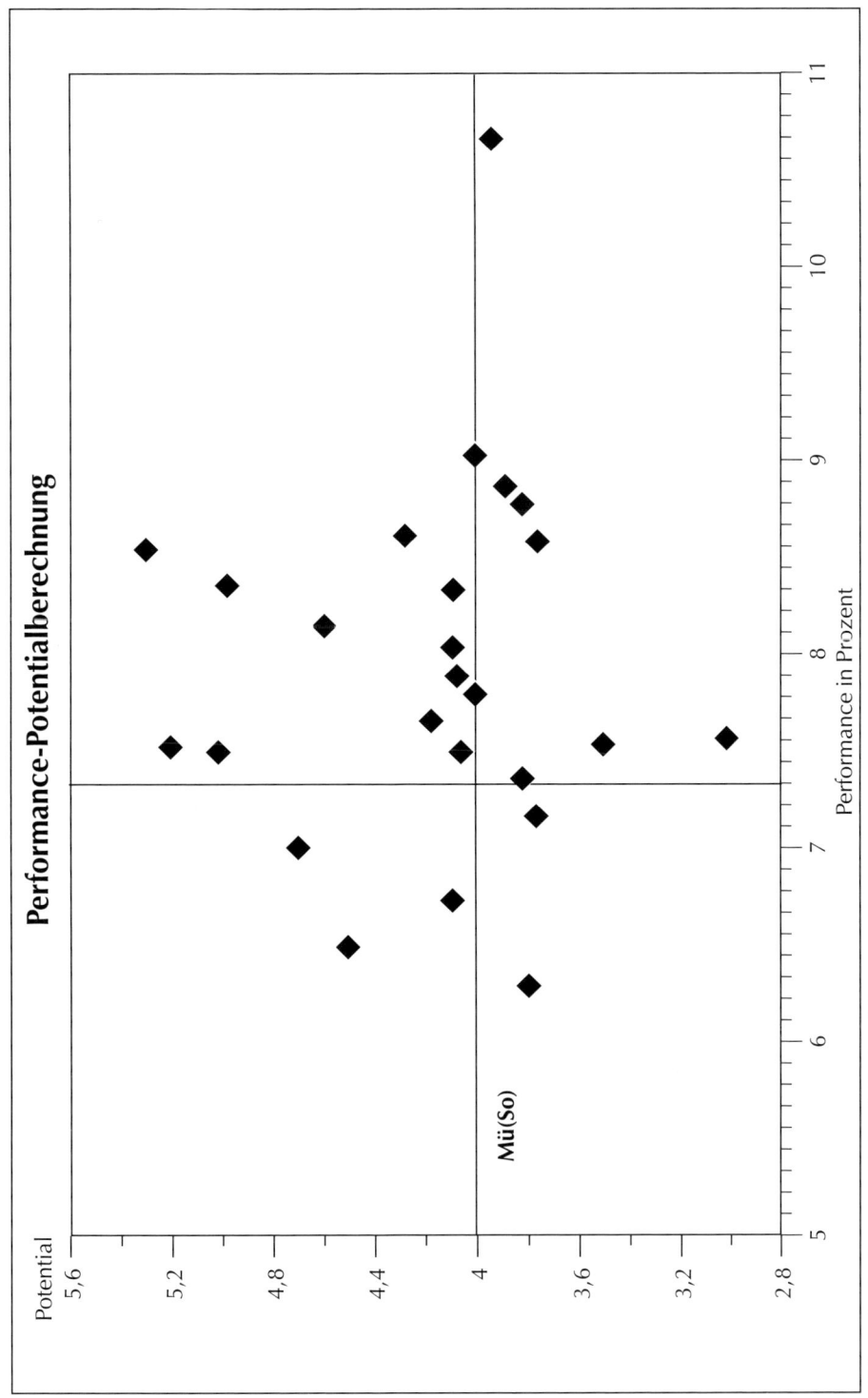

**Abb. 9.6:** Perfomance-Potentialbetrachtung

**Quelle:** Institut für Gewerbezentren, Starnberg 1997, in Anlehnung an Informationen der IBM Deutschland GmbH

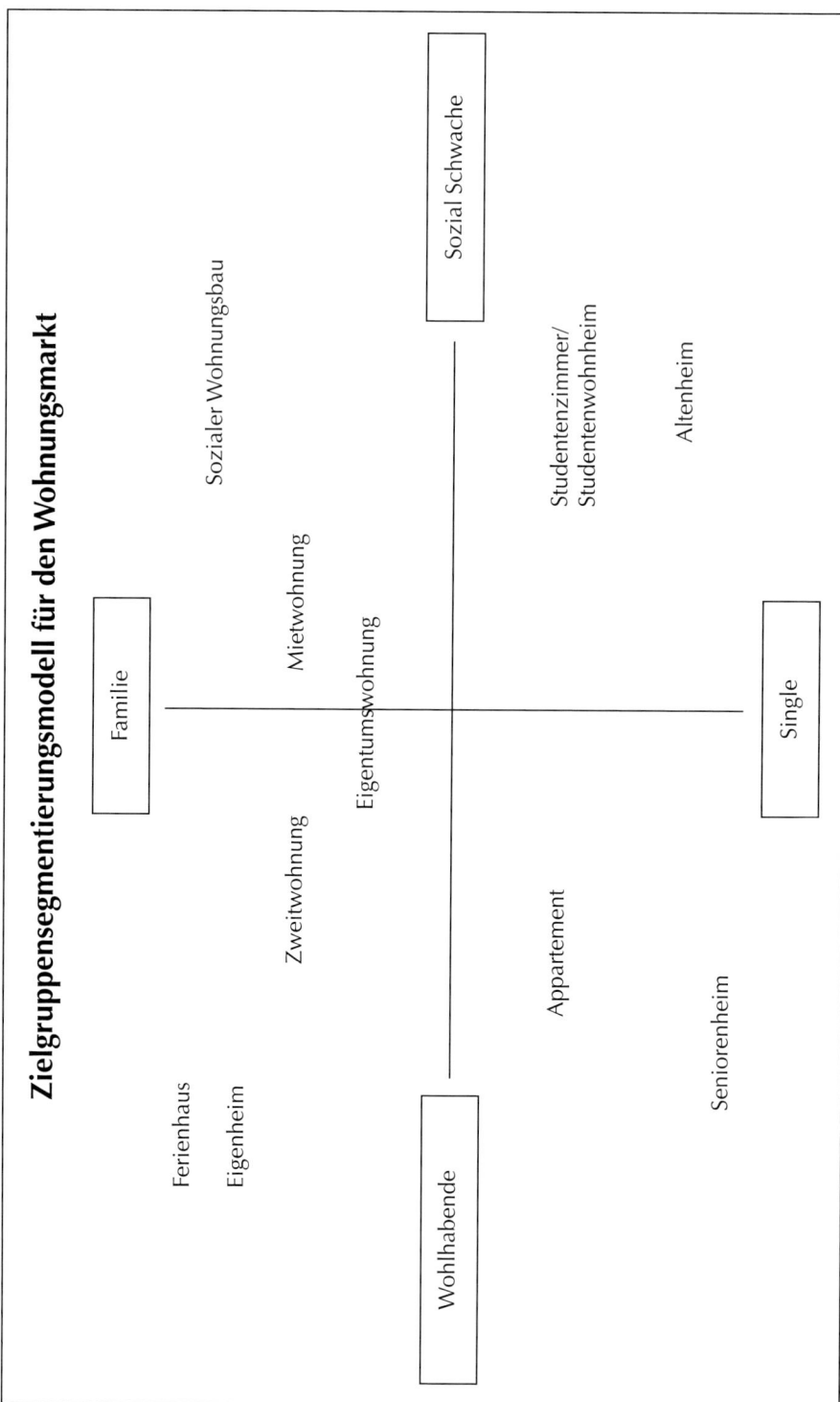

**Abb. 9.7: Zielgruppensegmentierungsmodell für den Wohnungsmarkt**
**Quelle:** Institut für Gewerbezentren, Starnberg 1997, in Anlehnung an: Murfeld, E. (Hrsg): Spezielle Betriebswirtschaftslehre der Grund-stücks- und Wohnungswirtschaft, Hamburg 1995

Nach der Zielsetzung lassen sich folgende *Hauptstrategien* unterscheiden:

- Strategie des Rentabilitätsvorteils,
- Strategie des Qualitätsvorteils,
- Strategie des Kostenvorteils/der Kosteneffizienz,
- Strategie des Flexibilitätsvorteils.

Diese Strategien bedingen einander teilweise und sollten somit nicht selektiv betrachtet und angewendet werden. Aus diesem Grund ist eine eindeutige Zuordnung von Wettbewerbsstrategien zu einzelnen Unternehmen relativ schwierig. Konzentriert man sich dennoch auf die beiden konträren Wettbewerbsvorteilsstrategien des Rentabilitäts- und Kostenvorteils, so kann man für zahlreiche Unternehmen der Immobilienwirtschaft eine Vermischung der beiden strategischen Stoßrichtungen feststellen. War die strategische Ausrichtung bislang stark auf diese beiden Faktoren ausgelegt, bemühen sich zahlreiche Unternehmen nunmehr verstärkt um Qualität und Flexibilität ihrer Objekte. Denn aufgrund der Marktsituation läßt sich der unternehmerische Erfolg mittel- und langfristig nur über die beiden letztgenannten Strategietypen sichern.

Der Kostenvorteil ist grundsätzlich in allen Bereichen anzustreben, da der Wettbewerbsdruck sehr stark ist und die Immobilienunternehmen allein aufgrund der Anbieterbreite und -vielfalt die Notwendigkeit zur Kostenoptimierung haben.

### 9.4.2.2 Soll-Portfolio- oder Marktfeldstrategien

Mit der Festsetzung der Gesamtstrategie nimmt das Unternehmen die generelle Abgrenzung des immobilienspezifischen Betätigungsfeldes unter Berücksichtigung des Gesamtportfolios strategischer Geschäftsfelder vor.

Dabei lassen sich folgende drei *Hauptstrategien* unterscheiden:

- Expansionsstrategie,
- Optimierungsstrategie,
- Konsolidierungsstrategie.

Mehrheitlich und über lange Zeit verfolgen die Immobilienunternehmen *Expansionsstrategien*. Diese Marketingpolitik hat dazu geführt, daß nicht nur klassische institutionelle Kapitalanlage-Unternehmen weiter gewachsen sind, sondern auch Industrie- und Dienstleistungsunternehmen neue Geschäftsbereiche bzw. eigene Aktiengesellschaften für gewerbliche Immobilien gebildet haben. Standen bei zahlreichen Banken die Zeichen der vergangenen Jahre vor allem für die margenträchtige gewerbliche Immobilienfinanzierung auf Expansion, lautet die Maxime heute: neu strukturieren oder umorganisieren.

*Optimierungsstrategien* wollen in erster Linie die Unternehmensstruktur verbessern und zielen insofern auf qualitatives Wachstum. Auch sollten mit Hilfe dieser Strategien veraltete Immobilien und Standorte mit neuen Nutzungskonzeptionen und Vertriebslinien wiederbelebt werden. Auch läßt sich ein Unternehmen bzw. eine Immobilie durch Kooperation, d.h. durch die Bildung von Gemeinschaftsunternehmen bzw. die Verknüpfung mit anderen Immobilienarten oder Nutzungen, optimieren.

Bei den *Konsolidierungsstrategien* steht die Beseitigung von Verlustquellen im Vordergrund der Bemühungen. Langfristig soll mit ihnen die Ertragskraft des Unternehmens wiederhergestellt werden.

Die Strategie größerer Immobilienunternehmen setzt sich häufig aus unterschiedlichen Teilstrategien zusammen, so daß nicht selten – je nach Situation – unterschiedliche Strategien für einzelne Geschäftsbereiche verfolgt werden. Eine Expansionsstrategie für den Geschäftsbereich A, z.B. Projektentwicklung, kann einhergehen mit der Optimierungsstrategie für den Geschäftsbereich B, Projektmanagement, und einer Konsolidierungsstrategie für den Geschäftsbereich C, Immobilienfinanzierung.

### 9.4.2.3 Expansionsstrategie

Im Mittelpunkt der Strategiefestlegung steht das Leistungsprogramm, d.h. das Produkt und dessen Zielmärkte. Grundlegend verfügt jedes Unternehmen über *vier strategische Optionen*:

- einen Markt (stärker) zu durchdringen,
- einen Markt (stärker) zu segmentieren,
- das Marktareal (besser) zu entwickeln oder
- das Unternehmen (stärker) zu diversifizieren.

Die Marktdurchdringung läßt sich erhöhen, indem das Unternehmen versucht, seine Marktpräsenz z.B. durch die Erweiterung seines Filialnetzes zu verbessern oder mit dem heutigen Produktprogramm in den vorhandenen Teilmärkten weitere Marktanteile zu erhalten. Diese Strategie findet auf dem Immobilienmarkt – als derzeit in vielen Bereichen gesättigtem Markt – breite Anwendung. Die Strategie der Marktdurchdringung führt letztlich zu einem harten Verdrängungswettbewerb zwischen den verschiedenen institutionellen Kapitalanlegern.

Einen *Markt segmentieren* heißt, den heterogenen Immobilienmarkt in vergleichsweise homogene Teilmärkte oder Regionen zu zerlegen, die durch die Ansprache unterschiedlicher Zielgruppen (professionelle Baukunden, Eigennutzer) besser ausgeschöpft werden. Das bedeutet, daß aus dem Teilmarkt jene Zielgruppen herausgegriffen werden müssen, deren Bedürfnisse mit dem Leistungsprofil des Unternehmens erfüllt werden können. Oder anders ausgedrückt, daß jene Zielgruppen zu definieren sind, die das Produkt- und Leistungsangebot des Unternehmens rechtfertigen.

Demgegenüber wird bei der Strategie der Marktentwicklung versucht, durch qualitativ neue Immobilienprodukte und Nutzungskonzeptionen die Marktposition im vorhandenen Teilmarkt zu verbessern. Diese Strategie hat in jüngster Zeit eine Reihe von Immobilienunternehmen durch die Erweiterung oder Veränderung ihres Produkt-Portfolios aufgegriffen, um insbesondere die Performanceerwartungen zu verbessern. Im wesentlichen handelt es sich dabei um die Entwicklung neuer Immobilientypen für spezielle Nutzergruppen. So zum Beispiel gehört das sogenannte Boarding House als Mischung aus Hotelzimmer und Mietwohnung oder als Mischung aus Apartmenthaus und Hotel für Langzeitbenutzer dazu. Oder das Business-Design-Center als Ausstellungs-, Order- und Messezentrum für Hersteller und Fachhändler zum Thema „Büro und Design". Die Strategie der Marktentwicklung zielt ebenso darauf ab, für das aktuelle Produktprogramm neue Zielgruppen und Märkte zu finden. Auch diese Zielrichtung wird von einer Reihe von Immobilienunternehmen verfolgt, indem sie neue, wachstumsstarke Märkte in Osteuropa (Tschechien, Polen, Rußland etc.) sowie in Südostasien, insbesondere China, erschließen.

Als vierte strategische Option im Hinblick auf eine Expansionsstrategie des Unternehmens kann die Diversifikation eingesetzt werden. Diversifikationsstrategien sind aber zumeist mit einem höheren Risiko verbunden als die anderen Expansionsstrategien, da sie Produkte, Märkte und Zielgruppen zum Gegenstand haben, die für ein Immobilienunternehmen neu sind und über die es keine oder nur geringe Erfahrungen besitzt. Ihre Hauptziele be-

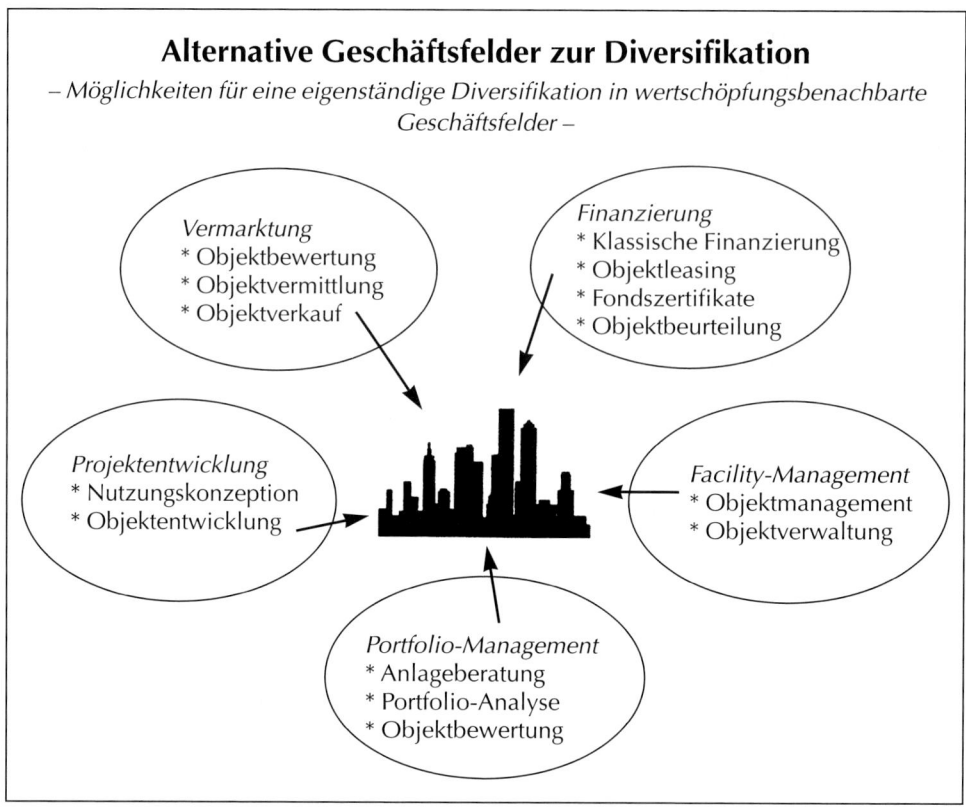

**Alternative Geschäftsfelder zur Diversifikation**
*– Möglichkeiten für eine eigenständige Diversifikation in wertschöpfungsbenachbarte Geschäftsfelder –*

*Vermarktung*
* Objektbewertung
* Objektvermittlung
* Objektverkauf

*Finanzierung*
* Klassische Finanzierung
* Objektleasing
* Fondszertifikate
* Objektbeurteilung

*Projektentwicklung*
* Nutzungskonzeption
* Objektentwicklung

*Facility-Management*
* Objektmanagement
* Objektverwaltung

*Portfolio-Management*
* Anlageberatung
* Portfolio-Analyse
* Objektbewertung

**Abb. 9.8: Geschäftsfelder, die sich für die Diversifikation anbieten**
**Quelle:    Institut für Gewerbezentren, Starnberg 1997**

stehen in der Nutzung von Synergiepotentialen, in der Erschließung neuer Wachstumsquellen und im Risikoausgleich (vgl. Abb. 9.8).

Im Vergleich zu Industrieunternehmen sind Immobilienunternehmen bislang wenig diversifiziert. So ist ein Wohnungsbauunternehmen zumeist nur im Wohnungsimmobilienmarkt als Geschäftsfeld aktiv. Zu den diversifizierten Unternehmen im Immobilienmarkt zählen insbesondere die Immobilienfonds und die Kreditinstitute. Diese haben in ihrem Geschäftsfeld-Portfolio neben den gewerblichen Immobilien auch Wohnungsimmobilien sowie Wertpapieranlagen. Eine Diversifikationsstrategie ist sicherlich dann sinnvoll und unabdingbar, wenn der aktuell bearbeitete Markt keine ausreichenden Ertrags- und Performancechancen mehr bietet. Die Sicherung eines langfristigen Unternehmenserfolges verlangt dann die Schaffung neuer

Märkte. Dennoch liegt das Risiko im Verlust der Kernkompetenzen für das jeweilige Hauptgeschäftsfeld.

An dieser Stelle sei angemerkt, daß sich die Grenze zwischen Unternehmensdiversifizierung und Marktsegmentierung nicht immer ganz eindeutig ziehen läßt.

### 9.4.2.4 Optimierungsstrategie

Optimierungsstrategien bestehen darin,

- Unternehmen umzustrukturieren,
- Produkte und Vertriebslinien neu zu konzipieren und zu positionieren,
- mit anderen Unternehmen zu kooperieren.

*Umstrukturierungsstrategie*

Grundsätzlich verbessern erfolgreich durchgeführte Optimierungsstrategien nicht nur die Marktposition eines Unternehmens, sondern setzen auch einen Prozeß des qualitativen Wachstums in Gang.

Hypothekenbanken und Universalinstitute z.B. setzen auf Restrukturierung, d.h., sie gründen Kompetenzzentren bzw. „Centers of Competence". Hierbei geht es darum, verfügbares Know-how zu konzentrieren, womit gleich mehrere Ziele erreicht werden sollen: optimale Betriebsgröße, Risikostreuung und Kundenbindung sowie maximale Cross-Selling-Effekte und Ausschöpfung von Vertriebsvorteilen durch Produktkenntnis. So umfaßt der neue Kompetenzbereich das reine Immobiliengeschäft mit Finanzierung, Vermittlung und Projektentwicklung. Die Immobilienakquisition wird für jeden einzelnen Bereich durch einen Geschäftsbereichsleiter vor Ort gemanagt.

*Neupositionierungsstrategie*

Die Immobilienmärkte und -produkte unterliegen einem ständigen Wandel, der dazu führt, daß Standorte oder Objekte veralten und die Nutzungskonzepte, die Architektur etc. nicht mehr den Anforderungen der Nutzergruppen bzw. des Marktes genügen. Besonders betroffen hiervon sind die Einzelhandels- und Büroimmobilien.

Mit der Zeit nutzen sich Betreiber- und Marketingkonzepte ab, verlieren Architektur und Technikausstattung an Attraktivität. Dazu kommt, daß der ständige Neubau von Immobilien sowie die Markteinführung neuer Nutzungstypen den natürlichen Alterungsprozeß nochmals beschleunigen. Um die schleichende Erosion der Umsatz- und Ertragsbasis aufzuhalten bzw. eine langfristige Performance zu sichern, muß von Zeit zu Zeit ein Nutzungskonzept einer Immobilie überarbeitet oder ein Immobilientypus neu positioniert werden. Oft geht ein solcher Relaunch mit einer umfassenden Modernisierung der Immobilie bzw. einer Veränderung der Nutzungskonzeption einher.

Neben den Büroimmobilien sind auch die Warenhäuser zur Zeit Gegenstand von Neukonzipierungsstrategien. Sie beinhalten u.a. die folgenden Maßnahmen:

- Bildung von Betriebstypen, deren Skala vom aufwendig ausgestatteten Weltstadthaus bis zum einfachen Nahversorgungshaus reicht.
- Das Konzept „Alles unter einem Dach" wird nicht mehr verfolgt; ertragsschwache Abteilungen werden verkleinert oder ganz aufgegeben.
- Sortimentsschwerpunkte werden bei wachstums- und ertragsstarken Warengruppen geschaffen.

*Kooperationsstrategie*

Nicht immer erreicht ein Immobilientyp oder eine Nutzungskonzeption die Qualität, um langfristig im Markt bestehen zu können. Mit einer Kooperationsstrategie läßt sich verhindern, daß Immobilienunternehmen oder einzelne Geschäftsfelder früher oder später zu Problemfällen werden.

Sofern durch das Immobilienunternehmen im Ergebnis einer Stärken-Schwächen-Analyse herausgearbeitet wird, daß sowohl die Strategie einer Forcierung des Kerngeschäftes als auch eine Diversifikation durch das eigene Unternehmen nicht möglich sind, kann die Entscheidung für eine Strategie der Kooperation mit anderen Marktteilnehmern als durchaus sinnvoll angesehen werden. Immobilienunternehmen bewerten bei ihren Kooperationsentscheidungen insbesondere nach:

- Marktteilnehmern (Projektentwickler, Makler, Bausparkassen, Fonds etc.),
- Vorteilen für das entsprechende Unternehmen,

- möglichen Nachteilen,
- möglichen Kooperationslösungen.

Auch kann diese Strategie eingesetzt werden, sofern Immobilienunternehmen mit einem Geschäftsfeld in die Verlustzone kommen. Die primäre Aufgabe besteht darin, die verlustbringenden und nicht entwicklungsfähigen Geschäftsfelder und Produkte aufzugeben. Eine gute Unternehmensstrategie ist einfach und klar, ihre Ziele widersprechen sich nicht. Sie trägt zugleich den Möglichkeiten eines Unternehmens und den Erfordernissen des Marktes Rechnung.

### 9.4.2.5 Konsolidierungsstrategie

Geraten Immobilienunternehmen mit einem Projekt, einem Objekt, einem Markt oder einem Geschäftsfeld in die Verlustzone, so muß eine Konsolidierungsstrategie die entstandenen Probleme beheben. Ihre primäre Aufgabe besteht somit darin, die verlustbringenden und nicht entwicklungsfähigen Bereiche aufzugeben.

Eine Geschäftsfeldbereinigung oder eine Standortbereinigung ist meist dann notwendig, wenn sich ein Unternehmen in einer Stagnations- oder Niedergangsphase befindet oder ein Unternehmensbereich oder ein Immobilientyp eine Phase forcierten Wachstums hinter sich hat. Die unrentablen Geschäftsbereiche werden aufgegeben und Objekte am Markt absorbiert.

Läßt sich ein neuer Geschäftsbereich, ein neuer Markt, ein neues Objekt nicht oder nur unter unverhältnismäßig hohen Kosten ausbauen, so sollte das Engagement möglichst schnell in Frage gestellt bzw. aufgegeben werden.

## 9.4.3 Zielgruppen-Markt-Strategien

Die Abgrenzung verschiedener Zielgruppenstrategien ergibt sich aus der Differenzierung der angestrebten Wettbewerbsvorteile am Immobilienmarkt.

### 9.4.3.1 Innovationsorientierung

Im Zusammenhang mit der Innovationsorientierung ist festzustellen, daß die Immobilie ein grundsätzlich ausgereiftes Produkt darstellt, aber aufgrund der

Nutzungsvielfalt sowie der unterschiedlichen Anforderungen seitens der Nachfrager ein größeres Innovationspotential aufweist. Dieses Innovationspotential bezieht sich dabei nicht nur auf die einzelnen Nutzungsarten von Immobilien, sondern auch auf deren Konzeptionierung, Attraktivität, Funktionalität und Flexibilität. Allerdings steigen für das Produkt Immobilie die Innovationskosten immer weiter an. Ein Zeitvorsprung, und damit ein Wettbewerbsvorteil, läßt sich durch die enge kommunikative Vernetzung des Marktes schwer erzielen.

Obgleich für einen neuen, innovativen Typ der Immobilie die eigentliche Innovationsphase, d. h. die Konzeptionierungsphase, noch nicht abgeschlossen ist, gibt es z.B. gegenwärtig durch zahlreiche Investoren und Entwickler Bestrebungen, das sogenannte Factory-Outlet-Center oder die Factory-Outlet-Mall am Markt zu plazieren, um neue Zielgruppen zu gewinnen. Als Felder für eine innovative Produktpolitik bieten sich deshalb eher Nischenmärkte an. Denkbar wären neue Entwicklungen im Bereich des ökologischen Wohnungsbaus, da diese Produkte durch den Einsatz neuer Baustoffe und neuer Techniken gekennzeichnet sein werden.

### 9.4.3.2 Qualitätsorientierung

Das Qualitätsempfinden der Nachfrager von Immobilien aller Art ist aufgrund der Transparenz des Marktes relativ hoch, so daß die Erreichung einer Kundenzufriedenheit nur über eine entsprechende Produktpolitik möglich ist. Natürlich ist das Kriterium Qualität hinsichtlich verschiedener Zielgruppen und deren Ansprüchen an eine Immobilie nochmals unterscheidbar. Differenzierungen lassen sich insbesondere für die Bereiche: Lage, Gebäude, Ausstattung, Architektur, Service und Raumflexibilität vornehmen.

Allerdings lassen sich mit der Umsetzung einer hohen Produktqualität, insbesondere auf einem gesättigten Immobilienmarkt, der Unternehmenserfolg sowie das Image langfristig besser sichern. Denn nur eine hohe Kundenzufriedenheit führt zu einer gewünschten Kundenbindung.

### 9.4.3.3 Nutzungsartenorientierung

Im Vergleich zu anderen Industrie- und Dienstleistungszweigen haben sich die Unternehmen bislang zumeist auf einzelne Geschäftsfelder konzentriert. Das heißt, sie haben ihre Produkte und Dienstleistungen entweder auf dem Wohnungsimmobilienmarkt oder dem gewerblichen Immobilienmarkt plaziert. Da in verschiedenen Nutzungsbereichen eine Nachfragesättigung erreicht ist, läßt sich zunehmend feststellen, daß der Trend hin zu einer Erweiterung bzw. Vermischung der Angebotspalette, also der Nutzungsarten, führt. Die Erweiterung der Produktpalette erlaubt es dem Unternehmen, ein individualisiertes, zielgruppenvergrößerndes Angebot zu plazieren, das zudem zu einer erhöhten Marktpräsenz führt.

Dennoch dürfen die Marktvorteile der auf ausgewählte Nutzungsarten spezialisierten Unternehmen nicht unterschätzt werden. Sie liegen insbesondere in der Zuerkennung einer Produktkompetenz seitens der Nachfrager. Allerdings wird es künftig durch die Differenziertheit der Anforderungen und Zielgruppen nicht mehr möglich sein, mit nur einer Nutzungsart einen dauerhaften Wettbewerbsvorteil erzielen zu können.

### 9.4.4 Marketing-Mix-Strategien

Die detaillierte Ausgestaltung des Marketing-Mix ist dem operativen Marketing zuzuordnen. Demgegenüber sind die grundsätzlichen inhaltlichen Ausrichtungen der verschiedenen Marketinginstrumente noch Entscheidungsgegenstand des strategischen Marketing. Aufgrund der Bedeutung des Produktes Immobilie für das Marketing soll an dieser Stelle nur das Wesen der Produkt-Markt-Strategie ausführlicher dargestellt werden. Für die anderen Marketing-Mix-Instrumente werden die inhaltlichen Ausrichtungen kurz erläutert.

#### 9.4.4.1 Produkt-Markt-Strategie

Mit der Festlegung von Produkt-Markt-Strategien muß eine konsequente Marktselektion betrieben werden. Dabei gilt es, sich als Unternehmen auf ausgewählte Zielmärkte und Immobilientypen (Nutzungsarten) zu konzentrieren, wobei es darauf ankommt, auf spezielle Kundengruppen und -wünsche zu reagieren. Nur so lassen sich zukunftsorientierte Märkte schaffen und erhalten.

Sinngemäß sind zunächst strategische Geschäftsfelder (SGF) zu bilden, also Ziel- und Produktmärkte, die unternehmensindividuell auf die Unternehmensphilosophie und den Schwerpunktbereich abgestimmt sind.

Instrument zur Entscheidungsfindung in bezug auf eine Produkt-Markt-

Strategie ist die Stärken-Schwächen-Analyse seitens des Immobilienunternehmens. Dabei sind folgende Fragestellungen zu beantworten:

- Wie sind die Qualität und Quantität der Managementkapazitäten für die einzelnen Geschäftsfelder?
- In welchen Bereichen liegt das Kerngeschäft?
- Wo ist der Know-how-Schwerpunkt?
- Werden die weiteren Geschäftsfeldbereiche von anderen Marktteilnehmern erfolgreich bearbeitet?

Im Ergebnis ist die Entscheidung für eine der drei *Teilstrategien* zu treffen:

- Forcierung des Kerngeschäftes?
- Eigenständige Diversifikation oder nicht?
- Fallweise Kooperation auf regionaler oder nationaler Ebene?

Eine *Forcierung des Kerngeschäftes* als eine Möglichkeit einer Produkt-Markt-Strategie, verbunden mit der geeigneten Vertriebskapazität, hat das Ziel, die Marktabdeckung zu verbessern und ein volumenmäßiges Wachstum zu erreichen.

Produkt-Markt-Strategie ist dann geeignet, wenn:

- die Marktpotentialausschöpfung in den einzelnen Regionen bzw. in bezug auf einzelne Nutzungsarten (Immobilientypen) nicht optimal ist,
- es vernachlässigte Zielgruppen/Kundengruppen gibt, die durch eine gezielte Ansprache aktiviert werden können,
- ein gut qualifiziertes Vertriebsmitarbeiterpotential vorhanden ist und damit die einzelnen Teilregionen durch eine verstärkte Akquisition erschlossen werden können.

Die hohe Bedeutung der Immobilie als Produkt für das strategische Marketing bedeutet, das hohe Kompetenzniveau weiter auszubauen und neue innovative Lösungen zu erarbeiten.

Die Strategie kann realisiert werden durch:

- Plazierung von Niederlassungen und Vertriebsorganisationen entsprechend der vorgenommenen räumlichen und sachlichen Geschäftsfeldabgrenzung.

- Ausstattung der Niederlassungen und Vertriebsorganisationen mit Fachpersonal, das in einem ausgewählten Kundensegment die einzelnen Zielgruppen akquisitorisch und fachlich betreut.
- Die Visualisierung des Unternehmens entsprechend den einzelnen Zielgruppen (Investoren, Bauprofis, Firmenkunden, Privatkunden etc.) sowie der Firmenstruktur ( Geschäftsfelder).
- Bildung von Zielgruppen bzw. Kundensegmenten.

Für das Aktivgeschäft einer Bank kann dies wie folgt aussehen:

| Kundensegmente | Zielgruppen |
|---|---|
| Immobilienprofis | Investoren (professionelle Immobilienanleger) Bauprofis Fonds/Leasingunternehmen |
| Firmenkunden | Siehe oben |
| Privatkunden | Eigennutzer/Kapitalanleger/Eigentümergemeinschaften |

*Eigenständige Diversifikation*

Für eine eigenständige Diversifikation bieten sich für Dienstleister rund um die Immobilie vielfältige Geschäftsfelder an. Siehe dazu auch die Erläuterungen im Kapitel „Expansionsstrategie".

*Kooperation*

Die Ideologie der Kooperation geht davon aus, daß die optimale Arbeitsteilung in einer marktwirtschaftlich organisierten Gesellschaft nicht nur durch den Wettbewerb, sondern auch durch Kooperation begründet wird. Kooperationsstrategien zwischen Immobilienunternehmen betreffen sowohl die gemeinsame Nutzung von Kompetenzen für bestimmte Geschäftsfelder als auch die Gewährung des Zuganges zu einem neuen Geschäftsfeld oder zu einem Teilmarkt.

## 9.4.4.2 Preis-, Vertriebs- und Kommunikationsstrategie

Der Ertrag oder die Performance einer Immobilie ist keine Größe, die zufällig anfallen sollte, sondern nach Plan ausfallen muß. Um die Richtigkeit der Preisstrategie beurteilen zu können, bedarf es im Unternehmen einer Budgetierung, die durch den monatlichen Soll-Ist-Vergleich abgesichert ist. Dabei ist monatlich zu prüfen, ob die Strategie langfristig die Gewinnabsichten sicherstellt. Werden Rabatte beim Kauf einer Immobilie erteilt, müssen diese über den Preis an anderer Stelle zusätzlich wieder hereingeholt werden.

Die Erarbeitung, Dokumentation und Fortschreibung der Vertriebsstrategie zur Immobilienverwertung sind auf der Grundlage der Zielvorgabe durchzuführen. Des weiteren erfolgt die Differenzierung der lokalen und nationalen Vertriebsstruktur in einen direkten und indirekten Vertrieb (vgl. Abb. 9.9).

## Marketing-Mix-Strategien

| Produkt | Preis | Distribution | Kommunikation |
|---|---|---|---|
| Eigenschaften der Immobilie: <br><br> • Lage/Standort <br> • Qualität/Zustand <br> • Dimension/ Größenordnung <br> • Ausstattung <br> • Nutzungsart/ -konzept/ -möglichkeiten <br> • Serviceangebot, Kundendienst <br> • Architektur/ Design/ Erscheinungsbild <br> • Gewährleistung | Bewertung der Immobilie: <br><br> • Performance <br> • Grundstücks- und Gebäude- wert <br> • Ertragswert/ Rentabilität <br> • Mieten/Verkaufs- preise <br> • Zahlungsbedin- gungen/Rabatte <br> • Kreditbedingun- gen <br> • Kosten-/Nutzen- verhältnis <br> • Nebenkosten <br> • Provision | Plazierung der Immobilie: <br><br> • Entwicklungs- konzeption <br> • Vermietungskon- zeption <br> • Verkaufskonzep- tion <br> • Vertriebskanäle <br> • Vertriebssysteme <br> • Personaleinsatz | Imagepflege der Immobilie: <br><br> • Markenname <br> • Werbung <br> • Öffentlichkeits- arbeit <br> • Promotion <br> • Direct-Marketing |

**Abb. 9.9:** **Bestandteile der einzelnen Marketing-Mix-Strategien**
**Quelle:** **Heuer, B. (Hrsg.): Erfolgreiches Vermarkten von Gewerbeimmobilien, Kissing 1989**

# Literatur

*Absatzwirtschaft:* Ideen für strategische Vorteile, Sondernummer, Oktober 1992.

*Aengevelt, L.:* Vermittlung von Gewerbe-Immobilien, in: Falk, B. (Hrsg.): Gewerbe-Immobilien, 6., überarbeitete und erweiterte Auflage, Landsberg/Lech, verlag moderne industrie, 1994.

*Ahlert, D.:* Distributionspolitik: Das Management des Absatzkanals, Stuttgart, New York, Gustav Fischer Verlag, 1985.

*ders:* Grundzüge des Marketing, 2., neubearbeitete und erweiterte Auflage, Düsseldorf, VDI-Verlag, 1980.

*Ahlert, D. (Hrsg.):* Vertragliche Vertriebssysteme zwischen Industrie und Handel, Wiesbaden, Dr. Th. Gabler, 1981.

*Ahlert, D., Kollenbach, S., Korte, Ch.:* Strategisches Handelsmanagement: Erfolgskonzepte und Profilierungsstrategien am Beispiel des Automobilhandels, Stuttgart, Schäffer-Poeschel Verlag, 1996.

*Angermann, T.:* Anlageüberlegungen und -strategien ausländischer Kapitalanleger für Investitionen in Deutschland, in: Falk, B. (Hrsg.): Gewerbe-Immobilien, 6., überarbeitete und erweiterte Auflage, Landsberg/Lech, verlag moderne industrie, 1994.

*Apitz, K.:* Konflikte, Krisen, Katastrophen, Präventivmaßnahmen gegen Imageverlust, Wiesbaden, Dr. Th. Gabler, 1987.

*Apitz, K., Benad, G., Poth, L.:* Image-Profile '86, Landsberg/Lech, verlag moderne industrie, 1987.

*Arendt, G.:* PR der Spitzenklasse, Landsberg/Lech, verlag moderne industrie, 1993.

*Baugesetzbuch:* 24., neubearbeitete Auflage, München, Ch. H. Beck, 1993.

*Becker, J.:* Grundlagen der Marketing-Konzeption, München, Verlag Franz Vahlen, 1983.

*ders:* Der Wohnungsmarkt in Deutschland – Zur aktuellen Situation und künftigen Entwicklung, Vortragsmanuskript zum Immobilien-Symposium '96, Institut für Gewerbezentren, München 1996.

*Behrens, K.:* Absatzwerbung, Wiesbaden, Verlag Th. Gabler, 1963.

*Bentele, G.:* Images und Medien-Images, in: Image, Imageanalyse, Imagegestaltung, W. Faulstich (Hrsg.) Lüneburg, Wissenschaftlicher Verlag W. Faulstich, 1992.

*Berekoven, L., Eckert, W., Ellenrieder, P.:* Marktforschung, 6., aktualisierte Auflage, Wiesbaden, Dr. Th. Gabler Verlag, 1993.

*Berger-Stüssgen, S.:* Verschleißerscheinungen im Shopping-Center, in: Falk, B. (Hrsg.): Einkaufszentren, Landsberg/Lech, verlag moderne industrie, 1982.

*Bergler, R.:* Psychologie des Marken- und Firmenbildes, Göttingen, Vandenhoeck & Ruprecht, 1963, Band 2.

*Bloom, Weimer, Fisher:* Real Estate, 8. Auflage, New York, 1982.

*Blum, U. u.a.:* Wettbewerb und Unternehmensführung, Stuttgart, Schäffer-Poeschel Verlag, 1994.

*Bölter, Hendrick, H.:* Der geschlossene Immobilienfonds, Frankfurt/Main, 1986.

*Bone-Winkel, S.:* Das strategische Management von offenen Immobilienfonds, Köln, R. Müller Verlag, 1994.

*Brockhoff, K.; Krawinkel, H.:* Von der Idee zum Konzept. Sponsoring für Museen, in: Absatzwirtschaft, Sondernummer, Oktober 1992.

*Bronner, O. (Hrsg.):* Immobilien im neuen Europa, Investment ohne Grenzen, Wien, 1990.

*Bruhn, M.:* Integrierte Unternehmens-Kommunikation, 2., überarbeitete und erweiterte Auflage, Stuttgart, Schäffer-Poeschel Verlag, 1995.

*Bundesforschungsanstalt für Landeskunde und Raumordnung (Hrsg.):* Raumordnungsprognose 2010: Teilbereich Regionalisierte Bevölkerungsprognose, Bonn, Selbstverlag der BfLR, 1995.

*Bundesministerium für Familie und Senioren:* Die Alten der Zukunft – Bevölkerungsstatistische Datenanalyse, Schriftenreihe Band 32, Stuttgart, Berlin, Köln, W. Kohlhammer, 1994.

*ders:* Erster Altenbericht der Bundesregierung, Bonn, Bundesanzeigerverlagsgesellschaft mbH, 1993.

*Bundesministerium für Raumordnung, Bauwesen und Städtebau (Hrsg.):* Grundlagen einer Europäischen Raumentwicklungspolitik, Bonn, Selbstverlag der Bundesforschungsanstalt für Landeskunde und Raumordnung, April 1995.

*Bunner:* Geldanlage in Immobilien, Wiesbaden, 1994.

*Bühler, T.:* City-Center, Wiesbaden, Dt. Universitäts-Verlag, 1990.

*ders:* Raumordnung in Deutschland, 2. Auflage, Bonn, Selbstverlag der Bundesforschungsanstalt für Landeskunde und Raumordnung, Nov. 1996.

*ders:* Raumordnungspolitischer Orientierungsrahmen, 2. Auflage, Bonn, Selbstverlag der Bundesforschungsanstalt für Landeskunde und Raumordnung, 5/1994.


*Carpenter, H. jun.:* Shopping-Center-Management, New York, 1978.

*Coenenberg, A., Baum, H.-G.:* Strategisches Controlling, Stuttgart, Schäffer Verlag, 1992.

*Compagnon Marktforschungs-Institut GmbH (Hrsg.):* Psychologische Image-Studien, in: Compagnon Marktforschung, Stuttgart, o.J., Nr. 14.

*Conrad, U., Hütter, W.-J.:* Immobilien erfolgreich verkaufen, 3., überarbeitete Auflage, Bonn, Verlag Norman Rentrop, 1991.

*ders:* So werben Immobilien-Profis, 1. Auflage, Bonn, Verlag Norman Rentrop, 1992.


*Demuth, A.:* Erfolgsfaktor Image, Düsseldorf, Wien, New York, Moskau, ECON Verlag, 1994.

*Deutsche Bank Research, Deutsche Immobilien Anlagegesellschaft (Hrsg.):* Immobilienmarkt Deutschland: Analysen und Prognosen 1996–2001, Frankfurt am Main, Selbstverlag, Dez. 1996.

*Deutsche Bank Research:* Verringerte Konjunkturrisiken in Deutschland, Aktuelle Themen, Nr. 30, Frankfurt/Main, 15.10.1996.

*Diederichs, C.:* Grundlagen der Projektentwicklung, in: Schulte, K.-W. (Hrsg.): Handbuch Immobilien-Projektentwicklung, Köln, Verlag R. Müller, 1996.

*Dingler, G.:* Neue Wege im Privatrundfunk, in: Greff, G./Töpfer, A. (Hrsg.): Direktmarketing mit neuen Medien, Landsberg 1991.

*Dohmer, J.:* Wesen und Aufgabe der Werbeträger, in: Ruland, J. (Hrsg.): Werbeträger, Bad Homburg 1972.


*Ebert, Koenicke, Peemöller:* Controlling, 5., durchgesehene Auflage, Landsberg/Lech, verlag moderne industrie, 1993.

*Eckert, W.:* Konsument und Einkaufszentrum, Wiesbaden, Gabler Verlag, 1978.

*Ehrlich, J.:* Die Gewerbe-Immobilie bei offenen Immobilienfonds, in: Falk, B. (Hrsg.): Gewerbe-Immobilien, 6., überarbeitete und erweiterte Auflage, Landsberg/Lech, verlag moderne industrie, 1991.

*Ehrmann, H.:* Marketing-Controlling, 2., überarbeitete und erweiterte Auflage, Ludwigshafen, Kiehl Verlag, 1995.

*Europäische Gemeinschaft (Hrsg.):* Amtsblatt der Europäischen Gemeinschaft, Rechtsvorschriften, L 228, 1996.


*Falk, B.:* Beurteilungskriterien für Gewerbeimmobilien, in: Falk, B. (Hrsg.): Gewerbe-Immobilien, 6., überarbeitete und erweiterte Auflage, Landsberg/Lech, verlag moderne industrie, 1994.

*ders.: (Hrsg.):* Dienstleistungsmarketing, Landsberg/Lech, verlag moderne industrie, 1980.

*ders.: (Hrsg.):* Einkaufszentren, Landsberg/Lech, verlag moderne industrie, 1982.

*ders.: (Hrsg.):* Gewerbe-Immobilien, 6., überarbeitete und erweiterte Auflage, Landsberg/Lech, verlag moderne industrie, 1994.

*Falk, B.:* Gewerbe-Immobilien-Management, in: Falk, B. (Hrsg.): Gewerbe-Immobilien, 6., überarbeitete und erweiterte Auflage, Landsberg/Lech, verlag moderne industrie, 1994.

*ders.:* Gewerbe-Großimmobilien des Handels, in: Falk, B. (Hrsg.): Gewerbe-Immobilien, 6., überarbeitete und erweiterte Auflage, Landsberg/Lech, verlag moderne industrie, 1994.

*ders.:* Immobilien-Handbuch, Stuttgart, Berlin, Köln, Mainz, Verlag W. Kohlhammer, 1985.

*ders.: (Hrsg.):* Immobilien-Handbuch – Lose-Blatt-Werk, 3. Auflage, Landsberg/Lech, verlag moderne industrie, 1992.

*ders.:* Kundenforschung im regionalen Shopping-Center, in: Falk, B. (Hrsg.): Shopping-Center-Handbuch, München, GWI Verlag, 1973.

*ders.:* Kundenforschung in Einkaufszentren, Duncker & Humblot, Berlin, 1975.

*ders.:* Marketing für Gewerbe-Immobilien, in: Falk, B. (Hrsg.): Gewerbe-Immobilien, 6., überarbeitete und erweiterte Auflage, Landsberg/Lech, verlag moderne industrie, 1994.

*ders.:* Markt- und Standortanalysen für Einkaufszentren, in: Falk, B. (Hrsg.): Einkaufszentren, Landsberg/Lech, verlag moderne industrie, 1982.

*Falk, B., Wolf, J.:* Das große Lexikon für Handel und Absatz, 2. überarbeitete und erweiterte Auflage, Landsberg/Lech, verlag moderne industrie, 1982.

*Falk, B., Wolf, J.:* Handelsbetriebslehre, 11., völlig überarbeitete und erweiterte Auflage, Landsberg/Lech, verlag moderne industrie, 1992.

*Falk, M.:* Das Image der deutschen Immobilienwirtschaft, Starnberg, Institut für Gewerbezentren, 1995.

*Flögel, H.:* Image, in: Management-Enzyklopädie, München, verlag moderne industrie, 1970, Band 3.

*Freter, H.:* Das Image von Lehrveranstaltungen und Professoren, in: Image, Imageanalyse, Imagegestaltung, Hrsg. W. Faulstich, Lüneburg, Wissenschaftlicher-Verlag W. Faulstich, 1992.

*Fröböse, M.:* Mikrogeographische Segmentierung von Einzelhandelsmärkten, Wiesbaden, Deutscher Universitätsverlag, 1995.


*Gälweiler, A.:* Strategische Unternehmensplanung, in: Steinemann, H. (Hrsg.): Planung und Kontrolle, Probleme der strategischen Unternehmensführung, 1981.

*Gatermann, M.:* Imageprofile '92, manager magazin, Hamburg, 5/1992, S. 67-79.

*Geisbüsch, H.-G., Geml, R., Lauer, H. (Hrsg.):* Marketing, 2., völlig überarbeitete und erweiterte Auflag, Landsberg/Lech, verlag moderne industrie, 1991.

*Geml, R., Geisbüsch, H.-G., Lauer, H.:* Das kleine Marketing-Lexikon, Düsseldorf, Verlag Wirtschaft und Finanzen GmbH, 1995.

*Gerhard, Ch.:* Da weiß man, was man hat, Immobilien Zeitung, Nr. 2, 11.11.1996.

*Gerlach, Hieronymus, Schwatlo u.a.:* Die Gewerbeimmobilie als Kapitalanlage, 3. Auflage, Haufe Verlag, Freiburg, 1988.

*Glöckler, Th.:* Strategische Erfolgspotentiale durch Corporate Identity, Wiesbaden, Deutscher Universitäts Verlag, 1995.

*Gop, R.:* Fehleinschätzung, in: Immobilien Manager, Köln, Verlag R. Müller, Nr. 12, 1995.

*Grabener, H.:* Immobilienmakler in Deutschland – Ein Beruf im Wandel, 1. Auflage, Schwedeneck, Grabener Verlag, 1996.

*Grabow, B., Henckel, D., Hollbach-Grömig, B.:* Weiche Standortfaktoren, Schriften des Deutschen Instituts für Urbanistik; Bd. 89, Stuttgart, Berlin, Köln, W. Kohlhammer – Deutscher Gemeindeverlag, 1995.

*Green, P. E., Tull, D. S.:* Methoden und Techniken der Marktforschung, 4. Auflage, Stuttgart, C. E. Poeschel Verlag, 1982.

*Greff, G., Töpfer, A. (Hrsg.):* Direkt-Marketing mit neuen Medien, 3., völlig überarbeitete und erweitere Auflage, Landsberg/Lech, verlag moderne industrie, 1993.

*Greipl, E.:* Planung von Einkaufszentren, in: Falk, B. (Hrsg.): Shopping-Center-Handbuch, München, GWI Verlag, 1973.

*Gutenberg, E.:* Grundlagen der Betriebswirtschaftslehre, Zweiter Band, Der Absatz, 3. Auflage, Berlin, Göttingen, Heidelberg, Springer Verlag, 1959.

*Haedrich, G.:* Images und strategische Unternehmens- und Marketingplanung, in: Image und PR: Kann Image Gegenstand einer Public Relations-Wissenschaft sein? Hrsg.: W. Ambrecht, H. Avenarius, U. Zabel, Opladen, Westdeutscher Verlag, 1993.

*Hammann, P., Erichson, B.:* Marktforschung, 2., neubearbeitete und erweiterte Auflage, Stuttgart, New York, G. Fischer, 1990.

*Hanser, P. (Hrsg.):* Taschenbuch für Marketing und Werbung, Düsseldorf, Verlagsgruppe Handelsblatt, 1996.

*Hartmann, K.:* Elektronische Medien für Immobilienmarketing und -verkauf, 5. aktualisierte Fachkonferenz „Immobilien besser vermarkten – besser verkaufen“, Frankfurt/Neu-Isenburg, 1996.

*Hasitschka, W., Hruschka, H. (Hrsg.):* Handelsmarketing, Berlin, New York, W. de Gruyter Verlag, 1984.

*Heiss, K.:* Neue Tendenzen auf den Märkten für kommerziell-genutzte Immobilien aus der Sicht einer Hypothekenbank, Vortragsmanuskript zum Immobilien-Symposium'96, Institut für Gewerbezentren, München, 1996.

*Hennicke, M., Tengler, H.:* Industrie- und Gewerbeparks als Instrument der Kommunalen Wirtschaftsförderung, Schriften zur Mittelstandsforschung, Nr. 4 NF, Stuttgart, 1986.

*Henseler, R.:* Image und Imagepolitik im Facheinzelhandel, Frankfurt/Main, Zürich, H. Deutsch, 1977.

*Herrmann, R.:* Handbuch Immobilien-Investitionen in USA, Köln, 1992.

*Herzig, O.:* Markenbilder, Markenwelten, Neue Wege in der Imageforschung, Wien, Service-Fachverlag, 1991, Band 9.

*Heuer, B. (Hrsg.):* Immobilien Manager, Nr. 12, Dezember 95, Köln, Verlagsgesellschaft Rudolf Müller, 1995.

*Hildebrandt, H.:* Grundstückswertermittlung, Konrad Wittwer Verlag, Stuttgart, 1990.

*Hinterhuber, H.:* Wettbewerbsstrategie, Berlin, New York, Walter de Gruyter, 1982.

*ders.:* Strategische Unternehmensführung, Strategisches Denken, 6., neubearbeitete und erweiterte Auflage, Berlin, New York, W. de Gruyter, 1996

*ders.:* Strategische Unternehmensführung, II. Strategisches Handeln, 5., neubearbeitete Auflage, Berlin, New York, W. de Gruyter, 1992.

*ders.:* Wettbewerbsstrategie, 2., völlig neubearbeitete Auflage, Berlin, New York, W. de Gruyter, 1990.

*Horvath, P. (Hrsg.):* Marktnähe und Kosteneffizienz schaffen, Stuttgart, Schäffer-Poeschel Verlag, 1993.

*Huber, B.:* Strategische Marketing- und Imageplanung, Frankfurt/Main, Berlin, Bern, New York, Paris, Wien, P. Lang, 1993.

*Huber, K.:* Image, 2. Auflage, Landsberg/Lech, verlag moderne industrie, 1990.

*Hünerberg, R., Heise, G., Mann, A. (Hrsg.):* Handbuch Online-Marketing, Landsberg/Lech, verlag moderne industrie, 1996.

*Hüttner, M.:* Grundzüge der Marktforschung, 3. Auflage, Wiesbaden, Betriebswirtschaftlicher Verlag Dr. Th. Gabler, 1977.

*ders.:* Informationen für Marketing-Entscheidungen, München, Verlag F. Vahlen, 1979.

*Jeschke, B.:* Überlegungen zu den Determinanten des Unternehmens-Image, in: Image und PR, Hrsg.: Ambrecht, W., Avenarius, H., Zabel, U., Opladen, Westdeutscher Verlag, 1993.

*ders.:* Das Marken- und Firmen-Image, Berlin, Duncker & Humblot, 1971.

*ders.:* Image, in: Handwörterbuch der Absatzwirtschaft, Hrsg.: B. Tietz, Stuttgart, C.E. Poeschel, 1974.

*Johannsen, U.:* Methoden der Werbeerfolgskontrolle in psychologischer Sicht, in: Handbuch der Werbung, 2. Auflage, Hrsg.: Behrens, Wiesbaden, Dr. Th. Gabler, 1975.

*Keller, I.:* Das CI-Dilemma: Abschied von falschen Illusionen, Wiesbaden, Dr. Th. Gabler, 1990.

*Klein-Blenkers, F.:* Imagepolitik im mittelständischen Facheinzelhandel, in: Handelsforschung heute, Schriftenreihe der Forschungsstelle für den Handel, Berlin, Duncker & Humblot, 1979, Dritte Folge Nr. 7.

*Knapp, R.:* Immobilien als Kapitalanlage, Düsseldorf, 1989.

*Knecht, R.:* Fragen der Standortplanung von Shopping-Centers, Bern, Frankfurt/Main, Herbert Lang, Peter Lang, 1972.

*Koinecke, J. (Hrsg.), Großklaus, R.:* Die besten Promotion-Aktionen: Ziele, Konzepte, Budget, Erfolg, Bd. 2, Landsberg/ Lech, verlag moderne industrie, 1987.

*Kotler, Ph., Bliemel, F.:* Marketing-Management, 8. vollständig neu bearbeitete und erweiterte Auflage, Stuttgart, Schäffer-Poeschel Verlag, 1995.

*Kramer, P.:* Der Wohnungsmarkt in Deutschland – zur aktuellen Situation und künftigen Entwicklung, Vortragsmanuskript zum Immobilien-Symposium'95, Institut für Gewerbezentren, Starnberg 1995.

*Kroeber-Riel, W.:* Konsumentenverhalten, 4., verbesserte und erneuerte Auflage, München, F. Vahlen, 1990.

*Kurth, H., Grass, H.:* Der geschlossene Immobilienfonds, Handbuch für Anleger und Berater, 2. Auflage, Freiburg im Breisgau, Rudolf Haufe Verlag, 1990.

*Kutsch, K., Schiffers, K.-H.:* Marketing im Bauwesen, Braunschweig, Wiesbaden, Verlag Vieweg, 1979.

*Leipner, R.:* Von Schweinen, Löwen und Kirschen – Sympathieträger in der Center-Werbung, 16. Arbeits-Seminar für das Center-Management, Institut für Gewerbezentren, Starnberg, 1993.

*Liebl, W.:* Erfolgreiches Marketing-Management, Landsberg/Lech, verlag moderne industrie, 1992.

*Magyar, K.:* Produkt-, Marken- und Firmenimage, in: Management-Enzyklopädie, München, verlag moderne industrie, 1971, 4. Band.

*Management Enzyklopädie:* Das Managementwissen unserer Zeit, 7. Band, Landsberg/Lech, verlag moderne industrie, 1984.

*Manschwetus, U.:* Regionalmarketing, Wiesbaden, Deutscher Universitäts-Verlag, 1995.

*Mayer, A., Mayer, R.:* Imagetransfer, Hamburg, SPIEGEL-Verlag R. Augstein, 1987.

*McKeever, R., ULI-the Urban Land Institute:* The Community Builders Handbook, Anniversary Edition, Washington, D.C., 1968.

*Mc Keever, J.R., Griffin, N., ULI-the Urban Land Institute:* Shopping Center Development Handbook, Washington, D.C., 1979.

*Meffert, H.:* Marketing, 7., überarbeitete und erweiterte Auflage, Wiesbaden, Gabler, 1991.

*ders.:* Marketingforschung und Käuferverhalten, 2., vollständig überarbeitete und erweiterte Auflage, Wiesbaden, Gabler Verlag, 1992.

*Mink, C.:* Immobilienkapitalanlagen, München, 1988.

*Morgan, J.:* Bürohäuser – Planung und Vermarktung, in: Falk, B. (Hrsg.): Gewerbe-Immobilien, 6. überarbeitete und erweiterte Auflage, Landsberg/Lech, verlag moderne industrie, 1994.

*Mülder, W., Weis, C.:* Computerintegriertes Marketing, Ludwigshafen, Kiehl, 1996.

*Müller, J. H.:* Methoden zur regionalen Analyse und Prognose, Bd. 1, Hannover, Gebrüder Jänecke Verlag, 1973.

*Müller-Hagedorn, L.:* Standortplanung im Einzelhandel, in: Falk, B. (Hrsg.): Handelsbetriebslehre in Fällen, München, verlag moderne industrie, 1976.

*Muncke, G.:* Standort- und Marktanalysen in der Immobilienwirtschaft, in: Schulte, K.-W. (Hrsg.): Handbuch Immobilien-Projektentwicklung, Köln, Verlagsgesellschaft R. Müller, 1996.

*Murfeld, E. (Hrsg.):* Spezielle Betriebswirtschaftslehre der Grundstücks- und Wohnungswirtschaft, Hamburg, Hammonia-Verlag, 1995.

*Nauer, E.:* Standortwahl und Standortpolitik im Einzelhandel, Bern und Stuttgart, Verlag Paul Haupt, 1970.

*Nehl, R.:* Management gewerblicher Immobilien, in: Falk, B. (Hrsg.): Gewerbe-Immobilien, 6., überarbeitete und erweiterte Auflage, Landsberg/Lech, verlag moderne industrie, 1994.

*Nein, H. A.:* Marketing im Wohnungsbau: Begriffe, Instrumente und Konzepte der industriellen Wohnbauproduktion, Düsseldorf, Beton-Verlag, 1977.

*Nieschlag, R., Dichtl, E., Hörschgen, H.:* Marketing, 16., durchgesehene Auflage, Berlin, Duncker & Humblot, 1991.

*Nowak, H., Spiegel, B.:* Image und Image-Analyse, in: Marketing Enzyklopädie, München, verlag moderne industrie, 1974, Band 1.

*Ohrt, M.:* Klein(e) Anzeigen mit großer Wirkung, 1. Auflage, Schwedeneck, Grabener Verlag, 1996.

*o.V.:* Eine multikulturelle Dienstleistungsgesellschaft vieler Singles, Frankfurter Allgemeine Zeitung, Frankfurt/Main, 23.08.96.

*ders.:* Erst wenn ein Überangebot vorhanden ist, beginnen Investoren über Marketing nachzudenken, Immobilienzeitung, Nr. 19, 08.09.1994.

*ders.:* Marketing ist immer gleich – egal ob ich Immobilien oder Kekse verkaufe, Immobilien Zeitung, Nr. 26, 15.12.1994.

*ders.:* Marktreport, Die WELT, 30.11.96.

*Pabst, G.:* Rechtliche Risiken bei Konzeption und Vertrieb von Kapitalanlagen, Heidelberg, C.F. Müller Verlag, 1989.

*Peemöller, V.:* Die Marketing-Konzeption im Shopping-Center, in: Falk, B. (Hrsg.): Shopping-Center-Handbuch, München, GWI Verlag, 1973.

*Pepels, W.:* Lexikon des Marketing, Beck-Wirtschaftsberater, München, dtv, Juni 1996.

*Pflaum, D., Pieper, W.:* Lexikon der Public Relation, Landsberg/Lech, verlag moderne industrie, 1989.

*Platz, J.:* Immobilien-Management, 3. Auflage, Wiesbaden, 1993.

*Porter, M.:* Wettbewerbsstrategie, 7. Auflage, Frankfurt/Main, New York, 1992.

*Ring, A., Dasso, J.:* Real Estate, 9. Auflage, Englewood, 1979.

*Regenthal, G.:* Identität und Image, Köln, Wirtschaftsverlag Bachem, 1992.

*Rogge, H.-J.:* Werbung, 4., überarbeitete Auflage, Ludwigshafen (Rhein), Kiehl Verlag, 1996.

*Rüssmann, K.:* Imageprofile '94, manager magazin, Hamburg, 4/1994, 24. Jg.

*ders.:* Die Macht der weichen Faktoren, in: Imageprofile '91, Hrsg.: A. Demuth, Düsseldorf, ECON-Verlag, 1991.

*Sailer, E., Langenmaack, H.-E. (Hrsg.):* Kompendium für Makler, Hausverwalter und Sachverständige: Fachkunde- und Arbeitshandbuch für Immobilienberufe, 3. Auflage, Stuttgart, München, Berlin, Weimar, Richard Boorberg Verlag, 1992.

*Salcher, E.:* Psychologische Marktforschung, 1. Auflage, Berlin, New York, W. de Gruyter & Co., 1978.

*Schierenbeck, H.:* Betriebswirtschaftliches Grundwissen für Immobilienwirte, Münster, 1988.

*Schneider, F.:* Corporate-identity-orientierte Unternehmenspolitik, Heidelberg, Physica-Verlag, 1991.

*Schnermann, J.:* Projektentwicklung für Gewerbeimmobilien, in: Falk, B. (Hrsg.): Gewerbe-Immobilien, 6., überarbeitete und erweiterte Auflage, Landsberg/Lech, verlag moderne industrie, 1994.

*Schiffel, J.:* Marktorientierte Unternehmensführung, Wiesbaden, Gabler Verlag, 1994.

*Schulten, A.:* Nachzügler, Immobilien Manager, Köln, 2/1994.

*Shenkel, W.:* Marketing Real Estate, 2. Auflage, Englewood Cliffs, New Jersey, Prentice-Hall, 1985.

*Sirmans, C.F., Jaffe, A.J.:* The Complete Real Estate Investment Handbook, USA, 1988.

*Spiegel, B.:* Die Struktur der Meinungsverteilung im sozialen Feld, Bern, Hans Huber, 1961.

*Stadelmeyer, A., Falk, M.:* Immobilien Market Research, in: Falk, B. (Hrsg.): Gewerbe-Immobilien, 6., überarbeitete und erweiterte Auflage, Landsberg/Lech, verlag moderne industrie, 1994.

*Stawicki, E.:* Das Kommunikations-Management am Beispiel Center-Werbung, 7. Arbeits-Seminar für das Center-Management, Institut für Gewerbezentren, Starnberg, 1994.

*ders.:* Shopping-Center-Werbung – Möglichkeiten und Notwendigkeiten, 9. Center-Management-Seminar, Institut für Gewerbezentren, Starnberg, 1986.

*Szyszka, P.:* Image und Vertrauen zu einer weniger beachteten Perspektive des Image-Begriffs, in: Image, Imageanalyse, Imagegestaltung, Hrsg.: W. Faulstich, Lüneburg, Wissenschaftlicher Verlag W. Faulstich, 1992.

*Thalgott, Ch.:* Immobilie und Stadt – Neue Herausforderungen an die deutschen Städte als Konkurrenten im Wettbewerb der europäischen Ballungsräume, Vortragsmanuskript zum Immobilien-Symposium' 94, Institut für Gewerbezentren, Starnberg, Nov. 1994.

*Tietz, B.:* Die Standort- und Geschäftsflächenplanung im Einzelhandel, Saarbrücken, Gottlieb Duttweiler-Institut, Zürich, 1969.

*ders.:* Euro-Marketing, Stuttgart, mi Poller, Landsberg/Lech, 1989.

*ders.:* Marktbearbeitung Morgen, Landsberg/Lech, verlag moderne industrie, 1988.

*Töpfer, A.:* Direkt-Marketing mit neuen Medien, Landsberg/Lech, 1993.

*Vernor, J., Rabianski, J.:* Shopping Center Appraisal and Analysis, Chicago, Appraisal Institute, 1993.

*von Bossiazky, G.:* Psychologische Marketingforschung, München, F. Vahlen, 1992.

*von Nell, J.:* Die Entwicklung einer Nutzungskonzeption als Grundstein der Projektentwicklung, in: Schulte, K.-W. (Hrsg.): Handbuch Immobilien-Projektentwicklung, Köln, Verlagsgesellschaft R. Müller, 1996.

*Walter, N.:* Zur gesamtwirtschaftlichen Entwicklung – Empfehlungen für Immobilien-Investoren und -Nutzer, Vortragsmanuskript zum Immobilien-Symposium' 96, Institut für Gewerbezentren, Starnberg, Nov. 1996.

*Weeser-Krell, L.:* Marketing, Einführung, 2., völlig neu bearbeitete und wesentlich erweiterte Auflage, München, R. Oldenbourg Verlag, 1988.

*Weinberg, P., Behrens, G., Kaas, K. P.:* Marketingentscheidungen, Köln, Verlag Kiepenheuer & Witsch, 1974.

*Weis, H.:* Public Relations, in: Marketing, 2., völlig überarbeitete und erweiterte Auflage, Hrsg.: H. Geisbüsch, R. Geml, H. Lauer, Landsberg/Lech, verlag moderne industrie, 1991.

*Weis, H. Ch.:* Marketing, 2., überarbeitete und ergänzte Auflage, Ludwigshafen, Kiehl Verlag, 1981.

*ders.:* Marketing, 8., überarbeitete und erweiterte Auflage, Ludwigshafen, Kiehl Verlag, 1993.

*ders.:* Modernes Marketing für Studium und Praxis – Verkauf, 3., erweiterte Auflage, Ludwigshafen (Rhein), Verlag Friedrich. Kiehl, 1993.

*ders.:* Verkauf, 3., erweiterte Auflage, Ludwigshafen, Kiehl Verlag, 1993.

*ders, Godefroid, P. (Hrsg.):* Modernes Marketing für Studium und Praxis – Investitionsgüter-Marketing, Ludwigshafen (Rhein), Verlag Friedrich Kiehl, 1995.

*ders., Rogge, H. J.:* (Hrsg.) Modernes Marketing für Studium und Praxis – Werbung, 4., überarbeitete Auflage, Ludwigshafen (Rhein), Verlag Friedrich Kiehl, 1996.

*ders., Steinmetz, P.:* Marktforschung, 2., überarbeitete und erweiterte Auflage, Ludwigshafen, Kiehl Verlag, 1995.

*werben & verkaufen:* Compact, Nr. 5, München, 9. Mai 1997.

*Wilkes/Richter-Sjöö (Hrsg.):* Arbeitsbuch Presse und PR, 2. Auflage, Essen 1985.

*Wöhe, G.:* Einführung in die allgemeine Betriebswirtschaftslehre, 17. überarbeitete und erweiterte Auflage, München, Verlag F. Vahlen, 1990.

*Wolf, J.:* Das Centerimage – zentrales Instrument des Managements von Einkaufszentren, in: Falk, B. (Hrsg.): Einkaufszentren, Landsberg/Lech, verlag moderne industrie, 1982.

*ders.:* Hörfunkwerbung – Eine neue Dimension der Werbung im Shopping-Center, 10. Arbeits-Seminar für das Center-Management, Institut für Gewerbezentren, Starnberg, 1987.

*ders.:* Informationsgewinnung als Voraussetzung für die Attraktivierung gewachsener Standortagglomerationen, in: Falk, B. (Hrsg.): Handelsbetriebslehre in Fällen, München, Landsberg/Lech, verlag moderne industrie, 1976.

*ders.:* Marktforschung, Landsberg/Lech, verlag moderne industrie, 1988.

*ders.:* Markt- und Imageforschung im Handel, Stuttgart, expert verlag und Taylorix Fachverlag, 1981.

*ders.:* Werbung und Public Relations, Kompaktwissen für das Management, München, Manz Verlag, 1992.

# Stichwortverzeichnis

549